Bibliothèque des Idées

RÉGIS DEBRAY

COURS DE MÉDIOLOGIE GÉNÉRALE

nrf

GALLIMARD

SOMMAIRE

Cours de médiologie générale

Avant-propos

J'avais signalé, au tout début du *Pouvoir intellectuel en France* (1979), que ce petit essai de description faisait partie d'« un travail théorique plus ample intitulé *Traité de médiologie*, en instance de publication ». Et je demandais alors au lecteur, pour apprécier la méthode et les enjeux de ces observations, « de bien vouloir m'ouvrir un crédit suspensif et limité jusqu'à sa parution ».

On ne peut pas toujours penser à crédit, localement et momentanément. Ni se contenter d'« ouvrir des débats » ou de « soulever des questions ». Notre phobie des systèmes et du temps long, l'intolérance à l'impersonnel, la dérision ambiante de l'École ont beau nous intimider, il faut parfois tenter d'y répondre. Ce que je fais aujourd'hui, non sous la forme cacochyme du traité mais sous celle, un peu moins abominable et tout aussi anachronique, du cours.

C'est qu'en 1988-89, en effet, je fus invité par Daniel Bougnoux, professeur à l'université Stendhal de Grenoble, à donner un enseignement de médiologie dans le cadre de l'unité de formation et de recherche (UFR) en sciences de la communication. En 1989-90, Daniel Bougnoux et moi-même avons ensuite conjointement dirigé un séminaire sur le même sujet au Collège international de philosophie. Ce livre reprend les séances de ce parcours didactique et correspond au tome premier du traité annoncé.

Dix ans. Je n'ai pas eu le temps de faire plus bref. Quelques publications, dans l'intervalle, concernant la stratégie, la diplomatie et les mythologies publiques du moment, ont retardé, sans m'en distraire, cette entreprise éminemment et sereinement scolaire. Il aurait fallu produire rien de moins que les solutions des problèmes ici abordés pour atteindre à la froideur idéale de l'exposé démonstratif. Dans le doute, on a préféré, lambins de la connaissance, suivre les voies piétonnes et un peu hasardeuses de l'ordonnancement pas à pas d'un cours à base de notes, qui se serait voulu moins professoral et plus germinal.

Quel fil directeur nous a conduit à l'étude des médiations ? Notre vieil intérêt pour la figure du médiateur, de *l'hommedium* — le scribe, le clerc, l'intellectuel. La généalogie historique de cet être intermédiaire, *Janus bifrons*, à la fois homme de Dieu et homme d'État, chargé par son groupe d'appartenance de faire le lien entre les valeurs fondatrices et le cours des choses, débouchait sur une bifurcation. Vers l'amont, vers la fonction symbolique elle-même : que faut-il que soit le groupe pour qu'il ait toujours besoin, à travers ce témoin de l'extérieur, d'un point de fuite, utopie ou transcendance ? D'où la recherche, en quelque sorte transhistorique, d'un invariant explicatif, baptisé, à partir du théorème de Gödel, incomplétude, qui a servi de noyau logique à un déchiffrement du fait religieux [1]. Vers l'aval, vers une conception opératoire des actes de pensée puisque la transmission du sens est l'exercice professionnel de l'homme de parole, qui, par son dire, fait faire. Que faut-il donc que soit le dire, mot dit ou écrit, pour qu'il ait, tout au long de l'histoire, des effets aussi réels de transformation du monde objectif ? D'où la recherche d'une pragmatique de la pensée, qui fait l'objet de ce cours. En fait, ligne amont et ligne aval se rejoignent. Logique de la transmission et logique de l'organisation ne semblent pas séparables, et c'est bien l'hypothèse centrale de la médiologie.

Ce cours s'adresse non à des experts mais à l'étudiant et je l'espère à l'honnête homme. Il articule des notions que les différents corps de métiers, et notamment les spécialistes en communication, jugeront à bon droit élémentaires. Chacun tissera les arabesques de son choix sur cette trame un peu rêche, et le lecteur n'est pas forcé de suivre l'ordre d'exposition logique. Attachées à dégager principes et méthodes, les trois premières leçons sont les plus abstraites. Ceux qui répugnent aux inévitables mais fastidieux scrupules disciplinaires peuvent commencer par le commencement historique, à savoir le *christianisme* (IV et V), bon début de carrière, et enchaîner sur la *dynamique des supports* (VII) comme entrée en matière.

1. *Critique de la raison politique ou l'inconscient religieux*, Paris, Gallimard, 1981.

PREMIÈRE LEÇON

LE DROIT À L'INDÉPENDANCE

Que signifie « médiologie » ?

La définition par l'objet : une impasse ?

La définition par la méthode : un carrefour

Une injustice éclairante : Auguste Comte

La médiologie, fille de son temps

L'intersection, théorie et pratique

QUE SIGNIFIE « MÉDIOLOGIE » ?

L'invention d'un néologisme ne crée pas une idée neuve. Il y a loin entre déclarer sa flamme à une jeune fille et lui faire un enfant, mais il est courtois de commencer la seconde opération par la première. En proposant naguère ce terme de « médiologie », j'ai cru devoir manifester que les faits de transmission justifiaient une discipline spécifique. L'histoire des sciences humaines a cette originalité que les noms de baptême y apparaissent avant les naissances (les mauvaises langues ajoutent qu'ils en tiennent souvent lieu). « Technologie » date de 1777 (d'un auteur allemand nommé Beckmann) : on avait déjà fait des observations pleines de sens sur les outils et les machines. « Biologie » date de 1802, inventé par Lamarck (et repris seulement en 1826 par Fodera, dans son *Discours sur la biologie ou la science de la vie*) : il existait déjà une « Naturphilosophie » ou philosophie de la vie, et quelques connaissances positives sur le sujet. Quand Auguste Comte, en 1837, inventa, à partir d'un *socius* latin et d'un *logos* grec, la « sociologie » pour désigner ce qu'il avait jusqu'alors appelé « la physique sociale », l'évolution des sociétés humaines avait déjà donné lieu à plus d'une enquête et à quelques découvertes. La formation d'un mot cristallise simplement la prise de conscience d'un nouvel et singulier objet d'investigation « échappant à toute analogie essentielle » (Canguilhem) avec l'objet des sciences déjà existantes. J'espère vous faire partager ma conviction que ni la sociologie de la culture, ni l'histoire des idées, ni « les sciences politiques » ne pouvaient, en l'état, rendre raison des bases matérielles de l'univers symbolique.

Pour justifier ce néologisme, il faut le définir, et donc surmonter un double handicap terminologique : l'inconnu au bataillon qui sent le déjà-vu. La chose en effet n'est pas homologuée par l'Université et le terme paraît galvaudé par la mode. Cela commence mal.

Dissipons le quiproquo : rien à voir avec la « mass-médiologie » lancée sur le marché dans les années soixante et soixante-dix. La médiologie n'a ni plus ni moins de rapports avec les médias que la psychanalyse n'en a avec les lapsus et les rêves. Scribes, intellectuels, mass-media — ces objets nous ont en leur temps servi de simples trous de serrure pour épier à travers eux la *camera obscura* dont nous cherchons à présent la clef, l'une des clés du trousseau, et où se noue l'intrigue appelée avenir : la régie claire-obscure des paroles et des actes, des représentations et des comportements. On disait jadis : la conscience des hommes et leur vie collective. L'idéal serait de parvenir à penser l'impensable de la pensée, son action. Interférences, commutations, régulations. La médiologie a pour but, à travers une logistique des opérations de pensée, d'aider à clarifier cette question lancinante, indécidable et décisive déclinée ici comme « le pouvoir des mots », là comme « l'efficacité symbolique » ou encore « le rôle des idées dans l'histoire », selon qu'on est écrivain, ethnologue ou moraliste. « La puissance matérielle des paroles » qui faisait rêver Edgar Poe. Elle se voudrait l'étude des *médiations* par lesquelles « une idée devient force matérielle », médiations dont nos « médias » ne sont qu'un prolongement particulier, tardif et envahissant. Ni supplément d'âme des sondages d'opinion ni gonflement prophético-mystique de la rubrique « communication » de nos journaux, notre recherche, à ce stade préliminaire, ne s'adresse pas en priorité aux curieux ou aux professionnels de l'univers médiatique (même si elle peut voir en eux des expérimentateurs bénévoles d'hypothèses de travail). Quant aux sociologues qui analysent l'évolution du marché intellectuel, il est à craindre qu'ils interprètent notre revendication d'autonomie comme un des moyens pour la philosophie, reine détrônée des humanités du XIXe siècle, de rétablir un peu de sa prééminence perdue. Désormais incapable de régenter les sciences dures, comme de légiférer sur les sciences molles, déjà émancipées de sa tutelle rhétorique, on irait chevaucher sur un territoire à la mode, « la communication », et sur des catégories médioprofessionnelles en position socialement dominante pour se remettre en selle. Qu'ils se rassurent : on s'efforcera d'éviter le discours de couronnement et le fantasme de législation. Notre petite discipline ne postule pas à la présidence, ni à se constituer en totalité impériale, attrape-tout. Elle ne prétend qu'à combler certaines lacunes de nos connaissances que l'histoire et la sociologie traditionnelles ont jusqu'ici laissées béantes.

Dans *médiologie*, *médio* désigne en première approximation *l'ensemble*, techniquement et socialement déterminé, *des moyens de transmission et de circulation symboliques*. Ensemble qui précède et excède la sphère des médias contemporains, imprimés et électroniques, entendus comme moyens de diffusion massive (presse, radio, télévision, cinéma, publicité, etc.). Moyens d'information encore unilatérale, dits à tort de « communication » (qui suppose retour, rencontre, « feedback »).

Une table de repas, un système d'éducation, un café, une chaire d'église, une salle de bibliothèque, un encrier, une machine à écrire, un circuit intégré, un cabaret, un parlement ne sont pas faits pour « diffuser de l'information ». Ce ne sont pas des « médias », mais ils entrent dans le champ de la médiologie en tant que lieux et enjeux de diffusion, vecteurs de sensibilités et matrices de sociabilités. Sans tel ou tel de ces « canaux », telle ou telle « idéologie » n'aurait pas eu l'existence sociale que nous lui connaissons. Mais je reconnais qu'une énumération de cette sorte ne vaut pas pour délimitation d'un domaine d'objectivité : vous y verrez plutôt, je le crains, un mauvais pastiche de Prévert.

Et maintenant qu'on a grossièrement repéré notre *médio*, pourquoi cette *logie*, inaugurale et grandiloquente, se demanderont certains d'entre vous ? Eh bien, par provocation et protestation ; pas seulement mais *aussi*. Contre le terrorisme du *multi* et du *micro* qui règne sur les esprits depuis vingt ans et récuse le moindre effort de systématisation comme totalitaire, confus, massif. La « nouvelle histoire » récuse les abstractions et les tendances conceptualisantes, pour ne rien dire, *horresco referens*, des philosophies de l'histoire. Les philosophies les mieux cotées récusent quant à elles les « concepts globalisants », le moindre article défini (le sacré, la religion, le livre, l'État) les met hors de leurs gonds, elles s'adonnent aux joies du tactique, du pluriel, de l'écart. Mot d'ordre général : dispersion ! Quand viendra-t-on nous dire : Unité ! Concentration !

Organisation ! L'exaltation des marges, interstices et dissidences nous a conduits jusqu'à soupçonner une faute morale sinon un programme de dictature dans la prise de champ et la moindre mise en perspective. Quel que soit notre penchant pour le nominalisme (n'ont d'existence que les individualités réelles), certains gestes de formalisation préemptive, coups de force ou coups de pouce, nous semblent indispensables pour débloquer l'intelligence des singularités empiriques. Qu'on ne nous accuse pas d'élever *a posteriori* quelques monographies utiles à la généralité pompeuse et creuse. Il s'agirait plutôt dans notre esprit de faire remonter les études de « communication » à un jeu d'éléments premiers et universels qui les ordonne et les éclaire. De ce que les systèmes synthétiques à prétentions totalisantes ou exhaustives, aux bords arrêtés ou tranchants, soient caducs, il ne s'ensuit pas que nous devions, au nom de l'aléatoire et du flou objectifs, nous installer à demeure dans le floconneux ou le granulé. La spécialisation dispersive propre aux recherches érudites se combine aujourd'hui avec les conditionnements de l'Ordre Nouveau (« small is beautiful ») pour imposer l'*éclaté* comme figure supérieure du savoir, le *pointu* comme norme de style, et le *fragment* comme format et stigmate d'authenticité. L'art expressif qui va de l'aphorisme au borborygme peut aussi passer dans le champ universitaire par l'étude de cas, la contribution ponctuelle, la note restrictive : plus de coupes, ni de définitions, ni de cohérence. Proposer des vues d'ensemble n'est pas forcément synonyme d'insuffisance documentaire ou de paresse dans l'enquête et l'analyse, et Auguste Comte n'avait pas tort d'estimer que « les vues générales sont liées aux sentiments généreux ». Nous sommes devenus bien avares et secs, ces derniers temps. Bref, on ne cédera pas ici au terrorisme débilitant de la *complexité*, brandie comme interdiction de penser simple. Jusqu'à plus ample informé, le travail d'explication consiste à substituer de l'invisible simple à du visible compliqué.

Sans doute, si l'on ambitionne de compléter la physique sociale des pères fondateurs par une *physique morale* traitant à son tour les processus de la conscience collective « comme des choses », la complexité des analyses et analogies rationnelles ne peut qu'aller croissant. La « vie de l'esprit » ne peut mettre en jeu la même lourde physique que celle des sociétés, même si le scandale sera de la même eau (traiter la foi chrétienne comme un fait de propagation n'est pas plus honorable que de traiter le suicide individuel par la statistique). *A fortiori* devrons-nous, pour comprendre l'aventure d'un message creusant son chemin au milieu du bruit qui l'environne et l'étouffe, quitter le monde-horloge pour le monde-four ou le monde-nuage, et préférer, en guise de références, à la physique de Laplace celle, buissonnante, aléatoire et instable, des physiques contemporaines. En droit et dans l'abstrait, on peut faire simple sans être simpliste, ni épouser les paradigmes de l'avant-veille.

Nous n'aimons pas spécialement les généralités, mais nous savons que « la généralité la plus imparfaite surpasse théoriquement la pure spécialité » (A. Comte).

LA DÉFINITION PAR L'OBJET : UNE IMPASSE ?

Vous vous demandez : qu'est-ce que c'est, la médiologie ?, et je commence par vous indiquer ce qu'elle n'est pas. C'est frustrant, mais c'est une question de méthode, comme disait l'autre. L'unité d'une discipline est à chercher soit dans la direction de son objet soit dans celle de sa méthode. Et je suis l'ordre d'exposition du bon sens, qui commence par l'objet : de « quoi » parle-t-on ? Nous ne pourrons vraiment répondre qu'en fin de parcours. Les commencements sont les plus difficiles, et ennuyeux. Nous sommes tenus d'utiliser des mots, des catégories, des schémas, qui sont autant de mythes, d'écrans ou d'obstacles à la connaissance (comme « la pensée », « l'esprit », « l'idéologie », etc.), pour aborder un itinéraire à la fin duquel nous nous apercevrons que ces mots, catégories ou schémas étaient des expressions machinales ou des formules magiques. Je vous demande donc de la patience. Je crois pouvoir vous indiquer, puisqu'on en parle, que « la pensée », par exemple, cela n'existe pas. Cette pompeuse abstraction désigne pour le médiologue *l'ensemble matériel, techniquement déterminé, des supports, rapports et moyens de transport qui lui assurent, pour chaque époque, son existence sociale*. Définition quelque peu scandaleuse, à nous pour qui le mot aussitôt évoque « les géants de la raison », « la suite des élus qui ont donné la mesure de l'humain », parce que nous feuilletons les encyclopédies.

La définition d'un territoire médiologique par un domaine d'objets semble à première vue une impasse pour la simple raison que *le* médium n'existe pas. Il ressemble fort à une abstraction réifiée coiffant un fourre-tout empirique. On peut y faire entrer des institutions (l'école), des objets techniques (un poste de radio, un écran de cinéma, un tube cathodique), des supports matériels (le papier, la toile, le ruban magnétique, la brique), des codes sociaux (grammaire, syntaxe), des organes du corps (le larynx, les cordes vocales), des modes généraux de communication (oral, écrit, imprimé, audiovisuel, informatique). L'addition de tous ces éléments permet-elle l'induction d'une notion cohérente de médium ? Apparemment non. Autant dire que tout est message ici-bas, et n'importe quoi vecteur de communication (un parfum me communique de l'information sur une femme, un coup de klaxon sur mon environnement, etc.). Même si l'on s'en tient à la seule communication verbale, « symbolique » et non « indicielle », celle donc qui appelle encodage et décodage, le terme de *médium* pourra aussi bien s'appliquer au langage naturel utilisé (anglais ou latin), à l'organe physique d'émission et d'appréhension (*voix* qui articule, *main* qui trace des signes, *œil* qui déchiffre le texte), au *support* matériel des traces (papier ou écran), au *procédé* technique de saisie et de reproduction (imprimerie, électronique) : soit quatre acceptions au minimum. La médiologie serait-elle alors l'art de tenir des propos flous sur un objet flou ?

Nous ne le croyons pas. Car le flou ne vient pas de la synthèse, mais de la confusion par amalgame et quiproquo entre ces diverses acceptions. Quand on nous parle de communication, par exemple, il faut d'abord préciser qu'il s'agit de la communication sociale, et non directe, individuelle. C'est pourquoi la médiologie préfère parler de *transmission*, pour désigner une communication médiatisée qui opère par relais, au moyen de messages transportés à distance. Ces véhicules sont de nature très diverse, selon leur objet. On peut transporter des nouvelles ou des spectacles à destination d'un public : ce que font les médias ; des messages individuels à destination de particuliers : ce que font traditionnellement les « télécoms » ; de l'information numérisée à destination de clients ou d'usagers : ce que font les réseaux télématiques ; des personnes physiques d'un lieu à un autre : ce que font les moyens de transport. Ces véhicules mettent en jeu des techniques différentes, ou plutôt une même technique peut avoir plusieurs emplois. L'électronique, par exemple, sert au traitement de l'information comme au transport du signal. Mais la transmission au sens médiologique ne se réduit pas non plus à la seule étude des techniques de diffusion puisque ces dernières ne sont pas à ses yeux séparables des techniques de saisie ou d'enregistrement. Il est vrai qu'on aurait pu, techniquement, inventer le phonographe, le micro ou la caméra sans découvrir les ondes hertziennes, mais on ne peut, médiologiquement, tronçonner les domaines d'investigation. Les inventions techniques font système entre elles, et un système n'est jamais seulement technique mais techno-culturel. Aussi son étude doit toujours se rattacher à l'histoire générale des cultures et des civilisations, qui englobe l'histoire des techniques dont, cependant, elle dépend en partie.

La médiologie voudrait justement opérer la synthèse de toutes ces modalités matérielles de la transmission. La notion de *médiasphère*, par exemple, comme nous le verrons, embrasse les effets cumulatifs de toutes les acceptions du mot « transport » en un lieu et à un moment donné (des traces comme des hommes). D'où une certaine polyvalence ou instabilité du médiologue, qui ne peut se raccorder exclusivement à un seul réseau (d'interconnaissance et de concélébration) ni à une institution professionnelle unique. Les médias ont pour opérateurs des journalistes, descendants des humanistes, si l'on veut, et rattachables aux humanités littéraires. Les télécoms opèrent avec des techniciens et des ingénieurs, comme les services de transports. Les informaticiens sont des savants et l'ordinateur relève d'une histoire des sciences et des techniques. Cette bâtardise ou cette pluridisciplinarité (selon qu'on est adversaire ou ami) est celle des études contemporaines de communication. La médiologie en souffre moins, car de par sa nature historique et philosophique, elle reprend et repose le problème du « transmettre » par ses débuts, à la fois chronologiques et conceptuels, en amont des éclatements contemporains. Le fait technique, par exemple, ne commence pas à nos yeux avec l'électronique, ni même la typographie, mais avec les premières écritures et les premières lectures. La transmission scolaire est de même une technique intellectuelle sans artefacts ni engins. Une religion est aussi un fait de transmission (d'un capital symbolique à des fidèles). C'est, en définitive, l'approche historique qui peut redonner à la fois aux médiations concrètes de la pensée leur solidarité interne et à la fonction médiatrice sa généralité théorique.

Le *médium* n'existe pas et, pour la médiologie, je réclame le droit d'exister. Comme une discipline indépendante. Contradiction ? La sociologie existe. Pourtant, *la* société n'existe pas. À quel barreau de l'échelle zoologique commence-t-elle — abeilles, fourmis, hardes ? À quel stade de l'évolution préhistorique — l'australopithèque, le zinjanthrope ? À quel seuil de densité d'association — le couple, la famille, le clan ? Une entreprise est-elle une société, un parti, une foule, l'humanité ? La « société des nations » est-elle encore un « fait social » ? Aucun sociologue n'a apporté de réponses définitives et universellement admises à ces questions qui paraissent pourtant élémentaires.

La sociologie, direz-vous, existe, puisqu'il y a des sociologues, mais vous conviendrez qu'elle n'existe pas comme science. Voilà bien un fâcheux précédent. « Ce mélange de truismes, d'à-peu-près, de logomachie et de même-pas-faux que l'on parcourt parce qu'on peut y pêcher de loin en loin un petit fait instructif, une idée ingénieuse ou un bonheur de plume » — selon les termes sévères de Paul Veyne — se distribue entre des monographies empiriques et descriptives et des discours invérifiables sur l'homme en général et en société [1]. Les premières relèvent d'un journalisme réfléchi, les seconds d'une philosophie relâchée. Les sociologues meublent l'entre-deux avec des spéculations sans rigueur ou bien des statistiques sans grand intérêt. A. Comte semble bien avoir échoué, une fois de plus, dans son projet d'élever la sociologie au rang de science positive. Cette « discipline » ne permet de rien prédire, ni d'intervenir à bon escient dans le cours des choses. Elle n'a découvert aucune loi, défini aucune corrélation univoque, produit aucun déterminisme. Preuve en est que son histoire n'est pas cumulative et axiale comme celle d'une véritable science, mais répétitive et kaléidoscopique comme le temps immémorial de la *doxa* et de la métaphysique. Étudier la sociologie à l'Université c'est apprendre les doctrines successives des sociologues célèbres, où chaque étudiant peut faire son marché dans n'importe quel sens et ordre : effet de pouvoir, effet de mode, autant en emporte l'actualité et le vent. La sociologie est née des blancs ou des ratés de l'histoire événe-

1. Paul Veyne, *Comment on écrit l'histoire*, Paris, Le Seuil, 1971, p. 319.

mentielle, et de bons esprits ont le mauvais esprit de considérer ceux qu'on appelle « sociologues » comme des historiens ratés ou des philosophes empêchés.

Socius évanescent, *médium* improbable. La médiologie, science des entre-deux et des promiscuités suspectes, est-elle promise au même destin que son aînée : succès universitaire, débâcle épistémologique ? On préférerait la formule inverse : opprobre et fécondité, mais nous ne pouvons encore garantir que le premier terme. Inutile d'ajouter qu'elle a beaucoup moins d'ambition sociale ou salvatrice que sa glorieuse devancière. Elle n'entend ni réformer ni prophétiser et encore moins moraliser, au nom d'une instance ou d'un facteur posé comme déterminant et explicatif de toute l'histoire humaine, mais simplement décrire. Si elle avait à se choisir un point de mire disciplinaire très en amont, elle se tournerait plutôt vers une science plus ancienne, plus modeste et mieux assurée, la géographie. Toute descriptive qu'elle soit, cette dernière s'élève à des généralités utiles lorsqu'elle dépasse l'observation des régions pour procéder par séries, invariants et variables. C'est de *médiographie* qu'il nous faudrait parler, pour être exact. Nous aussi, nous ne serons explicatif qu'en devenant comparatif. Dans l'immédiat, un simple recensement des observations accessibles serait déjà bien opportun.

LA DÉFINITION PAR LA MÉTHODE : UN CARREFOUR

« En toutes circonstances, prévient Bachelard, l'immédiat doit céder le pas au construit. » Partout et encore plus ici. C'est parce qu'elle est *immédiatement* donnée dans l'évidence d'une représentation spontanée que la question médiologique ne se pose pas comme question. Illusion renforcée par l'effet paradoxal de « l'épaississement médiatique » actuel (Bougnoux) qui efface en quelque sorte le médium par lui-même, et tend à gommer les médiations techniques parce que plus elles sont complexes et lourdes à mettre en œuvre, plus le résultat impose le sentiment d'une aérienne et rayonnante immédiateté (un plan de cinéma, par exemple, se reçoit comme la vie elle-même à l'état brut quand il a fallu des dizaines d'heures de travail pour le répéter et le produire).

Loin donc de pouvoir présupposer un objet pour lui adjoindre ensuite une méthode de connaissance, c'est la méthode qui construira notre objet en mettant une familiarité à distance. En transformant une fausse solution en un véritable problème. En rompant la magie naturelle de mots comme « influence », laquelle suppose acquis ce qui est à expliquer ; la trompeuse banalité de ces clichés : « les paroles qui ébranlèrent le monde », ou « les idées qui soulèvent les hommes ». Les paroles n'ont pas de bras ni de marteau pour cogner. Les idées ne prennent pas les gens par la main ; elles ne portent personne sur leurs épaules. « Les mots sont des pistolets chargés », disait Brice Parain. Pourquoi donc ? Ai-je la berlue pour ne pas voir dans des traits noirs sur un fond blanc un canon d'acier, avec un barillet, de la poudre, un chien ? « Ce livre a eu de l'impact. » L'a-t-on lancé à la tête des gens, comme un projectile ? Dans l'« idée-force », que désigne le trait d'union, et comment une grandeur physique peut-elle s'adjoindre une entité immatérielle ? Comment une « vision du monde » peut-elle agir ou rétroagir sur un état du monde ? Replacer tout cela dans un étonnement de principe, dans un refus de comprendre et de tenir pour simple et naturel que des traces inertes, des vibrations sonores ou des petits parallélépipèdes de papier imprimé soient « à l'origine » de mouvements de foule, de dépeuplements, colonisations, révolutions, amputations ou annexions, guerres civiles, exterminations. Comment de minuscules énergies viennent à ébranler des forces sans commune mesure avec elles ? Admirer ces titres usuels, ces banalités impensables comme « la chute des grands idéaux » ou le « chancellement des croyances ». Un idéal est-il un pondéreux pour aller s'écraser ainsi sur le pavé ? Les croyances ont-elles un polygone de sustentation pour perdre soudain l'équilibre ? Questionner ces métaphores, refuser un instant de jouer le jeu de nos licences poétiques ne signifie pas qu'on adhère au sens commun qui tient le symbolique pour du vent, oppose la paille des mots au grain des choses, les esprits rhétoriques aux esprits positifs, etc. Nous n'entendons aucunement nier que « les révolutions, les renaissances, les réformes sont œuvres de rhétoriqueurs », comme l'explique si narquoisement Paulhan. Nous tenons pour un fait avéré que l'élucubration d'un individu se transforme, non sans médiations et corps intermédiaires, en bouleversement collectif. En Église, Parti, Armée, État. Banalement : apparaissent au XVIe siècle, en Europe, des

États réformés. À l'origine de ces États, des Églises du même nom. À l'origine de ces Églises, un « courant de pensée ». À l'origine de ces courants, des textes — feuilles imprimées, reliées et colportées de main en main, lues, interprétées, annotées. Donc, entrée : les *Quatre-vingt-quinze thèses* de Luther (1517), ou *L'Institution Chrétienne* (Calvin, 1534). Sortie : guerres civiles, nouvelles cités, nouvelles frontières, émigrations. Nouvelles notions, nouvelles nations. Notions qui vieillissent, nations qui dépérissent, tandis que d'autres renaissent portées par la remontée d'autres notions (plus anciennes, généralement : voyez l'Est européen). Nous voudrions simplement savoir *comment ça marche*, concrètement, ces phénomènes.

Noire, cette boîte ? Trop blanche, au contraire. Ce qui se voit le plus se regarde le moins. Pourquoi accommoder là-dessus ? On aurait pu s'attendre à ce que le devenir-monde d'une idée constitue le problème des problèmes pour les hommes d'idées. L'exercice d'une influence intellectuelle semble aussi évident aux hommes d'influence que la santé paraît naturelle au bien portant. Comme si le résultat escamotait le processus, comme si l'acquis cachait les aléas de l'acquisition. Christianisme, freudisme, marxisme... Pour saisir un peu mieux ce qu'il y a d'improbable (ou d'aléatoire ou de surdéterminé, etc.), disons de problématique, dans ces diverses transsubstantiations d'une idéalité ponctuelle (livre, enseignement, découverte, etc.) en praxis de longue durée, il faut se replacer en amont *des métamorphoses possibles qui n'ont pas eu lieu*, pour la même période et au même endroit. La secte de Christos n'était à l'origine, dans le magma des religions orientales de la décadence, dans le tohu-bohu des doctrines de salut en vogue, qu'une parmi des dizaines d'autres. Pourquoi le Christ, et pas Mithra, Osiris, ou Hermès Trismégiste ? On a tort de ne pas mettre Paris en bouteille, avec des si. On se prive de certaines « variations éidétiques », comme disent les phénoménologues. Si le Prophète était devenu muet ou bègue en arrivant à Médine, la face du monde en eût été changée. Pas d'Islam ni d'Occident. Si par suite d'accidents matériels — catastrophes naturelles ou saccage révolutionnaire —, *Le Capital* n'avait pu être *imprimé*, s'il n'avait jamais été décodé en trouvant les quelques dizaines de lecteurs qui de 1867 à 1885 ont fait relais, ce « travail théorique » aurait revêtu un caractère proprement « spéculatif », et le Doktor Marx serait aujourd'hui un pisse-copie parmi d'autres. Si un courant de pensée surnommé les Lumières n'avait pas diffusé et cristallisé en institutions, rituels et sociétés, tout au long du XVIIIe siècle, eussions-nous connu la Révolution française? Non que le *faire* fût dans l'axe du *dire*. Mais cette action-ci supposait cette chaîne-là, qui a conduit d'une émission à une transcription, d'une communication d'idées à une communauté d'hommes. Du symbolique au politique. Pourquoi Freud, et pas Jung, ou même Charcot ? Pourquoi Marx et pas Proudhon, Fourier ou Comte ? Soit la question que ne peut se poser le chrétien, ni le freudien, ni le marxiste. Le fils de Dieu ne pouvait tout de même pas passer inaperçu, dira le premier — et encore moins son fils unique. Quand on est dans le vrai, ou bien dans le sens de l'histoire, diront les autres, ça marche tout seul. *Omne bonum est diffusum sui. Verum index sui et falsi.* Tout ce passe au fond comme si nous supposions une justice immanente dans le devenir-force des idées, une sorte de cynisme transcendantal du type « la preuve du pudding, c'est qu'on le mange », ou encore « la vie a tranché ». La preuve de la présence réelle du Christ, c'est qu'on mâche de l'hostie sur les cinq continents, et que l'Église en est à son deux cent soixante-quatrième pape. La preuve que c'était plus solide et plus sérieux que les concurrents — Marx et la Sainte Famille — c'est qu'il y a eu dix États et cent partis qui se sont assis dessus pendant cinquante ans. Vraiment ? Que d'excellents puddings moisissent sans clients ! Le temple de l'Humanité de la rue Payenne, à Paris, est aujourd'hui abandonné et l'Église positiviste plutôt déserte. S'ensuit-il que le positivisme est un tissu de fadaises ? Rien de plus utile à l'attention médiologique que la découverte d'une formidable « injustice » dans les aventures parallèles de deux doctrines d'âge et de profil comparables.

UNE INJUSTICE ÉCLAIRANTE : AUGUSTE COMTE

Personnellement, je ne m'en remets pas. Cela me scandalise. Je ne suis pas un dévot en carte du premier et dernier grand prêtre de l'Humanité. Je ne fais pas partie de la société positiviste dont A. Comte confia la direction par vœu testamentaire à Pierre Laffite, le premier des apôtres (décédé en 1903). Je ne suis même pas membre de l'association internationale « la Maison d'Auguste Comte » (fondateur : Paulo Carneiro, décédé en 1982). Je ne me vante pas de cette inconséquence, c'est ainsi. Je n'en suis que mieux placé pour regretter que le XXe siècle se soit trompé et de doctrine et d'Église (puisqu'il en faut, choisissons la moins pire). Car si on avait pris un peu plus au sérieux les disciples du docteur de Polytechnique qui proclamait : « La Raison publique flétrira désormais comme étant à la fois perturbateur et arriéré tout docteur qui prétendra commander et tout gouverneur qui voudrait enseigner », et un peu moins les disciples d'un rejeton de Hegel pour qui « l'histoire du monde est le tribunal du monde », il me semble que notre siècle aurait un peu mieux évité le court-circuit communiste du temporel et du spirituel. Reste à expliquer le contraste des écoutes respectives.

Le drapeau rouge a hanté notre planète pendant un siècle, et Marx ne s'est jamais soucié de drapeaux, d'insignes ou d'emblèmes — colifichets, eût-il dit. A. Comte a sciemment donné pour emblème au positivisme un drapeau vert (la couleur de l'avenir, disait-il) qu'on n'a vu se déployer nulle part en Europe. Marx s'est moqué du devenir-secte de Comte, mais n'aurait rien pu comprendre à son propre devenir-mythe, que Comte en revanche aurait fort bien expliqué. Le positivisme qui avait cru se constituer, du vivant de Comte, en religion d'avenir, est resté en fait « étranger au mouvement social du siècle ». Le marxisme s'est incorporé au mouvement social du XXe siècle — mais on a vu comment. Or celui qui a compris ce qu'est une association, un mythe, une religion sans Dieu et à quel besoin ils répondent, ce n'était pas Marx, c'était Comte. Il avait tout faux ou presque dans la science, et il a laissé une réputation de scientiste ; il avait tout bon en matière religieuse, et il a manqué son Église. Marx n'a rien compris à la religion et il nous en a légué une ; c'était un bon savant, mais sa science n'a pas eu de suites. Avouez que c'est fâcheux. L'un voulait expressément faire du chaud (en subordonnant l'esprit au cœur, au sentiment, à l'élément féminin), et il est resté un objet froid — du moins en France où il n'a ému que des ingénieurs et des professeurs : malgré Clotilde de Vaux, sa Vierge Marie, la transsubstantiation populaire attendue n'a pas eu lieu (sauf, un peu, au Brésil). Marx qui voulait à tout prix rester froid, en écartant, comme ridicules ou accessoires, les femmes, le sentiment, le fétichisme, a suscité un dévastateur dégagement de chaleur en gagnant les foules. Marx est devenu en somme tout le contraire de ce qu'il avait voulu, mais tout ce que son contemporain Comte aurait voulu être lui-même : le fondateur d'une religion ouverte aux pauvres et aux humiliés. En quoi il a confirmé le bien-fondé des trouvailles de Comte, esprit trinitaire et non binaire qui avait intégré, lui, à sa réflexion les « êtres intermédiaires » comme le sont les femmes « entre l'humanité et les hommes », ou « l'humanité » elle-même entre le monde et l'homme. « Aucune société ne peut se conserver, disait-il, et se développer, sans un sacerdoce quelconque. » Mais le sacerdoce de l'Humanité, c'est le clergé marxiste qui en a tenu lieu sur un demi-siècle, et non la doctrine de l'éducation qui était cent fois mieux préparée à « cimenter la tête et le cœur » et eût sans doute rendu l'entreprise plus indolore, pour en connaître les dangers. L'échec posthume du projet comtien est d'autant plus regrettable et étonnant que, contrairement à Marx, il avait fait de sa succession, gardiennage et transmission de son patrimoine intellectuel, une véritable question de principe, objet de tous ses soins. Comte, qui tenait le Christ pour « essentiellement charlatan et aventurier », a eu une théorie et une pratique cohérente de la propagande — allant jusqu'à constituer un « fonds typographique » positiviste. Il a réglé et géré par avance son réseau de relais et de disciples — mais la propagation a fait faux bond. En fondant la religion universelle de l'Humanité « sur la saine philosophie après avoir tiré celle-ci de la science réelle », cet esprit encyclopédique à la prose limpide voulait être à la fois l'Aristote et le saint Paul du XIXe siècle. L'Université nous a beaucoup entretenus de la visée première, presque pas de la seconde, qui lui semblait loufoque ou un peu honteuse. Mais c'est le saint Paul manqué qui retient toute l'attention du médiologue. Sa philosophie du cœur nous paraît encore plus digne d'intérêt que sa philosophie de l'intelligence.

Comment expliquer le ratage ? Par ses scrupules, qui font sa supériorité intellectuelle et morale sur les utopies socialistes de l'époque : il s'était fait un point de doctrine de séparer le pouvoir spirituel du pouvoir politique, réservant la prééminence au premier. Involontaire ou délibérée, la confusion des deux du côté des socialismes « scientifiques » les a conduits à habiller l'idolâtrie de la puissance en doctrine d'émancipation — subterfuge que la précaution positiviste eût rendu impossible. Le pontife du Grand-Être, lui, voulait écarter les prêtres des préfets, dissocier l'ordre de l'estime de l'ordre du pouvoir. Les « sociocrates » ou cadres positivistes étaient supposés contrôler les classes affectives au profit des classes actives, mais en préservant leur propre indépendance. Laïcité fatale, d'un point de vue épidémique. La faute médiologique consistait très précisément dans cette séparation de l'esprit et de la chair qui l'a conduit à penser l'incorporation ou le moment religieux comme postérieur et déduit du moment intellectuel « définition du savoir ». Bien qu'ayant théoriquement accordé la primauté à l'organique sur le critique, Comte a conservé une approche critique — « dissolvante », « individualiste », etc. — des tâches d'organisation, en sorte que les résultats n'ont pas tenu la promesse des prémisses. Le vrai saint Paul ne se confiait pas comme lui à l'autorité du dogme ; il a d'abord construit un appareil d'autorité, à partir duquel les dogmes devenaient des évidences. Faites-moi d'abord un corps, l'âme suivra — comme l'intendance. Or Comte a mis la charrue devant les bœufs, le savoir avant le pouvoir. Bachelard nous a appris que « la science contemporaine pense avec ses appareils, non avec les organes des sens ». Tous les *ismes* confirment que « l'idéologie » fait de même. En matière symbolique, les appareils commandent. Comte, cette tête bien faite et bien pleine, a voulu faire sortir une doctrine de son cerveau comme Athéna sortant tout armée du crâne de Zeus. Il a cru pouvoir penser avec sa tête — ce qui est folie pure. La bureaucratie fait l'idéocratie, et non l'inverse. Comte était un doux, trop pacifique, pas assez bagarreur et « tueur » pour faire un saint Paul, ou un socianalyste en chef, à la Freud.

Les origines du Mouvement chrétien s'accordent avec celles de l'Église freudienne (ou l'inverse) pour montrer qu'un penseur est « grand » autant par son sens de l'organisation que par ses idées. Le génie de Freud, par exemple — et la fortune du freudisme —, consiste en ceci qu'il n'a à aucun instant, contrairement à ses rivaux, séparé savoir et faire-savoir, construction (intellectuelle) et diffusion (sociale). Il a doublé les progrès de l'avancée conceptuelle d'une méthodique et non moins progressive prise de corps : édition, journal, revue, réseau local, puis national, puis international, association professionnelle, correspondance, voyages, interventions. Le choix des relais, interlocuteurs et disséminateurs, l'art du rebond, l'entretien de la rumeur, le soin des photos et le refus argumenté du film montrent un flair médiatique digne de Voltaire en son temps et dans son ordre. Mais Voltaire avait le génie tactique du franc-tireur, Freud le génie stratégique du chef de guerre. La belle aventure de la transmission psychanalytique témoigne qu'à côté de Freud, et toutes choses égales par ailleurs au plan scientifique, Fliess, Jung ou Groddeck ne faisaient pas le poids en matière logistique. Le docteur de Vienne sait qu'organiser un groupe c'est agréer des membres, et donc contrôler les uns et en exclure d'autres. Propager une théorie, c'est nécessairement l'enclore pour la défendre, donc cimenter une orthodoxie, et donner la chasse aux hérétiques, opposer un « nous » à un « eux » pour polariser le champ et tremper sa force de frappe. Freud le savant se fait ou se laisse faire guide, héros, mage. Il devient à la fois le Christ et saint Paul, l'Incarnation du Verbe et le généralissime de sa reconnaissance. La *chose* freudienne est d'emblée posée par le fondateur comme une *cause*, qui doit « gagner du terrain pour ne pas en perdre ». Une cause, donc une bataille, donc un corps de bataille : « notre horde sauvage », comme il l'écrit avec humour à Groddeck, en 1917.

LA MÉDIOLOGIE, FILLE DE SON TEMPS

Vous me direz que nous arrivons un peu tard, poussés par l'air du temps, pour coloniser des champs déjà bien défrichés et qui ne nous appartiennent pas.

Sur le retard, d'abord. Je vous répondrai sur ce point dans les termes que les sociologues ont peut-être déjà lus quelque part, s'ils pratiquent encore Durkheim.

La médiologie ne pouvait apparaître avant qu'on eût acquis le sentiment que les moyens de transmission, comme le reste du monde, sont soumis à des lois qui dérivent nécessairement de leur nature et qui l'expriment. Or cette conception a été très lente à se former. Pendant des siècles, les hommes ont cru que les machines à informer n'étaient pas régies par des lois définies mais pouvaient prendre toutes les formes et toutes les propriétés possibles pourvu qu'une volonté suffisamment puissante s'y appliquât. On croyait que certaines politiques ou certaines décisions avaient la vertu de transformer un appareil de télévision en un moyen d'instruction publique, une image vidéo en un concept de l'entendement, et inversement. Cette illusion, pour laquelle nous avons une sorte de penchant instinctif, devait naturellement durer longtemps dans le domaine des faits de transmission.

Je n'ai fait que changer un mot par un autre. À cette bonne et classique raison d'arriver en retard à nos rendez-vous — « la chouette de Minerve s'envole à la tombée du jour » —, s'ajoutent quelques autres. Personnelles, je vous en ferai grâce. Parlons des raisons théoriques. Prenons l'exemple de l'économie. Les hommes ont produit et échangé des biens pendant des millénaires, sans avoir besoin de recourir à une discipline spéciale comme l'économie politique. La valeur-travail existait avant Ricardo. Mais la notion de travail abstrait, donc de valeur d'échange, requérait la multiplication des travaux concrets et l'approfondissement de la division technique et sociale du travail, bases d'une généralisation possible. Disons que la catégorie abstraite de *médium* supposait l'essor de la multiplication technique des médias, ainsi que leur montée en puissance. Elle ne pouvait apparaître dans sa *simplicité* tant que son développement réel n'avait pas atteint une suffisante *complexité*. Effet critique de toute rétrospective : on découvre mieux le rôle du manuscrit à partir de l'imprimé, de l'écrit à partir de l'image. La mémoire analogique (télé, radio, etc.) prend tout son relief à la lumière des technologies numériques (disques compact et lecture laser) qui lui succèdent. De même que le téléordinateur de demain permettra de mieux comprendre la télévision d'aujourd'hui, nos actuels et rustiques médias éclairent la fonction du médium « ex post ante », tout comme l'anatomie de l'homme éclaire celle du singe, et le grand capitalisme industriel du XIXe siècle la petite production marchande du XVe. C'est après un long développement historique que se découvre cela qui s'était développé depuis le début.

Mais il y a plus contraignant.

Les hommes ont modifié leur milieu naturel pendant des siècles, sans besoin de réfléchir aux effets de ces modifications. Les notions de « milieu », de « biotope », d'« équilibre » ne pouvaient apparaître qu'au-delà d'un certain volume de production industrielle, affectant les équilibres acquis, jusqu'alors tenus pour naturels. Que le socle naturel du développement économique n'a rien de « naturel », bref qu'il existe une histoire sociale de la nature, il a fallu, pour le découvrir, qu'interviennent certaines catastrophes, par pénurie ou bien engorgement, dans l'environnement physique des pays industriels.

La médiologie se voudrait au monde idéologique ce que l'écologie est au monde économique. Non qu'elle ait à tirer systématiquement des sonnettes d'alarme. Elle suggère simplement que « l'intelligence » n'est pas une propriété naturelle, indéfiniment reproductible, abondante et gratuite comme l'air et l'eau. Que tel ou tel stock d'idées ne peut pas survivre et se reproduire dans n'importe quel milieu, par n'importe quel médium. Peut-être en est-il des constructions idéales comme des espèces animales : on ne s'aperçoit de leur dépendance à l'égard de leur médiasphère que lorsqu'elles meurent. Il y a quelque chose de crépusculaire dans notre discipline, qui doit cependant se garder de tout passéisme romantique, comme du ton déploratoire en usage chez les vestales de la trace. Dans l'évolution technique des armements comme des outillages de la pensée, il n'y a pas de désinvention, on ne revient pas en arrière. La bombe atomique ne disparaîtra jamais de notre horizon (car on pourra à tout instant en refabriquer, même après un désarmement général). Évaluer sobrement les gains et les pertes du passage à l'écriture électronique est une chose, vouloir revenir au calame et au papyrus en serait une autre. La chouette de Minerve ne doit pas céder à la mélancolie, même si elle préfère la tombée du jour.

L'air du temps, maintenant. Je prendrai au sérieux l'expression, et sur la longueur. Oui, il y a un temps pour tout, et nous sommes entrés dans les temps n° 3 de l'intelligence des choses humaines.

L'étude des collectifs s'est d'abord et pendant longtemps concentrée sur les créations de l'esprit et les institutions où elles s'incarnent (rites, dogmes, symboles, lois et règles). Puis, elle a tourné son regard vers les infrastructures matérielles ou l'appareillage techno-économique des sociétés. C'est seulement maintenant qu'elle aborde non plus la culture, ni la culture matérielle, mais, ce qui est différent, les *matérialités de la culture* — qu'elle retourne en quelque sorte la préoccupation matérielle sur le monde spirituel. On avait commencé par le moins résistant, le logiciel des groupes, le *software*. Puis le *hardware*, la base matérielle. Restait le dur du mou, les appareillages du monde symbolique. Ou, en langue ancienne, l'infrastructure des superstructures. Après « la pensée des sociétés », âge classique, puis « le corps des sociétés », âge moderne, est venu le moment d'examiner le corps des pensées sociales (ou la pensée comme corps). Depuis au moins une vingtaine d'années, nos meilleurs historiens s'y emploient.

Même si les hommes dans leur masse sont toujours plus vieux que leurs machines, même si nos artefacts sont en avance sur nos réflexes, les grandes philosophies ont l'âge des machines de leur temps, et nul ne peut sauter par-dessus sa technique. Or les machines, qui ont toujours eu de l'esprit, en ont de plus en plus. Chaque génération technologique dessine un horizon d'universalité et se donne ses truchements, interprètes ou porte-parole, car tout se passe comme si l'appareillage d'une époque nous était fourni avec son mode d'emploi, ses installateurs à domicile, son ergonomie. L'étendue fut l'universel physique du XVIIe siècle, la gravité du XVIIIe, la chaleur du XIXe, l'information du XXe. Géométrie, mécanique, thermodynamique, informatique. Après les machines à gravité, les machines à feu, les machines à information suscitent depuis presque un demi-siècle leur environnement culturel, leur rumeur sociale, leur escorte théorique, avec Hermès pour divin patron et la grande famille des savoirs tout neufs qui ont trait à la communication, à l'information, au signe. La médiologie prend place dans cette cohorte, sagement, une unité parmi d'autres, au croisement des autres. Elle arrive donc à son heure, après un long et obscur cheminement.

Car elle vient de loin. Elle n'a rien de nouveau, en un sens. Ni rupture ni coup de tonnerre. En France, le terme de *communication* remonte au XIVe siècle, inventé par un philosophe et physicien, conseiller du roi Charles V, Nicole Oresme. Charles V, fondateur de la première bibliothèque royale. Oresme, traducteur émérite, du latin au français, vulgarisateur décidé du savoir de son temps. Ce concept au XIVe siècle était nouveau, car l'univers médiéval ne connaissait que le concept de communion qui suppose une non-distance, une symbiose non seulement entre ses acteurs mais aussi entre les médiums et les messages [1]. L'intrigue médiologique se noue peut-être, tout en amont, autour de ce premier décollement, ce flottement, ce dégagement d'une distance problématique, insolite, entre un savoir et une forme, une information et un médium

1. Antoine BERMAN, « Traduction, communication, entropie », communication au colloque *Mémoires du futur*, sous la direction de Bernard Stiegler (Paris, 1987).

langagier (le latin), reflet d'une distance nouvelle entre les hommes, où la question de la circulation du sens surgit comme quelque chose qui ne va plus de soi, qui n'est plus « naturel ».

Ce qui m'amène à la question de la paternité. Elle ne se pose pas : seules les doctrines ont des géniteurs, les disciplines n'en ont pas. C'est même l'inverse. Nous sommes des enfants de la médiologie, issus d'elle et tissés par elle, simples continuateurs d'un tissu bicentenaire qui eut des dizaines d'ouvriers, inconnus ou célèbres. McLuhan, géniale et baroque figure de proue, leur a fait de l'ombre (nous parlerons de lui en détail dans un second cycle). Heureusement pour vous et pour nous, nos précurseurs sont légion. Ils sont d'abord dans la littérature, chez les écrivains qui ont réfléchi à leur support et à leurs moyens : Diderot et Balzac au premier chef, qui ont fait de la médiologie sans le savoir, comme monsieur Jourdain faisait de la prose. Les familiers de la Lettre ont eu dans ce domaine plus d'intuitions que les servants de l'Esprit baptisés philosophes. Encore que Leibniz avec sa théorie des passages et des transformations, son goût pour les réseaux et les machines. Encore qu'Emmanuel Kant, lorsqu'il analyse dans son *Anthropologie du point de vue pragmatique* (trad. Michel Foucault) ce qu'est « un bon repas en bonne compagnie » — « la forme de bien-être, dit-il, qui paraît s'accorder le mieux avec l'humanité » —, pénétrant exercice de médiologie appliquée (à la table comme support et rite de communication). Encore que Valéry, avec son *Introduction à la méthode de Léonard de Vinci*, son approche physique de la pensée et sa constante préoccupation technique. Encore que Michel Serres, l'auteur leibnizien d'*Hermès*, notre poète physicien qui réhabilite le corps et les choses. Encore que Derrida avec sa *Grammatologie*, qui a problématisé la trace et l'inscription. Bernard Stiegler, de son côté, après avoir conçu en 1987 l'exposition *Mémoires du futur* au Centre Pompidou, poursuit une réflexion fondamentale sur les « nouveaux instruments de la mémoire » [1]. Je m'arrête. Il me faudrait un cours entier pour mentionner nos créanciers. Sans parler du penseur de l'aventure humaine le mieux informé, le plus puissant et le plus synthétique de notre siècle, André Leroi-Gourhan Il a posé, du dehors et sans même mentionner le poncif « commu-

1. Stiegler, « Les temps de la lecture », *Signes du présent*, Rabat, 1988, et « Mémoires gauches », *La Revue philosophique*, juin 1990.

nication », les cadres de référence de notre discipline. Mis à part ces grands noms, il est troublant de constater, parmi les pionniers de la médiologie, le rôle sinon des marginaux, du moins des outsiders de l'Institution universitaire. Je pense à Augustin Cochin, historien assez obscur mort au début du siècle. Et surtout à Walter Benjamin, l'auteur de *L'Œuvre d'art à l'ère de sa reproduction mécanisée* (1935), à qui Malraux doit le Musée imaginaire et qu'il passe sous silence. Cet esprit pathétique et froid qui, entre tant d'autres anticipations fulgurantes, notait à propos de la radio, au bas d'une page, en passant, que « cette nouvelle technique vide les parlements comme elle vide les théâtres ». Benjamin, le Traducteur, l'homme des Passages et de la Photographie, le suicidé de Port-Bou en 1940, pourrait donner son nom à notre salle de conférences. Rien ne convient plus à la médiologie, qui se voudrait mémoire de toutes les mémoires, que de ployer sous « le noble joug du passé ».

Comment expliquer le caractère sinon maudit, du moins assez malchanceux de nos parrains et totems ? Nos devanciers ont rarement laissé leurs noms en lettres d'or sur les frontons des académies. Je crois deviner pourquoi : seuls les ratés de la transmission peuvent la ressentir comme une *via crucis* et un enjeu crucial. Les bien portants ne réfléchissent pas la santé. Vous ne faites pas de traité d'agronomie quand vous avez la main verte. Ni de manuel de stratégie quand vous êtes Napoléon. Machiavel a ouvert le Prince et la politique à la connaissance rationnelle parce qu'il était un disgracié du Prince et de la politique. Quand vous avez tous les moyens de l'écoute et de l'influence à votre disposition, vous devenez médiologiquement aveugles car ces moyens vous sont devenus transparents. Naturels, donc inexistants. L'échec, comme le pathologique sur le normal, ouvre grands les yeux sur les conditions de la réussite.

En fait, peu importe quelques années de retard sur notre programme d'études. Nous courons plutôt le risque d'arriver trop tôt. On se consolera en pensant que la médiologie va rajeunir au fur et à mesure que le temps passe. C'est la science sociale de l'avenir parce que le XXIe siècle sera le siècle des médiations techno-culturelles, où la lune comptera de moins en moins et le doigt qui la montre de plus en plus ; où la quincaillerie déterminera le programme ; où les moyens partout risquent d'éclipser les fins, et le « je peux » le « je dois ». C'est pourquoi, sauf à déchoir en doctrine ou en rhétorique, la réflexion politique et morale sur les limites, les fins et les abus de pouvoir devra de plus en plus passer par *l'étude technique du pouvoir des moyens*, qui ne serait pas une mauvaise définition de notre projet.

L'INTERSECTION, THÉORIE ET PRATIQUE

La médiologie générale ne peut trouver son profil théorique qu'à travers et à mesure de ses déclinaisons régionales. L'approche ou l'esprit médiologique consistant à référer chaque domaine d'activité au dispositif véhiculaire qui le soutient, il aura tant d'applications ou de branches que la sociologie ou l'histoire : de la religion, des sciences, des institutions, des cultures, du droit, de l'art, etc. À savoir : comment ça se transmet, diffuse, circule, propage, multiplie, etc. ? Sur quel support ? Qu'est-ce que cela modifie et recompose dans le corps des transmetteurs et récepteurs ? Par quels vecteurs ? Parcours, réseaux, alliances, confluences, débouchés, etc. ?

La médiologie politique, en étudiant les corrélations entre les formes d'organisation publiques et les outils et matériaux de la mémoire (« culture » est le nom noble de ce stockage), pourra, dans l'immédiat, servir à une meilleure intelligence des nouvelles économies de l'opinion, de la loi, de la légitimité, mises en œuvre par le régime de démocratie médiatique en voie de formation sous nos yeux.

Plus fondamentale et attrayante, la médiologie de l'art, en rapportant l'évolution des langages plastiques à celle des supports physiques, des techniques de diffusion et du marché, pourra, nous le croyons, renouveler notre compréhension de l'art contemporain (anti-art, fin de l'art ou peinture de défi). La vie des formes trouvera ici la plus plausible des logiques de transformation, d'appréciation et d'accréditation. C'est pourquoi il nous importe au plus haut point de donner une suite aux premières recherches de Walter Benjamin.

À l'intersection de nombreuses disciplines déjà cartographiées (l'histoire des techniques, la pragmatique, la sociologie de la culture, etc.), la méthode devra ses fécondités éventuelles à la traversée des champs. Elle se nourrira de diagonales et transversales à travers des territoires généralement clos. Nos petites passerelles iront le plus souvent d'un *micro* trivial à un *macro* prestigieux, raccordant une micro-énergie à une mégaforce, un déclic insignifiant à un glissement de terrain sur une tout autre scène. Par exemple, la victoire du *codex* sur le rouleau au IVe siècle et celle du christianisme sur le paganisme au même moment. La gravure sur cuivre, et les premiers développements des sciences naturelles d'observation (botanique, géologie, médecine, minéralogie, etc.). L'organisation de la casse dans les ateliers d'imprimerie (les graveurs de poinçon supprimant les ligatures entre les lettres pour normaliser les matrices et accélérer la composition) et l'esprit d'analyse comme nouvelle norme de raison. La trouvaille typographique du tiret (permettant le style direct sans hiérarchisation des interlocuteurs) et l'apparition du genre « roman ». L'invention du télégraphe électrique et celle du fait divers. La naissance de la photographie et le rejet de l'anecdocte qui a fait la peinture moderne. La photocomposition dans l'imprimerie, et la disparition de la forme « parti » dans le paysage politique. Le satellite d'observation, et l'éclosion de l'écologie (que favorise la vue de la Terre comme une petite boule perdue dans le système solaire). La télégraphie sans fil (1922) et la naissance du grand reportage comme genre littéraire, puis sa disparition avec la transmission télévisée, etc. Petites causes, grands effets : le nez de Cléopâtre. Un officier général qui avait roulé sa bosse en Afrique remarquait dernièrement que la jeep et le réfrigérateur avaient tué l'Empire, bien avant que les indigènes nationalistes ne s'en mêlent (ceci préparant à cela). La *jeep*, parce que l'officier de la coloniale n'empruntant plus les pistes intérieures à cheval ou à pied, s'était coupé de l'arrière-pays et de ses populations. Le réfrigérateur, parce que rendant une vie domestique possible, il avait fait venir l'épouse légitime et chassé la maîtresse indigène, interface cruciale avec le milieu, qui forçait d'abord son concubin à apprendre la langue du pays. Ce général a ses galons de médiologue, parce qu'il a le sens du détail qui compte. L'horloge mécanique est une minuscule et anonyme invention médiévale, mais qui a fait décoller la civilisation européenne. Le sentiment du péché et la honte de la chair dans l'Occident chrétien, c'est un vaste problème, et la pilule contraceptive une bien petite chose. La minuscule nouveauté pharmaceutique a pourtant eu quelque effet sur la grande question théologique. *Mutatis mutandis*, faire advenir l'inférieur dans le supérieur est le signe distinctif et le devoir professionnel du médiologue, exposé plus que tous ses collègues, sociologues et économistes réunis, à l'accusation rituelle de « réductionnisme ».

N'y a-t-il entre technologie, histoire et sociologie que des terrains vagues où camper ? L'intersection entre vie intellectuelle, vie matérielle et vie sociale dégage-t-elle un site pour une discipline carrefour ou bien pour un sous-produit bâtard des savoirs classifiés ? L'avenir le dira. Notre projet disciplinaire est en tout cas fier de sa bâtardise. Il s'avoue et se veut impur, car l'impureté est son objet et même sa méthode.

Interférer, c'est un bonheur et un malheur.

Un bonheur épistémologique : parce que c'est *à et par* l'intersection de diverses disciplines que « l'information croît et la transformation se réalise » (Michel Serres). Par-delà les pieuses exhortations à l'interdisciplinarité, c'est un fait commun aux sciences sociales et exactes que « la dynamique des transports et des courts-circuits » assure à la connaissance sa plus forte productivité, comme nous le rappelle si souvent l'envoyé d'Hermès.

Un malheur institutionnel : parce que ces divers territoires mis en coupe et règlement se sont érigés en principautés, chacune avec son dialecte, son clergé, ses douanes et ses juridictions. Notre modeste tentative risque de heurter au moins quatre souverainetés internationalement reconnues, pour s'en tenir aux seules sciences molles : politiques, juridiques, sociologiques et historiques. Il nous faudra zigzaguer sous les tirs croisés de « Sciences po », « Fac de droit », « Socio » et « École pratique ». Voilà pourquoi nous sommes non pas en Pologne et nulle part, comme le Père Ubu, mais sur la montagne Sainte-Geneviève, dans un entre-deux institutionnel propice aux réfugiés et apatrides. Merci au Collège international de philosophie d'avoir bien voulu nous octroyer, avec son extra-territorialité, le passeport Nansen des migrants.

DEUXIÈME LEÇON

LE DOMAINE MÉDIOLOGIQUE

Énoncés et messages

Connaître le croire

L'épistémologie

L'archéologie

L'histoire des mentalités

La sémiologie

La tradition fait l'Écriture

Un bon médiologue est un chien

ÉNONCÉS ET MESSAGES

L'histoire humaine, j'ai essayé de le montrer dans la *Critique de la raison politique*, c'est deux histoires en une. Deux registres qui se croisent en fait, mais doivent se distinguer en droit (et dont la confusion engendre les pires terrorismes, intellectuel et policier). Il y a l'histoire des rapports de l'homme à l'homme, et l'histoire des rapports de l'homme aux choses. La première est une intensité réversible, espace de répétition sans avant ni après ; la seconde est une extension cumulative, espace ouvert d'inventions et de découvertes. L'art, la religion, la mythologie, le politique appartiennent à la première sphère ; la science et la technique à la seconde. Il y a des métamorphoses mais non des progrès à proprement parler dans le premier domaine, où chaque homme demeure contemporain de ses prédécesseurs, où Antigone reste notre sœur et Alceste un cousin, où Rembrandt et Picasso, Bouddha et le Christ, César et Napoléon peuvent par notre entremise dialoguer indéfiniment à travers les siècles, d'égal à égal et sans rien qui puisse venir les départager une fois pour toutes. Il n'y a de progrès linéaire et infini, avec des ruptures irréversibles entre présent et passé, que dans le deuxième domaine : là, entre savants et techniciens, il y a des vainqueurs définitifs et universels. Nous n'allons plus à cheval à Séville, Einstein se meut dans un autre univers que Ptolémée, et aucun garagiste ne pensera nous vendre une Dion-Bouton 1904, sauf si nous sommes collectionneurs.

Bien sûr, notre rapport aux choses est médié par des hommes, et notre rapport aux autres hommes par des choses. La médiologie a précisément pour fonction de mettre en rapport l'univers technique avec l'univers mythique, ce qui change tout le temps avec ce qui demeure à travers le temps. Mais il est bon de commencer, pour plus de clarté, par distinguer les deux ordres de réalité, les deux catégories de temps, quitte à montrer, ensuite, comment les frontières peuvent se brouiller.

La distinction sujet/sujet et sujet/objet soutient la division classique du *certum* et du *verum*, deux modalités du discours, et d'adhésion au discours. Il y a des *vérités* scientifiques et techniques, qui une fois acquises ne se discutent plus, mais dans l'ordre politique, esthétique, religieux ou social, je ne peux avoir, au mieux, que des *certitudes*. Les vérités s'imposent toutes seules (en droit). Les certitudes doivent être « poussées » (acheminées, inculquées, enjolivées, etc.).

L'univers intersubjectif est régi par des *croyances*, invérifiables ; l'univers objectif par des *savoirs*, réfutables (en général). Le premier est le domaine du mythe, de la thèse, de l'opinion, de la doctrine, etc. ; le second, du résultat, de la loi, de la découverte, de la démonstration. Toujours, le prêtre ou le commissaire mettent le savant sur la sellette, mais une fois condamnés à l'infamie, les Galilée déboutent les Saints-Offices, à titre posthume. Le savoir naît dans l'opprobre, mais il n'y reste pas.

Ce qui fait deux régimes logiques : ici, vous avez des *messages*, là, des *énoncés*.

Notre domaine de compétence forte est le *certum*, la zone des messages. Les audacieux de la médiologie font des incursions, brillantes et instructives, dans le domaine du *verum*. Daniel Bougnoux nous le montre ici même avec éclat. Il me semble cependant que le rendement de l'approche médiologique va décroissant du mou au dur, en raison inverse des degrés de scientificité ou de l'échelle encyclopédique. À toutes fins utiles, et sans être dupe des coupures contemporaines entre « idéologies » et « sciences » (au XIVe siècle, après tout, la théologie était « la reine des sciences »...), j'ai choisi de m'attaquer en premier lieu à la sphère sujet/sujet, celle qu'Althusser appelait « idéologique », et à l'intérieur de celle-ci aux idéologies religieuses, artistiques ou politiques (de préférence aux « idéologies scientifiques » comme l'atomisme ou l'eugénisme). De la coupure épistémologique entre idéologie et science, on fera ici abstraction. Notre question n'est pas comment on est passé, dans l'histoire des sciences, de l'alchimie à la chimie, de l'astrologie à l'astronomie, des théories de l'âme à la psychologie, mais comment on a cru et on croit encore, dans le tuf des mentalités, à l'astrologie, à l'alchimie et à l'âme. Entre les croyances qui louchent du côté des sciences et les sciences qui suscitent des croyances collectives, l'observation montre qu'il y a enchevêtrement, réversibilité, continuité. Le médiologue ne veut et ne doit pas le savoir. Ce n'est pas son critère.

Disons-le autrement. Dans l'infinie population des *énoncés*, nous avouons d'emblée un faible particulier pour la famille des *messages*. Vous connaissez les traits distinctifs du message, analogues à ce qui oppose chez Barthes *l'écrivant* et *l'écrivain* dans le domaine littéraire : c'est un énoncé plus ou moins *vocatif*, à destinataire incorporé (*vous* les pécheurs d'ici-bas, *vous* les prolétaires du monde entier, *vous* les névrosés de Vienne, *vous* citoyens français, etc.) ; un énoncé *prescriptif*, plutôt que descriptif ou dénotatif (comme dans les sciences) ; un énoncé dont les valences *pragmatiques*, ostensibles ou implicites sont indéniables. Le premier domaine de la Raison pratique trouve là sa nourriture, en priorité. Les linguistes parlent de « pragmatique » ; certains philosophes de « praxéologie ». Je parlais à l'ancienne d'une physique « morale » — et ce que la linguistique nous précise dans ses termes spécialisés, le « règne moral » d'antan et l'Académie des sciences du même nom nous l'indiquaient déjà. Ouvrons un dictionnaire à l'article « Moral » : « 1) relatif à l'esprit, à la pensée (ant. matériel, physique) ; 2) qui concerne les mœurs, les habitudes, les règles de conduite admises et pratiquées par une société ; 3) qui concerne l'action et le sentiment (opposé à logique, intellectuel) ». Faisons de ces démarcations notre morale provisoire. Les pertinentes critiques du « grand partage » ont fort bien mis à jour « la fabrique rhétorique, instrumentale et sociale du vrai » (Bougnoux). Toujours la sémantique découle d'une pragmatique, et l'opposition de l'*énoncé* propre, froid, impersonnel et pacifique, et du *message* sale, chaud, polémique et rhétorique, bref de la science et de l'idéologie, se brouille dans l'exercice scientifique *in vivo, in statu nascendi*. « Les énoncés de la science aussi relèvent du rapport de force des énonciations » (Latour, Bougnoux). L'approche médiologique des sciences, déjà très avancée, en révélant le sournois, l'acharné travail des médiations à l'œuvre dans la recherche techno-scientifique, a quelque peu démystifié la transcendance du vrai. La médiologie des sciences n'envisagera pas seulement ses modes de vulgarisation, à la périphérie, ni même leur institutionnalisation, consécutive et seconde; elle rentrera sans doute, comme le font Serres, Lévy-Leblond, Latour et d'autres, dans la constitution même de la Raison savante, en son cœur. Mais puisqu'il faut commencer par le commencement, le débutant en médiologie que je suis trouvera sa pâture du côté des vieilles sciences morales, et non des sciences dites cognitives. Impure est la naissance des connaissances; mais l'âge adulte efface le bruit et les batailles de l'histoire d'une science. Bien plus cruciale, car indépassable et mille fois plus coûteuse, nous paraît l'impureté des « batailles d'idées » et des guerres d'images. Le bruit que font, au beau milieu de la scène sociale, des messages qui ne cherchent que l'*adequatio intellectus et intellectus* et non *rei et intellectus*, cette course éperdue et toujours recommencée à la reconnaissance par autrui qui donne son branle distinctif, bruit et fureur, au théâtre du monde. Ce n'est pas là un choix, mais une priorité personnelle. Je vais donc vous proposer les fruits de mes priorités sans vouloir vous imposer la philosophie qui les sous-tend. C'est une philosophie qu'on jugera à tort pessimiste. Elle ne voit pas de dépassement possible du *certum* vers le *verum*, ne croit donc pas en la fin de la croyance dans le monde intersubjectif. Cette certitude n'est pas subjective mais rationnelle et logique, fondée sur l'axiome d'incomplétude qui stipule l'impossibilité d'une autofondation du social par lui-même, et donc la nécessité intrinsèque de l'absurde, dans l'existence d'un groupe, si on peut ranger sous cette catégorie les idéologies et religions diverses dont la science positive n'a que faire (mais qu'il faut tout de même bien expliquer positivement). « Les mythes sont les âmes de nos actions et de nos amours, disait fort bien Valéry. Nous ne pouvons agir qu'en nous mouvant vers un fantôme. » Mais il ajoutait, dans sa *Petite lettre sur les mythes*, qui définit le mythe comme « tout ce qui n'existe et ne subsiste qu'ayant la parole pour cause », que « ce qui périt par un peu plus de précision est un mythe ». Pour lui, donc, la science est ce qui fait reculer le mythe, comme la lumière électrique dissipe les fantômes dans une vieille maison, et l'histoire de la Raison fait lentement s'évanouir « la faune des choses vagues ». Il me paraît au contraire évident que, dans les rapports de sujet à sujet, il n'y a pas d'après-mythe à attendre, et qu'une utopie séculière à base mythique (disons : le communisme) ne peut socialement disparaître qu'au bénéfice d'un mythe religieux à projection utopique (disons : la Sainte Russie). Valéry confond les ordres. Nous sommes, dans l'ordre subjectif (et celui-là seulement), condamnés ou plutôt voués au délire collectif, fût-il paisible et doux, comme chez nous aujourd'hui (car il varie heureusement d'intensité), en sorte que le cauchemar de l'Histoire n'a pas de réveille-matin.

Vous pouvez ne pas me croire. Mais vous ne pouvez pas ne pas m'accorder que l'élaboration et la transmission d'un savoir sont de droit séparables des résultats de ce savoir. Tandis que l'élaboration et la transmission des systèmes de croyance font corps avec eux. Ici, et c'est horrible, le fait dit le droit.

CONNAÎTRE LE CROIRE

C'est le même Valéry qui, évoquant « l'importance réelle de l'imaginaire », remarquait « que toute la structure sociale est fondée sur la croyance ou sur la confiance ». On peut dire, écrit-il, « que le monde social, le monde juridique, le monde politique sont essentiellement des mondes mythiques », qui reçoivent de notre esprit « leur existence, leur force, leur action d'impulsion et de contrainte » [1]. Serment, constitution, traité, contrat, signature, passé, avenir, projet : ces choses ne sont « que de l'esprit ». À propos de la monnaie, par exemple, il constate que ce papier ne tient sa valeur que du crédit que nous lui apportons, et désigne alors la croyance comme « *support de ce support* ». Il n'y a pas que l'économie et les finances qui sont des constructions de l'imaginaire. L'équilibre de la terreur aussi. La dissuasion nucléaire est une opération de crédit, essentiellement mentale, puisqu'elle repose sur la crédibilité d'emploi par ses détenteurs. Je dois croire que l'autre appuiera sur son bouton si j'appuie sur le mien, et réciproquement.

1. Paul Valéry, *La Politique de l'esprit, Variété*, « Bibliothèque de la Pléiade », t. I, édition de 1957, p. 1033.

Cela s'appelle la stabilité stratégique, qui n'est pas du tout affaire d'un équilibre quantitatif de stocks de vecteurs et de têtes mais de persuasion mutuelle. Cela, entre les partenaires du club atomique. Dans le reste du monde, le maintien de la paix repose sur le dogme de la non-prolifération nucléaire : il est entendu qu'un État non nucléaire du tiers monde qui se doterait de l'arme opérationnelle (charge + vecteur) déclencherait une situation inacceptable, s'exposant à un casus belli. Pourquoi ? Parce que l'arme nucléaire ne serait pas une arme comme une autre. Cela n'est qu'un mythe, mais c'est un mythe sage. La vie a repris à Hiroshima et le bombardement de Dresde a été plus meurtrier. Rien n'est irréparable. L'herbe repousse toujours, et les fleurs et les enfants. Or Truman et les Américains, à partir d'Hiroshima, ont accrédité dans l'esprit du public l'idée de l'exceptionnalité de la Bombe, avec toute la mythologie science-fiction du frisson d'apocalypse, de la « Doomsday machine », du « cataclysme cosmique », etc. Et ils ont fort bien fait. Sinon, il n'y aurait pas eu un interdit tacite sur l'usage de l'arme. La sagesse en l'occurrence est du côté du mythe. L'arme ne peut continuer d'assurer la paix mondiale qu'en restant tabou et tout ce qui diminue la peur ou banalise l'emploi, comme le nucléaire tactique dit du champ de bataille, la bombe propre ou à neutrons, la miniaturisation des charges ou la réduction à quelques kilotonnes, met la dissuasion en danger. Démystifier le nucléaire, c'est déstabiliser les rapports de force réels, en sapant la base fiduciaire de l'équilibre atomique. Phénomène subjectif, hallucination positive, la Bombe aussi est une œuvre de l'esprit.

« Gouverner c'est faire croire », disait Hobbes, et Churchill à sa suite. Mais *croire* est un verbe à déclinaison. Ce n'est pas un invariant homogène, tout temps et tout terrain, toujours égal à lui-même. Il y a des croyances flottantes, carnassières, sceptiques, sereines, etc. On ne croit pas de la même façon dans un mythe d'origine, un verset de la Bible, une fable de La Fontaine, une doctrine philosophique, un sondage, etc. Faire croire, c'est faire faire. Quoi ? Ce que les sujets de la croyance croient en leur for intérieur devoir faire. Comment fait-on croire ? En transmettant une information, en émettant des signaux. « L'action de l'homme sur l'homme » s'opère par communication d'information (du moins dès qu'on exclut la contrainte physique). Obéir et écouter sont, en grec ancien, des termes apparentés. Mais on n'écoute pas de la même façon et la communication ne produit pas les mêmes effets selon qu'elle a pour véhicule la voix d'un orateur sur l'agora, la lecture psalmodiée d'un texte sacré dans une église, la lecture silencieuse à domicile d'une bible en langue vernaculaire, etc. En articulant les modalités de la croyance à ses différents moyens de diffusion, la périodisation médiologique peut aider à mieux faire l'histoire du lien collectif, c'est-à-dire des religions civiques successives. La servitude volontaire a une histoire ; l'hystérie et le délire collectif aussi. Elle n'est pas séparable de l'évolution des formes d'accréditation du discours, qui ne l'est pas elle-même de l'évolution des supports d'inscription symbolique.

Une étude des effets de parole donnerait peut-être une base plus positive aux « sciences politiques » en ceci qu'elles deviendraient plus clairement une branche de la mythologie appliquée. À cet égard et à ce jour, les politologues semblent se contenter de peu. C'est avec des notions oscillant entre la sorcellerie et la parapsychologie comme le charisme, la suggestion, l'ascendant, le prestige, l'attraction, l'envoûtement, etc., qu'ils décrivent sans les expliquer les effets de transmission, adhésion ou croyance.

Une *discipline* est ouverte à une série indéfinie d'énoncés nouveaux dont elle offre simplement les règles de construction. Une *doctrine* est, par définition, fermée sur un corpus, avec des étrangers, qui restent dehors, et des convaincus, qui sont dedans, des profanes, des initiés et des gardiens. La médiologie se voudrait *discipline*, dont l'objet serait l'histoire des *doctrines* (naissance, prise de corps et clôture). Non pas l'étude des mots en *iques*, donc, mais des mots en *ismes*.

Rien de ce qui est assignable à un nom propre et donc justiciable d'un suffixe en *isme* — où s'alignent hitlérisme, bouddhisme, lacanisme, etc. —, producteur ou produit d'une affiliation, support d'une communauté d'adhérents, ne peut lui rester étranger. Sa première intention serait de fonder une histoire raisonnée de ce qui n'est pas vraiment rationnel ni tout à fait raisonnable. De « l'idéologie », si nous pouvions faire nôtre ce mot-valise, cache-misère et chausse-trape, pré-notion funeste non pas inventée mais intronisée par Marx, qui a sans doute retardé d'un siècle l'examen objectif des processus de socialisation des idées, ou du devenir mythe de l'idée (le mythe étant l'idée socialisée). Or c'est la genèse des *ismes*, ou encore les mouvements d'idées *in statu nascendi et moriendi* qui en révèlent le mieux la fonction. Le secret de l'*isme* s'expose dans l'*isation*, comme le virus dans l'épidémie. Christianisation du monde païen, déchristianisation de l'Occident industriel. Communisation, décommunisation de l'Est européen. Autorisation, désautorisation d'un nom propre. En 1970, le nom de Marx faisait autorité dans le monde universitaire français et le non-marxiste affichait en repère, dans ses articles, citations et définitions du théoricien allemand ; le même, vingt ans après, gommera toutes références à cet auteur démonétisé : plus d'encaisse morale. Cela se faisait, cela ne se fait plus. Crédit, discrédit. Attachement, détachement, réattachement. Place à Weber, Braudel, Aron, etc. jusqu'au prochain tour de croyance. Car dans ce jeu de bascule, chaque « désenchantement symbolique » fait se lever une nouvelle constellation d'enchanteurs à l'horizon des discours d'autorité.

Vous voyez maintenant mieux comment notre champ spécifique d'intervention était en quelque sorte orphelin. Théoriquement en friche. Coincé entre d'imposantes constructions que vous connaissez bien parce que vous avez malheureusement fait des études. Personne n'est parfait. Vous lisez journaux, revues et magazines. Vous avez donc, nous avons tous des repères glorieux, qui nuisent à l'excursion. Vous pensez donc, j'imagine, que nous nous aventurions sur les brisées de nos grands-ancêtres et que, lorsqu'on disposait déjà de l'*épistémologie* contemporaine, héros Bachelard, de la *sémiologie*, Barthes porte-parole, de l'*archéologie*, Foucault inventeur, de l'*histoire des mentalités* enfin, Lucien Febvre pionnier, il était assez ridicule de vouloir en rajouter. Je voudrais vous montrer fort brièvement que nos très estimables voisins ne s'occupent pas, hélas, de nos affaires. Passons-les en revue.

L'ÉPISTÉMOLOGIE

L'épistémologie, réflexion sur les sciences, étudie la constitution des connaissances *valables*. Elle tient un discours *normatif* sur des systèmes d'énoncés *descriptifs*. Elle dégage des critères de validité et repère des « obstacles » au développement du vrai. Exigeante et soupçonneuse, elle se meut dans l'horizon classique de la philosophie comme tribunal du savoir, recherche des fondements, travail de vérification.

La médiologie fait exactement le contraire : elle vise à *décrire les discours normatifs*. « La vérité » n'intéresse pas les médiologues, pas plus que les élans du cœur les cardiologues. On ne se pose pas ici de questions sur l'essence et les fondements, pas plus, disons, que le baron Fourier sur le pourquoi de la chaleur, lui qui n'en voulait qu'à sa propagation. On se moque de savoir si Dieu existe, si le Prolétariat, les Droits de l'Homme, l'Histoire, le Post-moderne ont ou non une réalité *objective*. Toute idiotie ou même toute proposition perspicace circulant à ces divers propos, pourvu que ça tourne et fasse causer, mérite notre considération. Plus que de l'agnosticisme, notre démarche professe un cynisme résolu qui tourne le dos à toute morale de la connaissance et remplace « vrai/faux » par « performant/non performant » : nous, on applique du « constatif » à du « performatif ». On n'a pas d'erreurs à dénoncer, comme l'épistémologue classique, ni de configurations infra-conceptuelles à exhumer, comme l'archéologue foucaldien, mais des traces et des tracés à enregistrer, naïvement. Sans quoi nous bâtirions une doctrine de plus, et non un début de discipline. Pas de tri. Ce qui fait fable ; un récit s'accréditant de sa propre transmission ; un discours à quoi on ajoute foi, et même auquel on ne croit pas vraiment mais qu'on reçoit et relance : tout cela suffit à faire notre bonheur. Vaste programme, puisqu'il va du racontar à la religion et du commérage aux « plus hautes constructions idéales de l'humanité » en passant par la rumeur, y compris par la mise en rumeur d'une découverte scientifique. Nos cobayes théoriques si l'on veut pourraient aller de l'échotier au Messie, avec une tendresse spéciale pour le charlatan, sans oublier le vrai médecin qui, au-delà d'un certain seuil de notoriété, passera inévitablement pour un guérisseur d'écrouelles et un « gourou médiatique ». L'examen des formes d'évolution de la crédulité publique, sur toute la gamme (et dont la soi-disant « incrédulité » de nos sociétés post-modernes est une variété parmi d'autres), n'a pas à se prononcer sur la validité rationnelle de telle ou telle partie de ce tout. Que nul n'entre dans la « noosphère » (Teilhard) ou la « noologie » (Morin) s'il a un souci de vérité.

L'ARCHÉOLOGIE

L'archéologie des discours, quant à elle, remonte vers « le jeu des règles qui déterminent dans une culture l'apparition ou la disparition des énoncés, leur rémanence et leur effacement, leur existence paradoxale d'événements et de choses » (Foucault). Ces interrelations demeurent internes au champ du savoir, et ces conditions de possibilité intrinsèques formant système et soutenant la variété des disciplines d'une époque se désignent comme « épistémè ». Sans doute l'archéologie se place en amont de l'épistémologie comme il y a antériorité de l'*ordre* sur la *mesure*, de l'*épistème* sur la *mathésis*, de la *norme* sur la *loi*, du *savoir* sur la *science*. Dans tous les cas de figure cependant, ce type de démarche vise des « formations discursives », soit des systèmes de positivité tels que l'économie politique, l'histoire naturelle, la botanique, la linguistique, la psychopathologie, même si elle montre leurs liens avec des pratiques institutionnelles et des rapports de force sociaux. La mise en relation d'un champ théorico-scientifique avec un champ pratico-politique (les pratiques administratives d'internement par exemple) s'opère encore chez Foucault sous l'horizon de la connaissance. Nous n'aurons, nous, affaire qu'aux reconnaissances, y compris de la connaissance, et aux effets de résonance. Le médiologue ne se décale pas seulement de l'amont vers l'aval, ou des pratiques du savoir vers les pratiques de croyance (sans ignorer le fait que le marxiste croyait savoir mais ne savait pas qu'il croyait, que le chrétien sait qu'il croit mais croit détenir la vraie sagesse, tandis que le bouddhiste croit savoir que tout savoir n'est qu'une croyance — bref qu'il n'y a pas de frontières sûres et reconnues entre savoir et croyance)... Il ne juge pas de la musique, il évalue l'acoustique de la salle. Non pas : « de quoi ce discours est-il le produit » — par emprunts, dérivations ou assimilation de discours antérieurs — mais « qu'a-t-il effectivement produit — quels déplacements, clôtures, ruptures, massacres, hiérarchies nouvelles dans les dispositifs d'autorité ». Non pas la gamme énonciative, interne à l'ordre conceptuel sous-jacent à telle ou telle population de discours, mais les conséquences de l'énonciation sur les populations humaines (y compris celle des professionnels du discours). Il y aura donc comme un renversement fond/forme : ce qui est notre « forme », comme les modalités techniques d'apparition d'un message, ses contextes sociaux de réception et d'effectuation, sa transformation par les récepteurs, etc., n'était que le « fond » de l'archéologue. Et c'est bien normal.

Une archéologie des messages n'aurait guère plus d'intérêt en effet qu'une médiologie des énoncés, parce que ce qui est intérieur aux premiers est extérieur aux seconds, et vice versa. Critères de validation et règles de construction d'une « formation discursive » lui sont internes. Doctrine ou religion attendent leur validation du dehors, car aussi formalisées ou thématisées soient-elles, ce sont des options d'organisation, visant à « informer » les destinataires. À modifier des comportements, originer des choix de vie. En ce cas, le « haut » et le « bas » permutent. Dans l'ordre des messages, « l'histoire du monde est le tribunal de l'idée », la réception détermine les valeurs de l'émission. Dans les énoncés du savoir, détachables comme ils le sont en droit de leurs conditions d'énonciation, les réactions du public ne font pas la différence. Ce qui fait pour nous critère n'est pas ce qu'a ou non écrit la main de saint Paul, mais si ce qui a été écrit par l'épistolier a produit ou non, en fin de parcours, des têtes et des corps chrétiens. Le souci *généalogique* de l'archiviste cède alors le pas au souci *médiologique* de l'activiste. Au traditionnel « qu'est-ce qui a guidé Marx dans sa rédaction des thèses sur Feuerbach », substituons le « comment cette rédaction a-t-elle pu guider sur un siècle un nombre respectable d'agents historiques ? ». « Guidage », en langue cybernétique, désigne l'ensemble des moyens mis en œuvre pour rendre une action efficace.

Prenez, par exemple, *L'Ordre du discours*, livre célèbre de Michel Foucault. « Je suppose, y lit-on, que dans toute société la production du discours est à la fois contrôlée, sélectionnée, organisée et redistribuée par un certain nombre de procédures qui ont pour rôle d'en conjurer les pouvoirs et les dangers, d'en maîtriser l'événement aléatoire, d'en esquiver la lourde, la redoutable matérialité. » L'analyse en fait théorise l'immatérialité des pouvoirs du discours, puisque ce dernier paraît s'incorporer entièrement ses procédures de sauvegarde, ses interdits comme ses partages implicites et fondateurs (Raison/Folie, Tabou/Licite, Vrai/Faux, etc.). Celui qui parle n'a pas le droit de tout dire : il y a un code intrinsèque fonction de *l'épistémè* en vigueur. Mais les règles de sélection des haut-parleurs sont aussi à examiner. Ce ne sont pas que des conditions discursives ou logiques qui ont fait de *L'Ordre du discours* une leçon inaugurale entendue dans le recueillement par une assistance choisie, abondamment commentée le lendemain dans le journal-institution, aussitôt imprimée en plaquette par l'éditeur-institution, citée et glosée par les membres de l'institution professorale. Et commentée ici même, dans un autre champ institué : celui des séminaires de philosophie autorisés, se déroulant dans des locaux d'État. L'angle d'attaque médiologique pose de suite trois questions : contre qui ? Derrière quoi ? Par quelles voies ? 1) Dans quel champ stratégique ce discours advient-il et contre qui dirige-t-il ses coups ? Il bataille en force : quel est son but de guerre ? 2) Quelle institution donne droit à la parole, sous quelles formes et conditions ? Ce discours fait parade. Quel corps d'autorité rend cette parole cérémonieuse digne d'être écoutée, enregistrée et reproduite ? 3) Quel est son support ou plutôt : de quel réseau de transmission est-il solidaire ? C'est au croisement de ces trois interrogations, politico-militaire, institutionnelle et vectorielle ou logistique, que se dessinerait à nos yeux la structure médiologique de cette solennelle adresse. Il est, bien sûr, d'autres angles d'attaque non moins légitimes ou féconds.

Pour nous résumer : « Ils ne savent pas que nous leur apportons la peste », aurait dit Freud à sa fille en arrivant à New York, sur le pont de son bateau, en 1909. L'historien des idées a pour tâche d'isoler le bacille de Yersin sous son microscope ; l'épistémologue, en bon pharmacien, trouve la streptomycine. Le médiologue ne s'occupe que des rats et des puces, sans oublier les paquebots — le tout sans intention prophylactique.

L'HISTOIRE DES MENTALITÉS

L'histoire des mentalités, elle, est une voisine immédiate et capitale, notre meilleure interlocutrice. Mais nous ne faisons pas le même métier. L'historien des mentalités tient de l'ethnologue, et le médiologue du balisticien. La mentalité relève de la statique morale, indique un *état* de conscience, un niveau relativement stable d'attitudes et de comportements. La balistique des messages observe les points d'impact, les écarts à la cible, la résistance ou la portance de l'atmosphère, les vitesses parcourues : elle relève d'une dynamique. Certes, on ne peut pas évaluer la portée et l'impact d'un missile symbolique homme-homme indépendamment du psychisme collectif qu'il a à traverser, qui déviera ou freinera plus ou moins sa course. Pas d'innovation sans un immémorial porteur, et tueur aussi. Toute révolution, spirituelle, morale ou politique, c'est l'histoire d'une fulguration qui s'éteint lentement dans des couches d'air visqueuses et grises ; d'un élan amorti dans le machinal. Les nébuleuses immobiles engloutissent les idées-météores, après les avoir elles-mêmes projetées en avant, puisque toute rupture est rupture d'une permanence et produit de la structure qu'elle vient rompre. Le médiologue s'intéresse à l'élan, plus qu'aux freins. *L'histoire longue* des mentalités entoure *l'histoire courte* des faits de transmission, comme la rampe de lancement encadre le lanceur et l'espace interplanétaire. Ce qui nous intéresse, nous, dans le surgissement d'une pensée, fait de parole ou fait d'écriture, prophétie ou Testament, c'est ce qui la distingue des manières de table ou des habitudes vestimentaires étudiées par l'ethnologue. Une idée forte n'est pas seulement effet, mais cause (ou origine, ou condition) de quelque chose qui n'est pas de l'ordre de la pensée. S'il n'y a pas d'histoire sans une donnée ethnique ou mentale, il y a plus dans l'histoire de France que dans la sociologie ou l'ethnologie des peuples français. « Les hommes pensaient comme Bossuet ; soudain ils pensent comme Voltaire », constate un historien du XVIIIe siècle français. Il ne suffit certes pas de penser comme M. de Voltaire pour pendre les aristos à la lanterne (beaucoup de pendus chérissaient et pratiquaient Voltaire). Mais ce qui est sûr c'est que des hommes qui pensaient comme Bossuet n'auraient jamais pensé à prendre la Bastille.

L'histoire des mentalités — si bien étudiée et définie par Jacques Le Goff — embrasse beaucoup plus large que le médiologue. Elle est dans la position du groupe par rapport à l'individu, de l'atmosphère par rapport au projectile, de l'immobile par rapport au mobile. Comme l'attitude par rapport à l'acte. La tradition par rapport à la rupture. L'inconscient par rapport au conscient. L'historien des mentalités est un spécialiste de l'inertie ; le médiologue, du mouvement et des transformations. Première différence. Il en est une deuxième. L'historien des mentalités ne se soucie peut-être pas assez de ce qui fait la communauté des lieux communs d'une époque, d'où sort et comment se fabrique l'outillage intellectuel qu'il examine. Le médiologue peut, je crois, l'éclairer en mettant en évidence ces matrices de mentalités, ces usines à lieux communs que sont les méthodes et techniques de transmission. Donc, d'un côté, nous tenterons de remonter en amont des descriptions de la psychologie collective en proposant des modèles explicatifs. Et de l'autre, nous nous tiendrons très en aval, en nous attachant à des exemples individualisés de parcours symbolique. Nous connaissons l'importance des climats mais nous ne pouvons ignorer l'histoire-bataille, car la bataille et l'échange de coups, c'est notre table de travail.

L'historien des lenteurs de l'histoire serait, je crois, le premier à reconnaître qu'à l'intérieur de ces grands massifs immobiles que dessinent les mentalités, il est des trajectoires discursives ou mythologiques dont le découpage n'est pas artificiel puisqu'il enregistre un acte de fondation. Le médiologue fait alors comme les bateaux dits de trajectographie pour les missiles et les lanceurs. Il suit le parcours de la fécondation, disons de lancement, par la parole ou par le mot, daté et localisé. À tel jour, telle heure, tel lieu. Ici fut le point d'émission. L'événement énonciatif. Le premier maillon des chaînes de transformation du message, le point zéro du train d'ondes. Un jour il y eut, dans un studio de radio londonien : « Moi, général de Gaulle (...) j'invite les officiers et les soldats français à se mettre en rapport avec moi. » Un jour, il y eut, dans un amphi parisien : « Moi, Lacan, je fonde, aussi seul que je l'ai toujours été dans ma relation à la cause psychanalytique, l'École freudienne de Paris. » Un jour d'octobre 1902, au Berggasse 19, dans son appartement à Vienne, l'auteur d'un ouvrage intitulé *L'Interprétation des rêves* réunit autour de lui trois amis. Quelques semaines plus tard, il baptise ce petit regroupement « la Société psychologique du mercredi », embryon de ce qui deviendra en 1908 la Société psychanalytique de Vienne, puis en 1910 l'Association psychanalytique internationale, etc.

Nous ferons donc honneur à ces haut-de-gamme de la transmission, ces héros solitaires dont l'histoire des mentalités doit justement s'écarter — prophètes, docteurs, fondateurs de républiques, d'ordres, de partis ou d'Églises. Ils nous offrent les meilleurs protocoles d'expérience, les plus clairs exemples d'efficacité symbolique. Les « grands idéologues », comme saint Paul, qui fraient en personne les voies et construisent les vecteurs de leur propre message, constituent pour nous un échantillon de choix. De même que les périodes de l'histoire que Saint-Simon baptisait « critiques », que nous disons de transition ou de rupture. Il y a là des viviers d'expérimentations contagieuses plus fécondes que les périodes « organiques », où cohésion sociale et stabilité ont la partie belle. Nous préférons donc le XVIe siècle au XVIIe, et le XXe au XIXe. L'instable retient toujours plus l'attention des médiologues, qui, dans les idées, s'attachent à ce qui fait bouger autre chose que des idées.

La psychanalyse se caractérisait comme « l'embryologie de l'âme » ; le médiologue rêve d'une embryologie des croyances et des mythes. S'il consent à regarder les nouveau-nés, les premiers moments de la dissémination, de la fécondation *in vivo* le captivent encore plus. Il ne manquera pas d'occupations. Les sacralisations tournent mais le sacré social n'affiche jamais relâche (même s'il connaît des éclipses, le temps de passer, par exemple, de saint Lénine à la Sainte Russie). Au Zaïre, c'est en vaccinant la population contre la peste qu'on a dégagé un terrain favorable au sida.

LA SÉMIOLOGIE

Puisque nous nous occupons des signes et des signaux, la question s'est posée de notre relation à la *sémiologie*. C'est bien compréhensible. Les dernières décennies ont placé les sciences humaines, particulièrement françaises, dans la mouvance ou en ambiance « sémiologique ». Réponse : nous sommes ailleurs. Et même dans le coin opposé. Funeste *Zeitgeist* hexagonal, ce « moment intellectuel » long d'une trentaine d'années, redondant, brillant aussi, est évidemment défavorable à une démarche comme la nôtre. La promotion, derrière Saussure, de la linguistique structurale en science pilote a euphémisé notre approche des faits symboliques comme elle a dématérialisé le monde social, en reléguant dans les marges l'analyse des techniques, matériaux et outils. Nous avons ainsi allégrement découplé la bouche de la main, le langage de la technique.

Leroi-Gourhan faisait remarquer que s'il y a « continuité entre les deux faces de l'existence des groupes », celle-ci avait été exprimée par les sociologues et anthropologues plutôt « comme un déversement du social dans le matériel que comme un courant à double sens dont *l'impulsion profonde est celle du matériel.* De sorte, enchaîne-t-il, qu'on connaît mieux les échanges de prestige que les échanges quotidiens, les prestations rituelles que les services banals, la circulation des monnaies dotales que celle des légumes, beaucoup mieux la pensée des sociétés que leur corps ». Notre approche des faits de pensée a subi un déséquilibre analogue. De sorte qu'on connaît mieux les réseaux d'analogies entre telle et telle pensée que les lieux de rencontre et de travail des penseurs, les architectures métaphysiques que les organisations scolaires, la circulation des concepts que celle des livres, beaucoup mieux la pensée des sociétés que les sociétés de pensée. La médiologie est tout entière protestation contre cette coupure, réclamation matérialiste de réunification des deux versants. Pour commencer, elle tordra le bâton dans l'autre sens — en parlant imprimerie au lieu de textualité, typographie au lieu de sémantique, moyens de transport plus que métaphore.

Science de la signification en général, la sémiologie s'étendait aussi aux signes extra-linguistiques. Saussure : « On peut concevoir une science qui étudie la vie des signes au sein de la vie sociale. Elle formerait une partie de la psychologie sociale et par conséquent de la psychologie générale. » Les applications ont procédé en sens contraire. Elles ont transporté la vie sociale au sein des signes, en faisant de la psychologie sociale une annexe de la linguistique. Le monde sémiologisé est un monde immobile, mince et pâle, où flottent, dans l'intemporel de la coupe « synchronique », des simulacres de langue, des spectres sémantiques, *tous retranscrits au préalable en « binaire »*. N'importe quoi peut ainsi devenir système signifiant, et la transformation de toutes sortes de pratiques socio-historiques en jeux de langage est elle-même devenue un jeu. À travers la mode, l'automobile, la nourriture, etc., la langue n'a affaire qu'à elle-même puisqu'il y a nécessairement précodage d'un champ objectif en un corpus linguistique, condition du traitement structuraliste. C'est la mode *écrite*, la nourriture *écrite*, etc., dont il est toujours question, en sorte qu'on retrouve à la fin du traitement ce qu'on y a introduit au préalable (les grilles de dépendances internes, les systèmes d'oppositions pertinentes, etc.). D'où des résultats garantis et anodins. L'hallucination formaliste propre à une époque qui a fait de Saussure son ouvre-boîte et de Raymond Roussel son totem, coupant les ponts entre le langage et l'existence, ou plus exactement faisant du langage, et de lui seul, « le système de l'existence », n'a pas précisément fait le lit d'une histoire matérielle de la communication. La linguistique saussurienne suppose les lois du sens contenues dans celles du signe, abstraction faite de sa nature et de ses supports d'inscription. Sans doute prend-elle en compte le matériau verbal, le phonème, et le signifiant, image acoustique du mot, donne à la parole sa matérialité. Mais cette incarnation reste intérieure au langage. La sémiologie, prisonnière de l'analyse linguistique, et de la pensée binaire qui lui est accolée (bien qu'elle ne fût pas celle de Saussure au départ, qui n'oubliait pas le référent, après le signifiant et le signifié), neutralise d'avance la production, le transport, la réception des signes. Autant dire que le narcissisme de la structure n'est pas notre référence. À l'autre extrême, les sciences du *signal*, beaucoup plus éclairantes, ne peuvent faire nos affaires. Le signal est le moyen qui rend la communication techniquement possible ; ce n'est ni plus ni moins que la variation d'une grandeur physique (une tension sur une ligne télégraphique, une modulation d'ondes hertziennes, etc.) — la théorie faisant abstraction de la nature physique de cette grandeur.

Je me résume. Nous sommes deux fois réfractaires à la vogue sémiologique. Comme matérialistes et « matiéristes » d'abord, car la sémiologie à la Barthes me paraît une des multiples expressions du formalisme contemporain. Et comme trinitaires pratiquants, toujours à la recherche du « tertium gaudens », le support matériel par exemple, ou le transporteur organique du message, Église, parti ou école, car la sémiologie, comme toutes les pensées spéculatives étrangères à la pratique des transformations, à l'action historique, me paraît stérilisée par des modèles binaires de travail. L'étude des médiations qui est la médiologie ne peut jamais oublier le petit intermédiaire, le tiers exclu ou le troisième larron des transmissions dont « les grands penseurs » font traditionnellement fi.

Cela dit, il est des études qui sans échapper à ce champ de gravité formaliste nous ont beaucoup apporté. Je pense en particulier à Jean-Pierre Faye, l'auteur des *Langages totalitaires* et de *Théorie du récit* (1972), auquel nous unit le goût du commencement et des figures en mouvement. Le change du *dire* en *faire*, Faye l'a analysé *in vitro* dans l'Allemagne de Weimar, avec la « production » ou « l'introduction, ou l'induction » du nazisme par les « récits idéologiques » en vogue dans les années vingt de ce siècle, en Europe [1]. Comment ne pas souscrire au point de départ de son enquête sur « *le pouvoir transformatiste des langues* » : « Parce que l'histoire ne se fait qu'en se racontant, une critique de l'histoire ne peut être exercée qu'en racontant comment l'histoire, en se narrant, se produit ? » Tel est bien en effet « le rapport tout premier de la pratique humaine ». Mais cette pratique à ses yeux peut faire l'impasse sur ses moyens. C'est un pur récit.

Sans doute la *fiction narrative* produit-elle d'autres faits, par exemple la dépêche d'Ems fabriquée par Bismarck qui permit de déclencher la guerre franco-allemande de 1870, ou encore « le roman historique » de Mably qui, recalant l'histoire des Francs sur celle des Gaulois, a contribué à faire la France moderne (les faux sont éminemment productifs en histoire). Mais le narratif restreint le champ d'enquête au littéraire et au passé, alors que mythologies et idéologies visent explicitement à organiser un futur collectif.

La « narratique » de Faye dresse surtout une topographie des discours dans laquelle des énoncés se changent en d'autres énoncés, mais ces chaînes de transformation restent pour l'essentiel sur le terrain symbolique. La médiologie regarde la Raison pratique, non la Raison narrative. Elle observe comment les faits de langue s'exilent hors du langage, et c'est cet exode dont elle s'occupe en propre. Elle se décale du symbolique au pragmatique, par inversion des pôles dans l'économie classique du dire et du faire. À chacun ses urgences, ses manques et sa biographie.

1. Jean-Pierre Faye, *Les Langages totalitaires*, Paris, Hermann, 1972.

LA TRADITION FAIT L'ÉCRITURE

Le sourcilleux pragmatisme des fondateurs en matière de diffusion fournit une règle de méthode à l'étude du devenir-force des idées. Utile aussi pour une petite idéo-pathologie de la vie quotidienne. Le flair en l'occurrence, c'est référer d'instinct une pensée à ses vecteurs et non à ses cibles. Par exemple, s'il interroge l'intelligentsia d'une époque et d'un pays donné, ce sera sur ses méthodes et ses instruments plutôt que sur ses principes et ses idéaux proclamés. La télédétection par satellite sait à présent établir une corrélation entre le mouvement des vagues en surface et le relief des fonds océaniques. Ainsi le médiologue détecte par la surface les profondeurs d'un courant de pensée, d'une famille d'esprit, d'une mouvance. Pour l'ausculter, il regarde ses porte-parole, ses relais, ses alliances, sa réclame, sa tactique. L'exposition vaut radioscopie.

Si la « nouvelle philosophie » nous a en son temps intéressés, c'cst précisément parce qu'elle n'avait pas de contenu théorique assignable mais qu'elle donnait à penser une nouvelle logistique du message, comme une pensée hors école, qui ne pouvait faire, et pour cause, une école de pensée, et encore moins un mouvement de pensée, identifiable par un *isme* (comme l'existentialisme ou le structuralisme). Nous connaissons tous les noms des nouveaux philosophes, et leur sympathique visage, mais nous ne savons pas au juste ce qu'ils pensent ni sur quoi — et peu importe. Le trait distinctif est en effet la suprématie de l'énonciateur sur l'énoncé, le branchement en direct sur l'actualité et ses fabricants, le court-circuit de l'enseignement et des médiations laborieuses de la recherche (la thèse, le séminaire, l'enseignement) pour l'instantané journalistique, pour le « faire-événement ». Le tout aux cris de « enfin une pensée libre et subversive », c'est-à-dire détachée d'un corps social agonisant, les réseaux de l'école, mais rattachée à un corps social montant, le réseau des médias. Dépendance organique effectivement nouvelle et vécue comme émancipatrice par ceux qui avaient pour horizon ou habitude les périphéries médiologiquement moribondes du monde universitaire. La « nouvelle philosophie » fut chez nous l'une des premières estafettes de la vidéosphère dans la graphosphère, du futur dans le passé, et elle a joué, à cet égard, un rôle pionnier de révélateur technologique. Son contenu le plus notable était sa forme, le déplacement des vecteurs faisait bien « événement » dans la vie intellectuelle.

Rien de plus incarné qu'une idée « qui marche », de plus ingénument anatomique qu'une « construction idéale de l'esprit ». Et l'esprit est dans la chair comme la lettre volée sur la table du salon. Parce qu'il n'existe pas d'idées conductrices sans corps conducteur, c'est au corps qu'il faut viser pour aller profond. Pour savoir l'essentiel demandez-vous par où cela passe : appareil, machinerie, circuit d'autorité. La « domination idéologique » ne s'exerce pas par le contenu des messages mais par l'agencement de leurs formes d'imposition et d'inculcation. La nature d'un projet de société, d'un programme politique ou d'une conception du monde peut se lire sur la gueule des chargés de mission et dans les procédés des fondés de pouvoir. Non pas : est-ce vraiment de l'art, ce tableau ? Est-ce vraiment de la philosophie, ce texte ? Mais *comment* se décide aujourd'hui le partage de l'art et du non-art ? De la pensée et de la non-pensée ? Qui tranche et en vertu de quel rapport de force ?

Une certaine posture d'indifférence aux « contenus de pensée » comme aux « qualités plastiques » déplace heureusement l'attention vers les « moyens et méthodes » (de l'adhésion à ces contenus, de l'intérêt pour ces qualités). Je ne saurais trop vous le recommander.

On s'en rapprochera d'autant mieux qu'on aura mis entre parenthèses le dédoublement de la bonne origine et des (fâcheux) avatars ; de l'original et des (mauvaises) copies. La coupure entre l'*éso*, réservé aux savants, et l'*exo*, réservé aux tâcherons. On connaît ce traditionnel jeu d'éclipses entre l'Évangile et la tradition, Marx et la Vulgate, le Coran et l'Islam ; entre le sens du Sens, et ses abus ou déchéances. Le monde de l'esprit n'a pas à nos yeux d'arrière-monde : il n'est que la somme de ses institutions. Chassons des confins cette navrante absence, ce miroitement narquois à l'horizon du commentaire. Si l'on est toujours en défaut par rapport à un texte premier, on sera toujours en reste avec les clercs. Le dévoiement des origines n'est peut-être là que pour fonder l'autorité des commentateurs, qui ont tout intérêt à exalter l'autorité perdue du texte. S'il y a du dévoiement quelque part, c'est qu'il faut s'en remettre au bon médiateur pour revenir dans la bonne voie, redresser l'opinion (ortho-doxie) sur un patron enfoui, jamais vraiment atteint. Traiter tout discours comme un parcours, en bon logographe, conduit à s'en remettre à la tradition, au sens fort que donne au mot la théologie chrétienne lorsqu'elle parle de la *paradosis*. L'écriture sainte est le corps du Verbe, et la tradition le corps de l'Écriture. Il n'y a rien de plus dans l'une que dans l'autre : l'expression de la Révélation est la révélation elle-même[1]. La tradition doit autant à l'Écriture que l'Écriture à la tradition (le canon scripturaire des catholiques ne s'est pas fixé avant le Ve siècle).

Nos maîtres, jadis, nous conviaient au retour, à l'anabase vers l'arche perdue. Althusser, et son « retour à Marx », à ce paradis originel qu'était l'opus lui-même, en personne, primordiale plénitude permettant de juger (de haut) l'enfer du marxisme français et son purgatoire allemand. Lacan et son retour à Freud. Heidegger et son retour à Parménide. Arrêtons-nous là.

D'abord, il n'y a pas eu, premier temps, *l'opus*, puis, deuxième temps, *la praxis*. L'unité de l'opus est un infini en acte : c'est l'opération synthétique et continue de l'ensemble des utilisateurs du texte. Séparer la pratique discursive de Marx de son institutionnalisation historiquc, c'est oublier que la deuxième a fait précisément de la première un *système*, ou corpus d'énoncés. Au fur et à mesure que se sont édifiés des partis, une confédération internationale, des instances centrales, des échelons, des frontières et des contrôles, bref une *hiérarchie*, le corps de doctrine s'est peu à peu synthétisé ou solidifié comme système stable, donc pratiquement fiable (en ce sens, ce sont les *membra disjecta* qui ont composé au fur et à mesure un corps, ce n'est pas un corpus originaire, égal à lui-même dans son intégrité première, qui se serait peu à peu décomposé entre une pédagogie primaire de masse et un ésotérisme savant). Si on entend par « Marx » la somme idéale des textes dénotés par ce nom propre, et par « marxisme » l'ensemble des pratiques, croyances et représentations qui se sont regroupées sous et référées à ce nom-là, le premier est le produit du second, non l'inverse. Il est probable qu'il en est allé de même avec Freud. Appelons *doctrine*, ici et là, l'ensemble des opérations par lesquelles une série d'énoncés signés de Marx et de Freud ont été constitués en opus. Plus simplement : la somme des erreurs d'interprétation commises sur leurs textes au fur et à mesure où ils ont été découverts, résumés, diffusés

1. Voir Peter Lengsfeld, *Tradition, Écriture et Église dans le dialogue œcuménique*, Paris, Éditions de l'Orante, 1964.

et utilisés comme supports et moyens d'une praxis d'organisation. L'œuvre de Marx, qui fut celle des marxistes, a commencé bien après le début de sa rédaction et légèrement avant sa mort : elle lui est posthume. L'étude et l'entretien de la vulgate aurait dû être la plus haute préoccupation *théorique* des *théoriciens* marxistes. Lesquels l'ont toujours tenue pour la plus basse. Si le marxisme avait un sens, il n'était problème que de sa vulgarisation : soit le seul problème que les marxistes « dignes de ce nom » répugnaient à se poser. Les doctrines sont toujours tuées par-derrière — par ce qu'elles négligent d'envisager. Le fatal dédain des médiations a précipité la mort de ce système symbolique. Reste à transformer ses obsèques en leçon de choses pour tous les candidats à la succession.

L'illusion idéaliste propre aux professionnels de l'idée les pousse à croire qu'une idéologie sociale, c'est un corpus doctrinal, *plus* le réseau technique de sa socialisation. Le marxisme-léninisme, ce n'était pas *Le Capital* + *Le Viol des foules*. Le protestantisme, ce n'est pas l'Écriture sainte + Gutenberg. L'*isme* fixateur n'est pas suffixe, un rajout en aval, l'expansion seconde d'un donné premier, suite à une bonne fortune; mais préfixe et raison d'être du tout. Le marxisme-léninisme a fait corps avec les supports de sa production/diffusion (journal-manuel-parti-école); comme la Réforme évangélique a suivi pas à pas l'expansion de l'imprimerie en Europe, laquelle était déjà, par elle-même, une « technique intellectuelle » (Pierre Chaunu). Récusons dans ces conditions la démarcation hiérarchique des domaines qui réserve aux disciplines nobles l'étude des *opus*, et aux savoirs subalternes celui des *praxis*. Au théoricien le texte marxien comme au théologien le texte luthérien; à l'historien des idées et au sociologue de la religion de compléter par la carte des chemins de diffusion. Résultat de cette division du travail : le constat désolé qu'il n'y a guère de rapport entre l'input textuel et l'out-put culturel. En somme, au lieu de mettre en cause l'écartèlement des méthodes, on le projette dans l'objet lui-même, en le lui imputant à faute.

Le haut et le bas, l'amont et l'aval, l'avant et l'après : catégories périlleuses. Illusion tenace que cette géographie imaginaire des « niveaux » « sources », « bras », et « débouchés ». En haut, toujours plus haut, inaccessible et pure, le surgissement d'une pensée vive, autonome. En bas, fangeuse et eaux-mêlées, incarnation, descendance, utilisation. Entre les deux : déformation, dégradation, distorsion. Dont il convient de se lamenter, en levant les yeux au ciel.

UN BON MÉDIOLOGUE EST UN CHIEN

Qui suit l'efficacité de la trace à la trace se réveille au moment où l'interprète des grands textes passe le relais à « l'amateur d'anecdotes ». Le philosophe nous explique d'où vient le concept de « société civile » chez Marx, la filiation hégélienne, les périls du réemploi, etc. Nous, on se demande où le livre est allé. *L'Idéologie allemande* : imprimé comment ? Tiré à combien d'exemplaires ? Combien d'invendus ? Lu par qui, et de quelle façon ? Commenté dans quelles revues ? Répété, imité, déformé par qui ? Bref, on prend le problème, tous les problèmes, par *le petit bout*.

Le médiologue est un chien. Il met son orgueil à regarder par terre, à renifler dans les coins. Vulgaire amant de vulgates et du *vulgum pecus*. De basse extraction, de bonne traduction. C'est précisément parce que, curieux enfants du christianisme, nous vénérons saint Jean et le Saint-Esprit que nous rendons à saint Jérôme, l'inventeur de la Vulgate à majuscule, plumitif et défricheur, relayeur de l'hébreu au latin, alors langue vulgaire, la prééminence qui lui est due. Témoins de la disparition du socialisme, nous respectons l'esprit d'utopie. Aussi bien, nous aimerions rendre hommage au fondateur du saint-simonisme, ce pauvre comte de Saint-Simon, non quoique mais parce que « doué d'un immense pouvoir de suggestion », il était « ingénieux mais superficiel », « incapable d'achever un livre, se prodiguant en mille lettres et opuscules », bref le contraire d'un créateur et d'un penseur. Tous les intermédiaires nous sont chers, et particulièrement les brigands de la pensée, traducteurs, transformateurs, multiplicateurs et circulateurs. Les « vulgarisateurs de bas étages ». Les leibniziens ne « méprisent presque rien », imitons-les. *De minimis curat mediologus*. Rien n'est trop prosaïque pour qui veut comprendre les plus « sublimes créations de l'esprit humain », comme on dit, et nulle considération de boutique ne nous sera étrangère. Le service après-vente, la promotion, le marketing. La qualité des photocopies, le tirage exact du bouquin, le stock disponible à telle date, les interviews, les signatures, le nombre des « retours », le pilon, le nombre et l'emplacement des critiques, des placards, les lettres de lecteur et les réponses que fait, ou non, le grand homme aux petits inconnus. Oui, nous mangeons de ce pain-là, ce sera notre brioche. Un bon conseil : n'entrez jamais au salon sans passer par l'office pour interroger le valet de chambre, car, contrairement à ce qu'on dit, il sait mieux qu'un autre reconnaître le grand homme. C'est celui qui respecte son valet de chambre.

TROISIÈME LEÇON

CINQ DRAGONS ENTRE LA TECHNIQUE ET NOUS

Dualisme

Spiritualismes

Humanisme

Individualisme

Modernisme

Quoique infiniment plus complexe et moins assurée, l'exploration des bases médiologiques du psychisme collectif regarde avec envie la découverte des bases neurologiques du psychisme individuel. Mais ici, pas de caméra à positron, de singes cobayes ou de micro-électrodes à disposition comme on en a dans les labos, pour suivre les messages électriques et chimiques des neurones et neurotransmetteurs. L'examen physiologique du « tissu conjonctif de l'esprit des sociétés » (Jacques Le Goff) ne peut pas non plus recourir, comme celui de la fonction neuronale, aux artefacts métaphoriques de l'intelligence artificielle : pas de machines témoins. Mais un contre-courant similaire. Les neurosciences se sont développées au rebours du béhaviorisme américain, mais aussi, et en France d'abord, à rebrousse-poil des psychanalyses idéalistes qui détachent le psychisme de son support physico-chimique, comme la sémiologie détachait les signes de leur support et de leurs voyages. Ce que les neurobiologistes ont fait pour la conscience individuelle, en abolissant le clivage esprit/cerveau, doit être néanmoins tenté pour les mentalités, avec les moyens du bord. Il y a matière à croire, comme il y a « matière à penser ». Si notre matérialisme éhonté a besoin d'encouragement, parapluie ou paradigme, inspirons-nous plutôt de Changeux que de Karl Marx qui, en matière symbolique, a l'âge de la phrénologie. La dissociation infrastructure/superstructure est au moins aussi pertinente pour notre propos que la théorie des localisations cérébrales de Gall pour la neurobiologie d'aujourd'hui.

Notre tentative a tout pour susciter l'antipathie des docteurs en « sciences morales » par le fait que les résistances à la recherche positive sont encore plus lourdes, encore plus anciennement ancrées dans le collectif que dans le cognitif. J'aperçois cinq sources d'inimitié, cinq foyers d'*ismes* réfractaires, obstacles médiologiques majeurs. En allant du plus ancien au plus moderne ou du plus machinal au plus sophistiqué : le dualisme ontologique ; le spiritualisme antitechnique ; l'apologétique humaniste ; l'individualisme des intellectuels ; et l'espéranto moderniste. Excusez le catalogue, qui fait catéchisme. Je n'exorciserai pas des démons, mais il faut bien sérier l'adversité.

DUALISME

L'opposition primordiale, archaïque, Sacré/Profane, explique sans doute, comme le suggérait Durkheim, la persistance, l'emprise sur nous du couple Pensée/Matière, Esprit/Corps. C'est elle que nous véhiculons d'instinct dans ces dichotomies spontanées qui ont en nous la force de l'habitude : machinisme contre humanisme, les technos et les intellos, compétence et baratin. Le partage humanités/sciences dans l'institution scolaire, des outils et des œuvres dans l'anthropologie, du techno-économique et du psycho-culturel dans les sociologies, voire des intellectuels et des manuels dans le bottin des professions ; de la forme et du sens dans nos analyses de textes (comme si la mise en page, la police des caractères, la disposition graphique ne véhiculaient pas du sens par elles-mêmes), de la surface et du contenu, du message et du support, etc., n'est-il pas une déclinaison du dualisme premier ?

Réconcilier la culture avec sa matérialité exige de renverser les murs de la paresse disciplinaire et de l'atavisme culturel, en sorte que les habitués de la BN à Paris puissent aller aussi au musée de l'Imprimerie à Lyon, et que les amis du musée du Louvre trouvent le chemin des Arts et Métiers. Il n'est plus temps que des sociologues enquêtant « sur les pratiques culturelles des Français » concluent que « la technologie aujourd'hui l'emporte sur la culture », en présentant une sorte de match entre deux termes opposés, avec un gagnant et un perdant, comme si le théâtre, le music-hall, le bal public ou le livre n'étaient pas, n'avaient pas toujours été des techniques culturelles, comme si la technologie commençait avec la télévision et le microsillon. Comme si l'histoire d'une culture était autre chose que l'incessant renouvellement technique des formes culturelles, faisant coexister dans le déploiement de ses techniques l'ancien et le nouveau. Il n'est plus temps qu'un historien se laisse refiler une définition de la culture comme « l'ensemble des représentations collectives d'une société », comme si la culture c'était ce que les gens avaient dans la tête, ou plutôt comme si ce qu'ils avaient en tête n'était pas fonction de ce qu'ils avaient entre les mains. Comme si on pouvait penser les œuvres d'une époque indépendamment de ses outils, ses représentations et comportements de ses appareillages de mémoire. Tous ces petits gestes de démarcation anodine reproduisent l'antique partage, et peu importe ici que le bien, le sérieux, le lourd soit placé du côté « représentation-culture » ou du côté « production-technique ». Marx reprend à Platon le modèle du double ou du reflet, en se contentant d'inverser les places. « Idéaliste » ou « matérialiste », qu'on fasse dans la dentelle ou dans les forces productives, on se garde tout uniment d'envisager l'acte intellectuel comme une opération matérielle, dont la forme fait force.

Sans doute le retournement de la « main » sur le « cerveau » est-il paradoxal et déplaisant. L'activité symbolique est un moyen de maîtriser notre milieu naturel, d'en conjurer la pesante, l'humiliante matérialité en déjouant ou en desserrant ses contraintes. Aussi n'est-il ni facile ni agréable de prendre conscience que l'activité qui libère des servitudes naturelles et matérielles est elle-même asservie à des conditions naturelles. Mais à trop opposer pensée et matière, on oublie ce fait élémentaire que la pensée n'existe qu'en se matérialisant, ne se prolonge qu'en s'extériorisant. « Dieu prothétique », l'homme ne s'élève à la condition divine qu'en allant vers le « bas », par adjonction d'organes de suppléance, de facultés matérialisées. Physique, l'émission vocale et l'écriture alphabétique qui ordonne la trace au son. Pendant six mille ans, penser, symboliser, concevoir, cela a consisté à traiter un matériau plus ou moins souple avec un matériau plus ou moins dur. De l'intellectuel comme ouvrier manuel spécialisé, gymnaste de la main, doigts et poignet. Le corps du caractère, l'œil de la lettre. La main, l'avant-bras, le dos du traceur. Exercice corporel, dur désir de durer. Encore la pratique graphique est-elle séparée en Occident de la pratique picturale des

Orients, nous avons écopé d'une calligraphie allégée, sans pinceau ni vélin, nous dissocions la peinture de paysage de l'écriture d'un poème. Mais griffonner, gribouiller « gratter », c'est toujours un effort musculaire autant que cérébral. Hédonisme, mortification, ou les deux. *Travaux* d'écritures où le corps s'engage dans la peine, la jouissance, ou les deux. Écrire, jusqu'au matin des télématiciens, jusqu'à la page électronique, ce matin même : incruster, inscrire, inciser. Enchaînement de barres et de traits sur une surface plane, un solide plus ou moins résistant. Sans oublier la manipulation et le transport de ces pondéreux, les livres (que l'euphémisme « ouvrages de l'esprit » ne rend pas plus aériens). Mensonge romantique du penseur de Rodin, romanesque du philosophe de Rembrandt. Vérité des images médiévales ou renaissantes du clerc, quand il habitait encore sa rugueuse et fonctionnelle vérité d'artisan, sans signature, sans pose, avant la naissance de « l'auteur » et du « génie ». Le *Saint Jérôme dans sa cellule*, par exemple, d'Antonello de Messine, c'est un bâtiment, des murs de pierre, avec du mobilier, des objets lourds, des pointes. Coffre à livres, ouvrages enchaînés à l'*armarius*, casier ou niche pour bréviaires ou psautiers, écritoire, sablier, lutrin, pupitre. Un fabricant à son atelier. Avec sa discipline, son cérémonial, son appareillage de copiste : rasoir, craie, pierre ponce (pour lisser le parchemin). L'encre, qui se prépare avec du noir de fumée. La plume qui se taille, s'aiguise, se sèche, s'use, et doit se remplacer. Poids-plume, disent-ils ? Cela pèse, une plume. Cela ne tombe pas du ciel. Cela se cherche et coûte, il faut tuer une bête, ou arracher une branche, ou usiner du métal. Cela a une histoire individuelle, une plume, et historique aussi, comme les civilisations et les matériaux : calame, roseau, plume d'oiseau, plume de fer, stylographe, pointe-bic. Une drôle d'histoire, méprisée mais sérieuse.

Les mots nous piègent. L'*homo faber*, n'est-ce pas, a des outils. L'*homo cogitans* n'en a pas — ou seulement à titre métaphorique. Ce qu'on appelle « l'outillage mental » (Lucien Febvre) ou « l'équipement intellectuel » (Jacques Le Goff) désigne des cadres logiques de pensée ou des dispositions de sensibilité, un mode d'intériorité collective. L'historien qui parle choses, matériaux, vitesses, transports, fabrications, ustensiles, sort aussitôt de la rubrique noble : « histoire culturelle » (public large d'honnêtes gens, échos journalistiques, ventes régulières), et tombe dans la rébarbative et accessoire « histoire des techniques » (public spécialisé, voir au troisième étage, marché improbable). Il glisse de la Sorbonne à Compiègne (université technique), du centre à la périphérie des sciences de l'homme. Ce qui est en cause ici n'est pas la question de savoir si l'univers symbolique se répercute ou non, et à quel degré, sur l'évolution du monde social et matériel, mais où se situe la ligne de partage entre l'immatériel et le matériel. La ligne de démarcation entre spéculation et positivité n'oppose pas les tenants du matérialisme aux autres, mais ceux qui parlent matériellement des idéalités aux autres. Difficile d'admettre, après l'imprégnation marxiste, que la matérialité n'est pas en bas ni l'idéalité en haut, mais que les « superstructures » ont une infrastructure qui leur est propre, incorporée et déterminante.

Un historien aussi éminent que Georges Duby, réfléchissant sur « histoire sociale et idéologie des sociétés », oppose encore en instances extérieures les « structures matérielles » et les « idéologies », les phénomènes économiques et démographiques d'un côté, les phénomènes mentaux de l'autre. Il concède volontiers aux seconds un rôle actif, sinon déterminant, une durée spécifique, avec ses décalages et ses discordances. Mais modèles de comportement, procédés d'éducation et systèmes de valeurs sont traités comme des entités immatérielles, choses invisibles, corps spirituels sans organes et donc sans anatomie ni physiologie possibles. On postule une histoire idéologique indépendante de l'évolution des supports et vecteurs de diffusion. On constate qu'il se creuse souvent des écarts entre un système idéologique conservateur, à évolution lente, et l'évolution plus rapide des rapports sociaux vécus. Mais l'instance des médiations techniques par lesquelles se reproduit une idéologie sociale — *les outils de la tradition* — est sautée, comme si elle n'avait pas de temporalité propre. Or l'écart qui se creuse entre un patrimoine symbolique et la transformation des « réseaux pensants » peut s'avérer non moins décisif. Le marxisme-léninisme, par exemple, était frappé d'obsolescence par l'évolution technique des médias (dès les années cinquante) avant même que les « rapports sociaux vécus » ou l'imaginaire social des masses contemporaines ne viennent à le déserter.

SPIRITUALISMES

Depuis à peu près un siècle, le discours des hommes de culture face à « la » technique paraît osciller entre deux mythes contraires, Faust et Prométhée, et deux tonalités de pathétique : catastrophe ou rédemption. Apocalypse ou parousie. Le croquemitaine a élu domicile en Europe et la bonne fée en Amérique. Le pessimisme, dans nos contrées, et malgré un certain Jules Verne, l'emporte sur l'ébahissement, et la gamme est vaste qui va de la fulmination vengeresse au moralisme morose. Technique et Modernité, couple maudit, s'assoient ensemble au banc des accusés, pour répondre de leurs méfaits devant le Tribunal de l'Esprit. N'entrons pas dans le détail de ces diatribes à majuscules que nous connaissons et goûtons tous. *Contre* la civilisation mécanique, la société industrielle, l'américanisation de la vie, la massification de l'individu, la culture de masse, l'uniformisation de la société, l'homme unidimensionnel, la société de consommation, la fabrication en série, la Technostructure totalitaire, « les aristocrates de la Techno-science », etc. Avec la *technè* comme arraisonnement de la nature, provocation et réduction de l'Être, le contraire donc de la *poièsis*, Heidegger a redoré le blason métaphysique de cette tradition de pensée aux résonances chagrines ou réactives ; Marcuse et l'école de Francfort, avec la dénonciation de la technique comme ruse de la domination capitaliste et, plus largement, la notion dépréciative de « Raison instrumentale », lui ont donné aux alentours de 68 et du côté gauche des barricades ses lettres de créance progressiste ; Jacques Ellul, son arrière-fond et sa réelle profondeur eschatologiques. C'est un thème où ont excellé, en France, moralistes et littérateurs de l'entre-deux-guerres — voyez Bernanos, Duhamel, Guénon —, « la liberté de l'esprit » rejoignant alors la sainteté de la Nature, comme moteurs de la vitupération.

Pas besoin de vous faire le tableau des oppositions pertinentes qui s'enchaînent à la dichotomie première Ciel/Terre, Esprit/Matière, Sacré/Profane. Chaque culture historique, chaque personnalité affective peut broder sur le canevas originaire les antithèses de son choix : qualité contre quantité ; individu (ou élites) contre masses ; civilisation contre barbarie ; contemplation contre travail ; noble contre vil ; l'aérien et le pesant, le propre et le sale, l'unique et le multiple, l'artificiel et le naturel, la ville et la campagne, le noir et le vert, le durable et le jetable, le bois et le plastique, etc. Indéfinies combinaisons qui donnent à la rhétorique sacrée de la malédiction anti-technique (« le gouffre nihiliste où s'effondrent les grandes transcendances... ») un chatoiement toujours séduisant, de bon aloi et de vente aisée.

L'autre pôle, optimiste et néanmoins conquérant, inverse le passé et le futur comme sites du Bien et du Mal pour chanter « le devenir-autre de l'homme contemporain ». C'est la technique comme rédemption, le salut par le micro-ordinateur, la naissance du « cosmanthrope » et de l'« iconanthrope ». L'homme nouveau, promis hier par les chemins de fer, nous attend désormais tout au bout de l'informatisation de la société : petit entrepreneur innovant, émancipé, convivial et libertaire. La religion nord-américaine du futur nourrit une myriade d'essais prophétiques où l'information factuelle sur les ultimes générations de microprocesseurs vient entretenir l'attente eschatologique du Salut par la Machine. De Toffler à Servan-Schreiber, de *La Troisième Vague* au *Défi mondial*, on peut bien appeler « technocratique » cette version euphorisante du pathos millénariste. Elle accorde à la technique une influence proprement démiurgique sur le cours des sociétés.

La religion industrielle oublie que l'histoire humaine se joue, hélas, à plusieurs niveaux, simultanés mais discordants, *zoologique*, *social* et *technique*, pour rabattre unilatéralement les deux premiers sur le dernier. L'homme est un *animal* pensant, qui vit en *société* et fabrique des *outils*; et ce n'est pas parce que ses machines à voir, à se déplacer, à voler, à calculer, etc., sont de plus en plus performantes qu'il cessera d'être le descendant du seul primate à avoir une alimentation carnée, et donc, en tant que mangeur de produits charnus, attaché à un territoire de chasse, avec points de fixation alimentaire, trajets saisonniers, etc. Comme le rappelle Leroi-Gourhan, « l'homme aurait-il possédé une denture râpante et un estomac de ruminant que les bases de la sociologie eussent été radicalement différentes ». La fixation territoriale ou sédentarisation, comme donne phylogénétique, avec ses très sévères contreparties du côté des religions et des systèmes symboliques, est l'une de ces contraintes naturelles (il en est d'autres) que les extrapolations utopiques de l'hymne à l'innovation ignorent superbement. L'universelle astreinte à la particularité que le *sapiens* tient notamment de sa physiologie, statut contingent, n'a pas sa place dans les tableaux en vogue de la réconciliation mondialiste par l'objet nomade, de la démocratie informatique, ou de l'autarcie universelle par la télématique. Fantasmagories de techno-fiction où le réalisme high tech des allusions cache une démarche d'abstraction des « systèmes techniques » coupés des rapports sociaux où ils s'inscrivent. L'ébriété moderniste, type Exposition universelle, est la forme aujourd'hui la mieux reçue du spiritualisme technique ou de l'illusion de toute-puissance qu'engendre la formation d'un « technocosme » insulaire, coupé de ses déterminants biologiques et historiques. L'illusion politique ou culturelle consiste à penser l'histoire des cultures ou des institutions comme indépendante des systèmes techniques. L'illusion techniciste la conserve en la renversant. Elle ne voit pas que l'histoire des médiations techniques est une histoire immédiatement animale, sociale, économique et politique.

Notre défi, et il n'est peut-être pas tenable, serait d'échapper, face aux processus d'innovation technique, à tout jugement de valeur, toute réaction affective de répulsion ou de séduction. D'abandonner la posture religieuse et morale pour une estime agnostique et sereine, une comptabilité minutieuse et sobre des coûts et des gains de chaque outillage de pensée, sans stridences ni extase. Or, un système de transmission symbolique, à commencer par l'écriture alphabétique, constitue de par ses enjeux un objet chaud et même brûlant, qui exige du médiologue un traitement froid (*La Raison graphique* de Goody ou les travaux d'Elizabeth Eisenstein sur l'imprimerie comme agent de changement montrent à cet égard la voie). La difficulté me semble résider en ceci que, s'il faut *neutraliser* le discours sur la technique, la technique elle-même n'est pas neutre, en dépit de ses légendes. Innocenter la technique de ses retombées et effets pervers est une chose, la tenir pour une « innocente » en serait une autre. Sociologues et historiens ont beau jeu d'opposer au délire technocratique sans cesse récurrent que *la* technique n'existe pas, comme réalité totalitaire et substantielle ; qu'on ne peut sérieusement en faire notre malin génie comme sujet manipulateur impersonnel ni notre planche de salut comme système de signification indépendant des hommes qui la produisent et la reproduisent. L'imprimerie, l'audiovisuel, l'écriture informatique, chacun de ces systèmes de transmission a été filtré, bricolé, détourné par ses usagers en fonction de ses valeurs et de ses intérêts. Cela est incontestable.

Il ne semble pas pour autant qu'on puisse en revenir à l'idée ancienne et tranquille que la technique ne porte en elle-même aucune prédestination, qu'elle consiste dans la simple articulation de moyens sur des fins qu'il appartient aux hommes de poser à leur gré et convenance. Une révolution technique comme la motorisation, cela peut servir, il est vrai, à de Gaulle et à Guderian, aux *Panzerdivision* nazies pour occuper et aux divisions de Patton pour libérer. La radio, cela peut servir à Hitler pour chauffer à blanc la tribu et à Roosevelt pour des causeries civiques au coin du feu. Dans la télécommunication des pensées, pour s'en tenir là, peut-on, du fait que « l'ustensile n'est pas pensable sans son utilisateur », conclure que « la technique n'a pas d'éthique, seuls les techniciens en ont une » ? Rien ne me paraît moins sûr.

Si les structures de réception sociales sont toujours actives, cette activité elle-même n'est pas libre mais déterminée en amont par les moyens et supports de transmission. On ne connaît pas de technique intellectuelle ou informative qui ne véhicule une éthique, ne serait-ce que professionnelle, et bientôt sociale. Les historiens de la Réforme (Pierre Chaunu par exemple) ont bien montré que l'atelier d'imprimerie a servi de base à une éthique du savoir, par le relais de l'établissement du texte, indispensable lorsque la reproduction mécanique à de multiples exemplaires rend « irréparable » la moindre erreur d'interprétation, interpolation ou version fautive d'un texte imprimé. L'*homo typographicus* a tiré de cet « esprit critique », défaut ou vertu professionnelle au départ, une morale de vie, une perception de l'histoire qui lui sont propres. L'*homo audiovisualis* ou l'*homo informaticus* en ont une autre et ce n'est ni leur mérite ni leur faute.

HUMANISME

Même si nous faisons les glorieux, nous ne sommes pas des sujets libres et souverains vis-à-vis de nos outils intellectuels et moraux.

Nous héritons de l'idée reçue que l'homme se tient face à ses truchements, à ses courroies de transmission, à ses canaux, comme un pilote sur son navire, maître du sens et des usages. « L'avenir sera ce que vous le ferez», lançait André Gide à la jeunesse, avant de mourir. À quoi le médiologue serait tenté d'ajouter un modeste avertissement : «Mais avant de vous lancer à la conquête de l'avenir, observez d'abord comment fonctionnent et ce qu'induisent, notamment dans l'esprit des lois et la nature du lien social, vos diverses machines à communiquer. Sinon, chers anges, vous serez refaits. Je veux dire : le monde sera ce qu'en auront fait vos outils spirituels. Votre monde aura de l'esprit, il en a toujours; mais ce sera le leur, pas le vôtre. À moins que vous ne confondiez les deux, bévue naguère appelée aliénation.»

Vous l'avez compris : la médiologie n'est pas un humanisme. C'est bien dommage pour elle. Dans la cité et dans nos cœurs, le dernier mot est toujours à l'humaniste, car il a le beau rôle. Nous avons le vilain. Tant pis. Nous ne communierons pas dans la croyance en la souveraineté de l'esprit sur ses moyens, et nous avons tout lieu de craindre qu'il n'existe pas une harmonie *naturelle* entre la fonction expressive et ses organes d'expression. L'humaniste voit l'histoire de l'*homo sapiens* comme le développement continu d'une conscience fondatrice se mirant dans ses propres chemins, la promenade d'un sujet souverain, homogène à lui-même à travers ses déchirures, et retournant tôt ou tard à lui-même après les épreuves de passage que lui font subir les malheurs du temps. Il n'envisage pas la rupture. «La continuité de l'histoire est celle des oppresseurs», écrit Walter Benjamin, qui ajoute : «l'histoire des opprimés est une discontinuité». De même l'humaniste voit-il dans l'objet le miroir du sujet, dans l'outil le simple prolongement de ses gestes, dans l'histoire des techniques un jeu d'ombres portées. L'écriture? Un succédané de la parole, source vive et première. La radio? La projection orale du texte écrit. Le téléphone? Un prolongement de la voix dans l'espace. La télévision? Un téléphone optique. Bref, il a une conception instrumentale de ses instruments. Donc, rien de nouveau sous le soleil, et rien d'essentiel sur la scène des accessoires techniques.

Le même postulat de continuité unifie devenir historique et panoplie médiatique, chaque étape du développement marquant une simple halte dans le circuit qui ramène l'homme à l'homme, la fin à l'origine et l'esprit à lui-même. L'humanisme théorique suscite un *angélisme des moyens* doublé, et pour cause, d'un *cynisme* inopérant dans l'utilisation. La télévision par exemple (mais on peut en dire autant pour l'automobile, le transistor, l'ordinateur, la bombe atomique, etc.) n'est pas à ses yeux un appareil structurant, doté d'une logique et d'un pouvoir propres (assez contraignants pour s'imposer, à la longue, aux meilleures et aux pires volontés). C'est un contenant à remplir différemment. Nous allons la « libérer ». La télé, comme l'avenir, sera ce que nous en ferons. Ce prodigieux outil asservi aux méchants exploiteurs (ou aux malveillances d'esprits subversifs, peu importe, cela se joue dans les deux sens) n'est pas la vraie télévision parce qu'elle n'est pas encore, ou qu'elle n'est plus, entre de bonnes mains. Mais quand nous arriverons aux commandes, nous la remettrons dans le bon sens, au service du Bien, du Vrai et du Beau. Nous en ferons l'instrument d'éducation et de création qu'elle est en son fond sans bien le savoir, une source d'information véritable et non truquée, bref nous rendrons l'instrument à sa dimension humaine, à sa vérité humaine, à sa finalité humaine. Applaudissements dans la salle, élections dans le pays, nouvelle loi sur l'audiovisuel à la Chambre. Mais la télévision libératrice tant attendue tombe mystérieusement à la trappe. L'instrument instrumentalise ses maîtres supposés ; le pouvoir reste à l'outil. Bizarre, bizarre.

Le plus curieux est que cette illusion de continuité ou d'homogénéité entre la chose créée et son créateur est parfaitement attestée par la généalogie des branchements techniques. Chez l'animal, le geste et l'outil se superposent, sans décoller, dans l'organe physique. Chez l'homme, l'outil prolonge le geste et s'en *détache*. Ce détachement, ou cette extériorisation matérielle des facultés humaines, « sorties » en quelque sorte du corps et se mettant à vivre d'une vie autonome dans une succession d'outils et de machines, définit autant que le langage le critère d'humanité. Mon cerveau mourra, non ces notes que je déchiffre devant vous, inscrites à l'encre sur un papier qui durera plus que moi. Si nous n'extériorisions rien, par-delà nos neurones et nos synapses, et compte tenu de l'atrophie de notre mémoire orale, pas de conservation, pas de transfert, pas de tradition, donc pas de culture possible. L'outil survit à l'organe. « Dieu prothétique », l'homme n'accède à un commencement d'immortalité que par ses prothèses. Et l'esprit à la durée, que par la matière où il passe et qui l'empêche de passer. Rien ne reste que par les médiations, qui viennent une à une, depuis cinq cents ans, prendre place dans « le cerveau imprimé de la communauté », c'est-à-dire nos bibliothèques. L'homme a ainsi extériorisé dans divers appareils, qui vont du chopper de l'Australanthrope au robot de troisième génération, son bras, sa jambe, son œil, son système nerveux, son cerveau moteur, puis son cerveau calculant, bientôt pensant, et un jour viendra sans doute où se retrouvant intégralement en dehors de lui-même, et mieux doté qu'à l'origine, l'individu se trouvera « embarrassé par cet appareil ostéomusculaire désuet, hérité du Paléolithique » (Leroi-Gourhan), fossile physique vivant mais superflu, allongé devant ses écrans de contrôle, avec une main atrophiée, des jambes sans emploi et un cerveau ralenti. Il aura depuis longtemps quitté son « dernier véhicule », comme dit Virilio, puisque c'est le monde extérieur qui désormais viendra à lui, dans sa bulle de verre.

Futurologie du troisième millénaire. Reste que s'il y a continuité à la naissance de l'outil entre évolution génétique et évolution technique, la seconde reproduisant en un temps très court et toujours plus accéléré les milliers de siècles de la première, il y a *solution de continuité*, en fin d'exercice, entre l'organe humain et son tenant lieu. L'objet technique se met à vivre de sa vie propre, chaque découverte libérant des effets imprévus qui déjouent les moyens d'appréhension et de contrôle tant intellectuels, des individus, que politiques, des sociétés. L'écriture extériorise la mémoire cérébrale pour la pérenniser mais le petit aide-mémoire du comptable de Sumer finit par créer une autre sorte de mémoire sociale, par la qualité et la masse des archives ; et ainsi de suite, à l'accéléré, avec les technologies mécaniques de reproduction (imprimerie), puis électromécaniques, puis électroniques, puis numériques, etc. Cette dynamique court plus vite et sur d'autres pistes que nos attentes, nos habitudes et nos décisions, comme le montrent les tentatives émouvantes de rattrapage du législateur dans son effort d'adaptation des lois en vigueur à l'évolution technique. On verra dans un prochain cours à quel point, plus encore que l'homme en général, le censeur est une passion inutile.

L'esprit humain conçoit et fabrique les machines, mais les machineries de l'esprit ont un esprit bien à elles, sinon de l'esprit pour deux. Cet esprit machinique fabrique à son tour et conçoit dans notre dos, sans rien nous demander, sans même nous informer, un monde, un espace-temps, une cité qui s'imposent à nous. À chaque type d'archive correspondent une configuration du pouvoir d'État et une modalité de la loi qui ne se déduisent pas des constitutions ou du droit public. L'espace public de la République est bâti sur la lettre imprimée et sur sa circulation entre citoyens susceptibles de lire, d'écrire et de se juger mutuellement. Mais la fabrication industrielle de l'événement en temps réel par l'image-son analogique modifie, comme nous le verrons, notre rapport au passé (dévaluation du monument) et à l'avenir (évanescence des postérités). De même suscite-t-elle un autre espace imaginaire, un autre milieu vécu que celui qu'ordonnaient les lois de la perspective, cette technique elle aussi immatérielle inventée par la Renaissance italienne. L'espace médiéval hiérarchisait des valeurs, l'espace perspectiviste est un système de grandeurs. Nous ne revenons sans doute pas à l'optique du Moyen Âge mais il est clair que notre relation visuelle au monde ne s'ordonne plus aux rapports de proximité issus de la perspective (avec premier plan, horizon et points de fuite), mais à une hiérarchie sociale de valeurs informatives d'où il résulte que j'ai dans l'œil, au premier plan, non mon voisin de palier ou de rue, que je croise comme des inconnus, mais la vedette de variétés, le présentateur de télévision ou le leader politique, que je n'ai jamais vus effectivement. Cette nouvelle géographie mentale n'a été conçue ni voulue ni organisée par personne. C'est un « effet de machine » dont je peux apprécier les effets, mais non abolir la cause. Je vis dedans et fais avec ; cette chaîne d'opérations vécues, qui me fait en partie tel que je suis, s'est faite et se défera peut-être un jour, mais pas de mon fait.

Le médiologue s'en voudrait d'exalter un déterminisme technique, mais il cherche d'abord à dégager les déterminations objectives des appareillages de la pensée qu'il considère. S'il prend la mesure des machines, c'est pour ne pas subir aveuglément leur loi.

On peut se demander si les variantes de l'humanisme philosophique, que ce soit l'homme-mesure-de-toutes-choses de Protagoras, l'homme désaliéné du jeune Marx ou l'homme-projet de Sartre, n'ont pas en commun, et pour fondement commun, un certain mépris pour l'activité technique et le machinisme en général. Si c'est bien là une constante, il conviendrait d'interroger la persistance d'une mentalité magico-religieuse au cœur de ce blocage humaniste : pourquoi prendre la technique au sérieux si l'homme a la faculté de commander au monde par la parole ou le signe ? Soit la causalité magique paradoxalement réactivée aujourd'hui par les machines à voir, à entendre et à lire (qui tendent à se nier pour ainsi dire comme machines, pour se proposer comme divines télécommandes, de plus en plus faciles ou instantanées). L'ivresse du roi zappeur commandant à un monde presse-bouton est un reste en nous d'ébriété primitive, retour d'une mentalité prémécanicienne au sommet de la facilité technique.

Le postulat de continuité humaniste, libertaire ou marxiste, rhétorique, chrétien ou technocratique, doit son emprise à son ancienneté. Sa fraîcheur prometteuse vient de loin, avec des titres d'autorité puisés à Athènes et à Rome. La philosophie déteste les machines parce qu'elle est née de leur refus ; plus exactement : d'une conception qui en faisait de simples prolongements des organes du corps, petites merveilles sans conséquence, *thaumata* divertissantes, automates-jouets. Nous traînons tous après nous, et d'autant plus que nous n'y prenons pas garde, cette hiérarchie de valeurs qui opposait le citoyen et l'artisan, le savant et l'ingénieur, les arts libéraux et les arts serviles. On peut fort bien investir dans un activisme historique ce jeu d'oppositions, sans reprendre à son compte l'antinomie de la vie contemplative et de la vie active et le dédain du temps propres à l'Antiquité. Comme on peut allier l'optimisme du progrès technique, épopée libératrice, et une totale insouciance des mutations techniques concrètes, accessoires et étrangères au monde glorieux de la Raison. Les humanismes de la praxis et du progrès sont les cadeaux du XVIIIe au XXe siècle. La révolution industrielle a bien été pensée mais le plus souvent dans des cadres de pensée préindustrielle — ce qui explique la facilité avec laquelle nous avons pu absorber ces grandes promesses de salut.

Le médiologue doit donc être doublement modeste. Devant les outils d'abord, pour réviser à la baisse les aptitudes démiurgiques du sujet humain. Devant les collègues ensuite. Face aux philosophes du droit, de la liberté et de « l'espace public », héritiers des arts libéraux, il aura toujours l'air d'un préposé au mineur et au mécanique (bimbeloteries et divertissements). Et face aux prophètes de la Nature ou de l'Être, gardiens de l'authentique, de la vie et des énergies premières — grandis par les prestiges de l'ancienne *physis* —, les sentinelles de la *technè* sembleront vouées à l'inauthentique et aux contrefaçons. L'Occident comme l'Orient leur fermeront leurs portes, rebelles qu'ils sont à leur mythologie, disons à leurs valeurs respectives. « Superficiel », diront les uns, et les autres : « artificiel ». L'opprobre du factice, commun dénominateur des condamnations occidentalistes et orientalistes, guette inévitablement quiconque prend au sérieux les transitions du dire au faire et ses moyens d'effectuation.

Il va de soi, dans notre tradition, que l'esprit comme tel, l'esprit de plein exercice et de plein droit, doit et se doit de rester étranger à la technique, cette *illusion*. Même s'il est recommandé aux hommes libres d'avoir des esclaves ou des « machines animées », pour les tâches serviles, comme l'était dans la cité antique l'écriture de la parole vive, tâche de consignation indigne du philosophe et réservée à des esclaves alphabétisés ou des élèves de première année. L'homme libre dicte, il n'écrit pas lui-même.

Pour nous, c'est plutôt l'esprit comme tel qui est une illusion.

INDIVIDUALISME

Autre obstacle à surmonter : le narcissisme professionnel des hommes de pensée. Les poseurs de fins et de valeurs jugeront cette crispation sur les moyens, méthodes et vecteurs, anodine ou suspecte, ou les deux ensemble. Les hommes de lettres ne considèrent pas la lettre (la « lettreüre », ainsi qu'on disait au Moyen Âge pour la littérature) : indifférence fréquente des écrivains aux questions de typographie, aux arts et métiers de la lettre. Les producteurs de pensée répugnent à traiter la pensée comme produit : le mutisme des philosophes et psychanalystes sur la neurophysiologie du cerveau rappelle à sa façon l'embarras boudeur des sociologues devant la sociologie des sociologues.

Les médiateurs, en général, n'aiment pas regarder en face les médiations. À commencer par leur médium naturel, la langue : indifférence de l'intelligentsia française à la francophonie, inconscience des chercheurs anglo-saxons quant à l'enjeu de l'anglais comme médium unique de transmission du savoir. L'intellectuel est un humaniste de vocation parce que là est son plus grand confort (au sens de confort d'écoute). Il suit sa pente en s'abandonnant à une conception instrumentale de ses instruments, dont il se sert sans les voir. Ainsi se sentira-t-il libre comme l'air, sans remords ni *impedimenta*, léger manieur d'une langue légère, neutre, transparent *flatus vocis* où il se gardera de reconnaître une institution d'État, hérissée de canons, d'encaisse-or et de brevets d'invention, marque de fer d'une domination nationale, reconduisant ce rapport de force et propageant ses valeurs outre-mer. L'outil linguistique est immatériel mais lourd, peut-être le plus lourd de tous dans la panoplie qui soutient et perpétue une mentalité. Une langue, une écriture c'est toute une mémoire involontaire et c'est aussi un parti pris sur l'avenir, inconscient parfois. Atatürk l'avait bien compris, qui adopta des caractères latins pour transcrire la langue turque. L'arabe, c'est la langue du Coran. Et l'Algérien laïque et progressiste qui voulait arabiser entièrement la République algérienne n'écrasait pas seulement sa composante berbère (comme le français de Descartes et de Diderot, imposé par la monarchie, contribuait à écraser le breton, le provençal et l'allemand) : il frayait la voie à l'islamisation intégriste de sa république, à son insu et pour préserver, louable intention, son originalité culturelle.

Il est vrai que parler une autre langue que sa maternelle, c'est peu ou prou reconnaître l'autorité, la logique et les finalités du système de forces dont cette langue est l'instrument. L'américain, c'est la langue du business et de la religion technique. C'est, comme toutes les langues, une conception du monde, une obédience tacite et une échelle de valeurs. Admettre le *basic english* comme *lingua franca* du monde européen, ce n'est pas, ou pas seulement, choisir une facilité instrumentale, un moyen inessentiel et commode de communiquer, c'est ordonner l'Europe à une conception techno-économiste du monde et de son propre avenir. Il n'y a pas de langue « innocente » (pas plus la sienne que celle des autres). Aucun *medium* n'est gratuit : toujours quelque chose à payer. Il y a des *media* doux, comme il y a des technologies douces, moins coûteux que d'autres. Il n'en est pas de « naturel » (pas plus les langues naturelles que les langages-machines).

Précisons. Les voies et moyens du discours font l'objet de nombreuses disciplines intellectuelles, qu'il s'agisse des moyens d'*effectuation* (langue, papier, inscription), de *transport* (par exemple, pour la République des lettres du XVIIe siècle, les routes, chevaux, relais de poste, courriers permettant la correspondance de point à point entre savants à travers toute l'Europe), de *stockage* (éditions, bibliothèques, etc.), de *circulation* (académies, écoles, lectures, colportage, etc.). Mais ces conditions sont d'ordinaire pensées par le penseur comme l'en-dehors de sa pensée, son con-texte. Supposer qu'elles puissent en faire le dedans ; reconduire l'esprit à ses appareils, donner la parole à la matière, ou plutôt redonner ses matériaux à l'acte de discours ; refaire glisser le support sous la trace, comme le réseau sous le message, comme le corps constitué sous le corpus textuel, c'est installer l'hétéronomie au cœur des événements discursifs. Et violer de sacro-saintes habitudes.

L'autonomisation du discours — l'orgueil du métier — a en France deux visages historiques, qui ne s'opposent qu'en apparence. Une face classique, rationaliste, d'entendement. Une face romantique, rêveuse, de sentiment. Descartes dans son poêle, Hugo sur son rocher. Hautes figures de solitude, clichés emblématiques, réunifiés par Rodin dans l'enroulement sur soi d'un homme nu, sans âge, sans instrument ni environnement, *le Penseur*. Deux imageries héroïques, mais au demeurant deux experts en politique de la pensée ; et on pourrait en fait saluer le réalisme, le flair, la conscience médiologique de ces deux héros de la diffusion. Descartes choisissant, contre les doctes et les théologiens d'une Sorbonne fermée sur son latin, d'écrire le *Discours de la méthode* en français, langue vulgaire, maternelle et monarchique, pour élargir canal et bassin d'audience aux femmes, aux courtisans et à l'honnête homme. Hugo, tarabustant par lettres et messagers ses éditeurs, du haut de son rocher, multipliant affiches, assiettes, statues, vignettes à son effigie, pour arroser un maximum de lecteurs dans la France des chemins de fer et des écoles primaires. Reste que faire apparaître dans le grand auteur l'interprète d'un certain réseau collectif — un espace déterminé d'élaboration, de circulation et de confrontation —, c'est resituer le soliste dans l'orchestre qu'il ne veut ni voir ni entendre. L'autoréférence et l'autofondation du sujet pensant restent la norme admise, et c'est curieusement au moment où la République des lettres cristallise au XVIIe siècle l'avènement du savoir comme fait communautaire inscrit dans un réseau serré d'échanges et de vérifications mutuelles que le *cogito* est venu occulter dans l'imaginaire intellectuel le *cogitamus* stipulé par l'« effiscience » collective. La réalité, c'était : *nous* pensons, donc *nous* sommes ; adossé à ce *nous*, le philosophe du sujet dit *je* et ne retourne pas la tête.

Dénégation de cette dénégation, la médiologie vient, derrière chaque *isme*, déloger l'enceinte qui le fait advenir et qu'il boucle en retour. Car on ne pense qu'en corps, le corps se pense à travers tel ou tel truchement, ce ne sont pas les esprits mais les corps qui pensent. C'est un fait bien connu des historiens des idées : l'intellectuel critique, inorganisé, est toujours plus organique et mieux organisé qu'il ne se pense, dépendant d'une société ou d'une contre-société, chacune le pilotant comme une intersociété, lieu et milieu clos d'interlectures et d'interactions. Derrière la forme « controverse », il y a le collège médiéval, base de la scolastique. Derrière la forme « polémique », il y a les journaux et revues d'opinion, supports de la pensée critique. Derrière la forme « table ronde », il y a le panel radiophonique et le plateau de télévision, matrices de l'échange d'aujourd'hui. Le clerc a été de monastère, d'université, de cénacle, d'État, d'école, de parti ; il est d'entreprise, par le biais de la presse ou de l'édition, ou bien d'académie, ou bien d'un peu de tous ces corps mêlés, chacun faisant l'anticorps de son voisin et rival. L'école fut une contre-Église (avec ses contre-prêtres et son anticatéchisme), comme les médias sont une contre-école (avec ces superprofesseurs qui sont l'antithèse des professeurs, les grands journalistes, nos nouveaux prêtres). Une dissidence intellectuelle sans réseau d'appui, national ou transfrontalier, est un conte de fées assez flatteur pour nous ensorceler, mais qui ne résiste pas à l'analyse médiologique, à sa liste de questions têtues : quel corps d'appartenance ? Quelle stratégie d'organisation ? Quel réseau de diffusion ? Quels supports ?

MODERNISME

Vous connaissez le leitmotiv « modernisateur » selon lequel plus il y a de technologies dans une société, moins il y a de place pour le symbolique. Nous avons tous entendu dire que la puissance croissante de nos machines diminuerait d'autant le pouvoir des mots ; que la dynamique technicienne dévalue les arts et procédures magiques ; que plus et mieux on calcule, moins on a besoin de délirer. On peut en effet imaginer que plus il y a de gens efficaces quelque part, moins il y aura de bavards et de songe-creux, mais l'observation des sociétés industrielles développées paraît infirmer cette supposition du bon sens. Voir l'augmentation constante du chiffre d'affaires des industries du mythe guérisseur (médecine douce, parapsychologie, astrologie, sectes occultistes, etc.) qui ont pour seul moyen de production la parole, le message « d'homme à homme ». Lecture en France, chiffre d'affaires : trois milliards de francs. Astrologie : quarante. Marché publicitaire : soixante. Marginal et anecdotique ? Soit. Tournez alors vos regards au-dehors, vers « le grand réveil religieux », le retour des nations, la remontée mondiale des mythes d'origine et des credos communautaires, et vous verrez si les médiologues risquent d'être mis au chômage par l'universalité du progrès technique. Je ne vais pas vous renvoyer une fois de plus à mon analyse de l'inconscient religieux, mais vous trouverez aux chapitres « L'Universel à l'envers », et « Le Progrès rétrograde » une explication rationnelle à ces déraisons que les dix années écoulées n'ont pas précisément démenties. Simplement, rappelez-vous le « principe de constance » qui sanctionne dans une société tout déséquilibrage technique par un rééquilibrage symbolique de l'appartenance. Chaque nouveau cran dans la mondialisation techno-économique hausse d'un cran équivalent la balkanisation ethno-culturelle de la planète. Tout nouveau principe d'unification, d'un pays, de l'Europe ou de la Terre, déplace ailleurs son principe de différenciation, sans l'abolir. Ce qui veut dire : *le multiple est l'avenir de l'Un* (et vice versa : plus il y aura de tribus, plus on aura besoin d'une Organisation des nations unies). Jusqu'à quand faudra-t-il rappeler aux tenants du mondialisme futuriste, juridique ou technique, qu'il existe trois mille langues parlées sur cette planète et cent qui s'écrivent ? Les systèmes techniques font le tour du monde, oui, mais il n'y a et ne peut y avoir de langue universelle ni de religion universelle (pour les mêmes raisons). Et plus il y aura de transistors et de computers pour communiquer, plus il y aura de patois, de peuples et de dieux *pour ne pas communiquer.*

Le credo évolutionniste se représente le progrès comme le remplacement progressif de l'ancien par le nouveau, où, dans la colonne « ancien », il y a la guerre, la nation, le religieux, les noires passions collectives, etc., et, dans la colonne « nouveau », l'échange économique, la mondialisation, la laïcité ouverte, la raison, l'individu. Comme un « ôte-toi de là sorcier que je m'y mette » de l'ingénieur et du savant. Cette vulgate si sympathique a simplement oublié que le progrès technique signifie aussi l'incessant rajeunissement de l'ancien par le nouveau, et de l'ethnologique par la technique. Sous la forme du savant thaumaturge, du médecin grand sorcier et du technicien manitou, ou sous celle du « je sais bien, mais quand même, demandons son avis au prêtre ». Si les religions historiques n'étaient que des mythologies agraires gonflées, l'industrialisation de la planète, qui a fait « décoller » l'humanité de ses sols, aurait dû dégonfler ces systèmes archaïques d'identification.

Nous avons découvert que « l'ancien » n'est pas ce qu'on laisse *derrière* soi mais ce qu'on retrouve *devant* soi. Tout se passe comme si on pouvait appliquer aux mentalités collectives le schéma néo-jacksonien du psychisme individuel : en période de crise, la désintégration des fonctions corticales les plus récentes, supérieures et donc plus fragiles, provoque la remontée des couches les plus archaïques du cerveau, plus frustes et, à ce titre, plus résistantes. Ainsi comprend-on que notre temps soit si peu de son temps ! Tribus tous crocs dehors, capucins partout aux créneaux, rugissements frontaliers, guerres saintes ! Et c'est bien la même « civilisation mécanique » où le nombre des États laïques se réduit comme peau de chagrin. Le trop fameux désenchantement du monde wéberien a de ces retours de bâton « enchanteurs », et déjà l'Empire romain sur le déclin croyait voir s'affaiblir la notion de divin au fur et à mesure de la divinisation des empereurs. On sait ce qu'il en advint. Il faudra un jour se demander pour de bon s'il est bien vrai que nous ne gérons plus que des restes de religion, à titre purement individuel ; si la structuration religieuse du groupe a rejoint le rouet et le soc de bois au musée des sacralités éteintes, pour laisser la place à la seule expérience personnelle du religieux, maigre survivance d'une défunte fonction sociale. Il faudra un jour examiner de près quel rapport constant peut bien unir la réapparition des dieux et la multiplication des ordinateurs, en particulier dans les sociétés en voie de développement.

Pour le moment, nous enregistrerons que symbolique et technique ne font pas un jeu à somme nulle, que la place faite à l'un n'est pas soustraite à l'autre. Le sacré est l'avenir de l'homme autant que la machine. Si vous en doutez, allez visiter la Turquie (où la réislamisation de la société passe par les couches urbaines les plus modernisées), ou encore l'Union indienne. Vous y verrez à l'œuvre les plus grandes révolutions technologiques contemporaines, de la révolution verte des campagnes aux industries spatiales, de l'informatique à la vidéo dans les villages. Vous verrez aussi des musulmans, des hindouistes et des sikhs se disputer à mort, par dizaines de millions, au fusil et au couteau, la propriété d'un temple. Ne croyez pas qu'il y a ici les développés, les urbains, les yuppies, et là les paysans arriérés partisans du système des castes : ce sont les mêmes.

On découvre aussi en Inde, État multinational et pluriethnique, que le rôle de médium unificateur, dévolu en Europe à l'imprimerie, revient là-bas à la télévision, et sans doute pourra-t-on bientôt dire de même pour l'Union soviétique. L'éclatement des nations et des langues donne à la télévision russe la fonction cruciale de lien confédéral suprême que la littérature, l'école, l'alphabet cyrillique ne pourront bientôt plus remplir. En France, en Allemagne, en Angleterre et ailleurs, l'imprimerie a créé la première audience nationale et constitué la nation comme tribunal du sens et du goût. Confinant, en haut, le latin chez les savants, écrasant en bas le patois des rustres, elle a fait de la langue naturelle instituée par l'État dans chaque pays un ciment de civilité. Mais en Inde, c'est l'audiovisuel qui fait la nation. Comment ? Par la série du *Mahabharata*, en hindi, chaque dimanche matin. Qui permet aux gens du Sud de voir le Gange pour la première fois, qui donne un corps et des couleurs à *Mother India*. Mais c'est une unification par le sentiment religieux, hindouiste, et la République indienne est officiellement laïque.

L'espéranto du « village global » décline parfois l'histoire technique des moyens de communication comme une dilatation continue et bien rythmée, un décloisonnement progressif par cercles concentriques croissants qui effaceraient au fur et à mesure les particularismes, et qui aboutiraient au citoyen du monde enfanté par la mondovision : ainsi la parole vivante avait une portée citadine, agora ou forum ; l'imprimé, une portée nationale ; la radio, continentale ; la télé, planétaire. C'est techniquement exact, mais socialement et mentalement inexact. Car la vidéosphère n'assure pas l'unité humaine par globalisation des téléspectateurs. En Occident même, et sous nos yeux, elle instaure une géographie paradoxale par alliance directe du global et du local. Juxtaposition de l'Amérique et du biniou. De la Terre et du terroir — double articulation du sentiment écologique. Le câblage, les stations régionales ou communautaires, les nouvelles télévisions dites de proximité ou d'atmosphère contribuent à faire sauter les *majuscules médiatrices* antérieurement placées par l'*homo typographicus* entre l'Individu et l'Humanité, telles que la Nation, la Classe, le Parti, l'École, l'État, l'Armée, la Loi, la République, etc. Restent en vis-à-vis l'association « loi de 1901 », la famille, le club, l'entreprise, le couple, et la Mère Terre. Le rétrécissement des appartenances vécues sert de contre-poids, ou de contre-poison, au choix, à la planétarisation affichée de l'horizon.

*

Je ne voudrais pas, avec mon petit catalogue des cinq dragons, vous laisser sur l'impression d'une démonologie abstraite et par trop simplificatrice. La réalité vivante brouille astucieusement les cartes. Nous vivons fort bien avec ces grosses bêtes, en nous et autour de nous. Il me vient un exemple. Le centenaire du général de Gaulle tombe en 1990. Toute sa démarche pourrait être résumée dans un débat permanent entre l'âme et la technique, entre l'immuable et le mouvant, débat où le pôle mobile et mécanique a le mauvais rôle. Sa manière d'envisager le fait technique était certainement entachée d'au moins quatre des cinq péchés que j'ai énumérés. En bon fils de Descartes et de Bergson, de Gaulle était dualiste (il sépare pensée et matière, intuition et machine), spiritualiste antitechnique (la mécanique asservit les âmes), humaniste instrumental (les machines ne sont que des moyens soumis à nos volontés), individualiste en un sens (par la solitude du chef). Il n'était heureusement pas assez optimiste pour tomber dans le panneau de l'espéranto moderniste, et il n'attendait pas du progrès scientifique et technique la rédemption de l'humanité. Il n'est pas, en ce sens, fils des Lumières. Tout cela aurait dû déboucher sur un traditionalisme conservateur obtus, classique, aveugle aux mutations et aux nouvelles donnes, comme on l'était, dans les années trente, dans sa caste, sa classe et son pays. Pas du tout. Cette « civilisation mécanique » qu'il détestait d'instinct, dont il devinait la permanente ambiguïté (moyen d'affranchissement et d'oppression) et qu'il réduisait au fond de son cœur à presque rien, il fut l'un des rares, dans le monde qui était le sien, à déceler qu'elle changeait tout, pratiquement. Lisez *L'Armée de métier*, de 1934 : « Les machines..., nous sommes passés sous leur dépendance... Les jeux et désirs sont hantés de moteurs. » Il plaide pour la motorisation de l'ex-cavalerie et ne l'obtient pas. Mais là où l'on voit l'avantage du dualisme, c'est qu'au moment de la défaite de 1940, que le traditionaliste à la Pétain voit, avec la France entière ou presque, comme le signe du châtiment divin, il n'y voit, lui, que la défaite d'une moindre force mécanique par une plus grande. Épisode regrettable mais somme toute anodin, sans conséquence sur l'âme et l'essentiel, qui n'appelle qu'une remise à égalité des forces mécaniques en présence, pour renversement final. Donc, la poursuite de la guerre, là où sont les plus grands réservoirs de force et les meilleurs mécaniciens. Vous remarquerez également que cet antimoderniste a modernisé son pays plus qu'aucun autre chef d'État, comme le montre la multiplication par sept, en sept ans, du budget de la recherche. Rien n'est simple.

Je suis bien forcé de constater, par exemple, que de Gaulle n'a rien compris à la télé mais s'en est fort bien servi ; ce qui vaut mieux que de tout piger et de s'y faire piéger, comme il peut arriver au médiologue. Il n'a pas eu le temps de réfléchir à la télévision, comme il avait eu celui de réfléchir au char. « Le premier téléspectateur de France », comme l'appelait Romain Gary, n'eut que le temps de l'utiliser. Avec toutes les illusions humanistes d'usage sur « cet instrument magnifique de soutien de l'esprit public », odieusement détourné par l'esprit tendancieux des « monteurs d'images » et la « nocivité des opposants » qui se sont infiltrés dans le journal télévisé. Je tire ces citations des directives par lui adressées au ministre de l'Information, publiées dans *Lettres, notes et carnets* (neuvième volume, 1986). Lorsqu'il signale à son ministre Alain Peyrefitte, pour redressement séance tenante, que :

> L'information est attachée :
> — au pittoresque (l'anecdote est préférée à l'exposé de la réalité) ;
> — au pessimisme (la catastrophe, le massacre, le crime sont préférés à ce qui marche bien) ;
> — à l'individualisme (le cas isolé, surtout s'il est malveillant ou désobligeant, l'intérêt particulier, surtout s'il est virulent, sont préférés à l'intérêt général et à l'attitude du plus grand nombre) ;
> — à l'opposition (tout ce qui est contre l'ordre établi et l'action des pouvoirs publics français, que ce soit au-dedans ou au-dehors, est préféré à ce qui est qualifié, officiel et national) [18 février 1963],

on peut raisonnablement penser qu'il prend les propriétés de l'information télévisée, inhérentes à l'écriture télévisée et à la nature de l'outil qu'il décrit assez bien, pour des travers ou des vices de forme, accidentels et amendables. Le malheur, en tout cas celui des présidents de la République quels qu'ils soient, c'est que l'information télévisée n'a pas changé en dépit des objurgations gaulliennes. Elle est restée attachée à *elle-même*. Telle est sa *nature*. « On ne peut pas demander à un orme de donner des poires », dit un proverbe espagnol.

QUATRIÈME LEÇON

LE MYSTÈRE DE L'INCARNATION

Le problème théorique

Les effets historiques

Révolution dans la Révélation

Les enjeux pratiques

Cruciale christologie

LE PROBLÈME THÉORIQUE

Je vous rappelle la question dont la médiologie entend faire problème : par quelles médiations une idée devient une force ? Comment une parole peut-elle faire événement ? Un esprit prendre corps ?

Nous ne sommes sans doute pas les premiers à nous poser cette question, et autant vous le dire d'emblée, la solution a été trouvée depuis longtemps. Elle porte un nom familier, notre nom de famille, par lequel l'Occident fait souche, en deçà de ses bifurcations byzantines, romaines et protestantes : l'*Incarnation*. « *Oui, la parole s'est faite chair* », dit le verset 14 du chapitre Ier de l'Évangile selon Jean (traduction Grosjean). Avec son message à annoncer, son messie à adorer, ses médiateurs à vénérer, le christianisme a de quoi entrer en résonance avec la médiologie. Mais qui rendra raison de ce *mystère* de l'Incarnation, par définition inaccessible à la raison en sa qualité de *dogme* révélé (l'un des trois mystères de la foi, avec la Trinité et la Rédemption), celui-là aura constitué la médiologie en science rigoureuse.

Pèche par optimisme celui qui dit : « L'humanité ne se pose que les problèmes qu'elle peut résoudre. » En réalité, l'humanité ne se pose que des problèmes historiques déjà résolus par les religions. Et c'est bien embêtant. Parce que les religions révélées ont la faculté de *résoudre les problèmes sans les poser*. Qu'est-ce qu'un *mystère* sinon une conclusion sans prémisses ? Un *miracle*, sinon un résultat sans processus ? *Comment* l'Infini peut-il devenir fini, l'inengendré advenir dans le sein d'une femme, l'Éternel venir en chair ? *Comment* ça se passe quand Dieu fait passer le message par la Passion et la Résurrection d'un Fils unique abandonné ? Interrogation redoublée par celle de la diffusion posthume du message chrétien. En l'occurrence : *comment* la parole de Dieu s'est-elle frayée sa voie parmi les hommes ? « La propagation admirable » n'appartient pas, aux yeux du théologien, à l'ordre du Mystère mais à celui, subalterne, du Miracle. La canonisation de leurs martyrs a plus préoccupé les chrétiens que l'examen des voies de pénétration de leur foi à travers l'*oïkoumène* méditerranéenne. Et les docteurs de l'islam n'ont pas prêté plus d'attention au démontage de leur boîte noire. Les histoires saintes « informent » à tel point l'histoire profane qu'elles découragent les simples humains de s'informer en retour sur elles. Les *pourquoi* de la foi escamotent les *comment* de sa propagation. À nous de les en déloger.

C'est inévitable. Dans nos sciences humaines, les mauvaises réponses ont précédé les bonnes questions. Notre théologie chrétienne, anthropologie prématurée, est notre science politique à l'état sauvage et dans les vérités cachées en Dieu on ne trouvera rien de plus, mais rien de moins, que les opérations les plus banalement humaines. Et pour cause, si les sociétés se sont d'abord organisées au nom et à l'aide de conceptions religieuses du monde (avec ou sans dieu personnel), avant de le faire au nom et à l'aide de conceptions rationnelles du monde (avec ou sans valeur scientifique). La foi a précédé la certitude, les dogmes, les doctrines, et ce que nous stigmatisons à présent sous le nom d'« idéologie » a été révéré, des siècles durant, comme « révélation ». Le jeune Marx qui voyait dans la religion « le sommaire des luttes théoriques de l'humanité » a bien fait de poser en principe dès les *Annales franco-allemandes* (1844) : « La critique de la religion est la condition préliminaire de toute critique. » Dommage qu'il ait oublié ce bon précepte en chemin : de cette négligence, a découlé une fugace religion séculière qui fut au messianisme originel ce que le bijou Burma est à la perle de culture.

La médiologie, cette physique de la pensée sociale, est et restera matérialiste jusqu'au bout. C'est précisément pourquoi elle doit d'abord s'affronter à la critique du christianisme, qui est la *médiation faite religion*. Le succès du message chrétien ne serait en effet qu'une réussite parmi d'autres dans le grand train des illusions et délires qui fait l'histoire du *sapiens*, si elle ne se doublait d'une réflexion théorique dans la doctrine elle-même. Le christianisme a, en quelque sorte, anticipé son succès en s'incorporant dès ses débuts le principe-ressort de son expansion. C'est cette mise en miroir du *médium* dans le message lui-même qui fait du christianisme la porte d'entrée obligatoire de notre discipline. Le rationalisme moderne, qui suscite des problèmes là où il n'y avait que des évidences, a tout intérêt à interroger les « solutions » spiritualistes. Mais démystifier l'Incarnation comme l'expression mystique d'un invariant logique ne saurait signifier détruire d'un trait de plume mais *déconstruire* posément et méthodiquement. Le mystère est une raison pressée. C'est en recueillant le temps perdu et comme déposé au fond des grands mythes d'origine que la paresse rationaliste rattrapera le plus sûrement son retard. En sachant que remplacer la réponse par la question est une opération toujours indécente car profanatrice d'un acquis à la fois naturel et sacré, nous vérifierons ici comme ailleurs le mot de Giuseppe Verdi : « Tournons-nous vers le passé, ce sera un progrès. » Notre grand sachem n'est pas McLuhan mais saint Jean. Nous rendrons en son temps les honneurs au premier, mais nous devons d'abord une action de grâces au second.

Alain voyait dans la théologie une « philosophie sans recul » — ce qui peut se retourner dans : *la médiologie n'est qu'une christologie à retardement*, réfléchie dans la sphère profane. Les impatients, qui sautent par-dessus les propylées théologiques pour aller à l'actualité par un raccourci, sans tenir le moindre compte des prodigieuses dépenses intellectuelles effectuées entre le IIe et le Ve siècle par tous les Pères de l'Église qui ont tenté de comprendre l'assertion de saint Jean, se retrouvent plus vite du côté des shamans que des historiens.

Il est bon d'apprendre la médecine pour disserter de physiologie. Un peu de mathématique ou de physique avant de se risquer en épistémologie. Il faut se faire théologien pour « parler politique » en *méconnaissance de cause*, et pour les mêmes raisons, que nous dirons de bienséance et de précaution, maintien et méthode (au sens de : « se tenir comme il faut » et de : « pour aller là-bas, passer par ici »).

Ces dernières années, vous n'avez pas beaucoup entendu parler du « Verbe qui s'est fait chair » mais beaucoup de Marx qui s'est fait Goulag, ou du maître penseur État totalitaire. C'était bien une réalité, et terrible. Reste à rendre compte du *processus* : autre chose que de désemboîter des poupées russes. Dire : cela était dans ceci, c'est dire que rien ne s'est passé qu'une manifestation d'essence. Le texte marxiste aurait révélé sa logique en couvrant la Sibérie de barbelés ? Cette *logophanie*, décalque des *théophanies* païennes, se modèle sur la causalité magique qui élimine la chaîne des interfaces autant que le hasard et l'accident, les liaisons des idées entre elles se donnant pour les liaisons entre les phénomènes.

Ce n'est jamais difficile de juxtaposer; avec les instances, il n'y a jamais de problème (sinon faux ou insoluble). Il n'est question scientifique que de *transformations*, si l'on se propose d'expliquer au lieu de s'indigner. Telle est bien la problématique de l'Incarnation qui fait de la personne ambiguë du Christ la plus puissante cheville ouvrière dont ait jamais disposé une religion du Salut pour conquérir la terre. Calvin a produit des entrepreneurs et Marx des bourreaux parce que les seconds étaient dans les premiers ? Voilà l'avènement du capitalisme et du communisme transformé en *épiphanie*, apparition aux Rois mages du petit Rockefeller ou du petit Beria. On a mis du continu à la place du discret pour rester dans la pensée magique, qui fait sortir le même du même. C'est ainsi que procède l'imagerie pour le petit Jésus, non la théologie pour le Christ. La transformation Verbe/Chair, dont Marx/Goulag et protestantisme/capitalisme sont des contretypes faibles, n'advient comme complexité qu'avec la reconnaissance au départ de l'*hétérogénéité* des phénomènes mis en relation, sans laquelle la transformation de l'input en output ne peut *faire question*. Ce que postule la représentation magique, dans tous ses réflexes et dérivés, c'est en effet immédiat, *une causalité sans médiations*. L'esprit est alors une puissance autopropulsive, qui a la faculté d'agir toute seule, sans médiations matérielles extérieures à elle-même, comme l'idéocentrisme lui prête la faculté de se matérialiser sans matériaux. Il n'y aurait pas de mystère de l'Incarnation si la Chair était déjà dans le Verbe avant d'y être, ou en découlait immédiatement. Le christianisme de Nicée n'a pas inventé le dieu unique ni même l'homme-dieu, mais il a exploré l'unité inouïe des deux à travers l'inconcevable personne d'un entre-deux. Les termes d'un problème ne font jamais problème. La difficulté commence au contact —

à ce qui assure ou non la traduction ou le transport de l'un dans l'autre.

*

Qu'est-ce qui est « noir » dans la boîte noire « Incarnation » ? Ni le Verbe en lui-même, ni la Chair en elle-même. Pris isolément, chaque élément peut décliner son identité.

La généalogie du *Verbe* est connue. Ce mixte judéo-chrétien est né du croisement de la *parole* de Yahvé, cause efficiente de la création du monde, dès le début de la Genèse, avec le *logos* d'Héraclite, de Philon d'Alexandrie et des néo-platoniciens. En lui s'unissent le souffle de Dieu et le principe intelligible des choses. L'agir de Dieu coïncide avec son penser : c'est le seul Être qui ne parle pas pour ne rien faire. *Verbe* se traduit en latin indifféremment par *sermo* et *ratio* (Tertullien, *Adversus Praxean*, 5). Et en grec, par *logos*, parole ou principe premier. Mais aussi par *pneuma*, souffle vital, *anima* en latin. Et *dynamis* — énergie, puissance, chaleur. Les trois sens se rencontrent au jour de la Pentecôte quand une langue de feu, le feu de la langue, viendra donner aux apôtres la puissance du parler et du prêcher. « Au commencement était le Verbe » : le *logos* est à la fois antérieur à la création et coextensif au monde, immuable et en devenir.

L'identité de la *Chair*, l'éternelle fugitive, est encore mieux connue. Synecdoque banale pour l'homme tout entier, à ce titre préférable au *sang*, trop sacramentel, et aux *os*, qui perdurent, la « Chair » figure la sphère inférieure et corruptible du périssable.

Le sujet de l'Incarnation n'est pas la première mais la deuxième personne de la Trinité. Et la meilleure preuve, soit dit en passant, que l'homme est triadique et ternaire, c'est que Dieu est trinité. Les tripartitions mythiques de l'ordre social (du type « prêtres, guerriers et paysans ») ont un répondant théologique rassurant tandis que les anthropologies duelles qui marchent sur une opposition entre deux termes ne réussissent pas à l'examen de passage des Origines — symptôme fâcheux pour elles. Ce que nous contractons par convention ou paresse en l'Homme-Dieu, le Christ, désigne en réalité l'incarnation du *Verbe de Dieu*. Quoi qu'il en soit de la préséance, ce qui fait mystère n'est donc pas à l'entrée ou à la sortie de la boîte, là-haut ou ici-bas, mais au milieu. À la jointure, ou plutôt à la jonction. « *Egeveto* », « s'est fait », « *factum est* ». Imperceptible cheville où la voix de l'officiant jamais ne s'arrête. Le maillon intermédiaire ne se voit ni ne s'entend, mais tout se joue dans cet intervalle. On tient en esprit chaque bout de la chaîne ; mais on ne voit pas l'opération qui les réunit l'un à l'autre, l'un *dans* l'autre, personne incréée et nature créée.

Pour que le christianisme puisse faire communiquer entre eux, grâce au mythe du Sauveur crucifié, des catégories philosophiques (ou des traits culturels) qui lui préexistaient, il a dû donner figure à l'impensable médiologie et force de dogme à des contradictions logiques jusqu'alors insurmontables.

Face à l'Homme-Dieu, en effet, un esprit d'analyse normalement constitué, instruit par les principes grecs d'identité, de non-contradiction, etc., devait affronter une sorte d'aporie : *s'il est homme, il n'est pas vraiment Dieu*, et *s'il est Dieu, il n'est pas vraiment homme*. Ou encore : si le Christ a deux natures, c'est qu'il a deux personnes, et comment deux personnes peuvent-elles en faire une seule ?

Dans toutes les langues, le mot le plus obscur est « et ». L'imperceptible trait d'union résume l'impensable. Le Christ était comme vous et moi, charnel et corruptible, *et* il n'était comme personne d'autre, car sa chair était le Verbe, immortel et transcendant. Le *et* ne désigne pas une *addition*, puisqu'il n'y avait qu'un seul et même individu. Mais une réunion. Dans quel ordre et selon quels rapports ? Comment *deux peut-il faire un* ? Ce problème logique trouva tardivement au sein de l'Église une solution politique, par décision majoritaire et promulgation dogmatique.

Il aura donc fallu une élaboration pluriséculaire pour réussir cette délicate manœuvre conceptuelle, qui permet à l'Éternel d'advenir dans l'histoire, au Verbe d'être enfanté par une vierge et, de façon générale, à un esprit de venir en chair. La quête terminologique procéda par exclusion jusqu'au mot juste.

La réunion des deux natures sera appelée, après le concile de Chalcédoine (451), « union hypostatique ». La notion d'*hypostase*, qui veut dire *fondement* ou *support*, avait été déjà empruntée par les Pères de la doctrine à Plotin et aux Alexandrins pour résoudre l'énigme du dogme trinitaire : « Une substance, trois personnes ou hypostases », le Père, le Fils et le Saint-Esprit.

« L'union hypostatique » des natures divines et humaines, qui constitue le mystère même de l'Incarnation et le chef-d'œuvre de saint Cyrille, ne se désigne pas, ni ne se désignera, comme une simple union *(hénosis)*, ni comme une mixtion *(mixis)*, ni comme fusion *(krasis)*, mais comme une *communication (antidosis)* des « idiomes » ou de deux natures. Dans cette « communication », cet échange entre deux termes où chacun se transforme dans son contraire *sans perdre sa nature propre*, se tient le sanctuaire logique et politique de la chrétienté. D'où l'intérêt d'en faire une vérité de foi, inaccessible à la raison naturelle. L'Église triomphante endossa au compte de l'inconnaissable ses titres à être reconnue comme porteuse de la parole de Dieu, et le droit qui en découle pour elle de légiférer sur toute la terre. De tenir le gouvernail du monde.

Gouvernail se dit en grec *kuberné*, et gouverner, *kubernan*. D'où fut tiré dernièrement *cybernétique*, pour désigner « l'ensemble des théories relatives au traitement de l'information », ou « transformation programmée d'une communication en commande », ou de l'information en exécution. Ces termes ont changé de registre puisqu'ils désignent des notions physiques, des grandeurs mesurables et comptables — reste que contrôle et communication avaient dès l'origine partie liée. Dans notre civilisation, *Incarnation* aurait alors été le premier nom de code, ou de baptême, du mécanisme « cybernétique ».

LES EFFETS HISTORIQUES

Ne vous méprenez pas. J'ai l'air, en folâtrant ainsi dans la patristique, d'agiter de vieilles lunes. Je ne parle pas à présent du passé, je parle au passé de notre présent même. Nous sommes tous, vous et moi, les fils de saint Jean.

La nature de notre civilisation assassine et dynamique s'est décidée dans ces conciles, quelque part entre Nicée et Chalcédoine, entre 325 et 451. Le départ de notre ère, le découpage de notre aire. L'Incarnation rédemptrice : année zéro du militant laïque, A.D.N. de notre génétique morale. Nous datons, raisonnons, observons, calculons, à partir de ce dogme dont nous avons fait notre histoire et notre chair : calendrier, laboratoires, encyclopédies, machines à vapeur, cinémas (dont l'essence, selon Bazin, se définit comme « l'abstraction par l'Incarnation »). L'Occident tout entier, d'Hollywood à Novosibirsk, du plus humble au plus glorieux de ses gestes, exhibe à son insu ce code génétique. De Lénine à Einstein, de Galilée aux frères Lumière, tous fils de saint Jean, car il n'est pas besoin d'être chrétien, ni même croyant, pour fonctionner au credo de Nicée (325). Il suffit d'ouvrir avec avidité son journal pour adhérer au Mystère séminal.

« Le sens de l'Histoire », par exemple, fort répandu jusqu'à ce matin, et qui ne sent pas la sacristie, c'est le christianisme du mécréant ou l'évangile de l'agnostique. L'idée que le temps qui s'écoule nous concerne au plus secret et qu'il doit aller d'un moindre-être à un mieux-être nous paraît une donnée d'évidence ; mais un hindouiste et un bantou la jugent sans doute aussi saugrenue que l'aurait fait un contemporain de Pythagore ou d'Épictète. Si nous avons pu si facilement, si naturellement, faire nôtre, disons à partir du XVIIIe siècle, le postulat progressiste, c'est pour avoir communié dans Nicée tout au long des siècles précédents. Notre Révélation n'est pas une illumination, le Royaume de Dieu n'est pas immédiat, notre salut suppose tout un travail entre la grâce et les œuvres. « Les temps sont proches » — et, en attendant, ils nous font signe. Le temps fait sens, c'est par lui qu'advient la vérité, et cet accomplissement médiatisé fait un drame, avec un début et une fin, une Création et un Jugement dernier. Quand on est à la fin, on ne peut revenir au début, la flèche rend le cercle impossible. L'Homme-Verbe a inventé l'histoire comme déroulement inexorable d'un plan divin essentiel aux créatures ; et Zarathoustra ne peut tuer l'idée d'histoire et introniser la Roue sans tuer l'image du Sauveur. Les Grecs tenaient pour évident que l'histoire repasse les plats, et les meilleurs d'entre eux n'avaient guère d'appétit. Ils n'attendaient rien d'essentiel du côté de l'historicité. Ils n'étaient pas « progressistes ». Nous, oui — fussions-nous conservateurs en termes de politique. Nous avons pu supposer avec Condorcet l'humanité laborieusement irradiée par la Raison parce qu'elle l'avait été au préalable par le Verbe à travers le Seigneur. La loi d'incarnation régit toute l'œuvre de divinisation de l'humanité confiée par le Rédempteur à l'Église. Berdiaev sur le communisme : « C'est la pensée religieuse russe qui a apporté l'idée de la divo-humanité. C'est dans le Dieu-Homme ainsi qu'en Jésus-Christ que l'incarnation individuelle de Dieu s'est réalisée dans l'homme. Dans l'humanité doit s'accomplir l'incarnation collective, universelle de Dieu.

La divo-humanité est le prolongement de l'incarnation de Dieu. » Ainsi la loi du progrès régit-elle le travail d'humanisation de la nature confié par la raison à la science. Si Dieu ne s'était fait homme en l'an 1 de notre ère, l'homme de Feuerbach et de Lénine aurait-il pu rêver de devenir à lui-même son propre Dieu en mettant un terme à l'aliénation de son essence en Dieu ? Le communisme n'eût-il été qu'un succédané du messianisme juif ou une resucée d'islam, comme on l'a dit, qu'il serait resté à l'état de « mouvement ». Il n'y aurait pas eu de partis communistes, ni d'« esprit de parti ». Ni de liturgie ni de « culte de la personnalité ». La généalogie de cette aberration remonte au concile de Chalcédoine et ce cléricalisme séculier doit autant à saint Paul pour l'ambition et les méthodes qu'à saint Jean pour l'esprit originaire.

Spéculations que tout cela ? Soit. Nous ne croyons plus en l'Histoire à majuscule, ni en la Révolution-Rédemption ? Il y a toute apparence. Mais nous allons encore au cimetière enterrer nos morts. Cela nous semble tout naturel. Jusqu'à présent du moins, quatre Français sur cinq adoptaient ce rite funéraire, en quoi nous sommes encore pieux. 99 % des Japonais se font incinérer. Et autant de Britanniques qu'il y a d'anglicans en Grande-Bretagne : 70 %. Dans tous les pays du monde, les rites survivent aux dogmes, et les crématistes, en pays catholiques, sortent à peine et depuis peu de l'ombre. La première incinération pratiquée en France le fut dans un contexte de ferveur rationaliste et anticléricale, celui du centenaire de la Révolution française : au Champ-de-Mars, lors de l'Exposition universelle de 1889. S'il reste d'usage toujours dominant de mettre nos cadavres d'athées dans une boîte et cette boîte dans l'humus, au lieu de les réduire en cendres, c'est d'abord parce que les conciles de Nicée et de Chalcédoine ont opté pour l'*homoiousios* ou consubstantialité de la Chair au Verbe. Sans aller, comme les Américains, jusqu'à la cryogénisation ou conservation des cadavres à basse température, convenons qu'il ne serait pas sage de pulvériser un corps médiatiquement sanctifié par l'Esprit et promis à la résurrection. Lequel d'entre nous serait assez insensé pour courir ce risque : comparaître au Jugement dernier sans un fémur à présenter ?

Vous n'avez plus d'espoir et vous vous ferez incinérer, fous que vous êtes ? Soit. Mais vous avez des tableaux chez vous, vous allez au Louvre le dimanche et vous demandez à un peintre de vos amis de faire votre portrait sans enfreindre l'accusation d'idolâtrie. Monothéistes, vous l'avez échappé belle ! Notre musée imaginaire n'a tenu qu'à un fil. Il remonte à l'Incarnation — mais le fil a failli être tranché entre 740 et 843, « crise de l'iconoclasme ». Nous devons nos réjouissances optiques aux décideurs byzantins de Nicée II (787) qui, considérant l'icône comme la petite monnaie de « l'incarnation véritable et non illusoire du Verbe de Dieu », autorisa la détention et la vénération des icônes comme un dogme de foi. Décision miraculeuse, qui n'allait pas de soi. « La civilisation de l'image » nous paraît naturelle ; elle a conquis la planète. Qu'on le déplore ou le célèbre, Hollywood aurait pu en tout cas élever une statue à saint Jean, ou, à défaut, au basileus de Byzance qui sut tenir tête aux iconoclastes. Car Yahvé en régie ou Mahomet au pouvoir, pas de statuaire, pas de peinture, pas de cinéma. Les arts profanes sont issus historiquement de l'art sacré, encore fallait-il que ce dernier fût autorisé à sortir du décoratif et de la calligraphie. Le monothéisme à l'état pur, naturellement iconoclaste, est brouillé avec la plastique. Et les visages. Il brime l'œil. « Tu ne pourras pas voir ma face », répète à Moïse le dieu du Décalogue et de l'Exode. L'islam a commencé par voiler la face de Dieu, brise les idoles des voisins en se voilant la face d'horreur et finit par voiler ses propres femmes. Une représentation sensible de la divinité est à ses yeux impossible puisqu'elle reviendrait à circonscrire l'illimité, à nier sa transcendance. Tout dieu unique instruit le procès du visible et de la vision. Mais la doctrine chrétienne a accouplé vision et vertu pour enfanter ce beau monstre théologique qu'est la *vision béatifique*, comme s'appelle l'extase que la contemplation de Dieu procurera aux élus après le Jugement dernier. En attendant ce jour-là, et faute de mieux, le culte de Jésus-Christ permet de traiter l'Éternel comme une personne (sensible), par le ciseau ou le pinceau. Car l'objectivation ici n'est pas synonyme de perdition, mais peut ouvrir la voie à la transfiguration de l'icône byzantine. Le Père n'est pas représentable mais « qui m'a vu a vu le Père » (Jean, XIV, 9). Nicée II n'autorisait certes pas à faire des images de l'invisible ; mais « le visible du Père c'est le fils », disait saint Irénée. Et c'est Dieu que la chrétienté peint sous les traits du Christ, jusqu'à laisser dépérir, vers le XIIIe siècle, en Occident, l'interdit de représentation de Dieu le Père. Le christianisme est la seule des trois religions monothéistes qui ait osé donner des images anthropomorphiques du Créateur, et vous remarquerez que les fresques de Michel-Ange à la Sixtine n'ont pas été dernièrement caviardées mais rafraîchies par l'autorité vaticane (qui en a plutôt rajouté sur l'incarnat malgré ses propres interdits théologiques renouvelés depuis douze siècles). L'exception historique au tabou monothéiste est d'autant plus méritoire que le paganisme ennemi reposait sur la sacralisation des images divines et impériales : que les catacombes soient peintes à fresque n'avait rien d'évident. Mais puisqu'une chair avait été sanctifiée, la preuve était faite que l'homme pouvait *adorer* Dieu en *vénérant* ses images, qui font descendre, à leur manière, en mineur, le ciel sur terre. Adorer n'est pas vénérer. C'est la *confusion* des deux qui fait le péché d'idolâtrie. L'*iconoclaste* rejette tout usage culturel des icônes, l'*iconomaque* en admet un culte relatif, l'*idolâtre* détourne la créature de ses devoirs envers Dieu en confondant le culte de *latrie*, réservé à lui seul, avec le culte de *dulie*, plus retenu. Ces « pinaillages » n'ont rien d'oiseux. On peut en effet, à l'âge de la télé, condamner l'idolâtrie ambiante sans cesser d'être personnellement *iconophile*. Unc idole n'est pas la représentation d'un faux dieu, comme le penseront les chrétiens fanatiques briseurs d'idoles indiennes aux temps des Découvertes ; c'est la statue de bois que l'abruti prend pour le saint en personne. L'amour raisonné des images pratique, aujourd'hui comme hier, la *translatio ad prototypum*, le transfert sur l'archétype, par remontée de l'image vers le saint, ou de l'iconostase vers Dieu. Le droit à l'intercession figurative a fait de Byzance la véritable antichambre de la peinture moderne — les premiers « portraits » à l'encaustique datent des VIe et VIIe siècles — même si Giotto et Piero della Francesca nous cachent le monastère de Saint-Sauveur in Chora d'Istanbul. La Renaissance italienne commence avec le *trecento* byzantin... Et Sainte-Sophie, avec sa coupole centrale aux quarante fenêtres figurant les quarante siècles de la totalité des temps, par laquelle l'éternité cosmique de Dieu vient s'inscrire dans l'*integritas saeculorum* du monde créé, est une des traductions architecturales du dogme de Nicée (325).

Nous ne sommes pas encore ici dans l'histoire de l'art, mais toujours dans notre histoire de la « propagande ». C'est l'originalité et la force de l'Occident que d'avoir pu mettre, durant plus d'un millénaire, la première au service de la seconde, en transformant les formes sensibles en supports de l'Esprit. Ce n'est pas seulement l'Écriture, c'est l'art qui pour nous est pneumatique. Du spirituel passe par des pigments, la matière est médium. Et l'artiste, du moins depuis Vélasquez, un incarnateur : il n'imite pas les apparences, tel l'artisan ; il donne figure à l'invisible, tel un démiurge. L'Incarnation recelait un baril de poudre esthétique, à l'insu même des docteurs de l'Église, en ce qu'elle faisait passer la visée par la vision, ou l'intelligible par le visible. À la différence de l'islamisation, l'évangélisation du monde païen s'est faite par l'image autant que par la prédication, et il ne fait pas de doute que l'iconographie chrétienne a servi avant tout, et jusqu'au Moyen Âge inclus, comme moyen de propagande de la foi. « *Liber idiotarum* ». « L'image est le livre des simples », répétait Grégoire le Grand. *Quod legentibus scriptura hoc idiotis praestat pictura* : la bible des illettrés. Allez-y. Faites du vitrail, du retable et du bas-relief. Il en restera toujours quelque chose. On a si bien suivi le conseil papal que certains docteurs se demandent aujourd'hui si, l'Incarnation se retournant contre elle-même, par torsion et saturation, l'image ne va pas finir par rendre les alphabétisés idiots... Chaque chose en son temps.

Vous êtes iconophobes et l'« imageologie » contemporaine, comme dit Kundera, vous dégoûte ? Soit. Alors l'apôtre saint Jean vous rattrapera par la règle à calculer. Non par le calcul des nombres ni par l'observation des astres dans le ciel : par la mesure exacte des choses d'ici-bas. Alexandre Koyré, l'historien des sciences, en analysant les conditions mentales ou idéologiques qui ont rendu possible la naissance de la science moderne, c'est-à-dire la physique mathématique, n'a pas rencontré Dieu mais l'Incarnation. Il est vrai que les Grecs ont inventé la géométrie, les Babyloniens l'astronomie, les Arabes l'algèbre. Certes. Mais l'application des mathématiques au réel empirique était impensable dans le cadre de l'opposition absolue intelligible/sensible. D'où l'absence de *technologie*, articulation de la science sur le monde matériel des machines, dans le monde antique. Il n'y avait de mathématique qu'idéelle ou astronomique, pour le monde supra-lunaire. L'infra-lunaire était condamné au flou approximatif parce que le *logos* n'était pas de ce monde, mais du côté des dieux ou des astres. Pas de transition entre « le monde de l'à-peu-près » et « l'univers de la précision ». Pour que la mathématique puisse s'appliquer au monde physique des apparences mouvantes et corruptibles et non aux seuls corps éternels, pour qu'*une science de ce qui change* devienne possible, il fallait rompre avec l'antithèse terre-ciel, mouvement-immobilité, propre au monde préchrétien, et donc se situer dans le sillage du dogme de l'Incarnation qui autorisait à rechercher l'ordre invisible de Dieu dans le désordre des choses visibles.

L'an 1 de l'Incarnation — point rétrospectif, bien entendu, posé en l'occurrence par les Carolingiens, toute histoire étant en retard sur ses principes fondateurs — fait donc bien, chez nous, charnière entre un avant et un après, et fracture entre un « nous » et un « eux » dans l'ordre des cultures. Point d'inversion de la vieille courbe théocentrique, il nous fait passer d'un monde où ce sont les hommes qui avaient besoin de Dieu à un monde où Dieu a au moins autant besoin des hommes ; point à partir duquel le sujet humain (mâle) pouvait devenir, dans le couple de forces, le plus fort. Cette bascule vers l'androcentrisme a permis la médiatisation de la nature d'abord, de l'histoire ensuite. L'insémination du visible par l'invisible a ouvert la voie à la pénétration de la raison dans le chaos, selon le credo des Lumières.

L'ombilic d'Occident : le moment où le Sacré n'est plus définissable comme « le Tout-Autre », selon l'acception de nos manuels. Où l'Autre et le Même se touchent. Contact déflagrant du Médiateur. Nous sommes nés de cette conjonction contagieuse.

Et le médiologue qui n'en revient pas devra sans cesse y revenir pour essayer de (se) comprendre.

RÉVOLUTION DANS LA RÉVÉLATION

S'il n'y a pas d'histoire du religieux, il y a une histoire des religions. La genèse du christianisme marque ce que les biologistes appellent « un événement favorable rare ».

La singularité de l'événement n'est pas d'ordre spéculatif. Elle réside dans le rôle crucial, sans précédent, sans comparaison avec les anciennes médiations de salut (roi, lévite, prophète, sage), dévolu au Médiateur. La révolution chrétienne peut se définir comme l'intrusion d'une médiologie forte dans un milieu culturel à médiations faibles, qu'il s'agisse du judaïsme ou de l'hellénisme. C'est peu, dira-t-on, mais c'est considérable. Un véritable détonateur de modernité. La souveraineté annoncée de l'« Hommedium », notre Seigneur, sur le monde a-t-elle amorcé celle d'Hermès sur le nôtre ? Ce serait jouer sur les mots et aller vite en besogne, mais la fécondité canonique et pédagogique du modèle Jésus-Christ mérite réflexion.

Le christianisme n'est pas une secte juive qui a réussi. C'est un monothéisme paradoxal et même contre-nature. Il suffit de voyager les yeux ouverts dans les terres d'Abraham pour en prendre conscience. Ce que permet Chalcédoine est sacrilège à Jérusalem comme à Bagdad ou Téhéran. L'Incarnation est une hérésie faite dogme, un scandale devenu institution. Mais, au départ — malheur à celui par qui le scandale arrive —, le Christ en est mort. Crucifié pour impiété. Quoi de plus scandaleux qu'un prophète qui se prend pour Dieu ? Les Esséniens divinisaient leur maître de justice, mais ce n'était au fond qu'une métaphore. L'Incarnation a fait naître Jésus comme fils de Dieu mais lui a coûté la vie comme homme. Le « truc » qui a permis la propagation optimale du message — profaner le sacré pour mieux le divulguer — a bien failli le tuer dans l'œuf.

C'est pourquoi nous ne pouvons suivre Jean Bottero pour qui « le christianisme n'a rien ajouté ni modifié d'*essentiel* au yahvisme et au judaïsme, ni sur le plan de la théologie ni sur celui du comportement religieux ». Au premier plan, nous explique-t-on, il reprendrait le monothéisme juif. Au second, il ne ferait que prolonger le mouvement d'intériorisation amorcé par les psaumes et la dévotion personnalisée qui créait déjà à l'époque une intimité de la vie spirituelle, plus proche d'une éthique que d'un rituel. Depuis l'Exil, le peuple juif ayant cessé d'exister comme tel, sa religion s'était individualisée. Jésus aurait profité de cette lancée en quelque sorte, accélérant le passage du dieu de justice au dieu d'amour.

Remarquons tout d'abord que la doctrine de l'immortalité personnelle est très tardive dans la religion juive, introduite, au Ier siècle avant J.-C., avec Salomon, pour sauver en l'humanisant la Justice divine. Mais là n'est pas le plus important. Le judaïsme doit sa force à sa puissance d'abstraction, le christianisme à sa faculté d'incarnation. La Loi judaïque ne s'incarne pas dans un individu — elle n'a pas de corps. Elle est portée par le temps et la mémoire d'un peuple entier. Loi en toutes lettres, et sans images. Bible sans illustrations. Loi statique, sans ressort de diffusion, à mythologie pauvre et prosélytisme minimal. Loi conservatrice, et d'abord d'une identité collective close sur elle-même, la clôture étant le prix de cette pérennité. Du « Tout Autre », Philon d'Alexandrie disait qu'on ne peut saisir que l'ombre. Pas même de nom à prononcer : un tétragramme. Comment participer à, partager la différence absolue ? Sans doute le Christ n'est pas venu pour abolir mais pour accomplir l'Ancienne Alliance : il y en a ce sens continuité avec le judaïsme, qui pouvait voir en lui un de plus dans une longue série de prophètes. Mais le prophète est un envoyé, un avant-coureur d'Elohim : il n'est pas divin. Le héraut n'est pas roi. En se disant fils de Dieu, en se faisant adorer comme tel, Jésus blasphème. Il s'apparente au genre pharaon, tout ce que l'on n'aime pas. Que Dieu se fasse chair, c'est de l'idolâtrie. Qu'un messie refuse la couronne de roi pour une couronne d'épines, c'est tout simplement grotesque. Le sanhédrin a obtenu la condamnation à mort de Jésus sans grande difficulté, tant la prétention paraissait monstrueuse.

Côté grec, le scandale n'était pas moindre. La résurrection des corps glorieux faisait rire tous les publics hellénisés. Pour eux, seule l'âme survit. Même si saint Paul et les Pères opposent le corps spirituel au corps psychique ou naturel (principe de vie). Dans le monde alexandrin, la matière est synonyme de mort, l'esprit, de vie. Le passage du corps-prison au corps-salut inverse tous les thèmes néoplatoniciens de l'exil et de la chute. Chercher la perfection, pour un Grec, c'est monter de la Terre au Ciel, de l'épais au subtil ; c'est séparer l'âme du corps en s'affranchissant de la matière. Le *Phèdre* de Platon fait même de l'incarnation le grand obstacle à la vie spirituelle. La vertu, pour un adepte de Pythagore ou de Plotin, consiste à spiritualiser le corps et désincarner l'âme. Dans la Gnose par exemple, l'homme a chu de la lumière dans les ténèbres. L'initiation sera alors une ascèse consistant à remonter vers la lumière, vers la science salvatrice. Pour un chrétien en revanche, il n'est pas par principe mauvais de *descendre* du Ciel sur la Terre : « Votre Saint-Esprit est tombé sur la tête », répondaient à saint Paul ses auditeurs grecs, lorsqu'il leur expliquait qu'il avait, lui aussi, une connaissance qui sauve (et une seule), un mystère (et un seul) à proposer, mais qu'on pouvait faire bon ménage avec un corps, la preuve notre Seigneur Jésus-Christ. Beaucoup d'hérésies chrétiennes ont résisté à la pensée du mixte, comme le montanisme, cet ascétisme qui mortifie le corps pour laisser la place aux dons miraculeux de l'esprit.

Le monothéisme est un intellectualisme, et comme tel un antihumanisme virtuel. Quelque chose en lui ne tolère que la perfection. Pousse à l'inhumanité. Ce qui le rend sec, anguleux, viril. Terrorisant, inhibant. Oppressif. Il manque de respirations, d'enjambements. Le dualisme absolu engendre des religions tragiques qui confrontent directement Dieu au pécheur, l'infini au fini, sans recours ni détours, sans amortisseurs. Le moyen terme, les classes moyennes, les hommes moyens, c'est toujours ce que l'intellectualisme oublie. Le marxisme de Marx, par exemple. Ou la Gnose. Inefficace parce qu'extrémiste.

Le problème des interfaces a toujours été le point faible des monothéismes. « Absolu » vient du latin *absolvere*, « détacher », « mettre à distance ». Éloignement, dessèchement, indifférence. Comment aimer un dieu qu'on ne voit nulle part ? À quels représentants se fier pour entrer en contact avec lui ? Le dieu chrétien a l'art de faire faire. Allah et Yahvé veulent tout faire par eux-mêmes. Ils sont à la fois omniprésents et désespérément absents. Trop imbus de leur transcendance pour déconcentrer sérieusement. Jaloux de ses prérogatives, Allah fait ses commissions lui-même. Il délègue l'archange Gabriel une bonne fois pour toutes, et se retire dans ses appartements. Yahvé, lui, a ses prophètes, ses rois, ses prêtres ; son peuple élu, ses anges. Mais ses mandataires restent des confidents, domestiques ou serviteurs qui ne participent pas vraiment à sa substance divine. Employés intéressés aux bénéfices de l'entreprise, mais sans participation au capital.

Le Christ réinstaure la dialectique dans l'univers tragique de la séparation. Il fonctionne avec le chiffre trois. Dans la Sainte-Trinité. Avec le merveilleux chrétien, entre deux termes, il y a toujours place pour un troisième ; entre deux parties, pour un *ombudsman* ; entre un canonisé et un simple fidèle, pour un bienheureux, ce saint de deuxième classe ; entre deux rives, pour un pont et un pontife. Le Fils de Dieu est fils unique, mais entre lui et son Père intervient déjà le Verbe, consubstantiel à Dieu mais qui peut s'unir à l'homme. En contrebas, le Médiateur majuscule va déployer une longue chaîne d'entre-deux, une cascade pyramidale de perfections descendantes, catégories rebondissantes et intercédantes les unes auprès des autres. Il y a la Vierge Marie, le Saint-Esprit, les apôtres, les saints et martyrs, les Pères de l'Église, les docteurs, les bienheureux, les évêques, prêtres et diacres, etc., jusqu'au servant de messe et au dernier des catéchumènes. *Le génie du christianisme est celui des intermédiaires.* Ce sont eux qui ont fait sortir le dieu judaïque de ses retranchements et de sa morosité. Ils ont pu désintellectualiser l'Absolu, en l'attendrissant pour le dynamiser. Fait fonctionner à l'horizontale l'angoissante verticalité des origines. Islam et judaïsme sont des religions d'hommes, et qui pensent. Le christianisme est un monothéisme relativement féminisé, le moins misogyne des trois assurément : accessible au cœur, délivré du Livre, *érotisé*. De quoi échapper à la sécheresse, à la masculinité, au terrible ennui des sociétés monothéistes, car les dieux du désert font le désert autour d'eux. Il a introduit la couleur dans la ligne, la Madone sur le Golgotha, la polyphonie dans le monotonal. Disons : un monothéisme à visage humain, à goût d'enfance, avec du jeu et de la fête. Qui opprime les femmes, certes, comme toutes les religions, mais sans les voiler ni les lapider. Qui a mis des voyelles, des douceurs, des flexions maternelles dans les dures écritures consonantiques de l'hébreu et de l'arabe. Qui donne du corps à la Loi. Qui, avec ses saintes femmes et Marie-Madeleine, mêle un grain de féminitude aux valences patriarcales, mêle au sang la rosée, familiarise tout un chacun avec le « Tout-Autre », rend le sacré « sympa ». Le christianisme, cet anti-intellectualisme du Saint-Esprit, doit à son formidable équipement médiatique le maximum d'immédiateté sensible.

Mahomet est un centralisateur entêté. Il n'aimait pas penser à sa succession, et d'ailleurs il n'a rien décidé qui puisse établir une chaîne de commandements, un relais de transmissions ordonnées et hiérarchisées. Tout juste un vague : « Obéissez aux autorités après ma mort... » Mais lesquelles ? Abou Bakr a présidé la prière à la mort du beau-père, mais après, quelle confusion ! C'est normal. Quand on est porteur d'une très bonne nouvelle, on n'aime pas la concurrence. On veut pouvoir la délivrer en personne. Et après moi le déluge. Ce réflexe d'homme providentiel ne fut pas celui du médiateur de Judée, cet entre-deux superlatif qui a admis et suscité une multitude de diminutifs.

Sans doute reste-t-il l'unique médiateur du salut. Marie et les saints ne sont pas médiateurs au sens propre, mais simples démultiplicateurs de la médiation christique. Roi-serviteur, berger-agneau, avocat des hommes auprès de Dieu, procureur de Dieu auprès des pécheurs, le Christ est plus qu'un maillon intermédiaire. Il ne tient pas ensemble, il *est* les *deux bouts* de la chaîne, liberté humaine et initiative divine. Incarnation n'est pas confusion. Elle n'efface pas la différence entre les deux natures. Mais elle a laissé assez de marge pour des va-et-vient, permettant au Christ de déconcentrer son pouvoir de décision, comme on le recommande aux grands managers.

Un messianisme sans messagerie n'a pas les moyens de sa fin. Là est le drame du judaïsme, comme plus tard du marxisme entendu comme messianisme séculier (la Révolution, c'est la Révélation conjuguée au futur) : l'impasse sur les moyens de transport rend peu opérationnelles ces visions du monde. Le polythéisme antique regorge d'exprès, d'estafettes, de coureurs — héros ou demi-dieux —, d'où sa vivacité et son agilité mytho-politiques. Mais Hermès n'est que le messager des dieux. Le Christ facteur *est* Dieu, et ses disciples ont eu l'intelligence de créer, en son nom, un incomparable service de télédistribution entre l'au-delà et l'ici-bas (il fonctionne toujours, même si on parle moins des anges). Cette Nouvelle Alliance, celle de l'Absolu judaïque avec les Postes et Télécom de la théologie catholique, n'est pas pour rien dans la mobilité, l'allant historique, l'esprit d'initiative qu'on reconnaît au petit cap de l'Asie. Notre écriture est centrifuge, elle s'avance de gauche à droite, du creux de notre corps vers le monde extérieur. Inversion des graphies centripètes de la tradition. Orient statique, Occident dynamique...

C'est qu'il se passe toujours quelque chose dans la maison du Seigneur. Pas de repos, on trouve à tout instant un voyage à faire, quelque chose à aller chercher. Parce qu'on a toujours un intermédiaire sous la main, pour faire passer le message de haut en bas et de bas en haut. Le bon Dieu ne reste pas en place, les bras ballants, comme un nigaud. Il marche, démarche et fait marcher. Jouer, danser, chanter. Théâtre, polyphonie, vitrail, sacrements, liturgies, statuaire, tout lui est bon pour se rendre présent aux cinq sens de ses créatures. Il descend, remonte, reviendra. La maison du Père est pleine d'ascenseurs, et c'est néanmoins le même Père. Sur la Terre comme au Ciel, aujourd'hui comme hier, il vaut mieux se déplacer si l'on veut garder sa place. La complexe hiérarchie des anges fournit les liftiers, grooms et chasseurs du palace chrétien, irremplaçables à ce titre. Le Très-Haut descend sur terre : Incarnation. Non sans se faire annoncer par l'archange Gabriel : Annonciation. L'Esprit-Saint descend sur la tête des apôtres : Pentecôte. Le Christ s'est arraché à son tombeau : Résurrection. La Vierge monte au Ciel : Assomption. Un jour, le Christ redescendra : Parousie.

Exemple de vecteur performant : l'ange. Traduction du grec *angelos*, le « messager ». Gardez-vous d'opposer l'angélique à l'opérationnel, ils ont partie liée. Usé par l'iconographie, l'agent de liaison, le petit télégraphiste joufflu et pansu ne paye plus de mine, d'avoir trop envahi les fresques et dessus de portes. Les chrétiens eux-mêmes n'y croient plus trop, et ils ont tort. « Les anges sont les grands inconnus de cette époque qui tend à idolâtrer le cosmos », déplorait justement Jean-Paul Ier ; et de fait, l'angeologie est, de toutes les disciplines théologiques, celle qui se porte le plus mal. Il n'y a plus que les directeurs du protocole, experts en préséances et hiérarchies subtiles, pour trouver goût et sens au traité de Diogène l'Aréopage classant les Anges, Archanges et Principautés, troisième catégorie, derrière les Puissances, Dominations et Vertus, au deuxième rang, elles-mêmes derrière les Trônes, les Chérubins et les Séraphins, les plus proches de Dieu. Ces distinctions de cour règlent pourtant la vie quotidienne de nos palais nationaux... Sans les anges, agiles comme des esprits sans corps, pas d'histoire sacrée. Leur existence fait partie du dogme, depuis le concile de Nicée qui a proclamé Dieu « créateur des choses visibles *et invisibles* ». Et Jean-Paul II, restaurateur de l'intégrité de la foi, a dernièrement rappelé qu'en vérité, oui, ils existent (catéchèse de 1986).

Sans doute, le christianisme ne les a pas inventés. Ils étaient dans l'Ancien Testament. Dans les religions païennes aussi : génies de l'air, de l'eau, des forêts. Dryades, naïades, lutins, elfes. Ils y étaient décoratifs. L'Église leur donne du travail. Comme anges gardiens d'abord. Puisque chacun de nous est sous la protection d'une personne invisible et pourtant familière, céleste et lumineuse, dotée de volonté et de liberté. La Providence a beaucoup de ministres, celui-là n'a qu'un modeste portefeuille mais il est réconfortant de savoir qu'elle a détaché auprès de chacun de nous un sous-secrétaire d'État. Les Écritures ne mentionnent que ceux du premier rang. Il n'y en a que trois sur la bande-annonce : Michel, Gabriel et Raphaël. Mais ils n'ont pas chômé. Demandez à Marie...

Une autre catégorie de médiateurs, encore plus populaire : la classe moyenne des *saints*, originalité catholique. Ils étaient politiquement plus utiles que les anges, comme facteurs d'unification et de sécurisation des ouailles. Le saint patron ou la patronne d'une ville augmentait l'autorité de son évêque, à qui il (ou elle) permettait de placer les habitants ou les arrivants sous sa protection. L'Antiquité avait bien sûr ses héros et ses demi-dieux, mais n'importe qui ne pouvait pas devenir héros ou demi-dieu. On l'était de naissance ou on ne l'était pas. L'écart entre le simple mortel et l'immortel incitait le premier à invoquer les exploits ou le nom du second, mais comment l'*imiter* ? Le christianisme, là encore, humanise, incarne le surhomme. Le saint devient l'homme du commun, monsieur-tout-le-monde. Style de vie apparemment ordinaire, condition sociale banale ou accessible. D'où émulation, imitation, effet d'entraînement. L'Église inverse la règle antique. Le héros échappait à la mort parce que héros. Le saint devient saint par sa mort. La mort d'un homme peut le « diviniser » — et le tombeau devenir autel. Formidable accroche. Tout le monde mourra un jour, alors qu'un immortel homérique ou virgilien c'était assez difficile à rencontrer dans la vie courante. Devant la sainteté aussi, les fidèles sont à égalité de chances. Le saint catholique n'a rien de divin. C'est un petit médium exemplaire du Saint-Esprit. Un intercesseur de plus à son arc, et au nôtre. Un point de contact. Dieu a besoin des hommes et les hommes ont besoin des saints pour s'en rapprocher. L'Église est là pour subvenir aux besoins populaires. Elle surveille même la production de saints, toujours un peu trop spontanée et anarchique, à travers sa « congrégation pour les causes des saints », bureaucratie tatillonne et sévère, répartie en trois sous-directions ou sections (procès canonique, examen des écrits, jugement final). Piston inutile, les procédures sont collégiales et prolongées. Car, où il y a moins d'élus que d'appelés, une bonne administration de la rareté accroît la demande en limitant l'offre. L'invention au XVe siècle des *bienheureux*, ces officiers subalternes de la grâce, dont la tête n'a pas droit à l'auréole mais aux rayons, et qui ne peuvent être honorés que localement, permit en son temps d'enrayer l'inflation ruineuse des saints médiévaux. La béatification peut ainsi préluder à la canonisation. Même prudence pour le titre de docteur de l'Église (exceptionnellement conféré à deux femmes, en 1970, sainte Thérèse d'Avila et sainte Catherine de Sienne). Mais personne ne doit se décourager d'avance. Sait-on jamais ? En seulement dix ans, Jean-Paul II a fait 247 saints et 315 bienheureux.

Auguste Comte voyait dans l'Incarnation le dogme qui avait permis de sauver le monothéisme strict en réintroduisant en lui une dose de polythéisme. Rétablir le pluriel dans l'Un, c'était bien faire pousser des roses au milieu des sables. Réconcilier le tragique juif avec la dialectique grecque revenait à faire miroiter un peu de béatitude au bout de la détresse. Bergson, dans un autre langage, opposait aux religions closes, quand les dieux de la cité combattent avec et pour elle, la beauté d'une religion ouverte, où on peut se battre pour son dieu sans se battre pour sa cité, car c'est le dieu de toute l'humanité. Du clos à l'ouvert, de la nation à l'espèce, disait-il, on ne passe pas par voie d'élargissement. Mais par intériorisation. Et nous avons vu que le christianisme a bien débouché sur le dehors par le dedans, sur le monde par la conscience.

La médiologie, sans renier ces conclusions, y arrive par d'autres chemins. Elle commence par référer une culture à son écosphère, à son milieu de croissance, au sens d'abord géographique du terme. La force du christianisme est d'avoir, deux mille ans avant la vidéosphère, en pleine logosphère, mis la ville à la campagne, en mariant le clos et l'ouvert. Islam et judaïsme sont des produits du désert : quand ils arrivent en ville, ils sont déjà formés. L'islam est égalitaire comme le nomade, et âpre comme lui. La suppression (de principe plus que de fait) des intermédiaires lui confère un esprit d'égalité, une simplicité très subversive. Mais doublés d'une hauteur assez décourageante. La foi musulmane peut être fascinante, elle n'est guère avenante. Ce genre de monothéisme habite des nomades qui se sédentarisent. Le christianisme évangélique va en sens contraire : c'est une religion sédentaire qui nomadise ensuite. Il a recyclé, dans le monothéisme, des résidus de polythéisme et de fétichisme, comme un architecte utilise des matériaux de remploi, parce qu'il a reconstruit le désert en milieu urbain, à sa manière, celle d'Antioche, d'Alexandrie, d'Éphèse, de Césarée, de Corinthe, de Constantinople — toutes les métropoles de la culture hellénistique. Il a ainsi mêlé à l'aridité des origines « la fraîcheur du fétichisme », comme à l'angoisse de la déréliction la grâce poétique des sujets transitionnels (comme les objets du même nom) qui escortent le bon Dieu, ses bienfaisants cortèges de médiateurs.

D'où ce beau paradoxe : le charme du martyr, et que le culte d'un dieu souffrant se soit révélé aussi accueillant et accessible. Le sourire à travers les larmes est bien la plus parfaite traduction esthétique du mystère propre à ce monothéisme *urbain.*

LES ENJEUX PRATIQUES

Le triomphe temporel du christianisme prouve-t-il le pouvoir d'une pensée juste ou une pensée juste du pouvoir ? Je vous réponds : c'est la même chose. Impossible de séparer l'autorité de la religion chrétienne en Occident et la religion de l'autorité occidentale. La preuve ? Les sept premiers conciles qui ont « filtré » la chimie intellectuelle de l'Incarnation ont tous été convoqués par des empereurs romains, et les décisions prises — les dogmes — l'ont été par et pour eux, à leur initiative et profit. L'Incarnation fut, en son fond, une décision politique codée en langage théologique.

Le seul fait qu'il y va d'une métamorphose pouvait déjà nous mettre sur la piste. Depuis l'animisme primitif jusqu'au fétichisme de la monnaie (cette chose qui peut se transformer en n'importe quelle autre chose), nous savons que surnaturel, puissance et métamorphose sont termes synonymes. Zeus se changeait en pluie, en taureau, en cygne, en amphitryon, en tout ce qu'il voulait, car il était, dans l'Olympe, le *number one.* Plus je peux, plus je peux devenir autre chose que ce que je suis. Dis-moi quelles sont tes transformations possibles, je te dirai, divinité, quelle place tu occupes dans la hiérarchie céleste. En général, la distinction des ordres, des lois et des instances suffit au savant, à qui cherche la nature des choses. Celui qui s'intéresse au pouvoir de l'homme sur l'homme tournera son attention vers les mélanges, règles de déplacement et de mutation d'un ordre de réalité dans un autre. Du *dire* au *faire*, par exemple.

Les premières hérésies ont eu pour enjeu la divinité de la personne du Christ, qui fut elle-même *la première formulation dogmatique* de l'Église. Son élaboration est à la fois exclusive et instituante. Elle scande sur plusieurs siècles la constitution de l'Église en un appareil d'autorité, unique et centralisé. Comme la mise en ordre des dogmes, au cours des sept premiers conciles, propres au magistère ecclésial avec sa hiérarchie de centres et de primats. La synthèse doctrinale chrétienne est un effet de gouvernement. Elle a « pris » par l'Incarnation. Les flottements d'interprétation furent arrêtés en même temps que les fluctuations des frontières d'autorité par la *fixation* de Chalcédoine. Ce qu'il y a d'inexplicable dans une vérité de foi retrouve sa cohérence si on considère ce qu'elle apporte de cohésion à une communauté en voie d'organisation (contre les forces centrifuges de l'hérésie et du « n'importe quoi »). Les hérésiarques ont perdu le pouvoir dans l'Église pour avoir voulu rationaliser la Révélation en éliminant l'un des deux termes dont la déraisonnable réunion fait précisément le mystère commun à la personne du Christ et à tout gouvernement : la double nature. Le mystère christologique recoupe le mystère politique de l'autorité parmi les hommes, non en vertu d'une lecture rétrospective, à deux mille ans de distance, mais parce que l'autorité ecclésiastique s'est codée elle-même, à travers ses dogmes successifs. Il n'y a pas de « politique tirée de l'Écriture sainte », car l'induction s'est faite en sens inverse. L'Église a précédé l'Écriture, le Nouveau Testament et le canon scripturaire sont issus du collectif chrétien en voie de hiérarchisation. C'est seulement au bout de six siècles que l'Église a adopté les vingt-sept livres qui composent le Nouveau Testament.

Naissance, donc, du dogme de l'Incarnation. Son contenu sert de point fixe, son établissement advient au terme de longues et périlleuses fluctuations, et, très précisément, pour y mettre fin. Cette turbulence doctrinale de cinq siècles (si bien analysée par Manuel de Diéguez dans son *Et l'homme créa son Dieu* [1]), il n'est guère facile de la faire entrer dans la grille paisible de nos catégories d'analyse, qui séparent bêtement politique, culture et théologie du IIIe au VIIIe siècle de notre ère, la guerre fut la continuation de la théologie par d'autres moyens. Dans l'adage si galvaudé, « politique » est un prête-nom tardif. Les parties aux prises fonctionnent ouvertement en partis politiques, et les historiens (le cardinal Daniélou entre autres) évoquent spontanément « le parti nicéen », « l'extrême gauche arianiste », une « large coalition majoritaire anti-Arius ». Les évêques et chefs d'école des divers cantons de la chrétienté naissante commençaient leur campagne sous forme épistolaire, mais la terminaient en force militaire. Dans l'intervalle, un traité dogmatique ; une profession de foi, en guise de note diplo-

1. Paris, Fayard, 1984.

matique ; un seul qualificatif, « semblable » ou « consubstantiel », valant pour ultimatum. Pas de concile qui n'ait alors donné lieu à des émeutes, séquestrations, batailles de rue, voire des affrontements en rase campagne.

Pourquoi cette fixation quasi millénaire des disputes nationales et politiques sur ce dogme ? Parce que toute la pyramide de l'autorité pivote sur cette pointe. Impossible, en effet, de contester le devoir d'obéissance à l'« Épouse du Christ » sans questionner la filiation qui l'unit à Dieu le Père. Supposons que le Christ ne soit pas le Fils de Dieu, et je n'ai plus besoin, moi, croyant, de l'Église chrétienne pour entrer en communication avec Dieu. Je peux alors court-circuiter l'intermédiaire obligé. Entre le IVe et le VIe siècle, l'Église vient à bout du nestorianisme (distinction totale des natures) et de l'arianisme (unité de la personne). La stabilisation du pouvoir impérial était en jeu. La foi de Nicée (325) et son explication à Chalcédoine constituent la solution mystique d'un problème politique qui avait tout pour soulever les passions : qui doit obéir à qui ? Qui dépend de qui ?

Si l'Église participe d'une Chair trop humaine, elle n'est plus déifiée ni déifiante : les laïcs eux-mêmes ne lui rendront plus les honneurs du culte, soit le respect et l'impôt. Pourquoi servir l'épouse d'un homme naturel, fût-il supérieur ? À l'inverse, si l'Épouse représente un être d'une nature entièrement divine, quel rapport peut-il bien exister entre Elle et Lui, et donc, à la limite, pourquoi passer par l'institution d'ici-bas pour entrer en rapport avec Lui ? Dans un cas, le charisme ecclésial pèche par manque ; dans l'autre, il est en trop. L'Incarnation a dû s'ouvrir une voie entre un « pas assez » et un « trop » de transcendance, entre Charybde et Scylla, parce que chaque solution extrême mettait en péril des bases de l'institution, sans qu'on s'en rendît toujours bien compte sur-le-champ. La logique des opérations qui s'ensuivaient constituant une sorte d'inconscient politique que le déploiement des hérésies postérieures, à partir du noyau dogmatique, tirait peu à peu au jour.

Si Dieu (ou le Verbe) existe en entier *dans* le Christ, la piété populaire va confondre le Père et le Fils, et servir le premier sous les seules espèces imaginaires du second. Dérive idolâtre contre laquelle réagit Arius qui, pour sauvegarder l'identité du Père, insistera sur la distinction des natures et maximisera dans l'élément « Dieu » sa pleine transcendance. Le Christ est né telle année, tel jour, telle heure ; mais Dieu, principe de tous les êtres, est inengendré (*agénétos*). Dieu s'est adjoint le Verbe, mais « il fut un temps où le Verbe n'existait pas », et donc l'incarnation du Verbe non plus. Le Christ n'est pas un accident, mais l'essentiel ne passe pas par lui et aurait pu à la rigueur se passer de lui. L'arianisme admettait les pouvoirs divins de Jésus, non la nature divine de sa personne physique. Or, si la Chair est extérieure au Verbe, il s'en déduit qu'on peut être soi-même extérieur à la Chair du Christ qu'est l'Église, conduite par le successeur de Pierre, sans trahir pour autant le service de Dieu. Ce n'est pas par hasard qu'Arius a commencé sa carrière d'hérésiarque en secouant la tutelle de son évêque. Impossible de mettre en cause la divinité de Jésus sans mettre en question tôt ou tard, à travers la réalité de son œuvre rédemptrice, le devoir d'obéissance à « l'Épouse du Christ », à son chef, et à la cascade de chefs par délégation procédant de Lui. On voit l'enjeu : l'autorité pyramidale telle qu'elle s'exerce dans l'institution ecclésiale, et au dehors, sur la société.

La première inquiétude, logiquement, vint de Constantin, empereur de son état et bien décidé à le rester. Le christianisme devenu doctrine officielle, force était de « bétonner » son socle pour sauvegarder l'État par lui stabilisé. Un pouvoir centralisé veut par nature du simple et de l'homogène. Les deux natures du Christ, d'être trop distinctes, postulaient une distinction entre pouvoir spirituel et pouvoir temporel. Et contenaient donc en germe un affaiblissement possible, par dédoublement du légitime et du légal, de l'autorité religieuse et de la puissance impériale. Constantin avait intérêt à tirer les deux natures vers l'unité pour apaiser troubles et rébellions. Ce n'est pas un hasard qu'il ait lui-même convoqué le premier concile œcuménique de Nicée, en faisant savoir sans ménagement aux Pères de l'Église ce qu'il attendait d'eux. Une motion de synthèse fut adoptée *in fine*, qui ruinait en fait les espoirs des arianistes. Le Fils fut déclaré « engendré mais non créé », consubstantiel à son Père, donc *Dieu issu du vrai Dieu*.

Rébellions et scissions aux quatre coins de l'Empire. Face aux arianistes, se dresseront peu après les *monophysites*, qui majorent dans le Christ l'élément divin, en allant jusqu'à nier son humanité. Tout se joue sur une lettre, entre les tenants de l'*homoios* et de l'*homoiousios* : Christ « consubstantiel » ou bien « semblable » au Verbe ? Après le concile d'Éphèse (431), qui échoue à concilier les thèses opposées, vient enfin celui de Chalcédoine (451), auquel saint Cyrille d'Alexandrie, « le docteur de l'Incarnation », apporta la solution miracle, moyen terme entre le trop et le pas assez de nature humaine en la personne du Christ. Elle prévaudra pour dogme. Le « un fait deux » cède la place au « deux font un ». Le Christ assure la plénitude en Lui de l'humanité et de la divinité. Le vocabulaire cyrillien des deux natures heurta néanmoins les Égyptiens, réfractaires à l'idée qu'on puisse penser simultanément le un et le deux. Les théologiens de la curie, quinze siècles plus tard, froncent les sourcils aux seuls abords du chef-d'œuvre terminologique de saint Cyrille et répètent qu'on ne saurait montrer trop de vigilance à propos de l'union « hypostatique ». Il y va en effet de l'unité d'organisation et de direction de l'Église catholique. De fait, si la quasi-totalité des Églises chrétiennes d'Orient (syrienne, uniate, arménienne, maronite, copte, etc.) restent « séparées », c'est pour refuser d'accepter les décisions prises au concile de 451. On les appelle « non chalcédoniennes ».

Pour parler grossièrement, on peut voir, dans cette bifurcation à l'intérieur de la chrétienté, le départ du divorce Orient/Occident, qui deviendra division au synode de Francfort, en 794. Les Églises orientales, dites extérieures ou nestoriennes, pencheront pour la distinction simplement *logique* des deux natures. On les dira « monophysites » — portées à la contemplation du Verbe éternel, à la méditation adorante de la divinité du Christ. Les Églises occidentales, pour la distinction *réelle* des deux « natures qui font le Christ, consubstantiel à son Père selon la divinité, et à nous selon l'humanité ». Principe de passivité et d'immobilité là-bas (chez les nestoriens d'Égypte, les assyriens de Chaldée, les syromalabars de Kerala, etc.). Principe d'activité et de dynamique, ici. Orient érémitique du renoncement au monde, pétrifié par la pensée de l'Un, où l'ici-bas est subordonné à l'au-delà et l'écart maximal entre Ciel et Terre. Occident séculier mûr pour le dédoublement des règnes, le décrochage des domaines de compétence entre pouvoir civil et pouvoir ecclésiastique, État et Église, que nous nommons laïcité, et qui n'a pas, au Proche- et au Moyen-Orient, d'équivalent.

Les querelles christologiques ont déchiré la chrétienté orientale — c'est-à-dire le cœur historique de cette religion — jusqu'à la fin du VIIe siècle (concile de Constantinople, 681), quand elles cédèrent la vedette à la grande querelle des images qui en découle directement.

Si l'Occident latin fut moins secoué par ces controverses, c'est qu'il était moins civilisé, ou plus barbare. Ce retard intellectuel, entretenu par l'interruption des communications matérielles avec l'Orient hellénique, fut rattrapé et en partie effacé vers le XIIe siècle, notre première Renaissance, lorsque les rapports furent rétablis grâce aux Arabes, nos maîtres et nos éducateurs. Le Christ parlait l'araméen mais la théologie chrétienne a d'abord parlé (et donc pensé) grec, qui était la langue de tout l'Orient romain. Rappelons qu'il n'y a pas eu dans l'empire romain d'Orient, épargné par les invasions, solution de continuité entre « Antiquité » et « Moyen Âge ». Les premiers théologiens organisateurs de l'Église se sont anathématisés, excommuniés, réhabilités dans le droit fil et avec les instruments de la philosophie hellénique. Il est piquant de remarquer que l'Occident chrétien — dont les défenseurs patentés ont la mémoire courte — a forgé ses matériaux de base en Asie Mineure et en Afrique, puisque c'est là qu'ont été raffinées par les Pères les paroles de ce prophète oriental, Jésus de Nazareth. Origène d'Alexandrie est plus puissant et subtil que Tertullien qui, quoique africain, écrit et pense en latin. C'est l'empire d'Orient qui a fait faire au christianisme son bond décisif hors de la culture judaïque et de son aire étroite, lui ouvrant les voies d'une diffusion mondiale. La religion juive a eu une diffusion limitée à la diaspora juive ; la religion chrétienne a pu briser ses cloisons géographiques et ethniques parce qu'elle a fait couler dans les canalisations impériales de l'Occident les modèles de pensée propres à l'Orient hellénistique. Sauf Hilaire de Poitiers et Ambroise de Milan (lequel démarque Basile de Césarée et Grégoire de Nazianze), les docteurs de l'Église sont des « Orientaux » (Irénée de Lyon vient en réalité de Smyrne) ou des « Africains » (comme Tertullien, Augustin ou Cyprien).

L'Europe est une fusée à trois étages — grecque, judéo-chrétienne et libre penseuse — dont la base de lancement a été l'Asie. Je mentionne au passage cette donnée triviale et sans cesse refoulée par les sectateurs de l'« Europe occidentale », c'est-à-dire de l'enfermement européen. Signe d'asphyxie culturelle et d'amnésie historique. Parce que l'alphabet à voyelles est né en Phénicie, la guerre de Troie et Homère en Ionie, la géométrie à Milet avec Thalès, et l'histoire en Carie avec Hérodote d'Halicarnasse, il est admis que l'Asie Mineure a donné son départ à l'essor grec. Saint Augustin a résolu à Hippone, aujourd'hui Abana, le casse-tête théorique de la Trinité, et le dogme de l'Incarnation s'est peaufiné entre Nicée, Alexandrie, Antioche et Constantinople, soit entre l'Égypte, la Syrie et la Turquie actuelles. Ce qui a modelé le visage de l'Europe s'est décidé en dehors d'elle.

Disons-le autrement et en quelques mots simples. L'Occident a quatre capitales : Jérusalem, Athènes, Rome et Byzance. Il ne veut se souvenir que des trois premières. Chacune a ses chantres, ses commerçants et son mot de passe. Jérusalem, c'est le monothéisme. Athènes, c'est l'humanisme. Rome, c'est l'État de droit. Byzance, c'est plus et mieux car c'est la synthèse de ces trois éléments : on y a pensé les rapports de Rome et de Jérusalem dans la langue et les concepts d'Athènes. Presque personne n'en a cure. La grande oubliée de notre histoire n'est rien de moins que notre laboratoire central. Nous devons à cette ville-empire nos principaux dogmes, nos catégories organisatrices, nos cérémonies civiles et religieuses — la liturgie chrétienne dérive des cérémonies de cour byzantines, comme notre protocole républicain dérive des hiérarchies célestes du césaropapisme —, notre esthétique, car c'est à Byzance que fut brisée la vague iconoclaste, et affirmée la légitimité d'un art sacré ou d'une figuration du divin.

À l'image du Christ, médium mixte et, à ce titre, déflagrant, le christianisme doit sa force propulsive à sa mixité culturelle : ni juive ni grecque, mais au croisement des deux traditions. Ce métissage a sauvé le Sauveur. Ses adeptes ont échappé à l'étiolement sectaire grâce à l'occidentalisation sans doute involontaire d'un messianisme oriental parmi d'autres. La diaspora des juifs hellénisés, surnommés les « hellénistes« , avec Étienne à leur tête, chassés de Jérusalem pour outrecuidance, a permis au message originel d'essaimer en Syrie, en Samarie, à Chypre. Ces vaincus ont eu l'évangélisation conquérante, extravertie. Et la destruction du temple de Jérusalem, en 70, provoquant la défaite politique et l'éclatement du peuple juif, fit de ces exilés, dissidents un peu cosmopolites, des précurseurs qui avaient eu raison trop tôt. Cette transmigration a été conduite à grande échelle par Saül de Tarse, vivant trait d'union judéo-hellénique, né en Cilicie, carrefour traditionnel des cultures et des empires. L'apôtre des gentils, crucial médiateur, homme-pont, fit le *go-between* entre Antioche au sud, Césarée au nord de la Cappadoce. Il nous rappelle entre autres que l'Anatolie, avant et plus encore que l'Andalousie, a fait se rencontrer l'Occident et l'Orient.

CRUCIALE CHRISTOLOGIE

Dans la chaîne des transformations du message messianique, la personne du Christ demeure le point de passage névralgique. Et la christologie la plus périlleuse des spécialités théologiques. Car un système déraille par où il embraye, et qui relie les deux bouts de la chaîne — ici, le Père éternel et le Saint-Père — se fait beaucoup d'ennemis. Ce qui fait courroie s'use par friction. Le maillon faible du christianisme était son point fort, le statut personnel de Jésus, *cheville médiatrice* des syllogismes de la puissance impériale, puis papale : théoriquement la plus vulnérable, historiquement la plus attaquée. Dans le dispositif apologétiquc, la *christologie* est le cœur du cœur.

Fatalité médiologique : tout pouvoir tient par le milieu et le maillon médian est toujours le plus faible. Dans l'appareil de communications Ciel/Terre, l'Homme-Verbe raccorde l'un à l'autre les deux réseaux hétérogènes du temporel et du spirituel, du pastoral et du divin. Le divin interface fonctionne comme un commutateur charismatique : si le fusible saute, tout le réseau de grâce disjoncte. Cible de la critique philosophique et point d'éclatement des schismes, la redoute christologique a subi un feu bimillénaire de Boèce à Renan, et l'Église pourrait « tomber » avec elle. Branle-bas dans les dicastères. Pas de repli stratégique. Pohier, Schillebeeck et Kung en ont dernièrement fait les frais. Un point commun entre tous les procès engagés par l'ancien Saint-Office contre ces théologiens qui, en d'autres temps, y eussent laissé leur peau, et non leur chair : sauvegarder la divinité du Christ comme *Fils de Dieu et personne préexistante*. Car ce qui s'en déduit n'est pas peu : la hiérarchie ecclésiale et l'infaillibilité papale. Pohier (*Quand je dis Dieu*), accusé de mettre en doute la réalité objective de la résurrection du Christ, fut sanctionné par l'interdiction d'enseigner et de présider une assemblée liturgique. Schillebeeckx (*Jésus, une tentative de christo-*

logie), acquitté de justesse une première fois, fut ensuite incriminé et de nouveau convoqué à Rome. Quant à Hans Kung (auteur notamment de *Être chrétien*), il s'est vu retirer, après de multiples « rappels à l'ordre », sa *missio canonica* ou permission d'enseigner. « Douloureuse décision » du Saint-Siège approuvée « sans réserve » par la conférence épiscopale, primat en tête.

Que reprochait-on à Kung ? De manquer à « l'intégrité de la vérité dans la foi catholique » (1979). Comment ? En tronquant l'identité du Christ, car Kung considérait Jésus « seulement comme lieutenant de Dieu et non comme son Fils éternel, consubstantiel au Père ». « Réduction christologique » qui ne compromet pas seulement le dogme de la Sainte-Trinité, mais met en péril la cascade de ministères qui relie au Christ par le truchement du service de Pierre, soit de la papauté, l'ensemble de l'Église comme corps sacramentel participant de la vie divine de Jésus. L'autorité ecclésiale, sanctionnée par le dogme de l'infaillibilité, suppose à son tour le magistère universel de Rome en matière doctrinale ; et le théologien est un délégué de la hiérarchie (dont il tient sa *missio canonica*). Nul, dans l'Église catholique, ne peut faire de la théologie, et pour cause, sans être en union étroite avec le pape et les évêques. L'imputation faite au professeur Kung de « dénier au magistère *sa fonction propre et exclusive* d'interpréter authentiquement le dépôt révélé », soit de contester le monopole central de la vérité, aurait en effet deux conséquences logiques : briser le monopole sacerdotal du ministère divin, ce qui permettrait par exemple aux simples baptisés de célébrer l'Eucharistie ; et enlever à l'Église instituée son monopole de transmission, qui lui donne, à elle et à elle seule, la mission pastorale de délivrer aux hommes le message évangélique. Or, dit le Saint-Siège, c'est le Christ lui-même qui a voulu « la verticalité existante dans l'Église ». CQFD. Le Souverain Pontife sous l'égide de qui, sitôt après son élection, ces décisions furent prises est Jean-Paul II. Ce pape combatif entendait refaire la chrétienté. Force lui est d'assurer son maillon faible. On a déploré et dénoncé « une inflexibilité sans précédent » dans ces sanctions papales. On a évoqué des « méthodes d'un autre âge » dans la chasse donnée par Jean-Paul II aux « néo-modernistes » et aux hors piste de la christologie officielle. C'est oublier que si *la* politique évolue, *le* politique n'a pas d'âge. Aucun ensemble de relations n'est relatif à lui-même, sinon ce n'est plus un ensemble : la structure logique de l'incomplétude qui sous-tend le fait religieux ne dépend pas du temps qu'il fait ni du temps qui passe. L'inévitable extériorité du principe fondateur au tout qu'il fonde (ou, si l'on préfère, la non-appartenance à l'ensemble de l'élément qui le constitue comme ensemble) détermine un invariant d'organisation qui admet force variations historiques et géographiques mais auquel aucune société humaine ne peut échapper (comme la *Critique de la Raison politique* a tenté de le démontrer). L'axiome d'incomplétude, chevillé au corps social, nous permet de traverser les âges du symbolique sans dépaysement majeur.

Cette syntaxe universelle dessine un cercle anthropologique où nous n'avons rien à attendre de neuf. Le rapport de l'homme aux choses (et à l'homme en tant que chose) est infini et non programmable. La science n'a donc pas de fin, sinon provisoire et factuelle. Le rapport de l'homme à ses dieux (comme aux autres hommes) a quelque chose de définitif et d'universellement compréhensible : Jésus, Bouddha, Mahomet et beaucoup d'autres restent nos contemporains, comme nous le sommes de Proust, Racine ou Épictète.

Le progrès des connaissances ne peut donc faire reculer les croyances, ce qui a de bons et de mauvais côtés. Parmi les bons, celui-ci : mystères et mythes ont sur les connaissances positives l'avantage de ne jamais perdre leur fraîcheur. Dans une culture donnée, une croyance forte est « pour toujours », et a aussi peu de chances de se faner que le récit d'un rêve ou une chanson de mal-aimé, qui n'ont pas d'âge.

Ici même les automobiles ont l'air d'être anciennes
La religion seule est restée toute neuve la religion
Est restée simple comme les hangars de Port-Aviation
Seul en Europe tu n'es pas antique ô Christianisme...

On peut en croire le prophète de « l'Esprit Nouveau », le typographe de *Calligrammes* qui le premier reconnut Picasso et Braque, le bibliophile qui salua bien bas le phonographe, le téléphone, la radio et le cinéma, je veux dire Guillaume Apollinaire.

CINQUIÈME LEÇON

L'EXPÉRIMENTATION CHRÉTIENNE

La supériorité du faible : une stratégie médiatique

Les moyens de l'universalité

Publi-conseils

Transmettre, c'est organiser : utilité des interfaces

Une institution exemplaire

C'est l'Église qui fait le dieu

Parlons maintenant pratique. Le philosophe demande : l'esprit, quelle puissance ? Le théologien transforme : le Saint-Esprit, quels effets ? Le despote traduit : le pape, combien de divisions ? Transposition cynique d'un thème cher aux ethnologues — celui de l'efficacité symbolique. Le médiologue voudrait l'éclairer à son tour en demandant : à quelles conditions agit « l'esprit » ? À la condition qu'il se dote d'un appareil de transmission. D'où notre intérêt pour la médiation appelée Église. En l'occurrence : comment la courte histoire du Verbe fait Chair s'est-elle incorporée à l'histoire longue des hommes ?

Je voudrais donc aborder ici les voies et moyens de la propagation chrétienne. Comme une belle leçon de choses. Dans notre aire de civilisation, nulle autre transmutation historique ne soutient la comparaison.

Je vous rappelle le point de départ et le point d'arrivée de la séquence expérimentale envisagée (30-325 de notre ère).

Un homme un jour a des visions. On ne sait trop qui c'est : guérisseur ? Charlatan ? Agitateur ? Prophète ? Il parle. Trop, ou trop bien, ou pas assez. Mais qu'il témoigne, enseigne ou annonce, il n'agit que par une élocution. Il est celui qui parle au nom du Père. Ce qu'il dit choque les autorités légales, scandalise sa communauté. À tel point qu'il est exécuté comme un vulgaire brigand par un obscur fonctionnaire romain. Une affaire si insignifiante qu'elle n'est consignée nulle part dans les archives de la bureaucratie impériale.

Trois siècles plus tard, l'empereur Constantin réorganise son empire sur la base de cet enseignement et participe aux débats sur la divinité du brigand.

La disproportion entre l'input, quelques vibrations sonores, et l'output, un réagencement du monde, mérite considération. Son caractère « incroyable » en fait un motif de crédibilité supplémentaire pour l'apologétique chrétienne, qui ne veut expliquer l'inexplicable « propagation admirable du christianisme » que par une intervention surnaturelle. Elle y voit la preuve par l'absurde de la divinité du Christ (l'argument pourrait à plus forte raison étayer la crédibilité du message islamique et même bouddhiste). En elle-même, la séquence factuelle présente plus sobrement une succession de périodes presque anodines. 30-125 : expansion d'une secte néo-judaïque (communauté des biens, discipline rigoureuse, autorité sacrale des dirigeants). 125-250 : transformation de cette communauté régionale en une Église multinationale de facture hellénistique. 250-325 : conflits entre cette Église dissidente et l'État romain, persécutions et victoire finale des dissidents.

Cette propagation n'a sans doute pas été aussi foudroyante que celle de l'islam, qui d'un point de vue épidémique lui paraît bien supérieure. Dix ans après la mort du Prophète (632 apr. J.-C.), Omar s'empare de l'Égypte, de la Syrie, de la Palestine et de la Perse. Cent ans après, les Omeyyades ont transporté la doctrine de Mahomet d'est en ouest, de l'Indus à Poitiers. Si l'hégire (qui calcule le temps à partir de 622, l'année de la fuite à Médine) s'impose presque tout de suite dans cette zone d'expansion, le calendrier chrétien a mis plusieurs siècles pour s'émanciper de la datation judaïque (qui prend pour point zéro la Création du monde, soit l'an 3761 av. J.-C.). La parole de Jésus de Nazareth a eu un impact à peu près nul au moment de son émission, et faible dans les décennies suivantes. Il lui a fallu plusieurs siècles pour incuber, mais la relative lenteur de la diffusion a eu pour contrepartie une plus large couverture géographique. Son originalité vient de n'avoir eu que tardivement recours à la force militaire.

LA SUPÉRIORITÉ DU FAIBLE : UNE STRATÉGIE MÉDIATIQUE

L'histoire professorale de la philosophie bute sur cette énigme : comment une parole aussi simpliste que celle de Jésus a-t-elle pu triompher de visions du monde mille fois plus élaborées et complexes, comme celles qui circulaient aux premiers siècles de notre ère ? Pensez à Plotin, à Jamblique, à Porphyre... Émile Bréhier par exemple constate que l'enseignement du Christ « s'oppose avec évidence à l'hellénisme par l'absence totale de vues théoriques et raisonnées sur l'univers et sur Dieu [1] ». Le christianisme, remarque-t-il justement, « ne s'oppose pas à la philosophie grecque comme une doctrine à une autre doctrine », pour la simple raison qu'il n'y a pas, du moins pendant les cinq premiers siècles de notre ère, de philosophie chrétienne au sens propre, « impliquant une table des valeurs intellectuelles foncièrement originale et différente de celles des penseurs du paganisme ». De fait, la rationalisation de la foi qui commence avec les apologistes du IIe siècle se mène dans le cadre et avec les outils des philosophes hellénistiques. La théologie dogmatique, dirions-nous, a « pompé » chez tous les descendants de Platon ; mais le christianisme apostolique est au néoplatonisme, qui tenait alors le haut du pavé, ce que la bande dessinée est à l'essai philosophique (un album de *Tintin* à une thèse de doctorat sur Hergé). Les historiens de l'art font des remarques parallèles. L'art paléochrétien est une branche de l'art antique qu'il prolonge mais ne bouleverse pas. Sous une forme plutôt grossière que raffinée [2].

Pas de physique. Ni de logique. Pas de cosmologie. Ni de géométrie. Nulle représentation objective du monde. Au diable la grammaire, l'astronomie et la musique. Le christianisme des premiers temps, chef-d'œuvre d'ignorance, fait table rase de six siècles de science. Celse n'avait que dédain pour ce manque de tenue théorique. Presque tous les lettrés des premiers siècles ont vécu l'arrivée du christianisme comme la défaite de la pensée, une régression, un

1. Émile BRÉHIER, *Histoire de la philosophie*, Paris, 1941, t. I, vol. II, p. 487.
2. Voir André GRABAR, *Le Premier Art chrétien*, coll. « L'Univers des formes », Paris, Gallimard, 1966.

stupéfiant retour de la barbarie. De fait, un homme nourri dans les académies aux arts libéraux ne pouvait voir dans ces récits vulgaires et naïfs qu'un tissu d'histoires à dormir debout, contes pour bonnes femmes et fables pour enfants (de chœur). Amour, charité, espérance, sans parler de la mastication d'un mort et de la résurrection des corps, cela ne faisait pas du tout sérieux. Il est probable que les Pères et docteurs de l'Église qui sont venus ensuite dialectiser et théoriser le message l'ont fait pour relever le défi et se mettre à la hauteur de leurs contempteurs : regardez, on n'est pas complètement idiots, nous aussi on peut faire de la philosophie et manier le grec aussi bien que vous. Les intellectuels que nous appelons païens et qui étaient les hommes les plus érudits et les plus civilisés de leur époque ont sans doute eu tort de mépriser cette non-doctrine. Mais ils avaient raison dans leur diagnostic. La propagation du christianisme dans le monde antique a effectivement scellé la victoire du sentiment sur la raison, de la séduction intuitive sur la conviction argumentée, de la subjectivité sur l'objectivité. De l'intérêt pratique sur le désintéressement théorique.

Et d'abord de l'oral sur l'écrit. Jésus prêche. N'analyse pas, ne dialectise pas. Ni discours ni méthode. Il raconte des histoires simples à des gens simples. Parle par symboles et paraboles. Les apôtres eux-mêmes, et les évangélistes, baignent dans l'oralité. Ils en font même, face aux pharisiens et aux sadducéens, un signe de distinction et de ralliement. Leur argument de vente : nous, on n'argumente pas, on témoigne. « La Loi est devenue Parole, l'Ancien Testament, Nouveau Testament. » Épîtres ou actes, leurs écrits sont minces et tous de circonstance : le contraire d'un exposé construit. La mise en rumeur du message n'en est que facilitée. La *vox populi* relaie moins aisément le hiéroglyphe que le bruit qui s'engendre et grossit de lui-même. Que font-ils eux-mêmes sinon ruminer, relayer la rumeur de Jérusalem ? Que sont les Écritures saintes sinon un recueil de « on-dit » ? Nous sommes témoins de témoins qui ont eux-mêmes entendu dire que... Le Christ ressuscité est apparu à un tel, je vous le dis parce qu'on me l'a dit... Les transmissions de bouche à oreille ne sont-elles pas les plus efficaces ? Les rumeurs qui se propagent le mieux, c'est un fait d'expérience triviale, sont celles qui sont invérifiables. « Je vous ai transmis ce que j'ai moi-même reçu », répète Paul dans ses épîtres. Car le vrai fondateur de cette Église n'est qu'un témoin auriculaire. Il n'a jamais de ses yeux vu le Christ selon la chair, mais en esprit, après coup. Pas de direct. Mais c'est le différé qui crée la meilleure illusion de direct, les programmateurs de télévision le savent. Le second chrétien « rencontre » le Christ, mais à travers le premier chrétien, qui tient lui-même d'un plus premier que lui que... Saint Marc écrit le premier Évangile à Rome autour de 87. Le vrai corps du Christ est posthume, et l'incarnation s'installe dans l'intervalle qui sépare l'événement de son récit. Comme toute histoire, profane ou sacrée, simple effet de retard né de la distance qui sépare la chose de sa trace. On a tout lieu de penser que le Christ a réellement existé, mais ces discussions traditionnelles n'ont aucune importance. Découvrirait-on le contraire, par impossible, que l'authenticité du christianisme historique n'en serait nullement remise en cause. Pas plus que la valeur du message chrétien.

En règle générale, on communique mieux par le bas. Décodage moins coûteux, audience plus vaste. Le christianisme a eu l'avantage, disons plutôt le mérite, d'arriver dans l'Empire romain par en bas. Géographiquement par la périphérie, comme une religion de migrants et de pérégrinants. Socialement, par les bas-fonds, artisans, femmes, immigrés — les catégories en tout cas les moins instruites. Littérairement, par les genres les moins nobles, la biographie, et non la métaphysique, la correspondance, et non le traité, le prêche et non le cours. Il a pu ainsi maximiser le taux d'écoute et sans ce large bassin d'audience, gagné surtout aux IIe et IIIe siècles, il n'aurait pu, au IVe, percer si haut et porter si loin. Trop tôt théorisé, il aurait pu disparaître en route.

Les derniers seront les premiers, et les « primaires » récompensés. D'avoir joué au qui perd gagne rend la propagation « admirable ». Comme le petit Jésus face aux docteurs de la Loi, c'est en faisant l'idiot que le christianisme a été le plus fort. Comme s'il ne pouvait parvenir à ses fins qu'en leur tournant le dos. Les moyens de propagande du discours suivent la même inversion que le parcours du Christ. C'est la défaite immédiate qui mène à la victoire finale. De même que l'apothéose du Messie passe par sa crucifixion honteuse, au grand scandale des juifs pour qui le Messie-Roi ne pouvait évidemment pas apparaître sous les traits d'un réprouvé, le message doit passer par le cœur pour faire la loi. Humiliez le sublime pour le faire reconnaître. Sentimentalisez l'idée pour y rendre sensible. Vous voulez écraser vos ennemis ? Parlez-leur d'amour, et tendez l'autre joue. Conquérir le monde extérieur ? Repliez-vous sur la vie intérieure. Le plus court chemin vers le dehors passe par le dedans. La légende de l'Incarnation est absurde pour un juif comme pour un Grec mais c'est en déraisonnant que les chrétiens ont pu imposer leur folle raison à un monde desséché par un trop de rationalité, délesté par la spéculation philosophique de ses mythes et mystères. Lorsque Julien le fidèle, dit à tort l'Apostat, voulut faire retour aux dieux de sa culture, c'était trop tard : la loi du grand nombre jouait contre lui. Si cet empereur dévot et désireux de renouer avec des traditions séculaires répondait aux vœux des élites intellectuelles romaines, la majorité du peuple était déjà gagnée au Fils de l'Homme.

Énigme philosophique mais évidence médiologique : c'est la faiblesse théorique qui fait la force médiatique. En faisant l'impasse sur la cosmologie et l'ordre objectif de l'univers, il libère une formidable capacité d'adhésion subjective — et peut-être un début d'autonomie du sujet face à l'ordre cosmique. La folie de l'amour vaut mieux que toute la science du monde ; pour reprendre les distinctions d'Origène, la « sagesse du Christ », celle des simples croyants, passe désormais avant « la sagesse de ce monde », réservée aux gens instruits, et « la sagesse des princes de ce monde », apanage des surdoués et des initiés. La force de propulsion du christianisme fut émotive : il a vaincu une mythologie dominante affaiblie non à l'aide d'une bonne philosophie mais d'une mythologie plus forte. Un mythe frappe plus vite et plus fort qu'un concept. Si vous voulez toucher les gens, ne leur proposez pas un théorème, racontez-leur une histoire. Un théorème se réfute, ou soulève des objections. Une histoire, non : elle n'est pas « falsifiable ». Un mythe est d'abord un récit ; et le récit chrétien est un mythe de bonne foi, vivace et portatif. Pas une affabulation philosophique ou une allégorie poétique : une histoire véritable et vécue, dont le héros, un homme réel, se raconte lui-même, comme s'il signait son histoire tout en la faisant. Bien mieux qu'Orphée, Sisyphe ou Prométhée, ces mythes sans auteur, ces fantômes sans témoins. Homère ? Un bon mythographe, mais qui nous parle de ce qu'il n'a jamais vu : il n'était pas contemporain d'Achille et d'Hector, lesquels d'ailleurs ne promettent rien de bon à personne.

L'originalité décisive du christianisme, qui découle de l'Incarnation, c'est donc sa *vulgate*. Monothéisme, baptême, messe, communion, on connaissait déjà. Ce qui est nouveau, c'est la démocratisation de la vie éternelle.

LES MOYENS DE L'UNIVERSALITÉ

Encore fallait-il avoir les moyens de sa nouveauté. Le médium de la déterritorialisation, permettant d'atteindre les couches sociales les plus larges, paysans, colons, barbares. Or, si le Nouveau Testament est une révolution théologique par décentration, sa diffusion a marqué également une révolution par délocalisation du support. Le remplacement du *volumen* antique (le rouleau de papyrus) par le *codex* (qui peut n'être pas un parchemin) marque la naissance du premier livre moderne. C'est un fait que le christianisme comme mouvement de masse et l'usage du *codex* se répandent simultanément, au IVe siècle, sans qu'on puisse dire d'ailleurs ce qui, dans ce triomphe commun, revient à l'un ou à l'autre. Qu'était-ce que le *codex* dans le monde romain ? Un truc minable, un calepin, un carnet de notes dont on se servait pour les brouillons ou les comptes chez soi. C'était un petit polyptyque à tablettes de bois, réunies deux à deux ou quatre à cinq par une cordelette passée dans des trous et qu'on pouvait attacher à la ceinture ou au poignet. Ces tablettes s'enduisaient de cire, on écrivait avec un stylet, et on effaçait à volonté. L'idéal pour les écoliers, les marchands, pour rédiger en hâte des actes privés ou commerciaux. Les avantages propulsifs du *codex*, à support végétal ou animal, sur le rouleau judaïque ou romain étaient considérables : économie de matière première (on écrit recto verso). On a calculé que les *Nombres* et le *Deutéronome* à la suite faisaient vingt-huit mètres de rouleau mais deux cent seize pages seulement en codex. Avec ce premier livre rudimentaire, on fait tenir toute la Bible en mille cinq cents pages. Les avantages de la fixation sans les inconvénients de la fixité. Le christianisme est un judaïsme extraverti et maniable, mobilisateur parce que mobilisable. Les Pères de l'Église ont eu la chance intellectuelle de coïncider avec un moment de syncrétisme fort, ce qui leur a permis d'enrichir un socle intellectuel rudimentaire de toutes sortes d'apports païens, néo-platoniciens, stoïciens, néopythagoriciens, etc. Les disciples du Christ revendiquent le même dieu, les mêmes prophètes, la même histoire que le peuple juif. Mais l'équation qui a fait « diverger » (aux deux sens, route et réacteur) la secte, c'est Incarnation + Diffusion. Christianisme = saint Jean + *codex*. Le codex vulgarise la parole de Dieu, tout en se retrouvant anobli par elle. La bible-codex réunissant en diptyque les deux tablettes oblongues des Tables de la Loi, le Nouveau Testament pourra même, plus tard, bénéficier de la symbolique de l'Ancien. Elle permet aux fidèles de porter l'Évangile sur eux (comme le Chinois maoïste son petit talisman), de toucher Dieu à travers le support (les juifs n'ont pas le droit de toucher la Torah de leurs mains, et ils ignorent la révolution profane et profanatoire du codex). Les propagateurs du Nouveau Testament, eux, ont abandonné le rouleau pour adopter la forme la plus basse du support d'écriture, et les premiers écrits chrétiens autour d'Alexandrie et le long de la Méditerranée sont rédigés non en grec classique ou littéraire, mais en grec populaire, argotique. En somme, le christianisme a fait au monde antique de l'écrit le même coup que l'imprimerie lui fera à son tour mille ans plus tard : le coup du léger, du méprisable, du portatif. Le coup bas, par les marges. Le coup du livre de poche. Yvonne Johannot suggère que Livre anguleux et Rouleau concave s'opposent comme le masculin, rigide et droit, au souple, au flexible et au féminin. Disons alors que le codex ajouta à sa maniabilité un argument physique d'autorité qui a aidé à ce que la lecture des textes saints ne reste pas, comme le souhaitait Chrysostome, l'apanage des moines.

Jusqu'à l'Incarné, les religions à mystères, cosmopolites et foisonnantes, ne s'adressaient qu'aux initiés. Lui, il ouvre au petit peuple les voies du paradis. Quant aux religions instituées, elles étaient territoriales : dieux de la Cité grecque, culte civique romain. Le judaïsme, plus ambitieux, restait identitaire, défensif et ethnocentré. La révolution évangélique, c'est le ciblage illimité : allez enseigner *omnes gentes*, tous les peuples. Déverrouillage sans précédent. « Catholikos » veut dire « universel ». Ce que saint Paul traduit par un coup de force inouï, où le judaïsme ne peut voir qu'une trahison nationale (c'est bien lui, l'Apostat), une désertion devant l'ennemi romain : il autorise les non-circoncis à s'asseoir à la table de la sainte communion. Façon de dire : je m'adresse à tous, n'importe qui peut me comprendre et devenir partie prenante. Renversement des perspectives : les étrangers nous sont proches, tout étranger est un prochain virtuel, mon frère le centurion, ma sœur la Cananéenne autant et plus que le pharisien mon compatriote. En ce sens, l'Incarnation c'est, au-delà du Verbe fait chair, *le peuple élu fait individu*, n'importe qui, personne, vous et moi ; c'est le monothéisme privatisé, mis à la portée de tous, en accès libre.

Dans l'Ancien Testament, le dieu créateur (du monde) apparaît comme une relecture, un rajout postérieur du dieu protecteur (d'un peuple). L'Alliance Yahvé-Moïse est au départ un contrat bilatéral. Prenez-moi comme dieu, je vous prends comme peuple. Élisez-moi, je vous élirai. Affirmer Dieu unique, c'est alors s'affirmer soi-même comme peuple unique. Le monothéisme hébreu a une fonction de délimitation extérieure autant que d'unification interne (un seul dieu, c'est le même pour toutes nos tribus, pour les royaumes du Nord et du Sud, et pour ceux qui s'éparpillent en route). C'est *notre* Dieu, à entendre d'abord comme notre gardien, et ensuite comme notre sauveur. Vieille question : se met-on au service de Dieu de tout son être ou met-on Dieu à son service pour persister dans son être ? Ici, pas de charte fondamentale, mais un donnant-donnant personnalisé. On prie pour Israël à la fin des cérémonies juives, tout uniment religieuses et nationales. On prie pour l'Église, mais non pour la Cité du Vatican à la fin de la messe. Il est vrai que son existence est moins menacée.

Fin donc du scandale mosaïque, de ce dieu universel dévoué et alloué à un peuple particulier. *Notre* Dieu devient *mon* Dieu. Le *moi-je* permet le passage du *nous* au *tous*. Parce que l'Unique universel devient un homme quelconque, sans ancêtres ni racines, son message vaut pour quiconque. L'Incarnation généralise le salut en singularisant le sauveur. Ruse de la déraison : c'est en se dépolitisant totalement en apparence que le christianisme peut viser à la politisation totale, soit à la conquête missionnaire du monde entier. C'est parce que Jésus de Nazareth est le premier dieu qui fût complètement homme, une personne en chair et en os, qu'il est le premier mass-médium de notre histoire. Avant, il n'y avait que des ethno-médias, ou des cités-médias. La transmission évangélique, de type généraliste, vise tous les publics, sans spécialisation. Universaliser un mode de communication, c'est toujours le personnaliser. Le programme chrétien est en ce sens plus performant, et rentable, que ses prédécesseurs. Les révélations religieuses opposent d'ordinaire un savoir à d'autres savoirs. Ici, il y a révélation d'une personne où n'importe qui peut déchiffrer sa propre existence. Proposition d'une expérience où chacun peut lire sa propre histoire.

Juifs et chrétiens font l'*expérience* d'un dieu, et Dieu passe ici et là par une *histoire*. C'est le même dieu mais ce n'est ni la même histoire ni la même expérience. L'expérience fondatrice juive, c'est l'*Exode* : elle est collective. L'expérience fondatrice chrétienne c'est la *Résurrection* : elle est personnelle. Je peux m'identifier à une personne, je ne peux pas m'identifier à un peuple. Le judaïsme professe que seuls les Justes ressuscitent à la fin des temps, or tout le monde n'est pas Moïse, Énoch ou Élie. Ici, le Royaume est ouvert, chacun peut triompher de la mort par l'amour de Dieu et du prochain : il y a *égalité des chances eschatologiques.*

Le judaïsme est interprétation, le christianisme incarnation. Deux modalités de la médiation : la froide et la chaude. Les religions, ça marche toujours. C'est fait pour, et c'est fait par. Mais plus ou moins. Il se trouve que le chaud « marche » mieux que le froid, l'émotif que le cérébral, l'immédiat que l'ésotérique. L'incarnation permet au christianisme de ne pas se transmettre par le seul enseignement, la mémoire ou le déchiffrement de textes sacrés, mais d'abord par un corps à corps, un bouche-à-bouche. Dans la communion, j'incorpore la chair de Dieu. L'hostie, c'est la vieille manducation du totem communautaire, répondra l'ethnologue. Le cannibalisme a ses titres de noblesse culturelle, mais aucun ne vaut le mystère de la transsubstantiation. La spiritualisation du charnel atteint dans le christianisme une sorte de perfection, et elle ouvre sur une panoplie liturgique, un éventail de transports et d'effusions sensorielles (vitrail, musique, théâtre ou mystère, encens, processions, statuaire, peintures, etc.) apparemment inégalé. Voilà sans doute la plus charnelle, la plus orgiaque des mystiques du salut (voir les yeux clos de sainte Thérèse d'Avila). Parce que, tout en amont, le corps du Christ fusionne l'émetteur et le message — court-circuit inouï. La nouvelle, c'est le porteur. « Massage is message. » Le truc qui vous sauvera, c'est moi. Buvez et mangez. « Ceci est mon corps, ceci est mon sang. »

*

Quand vous avez à retenir l'attention de quelqu'un sur un problème donné, vous avez trois façons de procéder : une mauvaise, qui est la mise en mots (la mienne en ce moment, hélas) ; une meilleure, qui est la mise en scène ; une excellente, qui est la mise en interaction. Dans le premier cas, celui du discours, vous faites un *exposé* ou une exposition, vous récitez un texte ou vous mettez des objets en vitrine. L'auditeur ou le spectateur regarde, écoute de l'inerte, rien ne bouge, c'est difficile à suivre et ennuyeux à mourir. Dans le deuxième, celui du *parcours* ou du spectacle, il y a un début, un milieu et une fin ; le spectateur voit se dérouler une histoire ou traverse un dédale, il y a suspense, images, surprises, retournements de situation, bref intérêt. Mais si vous pouvez le faire *participer* à l'histoire en cours, entrer dans l'écran ou intervenir comme acteur du drame en lui donnant le sentiment que le dénouement dépend de lui et que de toute façon il ne sera plus le même homme ou la même femme à la fin de l'histoire, ou à la sortie de l'expo qu'au début ou à l'entrée — alors vous avez gagné. Le Tartempion que vous n'avez pas instruit, ni promené, mais bel et bien métamorphosé, au moins dans sa tête, vous sera tout acquis.

Nouveau, le docudrame de la Résurrection ? Pas vraiment. La pâque de printemps, le recommencement festif d'un nouveau cycle végétal et astronomique est un rituel immémorial. Avant Jésus, il y avait eu Dionysos, Attis, Osiris. Eux aussi sont des dieux qui souffrent, meurent et renaissent. C'était du « vécu », déjà. Or Jésus n'est pas un dieu parmi d'autres, mais le Fils de Dieu, enfant unique d'un Dieu unique. Et surtout, il nous parle, à chacun d'entre nous, en tête à tête. La Résurrection ici n'est plus simplement ritualisée, mais dialectisée par une parole, interactivée par l'interpellation directe, intime, privative.

Comment intéresser Tartempion au « problème du monothéisme » ? Comment *scénariser l'Éternité* ? Posez la question à n'importe quel réalisateur de télévision, ou reporter du journal télévisé et il vous répondra : d'abord, inventer une histoire. Ensuite, et tout de suite, accrocher l'histoire à un personnage et un seul, bien typé, avec un prénom, une gueule, une voix, qu'on pourra suivre du début à la fin : ce sera notre fil conducteur. Sinon, on fera du blabla dans le vide, le client va zapper. Et si notre héros est un lambda auquel le premier venu peut s'identifier, encore mieux.

C'est bête comme chou ? Historiquement, cela a demandé deux mille ans de recherche. En trois étapes. Excusez du peu, je vais aller vite. Le monothéisme égyptien, celui d'Amenhotep, figuration humaine du Dieu-Soleil selon toute vraisemblance, est assez ennuyeux. C'est une photo éblouissante mais surexposée, un arrêt sur image qui durerait une éternité. Plan fixe, cadré-frontal, pas de bande-son. Dieu me renvoie la lumière, mais ne se réfléchit pas. Ne me fait pas réfléchir, du même coup. Il n'a rien à me dire et ne se raconte pas lui-même : la cosmologie égyptienne ne rend pas compte de son origine. Je lui rends la pareille, je ne lui réponds rien, pas d'échanges. Divinité sans histoire, peuple sans événements, individu sans attente, on tourne en rond, comme la roue solaire. Le monothéisme juif est cent fois plus intéressant. Là, on me raconte une histoire, la Bible. Où l'on rend même historique l'événement, la sortie d'Égypte, qui fait sortir de l'histoire. Le récit met en scène sa propre origine. Les formes bougent, tout n'est pas joué d'avance. L'Éternel a des prophètes, ils me parlent, ce n'est pas un film muet. Mais les dialogues sont en hébreu, pas de sous-titres, on a du mal à suivre quand on ne parle pas la langue. Avec la nouvelle adaptation chrétienne pour l'ultime remake, cela devient captivant. Dieu n'est plus seulement partie prenante de l'histoire, il se confond avec elle. Car on nous parle peu de Dieu maintenant, mais beaucoup de Jésus. Comme si Dieu était devenu homme, avec une biographie, comme vous et moi. Il naît et il meurt sous mes yeux. Sa chair est faible, il a des tentations, sexuelles, politiques, colériques. Il doute, il désespère, il peut même craquer un moment, à la fin. « Mon père, mon père, pourquoi m'as-tu abandonné ? » Car on a beau être Dieu, on n'en est pas moins homme. Porteur du salut éternel et du mien en particulier ? Je l'espère bien, mais il n'a pas l'air trop sûr de lui. Un drôle de Messie en tout cas, qui ne paye pas de mine. Rien à voir avec le roi ou le patriarche en gloire qu'on attendait : un fils de charpentier, un errant, un brave homme un peu simple. Et si ce n'était pas lui ? Si l'épreuve du calice ne le menait nulle part ? Ce serait terrible pour le monde. Parce qu'il nous faisait des offres plus qu'intéressantes cet homme-là, qui était faible en apparence et au fond très fort. Il me disait : « Tu es faible pécheur, mais toi aussi tu peux devenir sauvé et fort. Fais-toi baptiser, et tu recevras l'Esprit saint. Communie, et tu seras purifié. Adhère au Fils de Dieu, et tu deviendras à ton tour un enfant de Dieu, en personne, tel quel, après le Jugement dernier, à sa droite. Car tu peux renaître, toi aussi. Attends-moi, les temps sont proches. Regarde : mon tombeau est vide, je suis monté au Ciel. Si tu fais tout ce que je te dis, tu déserteras aussi ta tombe le moment venu et tu goûteras à la vie éternelle. C'est à toi de choisir ta voie. Tu auras l'avenir que tu mérites, selon ton attitude envers moi et tes réponses à mes questions. »

Voilà ce qu'on appelle un suspense, version originale sous-titrée, projection permanente. Chacun peut suivre le film dans sa propre langue et en temps réel.

*

Le noyau du message, c'est le Christ ressuscité. Salut veut dire survie. Seigneur, Sauveur ou Messie, peu importe le nom : je suivrai quiconque, humble ou glorieux, m'offre de ne pas mourir. Et je glorifierai le nom du plus humble pourvu qu'il me soulage de l'angoisse première et dernière qui grève toute mon existence. On tue les porteurs de mauvaise nouvelle mais on n'a jamais fait mauvais accueil à un évangéliste, étymologiquement le bon augure, qui vient vous annoncer : c'est pour ce soir, préparez-vous, la parousie doit vous trouver debout. La mise en rumeur de ce genre d'appels marche tout seul, c'est une traînée de poudre, surtout dans des milieux misérables, chez les déshérités, les paysans affamés ou surexploités (pensez au soulèvement des Canudos dans le Nord-Est brésilien, au début du siècle, et à toutes les illuminations messianiques du tiers monde moderne). Transformer la mort en vie, fonction religieuse s'il en est, est une proposition d'intérêt pratique indubitable. En quoi il n'y a pas vraiment concurrence entre une religion et une philosophie, pas plus qu'entre une espérance et une difficulté. La théologie est la carrosserie du véhicule chrétien, mais la sotériologie, ou discours du salut, est son véritable moteur. Le christianisme offre en définitive un contrat d'assurance-survie doublé, en attendant, de garanties d'assurance mutuelle (au sein des communautés de fidèles). Le stoïcisme, l'épicurisme, le platonisme, et autres doctrines alors sur le marché idéologique pouvaient-ils se considérer comme « mieux-disant » ? C'était pot de terre contre pot de fer.

PUBLI-CONSEILS

Vous auriez tort de sourire. Peu d'entre vous croient à présent dans la résurrection des corps, la pomme d'Ève ou le paradis. Mythologie ! direz-vous en haussant les épaules. Détrompez-vous. Les transmissions des mythes modernes ont obéi à des règles analogues. Vous ne lisez peut-être plus saint Cyrille ou saint Paul mais je ne serais pas étonné que vous ayez trouvé naguère profit aux suggestions tirées de Marx ou Freud. Ces grands esprits, mi-savants, mi-prophètes, étaient eux aussi porteurs de bonnes nouvelles. Quand un énoncé vous tient chaud parce qu'il apporte avec lui l'espérance d'un mieux, ou qu'il vous indique la voie à suivre pour vous en tirer, méfiez-vous : vous avez un évangile entre les mains. Remarquez bien qu'il en faut et que vous ne pouvez pas ne pas en avoir. Souvenez-vous : le public appellera bon le message simple qui fait promesse. Aux consommateurs que vous êtes — j'en suis un autre — je rappelle que le message religieux ou apparenté se distingue du rationnel par ceci que le religieux tient chaud et sert à quelques-uns, tandis que le rationnel est froid et sert à quelque chose. Ne servir à rien ou ne servir à personne, le choix est difficile. Il fallait être comme Voltaire, aveuglé par l'idéalisme prémédiologique des Lumières pour dire de la Renommée qu'elle est « messagère du vrai comme du faux ». La déesse Fama a grandi depuis, et chacun sait qu'elle a une préférence marquée pour le faux.

Quand vous faites un livre, une conférence, une intervention télévisée, posez-vous d'abord la question de l'ustensile. Qui aura intérêt à se saisir de votre message, *et par où* ? Qui — appareil, réseau, parti, mouvance, famille d'esprit, minorité, classe d'âge, catégorie socioprofessionnelle, communauté religieuse ou ethnique — peut s'en faire le propagateur, c'est-à-dire acheter votre livre, ou votre nom, en parler et en faire parler ? Qui aura avantage à le faire sien ? Pensez l'outil du côté du manche. Auguste Comte s'est ruiné la santé à fabriquer d'énormes lames de couteau avec de tout petits manches. Seul le narcissisme et l'intérêt des astronomes, philosophes et mathématiciens était sollicité : population estimable mais réduite et assez peu porteuse. Étonnez-vous après cela que la Religion de l'Humanité soit restée dans les tiroirs ; elle n'était pas assez « ciblée » pour trouver des utilisateurs solvables. Marx, lui, avait fixé sur son discours un manche tendu aux prolétaires et à tous ceux qui compatissaient avec eux, ou voulaient parler en leur nom. Vulgate assurée. Les bonnes nouvelles ont leur mode d'emploi incorporé : elles désignent clairement ceux sur qui on peut compter pour se guérir l'esprit, les vecteurs du salut (et dans l'immédiat, du lancement). Monothéisme biblique, socialisme prolétarien, démocratie libérale, Europe unie, solidarité chrétienne, espéranto informatique, credo écologique, etc.

Prenez, par exemple, tous les succès d'estime et de librairie, en dehors de la fiction, et depuis cinquante ans, disons d'Alexis Carrel à Rika Zaraï, en passant par Lacan, Girard, Garaudy, etc. Ce n'est pas moi qui fais un amalgame odieux. C'est l'articulation de la *consolation narcissique* qui leur fait un plan d'exposition commun : 1) Ça va très mal : constat. 2) Mais il y a un truc pour s'en sortir : découverte. 3) Venez donc chez moi, ou chez les miens : conseil. Donc, et malgré tout, espérance. La réponse à la question : « Mais à qui faire confiance à la fin ? » gagne à être implicite, mais vous la lirez toujours entre les lignes. C'est précisément pourquoi vous, récepteur, avez *intérêt* à ouvrir l'enveloppe et déchiffrer le message qui vous était destiné parce que l'auteur vous veut du bien. Le plus grand best-seller de l'entre-deux-guerres fut l'œuvre d'un biologiste, médecin et prix Nobel, le fondateur de la « Fondation française pour l'étude des problèmes humains », ancêtre de nos instituts de recherches démographiques et autres sciences sociales. Lisez *L'Homme, cet inconnu*, d'Alexis Carrel. Ou ses *Réflexions sur la conduite de la vie*. C'est délirant, et donc dévastateur. 1) La race dégénère, notre civilisation va à sa perte (la preuve, les femmes fument et les hommes vont au cinéma) : constat. 2) Il y a un truc pour remonter la pente, l'eugénisme volontaire : découverte. Vous pouvez me croire, je suis médecin. Je sais comment constituer « une aristocratie biologique héréditaire », j'ai les clefs de la vie. 3) Venez donc vous refaire une santé et une personnalité chez moi : appel. Cinq cent mille exemplaires, dix-neuf traductions. Disons, pour simplifier à l'extrême, que la découverte positive peut se distinguer de l'exhortation idéologique comme l'*énoncé* du *message* : elle n'a pas de cible particulière et ne propose rien à personne. Elle dit ce qui est, sans valeur ajoutée.

Dans les zones grises, soumettez le discours douteux au schéma susdit, et voyez s'il y a ou non concordance possible. L'inconscient est une chose abominable, ça vous fait mal et vous porte au mal (tuer papa, coucher avec maman, etc.); heureusement, il y a un truc, la *talking-cure*; allez donc voir les psychanalystes. Le capitalisme nous conduit droit à des crises épouvantables; par chance, avec la dictature du prolétariat, on pourra s'en sortir; allez donc voir du côté des communistes. Freud ou Marx, c'est une affaire entendue. Mais on peut continuer, et même revenir par là à notre sujet, dans son dernier état. La violence mimétique, c'est l'éternelle guerre de tous contre tous; heureusement, il y a eu une exception et une seule, le sacrifice du Christ; allez donc voir du côté des Saintes Écritures. Reçu cinq sur cinq par la mouvance, bouche à oreille, colloques, articles, symposium : propagation garantie. La religion en général, c'est aliénant et pas démocratique; heureusement, nous en avons une pas comme les autres, la religion de la sortie de religion, qui conduit droit à la démocratie; allez donc voir du côté de l'Occident laïque et chrétien. Idem. Public spécialisé content.

Ce n'est pas une recette, c'est une obligation de générosité, que les bergers du troupeau connaissent depuis des temps immémoriaux. C'est la pastorale de la peur et de la délivrance, du suspense et du happy end, du scandale et du remède. Cet aller-retour du bonheur nous est naturel. Hitchcock et Bossuet le pratiquent aussi bien l'un que l'autre.

Ma fatuité étant sans limites, je vais me citer en contre-exemple de ce qu'il ne faut surtout pas faire quand vous avez un message à délivrer, sur Dieu, la Révolution, ou une pâte dentifrice, peu importe (les lois sont les mêmes, et les bons publicitaires vendent aussi bien une lessive qu'un président, et un président de droite qu'un président de gauche). J'ai écrit, il y a une dizaine d'années, un ouvrage compliqué et bien trop volumineux consacré à l'illusion religieuse, sous un titre grognon, *Critique de la raison politique* — addition de trois mots ingrats. J'y expose assez pesamment l'une des deux ou trois découvertes majeures de ce siècle, à savoir l'explication rationnelle de la permanence et de la nécessité de l'irrationnel dans toute société organisée. Si je ne vous voyais froncer le sourcil devant l'illuminé mégalo qui vous parle, promis comme tant d'autres à l'hôpital psychiatrique, je vous citerais une myriade de publications parues depuis lors dont cet ouvrage démontre l'inanité et qui n'auraient donc pas eu lieu d'être, à condition de s'en tenir à la bonne logique, celle du « progrès des connaissances », et non aux lois de la communication qui, de sujet à sujet, prévalent. J'avançais à peu près ceci : « Messieurs Dames, on est et on restera dans la mouise tous autant qu'on est, croyants et athées, droite ou gauche, blancs ou noirs. Aucune société ne pouvant se fonder elle-même, elle est condamnée à l'utopie, à courir après des mirages et des leurres. Nous passerons notre vie à attendre un mieux. Je n'ai aucun truc à vous proposer là contre. Tout ce que je peux faire pour vous, c'est de vous expliquer pourquoi on ne peut pas s'en sortir et pourquoi ceux qui vous font miroiter une issue quelconque, politique, technologique ou spirituelle, sont des charlatans. No future. » Figurez-vous que c'est tombé à plat. Aucun manche par où saisir cette mauvaise nouvelle, et qui l'est pour tout le monde. Pas d'usagers possibles. Sinistre. Écho zéro.

Les certitudes rationnelles sont généralement *négatives*, là est le hic. Ce sont celles qui vous poussent à conseiller à quelqu'un de ne pas faire ceci ou cela, de ne pas croire, de ne pas etc. Cela ne l'enthousiasme pas du tout. L'inconscient en nous rejette le négatif, et nous n'aimons pas ceux qui nous rendent service en nous dissuadant de faire quelque chose dont nous avons envie, même si nous savons par ailleurs qu'ils ont raison. L'inconscient veut rêver en plénitude, avec du positif. Daniel Bougnoux a expliqué les constantes psychiques du message publicitaire [1]. Un message négatif n'est jamais persuasif. D'où l'effort des publicitaires qui consiste à enrober, comme il le montrait, une négation dans une affirmation. Ne dites pas à votre voisine qui sort une cigarette : « Ne fumez pas, ça donne le cancer », elle fera grise mine. Dites-lui en souriant : « Prenez la vie à pleins poumons », et elle vous sourira. Ne dites pas : « Le sida ne passera pas par moi. Ou abstenez-vous de, veillez à, faites attention. » Dites : « Le préservatif préserve de tout sauf de l'amour », en off sur un « visuel » où un couple fait l'amour.

Bref, vous avez compris que la mise en rumeur de l'énoncé d'incomplétude, énoncé privatif, n'est pas pour demain. L'abstention stoïcienne, ça n'a pas bien marché à côté de la promesse de plénitude chrétienne. Le conseil d'impassibilité est sage, mais il ne passionne pas.

Ô vous qui voulez transmettre, hypocrites auditeurs, mes frères en messagerie, écoutez mes conseils. Racontez des histoires, et ne

1. *La Communication par la bande*, Paris, La Découverte, 1991.

donnez pas de leçons. Faites court, avec un t, et portable. Soyez positifs, affirmatifs, optimistes. Trouvez-nous de belles images, plutôt que de vilains mots. Pas de théorèmes, des paraboles. Un clip vaut mieux qu'un laïus. Et surtout, j'y viens, regroupez-vous. Ne restez pas seuls. Faites réseau, cercle, école, secte, tribu, bande. Organisez-vous. Là est la clef.

TRANSMETTRE, C'EST ORGANISER : UTILITÉ DES INTERFACES

L'aventure du message chrétien nous intéresse avant tout à titre d'expérience cruciale d'une hypothèse de base de la médiologie : la fonction communautaire des communications. Un « isme » n'est pas seulement un corps de thèses et de convictions. C'est un milieu de vie, un abri de sécurité, un foyer d'entraide et de protection sociales. On a fait maintes fois ces observations sur l'islamisme ou le communisme contemporains. Allons plus loin. Les grandes productions de croyances de l'humanité sont des instruments, des *moyens d'organisation collective*. C'est pourquoi, en dernière instance, le corps éclaire l'esprit, et non l'inverse.

La « propagation admirable » de la Révélation chrétienne illustre admirablement cette hypothèse : *penser, c'est organiser. Organiser, c'est hiérarchiser.* Double nature de l'opération de diffusion : elle instaure une communauté de rediffuseurs ; elle instaure dans la communauté un rapport d'autorité ou de dénivellation (*upakouein*, en grec obéir, c'est écouter de bas en haut). Rapport qui permet le passage de la communication brève à l'institution longue.

Je n'ai rien avancé jusqu'ici sur la doctrine chrétienne qui n'ait été mille fois exposé, et de façon évidemment plus fouillée, par « l'histoire des religions ». Je propose simplement — voyez la modestie — de jeter quelques planches entre deux rives déjà fréquentées : la doctrine catholique élève la communication à la hauteur d'une religion ; l'Église catholique est une institution autoritaire (le plus solide appareil d'autorité sur cette planète). On ne nous a pas attendu pour remarquer que faits de communication et faits d'autorité ne sont pas sans rapport. L'approche médiologique du catholicisme consiste à pointer les charnières entre son génie institutionnel et son génie communicatif. La plus médiatique des Églises chrétiennes est logiquement la mieux organisée et la plus active. Pourquoi ?

L'aptitude du « catho » aux interfaces militantes vous est connue : la capacité organisationnelle des communistes en fut sa seule vraie rivale au XXe siècle, et elle est en voie de disparition. Ce trait de caractère individuel traduit en dons personnels la science infuse d'un collectif. Inutile de vous rappeler la profusion des *courroies de transmission* du catholicisme dans tous les secteurs de la société — universités, presse, syndicats, ordres hospitaliers, Secours catholique, conférences de Saint-Vincent-de-Paul, scouts de France, Opus Dei, etc. La Compagnie de Jésus, « la cavalerie légère de l'Église », avec son général et ses provinciaux, ou l'ordre dominicain, ce n'était pas mal non plus, en termes d'organisation. Ces performances s'éclairent au fait — fondateur — que l'Église s'est construite et conçue comme un appareil de transmission charismatique branché sur le corps du Fils, sanctifié à la Pentecôte par l'Esprit, l'envoyé du Père, dont la fonction consiste à transmettre une surnature à des récepteurs naturels. La grande transmission appelle les petites. Un bon chrétien distingue l'âme du corps, comme la Cité de Dieu et la Cité terrestre, mais sans jamais les dissocier (au contraire du gnostique). D'où « l'esprit pratique ». Petit pontife, il jette des ponts entre le service de Dieu et le service des autres. D'où « l'esprit large ». Les laïcs ont un rôle à jouer, dans tous les intervalles. Cette confiance faite aux plus humbles est la petite monnaie interstitielle de l'Incarnation, premier maillon d'une chaîne de communications à la fois charnelles et rigoureuses. Le Verbe « habite parmi nous », avec ses odeurs, ses impuretés, ses pesanteurs. Le salut du chrétien n'a pas pour symbole ni objectif l'anéantissement du corps mais sa résurrection — le jour de Pâques. Rubens est l'orthodoxe, Greco l'hérétique.

Deuxième interface : les textes sacrés. Le Christ sauve en tant que Verbe fait chair. Où sont déposées les traces et l'histoire vécue de cette chair ? Dans l'Évangile, qui nous révèle les voies du salut. Qu'est-ce que ce Livre sinon l'esprit fait matière ? Le Verbe fait signe. La sacralité du Christ sacralise le codex évangélique par contagion, par recentration hiérophanique. L'écriture devient ainsi centre du monde, et le codex le symbole central de l'iconographie paléochrétienne. Impensable, ce culte des Saintes Écritures, dans le contexte platonicien où l'écriture, parole déchue, perte de l'âme et technique d'oubli, n'a pas de légitimité.

Troisième interface (concomitante de la première, en fait, les deux s'étant forgées ensemble) : le peuple de Dieu, constitué des juifs et des gentils rassemblés dans une même communauté depuis le coup de force de saint Paul au concile de Jérusalem en l'an 49. Jésus est mort intestat. Il n'est pas responsable des Évangiles, lui qui n'a jamais écrit (sauf une fois, avec le doigt, sur le sable). Il n'a pas non plus rédigé les statuts de la société « Église », et encore moins la constitution de l'État du Vatican. Alfred Loisy disait ironiquement : « Jésus annonçait le Royaume et c'est l'Église qui est venue. » Est-ce à dire que les apôtres lui ont fait une Église dans le dos ? Non. « Tu es Pierre et sur cette pierre... » Toute foi doit se donner des lois si elle veut durer, résister aux forces centrifuges, intellectuelles, politiques et morales, et la parole de Dieu suppose d'abord un lieu de culte pour la recevoir. La catéchèse sauve le « kérygme » (la Bonne Nouvelle) du néant, en lui donnant un corps, comme l'Église fait germer la semence de la prédication. Le christianisme serait mort dans l'œuf s'il était resté un simple mouvement charismatique sans rivages ni contours, et l'annonce du Royaume partie en fumée sans un organe de transmission — comme l'Écriture matérielle incorpore et transmet la parole spirituelle du Christ. « Ne pas porter la parole de Dieu au cœur des réalités humaines serait trahir Dieu et l'homme », dit avec raison le théologien, pour lequel « une communauté paroissiale qui se contenterait d'être purement spirituelle resterait en dehors de la vie de ses membres », flottant dans une affectivité sans contenu et sans efficience. L'esprit vivifie mais le défaut de lettre tue aussi sûrement que la lettre toute seule. À vrai dire, il n'y a pas eu *d'abord* la croyance dans le Christ sauveur, et *ensuite* l'*ecclesia*, ou l'assemblée de ceux qui partageaient cette croyance. On croit parce qu'on partage, on croit au partage en même temps qu'à cela qu'on partage. Le regroupement est constitutif de la croyance. Ce qui veut dire : pas de communion à la verticale sans organisation à l'horizontale. C'est parce que l'union de l'homme à Dieu n'est pas immédiate mais médiatisée par d'autres hommes que la foi est *immédiatement communautaire*. L'Assemblée eucharistique n'est pas surajoutée, c'est la foi elle-même *in statu nascendi*.

De même que Dieu l'invisible s'est manifesté par le truchement de son Fils visible, le corps mystique de l'Église rend présent le Christ aux hommes. Le signifié habite et déborde le signe. « Signe du Christ élevé au milieu des nations », intermédiaire d'un intermédiaire, épouse de l'Époux (la nouvelle Ève sortie des côtes transpercées du Christ en croix), l'Église est « deux en un » comme le Christ lui-même : à la fois temporelle et spirituelle, humaine et surnaturelle. En tant que société terrestre, elle relève de la sociologie ; en tant que communauté des derniers temps, elle relève de la théologie. Si elle cesse d'être humaine, elle cesse d'être divine : les apories de l'ecclésiologie, qui sont celles de la double nature, redoublent celles de la christologie — à ceci près, qui n'est pas rien, que nous n'avons plus de Christ sous les yeux (nous ne le croisons pas au restaurant, au volant de sa voiture, à la sortie de la messe, etc.). Le bonheur posthume du Christ est aussi son malheur : nous le voyons à travers ses représentants sur terre (comme Rousseau à travers les républicains, Marx à travers les communistes, de Gaulle à travers les gaullistes, etc.). Qui dit double nature dit déchirement permanent et éclatement toujours possible. Parce que la *communauté* est et ne peut qu'être *hiérarchie*, et le *service* de Dieu *pouvoir* d'un homme sur d'autres hommes. Ce scandale heurte autant le cœur que la raison. Il y a tension inévitable et indépassable entre l'Évangile et l'Église, entre la Mission (ouverte) et le médium (fermé), la parole et le vecteur. Médium mixte, l'Épouse du Christ vit depuis deux mille ans écartelée entre ses deux vocations charismatiques, la diaconale et la prophétique. Elles sont rigoureusement contradictoires et complémentaires. Institution-trahison ? Oui. Mais traduction aussi. L'obstacle au message est sa condition d'existence. Le corps est signe et tombeau de l'esprit, selon le vieux jeu de mots grecs (*soma/séma*). À preuve les déboires de la Réforme. Las de voir les Princes de l'Église confisquer le message égalitaire du pauvre Jésus, les réformateurs du XVIe siècle ont voulu faire sauter l'intermédiaire institutionnel pour se brancher en direct sur la Grâce et les Écritures. D'où sont sorties d'autres institutions ecclésiastiques rivales de la première. Le court-circuit n'a pas mis fin à la fatalité du réseau, il en a produit d'autres, plus limités mais non moins « compromettants ». À preuve la mésaventure du message évangélique lui-même. La médiation du Christ était censée abolir celle de la Loi, et elle a produit à son tour de la loi. La foi et la communion en esprit devaient libérer des pharisiens, des ordonnances et des règles cérémonielles, et elle a produit de la lettre, de la cérémonie et du sacerdoce. En somme, « on ne détruit que ce qu'on remplace », et pour abolir l'Ancienne Alliance il a fallu l'accomplir en *instituant* la Nouvelle. Vous ne voulez plus du Testament ? Soit. Mais vous ne viendrez au bout et à bout de l'Ancien qu'en en faisant un Nouveau.

La grandeur du christianisme des premiers siècles est d'avoir non seulement assumé dans ses actes mais théorisé dans ses dogmes ce *devoir d'institution*, véritable loi de transformation de l'énergie morale. Ce qu'il appelle « l'économie du salut » peut se traduire, en termes profanes et thermodynamiques, comme la production d'un travail (du salut) par accouplement d'une source chaude et d'une source froide. Soit le feu de l'Esprit (ou l'énergie divine) communiqué à l'humanité pécheresse par la machine-Église. N'est-ce pas Ostwald, l'un des pionniers de la thermodynamique, qui écrivait : « l'énergie est esprit » ?

UNE INSTITUTION EXEMPLAIRE

Si cette secrète rigueur nous « interpelle » (pour parler chrétiennement), c'est que tout message, toute transmission naturelle est soumise aux mêmes contraintes pneumatiques. Les pneus d'antan ne circulaient pas sans tubes à air comprimé. La double source ou nature est le ressort de tout établissement temporel, athée ou non. Et dites-moi, en regardant autour de vous, si la douleur de l'institution ecclésiale, qui consiste à vulgariser du sublime, n'est pas partagée par n'importe quelle institution séculière, compromis toujours boiteux entre l'esprit et la chair, le retour aux principes séminaux et l'abandon aux compromissions germinatives. Dans le jargon du forum : entre sectarisme et opportunisme.

Remarquez simplement que l'Église romaine, « une, sainte, catholique et apostolique », est la plus ancienne, la plus stable et la mieux centralisée de toutes les institutions de ce bas monde. La plus ancienne : le trône pontifical est à présent occupé par le 264e successeur de Pierre (à qui le Christ avait transmis ses pouvoirs) selon une succession ministérielle et une transmission des dons de grâce en droite ligne, ininterrompues depuis les temps apostoliques. La plus stable : fondements doctrinaux, schémas hiérarchiques et cadres d'organisation correspondent à ceux qui furent posés entre le Ier et le IIIe siècle. La plus centralisée : à travers vicissitudes et aggiornamentos, l'institution est restée une monarchie absolue ; Jean-Paul II nomme les évêques et les cardinaux comme saint Paul nommait les évêques et les pasteurs, chefs non élus des premières communautés ou Églises chrétiennes. Le Saint-Siège, sommet d'une pyramide planétaire, assure la cohésion d'organes éminemment centrifuges, à savoir 97 conférences épiscopales et 2 198 diocèses (en 1988). Si vous regardez en comparaison ce que deviennent au bout de vingt ans ou cinquante ans nos institutions politiques nationales qui ont une aire de souveraineté beaucoup plus restreinte — partis, républiques, monarchies, etc. —, vous n'aurez le choix qu'entre crier au miracle, si vous êtes de la maison, ou vous creuser la tête, si vous êtes médiologue. Vous connaissez déjà ma réponse : c'est son incomplétude même qui fait la consistance de cette organisation, et elle est indépassable. L'Église, c'est du solide à l'horizontale, dans le temps, parce que c'est du vide à la verticale, en fondation. L'absolu en ordonnée fait du plein en abscisse. Plus il y a du transcendant en haut, plus il y a du cohésif en bas.

L'Église interface a elle-même une interface, le Vatican. Ce petit corps politique incarne le grand corps mystique, et le vicaire du Christ est aussi un chef d'État. Deux en un, il unit en sa personne un pouvoir temporel et un pouvoir spirituel. Sur la colline des vaticinateurs, depuis la donation de Constantin, en principe, et les donations de Charlemagne, en fait, qui ont donné naissance à l'État pontifical, le Saint-Père dirige le plus vieux gouvernement du monde. C'est la curie romaine, dont la première constitution organique, de Sixte Quint, remonte à 1588. Cet ensemble de congrégations, dont chacune a un cardinal-préfet à sa tête (la congrégation de l'Inquisition par exemple, rebaptisée jadis Saint-Office, s'appelle à présent « de la doctrine de la Foi »), est placé sous l'autorité du secrétaire d'État, le Premier ministre nommé par le pape. Il est lui-même élu au scrutin secret par le Sacré Collège des cardinaux réunis en conclave (selon un rite fixé en 1271). Quand il revêt la tiare à la triple couronne, la formule de couronnement fait de lui « le père des princes et des rois, le guide du monde, le vicaire sur la terre de notre Sauveur Jésus-Christ ». Le Vatican est un État comme les autres. Il a une souveraineté territoriale (44 hectares), une administration (1 400 personnes), des banques et des biens, une radio (créée en 1931 sous les auspices conjoints de Marconi et de Pie XI), une imprimerie. Mais c'est aussi « la pierre de touche de la présence de Dieu chez les hommes ».

Double nature du Christ, du souverain pontife, du Saint-Siège, de n'importe quel siège. Quiconque incarne une légitimité représente une transcendance, au sens propre et minimal de « ce qui sort du champ de l'expérience ». En quoi les 168 États qui siègent aux Nations unies sont des Vaticans à leur manière : leurs représentants sont plus que ce qu'ils sont. Et des chefs d'État élus, *mutatis mutandis*, on peut dire, comme des élus du Seigneur au IIe siècle romain : « Ils sont dans la chair mais ils ne vivent pas selon la chair ; ils passent leur vie sur terre mais sont citoyens du ciel. » L'axiome d'incomplétude a pour corollaire l'ambiguïté de tous les dépositaires de souveraineté, par nature vicaires ou lieu-tenants de quelque chose qui les dépasse. On ne gouverne que par suppléance, adossé à une absence, qu'on appellera le référentiel du pouvoir. C'est pourquoi nul sociologue politique, pour matérialiste et positif qu'il se veuille, ne peut écarter de lui le calice de l'Incarnation, qui annonce et concentre le mystère de toute représentation par quoi un collectif peut s'incarner dans un individu. Puisque *omnis potestas ab alio*, comment la majuscule que représente tout gouvernement de fait, fût-il minuscule et misérable, peut-elle s'effectuer ? Dieu se manifester sur terre, ou la Justice, ou le Prolétariat ou la République, ou le Peuple, ici et maintenant ? C'est-à-dire : à quels signes indubitables les hommes peuvent-ils reconnaître la valeur, dans la nuit des valeurs, pour « faire leur salut » ou « remplir leur mission » en ce monde ? En somme, qui croire ? Comment un appareil de contrainte peut-il être lui-même et son contraire ? Comment une idéalité abstraite peut-elle avoir un équivalent matériel ?

L'institution « peuple de Dieu », assemblée permanente des clercs et des laïcs, a coutume de se distinguer des sociétés profanes par quatre traits ou notes : l'*unité*, qui résulte du dogme ou de la discipline ; la *sainteté* des moyens et des buts, qui découle des origines ; la *catholicité*, qui est la vocation à s'étendre à la terre entière ; et l'*apostolicité*, conférée par le respect ininterrompu de l'enseignement des apôtres fondateurs. Il va de soi qu'un théologien ou un croyant ne peuvent admettre qu'il n'y ait qu'une différence de degré, non de nature, entre une société sacramentelle et une société profane ou démocratique. En réalité, le système catholique peut s'analyser comme un modèle théorique de transmission à valeur universelle, décanté et formalisé par les siècles et les cerveaux. Ce qui a raffiné jusqu'au paradigme la « relation d'ordre » inhérente aux rapports de subordination entre les hommes : transitivité, asymétrie, irréversibilité des enchaînements. C'est tout naturellement qu'en Occident, lorsque l'Empire romain a éclaté, l'Église a pu se substituer à l'autorité impériale défaillante, et l'évêque assumer le pouvoir politique, administration fiscale et défense militaire incluses. Mais nos puristes de la sainte Église ont oublié ces purs chrétiens qu'étaient saint Éloi et saint Grégoire, mystiques à l'état sauvage ou plutôt théologiens à l'état pratique. Le temps a passé. Aujourd'hui les dogmes de l'Église, nous appelons cela plus modestement des principes ; ses rites, des cérémonies ; ses règles, des normes. Nous n'avons pas une doctrine mais une constitution ; non une liturgie mais un protocole ; non un droit canon mais un droit administratif et civil. Du modèle à la copie, du sacré au profane, il y a chute, si l'on veut, mais à l'aplomb. Le plus petit État du monde, le Vatican, ne serait pas reconnu par tous les États, y compris les non chrétiens, comme le *primum inter pares*, sans quelque homologie formelle et substantielle. Ce n'est pas seulement la simple reconnaissance du primat des valeurs spirituelles en général, et encore moins des valeurs chrétiennes, qui accorde aux représentants du Saint-Siège, comme doyens de droit du corps diplomatique, la préséance universelle sur tous les autres ambassadeurs. C'est que tous les États du monde reconnaissent, intuitivement ou inconsciemment, dans le nonce apostolique et à travers lui dans l'étrange État qu'il représente, l'image concentrée et exemplaire de leur propre étrangeté.

C'EST L'ÉGLISE QUI FAIT LE DIEU

Il y a une scansion technique, au cours de l'histoire, de l'invariant communautaire, d'où découlent des formes d'organisation différentes. L'oralité secondaire (admettant des Écritures en amont) a sans doute renforcé l'aspect fusionnel ou symbiotique de l'écoute collective paléochrétienne. La communauté chrétienne primitive a plus la forme d'un auditoire que d'un lectorat ; et un public de lecteurs est plus individualiste, disséminé, sans coïncidence spatiale et physique qu'un public d'auditeurs, tenu de se réunir fréquemment pour recevoir et retenir un message éphémère, du moins avant la radio. Il ne fait pas corps au même degré, ni de la même façon.

« Tous les grands maîtres de l'humanité, remarquait Borges, ont donné un enseignement oral. » La transmission orale paraît avoir, de fait, des effets d'autorité particuliers, propices à l'émergence de maîtres en communion, par le biais d'une simple communication. La parole murmurée, comme dans cette lecture à mi-voix qui fut si longtemps la lecture canonique, s'insinue en moi comme une voix intérieure. Un magister qui parle placé à distance et au-dessus de ses ouailles — qu'il soit le seul debout, ou sur une estrade, ou sur un tertre — dessine un cercle dont il est le centre, un *nous* subordonné à un *Il*. Le Père de l'Église n'est pas un auteur ou un glossateur comme le docteur. C'est un orateur, un tribun, un haut-parleur. La catholicité naît audiovisuelle (et nous verrons que l'audiovisuel a la fibre catholique).

De bons auteurs nous disent quelquefois que Jésus a instauré de l'homme à Dieu « un rapport purement individuel, purement personnel ». « Le croyant en Christ témoigne de l'infini de la transcendance par son retranchement tout intérieur d'avec l'ensemble de la sphère sensible [1]. » Il romprait aussitôt tous liens avec les groupes constitués, tournant le dos radicalement aux affaires du monde, car son dieu se livre à lui dans le secret des cœurs, « à distance infinie de ce que César exige ». Il est significatif au contraire — et c'est la valeur pour nous de l'expérimentation chrétienne que de soumettre notre hypothèse aux conditions apparemment les plus contraires — que la plus subjective, la plus intériorisante des fois religieuses révèle une telle dimension communautaire et communielle. Ce qu'on peut savoir de la toute première évangélisation montre que le rapport du croyant à Dieu passe par une assemblée (l'*ecclésia*) qui a dès l'origine une base territoriale (le *diocèse*). L'union au Christ passe par l'union des croyants entre eux (pas

1. Marcel Gauchet, *Le Désenchantement du monde*, Paris, Gallimard, 1985, p. 160.

de croyant « seul contre tous »), et se convertir à la Vérité (à toute vérité, quelle qu'elle soit) c'est s'intégrer à la communauté de ceux qui la professent. S'unir à, c'est faire partie de. L'être religieux est relationnel, l'être relationnel est religieux. Le Christ est en vous parce que vous êtes en lui, et vous êtes en lui en devenant l'une des « pierres vivantes de l'édifice ». Les douze apôtres, ce n'est pas douze fois un apôtre, c'est d'emblée un seul et même « collège ». Et l'Esprit saint n'est pas descendu à douze reprises au jour de la Pentecôte, il a fondu en même temps sur eux tous, leur donnant une puissance unique de prédication collective (la glossolalie n'est pas un don individuel). Les premiers chrétiens mangent, prient, vivent ensemble, leur rapport à l'Absolu est de type associatif et défensif, et on ne se met pas seul à table pour le repas pascal et la fraction du pain : pas d'eucharistie « en suisse ». Croire au Christ, c'est tout de suite « vivre en Christ », c'est-à-dire participer à la vie de l'Église et partager. Celui qui se convertit ne rentre pas chez soi pour savourer sa joie à l'écart, il sort aussitôt de son for intérieur pour rejoindre le groupe — l'*ecclésia* — ou transformer sa maison d'habitation privée en lieu de réunion (comme l'étaient les toutes premières églises, les villas romaines se prolongeant ensuite, au début du IIIe siècle, en demeures élargies). Il y avait là une nécessité toute pratique. Adhérer au Christ, c'était se mettre au ban de la communauté juive ou romaine, s'exclure de la Cité et des affaires publiques. Il fallait donc que le réprouvé, déshérité, pérégrin ou migrant, puisse retrouver une communauté alternative stable, s'incorporer à un autre cadre de vie et de pensée — comme aujourd'hui l'anomie des sociétés occidentales suscite chez l'immigré musulman privé de repères le besoin d'« association islamique ». On ne quitte pas une identité culturelle si ce n'est pour en retrouver une autre au moins aussi gratifiante, ou « rentable », à travers un réseau de socialisation compensatoire. Si les premiers chrétiens s'étaient contentés de prêcher la Résurrection sans structurer une contre-société en incorporant une nouvelle *façon de penser* à un *style de vie identificatoire* (sacrements, pèlerinages, rituels, etc.), en fixant au fidèle un ensemble de réglementations (jeûnes, prières, aumônes, etc.) tout en lui offrant en contrepartie des garanties de protection et d'intégration sociale, ils n'auraient distribué alentour que de bonnes paroles au lieu de communiquer l'Esprit saint. Spiritualité rime avec solidarité. « Unissez-vous sous la présidence de l'évêque, qui tient la place de Dieu», enjoint Ignace aux Magnésiens. C'est la conjugaison Dieu-évêque, adhésion-présidence qui a donné au Christ son ancrage. Solidarité rime avec docilité. C'est précisément parce qu'il ne séparait pas l'esprit d'obéissance des valeurs de salut que la sécession chrétienne est apparue si dangereuse aux autorités locales d'abord, impériales ensuite : un défi lancé à l'ordre établi. Le christianisme n'était pas une religion nationale — et saint Paul brise le légalisme juif en «reniant» la circoncision, ce qui apparaît à ses anciens coreligionnaires autant comme une trahison politique que comme une infidélité religieuse[1]. Mais c'était bien une religion politique, impliquant à terme la maîtrise spirituelle de l'univers par des moyens inévitablement temporels. Les adversaires ne s'y trompaient pas : ils étaient concurrencés sur leur terrain. «Exécrable superstition», «haine du genre humain» : Tacite chargeait la barque. Mais les défenseurs de la tradition romaine avaient-ils tellement tort dans leur pronostic ? Ouvrir des églises ici et là impliquait tôt ou tard qu'on ferme partout les temples. La preuve : l'officialisation du culte chrétien en 380 a bien entraîné l'interdiction des cultes païens en 392.

«Que peut le pur esprit, demandait Jules Lagneau, s'il ne commence par se donner un corps pour agir sur les autres corps ?» Qu'aurait pu le Saint-Esprit privé du temple de l'Esprit ? Comment imaginer qu'une «histoire politique de la religion» ne parle pas de l'organisation chrétienne, «oublie» Constantin, les règles de succession apostolique et les structures ecclésiales ? Penser la dogmatique indépendamment de la catéchèse, et la catéchèse indépendamment du droit canon ; penser la construction théologique des mystères séparément de la construction politique de l'institution, bref penser Dieu sans l'Église, c'est désincarner l'Incarnation. C'est céder à l'illusion spéculative. Et souligner, par contraste, l'urgence médiologique.

S'arracher donc à cette hiérarchie implicite et têtue : la théologie c'est noble ; la stratégie, c'est bas. Ne confondons pas ! Dommage. Le court-circuit est instructif. Il éclaire notamment la haute et permanente tension entre la prédication christique et l'institution chrétienne qui a mis tant d'âmes ardentes à la torture. Entre

1. L. Goppelt, *Les Origines de l'Église*, Paris, Payot, 1961.

Jésus et saint Paul, pour simplifier. Jésus n'a pas voulu l'Église que saint Paul a bâtie en son nom et pour son service, mais sans saint Paul le disséminateur, Jésus ne serait-il pas oublié, et sa semence dispersée dans la nature comme la prédication de tant de prophètes et guérisseurs du Ier siècle oriental? Le message était égalitaire, tendre et spontané. Sa transmission imposait des moyens et méthodes contraires à sa teneur, comme s'il avait fallu durcir le médium pour inscrire le message dans la durée. De fait : l'obéissance obligeait à l'obédience, gage de permanence. Organisation et hiérarchie sont synonymes car on ne peut passer du tas au tout, de l'instable-amorphe-friable au consistant-stabilisé-délimité, du rassemblement fugitif à l'assemblée nommée Église, sans un système d'obligations et d'inégalités fonctionnelles. Sans faire dans la communauté des seconds, des premiers et des troisièmes. A-t-on jamais propagé un message sans une structure de communication? Église, parti, ligue, association, etc.? Et a-t-on jamais instauré une structure de communication sans hiérarchie statutaire?

L'histoire de l'Église primitive pivote sur la question de l'organigramme. Enjeu des lettres doctrinales : préséances et chaînes de commandement. Qui a le pouvoir de nommer qui? Qui communique quoi à qui? Qui sera le destinataire des notes confidentielles? Qui a la signature? Ces problèmes administratifs, on vous dit que ce sont des affaires de cuisine et qu'il ne faut pas regarder Dieu par le petit bout de la lorgnette. Héraclite accueillait ses hôtes près de l'âtre : « Les dieux sont aussi dans la cuisine. » Saint Pierre aurait peut-être dit : « Ne craignez rien, le Sauveur aussi passe par là. » Quant à saint Paul, il était d'avis que c'est carrément là que ça se passe, et que le sacré est à l'office. Que trouve-t-on d'autre dans l'arrière-cuisine de l'Église que des histoires de chefs et de successions? Jacques remplaçant Pierre parti évangéliser les circoncis, Étienne luttant ensuite avec Paul, etc.

Les chrétiens s'intitulaient « la milice du Christ », nommaient le Seigneur *Basileus*, les presbytes des *généraux (hégoumenoi)*. Et nos évêques sont des *épiscopes* (surveillants qui regardent d'en haut). Problème numéro un des apôtres : inventer une discipline, recruter des chefs. Paul investit des auxiliaires, des délégués apostoliques, par imposition des mains; ces missionnaires ambulants ont des pouvoirs étendus (notamment judiciaires) mais non extraordinaires. Ces « apôtres par intermédiaires », comme on les appelle, ne jouissent pas, et saint Paul y veille, de l'infaillibilité, réservée aux grands chefs inspirés par l'Esprit, le collège apostolique (ou bureau politique), et transmise dès le IIIe siècle aux conciles régionaux (ou plénums), puis au concile œcuménique (ou Congrès mondial) dès le IVe siècle. Ils peuvent prêcher le dépôt révélé, sans promulguer la Révélation. Saint Paul à Timothée : « Tiens-toi à ce que tu as appris. » Les médiateurs délégués imposeront à leur tour les mains aux presbytes, ou épiscopes sédentaires. Pour surveiller l'ensemble, et assurer l'unité, des chargés de mission directement auprès de saint Paul, hors hiérarchie (les cabinets ministériels ont un organigramme de ce type), sont chargés par lui de missions temporaires, « évêques *in partibus* » avant la lettre. Ils peuvent, eux, prononcer des expulsions contre les déviants, factieux ou dévoyés, surnommés les *hérétikon*. Après la mort de Paul, les ambulants se fixent, et la hiérarchie territoriale absorbera la hiérarchie itinérante. Les évêques attachés à un siège restent détenteurs de l'autorité apostolique. Ils ont une juridiction limitée dans l'espace, avec, au-dessus d'eux, les métropolites qui tiennent leur préséance de résider dans les capitales des provinces.

Les Grecs élisaient les magistrats de leur cité mais la multinationale chrétienne naissante ne pratiquait pas le centralisme démocratique, sinon au sens léniniste du mot. L'Ecclésia, c'est « le peuple assemblé » mais le pouvoir dans l'Église n'appartient pas au peuple : il n'élit pas ses épiscopes. La chaîne charismatique soude le bas et le haut, mais seule la hiérarchie, nous dirions « l'appareil », a la faculté, le pouvoir de communiquer les pouvoirs spirituels qui viennent d'en haut (Clément de Rome a pu ainsi intervenir auprès de l'Église de Corinthe en toute légalité canonique).

*

La sociologie des religions — et on rencontre le même type de découpage dans « l'histoire des idées » — procède d'ordinaire par tranches, selon la distribution officiellement admise : d'abord l'expression *doctrinale* du sacré (ou codification par voie écrite d'une prophétie orale, kérygme ou glossolalie) ; ensuite, l'expression *cultuelle* (rites, procédures, liturgie) ; enfin l'expression *organisationnelle* (hiérarchisation des fidèles, modes d'exclusion, censure, canonisation, etc.). Ainsi, et sans doute à meilleur escient, oppose-t-on l'islam théologique et mystique (Corbin représentant) à l'islam religieux et politique (celui de Berque). Si l'on admet que toute vérité de spéculation suppose une vérité d'appareil, il paraît difficile de raccrocher celle-ci à celle-là comme un wagon à une locomotive. Et si l'appareil avait force motrice ? Telle est bien l'hypothèse médiologique : l'Église a précédé le canon qui la fonde. Non pas seulement : la doctrine a un effet de groupement ; mais : tout groupement a un effet doctrinal. L'examen des opérations symboliques conduit à un renversement d'instances : il n'y a ni bas ni haut parce que le « bas » est la raison du « haut ». Il commande (au sens cybernétique du mot). Même si le credo monothéiste induit et facilite une transmission monarchique et un appareil monolithique, saint Paul a « fait » Jésus, et a eu raison de lui. *L'ecclésiologie a déterminé la théologie, rationalisation en ombre portée.*

Cessons donc, au chapitre de l'Incarnation, d'opposer le bon saint Jean, l'inspiré qui ne parle que d'Esprit et d'amour, le doux et vieil ami de la Vierge Marie retraitée à Éphèse, au méchant saint Paul, l'apparatchik des cuisines, le flic de la foi. Le « good guy » et le « bad guy » du roman familial.

Nous le savons bien : ce Saül de Tarse n'est sans doute pas quelqu'un de très sympathique. Dans le genre « enfance d'un chef », chétif dur, autoritaire névrosé, il se pose un peu là. Pas besoin d'être grand clerc en psychiatrie pour comprendre qu'il détestait les femmes (pas un mot sur sa maman ni sur la Vierge Marie — homosexuel refoulé ?). Avec un penchant évident à la paranoïa, type persécuteur-persécuté. Le psycho-rigide par excellence, tranchant des moindres détails (boucherie, adultère, vêtement) avec une assurance d'illuminé et toujours au nom de la vérité absolue. Bref, ce pharisien à poigne, fils de pharisien, retournant ses méthodes et ses obsessions contre les siens, nous évoque un profil familier dans nos contrées, le terroriste thermidorien, ou le stalinien reconverti libéral. Saint Paul est un organisateur, un normalisateur-né, qui préfère aux gens brillants, instables et peu fiables, des médiocres solides. Pas doctrinaire pour un sou, ni métaphysicien. Vivant dans l'urgence, voyageant sans cesse, pliant la mystique au réalisme. Cet esprit positif se limite à donner des instructions concrètes sur des sujets concrets, avec l'autorité que seule confère la suppléance. Parlant lui-même au nom du Seigneur tout-puissant, son autorité est illimitée. C'est l'Esprit saint qui agit à travers lui, il n'en est que l'interprète. Désobéir à saint Paul, humble truchement du Maître, c'est donc trahir le Maître lui-même.

Lorsqu'on analyse une production symbolique en fonction du collectif qui se constitue à travers elle, la « logie » dévoile la « cratie » qui la double du dedans ; et la sagesse se révèle synonyme de puissance. N'y voyons pas la marque d'une ténébreuse volonté de puissance et encore moins d'un calcul, ruse ou ambition personnelles. Les chefs sont des porte-parole d'une logique inconsciente qui les porte comme s'il y avait une sagesse de groupe, analogue à la « sagesse du corps » qui nous fait savoir quand il a besoin de sucre ou de graisse, dont les élaborations doctrinales sont les symptômes intelligibles. Le contenu de l'information retenue par une communauté est filtré et comme sélectionné par ses formes d'organisation.

Les vérités les mieux acceptées par une communauté sont les vérités qui assurent la meilleure unité de cette communauté. Chaque groupe historique trouve à tâtons sa clôture informationnelle optimale, celle qui peut lui assurer un maximum de stabilité et de pérennité, et par là garantir son identité. Celle qui optimise les chances de démarcation, cohésion et reproduction du corps pensant au milieu de son environnement. Ce qui le boucle sur lui-même en gardant ses frontières sera tantôt le texte de la Constitution aux États-Unis d'Amérique, l'image de Lénine dans l'ancienne Union soviétique, le Coran et sa langue pour « la nation arabe », la Shoah pour le peuple juif d'aujourd'hui. Le dogme de l'Incarnation est, en ce sens, l'ultime défense immunologique du peuple chrétien au sein des religions modernes : il cristallise sa pulsion de vie.

Car s'organiser, c'est survivre. Le « d'abord vivre, ensuite philosopher » ne s'applique pas aux collectivités car elles doivent leur vie à leur « philosophie ». Un groupe historique se dissout et meurt dès qu'il cesse de décliner la transcendance qui le constitue comme groupe (ou dès qu'il ne remplace pas celle qui décline). Ne disons donc pas : « tel milieu, tel produit », à la façon d'un Taine ou d'un Marx. Car un milieu historique se produit et se reproduit à travers sa production symbolique. La symbolisation dérive de l'organisation, *comme l'outil du besoin.* L'histoire des idéologies est peut-être une annexe de l'histoire des techniques, et la technique a été justement définie par Spengler comme « une tactique de la vie ». Les techniques de transmission sont des techniques de regroupement, et le groupe est bien pour l'individu sa meilleure tactique de vie. La désymbolisation tue par désintégration, en atomisant les membres du groupe. Les mythologies collectives, en somme, ressemblent à une ruse du vouloir-vivre. Imaginer leur disparition, c'est supposer la mort de toute vie sociale.

SIXIÈME LEÇON

EST-IL VRAI QUE « LES IDÉES MÈNENT LE MONDE » ?

Un reste de magie

« Les livres font-ils les révolutions ? »

Un médiologue avant la lettre : Augustin Cochin

La République de Gutenberg

Un modeste témoignage

Les étages de croyance

UN RESTE DE MAGIE

On commence par ignorer les lois qui président au devenir-monde des idées, et on finit par s'imaginer que les idées gouvernent le monde. Voyez Freud lui-même.

Pour jauger une civilisation, écrit l'auteur de *Malaise dans la civilisation*, « il n'est pas d'indice culturel plus sûr que le rôle conducteur attribué aux idées dans la vie des hommes ». De même qu'il n'est pas de « trait plus caractéristique de la civilisation que le prix attaché aux activités psychiques supérieures, productions intellectuelles, scientifiques et artistiques ». Curieusement, Freud ne juge pas naïve ni mystifiée cette croyance dans le rôle conducteur de l'idée. Il n'est pas le seul. Tous les ministres de l'Intérieur et les nourrissons de la planète partagent son optimisme démiurgique. Les premiers croient utiles de saisir livres et journaux quand ils les soupçonnent de porter atteinte à l'ordre public, les seconds ne doutent pas que les signes commandent aux choses, puisqu'il leur suffit de pousser des cris pour que maman apparaisse aussitôt. Opération si élémentaire, si naturelle qu'on ne s'avise guère de son aspect quelque peu mystérieux. Ainsi, l'esprit serait une puissance qui agit seule, sans médiations matérielles. Ou plutôt aurait-il la faculté divine de se matérialiser sans matériaux, ni contraintes extérieures. La croyance en l'immédiate efficacité de l'activité symbolique — parole vive, mot imprimé — est une croyance efficace : elle paraît même endormir, en 1935, la vigilance intellectuelle du

Grand Éveilleur. Ignorait-il que le pouvoir de création ontologique par un souffle est réservé à Dieu ? Peut-être l'émule de Moïse, le chef éclairé qui aspirait à conduire les humains vers la vérité, et à tout le moins les intellectuels européens vers son œuvre, avait-il besoin d'y croire pour jouer pleinement son rôle. Sans doute aussi la civilisation le plus élaborée garde-t-elle — en les filtrant sans les éliminer — nombre de traits imputés à la mentalité primitive, comme notre bon sens prosaïque répète des rituels sacrés. Idées inanimées, avez-vous donc une âme ? Oui. Et un corps. Les idées se cachent dans les parallélépipèdes reliés. Ouvrez-les : elles s'échappent, comme des djinns ou des fées. Elles se « nourrissent » d'autres idées, leur font des enfants, et nous les dévorons pour nous fortifier. Animisme assoupi, diminué, mais vivace. Dieu créateur crée par la voix, et ce qu'il dit, il le fait. « *Fiat lux.* » Le son démiurge fait force et contraint la réalité. Nous transporterions sur les signes d'écriture, médium froid, les vertus prêtées au Verbe, médium chaud, par les rites oraux de génération, avec leurs formules d'imprécation ou d'incantation, malédiction ou bénédiction. N'est-ce pas de là que vient le « charme » du poète ? Le murmure envoûtant de la prière ? Jeteur de mots, jeteur de sorts. Tout changement, événement ou catastrophe naturelle ne suppose-t-il pas l'action d'une cause intelligente ? Contre cette croyance originelle, terrifiante, on se défend par une contre-croyance : que nous pourrions enchaîner la nature et le cours des événements à nos désirs par le vocable et le geste. L'égocentrisme métaphysique qui soumet le monde au sujet, et qui durera autant que nous, se traduit, dans l'ordre culturel, par l'*idéocentrisme*. La confiance dans la toute-puissance des mots représente peut-être une version autorisée de la mentalité magique, petite monnaie de la toute-puissance perdue des sorciers, un gage consolateur accordé par l'humanité civilisée, avec un clin d'œil goguenard, à ses sacro-saints bergers, qui seuls, là-haut, dans la montagne, déchiffrent les astres à leurs risques et périls.

C'est un fait d'histoire pourtant : les discours du pape Urbain II à Clermont et ailleurs ont eu « un succès foudroyant » puisque ses paroles ont « déclenché » la première croisade. Elles promettaient la rémission des péchés et accessoirement de leurs dettes aux fidèles qui partiraient délivrer les Lieux Saints. On conviendra sans peine que ces discours ont atteint leur but non en vertu de leur littéralité ou de leur contenu mais par l'adhésion des auditoires, c'est-à-dire grâce à leur foi chrétienne, et que cette mentalité religieuse préexistait à la prédication. L'effet suscité par la parole papale n'est pas de type mécanique mais chimique : elle a *catalysé*, comme un précipité chimique, une solution instable qu'elle n'a pas créée. Les historiens quant à eux dressent la longue liste des non-dits, motivations et mobiles informulés, qui expliquent pourquoi ces appels à la croisade ont pu être lancés et pourquoi ils ont pu être écoutés et suivis d'effets : nécessité de détourner la chevalerie de ses guerres fratricides, surpopulation, incapacité des familles à doter leurs cadets de fiefs, volonté de la papauté de rétablir son autorité sur Byzance et les pouvoirs temporels d'Occident, etc. En somme, les nombreuses raisons qui poussaient Urbain II à tenir ce discours n'étaient pas dans le discours prononcé, en sorte qu'on se méprendrait si l'on attribuait à cette seule prononciation les effets qui ont suivi. *Propter hoc, non praeter hoc.* Dommage pour nos rêves de sorcellerie.

« LES LIVRES FONT-ILS LES RÉVOLUTIONS ? »

Prenons un autre exemple, cent fois mieux documenté : « Les livres ont-ils fait la Révolution ? » C'est une vieille question, du moins en France, où elle a, et pour cause, l'âge de la Révolution. Cette dernière se distingue en effet des révoltes, émeutes ou jacqueries, mouvements de colère spontanés tournés vers le passé et privés de visée universelle, par son souci de mettre en œuvre une idée de l'avenir et de l'homme. D'où le rôle primordial qu'y jouent les « intellectuels », professionnels de l'idée, porteurs du sacré social, que les anciennes formes brutes ou traditionnelles de violence populaire ignorent. Quel que soit son langage, libéral, socialiste, ou islamiste, une révolution, c'est la rencontre d'une pensée et d'un pouvoir, « une opinion qui trouve des baïonnettes ». Même si elle prend la forme politique d'un assaut donné à l'État par une minorité agissante, c'est plus qu'un « coup d'État », car c'est le Ciel et l'avenir de tous les hommes qu'on croit prendre d'assaut.

Qu'appelle-t-on un « processus » révolutionnaire sinon la transmutation d'un verbe en chair, d'un « groupe intellectuel » en « groupe dirigeant », de plumes en fusils ? L'opération inverse s'appelant, dans ce vocabulaire, « contre-révolution » : l'action politique redevient symbolique, le dirigeant en exil, journaliste ou professeur, le *decision-maker*, simple *speech-writer*. De l'écritoire au ministère — les voies sont à deux sens.

Penser la Révolution française, c'est penser comment ce qui entre en « doctrine de cabinet » ressort en « décret de la Convention ». C'est ouvrir la boîte noire qui porte un *dire* à son entrée et un *faire* à sa sortie.

Plus on s'éloigne de l'âge révolutionnaire, plus on tend à répondre par la négative. Plus l'analyste est dégagé de l'événement, plus il en souligne l'autonomie matérielle, moins l'illusion causale a d'emprise sur lui. Sincérité ou vanité, Lamartine juché sur son balcon en 1848 et regardant les cortèges d'émeutiers s'écrie à chaud : « J'ai vu *L'Histoire des Girondins* défiler dans la rue. » Pour 1789, les historiens d'aujourd'hui reformulent la question ou répondent plutôt non ; ceux d'hier, plutôt oui ; quant aux acteurs et contemporains, dans le feu de l'action, ils tiennent pour une évidence ce qu'Alphonse Dupront appelle « l'imagerie noblement épique de la Révolution, fille de l'Idée, cette dernière colportée par le livre [1] ». Rien ne prouve que le recul est bon conseiller ; ni la participation, éclairante. Constatons le dégradé.

« C'est au livre que nous devons la Révolution », disait Marie-Joseph Chénier. Chateaubriand en était persuadé, qui incriminait les mauvaises lectures de l'élite. Et Gavroche. Si « c'est la faute à Voltaire », « la faute à Rousseau », on comprend que la Convention ait tout naturellement rétabli la censure répressive en 1793 pour réprimer ceux en qui elle voyait des adversaires de Voltaire et de Rousseau. Il y avait deux cent cinquante librairies en 1789, quelque six cents peu après. La Révolution n'a pas révolutionné « l'Ancien Régime typographique » (Chartier-Roche), les technologies de production, les usages professionnels, les réseaux commerciaux. Et si, effet de la censure et de la pénurie, la production des livres s'est effondrée sous la Révolution (2000 titres en

1. Postface à *Livre et société dans la France du XVIIIe siècle*, deux volumes sous la responsabilité de François FURET, Paris, Mouton, 1965.

1789, 371 en 1794 d'après Robert Estival), elle a suscité aussitôt une flambée dans la circulation de l'imprimé et des périodiques en particulier : 1 500 titres nouveaux entre 1789 et 1800[1]. Mais ces considérations nous projettent dans l'événement lui-même, quand il s'agit d'éclairer ses prodromes.

Daniel Mornet, dans son fameux ouvrage qui est une réplique à Taine, n'hésitait pas à annoncer : « Mon étude aboutit à cette conclusion que ce sont, pour une part, les idées qui ont déterminé la Révolution. Si l'on aime cette révolution, on exaltera les grandeurs de l'intelligence qui l'a préparée. Si on la déteste, on dénoncera les erreurs et les méfaits de cette intelligence. Mon livre peut servir toutes les polémiques. C'est dire qu'il n'en sert aucune[2]. » Mornet, contre Taine, souligne le pragmatisme, l'ouverture d'esprit, le goût du concret des penseurs prérévolutionnaires, et que l'important n'est pas l'œuvre de quelques doctrinaires mais le fait qu'au cours de ces décennies, et pour la première fois, « la France tout entière s'est mise à penser ». L'historien arrête son enquête en 1787, quand « l'action et les chefs » relayent la fermentation impersonnelle et diffuse des idées. « Il faut [alors] faire non seulement l'histoire des idées révolutionnaires mais encore celle des idées des révolutionnaires. » En d'autres termes, l'étude du pouvoir de la pensée s'inverse, en ce point d'inflexion, en examen de la pensée du pouvoir, mais la trajectoire relève bien d'une même dynamique. Ce récit remarquable et naïf, s'il n'a pas réfléchi ses présupposés méthodiques, fourmille de faits et d'aperçus : vous prendrez un grand plaisir à le lire. Il est bon de se rappeler que Montesquieu fut pour ses contemporains l'auteur des *Lettres persanes* et non de *L'Esprit des lois* ; ou encore que le *Contrat social* est passé à peu près inaperçu avant 1789, tandis que *La Nouvelle Héloïse* marqua « une secousse décisive » ; que Voltaire, le grand poète épique, était aussi lu et admiré par les hommes d'Église, comme Rousseau l'était par les aristocrates ; et que le duc de Chartres était franc-maçon, comme, semble-t-il, Louis XVI lui-même.

Mornet après beaucoup d'autres répondait oui à la vieille question ; « la nouvelle histoire » se montre beaucoup plus prudente.

1. *Livre et Révolution*, Colloque de l'Institut d'histoire moderne et contemporaine, Mélanges de la Bibliothèque de la Sorbonne, 1987.

2. Daniel Mornet, *Les Origines intellectuelles de la Révolution française (1715-1787)*, Paris, Armand Colin, 1933, p. 3.

Vous devinez pourquoi : le déplacement de l'attention vers les chronologies longues, la découverte du caractère non linéaire des causalités historiques, l'insistance sur les pratiques sociales en profondeur plutôt que sur les systèmes de représentation en surface, l'élargissement des supports de la vie culturelle, tout conspire dans cette démarche à relativiser le rôle des penseurs et des écrivains. Nous avons appris à mieux distinguer l'*idée* du *livre*, comme le recommande Alphonse Dupront, qui souligne l'effervescence souvent déterminante de « cet univers folliculaire et pamphlétaire, intermédiaire entre les univers du livre, des mécanismes scolaires et de la parole discutée et non écrite [1] ». On parle dorénavant plus des imprimés que du livre, et des gestes quotidiens d'appropriation que des imprimés eux-mêmes (périodiques, almanachs, brochures, libellés, affiches, caricatures, etc.). Dans la thématique des origines, *culturel* remplace *intellectuel*. Roger Chartier et Daniel Roche ont montré que la réception d'un message signifie réfraction et transformation du message par le récepteur et que des textes visant à façonner les pensées et les conduites du plus grand nombre peuvent déboucher, par détournement ou résistance des usagers, sur d'autres pensées et conduites. Un même livre peut servir à deux causes contraires et Louis XVI aimait Rousseau autant que les sans-culottes : il avait même emmené ses livres dans sa prison du Temple. En somme, s'il est vrai que la Révolution française s'est déclenchée par le haut, au sein des élites urbaines alphabétisées, ce ne sont pas les livres mais les lecteurs qui ont fait la Révolution, et on ne sait jamais avec certitude ce qu'ils ont lu. D'où le besoin légitime de décaler l'examen des textes vers celui des différentes *pratiques de lecture* (de la lecture de cabinet à la lecture à voix haute des petits ouvrages anonymes de colportage). Voilà qui brise la filiation, la vieille continuité établie entre le corpus textuel des fondateurs et le surgissement sauvage de l'événement politique. Les pratiques ne se déduisent pas des discours, il y a toujours plus de sens dans le fonctionnement d'une société (et *a fortiori* d'une masse en fusion) que dans les idéologies explicites qui disent les fonder ou les justifier [2].

1. Alphonse Dupront, *op. cit.*, p. 232.
2. Dans un tout récent et remarquable ouvrage, paru après notre séminaire, *Les Origines culturelles de la Révolution française* (Le Seuil, 1990), Roger Chartier explicite et affine l'idée selon laquelle ce ne sont pas les Lumières qui ont produit la Révolution mais « la Révolution en quête de légitimité qui a inventé les Lumières ».

Prenons un peu de champ, remontons au XIXe siècle. Je vous ai parlé de l'indifférence comme propédeutique à la lucidité. C'est la non-adhésion aux fins d'un discours qui libère la question de ses moyens — de pénétration et d'adhésion —, aussi sûrement que l'enthousiasme militant l'occulte. Le *comment* n'intéresse pas tant qu'on sait d'avance le *pourquoi*. Sur le parcours « Révolution française », la curiosité médiologique a été assez tôt excitée par l'hostilité politique à la Révolution, plus féconde en vertus d'étonnement que la simple impression d'étrangeté ou la posture de neutralité que nous recommandions à l'instant. La propagation d'une doctrine ne fait jamais problème à ses adeptes : voir le laconisme des théologiens et historiens catholiques sur ce qu'ils nomment pudiquement « la propagation admirable du christianisme » (si admirable qu'elle défie toute explication), voir plus récemment le mutisme des théoriciens et historiens marxistes sur l'expansion du marxisme, ou la permanente répugnance des rationalistes militants à faire l'histoire de la Raison, de ses réseaux ou de ses outils [1]. La virologie est une spécialité altruiste, condamnée, dans l'ordre actuel, au sketch toujours applaudi de la paille et la poutre. Le « sida mental », c'est la mentalité de mon ennemi, comme l'idéologie est l'idée de mon adversaire. Mon mental à moi est mon point aveugle, j'habite trop mon idéologie pour m'inquiéter de ses chemins. D'où il se déduit que la vérité d'un camp est plutôt à chercher dans le camp adverse. Est-ce parce qu'elle est moins rationaliste, plus cynique ou plus pragmatique, que la tradition de droite en France nous paraît douée d'un sens médiologique supérieur aux courants de la gauche ? C'est un fait que de ce côté-là de nos anciennes barricades, on échappe mieux à ce « quiétisme de la raison encore plus nuisible à l'intelligence que le quiétisme de la foi à la volonté », comme le disait Augustin Cochin, lequel ajoutait ceci dont nous pourrions utilement faire maxime : « Rien ne fait plus de tort au progrès de la raison que son culte : on ne se sert plus de ce qu'on adore [2]. »

1. Sans doute faut-il faire une exception, en ce qui concerne les marxistes, pour Georges Sorel, à qui sa passion « religieuse » pour le socialisme, ou sa passion socialiste pour l'histoire des religions, a fait ouvrir les yeux à tâtons, faute des instruments nécessaires. Les défricheurs méritent le respect, même et surtout quand ils errent.

2. Augustin Cochin, *Les Sociétés de pensée et la démocratie*, Paris, Plon, 1921, p. 4.

Trois auteurs du XIXe siècle, libres des postulats de l'idéalisme progressiste, ont pris à bras le corps la question qui nous occupe en s'interrogeant sur « l'énergie d'expansion des idées révolutionnaires » : Tocqueville, Taine et Cochin. Trois réactionnaires de progrès (des connaissances), trois éclaireurs médiologiques. Qui veut expliquer un phénomène quelconque a intérêt à ne pas le comprendre. Le phénomène révolutionnaire est plus qu'étranger à ces trois traditionalistes : sidérant. 89, 93 ? Des aberrations contre nature, mais qui ont fait l'histoire. La pensée jacobine ? Une chimère, mais qui a pris corps parmi nous. Ce qui n'aurait pas dû être a été. Comment pareille idiotie, pareille illusion, pareil aveuglement ont-ils été possibles ? Sitôt posée la question, et posée par le rejet instinctif du fond, affleurent au regard les formes d'expansion, canalisations, nœuds de sociabilité, moyens de transmission qui ont donné vie à l'absurde ou au répugnant.

Chacun connaît, puisque Tocqueville est dans le vent (bénéfice de l'air du temps), l'admirable premier chapitre du livre III de *L'Ancien Régime et la Révolution*, « Comment vers le milieu du XVIIIe siècle, les hommes de lettres deviennent les principaux hommes politiques du pays, et des effets qui en résultèrent », qui expose les voies et moyens du transfert de la vie politique dans la sphère littéraire et la transformation en retour de cette « politique abstraite et littéraire » en leadership d'opinion. Ajoutez-y le chapitre sixième, « De quelques pratiques à l'aide desquelles le gouvernement acheva l'éducation révolutionnaire du peuple », et vous aurez bien commencé notre exercice de médiologie appliquée. Il se poursuivra utilement avec le tome deux des *Origines de la France contemporaine* de Taine, qui articule l'analyse des Lumières sur « l'anarchie » pratique qui s'ensuivra. La philosophie du XVIIIe siècle, dit-il, se propage en France comme l'incendie, la peste, la mauvaise herbe. Née en Angleterre, « la fièvre de démolition et de reconstruction y est restée superficielle et momentanée ». Importée en France, la graine prend. Comment ? En trouvant un *organe* — « l'art de la parole », celui des avocats, journalistes et gens du monde. Avec ses lieux : salons, théâtres, cafés, et ses milieux : loges, cénacles, académies, sociétés. Lisez notamment le chapitre intitulé « La propagation de la doctrine », où Taine, en bon trajectographe, retrace la trajectoire qui fait descendre les idées du salon, des gens d'en haut, à l'entresol, au niveau des boutiques et des cabinets d'affaires, et de là dans les caves de la maison, là où il y avait « un magasin de poudre ». Les vecteurs informent l'information car les formes de diffusion déterminent la nature du diffusable. Ainsi de « la causerie » au XVIIIe siècle — cette configuration-creuset de l'élaboration des idées « philosophiques ». « Le monde où l'on cause » a pour centre de gravité — pour « milieu » — la vie de salon. Et Taine de s'étendre sur les « inconvénients de la vie de salon », « artificielle et sèche », éloignée de « la vie » et de ses épreuves de vérité [1]. Idéologie pure ? Sans doute. Mais le fantasme polémique dévoilait un médium névralgique. Un siècle plus tard, un historien de métier, hors de tout parti pris, ne peut analyser le matérialisme d'Holbach sans questionner l'organisation de la fameuse « coterie », et sans s'interroger sur le *rôle informant du salon* : « La forme même de la rencontre dicte les limites qu'on ne franchit pas, les sujets que l'on tait, les choix que l'on ne fait pas... L'espace du salon est celui d'une fête sociale très codifiée, régularisée par les présences féminines... C'est là qu'on s'estime assez pour se contredire [2]. » Médiologie prise sur le fait. Et de fait, quel historien sérieux des idées du XVIIIe siècle pourrait ne pas référer les formes contraignantes de l'entretien, du dialogue, du conte, des lettres, à la matrice salon ? Taine, si injustement calomnié et ignoré par nos penseurs, ressemble à un Gramsci qui marche sur la tête. Sa réhabilitation, espérons-le, ne devrait plus tarder.

UN MÉDIOLOGUE AVANT LA LETTRE : AUGUSTIN COCHIN

Mais pour pénétrantes que soient ses descriptions (quoique ou parce que partiales), les analyses de Cochin vont beaucoup plus loin. « La force des idées de 1789, écrit ce dernier, est dans la *méthode* et non dans le *système*... Nous voulons dire que nous montrerons que la *méthode* engendre la doctrine... Ce n'est point la psychologie

1. Hippolyte Taine, *Les Origines de la France contemporaine, L'Ancien Régime*, Paris, Hachette, 1904, t. I, chap. III, p. 244.

2. Daniel Roche, « La coterie d'Holbach », *Annales*, juillet-août 1978. Voir aussi, dans le même registre, l'admirable ouvrage d'Agulhon, *Le Cercle dans la France bourgeoise*, Cahier des Annales, Paris, A. Colin, 1977.

du jacobin qui sera le dernier mot de l'énigme révolutionnaire : ce sera la sociologie du régime démocratique [1]. » Écho à l'avertissement d'Auguste Comte : « Plus les philosophies deviennent complexes et particulières, plus il est difficile de séparer utilement la méthode et la doctrine » (*Cours de philosophie positive*, 48e leçon). Comme le précise Jean-Paul Enthoven à propos du positivisme : « Le combat pour la méthode, c'est déjà le combat pour la doctrine, c'est-à-dire pour l'idéologie et pour le pouvoir qu'elle promet ou légitime. » D'Auguste à Augustin, du positiviste au légitimiste, la filiation paraît bonne. L'idée que « le dedans se règle sur le dehors » a fait son chemin. Cochin fait jouer le principe critique en se concentrant sur « *le pouvoir régulateur de la machine* », que nous appelons, dans nos jargons, « la dictature de l'appareil ». D'où ces formules si modernes : « Là où la liberté règne, c'est la machine qui gouverne. L'une est là par la force des principes, l'autre par la force des choses. » Ou encore : « Machine et société, servitude et liberté ne se contredisent pas, ne s'excluent pas, car l'une reste secrète, l'autre théorique. » En matière de gouvernement, « le parti passe avant les principes » car — « médium is message » — les moyens de passage priment les principes à faire passer.

C'est Cochin qui le premier a mis méthodiquement en boîte noire le phénomène révolutionnaire, à savoir : « Comment ce jeu puéril commencé en badinant a-t-il eu une action réelle sur l'opinion ? Comment les causeurs de 1730 sont-ils devenus les pontifes, les paradoxes de salon des systèmes, les réunions de libertins des séances de la république des lettres, cette aimable allégorie une insupportable réalité, le philosophisme une règle de conduite pratique ? Comment, enfin, ce souffle si léger de la pensée socialisée s'est-il enflé en ouragan jusqu'à renverser tout l'édifice social d'une nation ? » Historien catholique, militant ultra, Cochin se voulait franchement sociologue. Taine ne pouvait donc le satisfaire. C'est la logique des trajets qui le retient, non la psychologie des hommes ni le bric-à-brac des anecdotes. Tué au front en 1916, il n'eut pas le temps de rédiger l'immense enquête sur la Révolution française à laquelle il avait travaillé quatorze ans, mais seulement son *Discours préliminaire*, texte inachevé, publié après sa mort, sous le titre *La Révolution et la libre pensée*. Ouvrage fulgurant (bien plus nova-

1. Augustin Cochin, *La Révolution et la libre pensée*, Paris, Plon, 1924.

teur, me semble-t-il, que *Les Sociétés de pensée et la démocratie*, que François Furet a fort justement remis à l'honneur) où le médiologue verra comme le brouillon pascalien d'un discours de la méthode à venir.

Son objet : « La socialisation de la pensée (1750-1789). » Idée directrice : la révolution n'est pas ce qu'elle dit être, l'œuvre du peuple. Non plus ce qu'en ont dit ses adversaires : un coup monté, « intrigue de quelques ambitieux », francs-maçons ou névropathes (« Il y a eu de tous temps des intrigants et des égoïstes, il n'y a de révolutionnaires que depuis cent cinquante ans »). La Révolution est le triomphe de la philosophie. Mais la philosophie a pour forme d'existence concrète « les sociétés ». Et les sociétés ont connu un développement par étapes, passant par trois états différents : philosophique (1750-1789) ; politique (1789-1793) ; et révolutionnaire (1793-1794). Cette mise en alignement de l'idéologique, du social et du politique n'est pas rabattement des instances l'une sur l'autre mais *saisie d'une transcroissance* inscrite dans le corps même de ces organisations sans précédent que sont les sociétés de pensée, ancêtres directs de nos partis (qui ne sont morts que ce matin). Qu'est-ce qu'une société de pensée ? « C'est l'organe de l'opinion réduit à sa fonction d'organe, et constitué, mis à part comme tel[1]. »

Ce qui révulse Cochin dans la société de pensée, c'est qu'elle est le contraire d'une communauté naturelle, héréditaire, traditionnelle. C'est qu'une pensée puisse suffire à socialiser des individus dans un rapport égalitaire aux idées qui court-circuite les hiérarchies historiques caractéristiques des corps d'Ancien Régime. Cette addition de volontés libres définit à ses yeux l'égalité abstraite de la démocratie, qui fait exister des citoyens égaux entre eux en tant qu'ils sont précisément capables de faire abstraction de leurs inégalités de naissance, de condition, de leur religion ancestrale, de leurs intérêts particuliers, de leur appartenance. Il y a chez notre homme, au-delà du réflexe légitimiste, une mystique du naturel et du vivant (qu'on retrouvait alors à l'autre pôle, chez les Sorel et les Berth, ces intellectuels anti-intellectualistes d'extrême gauche). Ce qui scandalise notre monarchiste catholique, c'est que « l'opinion puisse faire l'être d'une société », et non l'Évangile, ou la

1. Augustin Cochin, *La Révolution et la libre pensée*, *op. cit.*, p. 7.

hiérarchie des conditions et des naissances. Humaine, trop humaine révolution. Ce que Cochin appelle « la socialisation de la pensée » était dévolu à l'Église catholique depuis un millénaire. Lui, il s'indigne de voir ce monopole s'effondrer. Non sans saluer l'extraordinaire cohérence des moyens et des fins qui présida à l'essor des « idées nouvelles » et traverse « le Grand Siècle ». Pas de contre-idéologie possible sans contre-société, pas de critique sociale effective sans un milieu porteur consistant. Du reste, permutant les blancs et les noirs de cette démarche en pointillé, un agnostique républicain peut se retrouver ici chez lui, au plus intime du projet de transformation sociale. Excellent « professeur d'énergie » que ce médiologue avant la lettre qui a su, dans l'examen de la genèse révolutionnaire française, ne pas séparer l'étude de la transmission sociale de celle des appareils politiques. Nous rappelant ainsi qu'un appareil politique (parti/club/mouvement) est un outil de communication, et qu'un appareil de communication (presse/édition/audiovisuel) est un outil politique.

La réduction cochinienne nous semble mériter un triple hommage. D'abord, elle réunifie un champ disloqué. On connaît la charade. L'histoire des idées analyse les « œuvres » de Jean-Jacques et de l'abbé Mably ; l'histoire sociale les académies, salons, et cabinets de lecture ; l'histoire politique les clubs et comités révolutionnaires. Et mon tout est une femme en tronçons abandonnée à la consigne. En traitant la parole comme parabole, notre chartiste rétablit la vivante continuité d'une séquence. À l'anatomie des idées, il substitue la physiologie des transits. Le caractère social de l'idée ne lui est pas annexé en complément, il est inhérent à une trajectoire : l'idée est socialisée par sa transmission même. Les pensées n'existent pas indépendamment des « sociétés » qui les supportent et transportent. Ce sont, si l'on préfère, des mouvements, non des corpuscules. Et les convoyeurs de mots transcroissent en conducteurs d'hommes, non par dévoiement mais en bonne logique. « La République de la terreur, nous dit Cochin, est une république des lettres métamorphosée. » Ajoutons : et cette république d'écrivains n'aurait pu socialiser une pensée si elle ne s'était elle-même socialisée par une pensée.

Ensuite, Cochin a identifié, dans ce mouvement général, le moment de la médiation comme décisif. Dans la chaîne qui va du *que penser ?* au *que faire ?*, le maillon stratégique est celui que les hommes de pensée comme les hommes d'action dédaignent le plus : comment fait-on pour *faire penser* ? On fait un appareil, un réseau, une « machine ».

Enfin, il décèle que l'essentiel d'une idéologie sociale réside dans le principe de cohésion et d'appartenance qu'elle procure, dans sa fonction d'unification et d'intégration. Les valeurs comptent moins que leur partage. En traitant la doctrine comme un simple code de reconnaissance, soit un ensemble de signaux destiné à unifier esprits et volontés, il met sur la piste de l'idéologie entendue comme moyen d'organisation, technique de groupe. Les pensées « réductrices » ne sont pas les moins conductrices.

LA RÉPUBLIQUE DE GUTENBERG

McLuhan démocrate, Gutenberg républicain ? Nous avons la religion de l'image. La Révolution française a eu la superstition de l'écrit et le fétichisme de l'imprimé. Solidaire pour sa diffusion d'une culture écrite popularisée (et d'abord grâce à l'écrasement des patois et dialectes), le jacobinisme procède d'une croyance quasi mystique dans les vertus régénératrices de l'alphabet. Sociologiquement, il lui doit d'exister. L'historien anglais Lawrence Stone a observé que les trois grandes révolutions modernes — Angleterre XVIIe, France XVIIIe, Russie XIXe — coïncident dans ces trois pays avec le moment où l'alphabétisation atteignait la moitié de la population masculine (observation sans doute valable pour l'Algérie, l'Iran, l'Indochine, etc.). Comme ses confrères, le jacobinisme a transformé sa généalogie médiatique en ordre moral et culte civique. La république est une idée de lettrés, c'est-à-dire masculine, urbaine, intellectualiste, élitaire, surmoïque, brouillée avec le corps et l'Éros, goûtant les cérémonies et les solennités publiques mais répugnant d'instinct au théâtre et à la danse. Une idée de bibliomane, conçue par des lecteurs pour des lecteurs. La « communion républicaine » imaginée sous le Directoire par un jacobin, Leclerc, n'a-t-elle pas pour foyer « le livre de famille », à la fois entrepôt des vertus privées et moyen de contrôle des déviances ? Il est vrai qu'il n'y a pas, dans la réalité de l'époque, de fossé entre culture écrite et culture orale, comme le montrent les passerelles et passages constitués par la lecture à haute voix des journaux dans les clubs, aux armées, sur les places, devoir des militants instruits à destination des analphabètes. On peut aussi remarquer, et c'est une bien curieuse observation de Michelet (dans une note du chapitre III, livre IX de son *Histoire de la Révolution*), que contrairement aux girondins, qui « agissaient principalement par la presse », les jacobins « employèrent de préférence les communications verbales, la circulation orale d'homme à homme et de club à club, les paroles qu'on peut toujours interpréter, démentir même ». Captant à leur profit les survivances de l'oralité ecclésiastique, ces quasi-prêtres, dit notre anticlérical, utilisaient « le demi-jour de la publicité verbale, comme l'avait fait le Moyen Âge », car il était plus propre à simuler une unité catholique de façade et à gommer les contradictions [1]. Il n'en reste pas moins que cette oralité populaire insaisissable et multiforme, qui va de la harangue théâtrale au cri de la rue, en passant par la chanson et la lecture publique d'un texte de loi, s'adosse comme la vigne au mur à l'imprimé, lourd de tout le poids de l'autorité et de la légitimité symboliques. Dans la réalité vécue des fantasmes collectifs, l'acte révolutionnaire ou républicain consiste à arracher les hommes à l'oralité, synonyme de barbarie, en les instruisant par l'école, en multipliant les journaux, en stockant l'archive et en ouvrant à tous les bibliothèques. L'oralité, c'est la campagne sous sa double face, paysanne et aristocratique ; or la campagne asservit et la ville libère. C'est la féminitude, donc le préjugé et les contes de bonnes femmes. La coutume est orale, comme l'injustice ; or la loi libère, qui est écrite. L'émotivité donne de la voix ; la raison réfléchit plume en main. Rappelez-vous qu'au Moyen Âge les femmes n'avaient pas le droit d'entrer dans les bibliothèques monastiques. Compagnon typographe, Restif de La Bretonne était d'avis que la République ne devait pas apprendre à écrire aux femmes et tout au long du XIXe siècle, la corporation du Livre leur était statutairement fermée. Crainte de voir le sale contaminer le propre, l'empire du groupe l'originalité de l'individu ? Dans l'oralité populaire, le jacobin flaire l'organique, l'archaïsme, l'instinctuel, les suspectes chaleurs des replis commu-

1. Jules MICHELET, *Histoire de la Révolution*, Paris, Gallimard, « Bibliothèque de la Pléiade », p. 39, note.

nautaires. D'où ce conflit intime chez le jacobin Stendhal, partagé entre la France républicaine de ses amis idéologues et l'Italie monarchique des actrices et chanteuses d'opéra, entre la mathématique et les fortes natures, entre la vertu, qui est de l'écrit, et la *virtù*, qui est de l'oral. Beyle évoque avec dégoût, dans son journal, « le fatal triangle qui s'étend entre Bordeaux, Bayonne et Valence, où on ne sait pas lire, où on croit aux sorciers, où on parle patois et non français et où les prêtres sont tout-puissants ». Mais c'est de ce côté-là que le romancier cherche ses héros et sa pâture.

Une grande culture historique tend à sacraliser son grand véhicule, à idéaliser son mode principal de communication. Les Grecs, avec Hermès, messager aérien des paroles ailées. Nous, nous adorons la communication pour elle-même, le principe de circulation comme tel, c'est-à-dire la vitesse, le mouvement en soi — de capitaux, de signes, d'images, de sons. La Révolution a sacralisé le bois, le papier, le plomb. En 1792, « l'orateur du genre humain », Anacharsis Cloots, à la tête d'une délégation d'ouvriers imprimeurs, proposa à la Convention le transfert au Panthéon de Jean Gutenberg. « Si Dieu inventa le soleil, telles furent les paroles de Cloots, l'homme inventa l'imprimerie. Le soleil de Dieu dissipe les ténèbres physiques ; le soleil de l'homme dissipe les ténèbres morales (...). Célébrons un inventeur sans lequel nous serions comme muets et isolés sur la terre, sans lequel nous n'aurions eu ni un Voltaire, ni un Rousseau, ni un panthéon. » On vit sous le Directoire les vainqueurs de la Bastille porter en grande pompe une presse sur les ruines de la forteresse, tel un saint sacrement sur l'autel de la patrie. Les « hommages à l'Imprimerie » ponctuent, sous diverses formes, les dernières décennies du siècle des Lumières. *Le Courrier de Provence*, en 1790, porte la Révolution au crédit de « l'invention merveilleuse de l'imprimerie, et l'établissement des postes, assurant pour jamais la communication des pensées, rendant impossible le succès des pièges qui autrefois réussissaient aux tyrans ». « Les livres, note un autre journal la même année, ont créé l'opinion, les livres ont fait descendre les lumières dans toutes les classes de la société, et dévoré les préjugés qui nous subjuguent [1]. »

1. J'emprunte ces citations à l'article de Hans Jürgen LÜSEBRINK dans *Livre et Révolution* (*op. cit.*), « Hommage à l'écriture et éloge de l'imprimerie ». Trace de la perception sociale du livre, de l'écriture et de l'imprimerie à l'époque révolutionnaire.

Condorcet et, avant lui, Kant ont fait la philosophie de ces exaltations. Dans son huitième tableau d'*Esquisse d'un tableau historique des progrès de l'esprit humain* (1793), Condorcet bénit l'inventeur de l'imprimerie pour avoir instauré l'opinion publique, ce « tribunal indépendant de toute puissance humaine auquel il est difficile de rien cacher et impossible de se soustraire ». Kant ne parle pas technique mais la suppose, lorsque à la question *Qu'est-ce que les Lumières ?*, il répondait : « l'usage public et libre de notre propre raison » (1784). « J'entends par usage public de notre propre raison, précise-t-il, celui que l'on en fait comme savant devant l'ensemble du public qui lit. » L'usage de l'imprimé, en fondant une réciprocité possible et en droit infini entre les auteurs et les liseurs (tout liseur étant un auteur en puissance et vice versa), délimite une sphère de circulation égalitaire des opinions éclairées, l'espace du débat public. Là, chaque participant décroche de son état civil ou social, emploi, charge ou position, pour s'identifier à suffisance comme être raisonnable s'adressant à d'autres êtres raisonnables. Le Prince peut être analphabète car il appartient à la sphère privée de l'autorité : il lui suffit de parler pour se faire obéir ès qualités. Le citoyen est un homme sans qualités qui donne librement son adhésion en tant que savant auquel suffit la faculté d'écriture et de lecture. C'est l'acte de publication qui fait sortir de la mauvaise particularité, du privatif, de l'arbitraire, ce domaine du non-échange où la populace se retrouve aux côtés des autorités de fait. « L'opinion publique » n'est donc pas le peuple. Elle est la partie du peuple qui sachant lire et écrire peut pratiquer en son sein l'égalité par la discussion rationnelle, compétence qui n'est pas donnée à tous. Seule la société de la Lettre est une société d'hommes libres. Imprimerie et autonomie sont donc synonymes. Pas de Lumières sans plomb ni papier : c'est l'implicite technologique du raisonnement kantien. Anacharsis Cloots, baron prussien, l'a révélé, quitte à violer les bienséances.

Les Lumières postulent la divulgation comme impératif moral *et* scientifique. L'*aude sapere* porte à son envers un *ose faire savoir*. La publicité est devenue un exercice et une obligation de la raison, ce qui signifie : on ne pense bien qu'à plusieurs, le savant qui ne médiatise pas son savoir en ruine les fondements. La raison étant cela qui prend l'opinion à témoin, on est entré dans unc logique de traduction, de diffusion et de circulation, qui prend en écharpe les vieux partages ; et du savant au plaisant, de la méditation à la médiation, de l'exégèse à l'épigramme, la conséquence est bonne. L'odyssée rationnelle de la divulgation désacralisante portait dans ses flancs « la défaite de l'érudition », qui est la vraie victoire des Lumières. Dans le temps, l'activité intellectuelle se serait alors émancipée et non dégradée en passant du monastère et du latin à l'atelier d'imprimerie humaniste, où l'on traduit les Écritures en langue vulgaire, puis aux académies du XVIIe siècle, où l'on traite collectivement de la vérité par échanges épistolaires ou de vive voix, et enfin aux salons sous influence féminine du XVIIIe siècle, sièges d'une vulgarisation orale du savoir écrit par l'art de la conversation, aux cafés, ces 1 800 « manufactures d'esprit » que comptait Paris en 1789, aux clubs et aux loges. Autant de degrés dans l'ascension des propagandes. L'urbanité n'est plus une trahison, c'est un devoir. Le divertissement exotérique n'est plus une distraction, c'est un couronnement. On comprend que Frédéric II ait pu s'étonner qu'« un siècle si philosophique soit si peu philosophe ». C'est parce qu'il l'était beaucoup qu'il le semblait si peu.

Blandine Barret-Kriegel, dans sa thèse magistrale sur *Les Historiens et la monarchie*, a démonté nombre d'idées reçues, au premier rang desquelles l'opposition Fides/Intellectus, Piété/Vérité, qui place paresseusement la religion du côté de l'obscurantisme et l'érudition du côté de la modernité laïque. Elle a rappelé que la culture religieuse n'était pas seulement productrice de croyance mais de science ; qu'à travers la querelle de Rancé et de Mabillon la bataille du savoir et de la foi, des doctes et des pieux, a traversé l'Église française de l'intérieur ; que la philologie n'est pas née avec les humanistes de la Renaissance, ni l'histoire comme science au XVIIIe ou au XIXe siècle, mais bien avant, avec la diplomatique bénédictine ; pas plus que la République n'a inventé l'État de droit, instauré sous et par la monarchie à travers la formation d'un corps de droit public sanctionnant la suprématie de la Loi sur le Roi. Néanmoins, une sourde antinomie parcourt ces volumes, comme une déploration sans fin : parvenu au point de bifurcation de l'éloquence et de l'érudition, entre la voie Fontenelle et la voie Mabillon, la pensée française prit dès la fin du XVIIe siècle le chemin du vice, en confiant son destin aux littérateurs et non aux professeurs, aux saltimbanques et non aux chartistes. Elle a préféré le badinage pour se rendre aimable, à la recherche solitaire et besogneuse de la vérité. On peut se demander au contraire si ce n'est pas l'honneur sacrilège des Lumières que d'être venues disqualifier ce régime clérical d'antinomies : style contre contenu, belles-lettres ou sciences exactes, brio ou profondeur, fantaisie ou rigueur, etc. Le régent de collège, fidèle à son devoir de transmission, culmine sa course en bel esprit. Le professeur *doit* se faire journaliste, le chercheur diffuseur, le pion clown si l'on veut — ce mouvement s'appelle l'affranchissement par le savoir. Au bout du Verbe, la verve. Vous devez instruire, éclairer, guider ? Alors, amusez. Faites plaisir. Déclinez, comme Voltaire au dire de madame du Deffand, « la justesse, la facilité, la clarté et la chaleur, les quatre qualités qui font le bon style ». Il y a tout au fond des Lumières une réhabilitation tacite de la politesse et de l'entregent, un éloge du léger et du bref, un esprit de féminité, un mépris du pédant et du lourd, du lent et du grave — bref un *héroïsme du bon goût*, une éthique de la grâce. Comment Nietzsche, sinon, aurait-il pu se sentir tant d'affinités avec ce siècle, cet esprit, cette mondanité dont tout apparemment aurait dû l'écarter ?

UN MODESTE TÉMOIGNAGE

Il est toujours un peu navrant de voir les historiens enfermer dans le passé leur science du passé, comme si les faits qu'ils commentent n'avaient pas de répondant devant leur nez et sous leurs yeux. « Les livres font-ils les révolutions ? », cette grande question, la théorie l'articule régulièrement à de grands auteurs et à la « Grande Révolution ». Et si on l'éclairait en la diminuant quelque peu ? On pourrait demander son avis par exemple à Vaculik, l'auteur du *Manifeste des 2 000 mots* dont on disait en 1968 à Prague qu'il avait provoqué l'intervention soviétique, et qui a en tout cas ébranlé un pays. Ou encore à Havel qui a écrit, de sa prison, une belle réflexion sur « la puissance mystérieuse des mots » (octobre 1989). Les auteurs contemporains d'Europe centrale auraient beaucoup à apporter sur le sujet : ces sociétés ont une tradition active de la lettre et des belles-lettres que le communisme, conservatoire de formes et en particulier des normes médiatiques du siècle passé, a comme à son corps défendant préservée, ne serait-ce qu'en freinant l'arrivée et l'expansion de l'image, des cultes audiovisuels (associés à l'impérialisme occidental et à ses poisons maléfiques). On reviendra sur ce paradoxe. Permettez-moi dans l'immédiat un témoignage vécu, même s'il ne concerne que l'Amérique latine, plus fruste et plus lointaine, un tout petit livre et des révolutions manquées, sanglantes et de signe contraire. Si l'Histoire s'écrit après coup à partir de ses pleins, elle s'expose aussi dans ces blancs inaperçus que sont les attentes vécues d'événements qui n'ont pas eu lieu.

Reconnu « coauteur des délits de rébellion, assassinat, blessures et vol » (ce à quoi effectivement se résume une révolution, en termes juridiques, lorsqu'elle n'arrive pas au pouvoir pour redéfinir les mots du Code pénal, ou retourner les mêmes contre les perdants), j'ai été condamné en 1967 par un tribunal militaire bolivien à « la peine corporelle de 30 ans de travaux forcés ». J'avais peu avant publié un livre intitulé *Révolution dans la Révolution ?* Et c'est au moins en tant qu'auteur de ce petit texte (90 pages) que pour une fugace participation à la guérilla du Che Guevara que j'ai purgé une partie de cette peine dans le Chaco bolivien. Pauvre péripétie, sans grand intérêt, dont je vous demande d'évacuer toute résonance intime mais dont je voudrais me servir comme d'un outil parmi d'autres pour la boîte médiologique. Comment estimer le niveau des effets, l'indice de performance, le degré d'efficacité de cet opuscule dans le déroulement et les retombées continentales de la guérilla bolivienne de 1967 conduite par le Che Guevara ? On aimerait pouvoir répondre d'un laboratoire, mesurer, dénombrer, produire une statistique, des tests. Impossible. Encore plus pour l'histoire du présent que du passé. Pas d'expérimentation ni de quantification. Observation et supputation.

Comprenez-moi bien. Je ne relance pas ici le lièvre de la responsabilité morale des intellectuels dans la Cité, thème à d'émouvantes et justes mises en garde sur les palinodies irresponsables et les limites du droit à l'erreur. Je ne soulève pas non plus le problème philosophique de savoir ce qu'est une erreur en politique, si se tromper veut dire se retrouver dans le camp des perdants, par exemple, ou encore qui est habilité, et à partir de quand, à séparer le bon choix du mauvais. Ne parlons pas littérature en littérateur, mais en artilleur et en trajectographe. Je voudrais simplement savoir si dans la chaîne, ou le faisceau, ou le réseau, des facteurs historiques qui déterminent un jour des hommes à prendre les armes pour se battre, tuer, mourir, il y a de la place, et laquelle, pour ce qu'on appelle une production intellectuelle, une séquence d'énoncés écrits, imprimés, lus, reliés ou non en fascicules. Les intellectuels ont une curieuse façon soit d'escamoter soit d'esquiver cette *question de fait*, dans l'accusation ou la disculpation morale ; ce qui a pour conséquence de ne permettre aucune traduction juridique de leurs jugements de valeur. Lorsque Sartre écrit : « Je tiens Flaubert et les Goncourt pour responsables de la répression qui suivit la Commune parce qu'ils n'ont pas écrit une ligne pour l'empêcher », il semble tenir pour accordé ce qui serait à établir, à savoir qu'une, ou mille, ou dix mille lignes de ces hommes de lettres sur le sujet auraient pu empêcher, ou même atténuer, la répression des Versaillais. Si cela est acquis, en effet, les communards victorieux ou des successeurs plus heureux auraient été fondés à sanctionner ces écrivains pour délit de non-assistance à personne en danger, par exemple ; ou, à l'inverse, s'ils s'étaient manifestés en faveur des communards par voie de presse ou de livre, le gouvernement de M. Thiers aurait dû intenter une action judiciaire contre leur personne pour participation au crime de prise et exécution d'otages. Est-ce cela que Sartre veut dire ? Si oui, tous les écrivains français de toutes les époques ou presque ont du sang sur les mains, et Sartre lui-même, qui, comme neuf écrivains et demi sur dix, n'avait pas publié une ligne sous l'Occupation pour empêcher les rafles de juifs et les exécutions de résistants par le gouvernement français de l'époque, devait tomber en 1944 sous le coup de l'épuration. Si non, le mot « responsable » n'a pas de sens assignable et Sartre n'était fondé qu'à regretter une fermeture de classe, une sécheresse de cœur, un défaut de solidarité humaine de la part de Flaubert et des Goncourt — l'appréciation est libre, sans doute exacte, mais les défauts de caractère ne sont pas susceptibles de poursuites pénales. Le problème de fait n'a pas de portée partisane et peut se conjuguer dans les deux sens. Peut-on dire qu'Aragon et les écrivains staliniens ont fusillé les accusés des procès de Moscou avec les armes de leur rhétorique ? Oui, si on cultive la rhétorique. Qu'ils se soient déshonorés en tant qu'individus et consciences morales, c'est probable... Mais ont-ils commis un acte délictueux, aurait-on pu les contraindre d'en répondre devant un tribunal ? La traduction pénale des termes éthiques a au moins l'intérêt d'obliger à préciser sa pensée, ou à ne pas se payer, sur les mots, de mots. Vercors ne triche pas sur le fond des choses quand il dit : « Il s'agit de savoir si un écrivain est responsable de ses écrits au point de mériter de les payer de sa vie. » C'est la bonne question. Drieu la Rochelle, en ce qui le concerne, a répondu oui, en août 1944, et on peut penser que c'est tout à son honneur. Le général de Gaulle a répondu oui pour Brasillach, peu après, peut-être sur une méprise (la photo d'un groupe d'hommes sous uniforme allemand) et c'est à l'honneur des deux. Les jurys populaires se sont lassés pour les suivants, qui ont été vite relaxés ou graciés, ce qui n'est honteux pour personne. Sans doute (et pour moi sans aucun doute), ces auteurs, non d'actes de torture, d'exécution, de déportation, mais de textes, de discours, de conférences, se sont-ils rendus coupables d'intelligence avec l'ennemi, et de trahison nationale. Mais nous savons tous la relativité polémique et contingente de ces notions. Les appréciations que je porte ici sur les écrivains de la collaboration sont parfaitement arbitraires, invérifiables et infalsifiables ; c'est une affaire de morale, de psychologie, de métaphysique personnelle. De moment politique. De fond de l'air. De rapports de force. Mais l'établissement d'une relation de cause à effet entre un article antisémite publié dans la *N.R.F.* en 1942 et la rafle du Vel' d'hiv', qui pourrait mettre tout le monde d'accord, semble hors d'atteinte. Et pour cause. Nous sentons bien que cette causalité mécanique de point à point, *partes extra partes*, entre un texte ici et un acte là, isolés du contexte, du climat, de l'esprit général d'une époque, n'est pas une bonne façon de poser la question.

La notion d'auteur est à l'origine une catégorie juridique et notre Code pénal a sa façon à lui de caractériser l'action indirecte des paroles et des mots. Sans nier le principe de la personnalité des peines, il prévoit la responsabilité pénale de *l'instigateur*, qui caractérise un mode de participation à l'infraction ; ou le délit d'*incitation* à la haine raciale, au meurtre, à la débauche, etc. Comme il punit « l'*apologie* des crimes de meurtre, de pillage ou d'incendie, etc. ». Le Code pénal militaire bolivien prévoyait lui aussi trois catégories d'auteurs, par exécution, par coopération, et par instigation, sans distinction des sanctions. Le tribunal jugea « Régis Debray coauteur selon ces trois modalités des délits ici jugés » ; « cela en sa qualité d'intellectuel comme instigateur et en tant que membre d'un groupe armé irrégulier comme exécutant direct ». Les preuves d'exécution du crime d'assassinat, vol, etc., étaient incertaines, mais puisqu'il était établi que « *Révolution dans la Révolution ?* était lu assidûment au campement guérillero », il tombait bien sous le coup de l'article 237 du Code pénal militaire comme stipulant que « les auteurs, chefs, directeurs, et promoteurs d'une bande armée organisée et composée de plus de dix personnes » seront châtiés « même s'ils n'en viennent pas à commettre un délit quelconque ».

Arrêtons-nous un moment. Il n'y a pas que les formulations juridiques pour rendre vraisemblable l'idée que les mots agissent et tuent. Il y a notre conception spontanément intellectualiste ou platonicienne de l'acte, comme suite logique d'une préméditation, imitation d'un modèle idéal préexistant, point d'aboutissement d'un projet conscient, d'abord formulé à haute voix et par écrit. Si les pouvoirs politiques depuis Nabuchodonosor n'étaient pas persuadés que les livres, articles, cris et manifestes ont une portée, on ne s'expliquerait ni la censure ni les sourires ni les autodafés ni les invitations à déjeuner, hommages rendus par les Princes à « la puissance matérielle des paroles » (Edgar Poe). Faut-il accuser les despotes d'idéalisme, qui, tenant les producteurs d'idées pour des incendiaires en puissance, les placent soit à la Cour soit en prison ? Trois mille ans d'inquiétudes et de contrôles pour rien ? Difficile d'imaginer que les Cités, les Princes et les ministres de l'Intérieur se font, depuis le temps, du souci sans raison. Il y a enfin le sentiment très répandu dans notre corporation, du moins en France, qu'on soit pisse-copie ou grand prêtre, sermonnaire ou chieur d'encre, de ne pas compter pour du beurre, et bien peu d'entre nous sont convaincus comme Malherbe, « qu'un poète n'est pas plus utile à l'État qu'un bon joueur de quilles ». Cette présomption collégiale de puissance doit bien reposer sur quelque expérience, et face aux appels à la responsabilité de tant d'intellectuels illustres, le médiologue un peu fine mouche hésite entre La Fontaine et sa mouche du coche — « Après bien du travail, le coche arrive en haut. (...) Çà, messieurs les chevaux, payez-moi de ma peine » — et la « puissance des mouches » de Pascal — « Elles gagnent les batailles, empêchent notre âme d'agir, mangent notre corps ». Le médiologue respecte tout, y compris les gobe-mouches. Il sait d'expérience qu'un mot qui fait mouche dans la péroraison d'un procureur peut aussi, à la fin, faire balle. Donc, prudence.

Première observation : les données chronologiques ne coïncident pas dans mon cas avec le schéma du promoteur ou de l'instigateur. Mon factum était paru à La Havane à la fin janvier 1967 ; la guérilla était déjà installée en Bolivie ; son chef n'en avait pas eu connaissance. Sans doute avait-il été tiré à 200 000 exemplaires, publié ici et là en revue, transmis oralement par Radio-Havane ; mais ce serait semer des dragons avec des dents, comme dans la mythologie, que de supposer qu'en si peu de temps il ait pu faire sortir du sol, à trois mille kilomètres de distance, des insoumis armés et décidés. On retrouve plutôt ici la dynamique du bouc émissaire, qui, après l'événement, lui cherche un père. Tenir le promoteur enfin, en chair et en os, soulage. Reconstruction bricolée, pour coller au schéma préconçu de la préconception, selon les canons policiers de l'histoire au futur antérieur. Cela a donné chez nous Marcuse, « l'inspirateur de Mai 68 ». Les étudiants parisiens l'ont découvert en juin.

Deuxième observation : pour invraisemblable qu'il soit, dans la chaleur ou le souffle de l'action, les acteurs et témoins adhèrent spontanément au postulat platonicien. Les « c'est la faute à Rousseau, à Voltaire », « c'est la faute à Gide », et aux « mensonges qui nous ont fait tant de mal », c'est la faute à Sartre et aux intellectuels de gauche, sont exorcismes de contemporains. Le plus curieux : les partisans n'y croient pas moins que les dénigreurs. Il m'est arrivé plus d'une fois, et ce n'est pas agréable, rencontrant un inconnu de mon âge, un ancien étudiant ou militant d'extrême gauche, à Istanbul, Bangkok, Rio, d'entendre : « C'est votre livre qui m'a envoyé en prison », ou « Je crois que vous n'êtes pas pour rien dans ce qui nous est arrivé ici ». Des traductions pirates avaient circulé, l'exposé du « foquisme » et la légende du Che avaient, l'un dans l'autre, « convaincu » certains groupes d'extrême gauche de se lancer à leur tour dans la lutte armée, ou de précipiter leurs décisions, même si les conditions n'étaient pas vraiment réunies. *Révolution dans la Révolution ?*, manuel pratique et didactique, avalé d'un trait par de jeunes militants enthousiastes, transformé en Sésame ouvre-toi idéologico-militaire, était devenu référence et repère dans quelques cercles clandestins, sous le nom de « guévarisme », de « castrisme ». Inutile de vous dire que je n'avais ni imaginé ni prévu ce type d'exportation « hors contexte » et encore moins cette appropriation enfiévrée, cette véritable mutation d'un message par une lecture avide de solutions simples. L'analyse et l'appel étaient de circonstance, liés à une conjoncture, une stratégie, un cadre géographique précis : l'Amérique latine rurale. Le livre lui-même expliquait qu'il ne pouvait y avoir de recette, qu'il fallait renoncer à tout *isme*, castrisme compris, chaque pays devant inventer sur le terrain et à chaud, en sorte que l'idée même de doctrine, d'endoctrinement, de commissaire politique était formellement exclue par l'orientation proposée (mais c'était encore une orientation, une proposition...). Et je me découvrais, au détour d'un voyage, d'une entrevue, d'un journal ronéotypé, d'une feuille clandestine, commissaire politique *in partibus* d'un bon nombre de mouvements et de réseaux dont je ne connaissais souvent pas l'existence ni le nom. Cette brochure avait-elle réellement inspiré des passages à l'acte révolutionnaire, ou l'action révolutionnaire, sur sa lancée, l'avait-elle prise comme justification théorique, moyen de mise en ordre intellectuelle, signe commode de ralliement ? Il est difficile de trancher mais tout pousse à retenir la seconde hypothèse, même si l'imaginaire idéologique vécu suggérait, chez quelques-uns, la première.

Est-il trop tard pour que vous ajoutiez, que j'ajoute foi moi-même à ma réflexion d'aujourd'hui, ma réévaluation *a posteriori* ? Le recul, qui remet en perspective les répercussions et interactions est-il école de sagesse, ou bien d'amnésie, d'indifférence aux souffrances, aux désastres, aux désillusions qu'on a pu soi-même susciter, involontairement ? Laissons ces graves questions en suspens. La sagesse des nations compare les idées à des graines qui portent des fruits si le terreau et le climat s'y prêtent, et conclut qu'une étincelle ne met pas le feu à une plaine normande et bien arrosée.

Elle a raison mais elle se trompe sans doute de sujets : les idées n'embrasent rien par elles-mêmes, mais les hommes qui y adhèrent. Je ne « blesse » pas des idées, et les idées contraires aux miennes ne me blessent pas. En revanche, on dit : « blesser des convictions ». Ce sont elles, les êtres vivants. Les vrais moteurs. Qu'est-ce qu'une conviction ? Une idée enveloppée dans un sentiment, ancrée, lestée par lui. Une conviction, c'est beaucoup plus profond qu'une idée, et moins élevé ; plus solide et moins sérieux. Plus chaud, plus polémique. Trop de rationalité nuit à l'intelligence du rôle de la Raison dans l'histoire.

LES ÉTAGES DE CROYANCE

Il est d'usage de dire, de certains livres ou auteurs, qu'ils ont *participé à la formation de la conscience* russe (ou allemande, ou française, ou européenne, etc.) de telle ou telle époque. Les êtres humains agissant, à la différence des animaux et des automates, en fonction de buts et de motivations conscientes, quiconque participe à la formation de leur conscience ne peut rester étranger aux actes qu'elle induit ou légitime, qu'elle induit ne serait-ce qu'en les légitimant auprès de leur conscience. Excitation mentale, incitation au geste. Mais qui oserait encore définir le champ du psychisme par la conscience intellectuelle ? Le système information-conscience n'est-il pas aussi périphérique pour une mentalité que le système perception-conscience pour un individu ? L'accès au raisonnement verbal est sans doute lié aux faits, aux découvertes logiques, aux nouveaux rapports entre des choses déjà connues que nous appréhendons par le biais de nos lectures, un peu comme « l'accès à la conscience est lié avant tout aux perceptions que nos organes sensoriels reçoivent du monde extérieur » (Freud). Mais peut-on réduire la conscience politique d'un collectif, d'une époque, à ses expressions délibérées, à ses projections stratégiques ou ses débats explicites ? Les investissements affectifs, pulsionnels, ou au contraire les refoulements, dénégations, ratures, qui donnent leur dynamisme à des contenus logiques, à des représentations de l'intelligence, ne proviennent-ils pas de nappes souterraines, de tréfonds imaginaires agissant à l'insu des auteurs comme des lecteurs de livres ? Le mouvement noir aux États-Unis, le mouvement ouvrier en Europe, le mouvement guérillero en Amérique latine, les mouvements d'indépendance dans le monde colonial — pour prendre des phénomènes idéologiques contemporains — peuvent-ils se comprendre à partir de leur programme, et ce programme élaboré, articulé, s'est-il construit lui-même à partir de facteurs ou d'options stratégiques rationnels ? Pouvons-nous retrouver aujourd'hui dans les bibliothèques qui emmagasinent ces programmes, discours, brochures, thèses, appels, cet ensemble de qualités sensorielles, de fantasmes, d'affects qui frayèrent leur voie chez les participants, les acteurs de ces mouvements, cet ensemble hors duquel ces textes deviennent d'incompréhensibles et risibles grimoires dont nous ne comprenons plus, et pour cause, comment ils ont pu convaincre et mobiliser des êtres intelligents, rationnels, informés, bref des « gens comme nous » (sommes ou croyons être à présent). Les excitations collectives laissent des traces écrites dans nos archives comme les événements laissent des traces mnésiques dans la conscience. Mais la trace sans l'excitation devient un simulacre, comme le souvenir sans l'investissement un fantôme inerte. Les mémoires extra-cérébrales que sont nos grands dépôts publics de documents peuvent ainsi servir d'alibi à l'oubli ou à l'ingratitude si un minimum d'empathie ne vient pas, chez le documentaliste, vous et moi, n'importe quel lecteur, rendre possible une sorte de reviviscence. Or, réactiver une trace, c'est toujours la raccorder à autre chose qui ne laisse pas de traces, ou du moins qui ne les signe pas.

Les objets symboliques, livres ou messages, appelons-les des *propositions* (1) ; les cultures vécues, ou systèmes de réception/transformation du message, des *présupposés* (2) ; et le milieu dans lequel s'opère la réception/transformation, extérieur à l'univers symbolique, une *précondition* (3). Disons que (1) peut contribuer à former (2) et (2) à modifier (3), mais la boucle est rétroactive : le milieu (3) a engendré la culture (2) qui a engendré le livre (1). Ce qui est sûr, c'est que (1) agit par le relais de (2) et (2) n'est actif que par le relais (3). Ou encore : là où manque le présupposé mental ou la précondition matérielle, *a fortiori* l'un *et* l'autre, la proposition symbolique restera « lettre morte » : curiosité bibliographique, péripétie littéraire. Pour la précondition, le *milieu* s'entend d'abord comme environnement géographique, physique et social dans un pays développé sans montagne ni jungle, sans paysannerie surexploitée marginalisée, la proposition « foquiste » (ouverture d'un foyer de guérilla en montagne) des années soixante a pu engendrer des commentaires élogieux ou critiques, dans les universités ou les feuilles de gauche, non des actes ou des décisions. En bref, si mon petit livre a pu être lu en Europe, par quelques étudiants, il n'y a pas fait de morts. Tout léniniste qu'on soit, on ne pouvait pas décemment monter un maquis en Auvergne sans faire rire. En revanche, aux Philippines, peut-être ne pouvait-on faire autrement : question de survie. Il y a des milieux à risques, et d'autres non.

On peut transporter ces précautions du milieu objectif à la psychologie sociale, pour tenter une topique de l'esprit public. Nous dirions alors : l'économie mentale d'un collectif peut se comparer à un système à trois niveaux doués de caractères et de fonctions différentes : un soubassement religieux archaïque, base d'une sensibilité collective, dépendant d'un temps long et à évolution plus que lente ; un dispositif idéologique variable, passible d'expressions rationnelles, tradition du temps moyen, ensemble d'hypothèses structurant une vision du monde ; et enfin, une couche stratégique, mince ruban tourné vers l'avenir, que représentent constructions idéales, projets de société, thèses explicites, cohérentes, offensives, à temps court. Vous avez reconnu évidemment la petite machinerie freudienne inconscient/préconscient/conscient. Le religieux relève de l'inconscient, l'idéologique du préconscient, le politique du conscient. Quand il y a conflit entre ces trois niveaux, c'est la première couche, l'inconsciente, qui en dernier ressort l'emportera. En d'autres termes, ne peuvent devenir opératoires, ou si l'on préfère pathogènes, sources de conduites effectives, que les représentations de l'avenir ou les propositions politiques que les couches « inférieures » auront laissé passer, comme compatibles avec leur façon de sentir et de faire. En cas d'étrangeté trop forte, ou d'incompatibilité, ces propositions sont marginalisées et stockées, sinon en « enfer », du moins aux périphéries de la mémoire collective. On peut fort bien concevoir et articuler, en France ou ailleurs, aujourd'hui, une économie politique d'inspiration bouddhiste ; on peut en faire des livres, des articles, des cours, qui rencontreront un succès d'estime certain auprès des spécialistes. Ils ne peuvent pas jouer un rôle central dans « l'évolution des idées contemporaines », ni espérer infléchir les comportements économiques des Français ou influencer les décideurs en la matière.

Il serait arbitraire d'étager de bas en haut, dans une quelconque structure fixe, les affects, les mythes et les idées. Mais il est probable que les faits de propagation contemporains ici évoqués se déroulent au niveau le plus superficiel, celui des *propositions intellectuelles*. Mais, pour apprécier leur degré d'efficacité, il convient de considérer les *systèmes d'attentes* qu'elles viennent solliciter (et dont elles sont en partie les produits), de caractère conscient ou semi-conscient ; mais sans oublier le substrat des imprégnations de la personnalité collective, liées à un soubassement plus ou moins religieux, résiduel ou non. L'*imprégnation* entretient l'*attente* que satisfait ou non le *projet* proposé. Un projet de société, un programme d'action, un manifeste sont des icebergs symboliques dont les sept dixièmes, dès qu'ils se sont mis à flotter, baignent dans de l'imaginaire et du mythique. Et c'est le caractère inconscient du mythe qui lui permet d'agir. S'il se désignait lui-même, il cesserait d'être moteur. Les idéologues politiques servent de truchements involontaires entre une mythologie inconnaissable et des militants mobilisables.

Pour en revenir à l'Amérique latine des années soixante, à sa nouvelle gauche activiste et à ma brochure, *Révolution dans la Révolution ?*, je dirais que la culture était chrétienne, l'idéologie « latino-marxiste », et la proposition caudilliste ou foquiste. *Culture chrétienne* veut dire : un postulat de salut, un schéma de rédemption transposé à l'histoire profane (l'Homme Nouveau) ; une conception expiatoire de la souffrance (aspiration au martyre exemplaire, transsubstantiation du sang versé en semence de salut). Une sensibilité particulière à l'annonciation, à tous les prophètes de la Grande Promesse. Un messianisme exalté par la misère et toutes les désillusions de la vie réelle. Voilà pour l'*imprégnation*. *Idéologie marxiste* veut dire : le capitalisme touche à sa fin ; le peuple ne peut pas ne pas triompher demain ; l'avant-garde parle et agit pour le peuple ; les États-Unis, qui sont l'incarnation du capitalisme, mènent la guerre des riches contre les pauvres, qui sont les peuples exploités de l'Amérique latine, et la cause impérialiste est perdue d'avance ; le visage actuel du socialisme à la mode soviétique demeure très imparfait, voire rebutant, mais on ne peut pas juger à la même aune ce qui naît et ce qui meurt ; le socialisme à naître, que nous accoucherons au forceps, sera, lui, le vrai, et sans grands rapports avec le « socialisme réel », arrière-garde utile et base logistique indispensable aux mouvements de libération qui accompliront les promesses du marxisme en niant son incarnation actuelle. Voilà pour le système des attentes. *Foquisme* veut dire : les peuples ne peuvent plus s'en remettre aux partis communistes officiels qui ont trahi leur mission ; le poste d'avant-garde laissé vacant peut et doit être occupé par des armées populaires, sous la forme de foyers guérilleros ; ces foyers peuvent se développer à telle ou telle condition politique, avec des chefs qui, comme Fidel Castro hier et Che Guevara demain, auront intérêt à suivre telle ou telle tactique militaire, etc. Voilà pour la *proposition*. Cette dernière, articulée, imprimée, colportée, occultait sans doute, à nos propres yeux — car elle était, elle, tendue vers l'avenir, enjeu de vies humaines, et seule *décisive* (d'un point de vue pratique) —, les deux autres niveaux d'effectuation. Si l'on m'avait exposé en clair le niveau « idéologie » comme ici résumé, je l'aurais jugé, avec tous mes compagnons, un peu sommaire ou forcé, naïf et incomplet, mais sans pouvoir me dérober. Ces choses-là se sous-entendaient sans se dire, et au reste nous occupaient fort peu. Une proposition pragmatique comme *Révolution dans la Révolution ?* n'évoque aucun système des fins, n'exalte pas un type de société future, et n'en vante aucune, dans l'actualité, sous le nom de socialisme. Je ne me posais pas vraiment la question de savoir si le but politique en valait la peine, ni en quoi, au juste, consistait la société future, bref si la Révolution est ou non désirable en soi. C'était un impératif implicite, un postulat, un *a priori* qu'il paraissait superflu de développer. Il me convenait sans doute de laisser à d'autres le soin d'en débattre et de fuir l'énonciation claire de la chose, mais l'explication du postulat n'aurait rien eu d'inacceptable en elle-même. Quant à l'implicite de l'implicite que formait la matrice chrétienne, socle de la mentalité latino, partout et inconsciemment répandue dans les communautés soi-disant athées de la gauche révolutionnaire, son énonciation m'eût paru dérangeante et déplacée ; je lui aurais sans doute opposé une dénégation mi-sarcastique, mi-souriante, oscillant entre un « tu délires, où vas-tu chercher cela » et un « ma foi, peut-être bien, mais tu exagères tout de même ». Pourtant, j'ai à présent la conviction que la *projection de sens littérale*, représentée par cet opuscule et beaucoup d'autres de la même veine, n'a dû sa portée, là-bas et alors, qu'à la *conception du monde* fort répandue dont elle était à mi-mots solidaire mais qu'elle n'a nullement suscitée ou créée ; et que cette *conception* du monde (le latino-marxisme) n'a eu des effets que dans la mesure où elle recoupait/déplaçait/confortait un *sentiment tragique de la vie* qui ne devait rien au marxisme européen, et encore moins à un quelconque rationalisme critique, mais beaucoup à l'hispanité et au catholicisme, sans négliger des substrats indigènes.

Un idéologue peut traduire une mentalité en thématique ; un stratège peut traduire une thématique d'idées en un dessein collectif, mais cette mentalité ne se réduit pas à, ni ne se déduit de, cette thématique. Pour apprécier la portée d'une publication, il convient de se rappeler que la communication sociale la plus virulente, ou exaltante, ne transite pas par la bande écrite (pas plus qu'à la télévision l'information la plus prégnante par les journaux d'information). Le plus formateur n'est pas d'ordre informatif, ce qu'on nomme l'endoctrinement est assez peu le fait des docteurs et des doctrines.

Le plus original est aussi le moins originaire. Pas plus que la communication n'est verbale par essence, ni le document écrit, savant, le message idéologique, dans sa masse, n'est ni message ni idéel. Le plus actif, le plus lourd d'une « idéologie sociale » ne passe pas par les mots. Un discours peut avoir ou non un impact ; un penseur de l'ascendant sur ses contemporains ; l'imprégnation d'une foule est d'une autre nature. Une épitaphe, un juron, un vitrail en disent ou en font plus qu'un in-quarto de théologie. « Les hommes qui pensaient comme Bossuet » ne le faisaient sans doute pas pour avoir lu ou entendu Bossuet en personne, ni même pour en avoir entendu parler, mais parce qu'ils baignaient dans un monde de rites, de formes et d'images, dans un entrelacs de pratiques collectives et non réfléchies. Les processions, les sacrements, les signes de croix, l'encens, les fêtes, les cathédrales imposantes et la cloche du village sonnant vêpres et matines, etc., ont plus fait pour faire penser en chrétiens les hommes du XVIIe siècle que les œuvres de Malebranche et les sermons de Bossuet. Les défilés du premier mai sur la place Rouge, le spoutnik, les divisions blindées de l'U.R.S.S. et le visage familier du vendeur de *L'Huma-Dimanche* au coin de la rue ont plus fait pour faire penser marxiste les Français de gauche des années soixante que la lecture du contenu même de *L'Huma-Dimanche* et *a fortiori* que les livres de Garaudy et d'Althusser.

« Conception du monde » est donc une formule trop intellectualiste, trop élitaire pour désigner un imaginaire collectif, qui n'est pas un système articulé d'idées politiques tournées vers l'avenir, mais une nébuleuse de mythes et de légendes partagés, hérités du passé. Le messianisme latino-américain que j'évoquais à l'instant peut se traduire en une thématique intellectuelle, mais en version originale et à l'état brut, c'est une musique dans l'âme faite d'images et de voix mêlées. Les propositions politiques de ces années rouge et noir ont emprunté leur crédibilité, leur force persuasive et propulsive à un tréfonds illogique, à tous ces chuchotements de l'imaginaire où l'on trouverait pêle-mêle la Missa Criolla, les chansons de Violetta Parra, les films de Glauber Rocha, le visage radieux et les cigares du Che, l'image et les accents rauques de Fidel Castro s'adressant au million de Cubains rassemblés sur la place de la Révolution à La Havane ; fond qu'il faudrait à son tour enlever sur tout l'imaginaire de la Révolution du XXe siècle, où il y a Spartakus à Berlin, Eisenstein et l'escalier d'Odessa, Zapata à Mexico, Siqueiros, Diego Rivera, Trotski, la Pasionaria, la guerre d'Espagne et ses chants. L'illusion lyrique n'a rien d'illusoire, c'est elle qui fait agir, par la bande, en sous-main, en hyper et paratexte. Fidel Castro n'a pas écrit un seul livre mais le castrisme a été une force active de l'histoire latino-américaine. Force d'entraînement à propagation orale au premier chef. Fidel parle, comme Nasser, Soekarno, Perón, Khomeiny, comme tous les leaders populistes du tiers monde ; il parle et ses discours sont retransmis à la radio, en direct, dans son pays et tout alentour. Oralité chaude, participative, qui « prend » aux tripes et au cœur, transforme un auditoire en communauté vivante et agissante. L'audience fait autorité, qui accroît l'audience : boucle positive des effets de rassemblement. La voix est la chose elle-même, son halo, mieux que son signe. L'oral est incarnation au premier degré, l'écrit au second. Religieux ou politiques, ou les deux ensemble, les messages qui dans l'histoire de l'humanité ont mis en branle des nations et des foules s'adressent à leur imaginaire de *vive voix*.

Voilà qui redonne à l'auteur d'une « publication » la modestie étymologique de *l'auctor* : il accroît une force, il lui apporte une valeur ajoutée, d'ordre rationnel ou symbolique, mais il ne crée par le mouvement. Il joue à la marge, en surface, en crête de vague. Il couronne ce qui agit en profondeur, et le plus profond lui semblera infime, ou dérisoire. Influer, c'est faire croire, faire croire c'est donner des raisons de vivre, et ces raisons sont d'abord des *images-forces*, d'hommes et de choses. Les mots que j'entends ou que je dis correspondent-ils aux images que je porte en moi, sous les paupières ? La déroute du communisme est sans doute plus à chercher dans sa carence d'images que dans la pauvreté de ses idées, dans l'épuisement de ses exemples humains d'identification que dans le tarissement de sa dialectique. Ce qui lui a coupé les jambes, c'est l'obsolescence de ses usines à rêves, non compétitives avec Hollywood, les soap-opéras et les clips télévisés. Son incapacité à produire des rythmes, face au rock et au pop, des vedettes crédibles face à nos stars. Son inaptitude à couvrir les murs et les écrans de belles images, autre chose que des lettres imprimées, slogans ou clichés, n'a pas eu moins d'importance que son inaptitude à remplir les rayons de marchandises (les magasins de Prague ou de Berlin étaient achalandés). J'épouse la pensée de ceux qui me donnent envie de vivre comme eux, d'être comme eux ; mais je n'épouse pas nécessairement la vie de ceux qui pensent comme moi. L'éternelle jeunesse des belles buveuses de Coca-Cola et la virilité du cow-boy fumeur de Marlboro, sans même parler de la musique rock, déstabilisation fondamentale car sensorielle, ont peut-être plus fait pour renverser le communisme en Europe de l'Est que les samizdats de Soljenitsyne ou les manifestes de Havel.

Ce qui n'est pas une raison pour ne rien écrire, ni pour ne pas tenter de diffuser, bon an mal an, ses ratiocinations alphabétiques.

SEPTIÈME LEÇON

LA DYNAMIQUE DU SUPPORT

La commande par la matière

La révolution du papier

Évolution ou progrès ?

Les enjeux de la dématérialisation

Fragiles monuments

Démocratisation : l'envers et l'endroit

LA COMMANDE PAR LA MATIÈRE

Le support est peut-être ce qui se voit le moins et ce qui compte le plus. Dans la civilisation conçue comme système de production de traces, il ne représenterait pas la force productive ni la source d'énergie, mais la matière première. Ni plus ni moins.

C'est, au départ, une donnée de la nature, au départ de l'histoire, il y a un hasard naturel, l'histoire de la Raison commence comme un fait de nature. Question de flore, de faune, de pédologie, de climat. Parfaitement contingente. Il se trouve qu'en Mésopotamie, dans l'entre-deux-fleuves, Tigre et Euphrate, il n'y a pas de bois ni de pierre mais de l'argile. D'où ces galettes d'argile cuite, carrés aux bords arrondis, qui à Ur et Uruk reçurent les premiers idéogrammes. Il se trouve qu'en Égypte coule le Nil, qu'il y a un delta, des marécages, des roseaux, et une plante monocotylédone, à grosse tige nue, appelée papyrus. Il se trouve qu'à Pergame et autour il y a des moutons, des chèvres et des gazelles, donc des peaux, qui serviront à fabriquer le parchemin (le « pergamin »). Il se trouve qu'il y a en Inde du bambou, des palmiers et des mines de cuivre, de la stéatite en Crète, de la soie et des tortues en Chine, etc. C'est tout bête, *Das ist*, c'est ainsi, et le reste s'ensuit : outils, écritures, cultures. On ne pense pas au caillou quand on pense calcul, mais c'est un seul et même mot, *calculus*, la petite pierre où on incrustait à Suse des lignes de compte.

À un support dur et lourd, correspond un système de notation rigide : le pictogramme et la pierre vont ensemble. L'idéogramme naît avec l'argile, qui permet de remplacer le poinçon ou le ciseau par le calame (en bois, os ou roseau), à la pointe taillée en biseau, d'où l'écriture *cunéiforme* (en forme de coin, de triangle ou de clou). Langue monosyllabique et agglutinante, le sumérien est cunéiforme. L'akkadien, plus élaboré, et le hittite aussi. Quand le support change, la graphie change. Le papyrus permet l'emploi du roseau, plus souple et délié, comme le parchemin, plus tard, permettra la plume d'oie. Passage crucial de l'angle à l'arrondi, du coin à la courbe. Écriture syllabique qui simplifie et allège le système de notation, l'araméen, qui était la langue du Christ, suppose le papyrus, lequel s'enroule en *volumen*, se conserve moins bien que l'argile mais se consulte et se transporte mieux. Le papyrus égyptien permet une écriture cursive et plus légère, à la base du « démotique », une étape dans la vulgarisation des secrets sacrés de l'écriture hiéroglyphique. Notre alphabet, donc notre démocratie, repose sur un roseau et notre Raison graphique est, somme toute, un cadeau du monde végétal à l'espèce humaine. En Égypte, la valeur symbolique d'un texte était indexée sur la rareté de son support. Le cuir, plus coûteux que le papyrus, qui l'était plus que la pierre ou l'argile, supportait les messages les plus sacralisés. Petite cause, grand effet, direz-vous. Mais pas la peine de remonter au dieu Thot pour relever pareille disproportion. Pourquoi ne voyons-nous plus de films en noir et blanc ? Parce qu'au lendemain de la Seconde Guerre mondiale un renchérissement des coûts d'exploitation des mines d'argent a élevé les coûts de production du support nitrate (d'argent), et accéléré le passage à la couleur. Or la fin du noir et blanc, c'est la fin d'une « vision du monde » et, en tout cas, d'une esthétique du cinéma.

Bien avant McLuhan, l'histoire de l'écriture avait matérialisé le *medium is message* en montrant comment le matériau conditionne l'outil d'inscription, qui lui-même dicte la forme d'écriture. La médiologie élargit le mouvement et prolonge la commande matérielle du domaine graphique à l'univers moral et symbolique. L'outil d'inscription modifie l'esprit du tracé mais aussi les traits de l'esprit d'un temps, le style d'un *Zeitgeist*. Une échelle de valeurs et de facteurs plusieurs fois millénaire place en haut l'intériorité, l'esprit, la conscience, et en contrebas les marques matérielles où ils condescendent à se déposer. Mettre le support en amont du monde de l'esprit et de l'esprit d'un monde bouscule quelque peu l'instinctive et auguste hiérarchie. Soudant la puissance à ses socles, la médiologie est pis qu'un matérialisme : un matiérisme. Elle aimerait se rattacher à cette matériologie inaugurée par François Dagognet dans ses derniers ouvrages, mais peut-être allégée, par la pauvreté de ses gammes propres, de son imaginaire poétique comme de ses résonances ontologiques. Chanter les élastomères, fêter la colle, l'éponge ou le caoutchouc, vanter l'alliage dynamique de la fluence et de la stabilité n'est pas dans nos moyens. Le paléontologue, qui travaille en amont, comprend l'homme par les pieds (l'hominisation ayant commencé par la station verticale, qui libéra la main et la face). Le médiologue, qui arrive plus tard (3 000 ans avant J.-C.), seulement par la main et les outils qu'elle a à manipuler (l'acculturation commençant par l'adaptation des doigts et des gestes à tel ou tel support). L'homme pense avec ses dix doigts. Tables de pierre, tablettes d'argile, brique, papyrus, parchemin, papier, ruban magnétique, écran cathodique : la nature des supports commande un peu plus qu'un style et chaque procédé de mise en mémoire suscite un temps particulier. Longévité des mémoires physiques et hiérarchie des *memorabilia* allant de pair. Seraient à corréler les degrés de socio-rigidité des moments culturels et les résistances des matériaux utilisés. La Loi divine se grave, les doctrines s'impriment, les opinions s'enregistrent. Le métal veut du mythe, le minéral veut du dieu, le végétal de l'argument et l'« immatériau » (Lyotard) de l'agrément. L'effet jogging (ou le contrecoup rétrograde) prenant la forme du graffiti et du tagging — nous reviendrons, avec la médiologie de l'art, sur le retour de Pompéi et des traits de catacombes parmi nous. Convenons que la bande magnétique ne porte pas au style lapidaire ni à l'emphase d'autorité ; pas plus que la paroi rocheuse au persiflage ou à la badinerie, le parchemin aux impressions de voyages ou au journal intime. Ils n'y portent pas parce qu'ils ne les supporteraient pas. Un lapicide ne plaisante pas. Pas le moyen de délayer ou de faire une digression avec un ciseau de fer et une colonne de marbre. La crainte des naïvetés déterministes ne doit pas nous empêcher de rapporter la prolixité de nos sociétés logorrhéiques à l'abondance des supports, leur miniaturisation et leurs coûts de plus en plus faibles. Ou encore, la promotion des procédés de collage et de détournement en un art poétique universel (commun à tous les genres d'expression, du cinéma à l'architecture) à l'abondance des reproductions, les facilités de collecte et de découpage des supports à domicile. Individualisme, décontraction, humour, permissivité ; psychologie sociale ou prolifération des matériaux ? Crise des valeurs et du sens ou effets de gaspillage médiologique ? Les deux, bien sûr. Mais le deuxième avant le premier. Pas de « morale ludique » ni d'« ère du vide » sans l'assouplissement et la prolifération des vecteurs caractéristiques des sociétés d'abondance où je peux dire-écrire-agir un jour blanc un jour noir parce que j'ai du support à gâcher et que ma dépense n'entamera pas les stocks à mémoire de mon groupe. Quand on peut effacer et recommencer, quand la diffusion est immédiate et à coûts réduits, quand une *information* chasse l'autre (alors que *l'œuvre* reste et accuse), « incohérence » et « légèreté » ne nuisent plus à la crédibilité de la personne. Ces vertus nouvelles sont autant de performances adaptatives au changement de milieu. La tolérance, il y a des médias pour cela. Chaque médiasphère suscitant une nouvelle économie du monumental et de l'éphémère, la fugacité variable des traces valorise différemment, selon les époques, le périssable, le bref, le primesautier, le changeant, le mobile (dans les caractères personnels comme dans les formes d'expression). Le cinéaste, par exemple, a une morale de l'image qui n'est pas celle du vidéaste parce que le celluloïd a une résistance et un coût qui forcent le respect et l'économie tandis que la bande magnétique tolère fort bien le laisser-aller et les variations d'humeur, les cocasseries et les virevoltes : visionnage immédiat, effacement instantané, cassettes bon marché. La révolution du montage virtuel, par le biais du vidéodisque numérique, permettant la multiplicité des constructions et autorisant bientôt une baisse des coûts jusqu'à présent élevés de la post-production vidéo, jointe à la haute définition des images électroniques, est grosse d'une révolution non seulement dans l'esthétique mais dans *l'éthique de l'imaginaire*.

« Rigueur déductive », « fermeté des principes », « solidité morale », « cohérence logique » : ces traits archaïques de l'*homo typographicus* caractérisent l'âge des traités et des systèmes, des partis et des programmes, des catéchismes et des manuels. Ce n'est pas les dévaluer que de voir *aussi* en eux des *mesures d'économie*, des *conduites de prudence ou d'épargne* tendant à optimiser l'usage et le rendement des moyens limités et des supports de transmissions encore rigides d'avant l'électronique. L'âge des impressions, fragments et notes, des clips et des « petites phrases », du « titre choc » en une et de « la minute » utile pour le monteur d'une interview radiophonique est médiologiquement fondé à voir dans les longueurs et précautions d'antan moins des fautes de goût que des retards d'inadaptés.

LA RÉVOLUTION DU PAPIER

Prenons l'exemple de l'imprimerie.

Que se passe-t-il à Mayence, en 1448 ? L'impression d'une bible à 42 lignes par page. En quoi consiste l'innovation technique ? Dans l'application d'un procédé de reproduction mécanique à un support d'origine végétale [1]. Il existait déjà (depuis le XIVe siècle) un procédé semblable applicable aux *figures*, la *xylographie*. On lui doit la multiplication des images pieuses, et de toute l'imagerie biblique qui inonde le Moyen Âge finissant. L'avancée de Gutenberg, Chine à part, c'est la lettre mobile. Le caractère fondu dans une matrice en creux, préalablement entaillée par un poinçon à tête dure. Cette matrice permettra donc de reproduire autant de caractères que besoin est. Mais au fond, la révolution du livre est due au papier plus qu'au plomb. C'est son couplage avec l'utilisation du papier de chiffon qui a donné au procédé de reproduction son essor fulgurant. Le papier, venu de Chine par le truchement des Arabes, était apparu au sud de l'Europe vers le XIIe siècle et remonta à partir du XIVe de l'Italie vers le Rhin en passant par la France. L'usage s'en était déjà généralisé au XVe siècle. Même s'il n'a pas d'inventeur nominal, c'est lui le véritable multiplicateur de puissance. Sans entrer dans les détails d'une odyssée qui fascina Balzac, le grand-oncle romanesque de la médiologie, coupons droit à l'enjeu. La peau animale constituait une *limite physique* absolue à l'extension de l'écrit, tant par sa rareté que par ses caractéristiques propres.

1. Sur les problèmes pratiques de l'imprimerie voir le chapitre II — « Les difficultés techniques et leurs solutions » — de l'ouvrage fondamental de L. FEBVRE et H.-J. MARTIN, *L'Apparition du livre*, Paris, Albin Michel, coll. « L'évolution de l'humanité », 1958.

Le papier de chiffon, à surface égale, abaissait de dix à un les coûts de fabrication. La Bible de Gutenberg fut tirée à cent trente exemplaires, dont trente sur vélin (peau de veau nouveau-né). D'après Aloys Ruppel, il aurait fallu pour chacun de ces exemplaires-là (340 feuillets, de 42 cm sur 62), cent soixante-dix peaux. À ce compte-là, il aurait très vite fallu choisir entre la propagation de la parole de Dieu et l'alimentation des hommes — disons entre la vie de l'esprit et la survie des corps. Poursuivre la christianisation du monde païen sur parchemin eût été une opération antiéconomique confinant au suicide écologique (sauf à rendre la chrétienté végétarienne). L'utilisation massive du support papier fait sauter la cloison animale et délivre la production de pensée des cycles courts de la reproduction du vivant. Ce *take-off* détache un peu plus l'histoire sociale de l'immobilité animale, en rendant bientôt tentante une pensée de l'histoire. *Dénaturalisation* du support, *multiplication* des messages, *accélération* de l'histoire font le « miracle européen » du XVIe siècle, analogue au miracle grec deux mille ans plus tôt. Campanella s'en éberluait encore en 1620 : « Notre siècle a plus d'histoire en ses cent années que le monde entier dans les quatre mille années antérieures ; plus de livres ont été publiés dans le dernier siècle que dans les cinq mille ans avant lui. »

Le papier n'est pas qu'un accélérateur, c'est aussi un redistributeur de surplus, et d'abord financiers. Il déclenche la première industrialisation de la mémoire et, par le biais d'une consommation de masse du support écrit, l'entrée de l'échange symbolique dans l'ordre marchand. Un livre imprimé c'est un support végétal, une réserve métallique (plomb, étain) et un savoir-faire (l'artisanat du métal). Le support coûte cher : 60 à 70 % du prix de revient. Il faut donc des capitaux pour mettre en œuvre les facteurs de production. Naissance du trio, dont nous ne sommes pas sortis, banquier-imprimeur-libraire. Réunion à Mayence d'un banquier qui veut faire fructifier son argent, d'un copiste qui connaît ses textes et d'un transfuge de la corporation des orfèvres : Fust, Schöffer, Gutenberg. À Lyon, le musée de l'Imprimerie est aussi celui de la Banque. Effet et moteur d'une accumulation capitaliste en cours, la nouvelle industrie supposait un minimum de densité anthropologique — c'est-à-dire tout à la fois démographique (« le seuil des 40 habitants au km^2 » — note Chaunu), commerciale et culturelle. Elle s'installe là où il y avait une demande — des liseurs, c'est-à-dire des universités et des écoles ; un marché — des foires, et des échanges ; de l'eau et des moulins non loin, pour la production du papier (abondante en Champagne, au XVe siècle). En somme, le long des fleuves et des routes. Cette « Europe pleine » accueille l'imprimerie, qui diffuse selon les axes du plus fort développement (axe rhénan, Paris, Lyon, Venise, etc.), contribuant par là même à creuser l'écart entre une Europe du Nord alerte et une Europe du Sud plus ankylosée.

ÉVOLUTION OU PROGRÈS ?

Dans *Le Geste et la parole*, André Leroi-Gourhan a suggéré l'existence d'une « biologie de la technique ». « L'analyse des techniques montre que dans le temps elles se comportent à la manière des espèces vivantes, jouissant *d'une force d'évolution* qui semble leur être propre et tendre à les faire échapper à l'emprise de l'homme [1]. » Peut-on appliquer l'hypothèse aux systèmes techniques de transmission, et plus particulièrement, y a-t-il une ou des tendances inhérentes à l'évolution des supports ? Il semble bien que oui. On peut, avec le recul, dégager des lignes de force d'évolution, perspectives ou échappées susceptibles d'ordonner une rétrospective et de faire quant à l'avenir des prévisions raisonnables, pour autant que le permet l'explosion en tous sens des innovations techniques. En quoi la métaphore génétique, soit dit en passant, trouverait ses limites. Si, en effet, le terme de « mutation » désigne, dans l'ordre du vivant, un événement inattendu, rare et « injustifiable », il ne s'applique pas en rigueur aux innovations médiatiques. Le petit écran à trois dimensions (après la haute-définition), la télé-bracelet au poignet, le vidéodisque interactif ou le téléphone portatif individualisé ne seront pas des surprises mais des consécrations. Nos prochaines « révolutions » sont prévisibles et « justifiables ».

Parler d'un *évolutionnisme médiologique* implique d'abord de dissiper quelques bévues.

D'abord, le premier paradoxe de ce type d'évolution, c'est que

1. A. Leroi-Gourhan, *Le Geste et la parole*, *op. cit.*, p. 206.

l'évolution passe inaperçue et ne s'annonce pas comme telle. Les hommes entrent à reculons dans leur médiasphère, comme si le médium était en avance sur son utilisateur, qui, dans le dialogue millénaire du *sapiens* et de ses outils, lui pose les mêmes questions qu'il posait au médium précédent, et en attend les mêmes *réponses* en mieux. À son début, l'imprimerie mime la calligraphie (un incunable ressemble à un faux manuscrit) ; la photographie mime la peinture, en reconstituant en studio le décor et le cadre du portrait en pied. Le cinéma a mimé le théâtre, avec ses saynètes et ses plans fixes. La télévision a mimé le cinéma. Ainsi les premiers wagons de chemin de fer ressemblaient-ils à des diligences, les premières automobiles à des phaétons sans chevaux, et l'avion de Clément Ader, en 1890, à une auto à vapeur avec des ailes de chauve-souris. Le premier modèle de télégraphe électrique des ateliers Breguet à un télégraphe aérien miniature, avec ses bras articulés. Chaque nouvelle génération est suiviste. C'est moins refus d'évoluer qu'alignement instinctif du nouveau-né sur l'ancêtre.

Une révolution médiologique ne se vit pas en direct mais après coup. Ce qui veut dire : les nouveaux médiocrates sont toujours dépassés par leur propre pouvoir. Sidérés par les contrecoups du nouveau médium. Voyez Luther. Ce moine, en 1517, est comme un archer habitué à décocher des flèches et qui sent tout d'un coup au creux de l'épaule le recul d'un fusil de guerre. Changement d'échelle. Son héroïsme : ne pas s'être laissé démonter par ce formidable choc en retour. L'imprimerie mutait le philologue en agitateur, et bientôt le chef d'école en chef d'armée. En conférant à la pensée « une puissance incomparable de pénétration », l'imprimerie sur papier dotait brusquement les hommes de l'écrit d'une surpuissance sans précédent, en élargissant leur zone de feu et en décuplant leur cadence de tir. « Multiplier les hommes qui pensent, dira un héros populiste russe, Pisarev, voilà l'alpha et l'oméga de l'évolution sociale. » Mais l'évolution démultiplie du même coup la puissance des hommes en position de faire penser (et donc agir) leurs prochains, tout en les exhaussant au-dessus de ceux qui n'ont pas accès aux mêmes outils.

De cette nouvelle balistique, Luther et les siens furent à la fois victimes et bénéficiaires. Lorsque Jan Hus, un siècle plus tôt, s'époumonait dans sa chapelle à sermonner un millier de fidèles, il n'avait pas remué la Bohême. Lorsque « le docteur en sainte Écriture» se laissa imposer par ses élèves de Wittenberg la traduction et l'impression de ses quatre-vingt-quinze thèses, le semeur de mots vit se lever une armée d'adeptes. «Il fut probablement vendu, entre 1515 et 1520, plus de trois cent mille exemplaires des trente écrits de Luther», calcule un historien contemporain [1]. La presse à bras conférait à un érudit-imprimeur la faculté de regrouper derrière lui, à bref délai et à peu de frais, une multitude prête à se lancer dans «la bataille des idées», où l'on tuait et mourait pour de bon. La première génération de l'imprimerie — les «humanistes critiques» — n'acceptait pas les retombées politiques des travaux d'érudit : «Érasme a pondu des œufs, disait-on à Rome, Luther les a fait éclore.» Mais Érasme renie Luther ; et Guillaume Budé, Calvin. Les pères déshéritent les fils ; les fils dénoncent les pères comme couards et «nicodémites» *(Du bist nicht fromm !).* Le gouvernement des hommes s'originant alors dans la fidélité à l'Écriture, la philologie remplace la théologie comme reine des sciences ; et le philologue joue sa peau, parce qu'il peut, en quelque sorte, sinon faire et défaire un royaume, du moins y inciter Luther, qui jetait ses placards à la face de Rome, et finit par se retourner contre les gueux et leur tirer à bout portant sa brochure *Contre les bandes assassines et pillardes des paysans.*

Quatre cents ans plus tard, vous retrouverez un désarroi semblable, sinon la même férocité, chez les spécialistes des nouvelles transmissions qui ne savent pas encore quel pouvoir ils exercent. Orson Welles, en 1938, se prend pour un saltimbanque lorsqu'il adapte pour la radio *La Guerre des mondes* de H. G. Wells : il met à sa grande surprise l'Amérique sens dessus dessous. Certains hommes de métier reculent, consternés par les conséquences d'un exercice qu'ils ne croient que professionnel, déclinant les responsabilités (ou les irresponsabilités) qu'il suppose. D'autres poursuivent, plus fiers ou plus inconscients.

Les princes de l'Église professèrent tout au long du XVe siècle que le livre allait permettre aux pastorales de toucher un plus grand nombre de brebis et aux pasteurs de mettre un peu plus d'ordre dans le troupeau. Les dominicains en particulier se frottèrent les

1. A. G. DICKENS, *Reformation and Society in Sixteenth Century*, New York, 1964, p. 51. Repris par Elizabeth L. EISENSTEIN, «L'avènement de l'imprimerie et la Réforme», *Annales E.S.C.*, 1971, p. 135.

mains : le rendement de la prédication allait monter. Gutenberg, l'Église romaine n'y a vu que du feu, et le temps de réagir — un demi-siècle — l'évangélisme était là, déjà, et derrière lui, tout de suite, la Réforme. La propagation de l'outil technique avait déjà compromis la propagation de la foi catholique. Ce qui devait éperonner la catéchèse avait sapé le catéchisme romain.

Les pouvoirs en place, sur l'instant, sont toujours dupes de « l'illusion humaniste ». Nulle panique mais une tranquille assurance de continuité, qui leur fait vivre l'inversion du champ de force comme une extension, le renversement des hiérarchies comme une consolidation. Et tout dans l'immédiat leur donne raison. L'imprimerie n'a pas commencé par produire la culture humaniste mais par démultiplier l'ancienne. On pourrait dire de même, d'ailleurs, pour la découverte de l'Amérique (quoi de plus « déjà vu » que les Indes déchiffrées par Colomb ?). Le premier texte imprimé ? Celui que la chrétienté recopie, enlumine et commente depuis dix siècles : la Bible. Ensuite ? Les traditionnels *Artes moriendi* et les *Vita Christi*. Les *Sentences* de Pierre Lombard. Scot, saint Thomas, Boèce, les Pères de l'Église. Bref, toute la littérature médiévale, avec ses deux principaux volets : scolastique et dévotion. D'abord parce qu'il faut bien épuiser les stocks et que ces manuscrits-là sont en réserve, disponibles et éprouvés. Ensuite, parce que les liseurs sont des clercs, et que tels sont les goûts de la clientèle. De tous les écrits, l'Écriture sainte est et restera (jusqu'à Jules Verne et Lénine) le plus rentable, de loin, des investissements éditoriaux. L'imprimerie a aidé à la survie du Moyen Âge, ne serait-ce qu'en donnant la priorité aux anciens ouvrages de théologie rationnelle moins accessibles (la synthèse mystique rapporte plus que l'analyse critique, le premier grand tirage du XIXe siècle, en France, fut en 1834, bien avant la *Vie de Jésus* de Renan, *Paroles d'un croyant* de Lamennais, avec trente-cinq mille exemplaires en deux mois). À l'orée des temps modernes, où une édition ne dépasse pas cinq cents ou mille exemplaires, la Bible, bien sûr, vient loin en tête, avec gloses et commentaires ; puis les Psaumes, le livre de Job, les livres d'heures. On croit parfois que l'imprimerie a ruiné le latin, rien de plus erroné. Dans la masse des incunables (imprimés avant 1500), Febvre et Martin ont estimé à 77 % la proportion de livres en latin, pour 47 % de texte religieux [1]. Le latin est resté pendant

1. L. Febvre et H.-J. Martin, *op. cit.*, p. 378.

deux siècles, jusqu'à la fin du XVIIe siècle, la langue internationale de l'Europe. C'est la langue de l'Église catholique, qui l'étend à ses pourtours, même contestataires. Le latin est langue d'apparat, qui anoblit ses usagers et contribue à les mettre, le cas échéant, à l'abri des poursuites. Érasme tient la vedette en latin ; Budé aussi (mais il traduit en français son *De asse*). Les savants, les philosophes, les diplomates écriront encore en latin pendant tout le XVIIe siècle (Descartes en partie, Leibniz, Spinoza, etc.) ; et les auteurs des petites nations n'acquièrent une considération internationale qu'en recourant à la langue noble (si Shakespeare est resté méconnu sur le continent c'est aussi parce qu'il avait écrit en anglais). Le latin ne reçut un coup décisif qu'avec la fragmentation du marché du livre liée au déclin de la foire de Francfort aux alentours de 1630, et c'est seulement à la fin du XVIIe siècle que le français prit sa place comme la langue de l'Europe.

« Le livre, ce ferment », titrent Febvre et Martin. Il lui faut du temps pour agir, selon ses rythmes à lui de maturation organique. Ce médium-là a *fermenté* sur près d'un siècle, avant de révéler qu'une nouvelle technique de communication véhicule une nouvelle morale intellectuelle, qu'on peut appeler en l'occurrence un « idiotisme de métier ». N'oublions pas en effet que « l'esprit critique » n'est au départ qu'une déformation professionnelle ; une contrainte technique inhérente aux travaux d'imprimerie. Parce qu'il y avait à la clef cette contrainte, qui deviendra habitude, puis norme — de traduire, d'annoter, d'éditer. Donc de vérifier, confronter, réfuter. Séparer l'interpolation de la variante, l'attesté du douteux. Relire. Comparer. Et d'abord, « composer » ; c'est-à-dire décomposer, mot à mot, lettre à lettre. Les lettres manuscrites, surtout en gothique, s'entrelaçaient. La (re)composition de texte ligne à ligne, par juxtaposition des caractères, supposait la décomposition des signes graphiques en éléments simples ; soit « diviser chacune des difficultés que j'examinerais en autant de parcelles qu'il se pourrait, et qu'il serait requis pour les mieux résoudre ». Encore fallait-il que l'alphabet comportât un nombre limité de caractères (la même opération sur le chinois eût été impensable). Ce retour à l'élément dans l'analyse du mot, c'est le bond en avant. Gutenberg inaugure l'âge des discours de la méthode par retournement du principe d'analyse sur les lettres elles-mêmes. De la calligraphie à la typographie, il n'y a pas seulement passage — quantitatif — de l'artisanat à l'industrie, mais qualitatif, d'un monde clos à un monde infini.

Il faut prendre la « découverte de l'imprimerie » à la lettre, au sens que donnent au mot les ingénieurs des mines, lorsqu'ils exploitent à ciel ouvert un gisement après avoir enlevé les « stériles », les roches non utilisées comme minerai, qui le recouvraient. Soit ici les gloses, annotations et commentaires qui recouvraient, à la fin du Moyen Âge, les Saintes Écritures, enfouies sous l'empilement des *lectiones* et *relectiones* orales de l'Université. Toute copie manuscrite tenait peu ou prou de l'exégèse. Chaque copiste modifiait, altérait, interprétait son original. La composition typographique oblige à fixer une fois pour toutes une version canonique car elle rendait la moindre faute de copie ou de lecture irrémédiable. Il faut donc auparavant *établir* les grands textes sacrés ; les désensabler, les nettoyer de leurs croûtes. Et pour les établir, apprendre ces langues oubliées : le grec et l'hébreu. Retour au texte chrétien et retour à l'Antiquité s'entremêlent chez les premiers humanistes qui gravitent tous autour des ateliers d'imprimerie. Le christianisme à livre ouvert, à ciel ouvert, à cœur ouvert, cela s'appellera bientôt le piétisme, le désert, l'anabaptisme. En attendant, ce retour à l'incipit, aux racines, aux fondements, instaurait en filigrane un code du bien-penser stipulant l'exigence de la preuve, le principe de non-contradiction, le principe d'exclusion (ou bien ceci ou bien cela). Disons : les règles de politesse de la Raison. Il était risqué d'en demander à tous l'application, y compris aux textes sacrés. Ce fut l'audace des humanistes. Dynamique révolutionnaire en ce qu'elle soumet à une même loi commune le haut et le bas, le tabou et le familier, la révélation et l'expérimentation. Les ondes de cette contrainte critique se sont propagées à travers les trois siècles où régna le « rationalisme », lui-même contesté et discuté conformément à ses propres canons. Lucien Herr, 1888 : « L'insurrection, la révolte, c'est-à-dire en langage simple, l'examen et la critique, est un devoir non seulement dans les cas exceptionnels, mais toujours. » L'esprit critique ne consiste pas à critiquer l'autorité par principe mais à vouloir l'établir sur les principes (comme on établit un texte). Demander aux états de fait de se fonder en droit : c'est ce bâton de dynamite-là que les autorités romaines du XVIe siècle ont elles-mêmes placé sur leur trône, pontifical et épiscopal d'abord, monarchique enfin.

Ensuite, deuxième précaution, prenons bien garde que, là comme ailleurs, chaque tendance suscite sa contre-tendance compensatoire, boomerang que j'ai appelé « l'effet jogging » : depuis que les automobilistes ne marchent plus, ils se sont mis à courir. La campagne se valorise aux yeux des urbains au fur et à mesure que se développe l'urbanisation, etc. Mais le fait majeur aujourd'hui c'est tout de même l'automobile, non la course à pied ; c'est la pollution urbaine, non la résidence secondaire. La photocomposition électronique a redonné prix, charme et valeur à la typographie au plomb, dont la qualité et la souplesse donnent au texte imprimé une présence incomparable, mais le fait majeur c'est l'offset, non la bibliophilie de haut niveau. Il est clair — c'est ici le cliquet d'irréversibilité — que l'édition ne reviendra plus jamais, dans sa masse, à la composition monotype à façon. L'électricité a redonné charme et prix aux quinquets, mais cela n'affecte pas les besoins de centrales nucléaires. Que la télévision tende techniquement au gros plan n'empêche pas un vidéaste de faire un pano ici ou là et ne peut qu'inciter le cinéma à retrouver les grands écrans de jadis avec de merveilleuses bandes-son, pour cultiver en dolby-stéréo ses plans d'ensemble et de foule. Mais ce qui modèle notre perception du monde ce n'est pas l'omnimax des géodes, c'est le petit écran domestique, avec tous ses effets de normalisation.

L'image, et en particulier l'image vidéo, fonctionne à l'individu et excelle au gros plan. Vous connaissez l'adage : ce qui ne passe pas à la télé n'existe pas, est réel ce que je vois dans mon poste. Or qu'est-ce qui se voit le mieux au petit écran ? Un visage, deux à la rigueur, certainement pas cent. Peuple, masses, nation n'ont pas aujourd'hui de traduction visuelle, ni même métonymique, dans mon petit « horizon au carré » (Virilio). Seuls les individus sont réels, car c'est d'eux seuls, au quotidien, qu'il y a perception dans mes ex-étranges et désormais banales lucarnes (cela pourra changer, avec le grand écran à domicile). Les droits de l'homme, qui s'entendent et se lisent aujourd'hui comme droits de *l'individu*, et non du *citoyen* (qui implique cet ensemble « abstrait » appelé Cité ou État), ne seraient pas devenus notre plus petit commun dénominateur sans *ce fait de cadrage* audiovisuel. Le philosophème de base de nos « sociétés de communication » est d'abord un *médiathème*, sublimation théorique, pour partie, du *one man show* des familles.

Enfin, dernière précaution, *las but not least*, il convient de laisser à l'évolution technique sa neutralité, c'est-à-dire son ambiguïté intrinsèque qui l'ouvre à tous les possibles sociaux. Il est imprudent de porter un jugement de valeur sur l'évolution des espèces, et même une évolution jugée localement régressive peut trouver une fonction positive dans l'ensemble, sur la durée. Il y a un progrès des supports techniques mais le progrès technique n'est pas celui de Condorcet. Il est inévitable mais non linéaire et sans garantie. Il porte une fatalité d'ambivalence, dialectique incertaine de plus et de moins, brumeuse langue d'Ésope. Une seule certitude ; pas de progression sans destruction. Quelque chose s'est perdu de la pensée symbolique multidimensionnelle des sociétés d'avant l'écriture avec la notation phonétique, c'est indéniable, mais le gain mnémotechnique fut néanmoins considérable. L'écriture a apporté dès l'origine l'asservissement des illettrés aux lettrés, mais aussi une possibilité d'émancipation postérieure par l'alphabétisation des illettrés.

D'apanage clérical au départ, elle est devenue porteuse de laïcité. D'instrument de domination, agent de révolution. De même, que fait gagner le langage binaire par rapport aux signaux analogiques ? Du temps, de la précision, de la maniabilité ? Que fait-il perdre ? Profondeur, finesse, recul ? Ce qu'on gagne en homogénéité, donc en traductibilité et vitesse de circulation, le perd-on en information et contenu du sens ? Il n'est pas facile de comptabiliser les gains et les pertes. Ce qui paraît constant et inévitable c'est que l'enrichissement d'une faculté porte à son envers l'appauvrissement d'une autre, qu'un mieux ici s'accompagne d'un pire là. Un médium nouveau n'est pas bon ou mauvais en soi. Il est bon à quelque chose et à quelques-uns, mauvais pour le reste. Chaque innovation ampute et ajoute, les comptabilités varient avec les partis pris philosophiques, un seul point sûr : pas d'addition sans restes. L'approche évolutive a en tout cas le mérite de relativiser les faux procès magiques, du type « c'est la faute à l'écrit, à l'imprimerie, à la télé, etc. ». Elle replace des choses compliquées dans des séries simples et les discontinuités dans une progression d'ensemble, en nous rappelant son caractère irréversible et objectif.

LES ENJEUX DE LA DÉMATÉRIALISATION

La tendance générale, la plus ostensible, de l'évolution des supports de traces est à la *dématérialisation*. Elle domine et conditionne toutes les autres. Elle traduit et accompagne logiquement le mouvement général de désincarnation qui, par révolutions industrielles successives, aboutit à l'agriculture sans terre (hors sol), à la langue sans mots (les bits), aux voitures en matières plastiques (sans métallurgie), aux guerres sans combats. Et, dans notre domaine, aux bibliothèques sans livres, modèle idéal futuriste où le document physique ne sera plus directement manié, mais consulté à distance, sur un écran, sous la forme d'un sosie numérisé.

La dématérialisation est une tendance longue qui se marque dès les origines, et se décline sous plusieurs aspects. C'est d'abord l'allégement constant des matériaux de base, qui fait passer, pour le dire en deux mots, des civilisations de la brique (Assyro-Babylonie), à celles du papyrus (Égypte, Antiquité gréco-romaine), puis du parchemin, du papier, maintenant de l'électron et demain du photon. Car avec les ordinateurs électro-optiques qui remplaceront demain l'électron encore trop lent par la particule de lumière (les signaux électriques circulant à une vitesse inférieure à celle de la lumière), on augmentera encore les puissances de calcul. Dans les transmissions électroniques d'aujourd'hui, au demeurant, le support lui-même disparaît, confondu avec la donnée transmise.

L'allégement progressif des supports d'écriture est allé de pair avec la réduction du nombre des caractères alphabétiques, avec l'allégement de l'écriture elle-même (qui passe du millier de signes égyptien ou mésopotamien aux vingt-six lettres de notre alphabet latin). Allégement et diminution : la majuscule sur pierre a précédé les minuscules sur papyrus. On écrit toujours mieux, plus vite et *plus petit*. L'histoire survolée des supports historiques fait assister à une sorte de lévitation en accéléré où l'on voit le léger chasser le lourd, l'amovible le fixe, le souple le raide. La pierre a cédé devant la tablette d'argile (l'épigraphie s'occupant des deux), qui a cédé devant le papyrus (territoire de la papyrologie), lui-même remplacé par le parchemin autour du ve siècle après J.-C.

De cette course au léger débouchant sur « l'immatériau », l'histoire technique de l'imprimerie offre un raccourci assez saisissant, où l'on voit, en l'espace d'un siècle, le film chasser le plomb, les lumitypes, les linotypes, l'offset, la rotative. On y est passé, pour la forme imprimante, de la composition chaude (avec galée, clavier et fondeuse des caractères) à la composition froide, sans source de chaleur ni activité mécanique, où rien ne se passe physiquement : de la manipulation à la visualisation. De 1450 à 1850 à peu près, rien n'avait changé dans la composition, qui restait manuelle. Vers la fin du siècle, on abandonne le monotype, où chaque caractère est fondu isolément (huit cents caractères par heure) pour la linotype, qui fond des caractères ligne par ligne (cinq mille caractères par heure). Les corrections sont plus faciles en linotype, alors qu'en photocomposition il faut tirer une épreuve avant de corriger. La commande par bande perforée est arrivée vers 1930. La photocomposition vers 1950 : un film négatif se déplace en passant devant une source lumineuse, cinquante mille lignes à l'heure. C'est encore un support matériel, quoique souple, qui devait se déplacer. Avec la digitalisation et le calibrage par ordinateur, plus de temps mort, plus d'inertie ; le flashage passe à un million de signes à l'heure.

Dématérialisation, accélération, miniaturisation des mémoires. Pour faire image : de la stèle à la « puce », du bronze romain au silicium ou, mieux, à l'arséniure de gallium des composants électroniques (matériau qui multiplie par cinq ou six les performances des « puces »). Du câble de cuivre gros comme le poing à la fibre optique, cheveu de lumière. La miniaturisation est cruciale car elle est synonyme de reproductivité. Elle-même synonyme de longévité et de mobilité accrue ou récupérée. Le microfilm et la microfiche augmentent, dans les bibliothèques, les possibilités de consultation publique, diminuent les dangers de perte, d'usure, de vol, tout en faisant perdre au document original son caractère irremplaçable. Il y a une certaine dépersonnalisation du livre, en quelque sorte, par sa photocopie, et une dilution de la notion d'auteur (sans compter la diminution des droits d'auteur...) avec l'extension de la reprographie. La notion de personne humaine s'étant peut-être imposée avec celle d'auteur d'un livre (véhiculée par la page de titre), on devine l'enjeu culturel d'une possible disparition de l'idée sacro-sainte d'« original » dans la circulation des documents. Quoi qu'il en soit, la projection/éclatement de l'Un en Multiple a commencé avec l'imprimerie elle-même, et l'histoire du livre a fait succéder les petits aux grands formats des débuts.

La réduction des formats et la multiplication des copies sont allées de pair. L'élévation des tirages (de un à cent par rapport aux copies manuscrites) a entraîné le rapetissement de l'objet physique (l'in-8° fut inventé à Venise par Aldo Manuce), élargissant en retour la circulation du produit. Tendance à la répétabilité proprement industrielle, qui désacralise inexorablement le médium multiplicateur, la sacralité étant normalement liée à l'*unicité* (de la personne, de l'œuvre ou de la chose). Longtemps, il y eut une hiérarchie des formats du livre : les grands formats pour les textes sacrés, l'in-4° pour la littérature classique, l'in-8° pour les humanistes, l'in-12 pour la littérature populaire. Le livre de poche a suscité en France, dans les années soixante, un tollé d'indignation dans les milieux littéraires qui voyaient là une profanation inconsidérée du support. Ils avaient raison, mais la profanation avait commencé avec Gutenberg, lequel, s'il avait disposé de rotatives, eût certainement tiré sa Bible à cent mille et non à trois cents, sous couverture souple et en 10/18.

*

La machine allège, le pouvoir alourdit. C'est la contre-tendance du politique affronté à l'évolution technique. L'autorité établie prend l'évolution à rebrousse-poil, bloque le « micro » innovateur par le « macro » intronisé, oppose le solide au fluide montant. L'archive officielle veut du pesant. Elle scelle au plomb et garde les sceaux. Le parchemin ne s'est pas évanoui en un clin d'œil devant le papier de chiffon, et les chancelleries, comme les universités avec la peau d'âne pour la collation des grades, ont longtemps écarté le papier comme non fiable, inapte à pérenniser les tentatives d'immobilisation du temps que sont les traités, chartes et constitutions. Le cabinet des médailles exhibe toujours des nostalgies de permanence et tous les dictateurs aiment le marbre. À croire que l'autorité, qui est négation de l'usure et dénégation de la mort, s'accomplit dans le rigide, et se déjuge dans le souple. Ce n'est pas à nier l'harmonie nécessaire entre le délectable et la matière qui lui fait honneur. La dignité du plaisir interdit de boire un château-pétrus dans un gobelet en plastique. Les tables d'apparat ont pour cela et à juste titre des verres en cristal de Baccarat. Les fruits de la nature appellent-ils des matériaux naturels ?

Remarquez également la hiérarchie des spectacles protocolaires.

Les cérémonials d'État préfèrent l'opéra au théâtre, le théâtre au cinéma, le ciné à la télé (« Alors, monsieur le Président, on se fait une petite soirée Averty, j'ai la cassette dans mon tiroir » — « Hélas, Majesté, le protocole nous envoie au *Lac des cygnes*, nous bâillerons de concert »). Comme les bâtiments de pouvoir (banques et palais) s'échelonnent du marbre à la pierre, puis à la brique, et refusent le contre-plaqué, nos documents officiels recherchent les moins périssables des supports, par une sorte d'instinct thermodynamique, si on ose dire : passible d'une lecture en termes d'entropie et de néguentropie. Après tout, les pouvoirs établis n'ont-ils pas pour raison d'être, légitimité profonde et fonction sociale de reproduire leur ordre propre à l'identique ? Ils resteraient alors dans leur rôle en marchant à contre-courant de l'évolution des outils, qui finit par les entraîner mais à contrecœur. Car *l'optimum technique impose toujours sa donne à l'optimum politique.* Plus léger, le papier est plus fragile. Donc désacralisant. Ce qu'il perd en poids, il le fait perdre en « aura ». Mais la dynamique du support semble incoercible. Comme la toile déclasse le retable, le tableau de chevalet la fresque, comme les matières plastiques le bronze des sculpteurs et l'argile des céramistes, le papier a chassé hier le parchemin, comme aujourd'hui la vidéo (« la plastique du cinéma ») talonne le film, ou la cassette le disque. En règle générale, le support de fer ne résiste pas au support de terre. Règle aussitôt à nuancer par la compression croissante des données et les impératifs de moindre encombrement et usure. Le disque compact (rigide) a déclassé le disque vinyle (moins rigide), car il a une capacité de stockage supérieure pour une surface inférieure. De même le vidéodisque pour l'image, par sa fiabilité, risque de concurrencer sérieusement la bande vidéo. Ou le disque dur les disquettes d'ordinateurs, pour les mêmes raisons. La tendance à l'allégement, passé un certain stade, cède le pas aux nécessités du stockage, au besoin de concentrer un toujours plus grand nombre de données sur un toujours plus petit espace, seule façon pour l'archive d'échapper à l'étouffement par encombrement. Le papier reste le plus économique des moyens de stockage mais il est volumineux et peu fiable. Le CD-ROM *(Read Only Memory)*, qui peut stocker six cents millions d'octets sur un disque de douze centimètres de diamètre, est un support plus coûteux mais plus petit et plus rentable. La réduction du format prime alors la dématérialisation du support.

*

L'immuable, en technique de mémoire matérielle, devient synonyme de minuscule. Mais l'exercice d'autorité garde le tropisme des majuscules.

Le pouvoir aime ce qui se voit, et se faire voir avec. Dans l'optique du pouvoir, tant politique que culturel, est beau ce qui est grand. Les établissements misent sur le grandiose qu'ils confondent d'instinct avec la grandeur. Le Te Deum plutôt que la symphonie, et l'orchestre symphonique plutôt que le quatuor à cordes. Nous sommes assez vieux, trente siècles, pour nous avouer que l'avenir naît dans le ruisseau et monte dans nos maisons de maître par l'escalier de service. Les muses modernes ont leur ruse, comme l'histoire jadis, et les éminences des Arts et Lettres n'en sont pas moins victimes que les présidents et excellences de la République. Juchés sur leur balcon, obnubilés par le médium antérieur qui a fait leur suprématie, assise de leur prééminence sociale et symbolique, la plupart des grands auteurs ne voient même pas monter la forme nouvelle qui ne paie pas de mine mais les détrônera bientôt, et qui s'est appelée comédie, roman, journalisme, film, bande dessinée, émission de télé, vidéo-huit. Les gogos des frontons, à trop lorgner les pierres de taille et les anciens prestiges, se retrouvent régulièrement, à chaque impulsion du prosaïque, pris à revers par ce qu'ils dédaignent comme « commercial », « gadgétique » et « divertissant ». Pour un Apollinaire, devin médiologique (« la typographie termine brillamment sa carrière à l'aurore des moyens nouveaux que sont le cinéma et le phonographe »), combien de Georges Duhamel, sommité de l'entre-deux-guerres, qui écrivait du cinéma, art forain sorti des caf'conc' et parcs d'attraction : « C'est un divertissement d'ilotes, un passe-temps d'illettrés, de créatures misérables, ahuries par leur besogne et leurs soucis (...), un spectacle qui ne demande aucun effort, qui ne suppose aucune suite dans les idées, ne soulève aucune question, n'aborde sérieusement aucun problème » (*Scènes de la vie future*, 1930). Pour un Émile Zola photographe, qui développait lui-même ses plaques, combien de Baudelaire qui, au moment même où l'invention du positif permettait de remplacer le daguerréotype, commentait ainsi la première exposition photographique de l'histoire (1855) : « Dans ces jours déplorables, une industrie nouvelle se produisit qui ne contribue pas peu à confirmer la sottise dans sa foi et à ruiner ce qui pouvait rester de divin dans l'esprit français. » Le premier Salon international de la bande dessinée n'a pas été mieux accueilli par la N.R.F. et l'Académie des beaux-arts, le vidéo-art a fait sourire les « vrais artistes » ; chaque génération rejoue la saynète du mépris, qui est plus souvent, en fait, de l'inadvertance. Le sens de l'avant-garde, c'est le parti pris du périssable, et du pas sérieux. Comme si chaque modernité jouait à qui perd gagne. Victoire posthume de la tragédie sur le mystère, du vaudeville sur la tragédie, du fragment sur le discours, de la correspondance sur le traité, du distique sur l'épopée. Le léger dure plus que le lourd, contre toute attente. Benjamin Constant tenait son petit *Adolphe* pour une passade et s'imaginait rester comme l'auteur d'un imposant système : *De la religion considérée dans sa source, ses formes et ses développements*, en cinq volumes. La postérité est rarement celle qu'on croit. Le mieux est sans doute de n'y pas croire du tout.

Il y aurait une étude à faire (la médiologie heureusement a du temps devant elle) sur les rapports entre l'évanescence des traces et le désenchantement du monde. Entre l'allégement des supports et leur abaissement symbolique. Elle pourrait commencer par la numismatique, et l'on verrait sans doute que le pouvoir spirituel de la monnaie (qui a longtemps servi comme projection et prolongement du pouvoir sacré de la puissance émettrice) était lié à sa teneur métallique, densité de l'or et de l'argent. On ne serre pas un billet de cinq cents francs comme on serre un louis d'or dans son poing en faisant sauter les crêpes de la chandeleur. Médailles de baptême, de pèlerinage, de sépulture, de péage (l'obole à Charon) — ces rituels ne survivront pas à la carte bleue et aux règlements à distance, mais le réenchantement sacral du monde suscitera probablement la réapparition de matériaux lourds dans les échanges et dépôts symboliques de demain.

FRAGILES MONUMENTS

La *tendance à la fragilisation* des traces ne peut pas ne pas frapper l'observateur. Elle a pour forme historique l'éphémérisation des supports, qui semblent avoir une vie de plus en plus courte, envers et sanction d'une diffusion de plus en plus large. Le papyrus se conservait moins bien que l'argile : il pourrit dans le sol (d'où les jarres de précaution). Le papier se conserve moins bien que le parchemin : contraintes hygrométriques des bibliothèques. Le celluloïd moins bien que le papier : la copie d'un film en couleurs se conserve même moins bien que le noir et blanc, une vingtaine d'années (d'où les embarras des cinémathèques pour le report des anciennes bandes). Une bande vidéo moins longtemps qu'un film : environ dix ans, en l'état actuel. Le papier lui-même a raccourci sa durée de vie pendant un siècle, avec l'usage massif de pâtes au bois hautement acidifiées. Il y a à la Bibliothèque nationale cinq millions de livres en danger de mort, et seulement quatre-vingt mille par an peuvent être « désacidifiés » (en raison des coûts de l'opération). Nous revenons, il est vrai, à un papier plus résistant. Tout se passe comme si l'industrialisation de la trace signifiait sa fragilisation. L'industrie est un accélérateur d'obsolescence et la culture une sauvegarde de permanence. C'est l'un des paradoxes de la notion d'*industrie culturelle* (et de ses pratiques). L'industrie détruit ce que la culture doit stocker. L'une ne peut vivre qu'en fabriquant du périssable et l'autre qu'en arrachant du temps qui reste au temps qui passe. Un produit est fait pour être remplacé, car il n'est bientôt plus dans les normes; une œuvre pour être conservée, car elle se bonifie en vieillissant, comme le vin. Asservir l'œuvre au produit c'est subordonner une chance de permanence à une certitude d'obsolescence. Ici comme ailleurs, on estimera que le remède est dans le poison, et c'est un fait que les techniques modernes de reproduction permettent la résurrection des corps à partir de la poussière, par transfert de traces éphémères sur des bandes régénérables ou des disques métalliques inaltérables. Ce qui veut dire aussi : la mémoire va devenir une faculté coûteuse. Comme le disait récemment le directeur des Archives nationales : « Ça coûte deux fois plus cher de microfilmer un lot de documents papier que de construire un bâtiment neuf pour le stocker. » Mais l'un ou l'autre, ou les deux ensemble, sont exorbitants. L'archivage des traces, de plus en plus problématique, à la fois par l'engorgement des silos, l'asphyxie par saturation documentaire et le coût croissant de la conservation par reproduction (chaque support requérant un traitement individualisé), deviendra l'apanage des peuples riches, un autre facteur de concentration de puissance. Société, dis-moi dans quel état sont tes archives et je te dirai quelle est ton espérance de vie. Réponse de l'archiviste : donnez-moi de l'argent car vos traces s'envolent ou se dégradent de plus en plus vite au fur et à mesure qu'elles s'accroissent, avec l'extension récente de la notion d'archives (naguère limitée aux titres de propriété, de puissance et de généalogie). Le déchirement des bibliothèques modernes entre leurs deux vocations de conservation et de diffusion renvoie à une contradiction plus générale. Le propre d'une culture est d'ériger du monument mais comment faire de la mémoire avec du fugitif ? Comment donner longévité à l'éphémère ? Peut-être une culture doit-elle aussi, passé un certain seuil de stockage, accepter d'oublier, de perdre. Peut-être ne peut-elle plus avancer qu'en effaçant ses traces, ou certaines d'entre elles... Il y a onze millions de livres à la Bibliothèque nationale (1989), et son catalogue général devrait intégrer à peu près deux cent mille références par an.

Les vidéothèques connaissent des difficultés de même type. L'enregistrement sur bande magnétique de l'actualité (la fin des « actualités » au cinéma date de 1975) permet le direct mais compromet le stockage. Plus les journaux télévisés se développent, moins ils peuvent s'archiver et se conserver, d'abord en raison des supports et des standards, ensuite parce que les reportages diffusés sont de plus en plus courts. Le paradoxe est que la vidéo, par le câble, permettra bientôt la diffusion à distance et à domicile des documents stockés en vidéothèque. La consultation individuelle des vidéogrammes leur donnera alors un statut d'œuvres et non de produits (l'effet patrimonial et l'accès individuel allant de pair), tandis que la conservation du patrimoine vidéographique s'avérera au même moment de plus en plus compromise. Que devient en somme le mémorable d'une société lorsque la mise en mémoire d'un événement perd ses supports physiques stables ?

La tendance à la *mobilité* découle évidemment de l'allégement matériel. L'utilisation des « mobiles » (bureau mobile, radiotéléphone, télécopieur en voiture, etc.), renforcée par la transmission numérique, s'insère dans la mutation actuelle des comportements et répond à la nomadisation générale dans laquelle elle garantit et entretient le permanent besoin de communiquer. Le mouvement vient de loin, comme la *centration sur le destinataire*, conséquence de la mobilité croissante des supports. Facteur de confort et d'autonomie accrue pour le récepteur (mais aussi, nous le verrons, de paralysie). Cette tendance concerne à la fois le support et le mode de saisie. Là où je devais aller à la trace, c'est elle, désormais, qui vient à moi. La paroi rupestre fixait une mémoire au fond d'une grotte et d'une seule : à l'époque de Cro-Magnon, je dois me rendre à Lascaux pour saisir. Fatigant. Le papier, lui, se déplace vers moi. Je peux lire dans mon fauteuil et m'abonner au journal. Le gramophone m'apportait le concert à domicile, avant le disque. Comme j'emporte sous le bras le tableau de chevalet, sur toile et châssis de bois, pour l'accrocher où je veux, quand je dois aller voir la fresque murale à l'église. Encore y a-t-il ici déplacement et transport d'un matériau. Plus le support est immatériel, plus le destinataire peut rester sur place, et plus le trajet raccourcit. On pouvait certes, à Suse ou Babylone, m'envoyer une tablette d'argile par la poste, c'était lourd et lent, mais les ondes électromagnétiques suppriment les délais : transmission instantanée. « Le monde » vient à moi en temps réel, sur mon écran, comme je pourrai, à Paris ou Séville, consulter en bibliothèque un chef-d'œuvre inamovible et intransportable déposé à Londres ou à New York (s'il a été numérisé, bien sûr). Il y a alors coïncidence, toutes coordonnées spatiales neutralisées, entre l'événement ou le document, sa saisie, son traitement et sa réception. Cette facilité individuelle généralisée, si on l'isolait par impossible des contre-tendances régénératrices (qui nous poussent à faire le tour du monde à la voile ou du trekking au Népal pour retrouver des bras et des jambes), rendrait la vitesse synonyme de paresse et la vitesse de la lumière dans la transmission grosse d'une léthargie d'hébétude chez le récepteur. La fin de la locomotion est-elle inscrite dans la télé-vision, télé-action, télé-commande du monde extérieur ? C'est l'utopie semi-réaliste (car coupée du contre-flux groupal et sportif qui neutralisera l'effet pervers) du « dernier véhicule » racontée par Virilio (l'homme des télétopies comme grand handicapé moteur suréquipé ne gardant que ses doigts pour appuyer sur des boutons). Elle extrapole, mais en dérivée d'une trajectoire sémaphorique qui commence avec les tours à fumée de nos ancêtres les Gaulois, qui s'élance en 1792 avec le télégraphe aérien et prend son vrai départ avec le télégraphe électrique, aux alentours de 1848. C'est alors que la vitesse de circulation des messages décroche de celle des personnes, jusqu'alors alignée sur celle du cheval ou du chemin de fer, soit le début de l'ère d'ubiquité-instantanéité (Catherine Bertho).

DÉMOCRATISATION : L'ENVERS ET L'ENDROIT

On voit comment la démocratisation communicative se greffe spontanément sur l'évolution des supports. Toujours plus de monde a accès à toujours plus d'information car toujours plus légère et mobile. Prenez le télégraphe électrique en exemple, moyen de communication et non mass média. Il fut conçu au départ pour transporter des informations d'État (l'usage du télégraphe étant réservé aux fonctionnaires qualifiés, policiers, préfets et militaires). Puis il s'ouvrit aux informations liées au commerce et à l'industrie, à la Bourse, et bientôt, avec l'ouverture du réseau au grand public, à la vie privée des particuliers. La télétransmission s'ouvre maintenant, grâce à la numérisation et à la télématique, aux résultats du savoir et aux œuvres de l'art. Chacun pourra bientôt non détenir, mais consulter la Bibliothèque nationale à domicile, ou la vidéothèque de Paris.

Les supports de la communication de masse permettent une démocratisation *quantitative* et *qualitative* : par *élargissement* et *déqualification*. *Élargissement* veut dire d'abord : *décloisonnement*. La radio s'adresse à tout le monde en même temps et le concert de musique classique n'est plus réservé au « public de concert », comme le spectacle du sport aux sportifs et aux amateurs (mais il y a, pour l'élite, des tranches de temps spéciales : le 7-9 heures sur Europe 1, par exemple, n'est pas le 14-17 heures). De même, la télé apporte la même vision du monde, les mêmes vues du monde extérieur, le même accès aux personnalités du grand monde, au paysan comme au bourgeois. Elle met le monde en vitrine, fiction agréable, mais, avec la télévision généraliste d'ancienne époque, il n'y a plus d'un côté Hermès et de l'autre Prisunic : le spectacle est pour tous le même et pour le même prix (redevance). Rappelons cependant aux utopistes des Télécom que si la *transmission* hertzienne d'images saute les barrières du métier, de l'appartenance ou de l'affiliation, de la région, tous ces particularismes se retrouvent à la *réception*. On ne regarde pas tout à fait la même émission de télévision, on n'écoute pas le même débat radiophonique selon qu'on est charpentier ou chauffeur d'autobus, communiste ou libéral, corse ou alsacien, etc.

Tendance longue que cette démocratisation. L'audiovisuel a

ouvert l'image et le son après que l'imprimerie a ouvert la langue naturelle. Ce qui exigeait aussi de décloisonner les micro-milieux, court-circuiter les isolats, abris d'idiomes et de signatures singulières. Ne serait-ce que formellement, par la typographie. Au Moyen Âge, chaque caste avait son écriture. Cette hiérarchie des lettres manuscrites (gothiques, cursives, romaines, etc.) est jetée bas par la standardisation du caractère romain. L'épopée des supports de l'information peut faire légitimement la joie des libéraux et des capitaines d'industrie car elle casse à chacun de ses tournants une corporation, une cléricature fondée sur un monopole de transmission. Avec l'imprimerie, « la vie de l'esprit » échappait à terme à l'Église (qui avait déjà perdu le monopole de l'écrit vers le XIVe siècle), comme avec l'audiovisuel, elle échappe à terme à l'Université et aux sphères lettrées, ainsi que la vie politique échappe au contrôle des appareils et des élus. Les invectives des professeurs contre le petit écran (1960-1980) font-elles écho aux cris d'orfraie des moines copistes (1480-1510) face à l'imprimé ? Dans l'un et l'autre cas, des professionnels refusent une mise en chômage technique par expropriation et mise à l'encan d'un secret corporatif. Un milieu clos éclate, une concurrence « indue » advient, des amateurs se pavanent sans savoir. Le « miracle grec » de l'alphabet phonétique a sans doute déclenché le même type de frustration chez les interprètes exclusifs du divin hellénique, que la Renaissance chez les truchements de Dieu et notre société dite de communication chez les docteurs du sens.

En bref, *chaque médium nouveau court-circuite la classe des médiateurs issue du médium précédent*. Avec la Bible en vulgaire et la justification par la foi, les presses ont court-circuité la prêtrise et le sacerdoce catholiques, permettant aux fidèles de rassasier *directement* leur « immense appétit de divin » (L. Febvre). Désormais, « tous sont prêtres ». Avec les satellites et les agences de presse, la télévision a court-circuité l'intelligentsia et les professionnels de l'imprimé en permettant aux consommateurs de rassasier *directement* leur immense appétit de culture. Désormais, « tous sont informés ». Chacun peut voir et entendre les auteurs, artistes, détenteurs du savoir — et juger sur pièces. Court-circuit qui met les supporters du support précédent devant l'alternative : recyclage ou effacement.

La démocratisation douce, culturelle, a sa version dure, politique. Il suffit, pour s'en rendre compte, d'aller d'ouest en est. Les appareils communistes, à l'est de l'Europe, avaient le monopole de l'imprimé dans les territoires nationaux (samizdat mis à part). Ils ne pouvaient avoir le monopole de l'électronique transfrontières (la Chine communiste non plus). La R.D.A. émigrait chaque soir par les yeux, les pieds ont suivi. En Tchécoslovaquie, la retransmission par la télévision en direct des manifs étudiantes a levé toutes les écluses et les filtres — mettant hors circuit les journaux du parti. Les médiations politiques totalitaires n'ont pas tenu face à la démocratie internationale de l'image et du son.

Aux tenants de la démocratisation par la circulation élargie, qui est un fait, on peut en opposer un autre, qui n'annule pas le premier mais le nuance : le « village global » globalise d'abord le village central. Au lieu de dissoudre le centre dans un réseau multilatéral, il démultiplie sa centralité par les capacités du réseau mondial. Il ne suffit pas à une culture mondialisée d'être supranationale pour être onusienne ou cosmopolite ; sa production portera plus sûrement les couleurs de la nation dominante. Le *lecteur* polonais, espagnol ou allemand est nécessairement polonais, espagnol ou allemand ; le *téléspectateur* européen ne sera pas polonais, espagnol ou allemand, il sera vraisemblablement américain. Déjà chaque pays de l'Europe riche des Douze achète et diffuse dix à quinze fois plus de films et de feuilletons américains que de ses partenaires européens. Il n'y a pas d'apesanteur dans le champ de gravité des télécommunications. L'audiovisuel démocratique d'aujourd'hui ne mondialise pas les auditoires nationaux, il les américanise (ce qui n'est pas exactement la même chose). Plus exactement : il mondialise le modèle américain de démocratie (qui n'est pas la même chose que le modèle français, par exemple).

Que faut-il entendre maintenant par « démocratisation qualitative » ? La réduction ou la suppression des temps d'apprentissage. Sans doute faut-il apprendre une langue, des gestes, et des symboles pour dialoguer avec un ordinateur, qui ne répond jamais de lui-même si on n'apprend pas à l'interroger. Mais la communication de masse est plus clémente. La télévision est plus démocratique que la radio, car je peux me plaire à regarder des images sans déchiffrer le son ; la radio plus démocratique que le livre (si je parle la langue, et la musique n'en parle aucune, ou toutes). Le message se décode de moins en moins par les récepteurs, qui délèguent à des machines le décodage du signal : nous sommes en ce sens tous égaux devant un magnétoscope, un Apple II ou une chaîne stéréo. Mais en s'industrialisant, la mémoire devient une marchandise à consommer. Elle ne se déchiffre plus, mais elle s'achète et se vend. Je n'ai plus face à elle besoin d'un apprentissage préalable mais d'un pouvoir d'achat. Après l'élitisme du diplôme, celui de l'argent. L'information, cela se paye, et doit se payer, comme la confidence à l'analyste (un journal gratuit n'intéresse pas). Quand l'État n'en acquitte pas le prix, c'est à l'individu de le faire. La privatisation de l'accès à la trace accompagne la privatisation du péage. Baisse de la redevance, hausse des abonnements. Individualisation maximale, marketing optimal. L'inégalité pertinente n'est plus alors celle des diplômes mais celle des revenus. Merchandising de la trace : augmentation des marges bénéficiaires ou/et de liberté ? Individualisme libéral *et/ou* démocratique ?

En somme, la lente production de l'homme comme individu, la tortueuse et têtue privatisation du *sapiens* ont été favorisées par la *miniaturisation croissante de ses appareils de communication* : c'est le côté miraculeux de l'allégement. Facteur de désenchantement mais aussi de libération individuelle. L'électron est la providence de l'individualisme moderne. La technique facilite la transmission de point à point, et permet à chaque individu de s'émanciper, sinon des écoutes, du moins du bruit et des contraintes de son milieu. Familial, régional, conjugal, national. Mais rendre la communication la plus légère et intime possible suppose, en amont, des équipements technologiques de plus en plus lourds, coûteux et complexes. Le projet « Iridium » de Motorola, un réseau universel de radiotéléphonie indépendant des réseaux télécoms existants, exigera la mise en orbite de soixante-dix-sept satellites de télécommunication ; donc un coût d'entrée très élevé pour les abonnés. Pour que ma réception puisse être de plus en plus désinvolte, ambulante, capricieuse, je dois déléguer de plus en plus mes capacités d'émission à plus gros que moi. Ce mouvement ne fait sans doute qu'amplifier la production et reproduction mécanique des signes et signaux, et Gutenberg disposait déjà d'un matériel très coûteux qui nécessitait une production en série pour être rentable. Baisse du prix de revient à l'unité, hausse sévère des frais fixes. Les coûts d'investissement croissent plus vite que ne baissent les coûts de fonctionnement. Triomphe du meilleur marché et du plus mobile sur ce qui l'est moins, de la toile sur le bois, en peinture, du ciment sur la pierre, de la matière plastique sur la porcelaine. Du papier sur le parchemin comme de la bande magnétique sur le film. Mais le moins pondéreux, donc le plus mobile, est aussi le plus onéreux. Il faut amortir, toujours plus, toujours mieux. Ce n'est pas nouveau, sans doute. Le livre a d'emblée été une marchandise et après tout la finalité de l'imprimeur, humaniste ou non, n'est pas la lecture, ni le texte, mais la vente. Il y a toujours eu commerce du bien symbolique. Le nouveau, c'est la subordination franche et nette de la production à la distribution, ou la *mise en amont du marché.* En 1890, quand on voulait faire un journal d'opinion, on commençait par rédiger des textes et on allait ensuite chercher de la réclame. En 1990, on se tourne d'abord vers les annonceurs publicitaires, et s'ils répondent comme il faut, on se met à chercher des rédacteurs.

N'oublions jamais que *la tendance à la concentration* des moyens lourds d'édition, de service, de transport de l'information fait l'envers et l'amont de la déconcentration des récepteurs, de leur nomadisme. L'accès décentralisé, à domicile, ou en voiture, à volonté, moyennant péage ou taxe d'utilisation, à des informations textuelles numérisées, par exemple à « toute la mémoire du monde », suppose un stockage et un traitement préalable dans des banques de données elles-mêmes centralisées. Je peux communiquer ce que je veux à qui je veux, pourvu que j'aie les moyens de me brancher sur tel ou tel réseau, dont les têtes, sièges des multinationales culturelles, sont aux États-Unis, au Japon, en Europe du Nord. N'importe qui peut se payer une antenne parabolique s'il a trois mille dollars pour recevoir des signaux du monde entier, mais les satellites géostationnaires viennent de quelque part et les locataires des répéteurs ne sont pas n'importe qui. Fin des monopoles d'État, début des oligarchies.

Il y a un autre versant, négatif celui-là, de la dématérialisation des supports et de la mécanisation des transports de la trace : une possible atrophie des fantaisies et initiatives individuelles. L'automatisation de la saisie ne sert pas, ou plutôt dessert l'autonomie personnelle. Du mythogramme à l'idéogramme, puis à la lettre et au signal analogique, il y a de moins en moins de place pour l'interprétation libre et personnelle du décodeur humain ; de moins en moins de jeu, dit Leroi-Gourhan, « entre la chaîne des concepts émis et leur restitution ». Mieux le monde m'est « rendu », sur écran, à travers tous mes sens (d'où sont encore exclus, mais pour combien de temps, l'odorat et le toucher), livré à domicile, tel quel, prémonté et préperçu, plus il est subi. Moins j'ai à y intervenir. Le stockage numérique des traces délègue à présent la fonction de « lecture » à la machine. C'est elle qui a le code et la mémoire. « Utiliser un ordinateur de la troisième génération (en parallèle), dit un chercheur, c'est voir son cerveau fonctionner devant soi. » Après que « les fonctions intimes de la phonation et de la vision ont été confiées à la cire, à la pellicule, à la bande magnétique », quels risques la délégation des fonctions de calcul et de décodage de signes et d'images à des batteries de diodes présente-t-elle ? Peut-être de se retrouver, tout bêtement, à la merci d'une panne d'électricité, d'un dérèglement de l'air conditionné ou d'une erreur de manipulation. Bête et penaud comme une mouche dont on mouille les ailes.

La démocratisation a son prix, technologique. Plus une machine à transmettre est performante, moins elle requiert de main-d'œuvre, mais plus spécialisée, en sorte que le pouvoir d'arbitrage des techniciens grandit avec les capacités techniques du médium. Très peu de spécialistes, au XVe-XVIe siècle, deviennent, en quelques décennies, maîtres d'un appareillage hautement productif (et d'autant plus discrétionnaire que rétréci par la crise économique de la fin du XVIe siècle et le malthusianisme monarchique du XVIIe). À la Renaissance, chez les Elzévirs, une vingtaine de compagnons suffisent à l'activité de quatre presses. Au XVIIIe siècle, à peu près un millier d'hommes seulement composent le personnel des ateliers d'impression en France, ce syndicat du Livre avant la lettre. Un petit cercle de fabricants commande ainsi au grand de la consommation. Effet d'échelle qui pourrait au demeurant aider à déterminer les indices de performance sociale et politique des divers médias contemporains, où s'échelonnent la télé, la radio, le journal, le livre, la harangue non retransmise, etc. Ainsi, abstraitement parlant, sans compter libraires, maîtres d'école et facteurs, là où il fallait, en 1280, mettons vingt mille personnes (frères prêcheurs ou mendiants) pour transmettre un quantum donné d'information à deux millions de fidèles, il en faudra déjà dix fois moins en 1780, et cent fois moins en 1980. Où à peu près cinq mille techniciens et journalistes de l'audiovisuel assurent l'essentiel de l'information de trente-cinq millions d'adultes. La télévision est la *première* activité de loisir de nos compatriotes et contemporains, le journal télévisé leur *première* source d'information. Et cependant, indice de performance inouïe, le poids de l'ensemble de l'audiovisuel dans l'économie française est ridiculement faible (cinquante-trois milliards de francs en 1988, la moitié du chiffre d'affaires de France-Télécom, le cinquième du budget de l'Éducation). Mais l'envers de ce bon rendement informatif c'est que la portée des décisions informationnelles s'allonge en même temps que le pouvoir discrétionnaire des décideurs, de telle manière que chaque nouveau palier atteint dans « la démocratisation de l'information » (élargissement des aires de réception + accélération des cadences de circulation) marque une nouvelle étape dans la constitution d'une aristocratie d'informateurs.

*

« Le bilan d'une révolution scientifique comporte des pertes aussi bien que des gains », écrit Thomas Kuhn. On peut en dire autant d'une révolution médiologique (qui, dans une certaine mesure, serait à une culture ce qu'un nouveau paradigme est à une science : un changement de règles du jeu, une renormalisation des parties en cours). D'où la question : qu'avons-nous perdu et gagné avec le changement et la multiplication de nos supports ? Qu'est-ce qui est mort et qu'est-ce qui est vivant après l'irruption massive des nouvelles mémoires ?

Il y a deux façons de répondre à cette question ; deux versants à considérer, dont l'équilibrage final dépendra de vos humeurs et de vos choix philosophiques. On peut voir dans la mécanisation galopante des mémoires un facteur d'homogénéisation des messages, par déstructuration des identités collectives et de leurs outils naturels spécifiques (un même langage informatique pour tous, Japonais, Chinois et Arabes compris). Il y aura plus d'individus communicants et moins de cultures communicantes : l'homogène gagne, l'humain s'ensable, l'histoire s'affadit. Et l'on dénoncera à l'envi la civilisation technicienne qui abolit des différences riches dans un indifférencié pauvre et sérialisé (celui des clips, serials et news de la culture de masse, celui des codes binaires pour les circulations et codages savants, etc.). Cela, c'est la version rabat-joie : l'homme aligne sa culture sur ses machines.

On peut aussi voir dans ce machinisme, cette lourde médiatisation technique, l'occasion enfin donnée à l'homme de « décoller », de se désarrimer de l'univers sensible. Avec l'image virtuelle, ou numérisée, de l'infographie, la reproduction par exemple cesse de décalquer un réel extérieur et premier, perd son statut diminué de fac-similé, sous-réel fautif et trompeur, selon le schéma platonicien. La simulation informatique n'est plus un simulacre : elle nous permet de mieux voir la terre (Spot-Images), de mieux prévoir le climat (Meteosat), de mieux forer le sous-sol et d'aménager nos villes (traitement par ordinateur des données cartographiques). L'imagerie numérique affine et élargit le monde réel, comme la synthétique offre un outil de création et de découverte. La machine libère l'image du mythe de la caverne et du diktat des apparences. L'esprit peut se mirer dans ses propres formes, démiurge et non plus jouet de ses illusions. On chantera alors l'image sans objet, comme le bureau sans papiers, l'imprimerie sans plomb, la banque sans billets, la géographie sans cartes, la musique sans solfège. En bref, la dématérialisation généralisée comme le triomphe de l'esprit sur les choses. Cela c'est la version visionnaire : par ses machines, l'homme cesse de s'aligner sur le monde.

Triomphe du positivisme, triomphe de l'idéalisme. Les deux se disent et s'argumentent. Décrire l'Ordre Nouveau sera décrire l'oscillation entre l'émerveillement et la précaution. Entre les résultats de la télédétection spatiale (comme la superposition d'images panchromatiques multitemporelles qui restitue le concret d'un terrain en évolution sur une carte fixe) et le « tout fiction » suscité par le faux réel télévisé (triomphe inverse du simulacre et de la manipulation, narcissisme technique et moral, perte du tout et du temps...). Il serait dommage d'arrêter le pendule dans sa course. Respecter l'ambiguïté du progrès technique c'est pratiquer systématiquement l'aller-retour.

HUITIÈME LEÇON

LA NOTION DE MÉDIASPHÈRE

Exposé général

De Nietzsche à Haeckel

Les règles de la méthode écologique

Le système transmissions/transports

La nouvelle lutte pour le temps

Médiologie du monothéisme

L'encastrement des médiasphères

EXPOSÉ GÉNÉRAL

Pour baliser cette nouvelle étape, permettez-moi d'enchaîner quelques thèses succinctes en guise de jalons. Nous y reviendrons ensuite plus méthodiquement.

1. On ne peut séparer une *opération de pensée*, à quelque époque que ce soit, des conditions techniques d'inscription, de transmission et de stockage qui la rendent possible (l'écriture alphabétique, la lecture, étant en ce sens des techniques).

2. *L'outillage mnémotechnique* est la première de ces conditions. Il est défini à chaque époque par les supports et procédés de mise en mémoire des traces.

3. Le système dominant de conservation des traces (saisie, stockage et circulation) sert de noyau organisateur à la *médiasphère* d'une époque donnée dans une société donnée. Ce terme désigne un milieu de transmission et de transport des messages et des hommes, avec les méthodes d'élaboration et de diffusion intellectuelles qui lui correspondent.

4. Dans la réalité historique, il n'y a pas de médiasphère à l'état pur. Chacune est le résultat de compromis entre des pratiques apprises et des outils nouveaux, et imbrique l'un dans l'autre des réseaux techniques d'âges différents.

5. Chaque médiasphère suscite un espace-temps particulier, c'est-à-dire un réalisme différent. « La lecture du journal, au lever, est une sorte de prière du matin réaliste. On oriente son attitude à

l'égard du monde à partir de Dieu, ajoutait Hegel, ou à partir de ce qu'est le monde. Dans les deux cas, la même assurance est procurée, que l'on sait où l'on en est. » Or ce n'est pas le même monde, comme l'a rappelé Bernard Stiegler, selon qu'il est supporté par du papier, du celluloïd, du ruban magnétique, des ondes hertziennes ou des blocs de données numériques. Il en résulte à chaque fois une autre assurance et un autre sens de l'orientation.

6. L'évolution technique des moyens de transmission matérielle donne un fil directeur à la succession historique, apparition et extinction, des systèmes symboliques vivants pour tel ou tel état du monde.

*

Tout cela peut sembler assez anodin ou extérieur, et l'idée qu'il y a des prothèses de l'intelligence est admise un peu partout. Mais attention : ici se noue un drame ; ici se noue une histoire des cultures comme drame. Je m'explique.

De toutes les espèces vivantes, l'*homo sapiens* est le plus adaptable à tous les milieux. Cette adaptabilité le définit comme un *être de culture*, c'est-à-dire évolutif, non programmé, produit de ses outils autant que de son génome. Mais ce qu'il fabrique, ses cultures successives, ne s'adaptent pas, elles, à n'importe quelle variation du milieu technique.

Dans l'ordre culturel, contrairement à l'évolution biologique, il n'y a pas de transmission garantie des modifications acquises, fussent-elles « progressistes ». L'évolution culturelle est beaucoup plus rapide mais aussi beaucoup plus fragile car elle n'est pas enregistrée dans le génome de l'espèce. Ni invariance ni réplication : rien ici n'est inné, tout est réversible. D'où l'importance cruciale des facteurs de milieu.

Une formation culturelle autochtone peut devenir, après une variation de l'écosystème technique, étrangère ou exotique dans son propre lieu d'origine. Par exemple : la niche « imprimerie » est plutôt hostile à l'illuminisme autoritaire (qui doit alors changer d'aspect pour se reproduire et diffuser), et propice au recul critique. Mais le rationalisme laïque, celui des Lumières, n'est pas l'occupant naturel de la niche audiovisuelle, où la vaticination inspirée retrouve droit de cité, l'individualisme critique se retrouvant, au sein de la cité audiovisuelle, dans le rôle du « métèque » plus ou moins toléré ou intégré. Il n'y a pas concordance entre les lignes d'évolution intellectuelle et les stades de développement médiologique. *Le progrès technique a pour envers la permanente possibilité d'une régression culturelle.* C'est en quoi, soit dit en passant et en toute humilité, la médiologie aurait autant, sinon plus, de titres que l'écologie à être reconnue d'utilité publique. Nous allons bientôt réclamer un ministère.

DE NIETZSCHE À HAECKEL

La notion de médiasphère est l'application, à l'univers des transmissions et transports, de la notion que nous connaissons bien de « milieu », que nous croyons connaître. Car en réalité, si n'importe quel milieu intellectuel est structuré par un médium central (les cercles « humanistes » par l'atelier d'imprimerie, l'intelligentsia laïque par l'école, le milieu révolutionnaire par le parti, etc.), leur propre milieu de pensée, c'est ce que les hommes de pensée connaissent le moins. Un milieu culturel apparaît naturel à ceux qui vivent dedans, sur le moment. Transparence ordinaire du *médium* aux auteurs de messages. La philosophie grecque ne sait pas ce que ses catégories logiques doivent à la syntaxe de la langue grecque. Le rationaliste classique ne sait pas ce qu'il doit aux lignes et aux colonnes, aux tableaux et aux arborescences de « la raison graphique ». L'histoire romantique à la linéarité du récit. Et nous-mêmes, que savons-nous, du seul point de vue professionnel et social, du *milieu sophiste* du IVe siècle grec, du *milieu humaniste* sous la Renaissance, du *milieu marxiste* du début du siècle en Europe — au regard de tout le savoir accumulé sur l'ordre des raisons propres à chacune de ces constellations ? Érasme travaillait tout naturellement à la casse, comme la plupart des humanistes le faisaient chez les Étienne à Lyon, chez Plantin à Anvers, chez Froben à Bâle. Les arts et métiers de la lettre n'intéressent plus les écrivains qui tout naturellement aujourd'hui travaillent à leur console de traitement de texte, voire aux tables de montage, aux studios d'enregistrement comme auteurs ou producteurs d'émissions. Autre univers machinique, autre univers mental, autre état de nature de la pensée. C'est machinal, un milieu.

Pour que cela cesse d'être machinal, c'est-à-dire pour qu'apparaisse le machinique dans le naturel, il faut que cela fasse mal. Comme toutes les idées justes, celles de *milieu* et de *médiasphère* sont des enfants du malheur. « Souffrir, dit Valéry, c'est donner à quelque chose une attention suprême. » Prenez la langue française, médium naturel. Les allogènes francophones, minoritaires dans leurs pays, ont sur les Français de souche l'avantage de percevoir douloureusement leur langue, parce qu'ils la savent mortelle. Ils comprennent mieux les tenants et aboutissants du médium et ils tiennent plus que nous à sa sauvegarde. Focaliser sur les médiations, c'est gratter une plaie. Il faut qu'un milieu grince ou bascule sous nos pieds pour attirer l'attention. Tout le temps où il est porteur, il s'efface dans l'innocent bonheur des épanouissements. Trotski, évoquant l'Octobre russe : « Le milieu révolutionnaire porté à l'incandescence se distingue par une haute conductibilité des idées. » Mais c'est l'exilé qui le découvre — *vox clamans in deserto* — quand les idées du « prophète désarmé » ne passent plus.

Il est certain que l'explosion communicative du nord, analogue à l'explosion démographique du sud de la planète, avec la prolifération des supports et des informations, suscite dans notre vie quotidienne ces embouteillages de l'intelligence, cette sensation diffuse de « mal-penser » (comme on parle de mal-être), liés au sentiment d'une perte par excès, d'une pénurie par engorgement, que nous ressentons tous, chacun à sa façon. Ce malaise ne pouvait qu'accélérer la prise de conscience médiologique. Quel gratte-papier du demi-siècle n'a pas été traumatisé par le changement de milieu, dont le « P.A.F. » (paysage audiovisuel français), et ce qui s'ensuit, n'est qu'un visage parmi d'autres ? Quelqu'un a défini la santé comme « le jeu de la vie dans le silence des organes ». Une culture prospère peut se définir comme le jeu des traces dans le silence de leurs médiations. Elle n'existe pas alors comme « culture » mais comme nature partagée, socle enfoui, point zéro des messages. Il semble que si vous êtes, non seulement un intellectuel mais un intellectuel d'origine protestante, républicaine ou socialiste, membre donc d'une minorité plus ou moins allogène (un peu comme les Québécois du Canada), vous percevrez mieux les enjeux de l'actuel changement de médiasphère car vous aurez plus mal que d'autres à votre milieu.

Vous savez, vous, ce qui va disparaître ce soir quand le dernier monotypiste au chômage fermera les yeux ; un monde, une histoire, une culture, la séquence typographique Réforme-République-Révolution. C'était votre présent, et vous ne saviez pas que c'était déjà du passé, parce que cela vivote encore dans les marges. Une écologie des cultures n'est jamais quelque chose de naturel car elle prend notre esprit, paradoxalement, à contre-nature. Il est inévitable que l'étude des conditions de vie ait à voir avec la mort, puisqu'elles ne nous apparaissent qu'à son crépuscule. On comprend que dans *Le Crépuscule des idoles*, Nietzsche ait fait cette remarque : « Que la théorie du milieu, une vraie théorie de neurasthéniques, soit devenue en France sacro-sainte et qu'elle trouve crédit parmi les physiologistes, voilà qui fait venir de bien tristes pensées. » Écartons un moment ces sombres pensées. Nietzsche parlait physiologie, ce n'est pas sa faute, il n'avait sans doute pas entendu parler de son compatriote Haeckel, qui venait de forger le terme d'écologie, en 1866, pour désigner l'étude de l'environnement et des rapports qu'entretiennent avec lui les êtres vivants. Cent ans après, nous voudrions aider au transport de la découverte du terrain de la nature à celui de la culture.

LES RÈGLES DE LA MÉTHODE ÉCOLOGIQUE

La référence écologique est utile en ceci qu'elle nous permet de raccorder l'histoire inerte des instrumentalités de la pensée à la problématique du vivant, de replonger en quelque sorte, et cela rassurerait Nietzsche, le monde froid du symbolique dans l'univers plus chaud de la zoologie. Quand on se met à penser l'évolution culturelle dans le prolongement et sous les catégories de l'évolution des espèces, avec ses lentes mutations et ses catastrophes climatiques, le milieu technique sur l'horizon du milieu vivant, nous retrouvons d'abord la définition forte que donne le biologiste du mot « culture » : une réponse adaptative à un milieu (Jacques Ruffié). C'est un point de départ solide. Et ensuite, se dévoilera à nous tout un pathétique darwinien, inapparent mais crucial, de « la lutte pour la vie » que mènent les formations symboliques aux prises les unes avec les autres. Peut-on faire correspondre à la sélection naturelle une sélection médiologique des messages ? Nous verrons que l'hypothèse n'a rien d'absurde.

Le paradigme écologique se monnaye pour nous en une série de précautions ou de règles d'analyse.

Le principe d'interaction

Laissons de côté la question de savoir si une idée « est » une bactérie ou une cellule, un protozoaire ou un métazoaire. Il est un peu tôt pour distinguer entre ces *métaphores* biologiques. Mais, et c'est paradoxal, la meilleure façon de rompre avec l'animisme des idées consisterait peut-être à leur enlever leur âme pour leur prêter de la vie (et tout ce qui va avec). Non pas : traiter les idées comme des choses, mais comme des organismes vivants, c'est-à-dire, d'abord, comme des *relations et non des entités*. Aucun vivant ne se suffit à lui-même, il est toujours lié à un environnement, un biotope, qui le modifie et qu'il modifie. Par la nutrition, la compétition, la prédation. Remarquez que les fondateurs de l'« idéologie », ou science de la genèse des idées, Cabanis, Destut de Tracy, au début du XIXe siècle, ne disaient rien d'autre : par « idées », ces hommes de sciences entendaient des phénomènes naturels exprimant la relation de l'homme, organisme vivant et sensible, à son milieu naturel de vie. Comme l'écologie étudie les relations de dépendance et d'interaction entre les êtres vivants et le milieu non vivant, la médiologie voudrait étudier les rapports d'interaction unissant les faits symboliques et un milieu matériel technique. L'étude des « intermédiaires » est elle-même un jeu inter-niveaux, et jamais de deux niveaux seulement. Nous devons révéler de l'*inter* partout où sommeille un *eso* (de façon générale, pour qu'il y ait explication, il faut au moins qu'il y ait deux niveaux de description différents, puisque expliquer c'est toujours rapporter une chose à une autre chose). L'espace messager n'est pas autonome, et ne comptez pas sur le médiologue pour l'internement. Que d'autres s'intéressent à la structure *interne* des œuvres, à la problématique *interne* d'un champ conceptuel, aux relations de coexistence ou aux règles de construction *internes* des ensembles discursifs. Nous, on extériorise, on sort pour voir. Si l'on veut éradiquer ici ou là une quelconque maladie du sommeil, ne partez pas avec des fly-tox pour tuer la mouche tsé-tsé, veillez à entretenir les cours d'eau, et n'oubliez pas que la destruction d'une forêt peut se répercuter sur le débit d'un fleuve.

Si on vous appelle à disserter sur la structure « roman populaire » telle qu'elle est née chez nous au XIXe siècle, pensez aussitôt, au lieu de plonger dans le roman, à un réseau en forme de boucle du genre : la généralisation de l'école primaire qui, jointe à la rotative, a fait la presse à grand tirage (en lui donnant des lecteurs), presse quotidienne dont le tirage à Paris passe de cinquante mille à un million entre 1803 et 1870, qui, jointe au télégraphe électrique promoteur du fait divers, fait le feuilleton régulier, qui à son tour fait le roman populaire, etc.

Le principe de population

Ne pas traiter l'élément, l'individu, qui est toujours une abstraction, car aucune idée ne se reproduit, ne se nourrit, ne triomphe seule. Les idées chassent en bande, une idée isolée est une idée fossilisée, les idées vivantes font groupe et leurs porteurs, meute. Traiter donc des populations, ensemble des individus d'une même espèce, pour les resituer dans un écosystème, équilibre reposant sur des échanges et des interactions. Il y a des espèces d'idées très différentes, des idées panthères, des idées papillons, des idées virus, etc. Ces espèces ont chacune leur façon de se nourrir, de se déplacer, de coopérer ou de se battre entre elles ou avec les autres. Peuvent-elles ou non se regrouper sans se détruire entre elles ? Admettent-elles la concurrence, le partage du territoire, le compromis avec d'autres ? Les groupements d'espèces tiennent compte du fait que les populations sont inégales entre elles, qu'elles n'ont pas toutes les mêmes facultés d'adaptation à tel ou tel système de transmission. Il y a dans un même milieu des espèces à très court temps de vie, mais à forte capacité de multiplication, d'autres à forte inertie mais plus longue espérance de vie. Vivre, pour une idée, c'est toujours survivre. Les sociétés civilisées protègent les espèces en voie de disparition, qui ne peuvent résister à la compétition et qui, laissées à elles-mêmes, seraient éliminées par leurs concurrentes plus aptes. Des parcs nationaux leur sont réservés, sous forme d'écoles spécialisées, groupuscules, revues, sectes, associations dûment autorisées.

Le principe « une espèce, une niche »

Avec les changements du milieu technique, on peut voir les facteurs médiologiques agir directement sur des espèces d'idées vivantes en limitant leur territoire de circulation, en modifiant leur taux de reproduction ou les équilibres entre espèces différentes. Chaque type d'idée a ses exigences écologiques, son milieu favorable ; c'est le plus souvent celui où il est né. Les idéologies ont leur niche, et le principe « une espèce, une niche » paraît avoir une validité certaine dans le domaine culturel. Quand deux espèces distinctes occupent la même niche, la compétition tourne au désavantage de l'une des deux. Nous verrons que l'espèce « socialisme », compétitive en milieu typographique où elle optimise ses chances de survie, ne peut plus se reproduire au-dehors : la niche audiovisuelle lui est fatale. Bien sûr, il y a des phénomènes de recyclage et d'acclimatation, certains volontaires, d'autres accidentels. L'abeille domestique, le moineau, l'étourneau sansonnet, originaires d'Europe, se sont fort bien adaptés à l'Amérique. Le calvinisme aussi, le marxisme pas du tout. Les dogmes chrétiens n'ont pas « pris » en terre bouddhiste et s'exportent moins bien en Afrique noire que la foi islamique. Il ne suffit pas de coloniser militairement et politiquement pour que les idées suivent, comme l'intendance : encore faut-il exporter les médias adaptés. L'introduction du christianisme dans les cultures précolombiennes du Mexique et du Pérou n'a pas été qu'une opération de force ; elle s'est accompagnée d'astucieuses opérations médiologiques dont M. Grunsinski nous a rapporté la cruelle sagacité. Impossible d'évangéliser sans extirper les outils de la mémoire indienne. D'où l'interdiction des *queipus* au Pérou (les cordelettes à messages), le contrôle des codex pictographiques au Mexique et souvent leur destruction. Car l'histoire du salut chrétien n'est pas compatible avec l'espace sans haut ni bas, sans début ni fin, de la symbolisation aztèque, espace iconique, polysémique, accordé à une conception cyclique du temps. Elle exige une transcription linéaire, et donc phonétique. Donc l'alphabet latin. Qui n'alphabétise pas ne linéarise pas et donc n'évangélise pas.

C'est une question de bon sens. Pour qu'un message ait un effet (sur ses destinataires ou sur d'autres), il doit se déplacer. Se propager. Être capté, reçu, filtré. Or la propagation d'un énoncé ne s'opère pas dans le vide, dans un éther homogène et lisse qui s'appellerait la pensée, toujours semblable à elle-même, pareil à celui où glissaient, jadis, les corps célestes. Une propagation symbolique emprunte des axes, des canalisations, des véhicules, dépendant d'un réseau routier plus ou moins complexe. D'où l'intérêt de commencer par étendre à l'histoire culturelle des principes de périodisation déjà admis en historiographie, fondés sur la nature de la documentation recueillie (épigraphie, papyrologie, etc.), sur le type d'archives transmis. La nature physique du support commandant son mode de circulation sociale mais aussi de perte, de destruction, de réactivation, et donc le type d'effet qu'une trace peut exercer. D'où l'intérêt, plus généralement, de brancher une dynamique des discours sur une topologie des milieux de diffusion. Accueillants ou rebutants, ils peuvent tantôt ajouter, tantôt retrancher de sa force propulsive à une même catégorie de messages.

Un milieu culturel ainsi entendu est beaucoup plus qu'un environnement sociologique, une atmosphère, un cadre extérieur (ce qu'est encore le milieu de Taine, celui qui attristait Nietzsche). Instance instituante, et non circonstance accessoire, il « centre » les diverses populations du discours, les satellise et les organise. Comme la biosphère, réalité limitée et variable, est le berceau de la vie, chaque culture se meut dans un oxygène communicatif à couches multiples, berceau de la vie symbolique d'une époque. Il s'agit d'une structure à la fois technique et institutionnelle, avec ses modes dominants et ses réseaux dominés, son axe principal et ses voies secondaires, l'enchevêtrement compliqué mais descriptible de ses filières de diffusion, centres de stockage, types de circulation. Cet ensemble organique détermine vers l'amont une certaine facture de crédibilité, à laquelle tout ce qui sera appelé à dominer, à une époque et dans une société donnée, empruntera sa couleur et son ton. Facture de Loi (divine), de mythe, de dogme, de lois (objectives), de thèses, de thèmes, d'opinions, appelant à ce titre un mode d'adhésion différent, une organisation différente des récepteurs. Car on ne se regroupe pas de la même manière sous un code d'Hammourabi ou de Moïse, une mythologie grecque, une religion apostolique, un système savant, une « vision du monde », une musique de fond, une majorité numérique. Mieux qu'un style : cette découpe sonore qui permet de dater, de singulariser ou de regrouper, au sein d'une accumulation aléatoire de messages, des espèces d'individus dissemblables et pourtant homogènes, comme le sont des contemporains, frères ennemis et pourtant, à leur insu, frères. Nous verrons sur l'exemple du socialisme que la disparition d'une médiasphère donnée détermine la déchéance des idéologies sociales qu'elle nourrissait et abritait, du statut de forces vivantes d'organisation, à celui de formes survivantes ou moribondes.

Une médiasphère a pour armature un certain outillage communicatif. C'est son substrat, son ossature. Tout en déterminant un dispositif d'autorité dans l'ordre politique, il fixe une hiérarchie de lieux et milieux de sociabilité intellectuelle, le lieu dominant étant le lieu de la plus forte communication publique (et donc de la plus grande concurrence entre producteurs de messages), là où l'acoustique et la visibilité sociales sont les meilleures. Ces sites d'excellence sont les « ateliers de l'esprit » produits par chaque étape de l'histoire des transmissions et dont une coupe au présent, dans la structure médiologique d'une société, montrerait la superposition, qui est celle des âges de la communication : forum, prétoire, monastère, collège, église, château, palais, cour, salon, café, club, société, loge, université, journal, studio, plateau, etc. À chacun de ces points stratégiques a correspondu un genre littéraire, un idiome, une profession, une caste, une thématique, disons une certaine « aura » située et datée.

Cet outillage communicatif entretient et supporte des communautés de mémoire, qui sont autant de gardiens des messages passés. Une médiasphère fonctionne comme la grande gardienne de ces petits gardiens. Un milieu culturel vivant est une synthèse de traditions vivantes ; il n'est lui-même qu'un opérateur de tradition, une tradition en acte, une voie de passage entre les morts et les vivants. C'est dire combien cette notion peut éclairer « la personnalité culturelle » d'une époque et son évolution. Je distingue personnellement, depuis l'invention de l'écriture, trois grandes périodes climatiques, trois médiasphères au sens large : la logosphère, la graphosphère et la vidéosphère. Nous en reparlerons plus précisément à la fin, avec les « trois âges ».

LE SYSTÈME TRANSMISSIONS/TRANSPORTS

Une médiasphère organise un espace/temps particulier, c'est-à-dire qu'elle se caractérise par un régime de vitesses techniquement déterminé mais intellectuellement et socialement déterminant. Mémorisation des traces et locomotion des hommes ne sont pas vraiment séparables. La médiologie a devant elle une tâche immense, encore peu explorée (sinon par Catherine Bertho, Paul

Virilio et quelques autres) : articuler une histoire des révolutions des transmissions avec celle des révolutions du transport. Il y a une solidarité de fait entre le télégraphe électrique et le chemin de fer, le téléphone et l'automobile, la radio et l'avion, la télévision et la fusée spatiale. Un rapport chronologique et culturel. Comme il y a des atlas historiques, on pourrait imaginer des atlas médiologiques, reconstituant les mondes, les géographies construites par chaque système de communication, et l'on verrait peut-être comment les délais d'acheminement et de voyage modifient simultanément l'espace à la fois imaginaire et réel, fantasmé et effectif, des humains. Il est vrai qu'à partir de 1848, *grosso modo*, la vitesse de circulation des messages change d'ordre de grandeur, par rapport à celle des personnes. Mais, même après ce décrochage capital dû au télégraphe électrique qui va bouleverser de place en place les règles du jeu diplomatique et stratégique, on ne peut séparer les vitesses de la trace de celles des hommes. À défaut de quoi nous continuerons d'oublier la durée dans le traitement des territoires. On ne vit pas la France de la même manière selon que l'hexagone a une hauteur de trente jours à cheval ou qu'il est « un carré d'une heure trente de côté » avec *Airbus*. Ni le monde, selon que la planète a trois ans (Magellan) ou une journée (*Boeing*) de circonférence. On ne pense pas de la même manière en France et sur la planète, ce n'est plus la même France ni la même planète. Changement de percepts, changement de concepts. L'*esse est percipi* vaut pour le monde extérieur, et un *cogitare percipere est* vaudrait autant pour notre monde intellectuel. Je ne *pense* pas de la même façon, je n'ai pas les mêmes pensées sur le monde et son histoire selon que je *vois* le paysage défiler à 5, 30, 300, ou 2000 kilomètres à l'heure. Selon que je circule en litière comme un sénateur romain ou Richelieu, en chaise à porteurs comme Boileau, en coche d'eau comme madame de Sévigné, en chariot branlant ou en carrosse à glaces et portières comme au XVIIIe siècle, en calèche découverte avec capote, comme au début du XIXe siècle, en cabriolet, en berline, en coupé, etc. Nous ne mettons plus trois mois pour aller de Paris à Rome, aussi bien n'écrivons-nous plus comme Montaigne. Casanova écrit plus rapidement parce qu'il va plus vite. Pas beaucoup plus. En trois siècles la vitesse des personnes en déplacement normal n'a augmenté que d'un coefficient 3 (de 2,5 km/h en coche d'eau à 9,5 km/h en diligence ; 330 heures pour Paris-Toulouse en

1650, 80 en 1848). Mais Montaigne ne pourrait pas « suivre » Morand. Celui-ci vit l'espace sur un autre régime de temps. *Percipere*, c'est plus que percevoir ; c'est s'emparer de, recueillir, éprouver, se pénétrer de. Changement de vitesse de défilement, changement de style mais aussi d'affects, de volontés, de rêveries et d'ambitions chez celui qui traverse. Changement d'homme. Ce n'est pas le même homme social qui se déplace à pied, à cheval, en diligence, en voiture, en avion, demain en fusée. C'est l'homme-piéton, l'homme-cheval, l'homme-diligence, l'homme-train, etc. Ce n'est pas le même monde qu'il traverse, et ce ne sont pas les mêmes pensées qui le traversent. Si « penser c'est passer », elles varient avec les vitesses de passage. Les chercheurs en robotique et en intelligence artificielle, qui savent qu'il n'y a pas d'adaptabilité sans capteurs de données, s'aperçoivent de plus en plus que c'est la relation à l'extérieur qui crée l'intelligence, relation active et non statique. L'analyse des contours d'objets ne suffit pas à faire une information pertinente pour un robot, car toute information doit s'analyser en fonction d'une action, d'un mouvement, d'un trajet. On comprend mieux pourquoi « les voyages forment la jeunesse », et « les idées viennent en marchant ». Pourquoi la vue d'un torrent est plus stimulante pour l'esprit que celle d'un étang. N'ayons pas, somme toute, une conception véhiculaire du véhicule, comme les humanistes à l'ancienne ont une conception instrumentale de la communication.

L'étude des mentalités, comme celle des genres littéraires et des savoirs, a sans doute trop mis la tête en valeur et pas assez les jambes. L'étude des messages, elle, s'occupe trop du texte et pas assez de la poste. Toutes les diffusions culturelles ont une infrastructure viale, ports et voies impériales romaines pour le christianisme, ports et navigation pour la Renaissance, routes et fleuves d'Europe pour la Réforme, comme les Ponts et Chaussées pour la diffusion des Lumières en France et en Europe, etc. On lit, par exemple, de fort jolis essais sur l'art épistolaire comme exercice d'intersubjectivité entre un scripteur et un destinataire, artifice rhétorique, subterfuge, etc., qui ne disent pas un mot du port des lettres et des services de messageries en vigueur. Faut-il rappeler que cet usage culturel moderne suppose un réseau postal, soit, d'un côté, un pouvoir central fort (seul capable d'entretenir, de financer et de surveiller une infrastructure permanente d'acheminements, hommes, chevaux et routes) et, de l'autre, des animaux de selle, non des bêtes de trait, donc un élevage, une cavalerie militaire, une armée. Empire romain, monarchie ou république, qui ne fait pas la guerre, des légions ou des hussards, des routes pavées ou de terre, ne peut s'offrir un Pline ni une madame de Sévigné ni un Voltaire. Sans ces équipements collectifs, pas de génies de la missive.

Nous sommes là encore victimes des cloisonnements disciplinaires. Nous classons la révolution des communications du côté de l'histoire ou de la culture, celles des transports côté commerce, économie ou géographie urbaine. Force est de constater que l'histoire des moyens de transport apparaît encore comme un parent pauvre de l'histoire « noble ». Elle est tenue peut-être pour anecdotique ou accessoire. Comme si une révolution dans les transports, la modification d'un tracé de route ou de chemin de fer, une diminution des délais ne modifiaient pas autant la carte et la vie culturelles d'un pays que sa carte et sa vie économiques.

LA NOUVELLE LUTTE POUR LE TEMPS

L'essor culturel, qui est échange, commerce, marché, a toujours dépendu de la géographie physique qui assigne les lieux de confluence des marchandises, des nouvelles, des innovations, aux carrefours privilégiés par la nature que sont les ports, estuaires, couloirs, deltas, etc. Ces sites localisent les têtes de réseau de l'accumulation culturelle, les phares de la créativité, comme embouchures et débouchés des grandes voies de communication. Le bond vers l'ubiquité, qui commence au milieu du siècle dernier, permet de s'affranchir peu à peu de cette donne physique ainsi que des distances naturelles. Cet affranchissement des messageries libère une séquence d'accélérations progressives qui semble atteindre aujourd'hui son point critique. Les transports sont un accélérateur d'intelligence ; ils peuvent en devenir le fossoyeur. Une culture peut mourir par léthargie, dans l'immobilisation des hommes et des messages ; mais la frénésie peut être aussi mortelle, par un autre tour d'entropie. Une médiasphère qui fait du « vite » le synonyme du « mieux » peut découvrir à un certain moment que le « trop vite » est synonyme du « pire ». La lecture rapide inventée en Amérique, c'est une façon de dire : puisqu'on peut gagner du temps dans le technique, pourquoi n'en gagnerait-on pas dans la culture ? Le *Concorde* traverse l'Atlantique en trois heures et demie, mais il faudra toujours quinze jours pour lire *Guerre et Paix*. Et neuf mois pour faire un enfant dans un ventre (prêté ou non). Le problème est de savoir si des gens qui s'habituent aux rythmes de la technique peuvent ou non conserver l'habitude des rythmes de la mémoire. Il y a des temps incompressibles dans l'ordre de la formation professionnelle — l'apprentissage, l'assimilation, la fermentation, la maturation, etc. — comme il y en a dans la nature. La culture écrite est, à cet égard, du côté de ce qui pousse, des cycles cosmiques et saisonniers de la végétation et de la croissance, et non du côté de ce qui se fabrique, en atelier ou en usine. Il y a des technologies de l'intelligence et des industries de la culture, mais il y a quelque chose d'irréductiblement paysan dans la connaissance comme dans l'être-ensemble, qui n'appartient pas à la *techné* mais à la *physis*, ou, si l'on préfère, au temps biologique et non au temps industriel. On ne peut pas raccourcir le temps d'exécution d'une symphonie, d'écriture d'un roman, de lecture de *Bhâgavad-Gîtâ* comme on raccourcit le trajet Paris-Barcelone ou les délais de fabrication d'une voiture. Se libérer de la tyrannie des distances pour tomber sous celle du « temps réel » peut mettre en péril la durabilité de la trace, de ses chiffrages, ou la survie du loisir qui est au cœur de toute culture.

« Car le temps manque, notait Lucien Febvre dans sa *Civilisation de l'écrit*. À notre époque de lutte pour la vie, chacun, absorbé par ses occupations, n'a guère de loisirs. Pour prendre connaissance d'un article, même court, il faut de longues minutes. Pour regarder un dessin, un croquis, une photo, il suffit de quelques secondes. » Faizant a pris, au *Figaro*, la succession de Sennep, mais c'est Plantu, et tant mieux pour nous, qui fait l'« édito » du *Monde*, en un clin d'œil. Serait-il monté en « une » d'un journal traditionnellement sans images, comme *Le Monde*, sans la concurrence du médium hégémonique, la télévision, sans le bain d'images publicitaires à code incorporé et déchiffrement instantané qui fait le nouveau paysage urbain ? Chaque médiasphère se décline au quotidien dans un emploi du temps instinctif, presque automatiquement distribué par la gamme des vitesses ambiantes. Nous allons spontanément au plus court. Il était « naturel » pour un honnête homme de 1880 de consacrer une heure à la lecture de ses quotidiens ; ce qui nous semblerait aujourd'hui exorbitant, vu l'encombrement des lignes, la prolifération des messages et le raccourcissement obligé des délais de décodage. Du point de vue épidémique, la brièveté du message devient un facteur concurrentiel de plus en plus décisif, et, comme il y a un aérodynamisme des véhicules, il y a une *chonodynamique* des représentations qui l'adapte à la saturation ou la pollution du milieu de transmission. Le compact, le concentré, la miniaturisation des formats sont aujourd'hui des impératifs logistiques pour le frayage des voies de pénétration. Il y a une rhétorique du bref propre à l'audiovisuel, qui est l'inverse de la rhétorique du nombre et de l'amplification propre aux transmissions tribunitiennes de l'oralité captive. De façon générale, la question du temps devient de plus en plus cruciale, à l'arrivée, pour le consommateur ; pour le distributeur aussi, qui sait qu'un livre a une espérance de vie de plus en plus courte (quelques semaines). Elle ne l'est pas pour le producteur, qui fait fi de l'engorgement des canaux ; car si chaque écrivain, qui met des années à polir ses phrases, se représentait par avance son chef-d'œuvre imprimé noyé parmi les vingt mille autres titres annuels de littérature générale, et balayé des librairies au bout de quelques jours (quelques semaines en cas de succès), il se découragerait peut-être avant de tenter l'aventure. Mais nous, pauvres usagers, nous sommes bien forcés de distinguer entre les donneurs et les preneurs de temps. Un four à micro-ondes est un cadeau béni : il nous donne du temps en plus. Une thèse de doctorat est plus embarrassante : elle nous enlèvera deux jours de vie, ou plutôt il nous faudra deux jours d'attention pour savoir si elle contenait du temps à perdre ou à gagner, si sa lecture nous a augmentés ou alourdis. C'est un risque de plus en plus difficile à courir. Dans la jungle des égoïsmes, la lutte pour la survie individuelle consiste à se défendre des ponctions de loisirs qu'opèrent sur leurs voisins et concurrents les grands prédateurs. L'auteur vaguement ami qui vous envoie son pavé gentiment dédicacé paraît vous faire une politesse. Comme il attend de vous que vous le lisiez et vous blâmera de ne pas lui en rendre compte sous huitaine, il procède en réalité à une prise d'otage. Le chantage s'énonce ainsi : si vous ne me donnez pas plusieurs jours de votre existence, je vous chasse de la mienne. Laissez-vous arraisonner ou je vous balance. Esclave ou ennemi, *tertium non datur*. Avec la graphomanie généralisée et la saturation des ondes, les prélèvements obligatoires de la sociabilité culturelle ont certainement, dans notre petit milieu intellectuel, atteint un point limite.

Une médiasphère a beau être le produit, le dépôt d'une multitude de réseaux de diffusion spécialisés, chacun doté de son coefficient d'inertie, elle forme un tout, et il est assez périlleux de débrancher idéalement une partie de ce tout. Le tort de la plupart des réflexions sur l'école républicaine (les miennes incluses), c'est de la considérer isolément des autres modes de transmission et de *locomotion*, comme une institution dont les vertus et les résultats seraient intrinsèques, hors milieu. Cela, c'est ce qu'ils doivent être en droit. Peuvent-ils l'être encore en fait ? Il faut défendre les droits du droit à ne pas tenir compte des conditions de fait, mais sans se cacher les difficultés du décalage. L'école comme le Parlement (court-circuité par la culture du chiffre et de l'image), ou la forme-parti sont des bases d'opérations intellectuelles nécessairement *lentes*. Comment préserver des poches de médiations difficiles et ralenties dans un milieu à médiations faciles et ultra-rapides ? La crise contemporaine de l'école est née, entre autres facteurs, de la distorsion entre la lenteur naturelle inhérente à l'instruction, qui est maturation et éclosion, et l'accélération technique des diffusions ambiantes. Distorsion entre l'écrit et l'écran, entre une technologie de la lettre à rythmes lents et des images-sons ultra-rapides. Distorsion entre le monde des œuvres et celui des documents, entre le principe de réalité et le principe de plaisir, entre les transmissions compliquées d'héritage et les réceptions instantanées de l'ambiance. Sans doute ne peut-on, ne doit-on pas confondre information et formation, « savoir que » et savoir. Un professeur n'est pas un émetteur, un élève n'est pas un récepteur, une connaissance n'est pas un renseignement, la vérité n'est pas une donnée. Il n'y a pas de banques de vérités possibles au bout d'un terminal, comme il y a des banques de données boursières, policières, documentaires, etc. Mais un micromilieu de flux à temps long, de médiations prolongées et interpersonnelles, se trouve décalé au sein d'un univers (technique et mental) de déplacements à grande vitesse, où l'immédiateté est non seulement un idéal collectif mais une expérience individuelle (avec ses flashes d'informations, ses retransmissions sportives en direct, ses T.G.V., ses accès sur écran « on line » aux données numérisées, etc.). La question est sérieuse, car quoique l'école soit tout le contraire d'un mass-média, elle reste un médium à part entière, et dans une médiasphère, système d'interactions, la place et le rôle de chaque forme de transmission sont fonction de l'ensemble et de chacune des autres. Une médiasphère est bien une *structure* où le tout détermine les parties.

MÉDIOLOGIE DU MONOTHÉISME

Il est des sciences où « les instruments sont des théories matérialisées » (Bachelard). Nombre d'idéologies peuvent être lues comme des *milieux de déplacement théorisés*. C'est pourquoi il faut aborder l'histoire des idées et des mythes par la géographie, car un peuple a d'abord la culture (et pas seulement la diplomatie) de sa géographie, la temporalité de son espace, l'intelligence de son habitat. Quand on examine les facteurs de milieu qui ont permis par exemple l'avènement du monothéisme, il faut donner au milieu sa dimension physique originaire. On dira alors : comme le polythéisme suppose le semis urbain hellénistique, le monothéisme est la culture la mieux adaptée au désert et à la guerre du désert.

Vous savez que le médiologue regarde vers le bas, et surtout quand il faut expliquer ce qu'il y a de plus haut. Il regarde par terre pour comprendre le ciel, comme si les clefs du paradis étaient dans la géologie. Quoi de plus sublime que l'invention du « Dieu le Seul et l'Unique », quel plus haut sommet de la pensée que la trouée historique du judaïsme ? Il est bien légitime que cette religion sans magie, où Dieu parle à l'esprit et non aux yeux, où le pouvoir magique de création, plus exactement, est réservé au seul Dieu, suscite chez nous tous une admiration sans bornes. Mais je ne peux suivre M. Jean Bottéro qui voit dans la naissance de Dieu « une des plus brillantes et inattendues trouvailles de l'esprit humain » ; et ce pour deux raisons. La première a trait à « trouvailles », qui est mieux que « découverte », mais enfin, on ne trouve que ce qu'on a cherché et le peuple hébreu n'aurait pas, lui aussi, cherché Yahvé s'il ne l'avait déjà trouvé. Je veux dire que l'expérience monothéiste à précédé l'abstraction du monothéisme, que la solution a précédé le problème. Il est plausible que, loin d'opter pour le monothéisme au terme d'une délibération spirituelle, en soupesant le pour et le contre, on l'ait épousé parce qu'on ne pouvait pas faire autrement. L'enracinement par le haut est une idée géniale, mais si vous admettez l'axiome d'incomplétude, vous ne vous étonnerez pas complètement qu'un peuple déraciné de son sol, à ras de sable, se réordonne aux racines du ciel. La seconde raison a trait à « l'esprit ». J'incline à penser que Dieu n'est pas dans l'esprit de l'homme, mais dans ses jambes. L'homme, me semble-t-il, croit d'abord avec ses pieds, la tête suit ; Dieu, en marchant, lui est monté à la tête.

Comment expliquer qu'un aussi petit peuple, en nombre et en puissance, ait pu concevoir une aussi grande chose que l'Être suprême et transcendant ? Parce qu'il en a eu la Révélation, répond le croyant, point final. Cela s'appelle une pétition de principe ; elle est respectable, mais ne convainc que les convaincus. L'historien raisonnable, en dehors de toute foi préconçue, répond, lui, par le facteur temps. Le monothéisme, dit-il, est lié au progrès de l'esprit humain. Le monothéisme, il est vrai, ne se trouve pas au commencement de l'histoire des religions, mais plutôt vers la fin. Mais s'il faut le penser en termes d'évolution, les Babyloniens, qui ont inventé l'astronomie, et les Grecs, qui ont inventé les mathématiques et la philosophie, auraient aussi inventé le Dieu unique. Ils n'étaient pas intellectuellement sous-développés par rapport aux Hébreux.

Le père de la psychanalyse a répondu par le père et le meurtre du père dans la horde primitive, vous connaissez le schéma. Mais tous les hommes ont un père et il y a eu beaucoup de sociétés patriarcales dans l'histoire de l'humanité. Si l'origine de l'idée de Dieu est dans l'image du père tout-puissant, on n'explique pas pourquoi l'idée est née là plutôt qu'ailleurs.

On peut aussi répondre, et c'est ma réponse personnelle : l'homme est un animal religieux *en tant que territorial*, car l'incomplétude stipule qu'aucun territoire ne se ferme à l'horizontale. Reste à spécifier le principe formel, l'invariant logique de la transcendance comme opérateur nécessaire de fermeture, en éclairant les variations concrètes du « besoin religieux ». Disons que les animaux domestiques, sédentaires, citadins, n'ont pas les mêmes besoins de transcendance que leurs congénères nomades, pauvres hères, sans maisons ni céréales, « brigands-vagabonds », pasteurs ou guerriers du désert. Tous les hommes ont l'expérience du sacré mais les *via sacra* qui *viabilisent* l'ineffable dépendent pour beaucoup du milieu de vie. Je formule ici l'hypothèse que le monothéisme est une culture de pauvreté liée à l'itinérance en milieu désertique. Le mobile a fait le noble, non l'inverse. Je ne dis pas du tout, entendons-nous bien, que le désert favorise l'hallucination et que la Révélation mosaïque ne serait qu'un mirage élaboré et traduit en mots. Je dis tout simplement que le désert qui dépouille de l'accessoire déleste aussi des accessoires ; que les dieux mésopotamiens étaient des personnes réelles très encombrantes ; et que le Dieu unique et transcendant est le plus fonctionnel des articles de voyage. Gabarit zéro. Avec l'Absolu sans visage, vous voyagerez léger et loin. Vous pourrez plier bagage à la première alerte.

Je suppose que la différence pertinente Israël/Babylone n'est pas celle du pointu et du mastoc, du génial et de l'ordinaire, mais du mobile et de l'immobile. Le monothéiste est nomade, mais tous les nomades, me direz-vous, ne sont pas monothéistes. Je ne parle pas des déprédateurs saisonniers (comme les Esquimaux, les Pygmées ou les Indiens chasseurs). Je ne parle pas non plus du nomadisme pastoral des prébédouins (poussant leurs ânes, bœufs ou chèvres dans un milieu semi-aride, ou leurs troupeaux de rennes dans la toundra, comme les Lapons ou les Samoyèdes). Je parle plutôt du grand nomadisme pastoral agressif qui s'est développé en milieu franchement aride, non méditerranéen, à partir du IIe millénaire avant Jésus-Christ, après la domestication du cheval et du dromadaire. Le déséquilibre ressources/population suscite alors, avec la lutte pour la survie, une personnalité collective souvent décrite, qui a ses incidences religieuses : état de crise permanente, généalogies patrilinéaires, prédominance des chefs de guerre et des valeurs de virilité. La vie sédentaire sépare les unités familiales en les fixant au sol, crée des riches et des pauvres, par accumulation ponctuelle des stocks alimentaires, puis des biens. En revanche, tout est en commun dans la communauté nomade. Un pour tous, tous pour Un.

Le rameau abrahamique (XVIIIe-XVIe siècle av. J.-C.) a poussé et fleuri dans la steppe syro-arabe par trente-cinq degrés à l'ombre. Porté par les neveux d'Adam, les fils non de Caïn, cultivateur sédentaire et fondateur des villes, mais d'Abel, le pasteur. Le nomade qui vit sous la tente ne peut s'embarrasser d'autels ou d'effigies.

La culture du désert ne connaît ni statuaire ni architecture. Comment imaginer un Panthéon pliable et portatif ? Comment un fuyard pourrait-il se coltiner les dieux immobiliers du sédentaire, tous ces impedimenta qui exigeraient des moyens de transport qu'il n'a pas, et qui, s'il venait à s'en doter (chariots, etc.), l'empêcheraient de lever le camp aisément et de faire du hors-piste pour échapper aux poursuites. L'iconoclaste va plus vite que l'idolâtre : il n'a rien à porter. Un fétiche crée une dépendance, un attirail ; c'est un risque. Le monothéisme dans ces conditions, c'est l'encombrement théologique minimal pour un maximum de vélocité. Le maximum de sens dans le minimum de place, fourni par un Dieu dont l'incommensurable immensité permet précisément la miniaturisation textuelle, offre des chances de survie que les pesantes panoplies de la superstition diminueraient dangereusement. N'oublions pas la précarité où vivent tous les hérauts du Dieu unique, condition commune favorisant les transvasements d'un point de l'histoire à un autre. Abraham est parti d'Ur en catastrophe ; Moïse, « ce cheik de bédouins errants et misérables », d'Égypte. Jésus, de Nazareth. Mahomet, de Médine. Tous des bannis sans feu ni lieu, et donc avec loi et foi, qui doivent déguerpir et échapper aux recherches sous peine de mort. Les maîtres mots de l'Ancien Testament : Exil, Fuite, Exode. Donc, emporter le strict nécesaire, le passe-partout, l'invisible. Dans le plus simple appareil nominatif, Yahvé, sans voyelles, un symbole. Législatif : le Décalogue. Liturgique : un coffre en bois d'acacia de 1 mètre de long et 70 centimères de large, portable à l'aide de barres de bois, au milieu de la colonne en marche, soit un meuble de grande tente appelé l'Arche. Le symbole, c'est plus léger que l'icône, qui l'est plus que l'indice (comme est la statue ou l'ex-voto). Soit la logistique idéale du pourchassé. Du persécuté.

Déterritorialisé = dématérialisé. Territorialisé = empâté. Le Dieu sans chair est celui des proscrits. Les ancêtres d'Abraham étaient idolâtres, ils adoraient le dieu « El », attaché à un sanctuaire palestinien, le génie du lieu. Le risque pour l'idolâtre, c'est de changer de dieu à chaque fois qu'il change de lieu, par courtoisie, opportunisme ou force. D'où le procès des idoles et l'intérêt d'avoir son propre dieu, un dieu à soi, qu'on amène et remporte avec soi. Le Dieu des prophètes est celui qui « accompagne Israël dans sa *marche* », et qui menace de disparaître dès qu'Israël s'arrête ou s'installe quelque part. Gyrovague, il marche *en avant* et montre le chemin, tel un feu dans la nuit ou une colonne de fumée le jour. Après la conquête de Canaan, par exemple, Israël abandonne Yahvé pour « les Baals et les Astartés » (Juges, X, 6). Rechute dans l'urbanité banalement babylonienne, dans la religion close de la Cité antique, effet d'enceinte, avec ses dieux qui se battent pour elle, avec elle. Et comment les prophètes rappellent-ils les sédentarisés à l'ordre du Dieu de course, à l'ordre divin du parcours sans fin ? En les « ramenant au désert » pour « retrouver l'élan » (Osée). Dieu, c'est toujours celui qui conduit au désert, ou y ramène les alourdis. Bergson disait dans les *Deux Sources* que la fonction essentielle de l'univers était d'être « une machine à faire les dieux ». L'exode est une machine à défaire les dieux de pierre et de couleurs, à les dissoudre dans la pure pensée de l'Unique.

Les grands voyages, c'est comme les guerres. Ils sont toujours plus difficiles à terminer qu'à commencer. Disons qu'Israël a su inventer la moins mauvaise des fins, la plus immatérielle des aires d'atterrissage : le culte du texte écrit. Le Deutéronome a finalement fait correspondre à l'unicité de Yahvé l'unicité d'un lieu de culte, Jérusalem. Le Deutéronome dit la loi seconde, qui décline en la diminuant le code premier. Comme le docteur du VIe siècle décline le prophète du IXe siècle qui suit la révélation de Moïse. Visions, paroles, écrits. Le prophète énonce la Loi en parlant pour l'Autre, le docteur interprète le texte de la Loi. Prophète, prédication, codification. Du nabi au lettré en passant par le maître, la médiation se solidifie, s'épaissit, mais de l'épaisseur d'un rouleau de Thora, encore assez mince pour que l'Esprit y souffle et la soulève, mais déjà assez épaisse pour exiger une exégèse.

Pour qu'on ne nous accuse pas trop vite de « réduire le supérieur à l'inférieur », précisons une fois encore que la notion de milieu périme les causalités mécaniques, linéaires. Une espèce ne se déduit pas d'un milieu, et il va de soi que tous les grands nomades ne deviennent pas monothéistes. Le désert n'engendre pas automatiquement le monothéisme, il en est le terrain d'éclosion le plus favorable. La condition qui le rend possible, non nécessaire. En quoi ces considérations médiologiques ne sauraient diminuer les mérites de la fabuleuse invention : un dieu portatif.

De même le principe « une espèce, une niche » ne signifie pas que l'espèce ne peut se conserver ni séduire hors niche. Les milieux de pensée passent, la pensée reste. Nous ne vivons plus sous la tente, mais nous squattérisons fort bien le Dieu d'Abraham et de Jacob. Les mathématiques aussi ont quitté sans dommage le petit canton grec. Dieu a résisté à la sédentarisation et à l'automobile, le scénario au changement du décor qui a inspiré et favorisé sa conception. Les idées en effet ne sont pas des charrues, et si une production symbolique se réduisait à une infrastructure matérielle, nous ne pourrions plus comprendre la Bible, lire saint Augustin avec profit, ni regarder avec émotion une statue de Michel-Ange. Souvenez-vous des « deux histoires en une » que j'évoquais au début de ce cours. Le fruit intellectuel d'un milieu technique obsolète ne disparaît pas avec lui. Il passe de la deuxième à la première histoire. Heureusement pour nous, il n'y a pas de progrès dans l'histoire de l'art, de la religion et du lien politique. C'est bien pourquoi il y a une culture humaine et une seule, comme l'humanité demeure une à travers toutes les populations humaines.

L'ENCASTREMENT DES MÉDIASPHÈRES

Il y avait neuf cents documents dans les archives de Charles V et il y en a à peu près onze millions à la Bibliothèque nationale. Ce n'est plus la même bibliothèque, mais les neuf cents, ou leurs copies, sont toujours en stock. Une bibliothèque grandit comme un arbre ou une ville, autour d'un cœur. Ainsi des médiasphères.

Les écosystèmes s'emboîtent dans la culture comme ils le font dans la nature ; et chaque médiasphère est elle-même l'emboîtement des sphères précédentes, imbriquées les unes dans les autres, avec des parties vivantes et des parties survivantes. Il en résulte des systèmes instables et de plus en plus complexes, au fur et à mesure que se superposent ou sédimentent, dans d'orageuses coexistences, les générations successives de médias. Les médiasphères ne se succèdent pas en se chassant l'une l'autre, et pourtant chacune a son unité propre, sa personnalité.

Les naïfs pourfendeurs de « la bulle McLuhan » se font toujours une joie de moquer la naïveté des pythies qui annonçaient à l'époque du cinéma muet le remplacement de Sire le Mot par Sa Majesté l'Image. La « galaxie Edison-Lumière-Marconi », disent-ils, n'a pas éclipsé la « galaxie Gutenberg ». Voyez : on n'a jamais autant écrit, ni publié. Ils ont parfaitement raison. Le tiers des collections de la Bibliothèque nationale y est entré après 1945, 95 % des archives des entreprises sont à support papier, et les grandes bureaucraties (Vatican, Europe, O.N.U., etc.) croulent sous les imprimés. C'est un fait. Le cinéma n'a pas tué le théâtre, l'avion n'a pas tué le train, ni la télé le journal. Ni le fax la carte postale de nos grand-mères. Voilà une réflexion profonde. Ajoutons que l'informatique ne nous a pas enlevé nos stylos, ni la bicyclette nos coureurs à pied. Toute la question est de savoir si les propriétés de chaque mode de transmission, les pratiques et les rôles sociaux qu'il supporte restent les mêmes, après chaque mutation. Notre-Dame est toujours au cœur de Paris (et sans doute plus visible, mieux dégagée qu'au XVe siècle). Mais elle n'est plus dans le cœur du Parisien.

Il n'y a jamais de coupure absolue, bien sûr. Pas plus aujourd'hui entre « l'ère McLuhan » et « l'ère Gutenberg » qu'hier entre cette dernière et l'ère des enlumineurs. La culture de l'imprimé ne s'est pas substituée un beau matin à la culture de l'image, ou le monde des textes au monde des gestes. Le bois gravé et la taille-douce ont permis de fabriquer de beaux livres d'images, et un univers de textes imprimés peut nourrir toute une culture orale, par la lecture à haute voix de l'écrit aux non-liseurs, la lecture en famille, au café, etc. Sancho a continué d'opposer ses divagations orales aux citations et récitations livresques de Don Quichotte, comme les frères prêcheurs ont continué de prêcher, les confesseurs de confesser de bouche à oreille, les commères leurs commérages, les courtisans leurs chuchotis, les acteurs leurs tirades, les avocats leurs plaidoiries, les professeurs leurs cours et les conteurs leurs contes. Des manuscrits circulaient encore à l'âge de l'imprimé, et la lecture silencieuse ne naît même pas avec Gutenberg, mais, Roger Chartier et d'autres nous en assurent, avec la séparation des mots dans l'écriture des copistes, au début du XIe siècle. De même, la lecture rapide ne date-t-elle pas du président Kennedy. Elle naît d'une certaine manière avec la page de titre, vers 1530, publicité première manière, et avec la standardisation des chapitres, après celle des signes, qui suppriment les subtiles hiérarchies typographiques des scoliastes. En bref, une chose est le matériau, autre chose son appropriation sociale. De même ne peut-on déduire directement un mode de pensée individuel d'un mode de traitement de l'information. Le sens historique d'un médium n'est pas immédiatement inclus dans sa configuration sensible. Si cela était, des sociétés semblablement équipées seraient dotées de cultures semblables et nous n'aurions plus besoin d'historiens pour rendre raison des différences.

Ces objections à l'abstraction techniciste sont plus que fondées. Elles n'enlèvent rien au fait qu'une nouvelle médiasphère marque un changement de portage général. Une transformation des médias existants, qui ne résistent à la mutation qu'à la condition de muter eux-mêmes. Un nouveau régime de temporalité, de stress, de prestige, de dominance et de hiérarchie. Si vous voulez savoir comment s'ordonne notre médiasphère actuelle, déguisez-vous en président de la République et invitez à déjeuner le patron de la première chaîne, le président de Radio-France, le directeur d'un grand quotidien, un célèbre éditeur, un professeur émérite à la Sorbonne, un influent chroniqueur littéraire et une présentatrice de télévision. Supposez la table ronde, pour obvier aux hiérarchies protocolaires liées au plan de table. Mesurez les temps de parole tels qu'ils vont spontanément se répartir entre les convives, observez les champs de force des regards, qui coupe la parole à qui, qui s'adresse à qui, répond ou non aux questions, et vous obtiendrez votre *médiagramme*, ou tableau des puissances comparées des différents modes de transmission incarnés par ces personnages sociaux.

Si quelqu'un vous dit qu'il n'y a rien de nouveau sous le soleil de l'esprit public, notamment depuis la révolution des droits de l'homme, demandez-lui pourquoi les insurgés du droit ne s'orientent pas de la même façon dans une même ville selon que le pouvoir sur les esprits se prend par tel ou tel vecteur. En 1848, les révolutionnaires de Budapest sont morts pour occuper une imprimerie ; en 1956, ils ont délaissé les journaux et sont morts pour prendre la radio ; et en 1989, ils ont délaissé les radios pour se saisir, sans coup férir, de la télévision. Pourtant, il y a toujours des journaux et des livres à Budapest, et même beaucoup plus qu'en 1848.

Soyons pédants. Dans la salle à manger de l'Élysée, vous avez une coupe *synchronique* de notre médiasphère européenne, et dans les rues de Budapest, une coupe *diachronique*.

En termes quantitatifs, Gutenberg ne cesse de creuser l'écart en sa faveur. Chacun sait que l'audiovisuel est un iceberg dont les parties immergées sont à base d'écrits, scénarios, scripts, commentaires, pièces, etc. ; qu'il faut bien de la littérature pour nourrir nos productions d'images ; et que la vedette du petit écran qui nous parle l'actualité chaque soir, avec émotion et vibrato, lit en réalité les mots écrits par d'autres dans son téléprompteur. Conclusion : la télé, Hertz, les satellites de communication n'ont rien changé ? Ce serait, me semble-t-il, qualitativement risqué. Lucien Febvre, observant l'évolution physique du livre entre les deux guerres, remarquait le moment où l'image, cessant de se tenir pour une illustration de l'imprimé, tendait à jouer le rôle du signe, comme quelques millénaires auparavant le signe s'était substitué à elle. Avez-vous remarqué que les gens du signe, bien plus nombreux que les gens d'image, en dehors de leur niche propre (édition, université), leur ont cédé le pas ? Jadis, les premiers faisaient travailler les seconds, à leurs conditions. Aujourd'hui, les gens d'image sont en amont, et recrutent écrivains, documentalistes, scénaristes, *speech-writers*, « créatifs », professeurs, comme les chevaliers d'antan leurs valets d'armes ou les chefs d'entreprise leurs secrétaires de direction. Il est vrai que beaucoup de porte-signes passent, eux, à l'image avec armes et bagages. Un normalien, une normalienne lettres émérite peut aujourd'hui renoncer à l'enseignement et aux bibliothèques pour passer le concours de la Fondation européenne des métiers de l'image et du son (F.E.M.I.S) : cas impensable il y a trente ans.

*

L'homme est le seul vivant que les morts habitent, et plus il est civilisé, plus il en porte dans son esprit. L'humanité, disait Auguste Comte, se compose de plus de morts que de vivants. Et elle gagne en culture lorsque s'accroît, parmi nous, le nombre des absents. L'écriture, qui rend la parole capable de traverser l'espace et le temps, fut longtemps le seul outil de survie des disparus, et donc d'humanisation de l'homme. Longtemps, on a pu dire : *verba volant, scripta manent*. Le son vit mais le trait survit. Et poser un signe d'égalité entre la culture et le signe. Puis est venue la cire du phonogramme qui archive les sons, la photographie qui stocke les visages perdus. L'enregistrement magnétique qui conserve les flux d'information. Le magnétoscope qui peut mettre du présent en réserve, avec ses cassettes de temps différé. Le laser optique qui promet de mirobolantes, quoique coûteuses, accumulations. Ce sont là des outils de culture, si la culture consiste toujours à prendre le parti des morts contre, et finalement pour, les vivants. Le paradoxe de notre vidéosphère, c'est que nous puissions posséder les meilleurs instruments de la résurrection et du voyage dans le temps, et qu'il nous soit de plus en plus difficile de nous arracher au présent de la vie.

NEUVIÈME LEÇON

VIE ET MORT D'UN ÉCOSYSTÈME : LE SOCIALISME

Au pied de la lettre

L'hélice génétique

Le Petit Livre rouge

Alma mater

Notre sacro-saint quotidien

La loi quantité/qualité : plus et pire

La prison, l'exil et le téléphone

Le grand Georges Sorel avait examiné au début de ce siècle la ruine du monde antique d'un point de vue marxiste. Il nous revient, pour boucler la boucle, d'examiner la ruine du monde marxiste d'un point de vue antique. Ou plutôt, rassemblant, bien au-delà du marxisme proprement dit, les *membra disjecta* de ce mémorable épisode de l'humanité contemporaine, d'aborder le socialisme comme une religion sociale parmi d'autres, une séquence dans un très long métrage, en nous limitant donc au phénomène de propagation. Sans s'étendre sur le plus ou moins de valeur intrinsèque de telle ou telle branche du chêne abattu, on visera ici la racine de toutes ces ramifications doctrinales, de Fourier à Marx, d'Owen à Mao, de Babeuf à Blum. À savoir un socle médiologique commun. Un socle, ou un *cycle*, à replacer dans le cycle Gutenberg arrivé à échéance.

Les leaders socialistes d'aujourd'hui exaltent à l'envi les bons rapports du socialisme et de l'écologie. Ils ont bien raison mais ils auraient tort d'ignorer l'écologie du socialisme lui-même. Sans quoi ils perdront leur « isme » en chemin sans même s'en apercevoir.

AU PIED DE LA LETTRE

De quel socialisme allons-nous parler ? Pas du Mouvement ouvrier en lui-même, syndicalisme et main-d'œuvre industrielle entre 1840 et 1980. Pas non plus des diverses doctrines socialistes d'un point de vue théorique. Je considère un écosystème historique, soit un ensemble formé par des hommes, des outils de transmission et des institutions. Chacun de ces éléments est distinct mais n'en dépend pas moins des deux autres. Des hommes : militants, dirigeants, théoriciens. Des outils : école, journal, livre. Des institutions : associations, sectes, partis. Cet écosystème forme un biotope déterminé, ou plutôt un *sociotope*, milieu de vie, de pensée, et de reproduction des deux. Le tiers exclu par les idéologues et les historiens, à savoir le milieu professionnel du *typo*, a fait la jonction entre la théorie prolétarienne et la condition ouvrière ou, si vous n'y croyez pas, entre la chimère et la réalité. Tel fut le meilleur moyen — technique — d'intellectualiser le prolétaire et de prolétariser l'intellectuel, double mouvement constitutif du « Mouvement ouvrier ». Qu'est-ce qu'un typo en effet sinon, comme le dit Jacques Cellard, en évoquant le défunt univers des *protes* (le premier d'imprimerie), des *chefs de conscience* (responsable des compositeurs payés à la journée), des *paquetiers d'honneur* (qui met les lignes en paquets), un « ouvrier savant ou un savant "ouvrier" [1] » Et quel est l'idéal et le pivot du socialisme sinon ce type humain, cet écotype historique, qui s'appellera plus tard « le prolétaire conscient » ou « l'ouvrier d'avant-garde » ? La médiologie, vous le savez, ne s'intéresse pas aux idéologies mais à ce qui les rend possibles. Le sublime apostolat du Grand Soir, comme les autres, je le prendrai donc une fois de plus par le petit bout, qui me semble le bon. Ma thèse sera la suivante : pas de militants sans institutions, mais pas d'institutions politiques sans l'outillage matériel correspondant. En l'occurrence, les métiers de la Lettre. À vérifier dans les faits.

Quand commence notre cycle ? Pour la France, à peu près au lendemain de la révolution de Juillet (1830). Vous trouverez dans l'admirable *Nuit des prolétaires* de Rancière la version romanesque ou cinématographique, c'est-à-dire la réalité humaine vécue correspondante à la naissance de ce milieu, avec la grandeur, la naïveté, la souffrance de cette lutte quotidienne contre la servitude et l'abrutissement. Soit la naissance du saint-simonisme organisé un soir

1. Eugène Boutmy, *Dictionnaire de l'argot des typographes* (1883), réédité en 1979, par les Insolites, libraire-éditeur, avec une préface de Jacques Cellard.

d'hiver 1831 avec la rencontre à Paris du menuisier Gauny et du teneur de livres Thierry. La communion générale de la Famille saint-simonienne organise la propagande par quartiers avec des directeurs d'arrondissement chargés de l'enseignement des ouvriers. Soit la réunion tâtonnante de chapeliers, drapiers, brocheuses, ébénistes, carreleurs, etc., avec des commis aux écritures, imprimeurs, graveurs et fondeurs en caractères, chargés de cours et surtout de la fabrication du journal. Qui sera d'abord *Le Globe*, puis *La Ruche populaire*, puis *L'Union*, etc. Quand s'achève-t-il ? Pour la France, dans les années qui ont suivi la révolution de Mai 1968, laquelle marque sans doute l'an I de la vidéosphère (les calendriers se font toujours après coup). Mais le cycle socialiste — un siècle et demi — est je crois à replacer dans une ère plus vaste, celle de la graphosphère (voir le tableau pp. 388-389). Réforme, République, Révolution, les trois enfants de la Lettre et du Papier, les trois générations des « victimes du Livre » (Vallès). Les trois peuples du Livre laïque. Disons que la révolution du livre a ouvert le livre moderne des révolutions d'idées, dont le premier chapitre s'appelle la Réforme, le second la République (les grands républicains du XIXe siècle, en France, sont pour la plupart protestants), le troisième la Sociale (le Midi républicain, chez nous, engendre le Midi rouge, et les mises en scène des premiers congrès socialistes accrochent le drapeau rouge au buste de Marianne).

Allons au-delà du cas français. Le judaïsme a l'âge du manuscrit sur rouleau de papyrus, mais on comprend comment le culte socialiste de l'imprimé a pu aider, dans toute l'Europe, au transfert du messianisme biblique sur le matérialisme historique. La mystique juive de l'écriture s'est reportée sur le culte du texte partagé par les deux communautés (du moins jusqu'au sionisme). L'universalisme est impossible dans l'oralité et c'est bien la sacralisation du mot écrit, de préférence au mot dit, qui a facilité le passage du commentaire de la Loi de Dieu à celui des lois de l'histoire, ou, si vous préférez, du phylactère à la banderole et de la Torah au *Capital*. Le rôle éminent joué par les juifs dans la culture socialiste et communiste de notre siècle, particulièrement en Europe centrale, berceau du marxisme intellectuel, peut s'interpréter médiologiquement comme une réactivation *sui generis* de la logosphère abrahamique par la graphosphère moderne (voir la Douzième leçon). Ou du premier peuple du Livre par le dernier. Ce n'était pas le même Livre, mais juifs et marxistes avaient la Lettre en commun, ce qui soude déjà une certaine communauté de culture, sinon de destin.

En règle générale, la propagation marxiste a tous les traits d'un retard historique à l'alphabétisation. En Europe de l'Ouest, le germe marxiste s'est répandu en pays catholique et mal alphabétisé, à forte rémanence féodale et rurale, en s'accrochant à des institutions d'autorité qui ne pouvaient lui servir de repoussoirs sans lui servir de modèles (État ou Église). Considéré en lui-même, l'*opus* marxien était de souche rhénane et de frappe luthérienne ; mais le marxisme institué est devenu romain, en aval : idolâtre ou imagier, centraliste, clérical. Autriche, Portugal, Italie, Espagne, France, Belgique. Quand il n'a pas été imposé par la force des armes, comme dans l'Est européen après 1945, le marxisme occidental s'est propagé par ses propres moyens dans les blancs du protestantisme parce qu'il était lui-même une Réforme retardée. Un enfant de vieux. Le petit dernier de Gutenberg. Il n'y a donc pas solution médiologique de continuité *fondamentale* entre 1529, 1789 et 1917. Même acharnement littéraire, mêmes vecteurs, même « guidage ». Luther, Condorcet et Lénine partagent la position de « correcteur d'épreuves », qui traduit une orthodoxie restreinte en organisation large. Ils rédigent, diffusent, soumettent leur texte à la critique des faits mais un original écrit fait critère et référence. Au-delà de la teneur plus ou moins livresque d'une culture, il s'agit d'un rapport qui a uni pendant quatre siècles une certaine façon de noter avec une certaine façon de se conduire — rapport sensible à l'espace et au temps définissant, comme transcendantal pratique, l'unité interne d'une époque de l'esprit humain.

Déplacement des césures à vol d'oiseau, qui peut en faire crier plus d'un, sans doute. En tout cas, Benjamin Franklin et Rétif de la Bretonne, au cœur des Lumières, faisaient le même métier, avec les mêmes outils, que les premiers porteurs de l'utopie ouvrière, Saint-Simon, Proudhon et tant d'autres. République et socialisme ont la même matrice technologique. Entre 1830 et 1900, on « entrait en imprimerie » comme on « entre en religion », et on entrait en religion en entrant en socialisme. Et c'était la même religion, d'écriture et de lecture. Elle ne fut pas seulement propre aux utopistes des catacombes. Les partages admis du type secte/parti ou bien prophète/dirigeant, élucubration/science objective, ne résistent pas à l'examen des moyens et méthodes de transmission. Pas de coupure entre « socialisme utopique » et « socialisme scientifique », mais entre l'âge des socialismes et anarchismes d'une part, et le nôtre. Ce qui fait époque, c'est la tradition elle-même, soit la préservation d'un même espace de pratiques missionnaires et pastorales, labeurs d'imprimerie, harangues, prédications à domicile, etc. C'est cette petite médiasphère qui fait l'unité de la période, et non la couleur noire, rose ou rouge des jetons de présence. Les antagonismes entre libertaires et étatistes jouent comme un leurre en masquant la solidarité profonde des procédés qui ont permis à une doctrine de prendre corps, d'organiser une collectivité militante (école, secte, fédération, parti, internationale). Commun dominateur des *opus*, le médiüm envisagé comme *modus operandi* rend aux « idéologies » leur vérité comme techniques de transmission décalquées en doctrines et ritualisées en institutions. Le socialisme en Occident fut le dernier triomphalisme du Livre. Le triomphalisme de la télévision sera plutôt de type libéral.

L'HÉLICE GÉNÉTIQUE

Le *mot* de socialisme a pour père inventeur le génial Pierre Leroux, né en 1797. Comme le dit si bien Jérôme Peignot, son biographe, « le typographe donne aux mots leur poids de plomb ». Après avoir fait *l'École* (Polytechnique), ce Français fils de limonadiers se fit *prote*, et il inventa le pianotype, nouveau procédé typographique. Il fut ensuite gérant de *journal* (*Le Globe*, 1824). Après quoi, cet ami de George Sand et de Sainte-Beuve s'en alla installer son *imprimerie* dans la Creuse et regroupa autour de lui une petite communauté de disciples/fidèles/lecteurs. Lorsqu'il mourut à Paris (1871), la Commune lui rendit les honneurs. Trajectoire emblématique. Le cycle à venir y est annoncé en entier. Le socialisme est né avec un brevet d'imprimerie autour du cou.

La spirale *Livre-Journal-École* est « l'hélice génétique » de la République comme du « Mouvement ouvrier » qui lui a fait suite. Ce *schéma organisateur* dessine d'abord une aire de pratiques culturelles avant de diverger en programmes politiques. Le champ d'exercices détermine une échelle de valeurs communes à la mère et au rejeton. Le socialisme européen fut bien une mentalité mais d'abord une formation artisanale ; une mystique, mais d'abord une technique. Et donc une période précise de l'histoire : 1864, fondation de la Première Internationale à Londres. 1866, fondation de la Ligue de l'enseignement à Paris. 1867, Marinoni invente chez nous la rotative (qui décuple le tirage des journaux). « La classe ouvrière au XIXe siècle a trois aspirations, note Pierre Bruno, un contremaître, dans ses mémoires parus au lendemain de la guerre de 1870 : la première consiste à combattre l'ignorance, la seconde à combattre la misère, la troisième à s'aider les uns les autres [1]. » La plus importante, qui conditionne les deux autres, est la lutte contre l'ignorance, elle-même en tout point solidaire des idéaux et moyens de la Raison analytique et graphique. La technostructure socialiste, culturelle, politique et militaire s'est dressée, à l'orée du XIXe siècle, sur le petit cap de l'Asie (Allemagne, Angleterre, France) et sur un caractère de plomb, libérant une gerbe d'auteurs, de publicistes et d'instituteurs, dont l'« entreglose » polémique a fait la vie du mouvement ouvrier international à travers quatre Internationales successives. Le socialisme ouvrier fut un être de Raison, *déduit* du Livre, *conduit* par l'école et *traduit* par le journal. Typos, intellos et pédagos étaient les trois piliers du milieu socialiste parce que tel était le trépied médiatique. Qu'y avait-il dans la « maison du peuple » ? Une bibliothèque, un journal, des cours du soir, une conférence. Il y a toujours des estrades, des livres et des journaux. Mais l'axe central des transmissions s'est décalé, et avec lui cet ensemble de fêtes, de prestiges et de valeurs qui donnait au livre, à l'instituteur, au savant conférencier des universités populaires leur *aura*. Le responsable socialiste est comme un prêtre qui aurait gardé ses tabernacles et ses ciboires mais perdu ses hosties, ses fidèles et la foi.

Le socialisme, son nom l'indique, était un culte collectif et non individualiste. Il supposait donc des liens d'oralité forte : harangue de meeting, discours de congrès, conférence. Jaurès au Pré-Saint-Gervais, Lénine sur la place Rouge, Léon Blum à Tours ou place de la Nation, en 1936, sont des hommes sans micro, qui s'époumonent et s'exténuent à parler fort devant une foule d'audi-

1. Georges DUVEAU, *La Pensée ouvrière sur l'éducation pendant la Seconde République et le Second Empire*, Paris, Donnat, 1947.

teurs. Il est vrai que la lecture silencieuse, comme l'écriture elle-même, est un exercice individualiste et « antisocial » (il faut s'isoler pour lire). Un journal à l'ancienne est une équipe et une production collégiale, mais sa lecture est plutôt individuelle. Seule l'école suppose une réception collective. Mais il semble qu'on puisse appliquer aux porte-parole du socialisme ce qu'on a dit des réformateurs, qu'ils ne se reposaient pas moins sur la chaire que sur les presses et sur la célébration en commun que sur la lecture privative : leur parole, leur éloquence, leur rhétorique comme leur vocabulaire sont marqués par une culture livresque et une longue familiarité avec la trace écrite. Même leurs improvisations publiques sentent le liseur et le docteur. La République est une culture délibérative de type parlementaire et, en France du moins, les leaders socialistes ont été de grands parlementaires, des orateurs de tribune, solidaires et produits de la tradition républicaine, qui suppose elle-même une rhétorique d'assemblée. Mais leur rhétorique à eux est tenue par l'écrit, qui seul fait vraiment loi aux yeux des militants et à leurs propres yeux.

La preuve : amoindrissez le livre, diminuez le journal, humiliez l'école, et l'inspiration s'en va. L'art, avec les principes. La grâce, avec les rites. Le socialisme institué à ce jour n'a pas seulement égaré sa doctrine mais les moyens d'en avoir une, c'est-à-dire ses médias d'organisation. Si la politique qu'il mène ici et là ne s'inspire plus d'une pensée repérable, et archivée, s'il est a-doctrinal et a-théorique, ce n'est pas ou pas seulement en raison d'abandons ou de défaillances humaines mais à cause du « progrès scientifique et technique ».

« Depuis 1789, l'idée seule est la force et le salut des prolétaires. Ils lui ont dû toutes leurs victoires », écrivait Blanqui (l'un de ceux qui ont fait passer l'idée de 89 à la Commune). La pratique de l'abstraction est l'abc de l'apprentissage militant. D'abord, parce que les notions de prolétariat et de bourgeoisie, comme celles de force de travail, plus-value, rapports de production, etc., qui les sous-tendent dans la variante marxiste, n'ont pas de réalité sensible : elles ne se voient ni ne s'entendent, et de cela jamais on ne peut dire « c'est dans la boîte ». Ensuite, parce que, projet ou mythe, la Révolution comme devoir-être, c'est l'immédiat nié, rayé, transcendé. Le présent surmonté. Comme discours logique et entreprise morale, l'utopie socialiste n'exige pas seulement un apprentissage fondé sur la lecture, et la controverse par écrit, mais une rupture intime avec « le mouvement de la vie » et un acte de foi dans les puissances de l'analyse conceptuelle, une conversion à tous les opérateurs logiques qui se tournent vers les belles et bonnes images pour les « décomposer » en éléments premiers, abstraits, invisibles (comme l'est « l'exploitation »). Déchiffrage, rechiffrage. Exercices de négativité. L'écriture socialise la mémoire individuelle, la lecture individualise la mémoire sociale. Ce mouvement pendulaire entretient le désir d'histoire en creusant des possibles dans le présent, des arrière et des avant-plans. La mémoire, quand il fait froid et que le temps est long, c'est ce qui permet de ne pas être seul. Mémoire alphabétique. Au sens hégélien, où l'alphabet fait éclater le corps sensible des choses et de la langue elle-même. « Il s'ensuit qu'apprendre à lire et à écrire une écriture alphabétique doit être regardé comme un moyen de culture infini que l'on n'apprécie pas assez ; parce qu'ainsi l'esprit, s'éloignant du concret sensible, dirige son attention sur le moment le plus formel, le mot sonore et ses éléments abstraits, et contribue de manière essentielle à fonder et à purifier dans le sujet le sol de l'intériorité [1]. » Tous les hommes d'action révolutionnaire que j'ai personnellement approchés, de Che Guevara à Pham Van Dong, en passant par Castro (non l'autocrate mais le rebelle d'antan), et sans même parler des trotskistes, ces encyclopédies ambulantes, étaient des liseurs acharnés, maniaques des vieux bouquins et réfractaires aux images. Un hégélien se l'expliquerait par ceci que la lecture entraîne au décrochage critique et à l'anticipation utopique, étant donné qu'« il n'est de science que du caché » et d'avenir que par « répétition » du passé. L'abstraction ouvre à l'action, comme la remémoration à l'innovation. Nous sommes devenus si familiers du médiathème : « Assez de ces doctrinaires qui ne nous parlent que du passé » — poncif anti-rétro garant du taux d'écoute minimal — que nous confondons tous spontanément histoire et chronologie. Nous tenons pour un paradoxe ce truisme que les grands modernisateurs inaugurent leur carrière par un bond en arrière, et qu'une renaissance procède par retour au passé, renaissance du révolu et donc révolution. Colomb a découvert l'Amérique en bibliothèque, en scrutant grimoires et

1. G. F. Hegel, *Encyclopédie*, § 459. Analyse du passage *in* J. Derrida, *De la grammatologie*, Paris, 1967, pp. 36-45.

cosmographes. Les humanistes, après lui, ne s'émerveillent pas des Indes occidentales récemment découvertes — dont personne alors ne se préoccupe —, mais s'empressent de remonter à Platon et Origène. L'Ancien Régime ne fut pas renversé en France par des zélateurs des Montgolfier et de Washington, mais de Lycurgue et de Caton. Chateaubriand et Hugo révolutionnent la littérature avec les Goths et les ruines, Nietzsche enjambe Jules Verne par les présocratiques et Freud ressasse Eschyle. Vous comprenez pourquoi un homme de culture, quand il entend parler de nouveauté, sort son revolver. Ce n'est qu'un premier mouvement, mais c'est pour défendre les droits de l'avenir à advenir.

Le malheur des révolutionnaires, c'est qu'ils sont un peu plus héritiers que les autres. Embarras médiologique. Toute culture est en principe et en général un système de mesures conservatoires, et les hommes de mémoire écrite que sont les médiateurs de la Sociale sont des *conservateurs professionnels*. Ces bibliophiles forcés dépendent plus que d'autres des techniques de tradition littérale, car ainsi sont faits les outils d'analyse. Il n'y a pas plus de transmissibilité d'un legs d'idées que d'« essence irradiante du vrai ». Il y a dans l'histoire de bons et de mauvais milieux porteurs d'abstractions comme il y a en physique des corps plus ou moins conducteurs d'électricité. Le geste révolutionnaire par excellence commence par une nostalgie, retour à un texte oublié, un idéal perdu. À la racine du *re* de Réforme, République et Révolution, ce *re* du recommencement, de la répétition, de la relecture, il y a le mouvement d'une main qui feuillette des pages, *de la fin vers le début*. Une main qui presse un bouton (la moviola rembobine la bande à volonté, le magnétoscope aussi, mais va toujours d'arrière en avant) ne sera jamais une main dangereuse pour les gens en place.

L'archive serait l'élément de l'histoire comme pratique ; l'actualité, l'élément de l'histoire comme spectacle. La trajectoire du communisme ? Une histoire d'archivistes et de vieux papiers. Je parle, bien sûr, de l'utopie révolutionnaire, non de la dictature bureaucratique. L'invention livresque d'un spécialiste du droit féodal, Gracchus Babeuf, qui l'a tirée de Rousseau, de Mably et d'antiques parchemins. Acte de naissance : la compulsation d'une liasse d'anciens titres de propriété. Acte de décès : la télé-vision des dernières nouvelles. Une longue espérance — deux siècles — qui zigzague à travers les dépôts de l'écrit. Michelet : « Mon histoire de la Révolution française est née au sein des archives. Je l'écris, dans ce dépôt central. » Des hommes ont fait la navette entre les textes, les textes entre des hommes. Comme pour l'histoire de la République française, le mythe engendre des actes qui engendrent des mythes, et le transport des récits fait les transports populaires. Effets des histoires de Rome sur la Révolution française. De l'*Histoire des Girondins* de Lamartine, de l'*Histoire de la Révolution française* de Louis Blanc sur les quarante-huitards. Des *Misérables* sur la Commune. De *Quatre-vingt-treize* sur l'avènement de la IIIe République. Et papa Clemenceau amène à Paris son jeune fiston visiter le grand Père Hugo... Ainsi, pour l'histoire mondiale du communisme, le relais a-t-il couru un siècle durant de Vendôme à Hu-nan, de la *Société des Égaux* fondée par un feudiste, Gracchus Babeuf, à la *Société des Nouveaux Citoyens* fondée par un jeune bibliothécaire, Mao Tsê-Tung. Babeuf est décapité à Vendôme en 1797, Mao Tsê-Tung naît à Chao-Shan en 1893 : à l'autre bout de la terre mais à un tout petit siècle d'écart. Buonarroti (1761-1837), d'un an plus vieux que Babeuf (1760-1797), échappe à la police du Directoire et survivra quarante ans à son ami. Le temps de consigner et d'imprimer l'histoire vécue ensemble : en 1837, paraît l'opuscule de *La Conspiration pour l'Égalité dite de Babeuf* à Bruxelles, où Marx se réfugie en 1845, après son expulsion de Paris par Guizot. Bruxelles où Marx trouve son premier apôtre en la personne d'un archiviste, Gigot. Dès la Restauration, l'exil bruxellois fonctionne comme plaque tournante. Le babouviste Buonarroti rencontre là les anciens conventionnels, Barère et Vadier. Ces proscrits organiseront les *ventes* des carbonari, terreau des futures sociétés secrètes de la monarchie de Juillet, d'où naîtra la *Ligue des Justes*, dont Marx en 1848 fera la *Ligue des Communistes*... Avec deux délégués de Blanqui — « la tête et le cœur du Parti prolétaire en France ». Trente-neuf ans de prison et quatre condamnations à mort. « L'enfermé » (1805-1881) par qui se fait le passage du jacobinisme au socialisme, de 93 à la Commune ; qui transmet le flambeau à Vaillant, en qui se fondent les deux traditions (patriotique et marxiste), qui le passera lui-même à Jaurès, lequel signait sa rubrique littéraire, dans *La Dépêche de Toulouse*, « le liseur », auquel succède Blum, le critique littéraire de *La Revue blanche*. Marx comparait son travail à celui d'un tube digestif : absorber du papier imprimé et rejeter du manuscrit. La tradition socialiste fait de même. Marathon olympique où la lueur d'une lettre — luciole plus que flamme — se transmet de coureur en coureur. Et qui fait du révolutionnaire un transitaire, un coursier des lettres comme si le cœur du message résidait dans sa transmission de la tombe à l'outre-tombe, de l'ancêtre au jeunot. Camille Desmoulins, Babeuf, Buonarroti, Blanqui, Vaillant, Jaurès, Blum, Daniel Mayer et la suite, jusqu'au Mitterrand de 1981 : le télégraphe a fonctionné sur les sommets avec ces hommes sémaphores. Sans oublier, dans les vallées, à la base, deux siècles de bouche à oreille, des grand-mères aux bambins. « Mon enfance regorge de récits sur la longue marche des pauvres à travers le temps, témoigne un ancien de chez nous, Gérard Belloin. Ces histoires surgissaient à propos d'un morceau de pain jeté, d'un fond de culotte malmené, d'un reste de soupe laissé dans une assiette (...). On tenait les faits de la grand-mère, qui elle-même en avait entendu parler par... Comme ces ruisseaux souterrains dont on n'arrive pas à rétablir les cours parce qu'à un endroit leurs eaux semblent définitivement se perdre mais résurgissent plus loin, la chronique de la misère paysanne ignorait la plupart de ses sources. Mais elle n'avait cessé de cheminer souterrainement elle aussi, portée par un peuple d'anonymes, chaque génération confiant le dit de sa misère à la suivante... Elle se faisait plus ou moins insistante mais ne se retirait jamais tout à fait. Elle brouillait constamment les rapports passé/présent. Une certaine manière de parler des difficultés du passé n'était-elle pas aussi une manière d'attirer l'attention sur celles d'aujourd'hui ? Cela est arrivé il y a longtemps ? Oh, oui, mon enfant, il y a très longtemps. Est-ce si sûr ? Que veut dire longtemps pour un enfant [1] ? » Et ainsi de fil en aiguille, jusqu'au jour où le « présentateur » couvre la voix des grand-mères, interrompant la transmission. Tranchés, les fils de la mémoire, le sens dynastique des pauvres d'antan. Nos Parques à nous, on ne les voit pas, parce qu'elles travaillent en plein jour.

1. Gérard Belloin, *Nos rêves, camarades*, Paris, Éd. du Seuil, 1979.

LE PETIT LIVRE ROUGE

La Bibliothèque des Temps Nouveaux. La Librairie du Travail. La Bibliothèque socialiste. Jalons? Emblèmes? Oui, mais d'abord creusets. Anarchistes, proudhoniens, léninistes, réformistes, possibilistes, peu importe ici. À la clef, l'aristocratie du plomb, héritière de l'âge d'or des Plantin, Estienne, Didot, etc. Saint-Simon, copiste, correcteur d'imprimerie, employé de librairie. Proudhon, ouvrier typographe. Pablo Iglesias aussi, le fondateur du Parti socialiste espagnol (1850-1925). Allemane aussi. Monatte, Rosmer... C'est un typographe-journaliste espagnol, Mesa, qui, exilé à Paris, transmet à Jules Guesde, le « sergent instructeur et recruteur » du socialisme français, l'héritage de la Première Internationale. Dans la France de Louis-Philippe comme dans le Chili de Pinochet (où la première grève ouvrière, en 1979, est celle des ouvriers du Livre). Commune ascendance de l'anarchisme et du socialisme — frères ennemis d'une même famille. Anars et socialos ont repris en chœur, à leur insu, le mot d'ordre de Luther dans sa lettre « aux conseillers de toutes les villes du pays allemand » (1524) : n'épargner ni peine ni argent pour installer partout « de bonnes librairies ou bibliothèques ». Opuscules, articles, journaux, suppléments littéraires — c'est toute leur vie. Évangile commun aux fils de Marx et de Bakounine : lire et faire lire. Partout où ils passent, ils laissent une bibliothèque (l'historien anglais Hobsbawm, par exemple, pour la période de 1890-1905, a pu très exactement mesurer les degrés de pénétration du marxisme dans les divers pays d'Europe en comparant le nombre des publications annuelles, et l'indice recoupe le nombre d'adhérents des différents partis socialistes en voie de constitution). Avant la grève, le tract. La bataille après 1848 commence avec des in-folio et s'allège en brochures portatives — abrégés, adresses, manuels, catéchismes. L'agit-prop s'élargit après 1880 aux quotidiens, s'épanouit après 1930 en maisons d'édition et se recroqueville après 1970 en controverses de revues (1971 : fermeture du *Populaire*, le quotidien socialiste français). Ronéo et stencils faisaient encore hier partie de l'équipement léger du secrétaire de cellule et de section. Entre socialistes et communistes, les batailles de lutrin et les batailles à coups de poing se mènent de front et les camps se démarquent, après le congrès de Tours, sur les réseaux de diffusion des Grands Textes[1].

Les anciennes religions du Livre pratiquent le Livre unique et grandiose. Le socialisme moderne exige la production continue de petits livres, livrets, brochures, abrégés, prospectus, tous ces diminutifs que le Journal, médium majeur, a engendré dans la forme-Livre.

Les ordonnances du Père Enfantin, en 1832, prescrivaient à chacun des saint-simoniens de Ménilmontant, entre les travaux du jardin et ceux de la cuisine, de se consacrer jour après jour à la rédaction d'un grand livre collectif sur l'avenir de l'humanité. Les communiqués du bureau politique du P.C.F. ont appelé chaque année pendant un demi-siècle « l'ensemble des communistes » à se mobiliser de toute urgence pour la sauvegarde du livre menacé — bataille directement politique. On est passé de la confiance à l'inquiétude, non sans raison.

La liturgie du flambleau a eu sa version piétiste, prédicante. Hugo au travailleur illettré :

1. Les éditions Costes (socialisantes) éditent à partir des années vingt les œuvres, de préférence économiques, de Marx. Les E.S.I. (Éditions sociales internationales) et le B.E. (Bureau d'Édition) répliquent avec les œuvres complètes de Lénine. Vers 1928, la revue *Clarté* glisse au trotskisme, *Le Monde* au confusionnisme. Épouvante. Que faire ? D'autres revues. *La Revue de psychologie concrète* (Politzer) et *La Revue marxiste* (Lefebvre, Rapoport, etc.). Les librairies de chaque parti entament alors la course au fonds. Lorsque l'Internationale communiste, après le ve Congrès, décide de remettre de l'ordre dans le foutoir français, elle entame le remaniement de la direction par la reprise en main des services d'édition et d'éducation du parti. C'est alors que le parti communiste enlève aux socialistes le monopole tacite de l'édition et de la diffusion des œuvres de Marx.

P.C.F., quelques dates repères. 1964 : dernière vente du Comité national des écrivains (C.N.E.). 1969 : fermeture des *Lettres françaises* (la Valse des adieux d'Aragon). 1978 : le Centre de diffusion du Livre et de la Presse confie sa distribution à la Sodis, filiale de Gallimard. (Le C.D.L.P. avait pour mission de distribuer, outre les revues mensuelles du parti, les ouvrages des Éditions sociales, des E.F.R., du Cercle d'Art, etc. Ses principaux clients : les fédérations du P.C. et leurs quarante librairies. La Sodis peut toucher 13 000 points de vente et bénéficie de l'informatique. Le C.D.L.P. ne pouvait toucher que 1 000 points de vente, par l'intermédiaire d'Odéon-Diffusion et du Groupement d'Édition du Livre pour des Collectivités.) 1979 : fermeture de la *Nouvelle Critique*, et remplacement annoncé des deux instituts de recherche théorique du parti (C.E.R.M. et Maurice-Thorez).

« ... Le livre, hostile au maître, est à ton avantage
Le livre a toujours pris fait et cause pour toi
La bibliothèque est un acte de foi (...)
As-tu donc oublié que ton libérateur,
C'est le livre ? Le livre est là sur la hauteur ;
Il luit ; parce qu'il brille et qu'il les illumine,
Il détruit l'échafaud, la guerre, la famine ;
Il parle, plus d'esclave et plus de paria... [1] »

Sa version conquérante aussi, gaiement insurrectionnelle avec Jules Vallès qui, annonçant à son éditeur « des épreuves à corriger dans quinze jours, et le bon à tirer dans deux mois », s'exclame : « J'ouvre les narines, je me gonfle. Le bon à tirer, cela équivaut au commandement de "feu" ! À la barricade, c'est le fusil passé à travers la persienne [2]. » Mais Hugo lui-même avait écrit : « Rien ne ressemble à la gueule d'un canon comme la bouche d'une bouteille d'encre [3]. » La bibliothèque est à la fois un camp retranché et un lieu de pèlerinage. Et le bibliothécaire, ultime recours et arbitre suprême. Dans les moments critiques, Jaurès et Blum se retournent vers Lucien Herr (qui a rédigé en partie le discours de Blum au congrès de Tours).

Après 1945, cet héroïsme alphabétique se déporte vers les pays du tiers monde avec lampe-tempête, cahiers et stylo bille. L'affranchissement par l'alphabet, la gigantomachie des Lumières et des ténèbres, la noire superstition peu à peu recouverte par des millions de blanches pages d'écoliers — cette symbolique à la Paul Éluard héritée du XIXe siècle occidental s'est réfugiée au milieu du XXe dans la lutte contre « l'Occident impérialiste ». Le premier acte d'une « révolution anticoloniale et antiféodale » parvenue au pouvoir, entre 1950 et 1980, c'était de lancer une campagne d'alphabétisation massive [4]. Et du *codex* rouge, la Chine maoïste s'est fait un talisman.

Après guerre, c'est à l'Est, ce grand conservatoire de formes révolues, que la graphosphère s'est immobilisée. Comme un musée de

1. Victor HUGO, *L'Année terrible* (1872), « À qui la faute ? ».
2. Jules VALLÈS, *L'Insurgé*.
3. Victor HUGO, *Œuvres complètes*, Paris, éd. Massin, 1968, t. VII, p. 678.
4. Avoir assisté et participé, à Cuba en 1961, à la campagne d'alphabétisation nationale qui a fait accéder au livre un million de paysans illettrés m'a fait toucher du doigt l'imaginaire progressiste du Livre. Belle expérience.

la Lettre, un grand gel des sources vives d'antan. Studieux et scolaire, le « socialisme réel » a l'âme typographique. Âme morte historiquement, mais esprit là-bas encore vivant. Si vous n'aimez pas les voyages, consultez les indicateurs de l'UNESCO : nombre de livres par habitant, nombre de bibliothèques publiques, dépenses des ménages, tirages moyens, indices de lecture, etc. Les pays communistes, où l'économie ahane et l'audiovisuel retarde, battent tous les records de papier imprimé. Si vous voyagez dans ces provinces au charme suranné, où notre XIXe siècle se survit à lui-même, vous verrez le culte du livre, l'idolâtrie populaire des écrivains (les stars russes sont des romanciers et des poètes, non des vedettes de la chanson et de l'écran), l'omniprésente dévoration du journal. Atrophie de l'image et du son, hypertrophie de l'écrit, dont la censure rehausse l'*aura*. Les partis-États prennent à ce point au sérieux la puissance des mots qu'ils l'encadrent et la surveillent, répression qui ne l'amoindrit pas et fait du samizdat une grenade explosive, conformément aux « meilleures » traditions tsaristes du XIXe siècle (le médiologue ne juge pas, il observe). Tout se répète, mais à l'envers. Et face aux nouveaux contrôleurs, l'intelligentsia russe d'aujourd'hui a repris son séculaire combat typographique, sa vieille besogne de taupes. Car que raconte-t-elle, cette longue histoire souterraine, depuis le *Kolokol* de Herzen (1855) jusqu'à l'*Iskra* de Lénine (1900) ? Des histoires d'imprimerie cachée, de feuilles clandestines, de livres sous le manteau. Comme Dostoïevski dans *Les Démons* où Netchaiev attire Ivanov dans son piège en l'envoyant déterrer une presse enterrée dans le jardin d'une école. À l'intérieur des mouvements d'opposition comme entre la dissidence et l'État, l'enjeu de la bataille c'était l'imprimé, condition du journal, premier outil de puissance. Ce qui distinguait d'ailleurs les cercles du populisme russe (ancêtres directs des cercles d'études et partis marxistes) des sociétés secrètes républicaines ou des carbonari d'Europe, c'était l'insistance sur l'organe de presse. Lénine se définissait comme *publiciste* (« Nous tous, théoriciens, ou je préférerais dire, en ce qui me concerne, *publicistes* de la social-démocratie... » — *Deux tactiques*, 1905), à l'instar de Tchernychevski et de Herzen, qui s'expatria à Londres pour y chercher des caractères cyrilliques, introuvables en Russie. Contrairement à l'ère brejnévienne, mieux organisée et donc moins sanglante que l'autocratie tsariste, la propagande par l'écrit précédait, et alternait avec, la propagande par le fait ; et en Russie, en 1880, la profession la plus immédiatement voisine de l'éditeur était celle de « terroriste ». Leitmotiv de la police tsariste : où est l'imprimerie ? la chaîne des passeurs ? le lieu d'expédition des feuilles (les centres de diffusion déménageant avec les centres de direction des organisations en exil). Figure clef des conspirations : le libraire, l'imprimeur. Une organisation clandestine commence par une imprimerie clandestine ; et le premier « Terre et Liberté » de Saint-Pétersbourg avait pour couverture « une société d'éditions et de librairies » et pour centre une librairie. Problème central : le transport (des feuilles clandestines ou des bombes) dans les valises des voyageurs.

Notons en passant combien les mœurs de famille du « socialisme réel » étaient étrangères au Cambodge de Pol Pot, et la mystique urbaine de l'alphabétisation et de la scolarisation à cette mystique sauvage de l'analphabétisme campagnard. Les Khmers rouges ont dit : le livre et l'école pour personne. À Phnom Penh, ils ont saccagé les imprimeries, les bibliothèques, fermé l'université, puis les lycées. Seul moyen de diffusion pour l'Angkar : la radio. Un parti sans journal ! Dans la jungle pol-potienne tout fait système : le massacre des lettrés, étant réputé intellectuel quiconque est passé par le secondaire (dix médecins survivants sur cinq cent cinquante) ; la xénophobie de principe ; le rejet de toute civilisation urbaine ; et la gérontophobie comme ligne politique (pas d'adhérents à l'Organisation de plus de 23 ans).

La fin du communisme à l'Est verra sans doute, avec la fin des censures d'État, l'extinction des dernières sociétés littéraires d'Europe, le triomphe du spectacle coûteux sur le livre bon marché, la baisse des tirages de classiques, etc., par intégration de la vieille culture européenne d'imprimerie à la « culture de masse » d'origine américaine. Le détournement totalitaire des Lumières, joint à la nouvelle imagerie mondiale, identifie comme émancipatrice la déroute de Diderot devant Disneyland. Elle l'est, bien sûr. Voilà bien une ironie de l'histoire. Victoire politique de l'humanisme, défaite culturelle des humanités. Une époque faste pour les télévisions et les publicitaires, sévère pour les libraires et les éditeurs, s'ouvre à l'est de l'Europe. L'enthousiasme des écrivains occidentaux devant les événements en cours ne saurait nous cacher qu'ils sont non moins propices à la liberté des hommes qu'à l'effacement de la lettre dans les messages, des écrivains dans la Cité et sans doute, à terme, de l'instruction publique. Il est vrai que cela vaut bien ceci.

ALMA MATER

Pourquoi en France l'histoire de l'école est-elle « surchargée de significations historiques et politiques » (Furet) ? Parce que l'histoire politique de la France est surchargée de significations scolaires.

Dans le répertoire de gauche, le *thème* de l'école devient la *bataille pour l'école*, comme celui du livre *la bataille du livre*. Chaque culture flatte ses flotteurs, et celle-là savait qu'il y allait là de sa survie. Qui se met à l'école d'une pensée socialiste — n'importe laquelle — devra d'abord absorber des pensées d'école. Le socialisme a été une pédagogie dégradée en vision du monde, et c'est au code du bon écolier qu'il a dû, un siècle durant, emprunter son code d'honneur militant : qui aura su braver l'ennui des classes en fera baver à l'ennemi de classe. En caricaturant : la culture sans l'école, en France, c'est la droite. L'école sans la culture, c'est la gauche. Quand, sous le Front populaire, les organisateurs de l'Expo de 37 décidèrent de mettre des légendes explicatives en bas des cimaises, *L'Action française* cria au pion et au cours du soir (Pascal Ory). Comme *Le Figaro* pour « la télé des instits » de 1981. « Primaire » est une injure de droite. « Snob » une injure de gauche.

Il y a eu des républicains radicaux avant l'école laïque, mais il n'y a pas eu de socialiste avant que certains maîtres soient en mesure de constituer des « écoles de pensée ». Non qu'on les ait attendus pour qu'apparaissent des fabriques et des prolétaires, des révoltes de canuts et des mutuelles ouvrières. Les *trade-unions* britanniques et « Force ouvrière » ne sont pas l'alpha et l'oméga. Une philanthropie éducative n'aurait accouché que d'universités populaires et d'écoles du soir ; mais sans projet d'éducation le socialisme se serait contenté de syndicats et de corporations. Or, il s'est créé, jadis, des partis, sur la foi de : il y a un instinct de classe mais le socialisme est une prise de conscience.

L'institution scolaire n'est donc pas ici d'incubation mais de production.

D'où la gravitation fascinée, héritée du souci républicain, autour de la relation pédagogique. « Une école qui s'ouvre est une prison qui se ferme. » La mystique de l'école émancipée/émancipatrice est un hommage rendu par le socialisme « ouvrier » à la République « bourgeoise » et le socialisme républicain en France a rendu l'âme lorsqu'il a cessé de considérer l'École comme la prunelle de ses yeux, critère et paradigme d'une société moins injuste.

Pensez seulement à la myriade de « Petit Chose », plus ou moins dévoués ou dévots, grands profs ou petits pions (de Jules Guesde à Guy Mollet, de Jaurès à Kanapa), qui ont fait jadis l'aller-retour entre l'estrade et la tribune. C'est eux les magistrats naturels du Mouvement. La Première Internationale ouvrière (1864) et la Ligue de l'Enseignement (1867) entremêlent leur personnel, leurs locaux, leurs journaux. L'Instruction publique est l'un des premiers soucis de la Commune, qui nomme aussitôt, en dépit du chaos administratif, une Commission et un Délégué à l'Enseignement, Édouard Vaillant. Revenu d'exil, « la synthèse faite homme » comptera parmi les maîtres d'œuvre de l'unité socialiste qui seront d'ailleurs à chaque étape (1879, 1899, 1905) des « Maîtres » tout court. Parmi eux, beaucoup d'animateurs de journaux, maniant la casse comme la craie parce que le journaliste alors et dans ce milieu relaye le magister au lieu de le nier (comme à présent). Benda lui-même, si peu militant dans sa *Trahison des clercs*, tenait le journal pour « l'unique, du moins le seul puissant des instruments d'éducation ». Louise Michel, déportée chez les Canaques, ouvre aussitôt une école à leur intention : si elle avait eu du papier et des caractères, elle aurait sans doute fait le premier journal de la Nouvelle-Calédonie. Dès sa naissance, en 1920, le parti communiste recruta ses meilleurs cadres d'appareil parmi les instits et les profs. De toutes les branches de l'Internationale syndicale rouge, la plus solide et la mieux implantée, entre les deux guerres mondiales, sera celle des travailleurs de l'enseignement dirigée par Georges Cogniot, mentor des dirigeants et latiniste pratiquant [1].

1. Les mémoires de Cogniot, *Parti pris I et II* (1976-1978), offrent une coupe saisissante de la médiasphère communiste. Hagiographie de la graphosphère. Normalien, professeur, rédacteur en chef de l'*Humanité*, dirigeant de l'Internationale des travailleurs de l'enseignement, animateur de « l'Université ouvrière », rapporteur du budget de l'Éducation nationale à la Chambre, secrétaire de Maurice Thorez et fondateur de l'Institut Maurice-Thorez, corapporteur d'un rapport sur *École et morale*, préfacier et conférencier classique.

La réalité militante et votante du « Mouvement ouvrier » correspondait finalement assez peu à l'ouvriérisme de référence. Même si l'idéal communiste, entre 1920 et 1960, c'était l'ouvrier autodidacte qui devient secrétaire de cellule, va à l'école fédérale puis centrale du parti, et finit en permanent dans l'appareil, il y a proportionnellement plus d'enseignants que d'ouvriers qui votaient hier pour les partis « ouvriers » (en 1978, 67 % des ouvriers mais 71 % des enseignants ont donné leurs suffrages à la gauche). Ces choses sont en train de changer (les Petits Chose aussi, qui ont vu la gauche à l'œuvre, et l'École se défaire).

Le mineur des charbonnages ancrait l'imaginaire communiste dans la première révolution industrielle. La figure du métallo dans la seconde. Mais l'instituteur, cet autre ouvrier qualifié du Progrès, avec sa modestie spartiate ou sentencieuse, révèle l'enracinement du socialisme organisé dans la culture préindustrielle des Lumières. Le vocable *d'instituteur* fut intronisé dans notre langue par un décret de la Convention (1794) sur proposition d'un pasteur protestant, Rabaut Saint-Étienne (derrière toutes les réformes de l'Éducation et quelle que soit la République, on trouvera un huguenot à la clef). Il fut retenu pour le plus noble et le plus solennel du vocabulaire politique, traduit qu'il était du latin : *instituere civitatem*, qui veut dire « fonder l'État ». Le magister était supposé exercer la première des magistratures civiques. À lui de fonder *in situ*, *in vivo*, la République et la nation, dont il serait dans chaque village du pays la vivante pierre. L'instituteur est devenu en 1889 un fonctionnaire d'État, et a été rayé des nomenclatures du ministère de l'Éducation en 1989. On dit : enseignant d'école primaire. De même ne parle-t-on plus, aux sommets de la République, de République mais de Démocratie. Les changements de terminologie ne sont jamais anodins. En 1974, le ministère de l'Éducation nationale a cessé d'être « nationale ». Quant à l'ancien Syndicat national des instituteurs, il rappelait en 1979, face à la montée des suicides d'enseignants, que « l'enseignement est l'une des professions qui détiennent le record des dépressions nerveuses[1] ». Le corps militant fut peu après atteint par la même dépression qui ravageait déjà le corps enseignant. Qui n'est plus support de rien ne se supporte

1. La section du Doubs du S.N.I.-P.E.G.C., à propos du suicide par le feu d'un jeune instituteur (3 novembre 1979).

plus soi-même. Quand l'essence d'une fonction s'épuise, un fonctionnaire, juge ou prof, témoigne de sa fidélité professionnelle en mettant fin à ses jours.

Sacerdoce partisan et sacerdoce scolaire sont apparus et ont disparu ensemble. « Va, petit missionnaire des idées nouvelles », dit le maître au disciple, le dirigeant au militant. Et il s'en va semer dans la nuit quelques graines de lumière. Interrogez les propagateurs d'idées de ce matin avant de sourire. L'ancien communiste Gérard Belloin, cet enfant des champs et des pages, autodidacte éclairé par la Résistance et qui nous a donné, avec ses souvenirs — *Nos rêves, camarades* —, un saisissant échantillon d'écologie militante : « Lorsque, à quatre ou cinq, nous passions la nuit à glisser sous les portes ou dans les boîtes aux lettres nos tracts, nous éprouvions, au retour, la joie de l'instituteur après sa leçon. » Il va par dévouement pur, non pour « monter » dans l'appareil. Pour que rejaillisse un peu sur son humble personne le respect qu'il porte à l'enseignant. « Les instituteurs, à l'époque — (cela se passe dans les années cinquante de notre siècle, sur les bords de la Loire) —, n'étaient pas de ceux dont on pouvait nier la réussite sociale ou contester la qualité de l'effort personnel que cette réussite avait exigé. D'après l'échelle des valeurs communément admise et qui tenait généralement lieu d'ultime explication de l'existence des classes sociales, c'était même précisément le contraire. Porteurs du savoir, ils étaient à peu près les seuls dans le bourg à être reconnus comme tels, avec les médecins (loin il faut le dire devant eux dans la hiérarchie des têtes pensantes), le curé, le percepteur, le notaire et le pharmacien (...) » Et le fils de closier, qui a dû quitter l'école primaire à l'âge de treize ans pour aller gratter du papier dans une agence d'assurance, à la main, ajoute : « Nous vivions à l'enseigne du saint respect du peuple pour l'instruction, les livres et les intellectuels. »

Dans la sainteté de ce respect, il y a le meilleur, Belloin et les siens, et le pire, qui les a cernés puis vaincus. Le stalinisme en germe dans la candeur de l'encyclopédisme, la stupidité dans l'intelligence. La séparation entre « savants » et « profanes », dirigeants et dirigés (le « pro-fanus » étant celui qui se tient devant, à l'extérieur du temple du savoir, transmué précisément en espace tabou par l'enceinte scolaire, puis sectaire). La métamorphose du *magister* en *dominus*. L'autorité intellectuelle comme argument de domination politique. Il y a la sacralisation par clôture du discours licite, soit la fortification d'un projet de discipline comme le matérialisme historique, en doctrine achevée comme « le marxisme », concomitante du bouclage d'un territoire physique ou politique (pays socialiste ou parti communiste). Il y a la nationalisation du savoir, car une doctrine, comme un temple et un territoire, réclame des frontières et des clercs gardes-frontières. La confusion donc du théorique et du politique. Il y a l'esprit d'orthodoxie, l'esprit de parti, la loi de la meute. Le despotisme ignare paré des prestiges de la science. Il y a, plus près de nous, la schizophrénie longtemps propre à *l'homo sovieticus* qui voilait le socialisme vécu sous les fastes officiels du socialisme imprimé, ou encore la capacité de se cacher la réalité derrière les discours qui aide les hallucinés de la Lettre, dans nos partis communistes, à rendre l'âme avec l'illusion que tout va bien puisque les textes du P.C. disent que tout va bien. Le dédoublement signe/chose fonctionne alors comme un analgésique pour phase terminale : le soin du texte entre dans les soins palliatifs pour agonisants. La militance socialiste est là-dessus plus avancée, ou plus réveillée, que la militance stalinienne : elle perd moins de temps dans ses débats internes, sur les virgules et les qualificatifs, car elle sent bien, sans trop se le dire, que les textes sont à présent prétextes.

Notre Pierre Leroux de 1848, le typo totémique de la tribu, est un fils des Lumières et de l'Encyclopédie. Il dirigea au demeurant un projet d'« Encyclopédie pittoresque à deux sous » — Diderot prolongé à l'extrême de la vulgarisation. Le stalinisme a été historiquement, au contraire, la destruction eurasiatique de la Raison, la négation sanglante des Lumières. Mais si le communiste à la mode russe est un cousin dégénéré du socialiste européen de souche, il me semblerait intellectuellement lâche et malavisé de nier toute parenté. Ce serait médiologiquement impossible.

Le côté « fort en thème » et « bon élève » du cadre militant occidental, c'était déjà chez Robespierre. De la névrose scolaire de l'apprenti marxiste à « l'idiotie éducative » (Milan Kundera) des pays dits socialistes, il y a rupture de charge mais dans le même sens ; comme entre les utopies pédagogiques de la Convention et les camps de rééducation des « républiques populaires ». Chaque principe de Raison a sa subversion par caricature, et on ne peut certes pas juger du premier par la seconde. Les maladies communistes intéressent le médiologue comme les dégénérescences symptomatiques d'anciennes cultures vivantes qui ont finalement succombé sous les impedimenta de leur méthode. La pathologie de l'idée « trahit » son mode originaire et vital de communication et d'inculcation. L'académisme, la muséomanie, la naphtaline folklorique qui imprègnent les sociétés soviétiques, c'est la forme « tradition » érigée en norme du futur, la vengeance posthume de l'archive sur l'invention. Le didactisme, l'esprit de lourdeur, l'amidon du discours et le pensum moralisateur, c'est l'école tournée contre la pensée, et la courbant sous sa férule. Le simplisme balourd, le stéréotype, la langue de bois, c'est la forme du manuel devenant le contenu d'enseignement. La scolastique marxisante, en résumé, c'est la subversion du message par le médium, de l'esprit par la lettre, ou la preuve par neuf médiologique. Effet pervers d'autant plus pathétique que le message matérialiste annonçait exactement l'inverse, soit le primat du réel sur la catégorie, du travailleur sur le répétiteur. Là encore, la voie de passage a fini par faire barrage, le scolaire a étranglé la colère, le *docere*, la doctrine même.

Il faudrait, bien sûr, évoquer les changements de système scolaire, depuis un siècle, et le renversement des hiérarchies disciplinaires entre humanités et sciences. La culture socialiste est paradoxalement solidaire d'un enseignement élitaire à valeurs « bourgeoises » et même « aristocratiques », dont la disparition n'a pas peu accéléré la sienne propre. L'école est fille du catéchisme. En sa qualité d'exécuteur testamentaire de la culture encyclopédique et classique, elle-même transmise par l'enseignement des Frères, le socialisme de la première moitié de notre siècle relève d'un univers éducatif qui tourne le dos à l'enseignement technique, au commerce, à l'industrie comme aux maths, où le latin et le grec se pratiquaient comme des langues vivantes. Les paradigmes scientifiques du socialisme du XIXe siècle sont obsolètes, mais son appareil littéraire ne l'est pas moins, avec ses citations, allusions et clins d'œil qui sont devenus de l'hébreu même pour un lecteur cultivé. Dépouiller les archives du mouvement ouvrier français avant la « bolchevisation » des communistes et la normalisation des socialistes, c'est pour un lecteur d'aujourd'hui comme passer de *Télé-7 jours* à la *Revue de Métaphysique et de Morale*. Jaurès et Blum habitent le même patrimoine culturel que Marx et Trotski, avec le même noviciat scolaire et les mêmes valises, tout comme Barrès ou Maurras, leurs adversaires. Les couples antagoniques

Jaurès-Barrès, Blum-Tardieu, Benda-Maurras, et même Thorez-Aragon *versus* de Gaulle-Malraux témoignent d'une solidarité rhétorique et mythologique qui les apparie plus qu'elle ne les oppose. Il y a plus d'affinités profondes entre Jaurès et Barrès qu'entre Jaurès et un leader socialiste d'aujourd'hui. Parce que Jaurès en vacances lisait le *De natura rerum* en latin, Thorez et Blum des morceaux choisis de Lucrèce en français, et l'éléphant socialiste du jour le best-seller de l'été et un quotidien en franglais. S'il dépouillait Lucrèce et non les derniers sondages, il perdrait vite sa chefferie. C'est le biotope qui fait l'animal, non l'inverse. Question de médiasphère.

NOTRE SACRO-SAINT QUOTIDIEN

L'idée républicaine a trois piliers, l'école gratuite, le livre pour tous, le journal bon marché. L'idée socialiste déplace l'accent principal sur le troisième. En France, les premiers journaux ouvriers, éphémères, ont vu le jour entre 1830 et 1840, et c'est *l'Atelier*, le journal de Buchez, qui a lancé, en 1840, l'expression « la classe ouvrière ». L'entre-deux est crucial, car il transmue le « faire école » en « faire un parti ». Dans le champ ecclésial, le quotidien est un « plus ». Dans le champ partidaire, c'est un « must ». *L'Humanité* est stratégique pour le Parti, *la Croix* ne l'est pas pour l'Église de France. Il y a eu l'Église et des Églises avant l'imprimerie, il n'y a pas eu de partis avant l'apparition des journaux populaires aux alentours de 1860. *La Croix* n'est pas l'organe *central* de l'Église de France, comme *l'Humanité* l'est du parti communiste (et avant 1920, du parti socialiste). L'idéologie socialiste a duré ce que dure la forme-parti, et la forme-parti a duré ce que durent à peu près les quotidiens de parti : un siècle. *Le Peuple*, par exemple, l'organe quotidien du parti socialiste belge, a expiré dignement en 1979, à l'âge de 94 ans. Il s'était battu pour le suffrage universel, l'émancipation de la femme, les droits de l'homme, avec Jaurès, Vandervelde et Huysmans. Ce qui vient après est survivance. Autre chose sous le même nom.

« Le journal n'est pas seulement un propagandiste et un agitateur collectif mais aussi un organisateur collectif» (Lénine). Il unifie en diffusant, rassemble par dissémination, crée son réseau d'échanges (de lettres) et de liaisons entre membres d'une même école. Jaurès, Trotski et Lénine font le même travail (rédaction, composition, impression, expédition de textes) que Vallès avec *Le Cri du peuple*, Élisée Reclus avec *Le Révolté*, Jean Grave avec *Temps nouveaux*. Que la référence soit Marx, Bakounine ou Fourier, on sème des mots imprimés pour récolter des activistes. Lénine plante son parti avec l'*Iskra*, comme Guesde en France avec *L'Égalité*, Jaurès avec *La Petite République*. Cabet propage la rêverie icarienne avec les mêmes outils et méthodes que Marx-Engels la doctrine prolétarienne. À gauche, le journal de secte ou de parti rattache le XXe siècle idéologique au XIXe, qui fut le grand siècle du journalisme écrit.

La feuille de chou est une chose grave car elle atteste et assure la médiation active d'une idée de l'Homme parmi les hommes concrets ; du long dans le court terme. Point de passage d'une histoire conçue à une histoire comprise. Le journal-journal (celui de l'entreprise de presse, des professionnels, de «la bourgeoisie») est, ou se pense, comme une boîte noire où entre de l'événement et sort de l'information. Un journal de classe (de parti ou de ligue) transforme une conception du monde en petite monnaie, un système philosophique en mots d'ordre quotidiens. Centralisation des événements par et sous l'Idée, centralisation des énergies individuelles par et sous la Direction. Par opposition au journal-reflet, le journal-guide remplit le rôle dévolu par Kant au schématisme, intermédiaire et traducteur entre le phénomène sensible et le concept intelligible. Dans la graphosphère socialiste, là est son originalité et sa séduction, *l'auteur de la doctrine est son propre traducteur.* C'est ce qui distingue, au XIXe siècle, le soldat de la Lettre du bourgeois des Belles-Lettres. L'éclaireur du Progrès se doit d'être aussi un ouvrier qualifié du marbre et du plomb. «Il est sûr que pour des "intellectuels" l'autre métier, qu'ils devraient toujours savoir à côté du leur, est le métier de typographe, écrit Andler dans sa *Vie de Lucien Herr*. Il viendra certainement un temps où le littérateur et l'homme de science sauront conduire eux-mêmes une linotype ; où ils pourront, pour un livre à imprimer, louer une machine rotative, comme on loue une automobile à conduire soi-même.» Témoin Lucien Herr lui-même, le bibliothécaire de l'École normale, le souffleur de Jaurès et de Blum, qui tint *anonymement* pendant plusieurs années la rubrique des informations étrangères à *l'Humanité* (titre de son cru). Ce que firent à leur manière un Aragon, un Nizan, un d'Astier. L'expérience de la typo et l'administration financière d'une entreprise de presse entraient jusqu'à ce matin dans les compétences de l'intellectuel qui ne déléguait pas à d'autres ces fonctions, étant lui-même éditorialiste, rédacteur de base, maquettiste, correcteur et administrateur. L'animation du journal et l'organisation du parti se mêlaient ou se recoupaient directement, en sorte qu'un dirigeant de parti ouvrier analphabète ou ignare (comme Marchais, produit de la télévision) était impensable.

L'intelligentsia russe du siècle dernier (dont Franco Venturi a détaillé l'histoire), c'est une expérience de médiologie appliquée à un monde techniquement révolu où un directeur de journal est un chef de parti en puissance. Ceux qui donnèrent naissance, au lendemain de la guerre de Crimée, au mot *intelligentsia* illustrent la fonction intellectuelle comme *traduction* (d'une pensée en pratique sociale). Et son porteur comme un être biface, bilingue, à cheval sur le livre et la gazette, l'érudition et le colportage, et à ce titre, au regard des hiérarchies, un déclassé, un marginal. Le savoir-faire de la divulgation profane ou prostitue la distinction académique, tout en menaçant les réseaux d'autorité établis. Cette aptitude à la communication sociale fait justement de « l'ouvrier de la pensée » un danger public. « Qu'est-ce que les déclassés, sinon les parias de l'intelligence ? demandait Blanqui, en défendant le journal et l'école (...) Ils sont l'horreur et l'effroi du Capital. Le Capital ne se trompe pas dans sa haine. Ces déclassés, arme invisible du progrès, sont aujourd'hui le ferment secret qui gonfle sourdement la masse et l'empêche de s'affaisser dans le marasme. Demain, ils seront la réserve de la révolution [1]. » Cela, un an avant la Commune.

La revue, médium endogamique, est l'outil d'organisation interne des intellectuels (moyen ou enjeu de pouvoir intérieur au champ professionnel). Le vecteur du journal, lui, s'adresse au profane, à l'amateur. Il fait le lien entre la « théorie d'avant-garde » et le « mouvement spontané de la classe » pour parler « léniniste », entre la « métaphysique » et « le monde », pour parler « jauréssien ». Il

1. A. Blanqui, *Textes choisis*, Paris, Éd. Sociales, 1956, p. 173.

réunit le savant à l'ouvrier, et le quotidien trait d'union entre l'intellectuel et le peuple qu'assure l'École dans l'univers républicain, c'est le journal militant qui l'assure dans l'univers socialiste. Tant que l'imprimé servait de support axial, foyer central des divulgations, la profession politique et la profession intellectuelle (du grand lettré au « petit prote ») avaient une base commune. Dis-moi ce que te communique ton parti, je te dirai le temps que tu lui consacres — ou lui rends. Faute de médiation commune, gens d'outil et de plume se tournent le dos, et à la professionnalisation des hommes politiques, techniciens de la chasse électorale, répond en vis-à-vis la professionnalisation de la chose imprimée et du métier de journaliste ainsi que la sécession des faiseurs de livres. Les élus et les écrivains n'ont simplement plus de lieu où se rencontrer, d'instrument de travail à partager. De pratique et professionnelle, la relation est devenue mondaine ou décorative. Appauvrissement mutuel par séparation de corps. La presse au XVIe siècle, comme le marbre aux XIXe et XXe siècles (disons de Michelet à Camus et Mauriac), c'étaient d'abord des lieux de rencontre, des points de contact entre gens de métiers et de classes différents rendant techniquement inévitable une sorte de fécondation par métissage.

Tout cela, me direz-vous, n'est que sociologie hâtive. Peut-être, mais utile à qualifier un peu mieux la religion socialiste. La croyance dans le salut par le savoir n'est pas nouvelle, et elle a eu des formes d'expression célèbres dans l'Antiquité, du côté de l'hermétisme et du néo-platonisme. Cette apparente similitude a conduit certains auteurs à évoquer, à propos du « socialisme scientifique », la tradition gnostique. Si les mots ont un sens, et l'histoire des religions une réalité, la gnose a pour principe, commun à toutes ses variantes, de détacher le « pneuma » d'avec la matière, en réduisant à néant toutes les médiations posées par la tradition chrétienne. Le gnostique joue l'Éternité contre le Temps, la Révélation contre l'Histoire, l'Âme contre le Corps. Le marxiste investit le premier terme *dans* le second. L'un décorpore, l'autre incorpore. Le gnostique vise en tout et par système à *la séparation* — de la Lumière et des Ténèbres, de l'initié et du profane. Le marxiste vise en tout et d'abord dans ses slogans à l'*union* — de la théorie à la pratique, des forces de la culture et des forces du travail, de l'intellectuel avec les masses. La gnose est un élitisme individualiste : le gnostique s'élève par sa science à la vision en Dieu, et ne vise qu'au salut de son âme.

Le marxiste humilie sa science aux « ignorants », et un salut solitaire n'a pas de sens pour lui. Là où le culte platonicien coupe les ponts avec le monde profane — en instaurant *l'initiation* et *le culte du mystère*, le marxisme a passé son siècle à jeter des ponts. Divulgation des mystères théoriques et vulgarisation des archives plongent d'une certaine façon dans la mystique des Lumières. Mais confondre cette dernière avec le mysticisme initiatique de la Lumière, c'est prendre un illuministe pour illuminé. Même si l'univers stalinien était ésotérique et même initiatique, avec ses cercles dirigeants, ses informations réservées et ses mots de passe, la scolastique marxiste, qui s'éteint sous nos yeux, était fille de la glose, non de la gnose ou de la Kabbale.

*

Nos partis ont perdu leurs lettres et leur noblesse, ceci parce que cela. Ces intellectuels collectifs remontaient au XVIIIe siècle en tant que sociétés de pensée, avec un outil datant du XIXe, le quotidien d'opinion, qui faisait du parti un lieu où la société se pense et par où une pensée se socialise au jour le jour. Parmi tous les facteurs de déclin de la forme-parti (et donc du projet socialiste), on a trop négligé la transition de l'écrit (léger, décentralisé, peu coûteux) à l'image-son (industrielle, et plus coûteuse), la *diminutio capitis* de l'imprimé et la modification des techniques d'imprimerie. La photocomposition a décomposé les ultimes bases culturelles de l'ancien mouvement ouvrier, mettant en chômage technique à la fois l'ancien artisanat du Livre et la caste traditionnelle des glossateurs et fabricants de doctrine. L'imprimerie a perdu son plomb, l'intellectuel critique son corps, la politique socialiste ses références, et les trois font crise. « La première liberté de la presse, a-t-on dit, est de ne pas être une industrie. » La presse écrite, de 1881 à 1970, était *aussi* une industrie. À présent, elle est *d'abord* une industrie. Songeons qu'en 1838 Lucien Herr, Léon Blum et Lévy-Bruhl, un bibliothécaire, un juriste et un universitaire, ont pu lancer un quotidien, *L'Humanité* (138 000 exemplaires au premier numéro), par une seule souscription (850 000 francs de l'époque). Les entreprises de presse ont changé de nature en changeant de taille. La concentration des titres (trente quotidiens à Paris en 1885 contre deux cent vingt en 1920), le poids déterminant des budgets de publicité et le volume des investissements nécessaires mettent la direction d'un quotidien hors de portée de la bourse et des capacités techniques d'une poignée d'intellectuels sans fortune. La séparation du producteur d'imprimé d'avec ses outils matériels de production, dans la sphère journalistique, coïncide avec la séparation rigolarde de la théorie et de la pratique, dans la sphère politique. Même si l'heure n'est pas à l'utopie, on rédige toujours ici et là des « projets de société », qui font des livres, des colloques et des brochures, que personne ne lit, et il y a toujours des appareils électoraux, appelés partis par inertie, qui n'ont plus que des hebdomadaires à petit tirage, bulletins internes pour élus indifférents (mais combien attentifs à la télé). L'arche d'alliance s'est brisée, entre l'avenir et l'action. Entre les intellectuels et les partis. Les derniers n'attirent plus les premiers parce que les partis et leurs dépendances ont cessé d'être des émetteurs alternatifs. Plus de contre-sociétés, plus de pensées contre. L'intellectuel critique ne peut que rallier les grands vecteurs de diffusion existants, qui se sont mis à vivre de leur vie propre, industrielle et commerciale, aussi étrangère à la création intellectuelle qu'à l'utopie idéologique.

Le déplacement imprimerie/audiovisuel a décalé le milieu partidaire vers l'archaïsme, en désagrégeant à la fois son support technique et sa logistique doctrinale (autre chose qu'un changement de doctrine : la doctrine comme base). Effet d'un changement drastique d'échelle affectant les moyens lourds de production d'opinions (médias).

La distinction gauche-droite relevait en France d'un certain régime de reproduction des dissidences, lié à un réseau séculaire et artisanal de journaux, revues, instituts de recherche, clubs du livre, bulletins, conférences, cercles, etc. Pas de lutte de classes sans classes sociales, certes ; mais pas de lutte de formations sans lutte d'opinion ; pas de politique sans polémique. Plus de polémique d'idées quand l'argent devenant le *seul* nerf de la guerre des ondes et des signes, le journalisme d'opinion s'amenuise et disparaît : place aux luttes d'images, entre personnalités, à coups de « coups » et de « petites phrases ». Pas besoin de parti pour cela.

LA LOI QUANTITÉ/QUALITÉ : PLUS ET PIRE

Il n'y a jamais eu dans le monde politique autant de congrès, assises, états généraux, conférences, réunions, etc. Mais en 1880 les débats d'un congrès socialiste faisaient l'objet, six mois après, d'une publication intégrale (celle du congrès de Marseille, en 1879, qui a scellé l'unité du Mouvement ouvrier français, fait huit cents pages), qui devenait la Bible jusqu'au prochain congrès. Un siècle après, vous chercherez en vain en librairie les comptes rendus imprimés des congrès socialistes. Tout a changé, sauf le nom de congrès. On y parle « idées », comme on parle chiffons ; et les motions, imprimées, elles, sont de simples prétextes à des alliances de conjoncture entre champions audiovisuels. La thèse que je défends c'est, en grossissant le trait : ne dites pas qu'on n'imprime plus les débats d'idées internes au parti parce qu'il n'y a plus d'idées. Dites : il n'y a plus de débats d'idées parce qu'on ne les imprime plus, et que la télévision, nouveau critère de performance, n'en a plus vraiment besoin. D'où l'idéologie du refus de l'idéologie, le remplacement du programme par la proposition individuelle, ou de la « position théorique » par le positionnement personnel.

Le livre, l'école et le journal se portent mieux que jamais, allez-vous me dire ; la craie crisse toujours sur les tableaux noirs et la graphosphère enfle en graphomanie. Entendons-nous bien. Je ne vous parle pas ici nombre mais statut. Non matériel, mais logiciel. Il n'y a jamais eu plus de livres, de lycéens et d'étudiants, d'auteurs et d'éditeurs ? En termes quantitatifs, c'est évident. Mais les médiasphères ne sont pas affaire de statistique. Où plutôt il se pourrait qu'il y ait un rapport inverse entre la dégradation du logiciel et la prolifération du matériel. Entre le volume et le statut. Avec l'enseignement de masse, la symbolique de l'école s'est diluée, puis effacée. Il y a dix fois plus d'élèves dans les écoles et d'étudiants dans les universités françaises en 1980 qu'en 1880, le budget de l'Éducation a changé d'ordre de grandeur, mais — donc — la mystique de l'École, l'ancien temple de la République, a disparu, ou plutôt s'est-elle fondue, comme « lieu de vie » et « communauté éducative » dans les nouvelles mystiques de la vidéosphère (productivité, immédiateté, rendement). C'est un service public, comme le métro et l'E.D.F., avec des usagers, mécontents ou exigeants, mais non plus des disciples ou des catéchumènes. Il y a beaucoup plus de bibliothèques publiques dans la vidéosphère que dans la graphosphère, mais l'ancien « atelier de l'esprit humain » (abbé Grégoire) tend à devenir lieu de passage et simple outil d'information. Changement de statut, changement de nom. On dit à présent « médiathèque » et, dans les lycées, la bibliothèque a été rebaptisée « centre de documentation et d'information » (C.D.I.). Il n'y a jamais eu autant de titres en librairie (en France, vingt mille nouveautés par an) et des tirages aussi colossaux. Mais le lectorat diminue sans cesse, et *l'aura* du livre, ou ce qu'il en subsiste, s'est reporté sur son auteur, fugacement, mais « réellement », puisque c'est lui qu'on voit à la télé. Dévalorisation de l'écrit, starisation de l'écrivain. Bref, ce n'est pas le débit, mais le régime de la trace qui fait critère aux yeux du médiologue. Non pas : quelle énergie s'investit dans l'imprimé ? Mais : quelle force développe-t-il ? De quelle dynamique est-il solidaire ? La question n'est pas de savoir si les gens noircissent plus ou moins du papier, mais si et comment ces opérations individuelles peuvent devenir des opérations sociales. Ou si la performance dire-faire, verbe-chair, signe-événement, peut s'effectuer aux mêmes coûts et conditions. Conditions de lieu : dépôt et conservation ; de temps, d'apprentissage et de mémorisation. Le « ferment » a-t-il encore les moyens de fermenter ? Si le livre s'ordonne à une société de simultanéité, un espace ouvert et lisse, à un temps saccadé et peu cumulatif (celui du scandale, de l'éclat, de la surprise), on comprend que sa population puisse croître et sa fécondité baisser. Des mots imprimés peuvent encore tuer, exceptionnellement. Peuvent-ils encore donner naissance, et à quoi ?

Premier élément de réponse : la temporalité. La métaphore (thermique : de la propagation [de chaleur] ; ou fluide : de la diffusion), avec ce qu'elle implique de capillarité ou de porosité, n'évoque-t-elle pas un phénomène assez lent de modification insensible du milieu ? En 1850, ou 1880, une idée sociale inaperçue ou ignorée le jour même n'était pas perdue pour le lendemain. La chimie avait le temps d'opérer. Un message pouvait survivre en stock, pour confrontation ultérieure. Pas de meilleur exemple de cette acoustique à retardement que la propagation de l'*opus* marxien. L'action de ses ouvrages édités a demandé au mieux *vingt à trente années* — le retard de l'information sur son émission constituant le ressort de la prise doctrinale. Il a fallu *vingt-cinq ans* pour épuiser la première édition française du premier livre du *Capital* (à laquelle Marx avait travaillé cinq ans).

Vous connaissez la lettre « au citoyen Maurice Lechâtre » qui sert toujours de préface au tome I : « J'applaudis à votre idée de publier la traduction du *das Kapital* en livraisons périodiques. Sous cette forme, l'ouvrage sera plus accessible à la classe ouvrière et pour moi cette considération l'emporte sur toute autre... » (Londres, 18 mars 1872). Rappelez-vous le temps qu'il a fallu à ladite « classe ouvrière » pour « accéder » au savoir de ses conditions d'exploitation. Il y eut, chez Lechâtre éditeur, 38, boulevard Sébastopol, quarante-quatre livraisons de quarante pages chacune, entre 1872 et 1875 (Marx étant très lent à corriger les épreuves). Les premières — coup d'audace — furent tirées à dix mille, et vendues dix centimes chacune (à très bas prix donc). Le plus beau chiffre de vente fut obtenu le premier jour : deux cent trente-quatre exemplaires vendus. Après, le désastre. Plus d'argent pour la publicité. Aucune organisation politique pour appuyer. Il faudra vingt-cinq ans et la rescousse du Parti ouvrier français de Jules Guesde pour venir à bout des ballots de fascicules [1]. En fait c'est seulement après 1890, donc sept ans après sa mort, que *Le Capital* commence à diffuser sérieusement dans quelques milieux militants et scientifiques. Jusqu'alors, il ne s'était fait connaître qu'à travers des abrégés (celui de Deville, en 1883, fait deux cent cinquante-trois pages), ou des conférences de Lafargue, des petites brochures de Guesde, tel son *Essai de Catéchisme socialiste* (un assez grossier malentendu sur la teneur de l'œuvre *princeps*) plutôt qu'à travers l'édition originale [2]. Le *Manifeste communiste*, publié en allemand à Londres, ne circule presque pas. Au moment de la Commune, en 1871, il restait encore, au dire de Vandervelde, « une curiosité bibliographique ». Il fut publié en français seulement en 1872, *vingt-quatre ans après l'original*, par les soins de Laura Lafargue, la fille de Marx, et ne connut un très timide succès qu'à partir de 1885. La *Misère de la philosophie* fut éditée par Marx à ses frais à Paris, en juin 1847. Six mois après, on avait vendu quatre-vingt-seize

1. Voir Maurice Dommanget, L'*Introduction du marxisme en France*, 1969, Lausanne, Éditions Rencontre.

2. Voir Neil Mac Innes, « Les débuts du marxisme théorique en France et en Italie (1880-1897) », *Cahiers de l'ISEA*, n° 102, juin 1960.

exemplaires. L'éditeur envoya aux amis de l'auteur des spécimens gratuits, demandant seulement en échange les quinze sous des frais d'expédition : on les lui retourna *tous*.

Le pape du socialisme, il est vrai, c'était Proudhon. Et Marx passait pour un pédant frustré. L'*Histoire du Communisme* d'Alfred Sudre, publiée en novembre 1848, compte cinq cent trente-deux pages et pas un mot sur Marx et Engels. Et la première édition du *Capital* n'eut droit qu'à deux comptes rendus en français, dans deux minuscules revues savantes. L'un de Maurice Bloch, dans le *Journal des Économistes*; et l'autre, dans la *Philosophie Positive* de Roberty, qui reprochait à l'auteur de « se borner à une critique sans rien apporter de concret pour l'avenir ». Pourtant, en 1865, « cet Allemand inconnu » était apparu, une fois, sous la plume de ce vieil érudit de Sainte-Beuve, à propos de Proudhon, dans une note en bas de page, comme « un écrivain de la jeune école hégélienne qui se distingue dans la lutte contre l'école de Berlin ». *Le Grand Dictionnaire Universel du XIXe siècle* (Larousse, 1873) consacrera à ce deuxième couteau deux colonnes un quart, en le confondant du reste plus ou moins avec Lassalle (tous les Allemands se ressemblent...) mais dix-neuf colonnes au célèbre Proudhon, « l'un des penseurs les plus originaux, les plus profonds et les plus universels du XIXe siècle ». Je ne porte pas de jugement de valeur. Il eût peut-être mieux valu que le proudhonisme survive un peu mieux à sa gloire et le marxisme un peu moins à son obscurité, là n'est pas le problème. Même si on trouve du sel et du sens à ce type d'anecdotes. Un jour de 1870, Lafargue rencontre avec sa femme Benoit Malon, figure de proue du socialisme français : « Tu sais, lui souffle-t-il à l'oreille, rougissant de fierté, c'est la fille de Karl Marx... — Marx, fait Malon, un peu perplexe... Je crois avoir déjà entendu ce nom-là. N'est-ce pas un professeur d'allemand ?... — Mais non, c'est l'auteur du livre *Das Kapital*... ! — *Das* comment ? » Il y a aussi Marx au chevet de son épouse agonisante, l'hiver 1881, brandissant sous les yeux de la mourante une revue anglaise où ne figurait rien de moins qu'un article sur son œuvre, pour « illuminer ses derniers instants », écrira-t-il dans une lettre. Ce qui intéresse le médiologue, du fond d'un monde où la biographie de l'auteur et son image sociale soutiennent et mesurent la portée d'une recherche théorique en sciences humaines, c'est qu'un auteur quasiment inconnu de livres difficiles dont aucun n'a « fait événement », et dont les obsèques en 1883 se sont déroulées en présence de huit personnes (dont trois de la famille), ait pu ensuite « informer » le monde entier pendant un siècle.

Deuxième élément : les conditions de la lutte pour la vie (ou de la survie des traces pour un décodage décalé). Les mammifères n'ont pas pu se propager sur notre terre tant que cette dernière fut dominée par les dinosaures, soit pendant les cent quarante millions d'années de l'ère secondaire. Il a fallu la brusque disparition de ces derniers à la fin du crétacé pour que les mammifères en réserve sortent de leurs « niches » très spécialisées et se répandent sur l'ensemble des terres émergées. Jusqu'à ce qu'un bouleversement géophysique des masses continentales propres à l'ère mésozoïque provoque ce changement de climat (et donc de flore et de faune), la concurrence avec les reptiles volants et autres brachiosaures de cinquante tonnes n'était simplement pas soutenable, tant était forte la *disproportion* des moyens de survie entre les espèces.

Les biotopes culturels ont des équilibres non moins délicats et dans la jungle des idées sociales, la survie du plus apte suppose une certaine proportion dans les moyens de lutte. Marx a bénéficié d'une rareté bien tempérée, celle des graphosphères préindustrielles. À une moindre population d'hommes sur la planète, et d'hommes alphabétisés dans l'espace occidental, correspondait une moindre population de livres sur le marché, donc une bataille moins féroce pour la reconnaissance, à armes égales ou à peu près.

Du temps de Marx, de Hugo ou de Michelet, le tirage (ou rayon d'action éventuelle) d'une publication « difficile » et celui d'un grand succès commercial se trouvaient dans un rapport approximatif de un à dix, et plus sûrement de un à cinq. Il est devenu aujourd'hui de un à mille (un best-seller peut atteindre un million, un idéologue médiatique sachant « syntoniser », cent mille). Aux alentours de 1848, le jeune Marx tirait ses brochures ou ses périodiques à mille exemplaires ou à peu près (huit cents exemplaires exactement pour la *Misère de la philosophie* — avec un public estimé à quatre-vingt mille exilés et artisans allemands en France ; mille, pour les *Annales franco-allemandes* où furent publiés *Sur la question juive*, *Contribution à la Critique de la philosophie du droit de Hegel*, etc.). Mais les prosateurs du premier rayon ne dépassaient pas trois ou quatre mille. Tel est encore aujourd'hui, malgré l'augmentation du public lettré, le chiffre de vente moyen des ouvrages de théorie politique, d'histoire économique ou de sociologie : l'auteur d'une thèse ou d'une recherche critique, s'il est à contre-courant, peut s'estimer comblé avec deux mille lecteurs. Mais du côté des dominances de l'air du temps (là où fonctionne le feed-back positif entre les médias et les œuvres, les journalistes et les auteurs), les rampes de lancement mises à disposition pulvérisent ces petites productions savantes, plus complexes, donc plus fragiles et vulnérables, qui n'ont plus le temps de creuser leur lit en raison du raccourcissement drastique de l'espérance de vie moyenne des livres. Ce dernier peut à présent être estimé à trois mois, pour les succès, et à trois semaines, pour les autres (temps d'exposition en librairie). Inflation des chiffres d'affaires éditoriaux, mais élévation du taux de mortalité des traces.

La critique marxiste du capitalisme moderne n'aurait pu se diffuser, semble-t-il, si le capitalisme industriel avait déjà au même moment annexé la sphère des biens symboliques. Marx a en quelque sorte tiré profit du retard des circuits culturels par rapport à la grande production marchande. À cent ans près, le grand barbu ratait son coup. Toutes choses égales par ailleurs, dans une logique d'image et de marché (émission littéraire et palmarès hebdomadaire des best-sellers), un *Das Kapital* traduit en français serait resté ce qu'il a commencé par être en France, une extravagance érudite pour bibliophiles, non le point de départ d'un courant politique. Imaginons pour nous amuser un face-à-face Proudhon/Marx à *Apostrophes*, et la face de l'Europe en eût été changée. Car entre le Franc-Comtois gouailleur et chaleureux, aux saillies étincelantes, et le laborieux Rhénan empêtré dans ses abstractions et d'interminables démonstrations, l'issue du match oral arbitré par le grand public n'aurait fait aucun doute. À l'écrit en revanche, entre *La Philosophie de la misère* de Proudhon et *Misère de la philosophie* de Marx, la polémique arbitrée par la communauté philosophique n'a pas tourné à l'avantage du sympathique autodidacte. Relisez les livres l'un à la suite de l'autre, et voyez vous-même. Plus sérieusement : Marx et Engels ont noirci du papier à la jointure de deux âges techniques : l'âge des machines de type mécanique (soulagement du système musculaire humain) et celle des machines énergétiques (relais des forces naturelles). Le socialisme d'État s'est développé sur une deuxième jointure, celle qui articule les machines à produire du mouvement et les machines à produire de l'information. Double changement d'échelle : vers le bas, quant aux énergies mobilisées (l'impulsion électronique est portée par le courant faible) ; vers le haut, quant aux volumes des énergies humaines mises en branle. Ordre minuscule de la néguentropie appelée information. Ordre majuscule des nouveaux réseaux planétaires. D'où il dérive une tout autre sélection et distribution des signaux et du bruit, une nouvelle économie sociale de l'amnésie ou, si l'on préfère, une tout autre pratique de la conservation.

De même, le spectacle du flux et reflux communistes, conquête et rejet, nous a fait pivoter, en l'espace d'un siècle, sur deux âges, deux sortes de mémoire, la littérale et l'analogique. Le socialisme « scientifique » n'aura pas survécu au passage de la transmission électromécanique (rotative, presse, télégraphe, etc.) à la diffusion électronique. Marxisation, ultime avatar de l'alphabétisation du monde chrétien ou confucianiste illettré ; démarxisation, première conséquence de l'électronisation du monde oriental alphabétisé. Hertz-Bell ont tué « Marx-Lénine ». Le parti unique, ça ne collait déjà pas bien avec le téléphone. La radio, passe encore, mais le transistor, c'était limite. Le tube à vide et la puce, crise générale. Le faisceau hertzien transfrontière a balayé la relique, et le satellite de diffusion directe veille sur les obsèques.

Une crise de reproduction culturelle comme celle du socialisme a l'avantage de faire affleurer les lois de production des autres cultures. N'imitons pas ce trotskiste américain qui, constatant après guerre l'extinction du trotskisme aux U.S.A., se mit à théoriser la mort des idéologies sur la planète. Confondre *la* culture avec *une* culture, la fin d'un temps avec la fin des temps est la traditionnelle méprise des traditionalistes. Un système donné de circulation ne marque pas l'étiage de toutes les circulations. Toute décadence est l'envers ou l'annonce d'une renaissance et les dieux enfuis par la grande porte reviennent tôt ou tard par la fenêtre.

LA PRISON, L'EXIL ET LE TÉLÉPHONE

Une écologie socialiste doit prendre en compte les facteurs extra-culturels, voire anticulturels, qui ont assuré la cohésion communautaire. Un militant, comme un chrétien ou un musulman, n'est jamais un isolé; c'est un membre collectif, un être de groupe. L'engagement politique procède d'un transfert de l'image du groupe sur l'individu (à travers l'image du ou des chefs de groupe), et l'intensité de son sentiment d'appartenance mesure les capacités d'initiative du militant ou du fidèle. L'éthologie nous a appris qu'« une société de primates est d'autant plus rigoureusement intégrée que le milieu lui est hostile », et les révolutionnaires à cet égard, comme tous les croyants, sont un peu plus primates que la moyenne des humains (primates = mammifères placentaires à dentition complète et à main préhensile). Ils ont un besoin *vital*, individuel et collectif, de la relégation, de la réclusion et du bannissement. Telles furent bien les conditions historiques de l'intégration culturelle et de la formation d'un milieu de pensée autonome et réfractaire. Sa propre promotion à l'officialité a désintégré « le Mouvement ouvrier », dont le cerveau s'est arrêté de fonctionner à partir du moment où il a échangé le statut enviable de réprimé contre le statut fatal de répresseur. Dans la « culture d'opposition », à gauche, c'est l'opposition qui fait la culture, et le gouvernement qui tue. Là est l'immense supériorité énergétique, spirituelle, des dissidents d'Europe de l'Est sur les bureaucrates en poste, ils leur ont repris toutes les forces de l'intelligentsia sécessionniste d'antan, la prison et l'exil au premier chef. L'histoire du XIXe siècle et de la première moitié du XXe articule clairement l'expansion du socialisme à sa compression. Tant qu'il y a de la répression, il y a de l'espoir. Slogan possible pour une minorité déclinante : une seule solution, l'incarcération.

Expliquons-nous. Le socialisme fut une tentative historique d'instaurer en milieu hostile un contre-milieu de diffusion. L'idée serait-elle devenue « idéologie » si, à l'intérieur d'un espace informatif plissé, enchevêtré, désordonné, sans axe ni loi d'ensemble, ne s'était creusé un micro-milieu autour de micro-circuits de solidarité ? Réseaux d'information mal unifiés, empruntant leurs performances à leur dispersion même. Assez peu coûteux pour entretenir une longue durée. Contre-société et contre-légende qui ont dû leur capacité de résistance à tous les *contre* qui les cernaient du dehors. Pour faire passer le courant du mythe écrit vers l'action sociale, les ouvriers électriciens de l'Émancipation ouvrière ont dû déconnecter les câbles diurnes, cultiver le repli et le recoin. Une mémoire minoritaire est toujours un écart de conduite. Le souterrain et le sous-le-manteau ont été des manchons de protection pour la télégraphie prolétarienne, contre le brouillage et les interférences bourgeoises. Au fond, le romantisme de la clandestinité n'est peut-être qu'un pragmatisme communicatif. Une étude du cheminement révolutionnaire depuis deux siècles passe par une étude de la clôture et de l'abri, de tous ces murs, plis et digues qui permettent à un imaginaire collectif de se recueillir, à un conspiration de murmurer. « Où mur y ha par devant et derrière, y ha force murmur, envie et conspiration » (Rabelais). Dès lors que tout le monde et n'importe qui a chaque soir les yeux et les oreilles occupés par un même journal télévisé en trois ou quatre exemplaires, ces millions de petits démons de Maxwell juchés sur les parois aujourd'hui transpercées du cercle ou du cénacle, de la cellule, de la section, de la secte, s'évaporent dans la passivité, balayés par les ondes centrales. Ils avaient jusqu'alors, bon an, mal an, vaille que vaille, réussi à maintenir une *différence* de température, et donc une *productivité.* L'homogénéisation électromagnétique des flux symboliques tend à casser les codes minoritaires, à dissoudre les noyaux d'étrangeté dans un gaz hégémonique commun. Interface principale de tous les groupes sociaux, grands et petits, la télé rase les murs, supprime les démarcations dedans/dehors et égalise l'accès à l'information. Pourquoi me déplacer, moi militant de base, aux réunions de mon parti puisque la télé me dira en deux minutes l'essentiel de huit heures de débat, et surtout, puisque mon voisin de palier en saura ce soir autant que moi sur mon parti, sans avoir, lui, perdu son temps. Quant au journaliste, il en sait autant et parfois plus que le dirigeant (car il parle avec tous et tous lui parlent). Ceux qui sont à l'extérieur de l'organisation sont au moins aussi bien placés que ses membres pour en connaître l'intérieur. « L'emprise idéologique » de la télé domine l'emprise des partis parce que sa forme d'organisation des citoyens nivelle et englobe, nationalise, et donc désorganise, les organisations restreintes ou spécialisées. Or le journaliste qui transmet ne croit pas au discours qu'il transmet : il est normal que l'indifférence du présentateur déteigne sur l'objet présenté et le sujet auquel il est présenté. « Le peuple de gauche est agnostique » — oui, et pour beaucoup de raisons dont la dernière n'est pas que sa principale source d'information est elle-même agnostique et incrédule, par nécessité professionnelle, ou plutôt qu'elle met en jeu un autre régime de croyances (on y reviendra dans *l'Ordre Nouveau*).

La productivité des dénivellations et décrochages permet de mieux comprendre pourquoi les deux « niches » privilégiées de l'espèce « socialiste révolutionnaire », primates du genre ruminant, nourris au recueillement, ressassement, remâchement (ressentiment, ajoutera le nietzschéen), ont été la prison et l'exil, bienfaits suprêmes. La prison pour concentrer ; l'exil pour dispatcher. La première pour étudier et rédiger ; le second pour transmettre et confronter. Une prison qui s'ouvre est une école d'opposants qui se ferme. Un exil qui s'achève est un esprit de recherche qui s'endort, et vivra désormais sur l'acquis. Boutade ? Non, expérience. Et logique. Lecture et écriture sont par définition des conduites de luxe puisqu'elles supposent du temps libre (de l'*otium* au sens latin). En quel lieu a-t-on plus de temps à soi qu'en prison (du moins dans les détentions policées du XIXe siècle, ou celles des pays avancés du XXe, à régime politique) ? Si le temps est pour l'homme la valeur des valeurs, c'est en prison qu'on s'enrichit le plus car c'est là qu'on en perd le moins. Luxe suprême, la prison est l'université *bis* ou la première *alma mater* du dissident, son lieu d'excellence professionnelle, le site de sa plus haute tension morale. « Quand un homme sait qu'il va être pendu, disait Samuel Johnson, cela concentre merveilleusement son attention. » Et Proudhon : « Tout ce que je suis, je le dois au désespoir. » L'impuissance provisoire de la honte — le sentiment révolutionnaire par excellence — jointe à l'immobilité motrice de la méditation, font un mélange détonant. Méfiez-vous, bureaucrates, des intellectuels qui sortent de prison : ils ont mûri et ils ont des muscles. Pendant un siècle, l'histoire de la critique sociale du capitalisme à l'Ouest et, pendant un demi-siècle, l'histoire de la critique sociale du communisme à l'Est ont eu pour jalons et laboratoires les lieux de détention et de concentration semés par toutes les dictatures d'Europe. Droite et gauche, « révolutionnaires » et « contre-révolutionnaires » (de Joseph de Maistre à Soljenitsyne, de Dostoïevski à Maurras), ont tour à tour bénéficié de ces privilèges médiologiques. Des bagnes soviétiques, la foi religieuse orthodoxe est ressortie beaucoup plus exigeante et forte qu'elle n'y était entrée : elle emportera tout sur son passage, jusqu'à ce que les communistes russes sortent à leur tour des prisons du nationalisme orthodoxe.

Le palmarès des prisons d'Europe entre 1840 et 1930 dresse la liste des lauréats du marxisme. Elle s'arrête à l'Est où commence le camp de travail — avec Victor Serge et le camp stalinien. Mais peut reprendre là où il finit : en Pologne et en Tchécoslovaquie, par exemple. À l'Ouest, l'anticapitalisme a fait la chaîne avec les chaînes des prisonniers du Capital. De Babeuf à Gramsci, en passant par Proudhon, chaque prison, un maillon. Les loisirs de Blanqui lui permirent d'être l'un des premiers Français qui ait lu Marx, à une époque où rien n'avait transpiré de son travail. Bebel, aussi, en Allemagne, plus tard — il en sortit le parti social-démocrate (S.P.D.). Le peu qu'a écrit Jules Guesde le fut en prison, où il alla en 1883 en compagnie de Lassalle. La déportation en Sibérie vaut à Lénine de pouvoir terminer son premier ouvrage de fond, *Le Développement du capitalisme en Russie*, commencé à la prison de Saint-Pétersbourg, et le jeune Trotski, arrêté pour délit d'imprimerie, découvre au fil des prisons de Nikolaïev, Odessa et Moscou, Labriola, Darwin, avant de dépouiller *Le Capital* au bagne. Liebknecht, Rosa Luxembourg, Trotski et les siens, Gramsci, Léon Blum (qui écrit son meilleur livre en prison) : tout ce qui a fait date dans la pensée socialiste est passé un jour ou l'autre du bon côté des murs. La situation d'exil nous a valu « Marx-Engels », proscrits dès leur jeunesse. Quasiment toute l'intelligentsia russe entraînée sur un demi-siècle par l'autocratie tsariste à la clandestinité et donc à l'effort. Le socialisme français est né en Angleterre, le communisme italien en France, comme le chinois et le vietnamien. Propulsé par les policiers-Gribouille, c'est en étant chassé de partout que le vieux socialisme a pu franchir les frontières et s'épurer par mélange. Devenir ce pur produit de la culture européenne, métèque et sang-mêlé. Vienne fin de siècle. Avec pour berceau de l'austro-marxisme cette mosaïque d'influences entrecroisées, la *MittelEuropa* judaïsante d'avant-guerre. En France même, ce sont des métis culturels multilingues, à cheval sur l'Allemagne, sur la Russie, l'Espagne ou l'Italie, les Herr, Andler, Lavrov, Lafargue, Sorel, etc. — qui l'ont apporté et colporté. Le degré d'une civilisation, disait Lucien Herr, se mesure à son degré de cosmopolitisme. Le déracinement éveille la raison puisqu'il éveille à la comparaison, bon début.

Staline et Mao manquent à l'appel de l'exil. Kim-Il-Sung aussi. Autochtones, autocrates. Les despotes du social-féodalisme ont l'âme sédentaire. Staline n'est (pratiquement) jamais sorti de Russie, ni Mao de Chine (sauf pour se rendre à Moscou où il s'enfermait dans sa résidence, pour ne rien voir du monde extérieur). En règle générale, les grands paranoïaques ne parlent pas d'autre langue que la maternelle. Cloués dans leur indigénat, rivés à leur sol. Comme si leur avait manqué la curiosité de l'autre. S'affronter à. Se perdre dans. Il y a dans le despotisme une sombre jouissance sédentaire. L'autocrate craint le voyage, ses dépaysements et ses mauvaises rencontres. On s'enferme sous sa tente, à peine débarqué quelque part. Plus près de nous, dans l'espace, Guernesey rend Hugo à son immensité, Londres libère Vallès de sa trilogie, et la plupart des communards proscrits de leur crédulité rustique. Ce qui vaut pour la théorie vaut aussi pour la littérature. Le roman latino-américain contemporain n'est-il pas un effet d'exil (García Márquez, Cortázar, Vargas Llosa, Fuentes, etc.) ? Les exils européens n'ont pas perdu toute valeur formatrice. On l'a vu dans les années soixante-dix de ce siècle avec les milliers de révolutionnaires latino-américains, notamment du cône Sud. Beaucoup ont connu chez nous une nouvelle dynamique intellectuelle, un dépassement démocratique de leur ancien credo. Ceux dont la montre était provinciale, et qui ont survécu, ont saisi l'occasion de la remettre à l'heure du monde.

Notre médiasphère, cependant, a peut-être enlevé aux diasporas d'antan leur fécondité. La dispersion des individus favorisait jadis les précipités intellectuels, en stimulant les échanges par voie écrite. La parole empêchée compensait par « en haut » ; les corps se rencontraient moins, les esprits se fréquentaient plus. L'affrontement des personnes passait, distance oblige, par la confrontation des plumes, je veux dire par la poste. Pensons à tout ce que la littérature socialiste doit à l'art épistolaire. Après tout, la moitié de la théorie de Marx et d'Engels est à chercher dans leurs lettres ; et la quasi-totalité de leur activité politique est passée dans la boîte aux lettres (la Première Internationale ne fut d'ailleurs conçue par Marx que comme un « Bureau Central de Correspondance ouvrière »). Aujourd'hui, les militants d'un même mouvement se parlent et se connaissent beaucoup plus, et leurs idées beaucoup moins. Plus de conversations, moins de controverses. Plus d'affects, moins d'archives ; un horizon plus vaste et des croisements plus flous. Le téléphone a tué l'art de la correspondance, non sans diminuer l'ascendant moral des essais de systématisation rationnelle. Au bout du fil, la voix compte plus que ce qu'elle dit, les modulations affectives brouillent les traits logiques du message. On n'expose pas à l'appareil un enchaînement de principes et de thèmes, on se raconte des histoires. Indexation du discours général sur des pans d'intimité. Les habitudes téléphoniques et les facilités de transport (avion et voiture) facilitent l'organisation de rencontres internationales (colloques, congrès, etc.), mais rendent la solidarité moins organique. Elles déplacent les relations politiques hors de l'élément de la généralité. Le téléphone, comme à présent le fax, qui oralise l'écrit, particularise en même temps qu'il englobe. Il élargit la sphère des relations individuelles, mais les privatise. Bon moyen d'internationalisation, fatal à l'internationalisme : la prise téléphonique convoque le monde entier, mais abonné par abonné, et chasse l'universel des têtes.

*

Y a-t-il un rapport entre les facilités d'existence et les pensées faciles ? On se pose la question à voir les gauches européennes. N'y souffre-t-on pas, dans les cercles dirigeants, d'une certaine absence de loisirs ? D'un défaut de lecture, d'une certaine faiblesse de mémoire ? L'ancien peuple de gauche ne devrait-il pas demander aux pouvoirs publics d'expédier en maisons d'*arrêt* (soyons chics : à tour de rôle et pour des périodes limitées) ses cadres de direction, pour qu'ils ne soient plus dirigés et ballottés par les chefs de ballets électroniques ? Le décervelage des animaux politiques en vidéosphère est un fait clinique découlant de leurs rythmes de déplacement, de vie et de travail. Chez les hommes publics arrivés à un certain niveau de « responsabilité », toutes les conditions physiologiques d'une désintégration de la personne, et donc de l'irresponsabilité intellectuelle, sont réunies. Lorsque leur vie ou leur identité sont en jeu, un individu comme une collectivité ont toujours avantage à perdre de l'espace pour gagner du temps. Mieux vaut rétrocéder un peu de surface sociale que ses neurones et ses valeurs. On sait bien que le temps pris sur l'action fait gagner du temps à l'action, mais comment en trouver pour nos hommes pressés ? Y a-t-il des cours de prison qui se perdent ?

*

Le socialisme démocratique, après l'ablation de la monstrueuse excroissance baptisée « socialisme réel », devrait pouvoir reprendre en force son cours originel, qui est occidental, encyclopédique et rationaliste. Le drame pour lui est qu'il peut reprendre sans complexes ses principes politiques de départ, mais non sa logistique culturelle de départ, ses circuits d'élaboration et de diffusion. L'écroulement de la graphosphère l'a entre-temps contraint à rallier avec armes et bagages les réseaux pensants de la vidéosphère, qui sont mortels à sa culture. À commencer par un détail pratique : pour s'informer de ce qui se passe au-dehors il faut regarder la télé, *et donc rester à la maison.* Assignation à résidence bourgeoise car un « chacun pour soi » était en filigrane, qu'on le veuille ou non, dans le « chacun chez soi ». La démobilisation du citoyen commence par l'immobilisation physique du téléspectateur. L'individualisme, tête-à-tête familial avec le récepteur individuel ? Les dominés ont fait leur la culture dominante, celle de leurs adversaires. Aussi le quidam en France a-t-il les meilleures raisons du monde de ne plus pouvoir différencier gauche et droite. Mêmes médias, mêmes messages, merci McLuhan.

Le quidam hexagonal peut néanmoins s'aviser d'une différence ou d'une rémanence symptomatique. Le concussionnaire de gauche laisse des traces écrites : il prend des notes et les archive. Bon sang ne peut mentir. Le concussionnaire de droite s'embarrasse moins de documents, il improvise. Or l'âge des fluidités orales avantage ceux qui touchent en liquide, s'arrangent par téléphone et s'esbignent en avion.

DIXIÈME LEÇON

PROPOSITIONS POUR UNE MÉDIOLOGIE CIVIQUE

Onze thèses

À la charnière des Léviathan

Les réponses de la « science politique »

Pour un identikit de la domination

Ordo, Lex, Medium

ONZE THÈSES

Excusez-moi de commencer sur le ton autoritaire des prophètes politiques d'avant-hier. Pour introduire la discussion, je poserai d'emblée, *ad limina*, quelques thèses qui résument notre parcours tout en annonçant ses prochaines étapes.

1. Les médias pensent. Plus avancent l'innovation et l'interposition médiatiques, plus les médias pensent pour nous, et plus la pensée du média dominant devient la pensée dominante de l'époque.

2. Est *dominant* par rapport aux médias antérieurs, le médium le plus *performant*, c'est-à-dire celui dont le rapport coût/efficacité est le meilleur. Soit celui qui balaye le plus large, le plus vite, à moindre *frais* pour l'émetteur et moindre *effort* pour le récepteur (synonyme de plus grand *confort*). La télé, *en ce sens*, domine la radio qui domine le journal, qui domine la brochure, qui domine le livre, qui domine le manuscrit, etc.

3. Tout comme une formation économique donnée voit se chevaucher en son sein plusieurs modes de production sous la dominance de l'un d'entre eux, généralement le dernier venu, chaque médiasphère réordonne ses divers réseaux en fonction de sa mémoire la plus efficace.

4. Les déterminations techniques des organes de transmission déterminent plus que les conditions d'exercice de l'hégémonie, son contenu même et l'organisation des luttes pour le pouvoir d'État. On ne peut donc pas séparer le mode de domination politique des modes d'inculcation symboliques.

5. La corrélation médium dominant/pensée hégémonique se traduit, à chaque stade du développement technique, par la correspondance existant entre la *technologie culturelle* et la *technologie politique* d'une société.

6. Il s'ensuit qu'une théorie du « changement social » ne peut plus se dissocier, comme contenu valable en soi, des formes et conditions matérielles de sa transmission. En cette matière, un *quid* sans *quomodo* doit être réputé nul et non avenu. Tout le monde a des vues sur la société idéale, beaucoup peuvent les exprimer, quelques-uns leur impriment une cohérence discursive. Mais si ces idées ne passent pas de la tête des uns à la tête des autres, il n'y aura jamais conception du monde, c'est-à-dire « une certaine articulation entre pratiques et représentations collectives ». Pour un intellectuel comme pour un politique, voués l'un et l'autre à la communication sociale, la question de savoir *comment* se faire entendre et sous quelles conditions ne se situe pas en aval mais en amont de leur activité. D'elle dépend le sens ou le non-sens de ce qu'ils font, l'être ou le non-être de ce qu'ils sont.

7. La *corrélation* entre l'idéologie dominante d'une époque et les propriétés de son médium dominant n'est pas mécanique, sans quoi on serait dans l'incapacité d'expliquer la différence entre des régimes de domination dotés des mêmes moyens de diffusion (différences qui tendent au demeurant à disparaître par alignement des systèmes de domination moins « médiatiques » sur les systèmes qui le sont le plus). Cette corrélation signifie simplement que n'importe quelle vision du monde ne peut pas passer à chances égales par n'importe quel canal, ni régner à deux époques médiologiques par les mêmes moyens. Chaque « idéologie » a un *indice de performance* médiologique qui lui est propre, solidaire qu'elle est de la médiasphère qui lui a donné naissance.

8. Une idéologie sociale propre à la graphosphère (Livre - Chemin de fer - Journal), est tôt ou tard éliminée par l'idéologie corollaire de la vidéosphère (Télé - Radio - Avion). La première, ne pouvant résister à un état de libre concurrence, doit recourir, pour protéger sa survie, à une protection coercitive de type administratif ou militaire (ainsi du « marxisme-léninisme » à l'Est ou en Chine), ou à un abri indolore, de type muséologique ou universitaire (ainsi l'idéologie républicaine en France).

9. Aujourd'hui, et pour la première fois dans l'histoire de l'huma-

nité, la sphère de *circulation* des idées et représentations commande directement leur *production*. Il s'ensuit que la critique des idées et représentations dominantes ne peut plus être une critique idéologique mais la critique des organes de leur domination.

10. Une révolution médiologique est une révolution politique. L'inverse ne vaut pas. En résumé, la politique n'est plus au poste de commande.

11. Un groupe social, un parti dirigeant, un chef, ne peuvent pas longtemps « raconter n'importe quoi », ou prétendre « faire passer » n'importe quel message par n'importe quel conduit. Qu'il en ait ou non la tutelle administrative, l'État n'est plus maître des médias, les médias sont les maîtres de l'État, qui doit négocier sa survie avec ses maîtres à penser, et à faire croire.

S'il est parmi vous des ptérodactyles ou des brachiosaures, ils auront reconnu ici une frappe et un vocabulaire qui eurent leur siècle de gloire, jusqu'aux alentours de 1968. J'ai en effet pris le moule antédiluvien des *thèses sur Feuerbach* du jeune Marx — roulement de tambour optimiste et humaniste par lequel, rompant avec le matérialisme spéculatif de son aîné, Marx proclamait la mobilisation générale sous le nouveau labarum de la *Praxis*. « Les philosophes jusqu'ici n'ont fait qu'interpréter le monde. Il s'agit de le transformer. » Magnifique programme auquel manquait seulement un mode d'emploi. Par quels *moyens* pratiques le transformer ? Par quels médias et médiations faire passer l'intention de la tête illuminée du Prophète aux millions de prolétaires dans la nuit ? Cela n'était pas dit. Silence qui, cent cinquante ans plus tard, nous remet au pied du mur, à la case départ, avec, entre le monde ancien et nous, beaucoup de morts pour rien.

L'ironie du pastiche réside en ce que nous articulons sous une batterie de termes anciens — « hégémonie », « domination », « idéologie » — un point de vue qui suggère l'impropriété de ces termes eux-mêmes pour comprendre l'évolution actuelle du monde. Non sans dénoncer la naïveté de l'espoir anthropologique qui soustendait l'appel marxiste.

Prométhée n'était pas médiologue. Spartacus, non plus. Une chance pour l'humanité. Il y a des savoirs dont il vaut mieux se passer quand on veut pousser les feux de l'espérance. La naïveté est une vertu roborative.

Ce n'est pas parce que le médiologue n'est pas dupe de l'optimisme humaniste qu'il est brouillé comme citoyen avec tout projet d'émancipation politique. La médiologie politique, comme la sociologie du même nom, ne fait pas de politique. Elle commence par isoler un champ et décrire ce qui s'y passe. Sans jugement de valeur ni proposition à faire valoir. Libre au citoyen de croire et d'espérer, c'est-à-dire de poursuivre cela qu'il sait de science certaine rigoureusement hors d'atteinte comme l'égalité de tous, la liberté sans limites et la fraternité universelle. Simplement, en mettant en évidence que toute entreprise de transformation collective est assujettie à un système technique de transmission, la médiologie politique peut épargner aux théoriciens de la chose nombre de considérations oiseuses (sur la fin et les moyens par exemple) et faire en outre gagner un temps précieux à tout praticien, aspirant au pouvoir — démocrate ou tyran.

Elle attirera son attention, paradoxalement, sur la vanité du cynisme.

À LA CHARNIÈRE DES LÉVIATHAN

Si à chaque médiasphère correspond un médium dominant ; si à chaque médium dominant, correspondent à la fois un certain mode d'organisation de la classe morale (clergé, intelligentsia, médiocrates) et un certain mode de fonctionnement de la classe administrative. Si en résumé, le système des supports et moyens de transport symboliques détermine le système de commande de l'homme sur l'homme en sélectionnant les messages les mieux communicables, le champ de la médiologie civique peut se définir comme *l'ensemble réglé d'interdépendances unissant à une époque et pour une aire de civilisation données, une technique de transmission, la fonction symbolique, et un mode de domination.*

Ce champ en forme de triangle circonscrit une aire d'opérations et d'explorations. Polygone de base à géométrie variable qui paraît devoir justifier une spécialisation. L'histoire technique en fait varier les côtés, ou plutôt leur nom, et chaque côté fait en lui-même isolément l'objet d'une discipline constituée. Il y eut jadis une configuration Roi-Église-Oralité populaire. On parlera à présent du polygone État-Intelligentsia-Médias. Le premier intéresse le chercheur en sciences politiques ; le second l'historien de la culture ; le troisième l'ingénieur en télécommunications. Les mettre en rapport (autre qu'anecdotique) peut paraître farfelu. Ils n'ont pas même rang ni même âge. Dans son acception moderne, *État* date du XVIe siècle, *intelligentsia* du XIXe, *médias* du XXe. D'évidence, les fonctions existaient avant ces organes-là, et leurs noms. La médiologie politique raccorde en pointillé les trois sommets du triangle. Elle voudrait fermer la figure pour chercher les fonctions.

Elle peut, ce faisant, contribuer à éclaircir de bien vieux mystères. Rien qu'en doublant la question machiavélienne : « Ce que c'est que la souveraineté, combien d'espèces il y en a, comment on l'acquiert, comment on la garde, comment on la perd », par un corrélat comme: « Ce que c'est que la transmission, combien d'espèces il y en a, etc. » et par cet autre : « Ce que sont les médiateurs, combien d'espèces, etc. »

*

Chacun sait que la contrainte est au cœur de l'institution étatique ; mais qu'il n'y a pas contrainte sans discours, ou, en termes nobles, *potestas* sans *auctoritas*. La force n'a pas toujours raison, mais elle a toujours une raison. Si le monopole de l'usage légitime de la violence publique suppose en amont une idée partagée de la légitimité, il s'en déduit qu'une théorie de l'autorité publique exige quelques lumières sur les procédures de persuasion propres à telle ou telle médiasphère. Cela d'autant plus que les États démocratiques modernes ont appris depuis longtemps que « l'inculcation des modes de pensées, des comportements, aboutit à des résultats plus durables et à un moindre coût que l'usage de la force qui entraîne une énorme dépense d'énergie, laisse subsister les racines profondes des conflits [1] ».

Souvenons-nous du frontispice allégorique qui précède l'édition originale du *Léviathan* de Hobbes : émergeant par-dessus bois, cités et champs, un géant moustachu et couronné tient dans la main droite un glaive et dans la gauche une crosse. Plus bas, en vis-à-vis : un fort, une cathédrale ; une couronne, une mitre ; un canon,

1. Jacques CHEVALIER et Danièle LOSCHACK, *Science administrative*, Paris, 1978.

une foudre d'excommunication; une bataille, un concile. « Hôtel de ville et N.R.F. », les deux points clefs pour le stratège nazi en arrivant à Paris en 1940.

Sur quelles charnières pivotent les deux volets de la puissance publique ? Le méchant sourire du Prince-État en fait mystère. Et pour cause, s'il tient son pouvoir de ce mystère même... Nous pouvons tenter de localiser un peu mieux cette zone charnière : c'est celle qui articule les unes sur les autres les opinions et les adhésions.

Éternel rébus des Léviathan anciens et modernes : disposer des corps par la force, *et* des âmes par l'autorité. Depuis vingt-cinq siècles qu'ils donnent de leurs nouvelles, tous les philosophes politiques sont tombés d'accord sur cette double nature, leur seul lieu commun. Observation banale : disposer de la force physique n'est pas rien, mais si l'on ne se voit pas reconnaître le droit de s'en servir, ce n'est pas assez. Machiavel : « Ceux qui simplement veulent faire les lions, ils n'y entendent rien. » État = « Lion + renard », « violence + légitimité », « Coercition + hégémonie ». Si chacun des termes est en lui-même connu, le signe + reste le grand inconnu de la science politique, et La Boétie notre contemporain. Il y a là un constant motif d'épouvante pour les promeneurs de la planète. Aujourd'hui comme hier.

Jean Jaurès, à Paris, au début du siècle : « Je fus saisi, un soir d'hiver, dans la ville immense, d'une sorte d'épouvante sociale. Il me semblait que les milliers et milliers d'hommes qui passaient sans se connaître, foule innombrable de fantômes solidaires, étaient dénués de tous liens. Et je me demandais avec une sorte de terreur impersonnelle comment tous ces êtres acceptaient l'inégale répartition des biens et des maux, et comment l'énorme structure sociale ne tombait pas en dissolution. Je ne voyais pas de chaînes aux mains et aux pieds, et je disais : "Par quel prodige ces milliers d'individus souffrants et dépouillés subissent-ils tout ce qui est ?" La chaîne était au cœur, la pensée était liée, la vie avait empreint ses formes dans les esprits, l'habitude les avait fixées. Le système social avait façonné ces hommes, il était en eux, il était en quelque façon devenu leur substance même, ils ne se révoltaient pas contre la réalité parce qu'ils se confondaient avec elle. »

Qui n'a ressenti la même énigme en se promenant quelques jours à Bucarest et à Caracas, à La Havane ou à Shanghai ? Mais Sarcelles suffit peut-être à l'inquiétude... Pourquoi ne voit-on pas ce qui crève les yeux, accepte-t-on l'inacceptable ? D'où viennent ces liens d'imagination dont se ligotent les hommes et les femmes pour endurer l'aberrant comme naturel ?

LES RÉPONSES DE LA « SCIENCE POLITIQUE »

Nos langues mortes sont des mots pour répondre. « Idéologie dominante », disait le marxisme. « Hégémonie », précisait Gramsci. Nous dirions aujourd'hui, pour cerner ce résidu envahissant et inclassable des charcutages disciplinaires, « consensus ». Le mot fait évidence. Il est singulièrement obscur.

Étrange et fascinant bâtard en vérité que ce terme de physiologie importé au XIXe siècle dans la sociologie grâce à Auguste Comte qui (par l'une de ces géniales intuitions sur l'oubli desquelles s'est bâtie la sociologie, fille ingrate s'il en est) voyait, dans « cette co-relation essentielle entre l'idée de société et l'idée de gouvernement », « l'idée mère de la statique sociale », permettant enfin « une conception positive de l'harmonie sociale » [1]. Curieusement, ce qui unit l'une à l'autre « société » et « politique », soit « la communauté de valeurs et de choix » inhérente à toute cohésion sociale, reste à l'état d'entité baladeuse, comme un furet que le sociologue renvoie à l'historien, l'historien au juriste, le juriste au psychologue social. « Notion extrêmement fluide » (Georges Burdeau) ; « nébuleuse » et « phénomène jusqu'ici mal cerné » (Jean Rivero) ; « cette sorte de mystère » (Jacques Rigaud) ; cette manifestation d'une « ambiguïté fondamentale » (Jean Baechler) — tous conviennent qu'on ne peut s'en passer sans tomber d'accord sur un début de définition. On apprendra donc que le consensus « relève davantage de l'ordre affectif que de l'ordre rationnel » (comme s'il n'y avait pas une rationalité de l'affectif), et qu'il convient de le référer à « ce que l'on osait appeler naguère l'âme des peuples » et « la psychologie des profondeurs » (souvent la plus superficielle des psychologies). Les sciences politiques seraient-elles les seules des sciences occultes à être reconnues d'utilité publique ? La vertu dor-

1. A. COMTE, *Philosophie positive*, 48e leçon.

mitive du sommeil ne fait-elle pas écho à une définition comme celle-ci : « Le consensus est une disposition de l'esprit collectif qui traduit un accord avec une situation » ? C'est donc une manifestation de psychologie sociale ; mais aussi un état de société, ou encore un ensemble de propositions dénombrables. Le consensus, en ce cas, fait l'objet d'évaluations chiffrées. On montrera pour la France de telle année, par exemple, au moyen d'enquêtes et de sondages d'opinion, sur quoi il y a consensus « dans la sphère politique », et l'on pourra procéder à des classements comparés selon les diverses catégories socio-professionnelles, tranches d'âge, niveaux d'instruction, appartenances partisanes, etc., et selon les objets du consensus (la nation, la menace extérieure, l'ennemi public numéro un, le service militaire, le divorce, etc.). Malheureusement, un entassement inorganique de faits empiriques ne fait pas un concept. La nature du consensus relève d'une interrogation métaphysique, quand elle est isolée de son mode de fonctionnement. Rappelons-nous que la philologie, mère des sciences humaines, place le consensus à l'intersection de *concentio*, art de chanter ensemble, et de *consensio*, ou conformités des sentiments [1]. La nature des instruments et l'acoustique de la salle nous en diront plus sur l'air du temps qu'une réflexion sur le solfège. Il est peut-être plus éclairant d'observer les cordes vocales d'une société en anatomiste que sa partition mythologique en mélomane. Tant que ses thèmes sont considérés indépendamment des instruments de la musique d'ambiance, le consensus risque de jouer les utilités au titre de vide unificateur des enquêtes d'opinion. Il se définit pour le moment comme une addition de négations. Ce n'est pas un terme *juridique*, comme l'est la *légitimité* qui implique la conformité à une norme positive (un pouvoir n'est pas plus ou moins légitime, il l'est formellement ou pas du tout). Ce n'est pas un terme *politique*, puisque aucune institution ou procédure ne lui sert de critère et qu'il désigne moins le conflit que l'unité. Ce n'est pas une catégorie *morale*, puisque le consensus est de l'ordre du fait, sans imputation de valeur et encore moins de responsabilité : qu'il y ait eu consensus, indiscutable et massif, dans l'Allemagne nazie n'excuse pas le nazisme, ne l'accuse pas non plus. Circonstance ni atténuante ni aggravante. Trop culturelle pour être politique, trop politique pour être culturelle, la notion de consensus désigne en réa-

1. René Pucheu, « À la recherche du consensus », *Pouvoirs*, n° 5, 1978, p. 17.

lité *ce qui dans chaque société a force de loi sans prendre la forme de la loi ni les moyens de la force*. Bref, nous voilà revenus au mystère initial, dont le côté ténébreux épouvantait déjà Jaurès. Ne serions-nous pas plus avancés, en cette fin de siècle, qu'au début ?

Les marxistes ont cru naguère changer de terrain en troquant l'âpre hégémonie contre le doucereux consensus. Gramsci n'a pas inventé le mot. Il a repris le concept à la tradition social-démocrate russe (Plekhanov, Axelrod, Lénine), où il désignait le rôle dirigeant assigné au prolétariat dans ses alliances avec la paysannerie et la bourgeoisie libérale contre l'aristocratie tsariste. Gramsci l'a simplement fait glisser à l'Ouest, du domaine des alliances sociales du prolétariat à celui des structures du pouvoir bourgeois [1]. Progrès notable encore que négatif. Premier mérite : souligner tout ce que comporte de culturel une domination politique. Se trouveraient donc simultanément récusées, au dire des disciples de Gramsci, « l'interprétation juridico-libérale » du consensus selon laquelle c'est le consentement qui crée la force (théorie du droit naturel et du Contrat Social) et l'interprétation « étatico-politique » selon laquelle la force crée le consentement par simple décalque ou projection (selon les théories mécanistes de « l'idéologie » comme pur reflet d'un rapport de force préétabli, sans efficace spécifique) [2]. En indexant d'emblée l'accord réciproque postulé par le *consensus* sur un rapport de domination, en dévoilant l'asymétrie réelle sous l'unité idéale (des croyances et représentations collectives), ce marxisme intelligent nous rappelle qu'il n'y a pas de chœur sans chambre ni de chorale sans partition.

Reste qu'on ne peut prendre la flèche pour la route. De même qu'il n'y a pas d'État ni d'intellectuel dans l'abstrait, il n'y a pas d'hégémonie « en général », indépendante de ses conditions médiatiques d'exercice. Si cette catégorie spéculative ne porte pas en elle-même le principe explicatif des changements d'hégémonies auxquels on assiste dans une même société, on comprend pourquoi le discours soi-disant matérialiste en la matière multipliait les « il faut » et les « n'y-a-qu'à » — phraséologie sans contenu, impératifs sans moyens d'application. « Il faut » opposer à la révolution passive

1. Perry Anderson, *Sur Gramsci*, Paris, Maspero, 1978, chap. I.

2. Christine Buci-Glucksmann, « Du consentement comme hégémonie : la stratégie gramscienne » (*Pouvoirs*, n° 5, 1978) et son remarquable ouvrage, *Gramsci et l'État*, Paris, Fayard, 1977.

de la bourgeoisie la révolution active du socialisme, celle qui remontera la société civile à la société politique. « Il faut » que la classe ouvrière fonctionne comme classe hégémonique et non seulement corporative, porteuse « d'une direction intellectuelle et morale » pour toute la société : mais quels sont les *instruments* de cette direction dans *cette* société-ci ? Et sont-ils bien des instruments purement « techniques », des formes polyvalentes et neutres qu'on puisse indifféremment remplir de tel ou tel « contenu de classe ? » « Il faut » d'abord *diriger* (les esprits et les comportements) pour pouvoir ensuite *dominer* (par l'État et la force). Et si les moyens de « direction » n'étaient pas eux-mêmes dirigeables ? Et si l'accession aux « appareils d'hégémonie » faisait passer les heureux élus sous l'hégémonie desdits appareils, comment briser le cercle vicieux ? Gramsci a sans doute repéré un vide béant dans le marxisme de son temps en se fixant pour tâche de penser les médiations. Mais cette pensée purement politique fait l'impasse sur le caractère techno-économique de ces médiations, et donc sur leur *contenu* culturel propre. C'est pourquoi la doctrine de l'hégémonie n'a pas constitué une révolution théorique, un renversement du regard. Elle n'était pas porteuse d'indications pratiques parce qu'elle n'est pas entrée dans le secret pratique de sa propre histoire. Le bon militant qui invoque aujourd'hui saint Gramsci pour proclamer que « l'hégémonie est d'abord une stratégie d'acquisition du consentement actif des masses par leur auto-organisation » se paye de mots, comme le brave curé qui répond à la pilule anticonceptive par des citations de saint Paul sur le mariage. Car l'auto-organisation des téléspectateurs, en régime de monopole ou d'audimat, c'est la quadrature du cercle (dont les Pays-Bas au demeurant ont le mieux approché la solution). Et quand tel ou tel groupe d'« intellectuels de gauche » — tous experts en stratégies d'hégémonie — se voit dans l'incapacité de se doter d'un organe d'expression, d'influence et de regroupement, il peut se consoler en se rappelant que ceux qui ont perdu depuis longtemps les moyens de leur théorie manquaient dès le départ d'une théorie des moyens (de communication).

On comprend que dans les démocraties industrielles, où, jusqu'en 1968, pouvait être dite à l'ordre du jour « l'alliance des forces de travail et de la culture » la philosophie de la « praxis » (comme appelait Gramsci le matérialisme historique) ait présenté tous les symptômes de l'« apraxis idéomotrice » : incapacité d'adapter ses mouvements à ses idées, ses moyens à ses buts.

POUR UN IDENTIKIT DE LA DOMINATION

Reproduction des pouvoirs et production des discours ne sont pas séparables. Pourquoi ? Parce qu'elles partagent la même cliente, « l'opinion », qui les fait vivre l'une et l'autre. Cela peut sembler bien léger, et friable. Mais c'est le sol de toute domination. Alluvial et sablonneux, il semblera à qui veut du solide. Il l'est de fait. Mais la pédologie, branche de la géologie appliquée, n'est pas une science friable parce qu'elle étudie la composition de sols qui le sont. Il faut prendre le sable au sérieux parce que tout édifice étatique est bâti en dur mais sur du sable. En dur : taillé dans le *répressif* et le *juridique*. Mais sur le sable de « l'esprit public ». Un fin chroniqueur politique du XIXe siècle remarquait : « Une collection de baïonnettes ou de guillotines ne peut pas plus arrêter une opinion qu'une collection de louis ne peut arrêter la goutte » (Henri Beyle, dit Stendhal). Un bon professeur de droit public confirme au XXe siècle : « Que l'opinion se dérobe, et le pouvoir s'effondre. S'il est récusé par ceux qu'il entend régir, il cesse d'être ; et la légitimité suppose l'existence [1]. » Napoléon disait redouter plus l'hostilité de trois journaux que mille baïonnettes. Et La Boétie avait compris que les esclaves et non le tyran font la servitude volontaire. Le juge énonce les règles et le gendarme les fait respecter. Mais l'un et l'autre perdent pied, et avec eux l'État qu'ils font tourner, dès lors que les administrés cessent d'y croire. Le désarroi des sociologues devant le furet du *consensus* trouve son répondant dans la panique des gouvernants de tout temps et pays devant les brusques épidémies de *désobéissance civile* qui déclenchent d'imparables glissements de terrain (Europe de l'Est) ou de vertigineux passages à vide (Mai 68 en France). Quand l'adhésion des joueurs est suspendue. Quand le sol se dérobe, les matraques frappent en

1. Jean RIVERO, « Le consensus », *Pouvoirs*, n° 5, 1978.

pure perte. Police, Justice, Armée, ces institutions demeurent impuissantes devant l'insaisissable (qui peut se traduire par un refus de l'impôt, une grève de la faim, le refus de combattre chez les soldats, de s'enrôler chez les civils, etc.), au point qu'elles-mêmes peuvent s'affaisser (refus de servir, ou de rendre la justice). Le juge et le gendarme n'ont pas le droit de grève mais si leur opinion les y pousse, peu importent la loi et la Constitution. En somme, l'État aussi, comme la peinture, est « cosa mentale ». La science politique pourra-t-elle rivaliser un jour avec l'histoire de l'art ?

Elle souffre d'une sorte d'aporie épistémologique. Elle devrait culminer dans une science de l'opinion. Mais comment peut-il y avoir une science de la déroute de la « science », quand l'opposition de l'opinion et du savoir, *doxa* et *épistèmé*, sert de base à la constitution du Logos occidental, de Platon à Popper ? Cet *opinari* dont le sage stoïcien doit, par principe, s'abstenir, voilà ce que doit d'abord considérer la haute sagesse d'un politique ? Au sommet des honneurs, voilà qu'il faut revenir au plus bas degré du savoir, à ce que la science ignore comme ce dont elle a à se dégager pour devenir égale à elle-même, à ce que la philosophie méprise comme ce avec quoi il ne faut pas la confondre ? Cette entité immatérielle et consistante, brutale et capricieuse, qui ne se laisse ni déduire d'un principe ni référer à une norme, plus facile à sonder qu'à expliquer, n'est-ce pas à son insaisissable fluidité que l'art politique doit de n'avoir pas acquis, au sein de la tradition classique, la dignité d'objet de science ?

La vérité n'est pas affaire d'opinions, son universalité s'impose par elle-même à tout être doué de raison. C'est pourquoi l'on ne dira jamais d'une proposition scientifique qu'elle fait l'objet d'un consensus, mais d'une reconnaissance (que les femmes aient une âme, par exemple, c'est une thèse politique, puisqu'elle a dû faire l'objet d'un vote majoritaire au concile de Nicée : c'est proprement un dogme, comme l'était du reste la dotation spirituelle du sexe mâle). Toujours le vieux paradoxe : ce qui ne peut être fondé en raison fonde l'autorité politique. D'où son intérêt pour les opinions qui font autorité.

Qu'est-ce que l'opinion ? Le contraire d'une connaissance, dira le philosophe. L'opinion, c'est ce que je sonde ; la preuve qu'elle existe, c'est que je la mesure, lui répond le statisticien, oracle suprême. Le sociologue rétorque au politologue que c'est son sondage lui-même, avec sa grille et ses postulats, qui produit l'opinion publique qu'il est censé refléter [1]. Toutes les opinions sont possibles sur l'opinion, et le médiologue ne rentre pas dans ce débat, malgré son importance. Il reste dans la matérialité et la prend pour ce qu'elle est : un fait de discours. À l'instar de Platon, *Théétète*, 190 a : « Je dis qu'opiner c'est parler et que l'opinion consiste en un discours explicitement prononcé. » Définition minimale et considérable qui suffit à l'État comme tel, le plus comme le moins démocratique, pour susurrer son éternel « votre opinion m'intéresse ». La question de savoir qui a la possibilité de manifester sa pensée ne peut pas ne pas le concerner. Car si la nature intime de la chose, réalité ou illusion, est sujette à controverse, ce qui ne souffre pas contestation ce sont les effets de la croyance sur le cours de la Bourse et des choses. Si donc l'on entend par *médium* tout moyen de produire une opinion ou de transmettre un discours, c'est-à-dire de susciter ou modifier une croyance collective, on comprend que le médium dominant d'une époque soit l'enjeu d'un rapport de forces politiques. Exemple très schématique en premier survol : au XVIIIe siècle, en France, le principal organe de l'opinion c'était le livre ; au XIXe, le journal ; au XXe, l'audiovisuel. Le gouvernement s'est défendu au XVIIIe contre le livre ; au XIXe, contre le journal ; au XXe, contre l'audiovisuel, selon des procédures à chaque fois différentes, mais pour les mêmes motifs. Il s'est défendu *contre* parce qu'il ne pouvait triompher qu'*avec* et *par*.

Or, le fait est que contre chaque médium l'État a fini par perdre sa bataille. Pour survivre, il s'est rendu.

Au XVIIIe siècle, duel du livre et de l'absolutisme — victoire du livre. Au XIXe, duel du journal et de la réaction (impériale, monarchique ou bourgeoise) — victoire du journal. Au XXe, duel de l'audiovisuel et de l'État monopoliste — victoire de l'audiovisuel.

Cette constante impuissance du pouvoir face à ses « instruments » méritait à la fin réflexion. D'où cette recherche.

Synthétisons.

Les deux questions — comment ça fonctionne la croyance ? comment ça fonctionne le pouvoir ? — se recoupent dans la sphère des moyens de diffusion. Carrefour où se croisent producteurs

1. Pierre BOURDIEU « L'opinion publique n'existe pas », *Les Temps Modernes*, janvier 1973.

d'opinions et instances de contrôle. Point d'intersection des « commis à l'hégémonie » et des fonctionnaires de la coercition, point d'application de deux forces complémentaires et concurrentes, point critique de notre organisation politique. Le médium est de nature réversible : il permet à l'esprit de devenir force et à la force de se faire esprit. Il n'est pas étonnant que ce Janus à double entrée intéresse à la fois le sabre et le goupillon, le Prince et le Scribe, l'homme d'affaires et l'homme d'influence.

La distinction violence symbolique/violence physique répondant à la double nature et face du lien politique — revoir l'image du Léviathan —, on peut mettre en vis-à-vis « Intelligentsia » et « État », avec « Médias » au milieu, et faire fonctionner le vieux modèle d'hégémonie comme un tableau à deux entrées. À gauche, par « l'intellectuel », à droite par « l'État » ; avec, au milieu, l'outil commun qu'il faut bien se partager puisque le clerc et le seigneur, l'intellectuel et le dirigeant, en ont tous les deux un besoin fonctionnel.

Entrée de gauche : l'acte de rendre publique une conviction privée est l'acte intellectuel par essence. Pas d'intervention dans les affaires publiques sans possibilité de publication (le substantif lui-même d'*intellectuel*, redisons-le, est né, en 1898, de cet acte même). Tout le monde peut avoir des convictions mais tout le monde n'a pas la possibilité d'en faire état (c'est-à-dire de contribuer à faire ou défaire l'État existant dans les esprits). C'est ce privilège/aptitude qui fait de la personne privée de l'intellectuel une personne publique, une puissance sociale. Un esprit ne peut agir sur un autre qu'en prenant corps dans une matérialité sensible (parole, écriture, image), et en se déposant sur un support. Sans cette objectivation ou publication, nulle pensée ne peut devenir événement, ni prendre effet, comme force à capter ou à neutraliser. Une opinion qui n'a pas les moyens de se faire connaître n'est plus un danger. Ma pensée ne regarde l'État qu'à partir de l'instant où elle se rend visible, audible ou bien audiovisuelle. Elle doit pour ce faire avoir accès aux moyens matériels d'imprimer, de reproduire et de transmettre. Souvenons-nous que, dans *le délit d'opinion*, le délit n'est pas provoqué par le contenu propre de l'opinion mais par sa matérialisation sensible. Ce n'est pas l'auteur, mais l'imprimeur Étienne Dolet qui monte sur le bûcher ; pas le journaliste, mais le directeur de la publication qui est poursuivi en justice. Cette prise de corps est doublement conditionnée. D'abord, par une capacité de mise en œuvre produite par une qualification technique : apprendre à parler en public, à écrire, à tourner. Ensuite, par un privilège ou droit d'accès aux sites et moyens de publication, produit d'une qualification juridique ou intellectuelle : n'importe qui ne peut pas accéder à la place du village ou à la chaire de l'église pour prêcher ou sermonner les paysans analphabètes, comme, plus tard, n'importe qui ne peut pas imprimer un livre à sa guise, coller une affiche sur les murs ni représenter une pièce sur la scène; comme n'importe qui aujourd'hui, du moins en temps normal, ne peut accéder à un studio de télévision ou de radio, s'il n'y est pas dûment convié par les ayants droit.

Entrée de droite : par l'État. L'acte de rendre privée une conviction publique parachève la puissance de l'État. C'est parce que et dans la mesure où les opinions des dirigeants sont transmises ou relayées aux dirigés, et incorporées par eux comme valables, qu'un pouvoir de fait se transmue en un pouvoir légitime librement accepté. Seule l'adhésion des individus privés à « l'idéologie régnante » la fait telle. Représenter l'intérêt particulier de « ceux d'en haut » comme l'intérêt général de « ceux d'en bas » — vœu et accomplissement de toute domination — suppose qu'on fasse passer le message de haut en bas. Ce qui pousse au contrôle, sinon à l'appropriation directe, des moyens de communiquer. Cette poussée ou pulsion, c'est le « ça » des autorités centrales. Son refoulement ou sa maîtrise par un « surmoi » juridique marque l'accès des systèmes de gouvernement de la sauvagerie à la civilisation, encore appelée « démocratie ».

Ainsi, l'acte hégémonique est à double sens, et entrée. Publication et privatisation viennent buter l'une et l'autre sur l'instrument de la matérialisation ou médium. Objet d'une lutte corps à corps entre État et Intelligentsia parce que le pouvoir politique prend effet par le médium, le pouvoir spirituel (moral ou institutionnel) aussi. Avec lui, nous sommes bien in *medias res*. Cheville ouvrière par laquelle chaque élément se change en son contraire pour devenir lui-même, le *medium* transforme l'acte de pensée en opérateur politique et le pouvoir politique en opérateur intellectuel. C'est le point de croisement des deux flèches en direction d'une cible commune : les gouvernés.

Un système de souveraineté peut ainsi se schématiser par un

Christ en croix, ou une figure de crucifixion ; deux entrées principales et quatre pôles. En bas, la collectivité réceptrice (fidèles, sujets, citoyens). De chaque côté, les deux bras écartés du Détenteur symbolique et du Contrôleur politique. Au milieu, la tête ou médium, centre d'aspiration et de redistribution des flux d'information, enjeu et moyen des luttes pour la prééminence. Ce corps écartelé changera de visage selon le type de rapport unissant les deux pôles de la circulation symbolique et la nature du médium central.

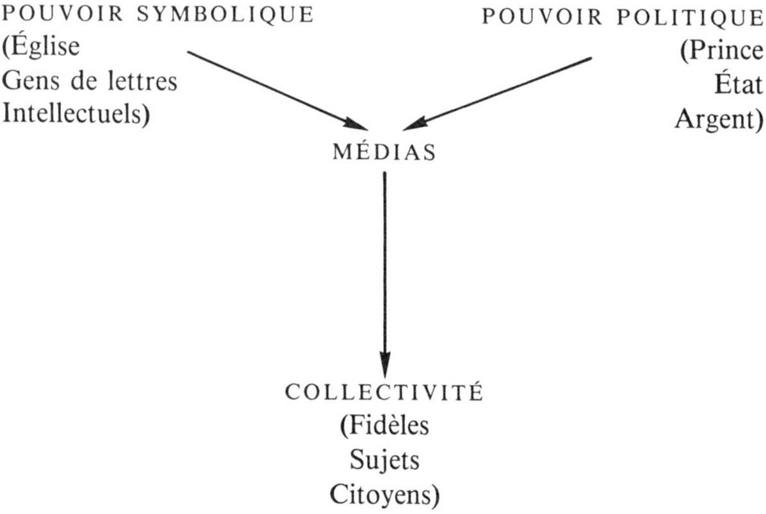

En quoi le tableau peut fonctionner comme un identikit.

Sur quels critères établir une typologie historique ? Sur les diverses procédures de contrôle des discours publics, elles-mêmes fonction du caractère technique de la relation d'influence. Deux grands cas de figure :

Quand le rapport de l'homme à l'homme est direct et s'opère par la parole vivante (discours, sermons, prêches, allocutions, etc.), le contrôle opère à la source. Il porte directement sur les hommes autorisés à parler, et indirectement sur la parole.

Quand le rapport de l'homme à l'homme est indirect et passe par un support matériel objectif, le contrôle est indirect : son centre de gravité passe du corps des émetteurs d'information sociale aux moyens et canaux d'émission.

Pour prendre l'exemple français, on distinguera selon ce canevas trois systèmes de canalisation symbolique. Après la période médiévale de régulation ecclésiastique, suivie, après Gutenberg, d'une phase de régulation juridico-politique sous la monarchie et les trois premières républiques, elle est entrée en phase de régulation économique (avec un certain retard sur les sociétés comparables : U.S.A., Allemagne, Italie, etc.).

Une histoire de la censure en France pourrait s'écrire comme l'histoire de sa dissolution comme entité séparée par incorporation progressive (et productive) aux dispositifs d'information.

Dans la régulation ecclésiastique, les procédures de contrôle sont intégrées à l'apprentissage des règles du discours licite, système et contenu de l'enseignement (théologie), par le biais de l'initiation cléricale. La délégation du droit à la parole s'opère de haut en bas, par une cascade de mandats réguliers et étroitement hiérarchisés (ainsi du *Munus* épiscopal : « Seul le mandat de l'évêque confère le pouvoir de prêcher la parole de Dieu »). Mais l'État n'exerce pas de contrôle direct sur les détenteurs et émetteurs. Si l'Église ou ce qui, ailleurs, en tient lieu (le « clergé » islamique, aujourd'hui) cesse de jouer le jeu du pouvoir politique, on entre dans une zone de turbulences graves.

À partir du XVIe siècle, quand la diffusion de l'imprimerie a brisé, chez nous, le monopole clérical, le contrôle s'est exercé de façon rigide, par des règlements corporatifs et un arsenal juridique portant sur l'imprimerie et la presse (les pupitres et les chaires professorales faisant l'objet d'un contrôle indirect par le biais de l'institution universitaire encore dépendante de l'Église). C'est l'État qui joue le rôle principal, en contrôlant les moyens légaux d'émission des discours publics. Mais ces moyens, comme nous le verrons, passé un certain stade de développement, ne sont plus contrôlables (le coût du contrôle excède les avantages).

L'État alors passe la main, au bénéfice d'une autorégulation par l'offre et la demande. Nous assistons aujourd'hui, bien que la radio-télé soit encore partiellement placée dans l'orbite des pouvoirs publics, au retour à un contrôle indirect et souple de la production du discours par le jeu interne de l'audience et des lois du marché. Rien n'est interdit mais tout n'est pas vendable, et si le citoyen a le droit de tout voir et entendre, la distribution, elle, a ses contraintes.

Le communisme et le fascisme combinent le contrôle ecclésiastique sur l'émetteur (délégation du droit de parole au Parti, avec ses initiations, sa hiérarchie, ses écoles, ses journaux, etc.) et le contrôle administratif sur l'appareil de diffusion (censure sur imprimeries, radio et télévision). Ce qui est deux fois anachronique.

Le capitalisme libéral n'a évidemment rien à craindre (hormis en temps de guerre) de l'autocontrôle économique. Exemple : le 5 janvier 1990, TF1 a déprogrammé un film sur la vie de Lénine à 20 h 30. Nulle censure. Simple décision technique du directeur d'antenne, eu égard aux susceptibilités du public et aux événements en cours. « Il ne faut pas mettre à côté de la plaque, a-t-il dit, nous verrons plus tard. » Pour localiser dans une société l'instance du pouvoir réel, demandez-vous d'où vient la hiérarchisation des nouvelles, où est le rédacteur en chef du groupe social. Celui qui préside à la circulation et à la distribution des traces a aussi la faculté de présider à leur soustraction. Qui censure programme et vice versa. Un proverbe espagnol dit : *Quien paga la orquesta escoge la musica.*

La suprématie de « l'Ouest », l'Amérique, sur « l'Est », la Russie, c'est que la logique interne aux médias, la recherche d'une audience instantanée maximale, est la logique du marché. Les deux vont d'un même pas dans le même sens, et la conquête du monde par l'audiovisuel vaut pour conquête économique du monde par le libéralisme. La rationalité médiatique sert de main invisible à la déesse de la Liberté new-yorkaise, qui a le bras long.

En plaçant face à face un bloc d'émetteurs et un bloc de policiers du discours, ce schéma simplet a deux grands inconvénients : d'abord, il pourrait assigner le pôle du pouvoir politique à un rôle négatif ou restrictif de contrôleur des messages, comme s'il était l'autre muet du pouvoir symbolique, gendarme soupçonneux extérieur à l'univers du sens. Or la parole est un devoir d'État, elle lui est consubstantielle. Si on ne gouverne pas sans laconisme (un ordre doit être bref), un chef réduit au silence n'est plus un chef. Lui couper la parole c'est déjà le destituer ; lui arracher le micro c'est le mettre à mort. Un seul et même geste de clôture institue un espace de souveraineté, aussi minuscule soit-il, et réglemente l'accès aux sites de la parole collective. Le moindre système hiérarchique véhicule un sous-système de restriction, canalisation ou concentration du discours autorisé, susceptible de faire autorité. Le pouvoir de monter à la tribune et de faire connaître son opinion n'est pas qu'un attribut parmi d'autres du « Centre » — une récompense honorifique attribuée aux apparatchiks qui ont gagné la bataille interne du

Parti, « la bataille politique ». Dans un parti, le pouvoir de parler, de s'adresser au groupe, est autant le but que le moyen du pouvoir. Qui parle réduit l'autre au silence, au moins provisoirement, et le facteur d'obéissance n'est pas la parole mais son écoute. Et si tout le monde parle en même temps, comment se faire entendre ? Ce n'est donc pas la parole mais sa solitude dans un certain contexte qui fait commandement. D'où les divers rituels, protocoles, délégations et mises en scène destinés à exhausser une parole, à cerner pour consacrer, en instaurant autour le silence légitime (celui des autres). Qui ne dit mot consent. L'art de faire chanter ensemble (celui du consensus) postule l'art de faire taire, en faisant régner le silence non par injonction ou sommation mais comme recueillement spontané et bienfaisant.

La « profonde logophobie » que Foucault décelait dans nos sociétés n'est peut-être que la petite monnaie, la rançon d'une logophilie congénitale de l'État. Au fond, le pouvoir a besoin de parler et de faire parler : le discours est son élément, il en réclame, il en vit. Il le préfère utile, c'est-à-dire productif, constructif, positif. Ou alors complètement inutile, luxueux, décoratif, c'est-à-dire peu gênant. Il préfère en somme le sien au discours des autres. Car tout auteur de messages est candidat et concurrent, même à son insu. Le politique doit donc surveiller l'irrigation de son territoire. Il veut domestiquer sa source d'énergie. De même qu'une terre arable privée d'eau est économiquement improductive, une société sourde et muette deviendrait politiquement stérile, proprement ingouvernable. La canalisation de la parole, force politique productive, joue peut-être aujourd'hui le même rôle stratégique que la canalisation de l'eau dans les sociétés agraires archaïques. Il y a eu, en Asie et dans l'Amérique précolombienne, des sociétés hydrauliques, avec leur mode de production, leurs fonctionnaires, leurs tributs. L'âge des *sociétés logorrhéiques* point à l'autre bout de l'histoire, devant nous. Et c'est parce que ça émet et circule de plus en plus, et de mieux en mieux, que le réseau des digues et des canaux qui captent le flux symbolique gagne chaque jour en complexité et en soins attentifs. Et que le système des réservoirs, écluses, vannes et dérivations du discours se fait à la fois omniprésent et invisible, impénétrable et transparent — formidablement public et secret.

Ensuite, ce schéma (où il y a trop de séparation et pas assez d'interaction) pourrait faire du médium un lieu inerte, une simple voie de passage, un canal et non une matrice. Avec des usagers qui se le disputeraient pour monter dedans le premier, comme des passants un taxi. Ce serait nier, à la façon humaniste, non seulement l'autonomie mais *la maîtrise du médium sur ses maîtres*, ou de la machine sur les mécaniciens. Ce serait en revenir à la pensée classique, gramscienne, de l'hégémonie : un groupe social, à travers un état-major politique, *élabore* une vision du monde à bureaux fermés ; puis va s'occuper de la *diffuser*, pour en faire un phénomène de société, une force matérielle. Les organes de diffusion étant de simples *intermédiaires* entre « ceux d'en haut » et « ceux d'en bas ». Quand on est dans l'opposition, et que l'audiovisuel est d'État, on s'attache d'ordinaire à dresser la liste des actes d'arbitraire, exclusion, pression, manipulation, etc., commis par les gens en place. Critique courte et remarquablement myope : humaniste, en un mot. On réactive ainsi la magie noire du pouvoir méchant qui truque, cache, caviarde, combine, etc., siège métaphysique d'une éternelle volonté de tromper, d'une congénitale intention de nuire. C'est ne pas comprendre que la puissance d'un régime médiatique est négative : vous ne pouvez pas, si vous avez le pouvoir, faire autrement que... Une médiasphère est un transcendantal technique qui fixe *a priori* les conditions de production du sens et de l'événement à quiconque veut s'en servir (voir Bougnoux, *Le Prince esclave*). Plutôt rat dans un labyrinthe qu'expérimentateur en laboratoire, le manipulateur de médias est le premier manipulé par eux.

Car la machinerie véhicule sa propre vision du monde — indépendante des partis et s'imposant à eux. Les candidats et détenteurs du pouvoir politique ne peuvent pas ne pas se mettre à son service, lui servant au moins autant d'auxiliaires et de faire-valoir que l'inverse. La télévision ne choisit pas que la couleur de leur costume, l'heure et la forme de leur meeting (démarrer à 20 heures pile et trois petites phrases tout de suite pour la prise en direct), mais le positionnement au centre, le vocabulaire, la phrase courte et les trois cents mots rituels, etc. De même, et plus généralement, ne cesse-t-on de demander à nos chaînes des enquêtes approfondies au lieu de témoignages anecdotiques et « non significatifs » ; des perspectives et des cohérences d'ensemble au lieu de ce voyeurisme et pointillisme « exaspérants ». Et si la télé était faite pour « l'entertainment » et adéquate à sa fin ? Elle homogénéise le divers, fictionne le réel. Machine « à décroire » (Anzieu), déréaliser, sérialiser, simplifier, indifférencier, dont la fonction propre et légitime est de plaire, non d'instruire. Elle ne propose pas une séquence de signes mais un flux d'images sans syntaxe, une grille de programmes sans lien discursif, qui juxtapose sans hiérarchiser, sans totaliser, sans distinguer. La démotivation dont se plaignent les politiques n'a pas peu à voir avec cet enchaînement non cumulatif d'images équivalentes, aux connexions arbitraires, dotées d'une vitesse obligatoire, qui, faisant défiler un temps sans nécessité interne, l'efface au fur et à mesure, instantanément. La petite lucarne est onirique, répétitive, sélective ; elle fusionne principes de plaisir et de réalité. Elle programme d'avance ses programmateurs. Bref, elle n'en fait qu'à sa tête, et non à la nôtre. Et c'est très bien ainsi.

La télé est d'abord une machine économique, et non un conduit d'idées, un tuyau de sens. C'est à ce titre le premier inducteur et conducteur de l'idéologie appelée économisme. La machine a la morale de son entretien, homogène à une société d'individualisme hédoniste et de consommation instantanée. Elle n'est pas de nature à susciter des démarches d'abstraction ou d'inférence, de synthèse, ni de critique, mais à produire des minispots à la chaîne, véhicules de consommation (impensable à l'école). Elle n'est pas faite pour transmettre des idées ni pour produire de la conviction, mais quelque chose entre l'assentiment superficiel et la rumeur sociale, l'assentiment à la rumeur (sondage, air du temps, opinion générale, etc.).

ORDO, LEX, MEDIUM

Pour modélisables qu'elles soient, les questions domaniales liées en régime de propriété des moyens de diffusion ont une portée assez restreinte. La Cité à télévision publique n'est pas substantiellement différente de la Cité à télévision privée — la première en retard sur la seconde, mais les deux appartiennent déjà à la même médiasphère, et chaque médiasphère remodèle le Contrat Social. Dans une société éclatée, le médium audiovisuel assure l'indispensable principe de catholicité, comme clef de voûte du kaléidoscope, dénominateur commun des facteurs et tendances adverses. Nous ne sommes d'accord sur rien sinon sur le fait que c'est à la télé, point de passage obligé, que les désaccords doivent s'exposer, pour arbitrage final par le téléspectateur qui formalisera son verdict par son vote. Il fallait être catholique pour avoir droit de cité au royaume de France. Il faut être télégénique pour prétendre au trône de la Cité démocratique. On a le droit de ne pas passer à la télé, mais qu'on ne prétende pas alors jouer un rôle dans la République. Cet accord est susceptible de neutraliser l'effet de tous les autres désaccords.

La télé va plus vite et plus loin mais moins profond, bien sûr, qu'un ouvrage imprimé. Les degrés d'imprégnation sont peut-être en raison inverse des surfaces de balayage. Et la solidité de nos convictions diminue quand s'accroît la vitesse des informations et de défilement du signal. Les médias dominants ne sont pas ceux qui « marquent » le plus, mais qui moulent le mieux. Ils donnent leur style et leur couleur à un régime de croyance collective qu'on peut définir, avec Clément Rosset, comme « un dogmatisme de l'incertitude ». Un électron chasse l'autre, rien ne dépose tangiblement, personne n'y mettrait sa main au feu. La télé fonctionne comme l'agent d'une cohésion sans adhésion, à base d'adhérences semi-passives. La télé a bien une fonction re-ligieuse, et ses rendez-vous, sa grille, ses jingles rythment le temps quotidien et hebdomadaire, comme jadis, dans les campagnes, les cloches du village, ou dans les monastères, les offices divins, de matines à complies. Mais c'est une religion froide, d'in-différence, dont la seule prière signifie : « Regardez-moi d'abord, le reste est sans importance. » Plus étymologiquement encore, notre dernière religion civique est une anti-religion car elle délie au lieu d'assembler, elle égrène au lieu de recueillir, disperse au lieu de concentrer. « La notion de négligence, écrit Michel Serres, fait comprendre notre temps » ; et la machine audiovisuelle rend palpable la notion. Neg-liger, ne pas lire. D'ordinaire, les temples sont faits pour recueillir et se recueillir, par retranchement et clôture. Nous sommes la première civilisation qui avons élevé un autel domestique à la dissipation, notre récepteur.

Le temps qui passe dans une société, la façon dont il passe et ce qui s'y passe s'éclairent au temps qu'il y fait. *Ordo, lex et medium* sont à penser ensemble. Une médiasphère, avons-nous vu, c'est une atmosphère, un climat intellectuel et moral ; c'est aussi un *ethos*, et donc un État. Révolution médiatique veut toujours dire « catastrophe » climatique et éthique (calamité pour ceux d'avant, aubaine pour ceux d'après). C'est-à-dire changement des valeurs communément admises par mise en facteur commun de nouvelles matrices.

On se plaint, aujourd'hui, de la multiplication des « propos en l'air » — privés de réflexion en amont ou de référence intellectuelle solide —, sans s'aviser que ce sont ceux qui s'adaptent le mieux aux supports aériens. On déplore la décadence des notions de loi, d'universel, de vertu civique, on parle de la crise des principes de service public, d'intérêt général, de citoyenneté et de laïcité. Les voilà « lettre morte ». Et pour cause, si elles étaient portées, de leur vivant, par tout un culte, une ascèse de la Lettre.

Faut-il rappeler qu'il n'est de loi qu'écrite ? D'universalité que consignée sur un support stable ? L'universel n'est pas oral, c'est le doigt de Dieu qui a *écrit* le premier Décalogue. L'oralité fondatrice, toujours circonstancielle, fait droit à la circonstance et à la singularité de fait. Jésus combat oralement le pharisaïsme de la Loi, mais parce qu'il la connaît. On a remarqué que le droit humanitaire était la partie la plus vivante du droit international. C'est en effet le plus médiatisable. Conceptuellement limité, mais émotionnellement riche car sous-tendu par des images à circulation mondiale. Les champions de l'humanitaire ne sont pas par hasard les vedettes du petit écran, et vice versa. L'administration du *certum* est constitutif du *certum*, et en vidéosphère, une certitude non visible, non sensible, purement intelligible, n'est plus une certitude. Il en résulte une modification de l'espace public par modification du principe de publicité. Le sensationnel fait reculer le normatif, l'image couleur, le noir sur blanc ; et l'image en direct, immédiatement émotionnelle, mobilise l'État et l'opinion, l'opinion de l'État et l'état de l'opinion, en court-circuitant les lents (mais invisibles) rouages de l'administration et les libellés subtils (mais invisibles) de la législation écrite. État, service public, bien commun, sont des universaux contraignants dans la graphosphère mais des billevesées improbables en « régime médiatique ». La Justice, combien de minutes d'antenne ? L'Armée, quelle surface rédactionnelle ? L'Éducation nationale, combien de caméras ? Les handicapés ne peuvent pas facilement descendre dans la rue pour casser les vitrines et c'est tant pis pour eux. Bientôt en effet, le budget de l'État se ventilera au prorata des audimats.

Croire en l'État comme garant universel, croire en la Loi et qu'elle vaut pour tous, c'est croire aux Tables et aux Textes, ces anciens réceptacles du sacré social. La crise du livre emporte une crise du vrai et du juste. Je veux dire : l'avènement d'un autre régime de vérité et de justice. L'oralité moderne fouette la demande d'originalité — pour le meilleur et le pire ; et la loi qui est la même pour tous et que nul n'est censé ignorer ne peut rien contre un particulier — groupe ou individu — qui entend à cor et à cri se créer ses propres règles de conduite, hors norme, hors texte. Mai 68 fut une rébellion de la parole contre les textes, la victoire du transistor sur la machine à écrire. Changez les supports, gardez les énoncés, et la loi du forum ne sera plus la même (au sens de : qu'est-ce qui fait loi sur le forum ?). Le Parlement a toujours moins d'autorité et l'Exécutif toujours plus. Pour beaucoup de raisons dont la dernière n'est pas que la télévision est un médium bonapartiste, qui met face à face un peuple atomisé, délesté de ses corps intermédiaires, et un chef qui lui parle les yeux dans les yeux et en gros plan. L'autorité du Parlement est liée au raisonnement par les mots et à la culture délibérative de l'échange d'arguments (la version écrite faisant foi au *Journal officiel*). Coincé entre l'ordinateur et la télé, elle s'estompe. Pour que les députés retrouvent en France un minimum de prestige social, il faudrait d'abord que les affiches électorales dans nos rues soient à base de mots (programmes et professions de foi) et non de visages. Car alors, un député pèsera toujours cent fois moins qu'un acteur de cinéma et mille fois moins qu'un présentateur de télévision.

La démocratie parlementaire est un régime où les décisions sont issues d'une *délibération publique* ; la démocratie médiatique est un régime où les décisions sont issues tantôt d'une *manifestation* publique tantôt d'une prestation *individuelle*, les deux s'enchaînant sous la loi du *temps court*. Élargissement du nombre des opinants par le biais du sondage, raccourcissement des échéances chez le décideur. L'homme spectaculaire vit dans l'urgence, car il lui faut à tout instant faire événement. « Démocratie de l'événement et spectacularité ont progressé du même mouvement », note Pierre Nora [1]. Effacement des perspectives ; moins de stratégie et plus de tactique. Le calendrier d'un « responsable », c'est la semaine, et s'il est futuriste, le mois qui vient. Disons : l'intervalle qui sépare la prochaine émission de la prochaine élection. Parlez-lui d'un problème qui n'est pas de demain matin, le politique hausse les épaules. L'ave-

1. Pierre Nora, « Le retour de l'événement », in *Faire de l'Histoire*, I, Paris, Gallimard, 1974.

nir comme le passé perdent leur légitimité de recours. La vidéosphère, nervosité sans répit, fait vivre le présent au présent.

La lettre tue. C'est vrai. Mais plutôt moins que l'esprit. La violence des textes est sans doute la pire à l'exception de toutes les autres. C'est à Sparte, non à Athènes, que la parole avait force de loi.

ONZIÈME LEÇON

LOGIQUE DE LA CENSURE

La relation inverse

La course-poursuite

La censure : l'hommage du pouvoir à la puissance

Le besoin de contrôle

Il est interdit de ne pas interdire

L'histoire politique de la communication est souvent scandée comme une montée épique vers la liberté : inexorable et radieuse émergence brisant les noirs corsets de la servitude. Légende sympathique mais sommaire. L'histoire longue des institutions de censure, qu'on abordera ici avec le temps de l'imprimerie, présente un certain nombre de mécanismes récurrents, où les intentions, bonnes ou mauvaises, ne règnent pas en maîtres.

LA RELATION INVERSE

Tout se passe comme s'il y avait un jeu à somme nulle, hier, entre le libraire et le Prince, aujourd'hui, entre le journaliste et le ministre. Plus le premier est puissant et sûr de lui, plus le second est humble et précaire.

Vous trouverez dans *Le Scribe* une petite description du jeu de bascule entre pouvoir politique et pouvoir intellectuel : quand l'un s'abaisse, l'autre monte, et vice versa. En témoigne aussi bien l'histoire de France que l'histoire de chaque République.

Le système des vases communicants a eu une traduction quantitative dans le commerce de librairie. Au XVIe siècle, explosion de l'imprimé, implosion de l'Église romaine. Au XVIIe (après la Fronde et sa pluie de « mazarinades »), déflation et recul des imprimés, apogée de la royauté. Au XVIIIe, gonflement livresque et folliculaire, affaissement de la monarchie. Comme si tout ce qui se gagnait à un pôle était autant de perdu pour l'autre.

À partir de son expérience radiophonique, puis à l'O.R.T.F., au service de la Recherche, Pierre Schaeffer a résumé l'affrontement Pouvoir/Communication par la formule des gaz parfaits : « P.C. = constante ». À communication nulle, pouvoir infini et réciproquement. Selon cette relation hyperbolique, écrit-il, « dans une société idéale où tout le monde, à chances égales, communiquerait, le pouvoir devrait tendre vers zéro »[1]. Esquisse d'hyperbole à nuancer aussitôt, comme il le fait lui-même, puisque, à prolonger la courbe vers le zéro et l'infini, on trouverait d'un côté l'anarchie et de l'autre la dictature. L'anarchie comme bruit pur et la dictature comme silence parfait. Dans un groupe où tout le monde parlerait en même temps, faute d'une autorité reconnue pour donner la parole successivement à l'un et à l'autre, plus personne ne s'entendrait : communication zéro. Mais si personne en dehors du leader n'ose prendre la parole devant lui, communication zéro aussi. Plutôt qu'une parabole, il y aurait donc une courbe de Gauss, avec ses valeurs optimales en zone médiane. Reste que la formule d'algèbre sommaire offre un invariant utile pour mettre en ordre les variations historiques de la censure. Et d'abord, cette constante volonté du pouvoir, confronté au surgissement d'un médium, de raréfier au maximum canaux et signaux.

Il faut le comprendre, le pauvre. Aucun pouvoir politique ne chérit le hasard et tous portent en eux un rêve d'éternité. C'est en dernier recours et en désespoir de cause qu'un gouvernement se résigne à « gérer l'imprévisible ». Mais la meilleure façon de maîtriser l'événement — et toute parole est un événement lourd de menaces et d'imprévus — serait encore de l'annuler à sa source. Ainsi les secrets seraient gardés — pas de divulgation intempestive. La police de la parole publique traduit le fantasme de programmation absolue dont le pouvoir absolu permet de s'approcher. En Corée du Nord, on assure que le seul journal quotidien, celui du Parti, est imprimé avec quelques jours d'avance sur le jour de sa diffusion — les travailleurs et la rédaction étant alors félicités pour leur enthousiasme dans le dépassement des normes d'exécution du Plan. Informer,

1. Pierre SCHAEFFER, *Machines à communiquer 2*, Paris, Le Seuil, 1972, pp. 243 et suiv.

dit la science moderne, c'est produire de l'improbable. Or « gouverner c'est prévoir », et prévoir, ramener l'inattendu à la norme. En limitant le nombre des émetteurs d'information ou en appauvrissant l'information émise, je réduis les marges de l'imprévu, de l'anormal, de l'aléatoire. Je gouverne mieux car je prévois mieux. Ainsi fait l'information officielle en pays socialiste, Kim Il-Sung exauçant le vœu secret de l'inconscient politique. Dans tous les cas (et pays), conjurer le hasard, à défaut de pouvoir le résorber dans le Plan, suggère de restreindre les possibilités d'occurrence de la parole ainsi que le champ de ce qui peut être licitement proféré. De l'événement, il en faut, mais régularisé et quadrillé autant que possible. Du XVIe au XXe siècle, l'absolutisme politique a toujours eu la hantise des multiplicateurs intellectuels. Richelieu ne voit que danger dans la multiplication des collèges, comme Colbert dans celle des imprimeries. L'imprimerie dissémine, la monarchie concentre (les imprimeurs, à Paris, autour de la rue Saint-Jacques). « En se multipliant jusqu'à l'infinité par le moyen de l'impression [les livres] persuadent des nations entières en se communiquant partout », notait en 1631 un audacieux publiciste, Colomby, dans *De l'autorité des Rois*, qui espérait un peu légèrement consolider par ce biais la supériorité des « livres de bonne trempe » sur les cris et révoltes des égarés. Quant à Napoléon, il disait à Eugène : « Il faut imprimer peu et le moins sera le mieux. » Rétablissement de la censure préalable, création d'une direction centrale de l'imprimerie, serment et brevet exigés des libraires, plus la classique réduction à la source : l'Empire ferme 97 imprimeries sur 157. Réduction à quatre du nombre des gazettes parisiennes, plus une feuille par département. Ainsi, on sera tranquille.

Passé le premier délai d'insouciance, les pouvoirs établis, Église et Royauté, face à l'agression proliférante de l'imprimé, se sont sentis en état de légitime défense, tenus à raréfier, filtrer, assécher.

Peu après l'affaire des « placards » — affichage sur la porte de la chambre du roi d'un pamphlet contre la transsubstantiation et la consubstantiation (18 octobre 1534) —, François Ier n'avait-il pas été, en 1535, jusqu'à interdire purement et simplement qu'on imprime aucun livre dans son royaume « sous peine de la hart », la pendaison ? Dans sa terrifiante naïveté, l'exorcisme panique évoque déjà celui des régimes communistes interdisant ronéos et photocopieuses ou, comme Ceaucescu en Roumanie, soumettant à autorisation préalable la détention à domicile de machines à écrire. Les mesures prises sous le règne de Charles IX, avant la Saint-Barthélemy (1572), mettent en place un dispositif cohérent échelonné sur deux lignes de défense — permission politique et privilège économique — qui se maintiendra, revu et corrigé, tout au long de l'Ancien Régime. C'est un *double filtrage*, juridique et corporatif. Le premier régente le contenu des messages : organisation d'une censure. Le second réglemente les moyens et conditions de transmission : organisation de la profession.

Ordonnance de Charles IX du 10 septembre 1563 : « Défenses sont faites à toutes personnes de quelque état, qualité et condition qu'elles soient, sur peine de confiscation de corps et de biens, de publier, imprimer, faire imprimer aucun Livre, Lettres, Harangues, n'autre écrit, soit en rythme ou prose, faire semer Libelles diffamatoires, attacher Placards, mettre en évidence aucune autre composition de quelque chose qu'elle traite ; et à tous Libraires d'en imprimer aucun sans permission dudit Seigneur Roy, sur peine d'être pendus et étranglés... »

Arrêt du Parlement du « dernier juillet » 1565 :

> « Par lequel il est défendu à tous Imprimeurs, Libraires, Colporteurs, ou autres personnes de quelque état qu'elles soient, d'imprimer ou faire imprimer aucuns Livres pleins de blasphèmes, convices ou contumélies, pétulans et ne tendans qu'à troubler l'État et repos public, sur peine de confiscation de corps et de biens. »

Ordonnance de Moulins, de 1566 :

> « Défendons à toutes personnes que ce soit d'imprimer ou faire imprimer aucuns Livres ou traités sans notre Congé ou Permission, et Lettres de Privilège expédiés sous notre grand Scel. »

Un leitmotiv à la clef de tous ces règlements — édits, ordonnances, arrêts — qui régiront en France « la vie de l'esprit » pendant trois siècles : « Défense ». Contenir. Endiguer. Tarir.

Dès 1535, le nombre des imprimeurs parisiens était ramené à douze, et leur production aux « livres approuvés et nécessaires pour le bien de la chose publique ». Deux imprimeurs et un libraire étaient montés sur le bûcher, place Maubert, et des sacs de livres jetés dans le feu avec leurs lecteurs hérétiques. Tous les métiers du Livre sentaient le fagot. Le prince des arts et des lettres, protecteur de Vinci et créateur du Collège de France, qui impose le français dans les jugements et actes notariés (1539), jette sur l'imprimé le premier filet législatif, avec la création par lettres patentes du « dépôt légal », obligatoire en 1537 ; l'imposition de l'examen avant mise en vente par des censeurs recrutés dans l'Université, en 1542 ; la première parution d'un index national (1545) ; l'interdiction d'imprimer ou vendre tout ouvrage concernant la Sainte Écriture venant de Genève ou d'Allemagne (1547).

Les décisions de François Ier n'ont pas enrayé la multiplication des livres, et donc la contagion de l'hérésie. Le coup d'arrêt de 1535 et les processions expiatoires (comme celles des intégristes contre Salman Rushdie) peuvent diminuer cette année-là la production des imprimeurs français. Les volumes narguent règlements et censures, s'impriment aussitôt hors de France, passent de main en main, ici sous forme d'almanachs, là de fausses bibles, bréviaires ou psautiers. Des titres anodins couvrent des infamies. Après 1550, l'hérésie pullule. Le fait technique a déjoué l'ordre politique. Le médium est passé à travers les mailles.

Les coûts de la défense, doctrinale et nationale, n'ont depuis lors cessé de s'élever : la miniaturisation et la capacité de pénétration des vecteurs de messages élèvent à proportion les coûts de la détection et de la prise. La police de l'imprimerie n'avait déjà pas la tâche facile, malgré la cruauté des sanctions et l'encombrement des machines à surveiller. La police des ondes électromagnétiques, par les investissements en personnel, temps et matériels qu'elle requiert, a un rendement faible. Le repérage par camion-gonio n'est pas opérationnel en milieu urbain dense, et sa précision laisse à désirer. La deuxième parade, le brouillage, dont l'efficacité est sans failles, suppose des cibles fixes, peu nombreuses et de faible puissance — sauf à immobiliser des moyens considérables. Le filtrage des ondes hertziennes est franchement un casse-tête ; et les satellites de diffusion directe, joints aux antennes paraboliques, contournent les brouillages.

Le désarroi des États du tiers monde, où les réseaux hertziens et les centres d'émission sont sous contrôle étatique, face à la révolution de la vidéo, évoque à s'y méprendre celui des États d'Ancien Régime face à la révolution de l'imprimé. Déstabilisante comme le livre, la vidéocassette est portative, peu chère, reproductible et propice à la contrebande. Elle subvertit la propagande officielle, contourne les interdits religieux (musulmans en particulier), devient une arme politique pour les oppositions — forçant les polices, comme les nôtres jadis, à transiger ou fermer les yeux. Le sud est beaucoup plus frappé que le nord de la planète par la déstabilisation médiatique, grosse de révoltes urbaines. La différence est que le livre arrivait en Europe par « le haut » et que la vidéo envahit par le « bas », massivement, compte tenu des taux d'analphabétisme élevés (60 % en Inde) et de la baisse des coûts des magnétoscopes (mais les villages ont leur salle de projection). La vidéo est encore plus dangereuse pour les autorités établies des pays en voie de développement que le fut jadis le livre chez nous.

C'est bien à son corps défendant que le pouvoir prend acte de la défaite du politique devant la technique, en découvrant que le remède, finalement, était dans le poison. Car le bruit est un censeur plus économique que le silence (plus efficace et moins coûteux). Le moins mauvais des ordres. Le modèle « concentration », l'étatisme, échoue toujours à la fin ; et le modèle « concurrence », le libéralisme, s'avère moins « catastrophique » que prévu. L'événement s'annule dans son propre foisonnement, le brouhaha des nouvelles en amortit l'impact, le livre se noie dans sa crue, comme l'atteste l'insensibilité croissante à la mitraille des publics occidentaux bombardés. Seule l'alarme d'un despote oriental devant un livre sacrilège, publié en Occident et le concernant, devant une émission scandaleuse, devant une publication qui porte atteinte à la dignité du peuple X ou Y, ranime de temps en temps les cendres froides du scandale. Ce sont là frémissements d'importation, provoqués par le court-circuit de deux phénomènes : le décalage chronologique des phases d'évolution culturelle sur la planète et le synchronisme technique de l'actualité mondiale dû à l'instantanéité des transmissions. Il y avait depuis longtemps des *fatwa* en Orient et des charges contre Mahomet en Occident. Le fait nouveau, c'est qu'avec les télés, avions et télex, les fulminations intégristes peuvent sauter par-dessus les souverainetés nationales. Le monde entier devient « la Maison de l'Islam », qui aura moins de replis secrets que l'Empire ottoman.

LA COURSE POURSUITE

Nous avons vu que chaque nouveau moyen de transmission s'assimile à l'ancien (l'imprimé au manuscrit, le cinéma au théâtre, la radiodiffusion à la télégraphie sans fil, la télé à la radio, etc.). Il traverse ainsi une phase d'imitation. La conséquence est un déphasage de l'institution de contrôle sur l'invention à contrôler. Les pouvoirs, surpris, sont pris de court.

Qui assurait la régulation du manuscrit ? L'Église. C'est elle qui va prendre en charge l'imprimé. Elle n'en a pas les moyens. Elle passe donc le bébé à l'État. Mais un peu tard.

Qui assurait la régulation de l'imprimé ? C'est l'État. Il va donc prendre en charge l'audiovisuel. Il n'en a pas les moyens. Il passe donc le bébé au marché. Mais un peu tard.

Au début, le pouvoir est tranquille. Il accueille même le nouvel arrivant avec un large sourire et en se frottant les mains. À la fin, c'est la panique.

L'accélération du progrès technologique raccourcit évidemment les temps de latence entre l'accueil répressif et l'abandon final à la logique commerciale.

Reprenons par le début, en revenant à notre chère tourmente, le XVIe siècle.

Les premières impressions par caractères mobiles eurent lieu entre 1450 et 1455, la première imprimerie s'installe à Paris en 1469. En 1475, le pape confie à l'université de Cologne le privilège de surveiller imprimeurs, éditeurs et auteurs. Pendant plus d'un demi-siècle, jusqu'à l'excommunication de Luther en 1521, la répression sera l'apanage de l'Église, via ses universités. La plus ancienne puissance d'Occident, qui asseyait son pouvoir sur son monopole de la transmission de la lettre, avait pourtant expérimenté dans sa chair la charge déflagrante des discours, avec les anciennes glissades de la spéculation à la subversion, de la théologie à la politique. Elle avait chèrement payé sa « clôture informationnelle ». Elle savait que la police de l'esprit ne relève pas de l'esprit pur mais du pouvoir qui lui donne corps, qu'un corps de doctrine est un organisme à défendre dont l'immunité exige la destruction des corps étrangers. Et pourtant, elle se contente d'intégrer le nouveau procédé dans les dispositifs de surveillance existants. Elle a attendu le concile de

Trente (1571) pour instituer la congrégation de l'Index, « cette manifestation de la bonté maternelle de l'Église qui colle une étiquette rouge sur certains livres capables de nous surprendre », et qui nous rappelle si bien au sérieux de la pensée — comme l'hérésie au sérieux d'une doctrine. « L'intelligence de l'Index n'est que le premier chapitre de la pédagogie de la lecture », dit excellemment un théologien [1].

Jusqu'à Gutenberg la stagnation des moyens de publication facilitait le contrôle à la source. D'un côté, l'Église dominait l'École, seul centre de divulgation intellectuelle : les « stationnaires », pour vendre leurs manuscrits, devaient recevoir l'approbation des recteurs de l'université dont ils dépendaient. De l'autre, le coût très élevé et la rareté des manuscrits joints à l'analphabétisme limitaient le rayon et la vitesse d'action des écrits dangereux qui auraient pu passer à travers les mailles. Ce double verrou bouclait la pensée dans le sein de l'Église. Que ce soit dans les *scriptoria* des moines ou des ateliers de copie pour étudiants, aussi bien au cours de la période monastique du manuscrit (sept siècles) que dans l'élargissement laïque consécutif à la création des universités, la production de textes avait *son appareil de contrôle incorporé*. En dehors du périmètre ecclésiastique, les textes étaient fabriqués par des « suppôts d'universités », jouissant comme tels de l'exemption de la taille et du guet ainsi que du for judiciaire. On restait encore en famille. Les libraires — simples commissionnaires en livres — et les stationnaires (terme romain remis en usage par les universités d'Italie) — seuls habilités à faire des copies de l'*exemplar* canonique pour les louer aux écoliers — prêtaient serment à l'Université, qui en retour fixait les tarifs de location des exemplaires et le montant des cautions.

C'est ce moule institutionnel éprouvé qui va accueillir l'imprimerie sans crier gare, en toute innocence. De même que les premiers imprimeurs sont issus de la corporation des orfèvres, dont ils héritent les règlements et coutumes, de même les premiers imprimés iront s'abriter auprès des vieilles juridictions ecclésiastiques, qui leur firent passer les mêmes examens de passage qu'auparavant : approbation épiscopale ou universitaire, contrôle par l'Inquisition,

1. J. Calvet, article Index, *Catholicisme hier, aujourd'hui, demain*, Paris, Letouzey, 1962.

privilèges de censure délégués par le pape aux universités (comme celle de Cologne, en 1475). L'Église agit — au moins jusqu'au concile de Latran (1515) qui renforce la législation sur le blasphème — comme si le « régime de vérité » n'avait en rien changé, comme si l'administration de la parole divine pouvait encore obéir aux tranquilles partages de l'orthodoxe et de l'hérétique. Comme si la police d'une pensée, lourde, lente, centralisée, pouvait rester opérationnelle face à une pensée mobile, portative, démultipliée et déterritorialisée, dotée d'une vitesse de propagation et d'une sphère de circulation sans précédent. En une génération, vingt millions de volumes avaient été imprimés et diffusés en Europe, soit plus, en quelques décennies, qu'on avait vu de manuscrits au cours des dix-huit siècles précédents. Pour le XVIe siècle et toute l'Europe, de 150 à 200 millions d'ouvrages. Autour de 25 000 éditions publiées à Paris, de 13 000 à Lyon. Après la bonace, le cyclone.

« Les pensées ne paient pas de droits de douane », disait Luther. Mais il fallait bien des douaniers aux frontières. L'Église n'ayant pas autorité sur les foires, les routes et les douanes d'Europe, elle demande l'appui du bras séculier. Dans le Saint Empire, l'empereur, dès le début du XVIe siècle, vient au secours du pape, en instaurant une commission de censure impériale et un surintendant des imprimeries : ces derniers se heurtent aux princes allemands (*cujus regio, ejus religio*), et font fuir les marchands de Francfort à Leipzig, en pays saxon. En France, et dans le reste de l'Europe, la surveillance de la production imprimée qui se faufilait en terrain laïque, entre banques et boutiques, passe aux mains du roi, par le truchement des monopoles commerciaux et privilèges dont il se réserve l'octroi. Les censeurs, qui furent d'abord des docteurs en Sorbonne, donc des hommes d'Église, deviennent au XVIIe siècle des laïques, dépendant du chancelier, ministre du roi. Le censeur royal remet à l'auteur des lettres de privilège, et si l'écrit n'excède pas deux feuilles en caractères cicéro, une permission du lieutenant de police suffit. Chénier voyait dans les hommes de lettres du XVIIIe siècle « une troupe d'aigles gouvernée par des dindons » — les censeurs, collègues des premiers (beaucoup étaient eux-mêmes des hommes de lettres). Mais le contrôle était indirect — sur les moyens de circulation principalement, car l'autorité, à bon escient, se souciait moins des auteurs que des libraires imprimeurs et colporteurs qui transportent et multiplient les pensées des autres.

L'autorisation d'imprimer — ou de circuler —, délivrée par la chancellerie, pouvait prendre deux formes : la forme onéreuse du *privilège*, qui équivalait à un monopole d'impression, ou la forme gratuite des *permissions du Sceau*. Les historiens nous ont raconté par le menu comment, débordée et attaquée, la censure royale substitue peu à peu, au cours du XVIIIe siècle, la canalisation à la répression; comment les autorisations et privilèges disparurent derrière les « permissions simples », qui s'obtenaient simplement du directeur général de la Librairie, et comment Malesherbes lui-même, mi-impuissant, mi-complice, finit par leur préférer « permissions tacites » (ou non publiques), et simples « tolérances ».

Pourtant, les règlements du XVIe siècle, enfreints ou tournés, ne furent pas abrogés mais répétés avec acharnement. Les textes se durcissent au fur et à mesure que l'exécution mollit devant le triomphe inexorable de l'ordre marchand. Car, article de consommation et d'exportation, le livre est source de profit. 1728 :

> Art. 1er — Que les Édits, Ordonnances, Déclarations et Règlements rendus sur le fait de l'Imprimerie [...] soient exécutés selon leur forme et teneur dans tous les points auxquels il ne sera pas dérogé par ces Présentes; défendons à tous Imprimeurs, Libraires, Colporteurs et autres d'y contrevenir sous les peines qui y sont contenues.

À savoir : carcan, galères, bannissement hors du ressort du Parlement, et en cas de récidive, hors de notre Royaume et à perpétuité (Art. II, III, IV, V). Texte en vigueur jusqu'à la fin de l'Ancien Régime. En 1739, un arrêt de la cour supprimait toutes les imprimeries dans quarante-trois villes du royaume. 1744 : publication d'un Code de la librairie et imprimerie de Paris. L'édit d'avril 1757 renouvelle la peine de mort contre les auteurs ou imprimeurs de livres non autorisés; celui de mars 1764 défend de faire paraître quoi que ce soit concernant l'administration des finances. En 1767, un arrêt du Parlement interdit de rien publier sur les affaires de la religion; ou plutôt sur « ceux des points controversés parmi les ministres de l'Église en matière de religion, qui peuvent troubler la paix et la tranquillité et sur lesquels le Roy a imposé "silence" », comme le précisera Joly de Fleury dans une lettre au Chancelier [1].

1. Du 18 décembre 1768. Cité in J.-P. BELIN, *Le Commerce des livres prohibés à Paris de 1750 à 1789*, Paris, Belin frères éditeurs, 1913.

Un an plus tard, un garçon apothicaire convaincu d'avoir acheté *Le Christianisme dévoilé* était condamné à neuf ans de galère, le colporteur qui l'avait vendu à cinq ans et sa femme à la prison perpétuelle.

À l'origine, les sauvageries de l'économie de marché avaient fait le jeu des pouvoirs politiques. Au début du XVIe siècle, réimpressions pirates et contrefaçons ruinaient les éditeurs, qui se tournèrent vers les pouvoirs publics pour obtenir un privilège leur garantissant un monopole d'impression. En 1563, déplaçant parlements et tribunaux de bailliage, le roi se plaçait en amont du processus de fabrication (tout comme le souverain pontife en Italie), en s'adjugeant un monopole de concession des monopoles d'impression aux imprimeurs-libraires. Ces derniers se pressèrent donc à Paris, autour du pouvoir royal et de la chancellerie, dispensateurs des sceaux, ruinant par contrecoup les éditeurs de Lyon, au profit de ceux d'Amsterdam, de Genève ou d'ailleurs. Déséquilibre commercial renforcé par l'exil des éditeurs réformés et le Grand Départ des huguenots, qui allait jeter les bases, au XVIIIe siècle, de la contrebande de livres — dont l'importance fut décisive pour l'essor des Lumières et la sape de l'ordre. Fausses déclarations, débarquements de nuit, corruption des douanes, substitution de marchandises, etc., tous ces stratagèmes propres à la contrebande d'armes du XXe siècle se pratiquaient déjà au XVIIIe dans la circulation des idées. « Guerre littérale » (Campanella) qui culmina en 1789.

Les interdictions du pouvoir ruinaient à terme les intérêts du pays, en même temps qu'elles servaient ceux du marché illicite : les livres interdits étaient les plus chers. Concurrence, productivité et rentabilité, ces impératifs seront plus forts que les injonctions de Dieu et du Roi. Le commerce de librairie eut finalement raison de la direction de la Librairie, et Panckoucke de Malesherbes. Les « tolérances » de ce dernier entérinaient autant l'impuissance à maîtriser la circulation des imprimés que la volonté de minimiser les gains de l'adversaire, puisque les livres interdits sont les plus demandés, et l'enfermement le chemin le plus court de l'anonymat à la célébrité (Morellet : « Ces six mois de Bastille seraient une excellente recommandation et feraient infailliblement ma fortune »). L'*Encyclopédie* — mauvaise affaire politique mais bonne affaire commerciale — fut, à la fin des fins, tolérée en raison du manque à gagner considérable qu'eût représenté pour la librairie parisienne son édition en Hollande ou en Suisse. De toute façon échappaient à la prise, par la force des choses, les bas et les hauts de gamme de la production : la littérature populaire dite de colportage et la littérature élitaire de contrebande[1]. Soit les petits et les gros calibres. Un pouvoir en crise a peut-être plus à craindre des premiers, à courte portée mais efficaces, que des seconds. Malesherbes : « Il n'y a nulle puissance sur la terre qui puisse empêcher les chansons, les épigrammes ni même les pamphlets assez courts pour qu'il soit aisé d'en tirer des copies [...] Ce genre de satires courtes est le plus redoutable parce que non seulement elles sont connues dans le temps, mais qu'on les retient... » Le matériel d'impression est coûteux : il doit donc s'amortir. Donc produire sans cesse plus, et peu importe quoi. La logique économique de la production brise la logique politique du contrôle. C'est une constante. En se détachant de son organe naturel — la parole — pour se déposer sur un support matériel, artisanal, et bientôt industriel — les presses — la communication voit la logique de la fonction (politique) heurter bientôt la logique de l'organe (économique). L'ingénieur et le marchand courent toujours plus vite que le gendarme.

*

« La libre communication de la pensée et des opinions est un des droits les plus précieux de l'homme; tout citoyen peut donc parler, écrire, imprimer librement, sauf à répondre de l'abus de cette liberté dans les cas déterminés par la loi. »

En supprimant le système corporatif et le principe de la censure préalable, les Constituants de 1789, par le célèbre article 11 de la Déclaration des Droits, firent s'écrouler en quelques mois un système de défense vieux de trois siècles. Pour un instant seulement : la floraison des « feuilles » (qui se multiplièrent avec la même incoercible gaîté en 1848, lors de la Commune, à la Libération et même en Mai 1968) s'achève en août 1792, avec la guerre et la mobilisation. Le gouvernement révolutionnaire dut alors démentir l'immor-

1. Sur le colportage : Charles Nisard, *Histoire des livres populaires ou de la littérature de colportage*, Paris, 1964; Geneviève Bollème, *La Bibliothèque Bleue. La Littérature populaire en France du XVIe au XVIIIe siècle,* coll. « Archives », n° 44, Paris, Julliard, 1971. Voir aussi Jean-Jacques Darmon, *Le Colportage de librairie en France sous le second Empire*, Paris, Plon, 1972.

tel principe de « la libre communication », notamment par les décrets des 25 et 30 juillet 1793 qui conféraient à l'État le monopole des premières télécommunications par signaux optiques. L'innovation des frères Chappe tombe aussitôt dans le domaine militaire, pour faciliter la communication avec les armées — pendant cinquante ans, le télégraphe sera financé par le ministère de la Guerre. Empêcher qu'il ne tombe entre les mains du public sera l'obsession[1]. La Convention fit construire la première liaison télégraphique du monde entre Paris et Lille, et en 1844 le réseau français des sémaphores s'étendait sur plus de cinq mille kilomètres. Mais toujours réservé aux dépêches officielles, et dans le plus grand secret pour plus de garantie (les opérateurs sur les tours étaient illettrés). Le décret de 1793, relayé par la loi de 1837 et un décret-loi de 1851 (trois semaines après le coup d'État de Louis Napoléon Bonaparte), fut en effet étendu aux signaux transmis par fil électrique (lignes ouvertes au public le 1er mars 1851), sous la condition d'exciper de son identité et d'un domicile fixe ; après quoi, la T.S.F., considérée à l'origine comme une extension de la radio télégraphie, fut soumise au même régime du soupçon. Et la télévision à son tour. Le retard du design et de l'usage frappe aussi l'encadrement législatif et administratif de chaque nouveau média. L'article 39 du code des P.T.T., fondement du monopole, décalque littéralement la loi de 1837 réglementant le télégraphe aérien : « Quiconque transmettra sans autorisation des signaux d'un lieu à un autre, soit à l'aide de machines télégraphiques *soit par tout autre moyen*, sera puni d'un emprisonnement de un mois à un an et d'une amende de 1 000 à 10 000 francs. » L'article 39 gardait la peine et augmentait l'amende, ne laissant choir, et pour cause, que la dernière phrase des prédécesseurs : « Le tribunal en outre fera démolir la machine et les moyens de transmission. » En somme, le statut juridique du monopole d'État de l'O.R.T.F. était un arrière-petit-fils de la Convention.

Avec l'audiovisuel, la course poursuite se rejoue en accéléré, n'exhibant que mieux le subtil retournement du gibier contre son chasseur — en sorte qu'on ne sait plus très bien, du médium ou

1. Voir à ce sujet : Catherine Bertho, *Histoire des télécommunications en France*, Toulouse, Érès, 1984, et *Télégraphes et téléphones, de Valmy au microprocesseur*, Paris, Livre de poche Hachette, 1981.

de l'État, lequel chasse l'autre. Même désarroi réglementaire, même jeu d'esquive de l'invention technique qui ne cesse d'échapper à la prise de l'État-Nation, contraignant ce dernier à déplacer sans cesse ses rets et arrêts. Exemple : il faut un visa de contrôle avant la diffusion d'un film, délivré par une commission, sous l'autorité du ministre de tutelle. Mais comment contrôler un film 16, un super-huit, et *a fortiori* une bande vidéo ? Le magnétoscope nargue toute tutelle administrative. De même l'obligation récente (1975) du dépôt légal pour les produits audiovisuels « diffusés sur le territoire français », qui fait écho au premier mais tardif décret de François Ier (1537), se heurte aux frontières mal délimitées du document édité (direction : B.N.), diffusé (direction : I.N.A.), ou distribué (C.N.C.). Et comment contraindre bandes vidéo ou programmes diapo à prendre le chemin de la B.N. ?

LA CENSURE : L'HOMMAGE DU POUVOIR À LA PUISSANCE

Il n'y a pas d'« Ordre du Discours » indépendant de ses modes de reproduction et de transmission. Il n'y a pas plus de parole en soi que de censure en soi. En France, par exemple, on a toujours censuré mais pas de la même façon ni les mêmes canaux.

Un bref survol du *pouvoir intellectuel en France* nous avait jadis permis de repérer « l'acoustique comme fil conducteur » de ses déplacements internes. C'est aussi, et pour cause, l'axe des déplacements de la censure officielle, qui se dirige à chaque fois, comme l'intelligentsia elle-même, sur le médium le plus performant, là où l'asymétrie est la plus grande entre l'émetteur et le récepteur des messages. « Où l'auditoire est le plus nombreux et l'écoute de meilleure qualité », écrivions-nous, « là est le pôle d'aimantation qui structure le champ magnétique des forces intellectuelles du moment. » On comprend que ce pôle mobilise simultanément les efforts législatifs et réglementaires du pouvoir politique. Le médium optimal est par définition le plus dangereux, donc le plus convoité — l'axe des soucis se déplaçant avec l'axe des performances.

Les mainmises successives de l'État sur le médium le plus efficace expriment sa vulnérabilité à ce même médium. On n'arrête pas Voltaire ? Certes, Voltaire a le droit d'écrire les lettres qu'il veut depuis Ferney, mais non de faire circuler les livres qu'il veut dans le royaume, parce que l'ordre public de l'absolutisme n'est plus à la portée d'un trait d'esprit, mais éventuellement d'une diffusion inconsidérée. Sartre peut faire circuler les livres et les journaux qu'il veut, non faire la série télévisée qu'il veut parce que l'ordre public libéral est hors d'atteinte d'un pamphlet en librairie ou d'une vente à la criée dans la rue, mais peut-être pas d'un rendez-vous télévisuel. Dis-moi, émetteur, ce à quoi on t'oblige, je te dirai ce que tu peux. Il y a des canaux où tu as le droit de tout dire ? Ce sont ceux-là où ton dire peut le moins. L'Église de l'Incarnation rendait à l'efficacité du Verbe l'hommage de l'Inquisition, de l'Index, du *nihil obstat*, de l'*imprimatur*. La censure administrative est un hommage rendu par l'État à la puissance, et la levée des contrôles à l'innocuité d'un médium.

Comme si un thermostat secret réglait la liberté de diffusion. Lorsqu'elle cède sur le livre (1830), l'autorisation préalable se concentre sur la presse et le théâtre. Lorsqu'elle abandonne la première à l'argent (1881), et le second à son caractère inoffensif (1906 et 1945), cette mesure passe au cinématographe (1909) ; réorganisée en 1961, elle est toujours en vigueur. Lorsque la régulation fléchit sur l'industrie du cinéma (1975), elle se durcit sur la radiodiffusion et lorsqu'elle s'y trouve contestée (par les radios périphériques), elle s'est tournée, via le monopole, vers la télévision (où *Le Chagrin et la Pitié*, de Marcel Ophüls est interdit d'antenne quoique autorisé à l'écran). La portée acoustique des médias concurrents ou successifs s'indiquant à l'attention que leur prêtent les pouvoirs publics, c'est le volume de l'audience qui mesure à chaque fois la sévérité des lois.

Comme si l'abondance *ici* recréait *là*, automatiquement, la rareté ; comme si chaque discrimination sociale abolie reportait un cran au-dessus la nouvelle pierre de touche entre le *vulgum* et l'élite, le plouc et le chic. Par exemple, la « démocratisation » de la parole est conquise lorsque l'accès aux moyens d'impression est devenu réglementé. Quand tout le monde a pu faire des discours dans la rue ou sous un arbre, seuls quelques-uns pouvaient imprimer les livres. La « démocratisation » de l'imprimé intervient lorsque l'accès à l'audiovisuel devient hautement sélectif. Aujourd'hui, tout alphabétisé peut publier ce qu'il veut, seuls quelques-uns sont invités à présenter leurs publications à la télévision (ajoutant à la satisfaction de se lire noir sur blanc l'espoir de se faire lire par d'autres). Et le jour où chaque village, où chaque quartier aura sa radio locale, son réseau câblé et son micro-magazine, gageons qu'un nouveau tamis médiatique aura été mis ailleurs en place.

1789-1792 : la Révolution a donné à la France trois années de totale liberté d'imprimer, la plus longue période de liberté entre 1536 et 1881. Cela suffit pour déplacer, *ipso facto*, la mire du livre vers le journal. L'essor des gazettes sous le Directoire (73 à Paris en 1799), la politisation latente des villes, les progrès techniques qui iront en s'accélérant (1815, première machine à papier continu ; 1823, première presse mécanique importée d'Angleterre, etc.), font de la presse l'arme numéro un des oppositions, et de sa raréfaction l'urgence numéro un des gouvernements. Priorité donc à la censure de la presse sur celle du livre. Autorisation préalable, cautionnement, timbre, etc. : le débat politique pivote autour de ces discussions, comme aujourd'hui autour des « rapports du pouvoir et des télés ». Montée « à l'assaut de la monarchie », la presse finit par la renverser et cette révolution de journalistes que fut 1830 porte au pouvoir une monarchie de Juillet qui ne pensera plus qu'à lui remettre sa muselière. La censure préalable sur le livre est définitivement supprimée en 1830, toute saisie supposant une décision de justice préalable, la seule question en litige étant désormais de choisir entre les assises, option libérale, et la correctionnelle, option autoritaire. On peut donc laisser couler le livre, quitte à intervenir en aval, mais le journal demeure filtré à la source. Et la justice, malgré ses ridicules célèbres — Flaubert acquitté, Baudelaire condamné —, le ridicule en la matière finissant par tuer à la fin du siècle (1890, acquittement de Lucien Descaves poursuivi devant la cour d'assises pour *Les Sous-offs*), se montrera toujours plus tolérante à l'égard du livre qu'à l'égard du journal. Parce que les dangers ne sont pas les mêmes. Comme l'avouait un ministre de la Justice de l'époque, « le danger résultant des écrits, prospectus, dessins et objets obscènes est en effet limité par les circonstances dans lesquelles ils sont offerts et mis en vente, par la surveillance que le père de famille peut exercer à leur égard beaucoup plus facilement qu'il ne saurait le faire en ce qui concerne les imprimés obscènes envoyés par la poste... [1] ». Après l'insouciance révolutionnaire de 1848 (du moins jusqu'aux journées de juin), le second Empire fait sienne la phobie de ses prédécesseurs, en élevant ses défenses à la hauteur des menaces nouvelles (apparition des rotatives, presse populaire à gros tirage).

La liberté de la presse dut attendre la fameuse loi du 29 juillet 1881 (celle du « interdit d'afficher ») qui stipule en son article premier que « l'imprimerie et la presse sont libres ». La presse passe alors du régime de l'autorisation préalable à celui de la déclaration. Liberté aussitôt tempérée par la vénalité qui ruinera bientôt l'indépendance des grands quotidiens (« arrosés » par les fonds secrets, des États étrangers, les banques et syndicats patronaux). Remarquons que le législateur n'en conserva pas moins d'importantes dérogations, qu'elles tiennent soit à la nature des publications, soit à l'exercice par l'administration de son pouvoir de police général, soit à l'existence de circonstances exceptionnelles. Et que cette libération, conditionnée mais réelle, sanctionne un consensus sur la nature du régime et une certitude de cohésion nationale. Lorsque le régime républicain eut définitivement écarté le danger monarchiste (la loi fut mise en chantier en 1878, un an après la victoire des républicains sur de Broglie) et qu'il s'estima assez solide pour n'avoir plus à craindre des lames de fond. Et lorsque l'extraordinaire foisonnement des titres (entre 70 et 90 quotidiens, rien qu'à Paris, à la fin du siècle) rendait à la fois plus diffuse la menace (par neutralisation réciproque des organes) et plus difficile un contrôle à la source.

Il est significatif que la levée de la censure sur le théâtre n'ait pas accompagné toutes ces libérations de l'imprimé. Elle ne sera acquise officieusement qu'en 1906, par le biais d'une suppression de crédits (non reconduits par l'Assemblée), et officiellement en 1945. La Révolution elle-même s'était montrée très prudente sur ce point, estimant que la charge émotive d'une représentation théâtrale était bien supérieure à la lecture solitaire d'une pièce. Une réflexion médiologique de Roederer, publiée sous le Directoire dans le *Journal d'économie publique*, et intitulée « Essai analytique sur les divers moyens établis pour la communication des pensées »

1. Maurice Garçon, *L'Affaire Sade*, Paris, Pauvert, 1957.

(1797), fixe une hiérarchie des dangers publics qui, dans l'écrit, va du grand au petit format (le placard plus redoutable que le journal, qui l'est plus que la brochure, qui l'est plus que le livre), mais qui place l'écrit derrière l'oral. Cet ancien jacobin a quasiment inventé le « chaud » et le « froid » de McLuhan. Il faut d'abord craindre, dit-il (renouvelant les vieilles hantises monarchiques du cri, de la rumeur, du murmure séditieux, de toute cette oralité première assimilée à la populace, à l'émotivité, à l'instinct, à la foule incontrôlable comme la marée ou la tempête), les harangues, les lectures à haute voix, les tribunes d'assemblées, et surtout le théâtre. « Cinq cents personnes, note-t-il dans l'article cité du *Journal d'économie politique*, qui liront séparément un discours, le liront de sang froid. Le sentiment de croyance qui a ses degrés de force et de faiblesse comme les autres ne deviendra pas en eux un enthousiasme insensé, l'amour effréné de leur propre opinion. On n'échauffe point un public épars comme un public assemblé ; on discute les livres, on les approuve, on les réfute froidement [...]. On a vu des orateurs pleurer à la tribune en lisant des discours qu'ils avaient écrits et composés sans aucune émotion ; des prédicateurs pleurer en chaire en récitant des sermons composés froidement ; des musiciens s'attendrir par leurs chants, par leurs instruments. La puissance qui les émouvait était celle des accents. On ne peut les méconnaître[1]. »

Le théâtre a fait l'objet d'une constante surveillance des pouvoirs publics au XIXe siècle. Car la pensée faite son était jugée plus percutante, et l'anarchie orale du direct plus efficace que la médiation imprimée pour gens instruits. « Il est curieux de constater, remarque un excellent juriste, que la suppression de la censure coïncide avec une époque où le théâtre n'était plus un spectacle capable de toucher et d'ébranler les foules, mais un divertissement rarement contestataire et trop onéreux pour atteindre un large public. Le temps où à Bruxelles la représentation d'un opéra, *La Muette de Portici*, donnait le signal de la Révolution de 1830 paraissait en 1945 bien dépassé[2]. Ce qu'il juge curieux, le médiologue l'estime normal, qui sait que l'investissement du principal accompagne chaque recul sur l'accessoire. La censure du théâtre fut abolie

1. Cité par Hans-Jurgen LUSEBRINK, *op. cit.*, p. 165.
2. Jean RIVERO, *Les Libertés publiques*, Paris, P.U.F., 1973, t. II, p. 276.

lorsque radio et cinéma étaient devenus les vecteurs potentiels des perturbations sociales. Non que les spectacles fussent entièrement « libres » — les maires ayant toujours, localement, la faculté d'interdire telle ou telle pièce en vertu de leurs pouvoirs de police. Faculté étendue, dès 1909, aux films d'actualité et policiers. En 1945, l'ordre public, c'est la radio. C'est donc elle qu'il faut domestiquer. La même année, l'émetteur T.V. de la tour Eiffel entre en service, et le téléjournal est créé en 1949. Pas d'audience, pas de danger, pas d'intérêts, pas de contrôle. Mais à peine le million de téléspectateurs est-il atteint, en 1956 que, thermostat oblige, se crée la « Direction de l'information radiodiffusée et *télévisée* », dépendante du ministère de l'Information. 1962, 2 547 000 téléviseurs, 10 millions de téléspectateurs, création du S.L.I.I. (Service de liaison interministériel pour l'information).

LE BESOIN DE CONTRÔLE

Quelle télécommunication ne met en cause la cohésion et l'ordre public dans le groupe ? La transmission de pensées, cela ne regarde pas que les penseurs. Le rêve libertaire d'une communication libre et spontanée rejoint celui d'une société sans État, d'une économie sans rareté. Du seul fait que l'être parlant lance un message, il met en branle l'« homéostase » de son groupe, ses équilibres internes. Une parole indivise et communale circulant librement entre égaux renvoie à la même parousie religieuse que la « société non divisée » dont elle est l'insaisissable écho : la première est un silence et la seconde un non-lieu. Rien de plus réglé, quadrillé, hiérarchisé qu'un territoire linguistique effectif. Toute parole naît serve, de ses supports, de sa syntaxe, des institutions, de ses dépositaires. Les historiens jésuites du Paraguay avaient inspiré à Voltaire l'idée d'envoyer Candide se déniaiser dans « l'ancienne patrie des Incas ». Tous les ethnologues de retour du Paraguay n'ont pas eu cette chance. Tel le regretté Pierre Clastres évoquant les chants sacrés des Indiens Guaranis : « Leur grand dieu Nâmandu surgit des ténèbres et invente le monde. Il fait qu'advienne d'abord la Parole, substance commune aux divins et aux humains. Il assigne à l'humanité le destin d'accueillir la parole, d'exister en elle et d'en être l'abri. Protecteurs de la Parole et protégés par elle : tels sont les humains, tous également élus des divins. La société, c'est la jouissance du bien commun qu'est la Parole [1]. »

Il n'y a pas la société, *puis* le pouvoir ; le spontané, *puis* l'institué ; la libre parole, *puis*, par-dessus et du dehors, la mauvaise contrainte. Il n'y a pas plus, et pour les mêmes raisons, l'émission, *puis* son contrôle ; le flux, *puis* la digue. Dédoublement mythologique, dans le fait tout vient ensemble. Le second terme ne fait pas capoter, mais advenir le premier. Avant la Chute il n'y a rien. La Chute, c'est l'Être. Tertullien disait que l'hérésie suit nécessairement le dogme. Nous savons que ce fut l'inverse.

Il y a eu censure dès que des signes ont circulé en public, des rouleaux et des codex. César et Tibère ont fait brûler des exemplaires. Lesquels ? Les écrits d'Épicure parce qu'ils critiquaient la religion — et que leur traduction en latin les mettait à la portée du premier venu. Auguste a expurgé les bibliothèques publiques (des auteurs pseudo-sibyllins). La disparition des bibliothèques au IVe siècle a résolu le problème au moins autant que celle des instances impériales à Rome.

Dès que l'Église prend corps, elle filtre. Le premier acte de censure de la chrétienté date de la naissance de la chrétienté, du concile de Nicée. Ce dernier porte condamnation de la *Thalia* d'Arius, qui sera suivie par celle d'Origène, des manichéens, des classiques païens, de Joachim de Flore, etc. La condamnation théologique d'un auteur emportait la destruction matérielle des manuscrits.

Dès que les universités se développent en Occident, au XIIIe siècle, on voit aussitôt le renforcement des organes de contrôle (ordonnance de Philippe le Hardi, 1275).

*

« La liberté, disait Thomas Mann, est une chose plus complexe et plus subtile que la violence. » Quand un texte de loi proclame en fanfare, telle la loi de 1982 en son article premier, « la communication audiovisuelle est libre », les subtilités vont ressurgir plus tard, ailleurs, dans d'autres codes, ou bien hors texte. Plus rigou-

1. Pierre CLASTRES, *Liberté, Malencontre, Innommable*, in Étienne DE LA BOÉTIE, *Discours de la servitude volontaire*, Paris, Payot, 1976, p. 246.

reux est l'article 11 de la Déclaration des droits de l'homme, qui ne sépare pas le principe de ses complications : « Tout citoyen peut donc parler, écrire, imprimer librement, *sauf* à répondre des abus de cette liberté dans les cas déterminés par la loi. » Ma liberté d'émettre n'est jamais simple ni totale, mais toujours conditionnée par la liberté de mon voisin, bien sûr, mais aussi par d'autres facteurs objectifs, non individuels. Ce n'est pas un hasard si toutes les conventions internationales — comme la Convention européenne des droits de l'homme, par exemple — font suivre dans le même paragraphe du même article (article 10) l'énoncé du droit de la personne (à « la liberté de recevoir et de communiquer des informations et des idées sans qu'il puisse y avoir ingérence d'autorités publiques et sans considération de frontière ») par l'énoncé du droit des États à adopter toutes dérogations nécessaires (« Le présent article n'empêche pas les États de soumettre les entreprises de radiodiffusion, de cinéma ou de télévision à un régime d'autorisations »).

Ainsi la reconstitution, dès l'automne 1789, d'une censure municipale, quelques mois après l'abolition complète et la loi restrictive d'août 1791. Le régime de liberté absolue avait, par exemple, fait passer en un clin d'œil le nombre des journaux parisiens de six à cent quarante. Multipliant *ipso facto* les appels au meurtre, la délation, les violations de la vie privée, etc. Comment et où fixer la limite entre liberté et licence ? À preuve, également, les interdictions pénalement sanctionnées venant aussitôt moduler la loi de 1881, loi de tolérance doublée d'un régime répressif qui n'oublie pas de punir « les cris ou chants séditieux » proférés en public ; qui retient pour délit « l'offense au président de la République », l'atteinte à l'ordre public, aux bonnes mœurs, au moral des armées, etc. Loi toujours soumise aux impératifs de la défense de l'État et donc au va-et-vient des menaces. Intérieures en 1884, avec les « lois scélérates » frappant la provocation au crime et la propagande anarchiste ; extérieures en 1914, avec le Bureau de presse du ministère de la Guerre et « le bourrage des crânes ». À preuve encore, les actuelles restrictions à la liberté de publication par la loi de 1949 de protection des mineurs (le ministre de l'Intérieur pouvant alors interdire le livre à la vente et la publicité), les cas d'atteinte à l'ordre public (compétence du maire ou à défaut du préfet), d'atteinte à la vie privée, ou d'apologie de crimes et délits, la loi de 1972 contre le racisme et l'antisémitisme, l'interdiction de la propagande révisionniste, etc.

Ces mesures législatives et judiciaires peuvent être discutables dans leur détail et leur application. Elles répondent néanmoins à une logique incoercible : la subordination des libertés individuelles aux contraintes économiques et politiques.

Une liberté totale de communication supposerait un état de paix et d'abondance perpétuelles. La censure ne sera abolie sur le fond que le jour où la guerre et la pénurie auront été chassées de l'horizon des hommes. C'est-à-dire jamais. D'ici là, toute transmission de pensée à un public intéressera l'État ou l'autorité régulatrice qui en tient lieu, directement ou non.

Les marges de dissidence sont tolérables tant qu'elles ne menacent pas une nation dans son intégrité physique ou son capital génétique. Le jour où les États-Unis seront attaqués ou envahis sur leur sol, ou bien menacés d'éclatement par l'intérieur, la *Federal Commission of Communications* changera de nature et d'attributions. La *lex suprema* de la survie collective, seule loi qui ne connaisse pas d'exception. Il n'est pas de démocratie qui ne change les règles du jeu libéral à l'apparition d'un état de guerre, internationale ou civile, déclarée ou non. La caractéristique des démocraties, c'est seulement, et c'est énorme, de ne pas prolonger la censure au-delà de la guerre. En France, la guerre d'Algérie a fait ressurgir, en pleine République, sous la gauche comme sous la droite, les interdictions et saisies de livres, de journaux et d'émissions. Et en pleine paix civile et mondiale, le moindre bruit de bottes à la périphérie, le moindre début d'opérations militaires remet les journalistes, radios et télévisions, privées ou publiques peu importe, dans la ligne de mire des autorités gouvernementales qui commencent par inviter les communicants à l'autocensure. Réflexe récurrent comme les protestations des professionnels, oublieux des précédents et de cette constante, transpolitique, quoique rarement formulée, selon laquelle, en cas de danger, les droits de la cité ont le pas sur les droits de l'homme (comme une règle de droit constitutionnel a le pas sur une loi ou un décret). C'est sous l'horizon de la guerre et dans la hantise d'une perte d'indépendance qu'Athènes condamne à mort Socrate pour impiété (civique).

Remarquons en passant l'étonnante complicité historique de la violence et des télécommunications. La première fouette les secondes. C'est régulièrement une situation de guerre civile ou extérieure — qui accélère le développement des machines à transmettre : du télégraphe optique aux radio-transmissions (en passant par le siège de Paris, en 1871, pour le télégraphe électrique). C'est aussi la situation de guerre qui renforce la mainmise politique de l'État sur les médias existants — guerres de Religion et Fronde pour l'organisation de la censure royale sur l'imprimerie ; Deuxième Guerre mondiale et guerres coloniales pour le contrôle républicain des radios et de la télévision. La guerre fait brutalement sortir chaque système médiatique de sa préhistoire administrative et juridique. Avant, règnent l'inertie, la transaction, l'imbroglio. Dans la radio d'avant-guerre, définie *service public* après la victoire de 1918, des postes d'État coexistent avec des postes privés (munis d'autorisations). Déjà la drôle de guerre de 1939 avait transformé la radiodiffusion en « nationale », comme service autonome sous administration unifiée, distinct du ministère des P.T.T. Radio Stuttgart oblige. Peu avant, le Conseil national supérieur de la radiodiffusion avait suggéré qu'on oblige les Français à apporter leur poste de radio à la mairie pour les soustraire à la propagande ennemie et aux ruses de l'espionnage. Vichy instaure un service de propagande homogène, en zone sud, sous l'autorité d'un secrétaire général à l'Information, pendant que l'Allemagne, dès 1940, fédère sous la direction de la *Propaganda Abteilung* l'ensemble des émetteurs de la zone nord. Goebbels tenait la T.S.F. pour la « quatrième arme », et on peut voir dans la Résistance un « miracle de la radio ». C'est le gouvernement de la Libération qui a réquisitionné par arrêté les postes émetteurs privés, prononcé le retrait de toutes les autorisations antérieures et instauré par ordonnance le monopole. Parce que l'expérience de « la guerre des ondes », le « général micro », la B.B.C. et *La Lune est pleine d'éléphants verts* [1] ont révélé à l'État le caractère stratégique du médium. La Deuxième Guerre mondiale s'est faite avec des chefs radiogéniques. La troisième exigerait des leaders télégéniques.

Autre condition maîtresse, souvent liée, mais pas toujours, à la première : la rareté. Qui dit partage d'un bien rare dit arbitrage

1. Voir le livre passionnant de Dominique Decèze, ainsi intitulé, sur l'histoire des messages de Radio-Londres à la Résistance française (1942-1944), Paris, J. Lanzmann et Seghers, 1979.

et arbitraire. La France de 1945 était sortie de la guerre mais la pénurie de papier n'a pas peu contribué à restreindre alors la liberté de la presse, puisque le papier, condition matérielle de la liberté d'imprimer, était alloué jusqu'en 1947 par le gouvernement, d'après les critères et selon des quantités autoritairement fixés. Le bien rare aujourd'hui, pour les médias dominants, c'est la fréquence. La limitation physique du spectre électromagnétique comme des répéteurs disponibles sur un satellite suppose une instance de régulation et d'arbitrage pour le partage (de la bande modulaire de fréquences des réseaux de radio, des fréquences hertziennes pour les télévisions, des canaux sur un satellite, etc.). Qu'il s'agisse d'une autorité administrative indépendante du gouvernement (F.C.C. américaine ou C.S.A. française) n'empêche pas l'acte d'autorité dans le choix des critères d'allocation. En somme, la suppression du monopole en France n'a pas évacué la police des ondes. De politique, elle est devenue technique, ce qui ne veut pas dire apolitique. On définit la censure comme la nécessité d'une autorisation administrative *préalable* à la divulgation d'une œuvre de l'esprit. Elle ne règne plus en matière d'imprimé, et elle est réapparue indirectement en matière d'émission ; et elle ne peut pas ne pas être, sauf brouillage généralisé des émetteurs (comme on en a un avant-goût sur la F.M.).

Vous noterez que, même s'il y avait une abondance illimitée de fréquences et donc de chaînes possibles, suite à une découverte technique, le problème se déplacerait vers le partage d'un autre bien rare, lui incompressible ou non multipliable pour des raisons naturelles : le temps d'écoute ou de vision des personnes. La rareté est un rapport, non une propriété. Sous le monopole, il y avait trop de temps de consommation pour pas assez de produits ; maintenant, il y a trop de messages pour pas assez de destinataires. L'encombrement permanent des canaux (comme des espaces disponibles dans un journal) repose la question du tri, donc de la décision. La communication audiovisuelle est libre, mais il faut bien que quelqu'un décide si mon émission est destinée à une audience large ou restreinte, car toutes les émissions ne peuvent pas monter en même temps en *prime time*. Il y aura toujours une transmission à deux vitesses, deux tarifs ou deux classes. Toujours, c'est-à-dire tant que le soleil ne se couchera pas deux fois le même jour, tant que les hommes n'auront que deux yeux et deux oreilles sans possibilité de déconnexion interne. Le temps et le corps, astronomie et *sensorium*, ne sont pas élastiques. Le plafond *naturel*, immobile, du déploiement *technique*, mobile, aiguisera toujours plus la question politique inhérente à toute répartition de la rareté.

IL EST INTERDIT DE NE PAS INTERDIRE

Une autre raison, plus fondamentale, révoque comme illusoire « la suppression de toute censure » si souvent réclamée par les meilleurs esprits. L'inepte « il est interdit d'interdire » ne tient pas compte du sacré social, seul apte à boucler une société sur elle-même en vertu de l'incomplétude. Le sacré n'est pas une propriété de l'être individuel mais du groupe humain, et j'ai essayé de montrer ailleurs comment ce qui scelle l'unité d'un groupe ne peut qu'être posé par lui comme transcendant ou sacré. Qui ne veut pas dire surnaturel ni confessionnel, mais simplement extérieur au champ de l'expérience. Le sacré est le hors-jeu : ce qu'on n'est pas libre de manipuler, de brocarder, ni de transgresser. La part non ludique des sociétés ludiques. La laïcité est sacrée pour le républicain, la constitution des États-Unis pour l'Américain, comme l'est la langue du Coran pour le musulman, etc. Il y a toutes sortes de sacralités et l'une ne disparaît qu'au bénéfice d'une autre. Oskar Panizza, auteur du *Concile d'amour*, violente diatribe contre le catholicisme, fut condamné en 1885 à un an de prison. L'auteur d'un scandaleux *Merde à Jésus*, en 1989, Marcel Paquet, passe inaperçu. C'est qu'à un siècle de distance le sacré de l'Europe moderne n'est plus le Christ mais Auschwitz. Et ce d'autant plus que les derniers témoins d'Auschwitz vont disparaître avec les derniers survivants. Le sacré est la cote d'alerte d'une mémoire collective ; son sentiment s'avive lorsque le souvenir risque de disparaître. C'est pourquoi les auteurs d'une bande dessinée au second degré *Hitler = SS* passent en correctionnelle à Paris, en 1989, « pour complicité d'injures raciales » mais en réalité pour blasphème, trangression du tabou unificateur. L'irrespect est de toujours, heureusement. Mais les coûts en varient selon les cibles.

Une société qui ne se scandaliserait de rien aurait renoncé à toute sacralité, donc toute cohésion. Notre humour collectif s'imagine pouvoir faire l'économie d'une transcendance mais ces passages à vide traduisent généralement le passage d'une transcendance à une autre, c'est-à-dire d'une interdiction à une autre, souvent pire. Une communauté qui vit dans l'obsession du scandale est meurtrière (fascisme, stalinisme, intégrisme, etc.) ; mais une communauté où le scandale est impossible est une communauté qui se meurt. La censure par le bruit, qui libère l'expression, la mithridatise. C'est la nôtre. L'industrie du porno au cinéma a pratiquement succombé à la levée des interdits doublée de taxes diverses. L'affranchissement des communicateurs est toujours dans la multiplication des vecteurs, des chaînes, journaux, éditeurs, etc. Mais aussi l'affadissement des messages. Moins ils sont contrôlables, plus ils sont anodins. Or noyer la parole dans l'insignifiance, c'est aussi recréer une autre sorte de danger, et il me semble à présent nécessaire, par exemple, de sortir la laïcité républicaine du vieux cercle vicieux : Si Dieu n'existe pas, tout est permis ; si tout est permis, alors j'ai bien envie qu'un dieu revienne. Comment faire pour qu'un sacré social survive à la nécessaire disparition des sacrilèges — c'est le casse-tête du libre penseur agnostique. Au « capucins de tous les pays, unissez-vous ! », il voudrait bien opposer un « esprits libres de tous les pays, unissez-vous ! », sans que cet idéal d'unité devienne *ipso facto* la clef de voûte d'une nouvelle franc-maçonnerie, d'un théisme sans Dieu. Comment faire pour ne pas passer de la neutralité d'indifférence (par suppression des interdits) à la désagrégation du lien civique (par suppression des métaniveaux) qui, affaiblissant la résistance aux fanatismes et aux cléricalismes, finit par ouvrir la voie au retour des inquisitions ? Ne sommes-nous pas à ce moment charnière par où sont passées nombre de civilisations avant nous, lorsque le culte égocentrique de l'intérêt et du plaisir en vient à faire le jeu des ennemis du libre arbitre ? Quand le refus du dogme devient le seul dogme, l'inviolable ultime, que rien n'est inviolable, la dernière croyance commune qu'aucune croyance commune n'est souhaitable ; quand chacun, en somme, tient que le relatif d'une valeur jamais ne vaudra l'absolu d'une vie, l'équivaloir généralisé des « sociétés du vide » en vient à casser le minimum de « clôture informationnelle » nécessaire à l'organisation d'un espace public de libertés. Un minimum d'intolérance à l'intolérance est indispensable à une République laïque où l'on pose en principe commun que l'humanité vaut mieux que l'homme, du moins si l'*homo politicus* ne veut pas céder la place à plus sévère que lui, l'*homo religiosus*. De deux sacrés, il faut, je crois, choisir le moindre. C'est pourquoi, soit dit en passant, je tiens que l'école, en France, aujourd'hui, doit être capable d'interdits et de règlements comme garante d'unité entre les citoyens. C'est la dernière enceinte où peuvent se côtoyer sans se déchirer différentes appartenances ou credos communautaires, par une mise en suspens temporaire et localisée, mais intransigeante.

Personne — individu, communauté, religion, parti — ne doit pouvoir annexer le domaine public à son profit et caprice. C'est désormais à l'État de défendre la personne contre le groupe, et notamment la liberté d'expression. Car nous avons en France assisté à un curieux retournement : ce n'est plus l'État qui menace les libertés d'expression mais les pouvoirs privés. Depuis 1975, renonçant à son pouvoir discrétionnaire, le ministre de la Culture accorde automatiquement son visa aux films. Une autre sorte de zèle s'est alors manifestée. Les mesures d'interdiction requises contre un film de Scorsese (1988) ou de Godard (1985) ont fait suite à des demandes en référé d'associations familiales catholiques, comme des associations musulmanes demandent l'interdiction des *Versets sataniques* (1989). Des particuliers invoquent, pour ce faire, non plus la moralité publique mais les droits subjectifs individuels. La liberté consistant à faire tout ce qui ne nuit pas à autrui, il paraît, disent les autorités religieuses, que c'est nuire à autrui que de blesser ses convictions. À ce compte-là, plus aucun débat philosophique n'est possible puisqu'il n'est pas d'opinion qui ne puisse s'habiller en conviction vivante et vulnérable. Enseigner l'évolutionnisme à l'école blesse sans doute les convictions des croyants dans un Dieu créateur ; interdire la propagande raciste blesse incontestablement les convictions des tenants de l'inégalité des races. Il est bien vrai que les croyances religieuses ont droit au respect, qu'elles doivent être protégées contre toute intrusion agressive dans leur sphère de vie. L'État doit interdire les faits de contrainte exercés sur les fidèles. Il serait atroce de contraindre les catholiques d'aller voir *Ave Maria* ou *La Dernière Tentation du Christ*, ou les musulmans de lire Rushdie, comme il le serait de fermer autoritairement tel ou tel lieu de culte. Mais il est scandaleux de barrer aux autres, soit par des voies de fait soit par des saisies judiciaires, le libre accès individuel à ces œuvres de l'esprit, sous prétexte qu'elles scandalisent telle ou telle orthodoxie. Ce scandale est celui de l'Ordre Moral. L'*ordre public* consiste à faire coexister pacifiquement des croyances rivales ; l'*ordre moral* consiste au contraire à imposer les convictions d'une communauté particulière à toutes les autres, en tenant que certaines valeurs transcendent l'autonomie du consentement individuel. Mais ce qui est transgression pour les uns ne l'est pas pour les autres, et on ne voit pas pourquoi il faudrait nationaliser tels scandales privatifs plutôt que d'autres. *Hic et nunc*, un certain ordre moral pourrait reprendre mais par « en bas », par le privé, et il appartient à l'État de subordonner les particularités revendicantes à la loi républicaine, qui défend l'intégrité des lieux clos où des individus viennent volontairement pratiquer leur culte, mais défend à quiconque de faire la loi dans les espaces publics. La République garantit l'autogestion des sacralités. Mais pour pouvoir faire respecter un « à chacun sa transcendance », il faut que l'agent protecteur soit lui-même reconnu comme transcendant à ces transcendances particulières. *La régie des espaces communs* ne doit être cédée à aucun intérêt ou fanatisme particulier sous peine de se détruire elle-même, nul ne pouvant être juge et partie. Dire que le principe de laïcité républicaine est sacré, c'est-à-dire au-dessus des autres principes particuliers, c'est garantir à tous qu'aucune partie au pacte social ne devienne seul juge des autres. Si la laïcité se dégradait en une simple neutralité abstentionniste au lieu d'être un principe d'exhaussement de l'intérêt général au-dessus des pouvoirs de fait, bref si elle achevait de se désacraliser en refusant de réglementer et d'interdire, elle ne serait bientôt plus un rempart de nos libertés mais une porte grande ouverte à leur renversement.

DOUZIÈME LEÇON

LA LOI DES TROIS ÉTATS

Cela tuera ceci

La Contre-Réforme cathodique

La voix de la vie

Le grand retour de l'immédiat

L'histoire : entrée et sortie

Trois âges en même temps

CELA TUERA CECI

J'aurais voulu, avant de conclure, éclairer un siècle par un autre. Un basculement par un autre. Les « vies parallèles », jadis, mettaient en vis-à-vis un Grec illustre et un Romain illustre. Permettez-moi de tenter un jeu de miroir entre le XVIe et le XXe siècles — un « Siècles parallèles ». Les médiologues, vous le savez, résistent à tout sauf à l'analogie. Tant pis pour notre réputation académique. Pour un historien idiographique, qui décrit une époque au plus près sans trop chercher à comprendre ce qu'elle a de nouveau, la pratique du jumelage à distance est un jeu de l'esprit. Pour un « philosophe de l'histoire » (comme disent avec mépris les savants historiographes), c'est un jeu payant car la variation anachronique dégage les invariants et les différences. Puisque les métaphysiciens nous quittent, il y a de la place, après tout, pour les méta-historiens.

Un jeu que je résumerais d'emblée ainsi : nous vivons un XVIe siècle au carré, à la puissance n. Mais un XVIe siècle à l'envers, une bascule en sens inverse.

Commençons par les similitudes.

Siècles-catastrophes, siècles-catapultes. Une seule et même réaction en chaîne apporte à l'Europe catholique du XVIe la poudre, l'imprimerie et l'Amérique. Comme elle a apporté à l'Amérique puritaine du XXe l'atome, l'électron et la Lune. Comme si c'était un même train d'ondes qui, par périodes, apporte à l'humanité l'ordre et le désordre, les grandes découvertes et les génocides, le principe de peuplement et le moyen de la dépopulation. La puissance matérielle d'une civilisation s'élève simultanément sur tous les registres — moyens de transport, d'extermination et de communication — qui s'équilibrent et s'annulent peut-être entre eux par un subtil principe de constance. Les caravelles auraient alors été à l'imprimerie ce que sont les fusées à la télévision, nos astronautes répondent aux navigateurs d'antan, l'exploration de l'espace à celle des océans. Hier, pour dominer les esprits et le marché des idées, il fallait dominer la mer, comme aujourd'hui le marché des images et des informations exige la maîtrise de l'espace. La médiologie exacte n'est jamais loin de la stratégie, tant on ne peut isoler les panoplies communicantes des rapports de force entre les peuples qu'elles modifient directement. La Renaissance eut l'Italie pour phare, comme notre siècle a l'Amérique. Et c'est un Génois, Christophe Colomb, qui a transmis à son insu le flambeau, ou le virus, ou les deux, de l'Ancien Monde au Nouveau.

Siècles fiévreux, performatifs, cannibales. Grandes époques d'Incarnation du Verbe, dévorées par leurs propres messages, prises à leurs filets, à fort dégagement de chaleur (quand le symbole est de lui-même froid et distancié) qui branche le délire individuel sur la passion collective et transforme la lente efficacité des signes en violence de masse. Milices de Dieu, Armées du peuple. Des signes se déchaînent en meurtres, des livres en mythes et en insurrections à vocation universelle, au-delà de la bisbille ethnique. Espérance religieuse au XVIe siècle, « idéologique » au XXe. Terreur religieuse, terreur politique. Dérive absolutiste des Églises, dérive totalitaire des partis. Réforme ou Contre-Réforme, Révolution ou Contre-Révolution, on part d'une dispute spirituelle pour aller à la bataille temporelle. Siècles messianiques, où chaque prophète armé d'abord de mots ou de paroles fait advenir en personne ce qu'il annonce. Luther, Calvin, Loyola, Münzer. Lénine, Trotski, Mussolini, Hitler, Mao, de Gaulle. Des quidams émergent, qui n'ont de puissance, au départ, que langagière, par ce qu'ils disent ou écrivent. Qui alignent des mots, puis des troupes derrière ; qui alignent des bataillons derrière des symboles, ou des interprétations nouvelles de symboles anciens. Qui, forts de leur seule autorité symbolique, vont faire sortir des Églises, nations, ordres, partis, États, de leurs méditations... Ou de leurs allocutions. Car, à notre siècle, les gisements de parole vive se sont déplacés vers le Sud, chez les pauvres, les paysans. Mao, Staline, Enver Hodja, rédigent avant de haranguer ou d'intervenir : en quoi ces despotes semi-asiatiques font encore figure d'Occidentaux, aberrants rejetons de la Lettre et des Lumières. Gandhi comme le pandit Nehru, Nasser, Perón, Soekarno, Castro, Khomeiny, Kadhafi, ne sont pas de la famille : ce sont des oraux. Ces grands semeurs de paroles ont chez eux le prestige du sage ou du saint, non du « savant » ; ils réclament l'écoute et non le déchiffrement ; entretiennent un bouche à oreille spontané plus que la glose cléricale à retardement. Les « œuvres complètes » de ces mobilisateurs d'énergie populaire sont pour l'essentiel des recueils de discours, proverbes et libres propos. Le populisme socialisant du tiers monde comme toutes les formes du nationalisme révolutionnaire sont de culture verbale, à vocation radiophonique (d'où un autre régime d'autorité). Le grand artilleur du Signe, lui, télescope sur l'espace d'une vie, la sienne, un écrire et un faire, suit en personne le parcours de son discours au point de s'identifier à lui et ne délègue la mise en œuvre à d'autres que contraint et forcé.

C'est ce court-circuit du symbolique au politique qui apparente le XVIe siècle au XXe. Les deux siècles nous rappellent combien ont tort ceux qui ne voient dans les délirants à l'esprit de système que des songe-creux ou des alibis. *Mein Kampf* ne sublime pas un *statu quo*, il préfigure des actes (en quoi Hitler est un « idéologue » comme les autres, au sens fort du mot, et non un psychopathe). L'idéologue n'était donc pas chien de garde mais lion et loup. Pas seulement garant de l'ordre mais pour le meilleur et le pire (S.S. ou France libre), fondateur d'Ordre. Et puis, le dérapage final. Évangélisme et socialisme nés dans les mots glissent dans le sang. De minuscules énergies en libèrent d'énormes, qui refluent et écrasent les sources. Le sourire des promesses devient grimace à mi-parcours et s'achève en rictus. Après l'enchantement des premières décennies, l'enténébrement des dernières. Retournement de l'humaniste en fanatique, du persécuté en policier. De l'individualisme renouvelé en un conformisme renouvelé. Le XVIe siècle comme le XXe commencent « à gauche » et finissent « à droite ». L'examen critique libérateur retombe en doctrine dogmatique traditionnelle, le rationalisme est cerné par le « retour du sacré », la modernité tend la main à l'archaïsme. Que ce soit par la Saint-Barthélemy ou le bûcher de Michel Servet, l'effraction réformée comme la révolutionnaire se retournent en clôtures renforcées, territoriales et morales. Les anciennes dissidences refont systèmes et suscitent à leur tour leur propre dissidence.

Ces analogies politico-chronologiques valent ce qu'elles valent. Miroitements de surface, j'en conviens, mais passons à l'essentiel : le pivotement médiologique. Les deux grandes crises d'autorité de l'Occident furent d'abord des crises d'héritage, des remises en jeu de l'archive, par une transmission bouleversée des traces. D'où le bouleversement hiérarchique sur les sommets. Les hommes de l'information, qui gèrent l'actualité, sont courtisés ou réprimés par les Princes (c'est-à-dire, dans les deux cas, reconnus) comme l'étaient les hommes de l'archive, qui géraient la mémoire. De nouveaux opérateurs de légitimité apparaissent, qui ont barre sur le pouvoir politique, mais ce n'est plus le même pouvoir, ni la même barre, ni la même légitimité. Le médiocrate est le nouveau clerc, qui fixe l'ordre du jour de la Cité, en déterminant chaque jour par sa mise en page ce qui est à penser, à redouter, à espérer par le plus grand nombre. Le quatrième pouvoir devient le premier parce que c'est lui, tout simplement, et non le pouvoir politique qui hiérarchise les objets d'attention ; qui trie par ses titres et ses espaces l'important de l'accessoire, le dangereux de l'anodin, le bon grain de l'ivraie. XVIe : « *Cujus regio, ejus religio* ». XXe : « *Cujus medium, ejus religio* ».

Milieu, médium, morale, mentalité et mode de vie : un brutal changement de médiasphère s'indique par la crise des cinq *m*. La révolution culturelle du XVIe siècle (à savoir l'usage massif d'une découverte du XVe), comme la nôtre à présent, qui refait passer l'écrit par les canaux de l'image-son. Dans « audiovisuel », le plus important me semble être, finalement, l'élimination du trait d'union, par la fusion qu'elle suggère de l'ouïe et de la vue. Léonard de Vinci assimilait ce qui s'appellera plus tard la Renaissance à la séparation des deux et à une permutation délibérée de l'*auditus* (*fides* et *traditio*) et du *visus* (la vue et l'intuition). Au XVIe siècle, l'œil comme organe des sens et du savoir triomphe de l'oreille, l'organe du préjugé et de l'indistinction. Voulant élaborer une science du visible, Léonard faisait de la philosophie et de la peinture un même combat de type platonicien contre la confusion des apparences, *perché l'occhio meno s'enganna*. Or le XXe siècle semble suivre un chemin inverse, du silence vers le bruit, du trait vers la tache. Le rythme n'est-il pas devenu le principal agent fédérateur des jeunesses et des cultures du monde ?

Les délais de chaque mutation n'ont sans doute pas été les mêmes. En France, l'entrée des masses populaires dans la culture écrite s'est échelonnée sur trois siècles, disons de Louis XIV à Jules Ferry [1]. Le moteur de l'opération a peut-être été, dans les deux cas, l'économie de marché, mais il a fallu trois cents ans pour passer de l'alphabétisation restreinte à l'alphabétisation générale, trente ans pour un branchement électronique général. Processus d'un côté, séisme de l'autre. Ici et là, cela s'inscrit dans un développement économique objectif, mais le vouloir politique a joué un plus grand rôle pour l'écrit, en particulier avec les lois sur l'instruction gratuite et obligatoire de l'école républicaine, qui a couronné en France le vaste mouvement social. L'écrit est *descendu*, via la généralisation populaire d'un modèle culturel élitiste. L'écran est *monté* : il était présent chez les ouvriers avant de l'être chez les bourgeois, les intellectuels l'ont dédaigné et la très haute société internationale l'ignore encore. La diffusion de l'écrit a épousé les rigoles et reliefs du terrain social. Facteur d'inégalité, elle a commencé par creuser l'écart entre villes et campagnes, entre les campagnes à haute productivité du nord de la Loire et les terroirs plus arriérés du Midi, entre les bourgeois et les ouvriers à la ville, et, partout, entre les hommes et les femmes. N'exigeant ni apprentissage technique ni supériorité hiérarchique l'accès à l'image électronique a été égalitaire et démocratique, comme l'atteste la redevance (la même pour tous et quel que soit le nombre des postes au foyer). Les femmes l'ont regardée en même temps que les hommes, les paysans très peu de temps après les citadins, les catholiques plutôt mieux que les protestants, et le nord de la Loire n'a pas été avantagé. Si inégalités il y eut, elles furent contingentes et physiques (difficultés de retransmission en terrain encaissé).

À partir du XVIᵉ siècle, la transition à l'écrit est celle du fidèle à l'administré, de la paroisse au département. L'individu affranchi s'extrait du groupe restreint, sous contrôle des anciens et des prêtres, pour s'insérer dans le groupe large, sous contrôle du notaire, du gendarme et du légiste. Passage du statut au contrat, de la coutume au règlement, de l'homélie dominicale à l'affiche de mobilisation. De la propagation de la foi par la chaire à la

1. F. Furet, J. Ozouf, « L'alphabétisation des Français (XVIIᵉ-XIXᵉ). Trois siècles de métissage culturel », *Annales E.S.C.*, mai-juin 1977.

profession de foi sous le préau, d'une propagande religieuse à une propagande politique. À travers registres, codes, rôles, règlements, etc., l'État recense ses hommes et comptabilise ses richesses. Exalté au début par les impératifs du salut individuel, l'imprimé débouche sur la feuille d'impôt. On a accédé à l'écrit à travers le fait religieux, mais l'imprimé va aider à en sortir. Pour faire entrer dans l'orbite du fait politique.

La transition de l'imprimé à l'audiovisuel correspond au passage de l'École à l'Entreprise, du Ministère à la Bourse. Du citoyen au consommateur, du cadre national au marché mondial. On a accédé à l'image domiciliaire, via le monopole d'État, par le fait politique, et l'image nous aide à nous libérer de la politique. Au bénéfice de la publicité, des fantasmes de consommation et de statut. Un contrôle pour un autre, mais direct et rigide ici, souple et mimétique là. C'est un progrès dans l'individualisation, si l'on veut. L'individu protestant était en tête à tête avec Dieu, le républicain avec la Loi, le téléspectateur avec le Dow Jones.

Desserrant les liens religieux, l'imprimé avait renoué le lien civique — au point de faire, plus tard, de l'illusion politique la nouvelle religion du citoyen lecteur. En desserrant le lien politique, l'électron resserre le lien économique — faisant de l'illusion économique la religion nouvelle du consommateur d'images.

Mouvement de balancier qui a sa traduction sociale. L'imprimé précipitait l'ascension de la bourgeoisie de robe et le déclin de la bourgeoisie d'épée. L'électron précipite le déclin des héritiers de la basoche (professions libérales et intellectuelles) et l'ascension des héritiers de la boutique (managers et entrepreneurs). Les dominances permutent. Les sacralités symboliques aussi. L'imprimerie accélère le transfert d'*aura* du Livre de Vérité aux livres des vérités, c'est-à-dire du monastère à l'université, du cloître à la ville, du prêtre au lettré. Les marches vers l'*aura* sociale s'inversent en conséquence. Sous la féodalité, l'Écriture étant d'Église, chevaliers et manants vivaient en culture orale et gestuelle. Les manants s'embourgeoisent, se font légistes et clercs d'État, férus de droit romain. L'histoire sociale de l'imprimé, du XVIe au XXe siècle, peut se lire comme la longue lutte des dominés pour s'approprier, à la suite de ceux-là, péniblement, la culture du texte. L'alphabétisation (qui atteint le seuil critique des 50 % de la population mâle juste avant la Révolution), l'école primaire, le journal et sa popularisation, l'enseignement technique, la création des universités populaires et l'effraction dans l'enseignement supérieur, les cours du soir et les bibliothèques municipales — autant de jalons sur la route de cette belliqueuse appropriation. Et voilà qu'au siècle même où les hauteurs stratégiques du textuel étaient enfin conquises par ceux d'en bas, la position littérale perd soudain son enjeu, contrecoup des techniques de reproduction dont Walter Benjamin pronostiquait, avec la lucidité d'un poète de l'intelligence, qu'elles allaient imposer « une nouvelle sélection, une sélection devant l'appareil ; ceux qui en sortent vainqueurs sont la vedette et le dictateur [1] ». Juste au moment où les brodequins des faubourgs se faisaient « protestants », en épousant la religion de la lettre dans sa version républicaine et socialiste — l'escarpin pirouettait et redevenait « catholique », par la vertu des micros et des caméras. Retranchés dans leurs bastions livresques, les débris de l'ancienne « alliance des forces de la culture et du travail » se retrouvent ainsi tournés vers la « gauche », par l'émotif, l'oral et le populiste. Amusant chassé-croisé : les premiers à l'écrit deviennent les derniers à l'oral, mais en démocratie médiatique, les cancres du porte-plume sont les premiers au petit écran. Programme contre prestation, cours magistral contre interview, amphi contre plateau, ce sont flèches contre winchesters. Derrière les murailles branlantes de leurs cahiers trimestriels, verra-t-on un jour les derniers des Mohicans de la « guerre littérale » placés sous vitrine au musée des Arts et Traditions européennes ? Il n'est pas dit que les ethnologues de 2500 ne s'intéressent pas en priorité aux peuplades de l'Alphabet.

Un XVIe siècle à l'envers donc. Le récit de l'émancipation scande ces deux siècles charnières en continuité, comme deux temps forts de la liberté, le premier, éclosion, et le deuxième, apothéose de l'individualisme moderne. Le problème est qu'il ne s'agit pas du même individu. La Réforme fut le soulèvement du signe contre l'image. Du livre saint contre la statue du saint. De la sainte lecture, familiale ou privée, contre la sainte communion. Nous vivons la Contre-Réforme de l'image contre le signe, de la musique contre la lecture et de l'audiovisuel contre les tableaux noirs.

1. En note de *L'Œuvre d'art à l'ère de sa reproductivité technique*, Paris, Denoël, 1971, p. 160. [Nouvelle édition : W. Benjamin, *Écrits français*, présentés par J.-M. Monnoyer, Paris, Gallimard, 1991.]

La Réforme a peut-être échoué dans ses utopies. La Révolution très certainement. Mais l'échec de la Réforme n'est pas celui de l'école ni du livre; alors que l'échec de la Révolution marque le déclin de l'école et l'apogée de l'image. Le XVIe siècle voulait croire, mais vaille que vaille, il a appris à lire. Le XXe siècle, fatigué des idées, désapprend à lire et se remet à croire, et d'abord en l'image. Il croit naïvement se libérer des emprises de ce qu'il nomme « idéologie » par un nouveau culte des images ou *iconologie*, cette idéologie aggravée. Iconoclaste, la Réforme a aidé au passage, au sens de Peirce, de l'icône au symbole. Idéoclastes, iconolâtres, nous revenons du symbole à l'icône. Vers un nouveau Moyen Âge.

LA CONTRE-RÉFORME CATHODIQUE

La poesie n'est ni vraie ni fausse. Elle signifie. Il y a une poésie médiologique, à base de coïncidences et de résonances. Elle ne fait pas une connaissance mais une stimulation. Dans notre discipline, ne l'oublions pas, ce sont les poètes qui ont ouvert la voie aux critiques, l'analogie a précédé l'analyse, Victor Hugo introduit Walter Benjamin. Revenir aux inspirés, c'est remonter aux sources. En 1831, Victor Hugo écrit *Notre-Dame de Paris*, qui se déroule aux alentours de 1480. Claude Frollo, l'archidiacre de la cathédrale, prononce, en feuilletant un Pierre Lombard tout neuf édité à Nuremberg et en contemplant la cathédrale, une phrase énigmatique : « Le livre tuera l'édifice. » S'ensuit une célèbre méditation prophétique, anachronique (car nous savons que les Frollo réels ont soupiré de joie devant les presses à bras) et follement sagace. Imaginez un romancier mettant en scène un archidiacre communiste en Mai 1968 : « Le secrétaire de section considéra quelque temps en silence la monumentale maison de verre, puis étendant avec un soupir sa main vers le poste de télé qui était posé sur la table et sa main droite vers le siège du Colonel-Fabien : ''Hélas, dit-il, ceci tuera cela''. » Le romancier ferait une erreur de psychologie (c'était trop tôt) mais un bon pronostic médiologique (l'audiovisuel fait basculer « à droite » comme l'imprimé « à gauche »).

Ceci tuera cela est un délire de prescience. Le mage Hugo fait deux annonces en une, nous présente les deux faces, voltairienne et hégélienne, d'une même intuition.

Côté Voltaire, « la presse tuera l'église », parce qu'elle permet Luther. Victoire du livre sur la chaire, de l'intelligence sur la foi, de l'opinion publique sur l'autorité papale.

Côté Hegel, « l'imprimerie tuera l'architecture ». Dans le long cortège des figures du Verbe, un art en détrône un autre. L'architecture a été la première écriture du genre humain. Mais « la pensée humaine, en changeant de forme, allait changer de mode d'expression. L'idée capitale de chaque génération ne s'écrirait plus de la même façon. Le livre de pierre, si solide et si durable, allait faire place au livre de papier, plus solide et plus durable encore ».

Livre de pierre, la cathédrale gothique a été depuis déchiffrée et lue par les historiens de l'art (comme Panofsky). Bâtiment de papier avec ses colonnes justifiées en forme de colonnades, chaque page faisant comme un plan de basilique avec ses nefs, ses travées et ses bas-côtés, le Livre rectangulaire a été rendu par les historiens de l'imprimé (telle Yvonne Johannot) à ses métaphores originaires [1]. Comme la cathédrale est une Bible de pierre, une Bible comme celle d'Alcalá au XVe siècle est une cathédrale en parchemin ou en papier (et le codex une cathédrale de poche, une église paroissiale). Les comparaisons de Hugo, confirmées par la recherche érudite, peuvent être prises au pied de la lettre. Pourtant, on nous dit ici et là qu'il s'est trompé sur le fond. Pourquoi ? Parce que l'architecture et le religieux reviennent en force dans le monde contemporain. Ceci n'a donc pas tué cela ? Si fait. Hier. Mais aujourd'hui, ceci, en déclinant, redonne vie à cela. Hugo a décrit l'élan du balancier vers la graphosphère ; nous assistons à son retour vers la vidéosphère et donc à l'effet inverse. Simplement, l'histoire repasse les plats.

Le texte écrit n'est plus *stable*, garant de permanence. Il n'est plus au fondement, avec pour pierres d'angle les notions d'œuvre, d'auteur, de génie. « L'immuable multiple » a été victime de sa propre multiplication. Le Livre n'est plus assez (grand), et il y a trop de (petits) livres. Ceci explique cela. Plus le type d'écriture. Le bâti-

1. Yvonne Johannot, *Tourner la page, Livre, rites et symboles,* Jérôme Millon, 1988.

ment livresque s'est liquéfié avec les cristaux liquides de nos écrans. Il retombe en pluie lumineuse, en traits évanescents. Les écritures informatiques sont euphorisantes, labiles, volatiles, bien éloignées du dur désir de durer, du pesant travail d'inscription. La dématérialisation des supports a tué la symbolique architecturale du Livre comme temple de vérité, avec frontispice, colonnes verticales et façade-couverture. Alors revient le texte de pierre. Seul garant de l'immuable, le plus apte à traverser la parlote et les paillettes, à émerger comme un roc de la fluidité des croyances et des mots. « L'idée capitale » de la génération s'exprime dès lors par le grand architecte et non par le grand écrivain. Fin des monuments écrits, recommencement des écritures monumentales. Peï remplace Malraux auprès du Prince comme le projet d'architecture le tableau du peintre dans les biennales officielles. L'enveloppe de pierre escamote le contenu, car le contenu est retourné à l'enveloppe. Le livre n'étant plus temple de Vérité, il ne trône même plus au centre des anciens Temples du Livre, et dans la conception des grandes bibliothèques modernes, souvent rebaptisées médiathèques, l'édifice et l'architecte ont le pas sur le lecteur et l'archiviste. Le « bâtir » a quitté le papier ? Le revoilà en dur. L'écrivain proteste. Le Prince préfère (la pierre est marque de pouvoir et passe mieux à l'image).

Le médiologue Hugo a pu être nuancé, non réfuté par les historiens de métier. « Avant l'imprimerie, nous dit l'auteur de *ceci tuera cela*, la Réforme n'eût été qu'un schisme, l'imprimerie l'a faite révolution. Ôtez la presse, l'hérésie est énervée. Que ce soit fatal ou providentiel, Gutenberg est le précurseur de Luther. » Qu'a-t-on lu, depuis, chez les hommes de sciences ? Chaunu : « Sans le livre imprimé, pas de révolution humaniste. L'humanisme du XVe siècle serait tombé comme celui du VIIIe et du IXe ou celui du XIIe, parce que sans lui le travail humaniste est un travail de Pénélope [1]. » Mandrou : « Est-il donc trop audacieux d'affirmer que la Réforme et la Renaissance sont tout entières filles de l'imprimé (...) ? Sans jouer à refaire l'histoire, jeu puéril, c'est une hypothèse valable (...) [2]. » Dickens : « On ne saurait trop estimer le rôle qu'a joué l'imprimerie dans la dispersion des idées religieuses. À l'inverse des

1. CHAUNU, *Le Temps des réformes*, Paris, Fayard, 1975, p. 316.
2. MANDROU, *Histoire de la civilisation française*, Paris, Armand Colin, t. I, p. 301.

hérésies de Wyclif et de Walden, le luthéranisme fut dès le début le produit du livre imprimé. Grâce à ce véhicule nouveau, Luther fut à même de marquer la mentalité européenne d'une empreinte précise, uniforme et indélébile. Pour la première fois dans l'histoire des hommes, un vaste public de lecteurs a pu juger de la validité d'idées révolutionnaires grâce à un mode de communication s'adressant à la masse qui utilisait les langues vernaculaires [1]. » L'évangélisme est sans doute plus une religion de la lecture que du livre ; il s'est peut-être dégradé sur le tard en un simple individualisme moral, mais toujours doublé d'une pédagogie de la lettre. En Suède, l'Église d'État luthérienne rendit même la lecture de la Bible obligatoire (ordonnance de 1686). Sans doute y avait-il loin, en matière de lecture universelle, du prône à l'acte, et la lecture visuelle, silencieuse, intérieure, resta longtemps réservée à un petit nombre. Avec son « lisez peu mais lisez bien », Luther a peut-être fait contre mauvaise fortune bon cœur (cet homme d'ordre craignait les débordements). N'oublions pas que les anabaptistes pratiquent la lecture communautaire, à la catholique si l'on veut. Reste que la Réforme qui n'a gardé que deux sacrements sur sept a enlevé aux liturgies sacramentelles du rite romain le temps du déchiffrement et de l'épellation. L'individualisation des vieilles psalmodies a fait succéder à l'ancien ordre auditif communautaire une médiation silencieuse et intime du texte saint. Personnalisation de la vie religieuse aussi nuisible à la gloire de l'institution qu'à l'ostentation du nouveau rituel. La subordination calviniste de l'oral à l'écrit vaut pour domestication de la chair et répression d'une certaine libido communautaire ; comme si les hommes de l'élite urbaine avaient dû mettre leurs corps et toute leur gestuelle verbale sous le boisseau pour pouvoir retrouver, en solitaires, le corps nu de la Parole de Dieu. Et il est vrai que les protestants ne sont pas gens de fête et de danse. L'impression des signes nuit à l'expression des cœurs, Rousseau, citoyen de Genève, vivra déchiré entre la loi et la fête. Après la frénésie vitale du très bas Moyen Âge, le XVIe siècle évangélique est pour le moins maussade. Mais cette domestication, cette autopunition parpaillote, assure une souveraineté de conscience, un « for intérieur » qui garantit plus de laïcité et même, par la suite, plus de droits démocratiques. Puisque aux yeux de Dieu

1. Arthur DICKENS, *La Réforme et la société du XVIe siècle*, Paris, Flammarion, 1969.

un laïc qui lit correctement vaut mieux qu'un pape qui saute des lignes.

Certains protestants éminents se demandent : « Le protestantisme doit-il mourir ? » (Jean Bauberot). Car il est menacé, non de mort individuelle, bien sûr, mais institutionnelle. Les protestants sont florissants dans notre société, assimilés, intégrés — mais le protestantisme en tant que collectif semble bien retombé dans l'anonymat, désidentifié, dissous dans l'œcuménisme catholique. C'est que sa « différence », malgré les efforts méritoires de Billy Graham et les prêcheurs d'outre-Atlantique, lui fait un fort handicap publicitaire. Le protestantisme est comparable à une bibliothèque et le catholicisme à un cinéma. Nous assistons en même temps à une baisse de fréquentation des salles et des églises, mais d'abord, en France surtout, à une « désertification » de la lecture, publique et privée. On se doute qu'un deuxième Désert ne peut faire peur aux Réformés.

La graphosphère a « branché » la Réforme; la vidéosphère rebranche l'*unam, sanctam et apostolicam*. La visibilité sociale des réformés diminue parce que le catholicisme donne plus à voir et à entendre, et le protestantisme plus à lire. Les cultures de la radio et de l'image ont fait perdre à ce dernier, du moins en France, beaucoup de sa capacité relationnelle. Les « télévangélistes » américains auront beau faire, le petit écran n'a pas d'affinité pour le *sola scriptura* et la justification par la foi. L'intériorité morale aussi a ses exigences écologiques.

C'est avec plaisir que nous retrouvons le langage médiéval des images et les vieux arts de la parole, les vertus du rire, de l'absurde, de la digression, cette culture populaire comique et carnavalesque évoquée par Bakhtine à propos de Rabelais. Dans le nouvel espace public, les rhéteurs déplacent les scribes, tandis que reviennent au premier plan politique les succédanés doctrinaux du « modernisme réactionnaire » cultivé par nos traditionalistes de l'entre-deux-guerres. Dans nos loisirs, lasers, amplis et décibels libèrent à nouveau tout un univers émotionnel et tribal, lourd de *revivals* et d'envoûtements. Ils réveillent le goût des grandes messes collectives. Magies et sorcelleries, sons et lumières, la Vierge et les saints. Au plan religieux, les charismes autoritaires, fouettés par les ondes, reprennent une plénitude, une force d'attraction sensorielle insolite pour les fils de la Lettre, même au sein de l'Église. Hugo :

« Après le pape, le papier. » Oui. Et *après le papier, le pape*. Ce n'est plus le même pape certes, mais ce n'est pas n'importe quel pape.

Au sein du monde catholique en effet — mais ce microcosme parle pour tous les autres et mieux que les autres —, les dominances se sont inversées. Le catholicisme, nous l'avons vu, est la médiation faite religion. Il le reste mais les nouveaux supports ont provoqué un *recyclage de la médiation sur la droite*. Car il y a deux lignes dans la médiation chrétienne en général, comme dans toutes les autres. Renouveau charismatique contre tradition herméneutique. Expérience vécue contre réflexion intellectuelle. Valeurs de spiritualité ou valeurs d'intellectualité. Le témoignage ou l'argumentation. Le « vivre ensemble son engagement, c'est physique, c'est une expérience fantastique de Dieu, une fête sauvage et relationnelle qui vous fait vivre le Christ en direct », comme on dit du côté des groupes de prière en pleine ascension aux lisières de l'Église, là où l'on peut se proclamer à bon droit « directement branché sur la sensibilité contemporaine ». Ou bien la conformité contrôlée des croyances et des pratiques mise en œuvre par l'Institution. Le « religieux flottant » préfère l'effusion mystique, l'Église permanente a besoin d'une dogmatique. La ligne Chair vante l'authenticité, la ligne Verbe invoque la vérité. La première bénéficie d'une inculturation spontanée aux valeurs électroniques de la modernité, la seconde souffre des rigueurs d'une acculturation d'apprentissage et de compétence. C'est la Parole vivante contre l'Écriture, le curé du Horsaint contre Jean Guitton, le charisme contre l'académisme. Le parler vrai contre le dire du vrai, l'âme contre la culture. Le best-seller explosif contre le petit tirage à vente ralentie. C'est, aurait dit Michelet, le montagnard contre le girondin, le souffle contre le scribe, l'esprit de foi contre l'esprit légiste. Or il se trouve, paradoxe, que la ligne Chair, populiste, est plutôt autoritaire et la ligne Verbe, élitiste, plutôt libérale. Avec l'image-son, les Walesa ont de bonnes chances de gagner partout.

Aujourd'hui, la préséance n'est pas à la preuve mais au témoignage. Pas au discours, au locuteur. Pas à l'argument, à la « présence ». Branchez-vous, tournez le bouton. On ne *démontre* rien à la télé mais on y *témoigne* de tout. Faites pareil.

Ainsi le veut le médium dominant. Ce n'est pas perversion de sa part mais obligation. D'où ce renversement : la Chair désormais commande au Verbe. L'énonciation à l'énoncé. Le ton au fond. Dans l'information de masse, l'émotion chasse l'exactitude. Triomphe de la ligne Chair.

N'allez pas croire, croyants, que le règne de l'affectif et le culte de l'effet sont tombés du ciel. Ils sont dans votre tube cathodique.

N'allez pas croire, Européens, que la revanche de l'Europe catholique et tridentine sur l'Europe des Lumières (tchèque, prussienne, française, etc.), à laquelle nous assistons sous le pieux couvert de la construction communautaire, n'est due qu'au génie politique du pape et à la myopie des braves commissaires de Bruxelles. La deuxième féodalisation de notre continent, livré aux seigneurs de l'argent et aux démembrements communautaires, sera considérablement accélérée par l'obsolescence du Livre et l'arrivée des « télés transfrontières ». L'électron sert le coup de cœur autant que le coup de Bourse.

LA VOIX DE LA VIE

« Au fond, tout cela vraiment importe assez peu. Assez peu, tant que subsistera ce qui est l'essentiel : l'écriture à la base. Assez peu, tant que dans le grand conflit qui oppose la forme orale et la forme scripturaire des communications entre êtres humains, la première, depuis des siècles refoulée et surclassée progressivement par la seconde, ne se redressera point et, de ce chef, ne viendra pas menacer ce qu'on peut, sans exagération, nommer le progrès de notre civilisation. Progrès lié à celui, ne disons pas de l'écriture (le mot désigne avant tout, pour nous Français, une technique) — mais de l'*écrit* s'opposant à l'*oral*. »

Voilà ce qu'écrivait Lucien Febvre, dans son avant-propos à *La Civilisation écrite* (1939).

Un demi-siècle après cette mise en garde, où en est « le grand conflit » ? Faut-il refaire nos comptes ? Les craintes de l'historien étaient-elles fondées ?

On sera aussitôt tenté de répondre non. La trace écrite, à première vue, se porte mieux que jamais. L'écriture électronique est venue la relayer. Febvre pensait radio ; nous pensons minitel. Chaque époque son gadget, ou son leurre. Le changement de support, par exemple le passage du papier à l'écran (celui des consoles de visualisation de nos terminaux domestiques), n'équivaut pas à une disparition du trait. D'inscriptions, il y aurait plutôt trop-plein que pénurie. En plus d'un stock toujours croissant de textes, nous disposons maintenant, la numérisation aidant, des hypertextes (mosaïques dynamiques de signes mobiles) ; sans compter les intertextes et paratextes inventés par la critique littéraire. Dans les bibliothèques de demain, la lecture assistée par ordinateur va démultiplier, pour les chercheurs, les usages et les richesses de l'écriture. Quant aux outils de la vie quotidienne, des systèmes optiques comme le courrier électronique, le vidéotex et la vidéomatique, l'ordinateur personnel, le télécopieur, complément et antidote du téléphone, paraissent remettre l'écrit à l'honneur. Au poste de pilotage de notre civilisation. L'époque, apparemment, n'est pas à la rhétorique mais au calcul.

Ces observations que Lucien Febvre auraient jugées rassurantes ne peuvent voiler un très réel renversement d'hégémonie. On est fondé à estimer que l'écrit, aujourd'hui, opère sous dominance orale. Socialement, la culture de la télévision englobe celle de l'ordinateur (et non l'inverse).

L'antithèse écrit/oral peut par ailleurs nous paraître sommaire. D'abord, elle suggère un jeu à somme nulle entre les deux termes, comme si toute avancée de l'écriture faisait reculer l'oralité — et nos sociétés papivores et graphomanes montrent précisément qu'il n'en est rien. Ensuite, il n'y a pas exactement symétrie et vis-à-vis : l'écriture est autre chose qu'un simple enregistrement de la voix humaine, et l'expression orale autre chose qu'une séquence de sons qui ne laissent pas de traces. Ce sont deux mondes autonomes, qui ont chacun leur unité et leurs exigences propres. Enfin et surtout, il y a plusieurs sortes d'oralité. Celle des peuples sans écriture : l'oralité *primordiale*. L'oral océanique, sans rivages ni îlots. L'oralité-monde, d'avant l'histoire. C'est pour nous abstraction pure, fantasme théorique ou curiosité d'ethnologue. Il y a ensuite l'oralité d'après l'écriture, celle du « monde antique », qu'on dira *fondamentale*. Il y a l'oralité propre à une civilisation de l'écriture, celle du « moyen âge », celle qui se survit ici ou là, notamment dans le monde coranique, aujourd'hui même. Oralité secondaire ou « mixte », comme l'appelle Paul Zumthor, dont *La Lettre et la voix* permet de cerner, à propos ou à partir de la littérature médiévale, le paradoxe d'une époque où la théologie, qui a pour socle un Livre, est la reine des sciences et où l'écrit est néanmoins en position subalterne. Chansons de geste, poésie lyrique, ou mystère, l'œuvre littéraire médiévale n'existe qu'en performance. L'auteur d'un texte s'en fait l'interprète, la lecture à voix haute est un spectacle, on mémorise à l'oreille. Quant aux messages religieux, ils sont encore plus chantés que dits, murmurés que lus, et la transmission interpersonnelle des textes fondateurs (litanie, sermons, chœurs, prédications, etc.) s'effectue à la chaleur d'émotions collectives. C'est le chaud et froid des grands secrets divulgués, celui des oulémas ou des séculiers, interprètes autorisés et exclusifs des textes saints, propre à une religion du livre rare diffusée à destination de foules largement analphabètes. L'oralité qui fait retour dans le monde développé, portée par la nouvelle médiasphère, qu'on peut dire *tertiaire* ou dérivée, présente évidemment d'autres caractéristiques. Elle n'est plus soudée à une symbolique de groupe fermée, comme dans les célébrations collectives de l'office, les mémorisations de l'école ou la lecture pieuse en famille. De communautaire, elle est devenue individuelle. La radio et la télévision ont privatisé la réception passive des messages sociaux, jadis publique ; personnalisé l'inertie, domicilié l'extase. De réglementaire, enchaînée à des codes d'autorité préétablis, l'oralité est devenue plus sauvage, inventive, imprévisible : non plus signe de sujétion mais de libération. À preuve la disparition de la rhétorique comme apprentissage d'un art de la parole doté de règles générales et transmissibles. Nos voix ont conquis leur autonomie, ou quelques degrés de liberté dans la tribu. Elles valent pour signatures.

Mais sa nature intime n'a pas changé. La voix est corps, souffle, vie, couleur. Existence immédiate. Par le timbre, l'intonation, la hauteur, la voix *indique* et ne *symbolise* pas. L'écriture détache et distancie. Le locuteur est en retrait de son message écrit, et absent de son écrit imprimé. L'opérateur de l'objectivité rationnelle est en soi objectivité neutre. La voix en revanche attache, fait participer. Impose tout un contexte, plie le sens aux circonstances, la parole à l'élocution. Elle existentialise l'intelligible. Nous avons retrouvé notre corps. Nous vivons le grand retour du corps dans la culture, le corps recentre sur lui notre culture ; parce que nous avons régressé du symbole à l'indice, comme nous l'explique si bien Daniel Bougnoux, en articulant Peirce sur Freud. Le monde ne se re-présente plus, il redevient présence sensible, immédiate : image, et non plus signe. C'est l'effet de réalité propre à l'image télévisuelle, plus fort qu'au cinéma. En s'archaïsant, en se désymbolisant, le monde s'est réchauffé. Maternisé. Sensibilisé. Féminisé. Nous avons retrouvé le féminin. Et l'enfance. Et le fœtal. Le pouls des choses, les vocalises de bébé, les bruits de la mère, les vibrations, la respiration, les émissions. Les bonnes ou les mauvaises ondes comme disent nos sœurs, pour signaler l'empathie avec tel ou tel, ou son défaut. La longueur d'ondes. Le contact. Le « feeling ». Moins on lit, plus on se lie. Moins on cultive la déliaison symbolique, plus on a besoin de liens sensoriels et pragmatiques. Le déclin de la lecture rehausse les valeurs du moi-toi, la dévaluation du texte resserre la texture des socialités environnantes. La désacralisation de l'écrit resacralise les valeurs de contact et de présence, les données affectives se transforment en catégories politiques. Aujourd'hui, on s'engage moins mais on participe plus. On n'argumente pas, on syntonise. On se met « au diapason », « à l'écoute de » (les politiques de la société civile, les vieux des jeunes, etc.). Nous voulons que tout soit proche, vécu, senti, sympa, authentique, « parler vrai », bref, « nature ». La liberté se pense désormais moins en termes d'autonomie que de spontanéité — déroute de la Raison pratique, Kant a succombé sous les coups de cœur de la nouvelle morale audiovisuelle. Ce n'est pas forcément un mal, ni un bien. On pourrait parler d'une revanche du cœur sur la raison, du sentiment sur la réflexion, de la sensation sur la signification, de l'autorité (personnelle) sur la vérité (objective), etc., mais il conviendrait plutôt de dire : l'accès aux deuxièmes termes s'effectue par le biais et sous les conditions des premiers. Le *visus* s'est derechef subordonné à l'*auditus*, dirait Leonardo. La recherche du vrai objectif à l'autorité du locuteur, car l'ouïe est un organe autoritaire. Il est plus facile de fermer les yeux que de se boucher les oreilles et les Big Brothers travaillent les masses aux haut-parleurs. L'œil a la faculté de discriminer, comparer, reconstruire. L'écoute flotte, berce ou excite — sans recul, et surtout sans revenir en arrière. Notre œil a-t-il été rééduqué, ou plutôt déséduqué, par nos habitudes sonores ? Le fax nous habitue, délicieusement, à une sorte d'écriture parlée et un téléspectateur regarde son poste comme on écoute un fond musical, vaguement, ou comme on regarde les tableaux d'une exposition un jour de vernissage, *en passant*. Sans s'attarder. L'œil contemporain survole, butine, glane. Comblé, blasé, il n'a plus le temps d'observer ; comme si tous nos sens s'étaient mis à naviguer à vue sur les surfaces du monde. Flottaison générale des cours et des corps, donc des esprits. Parmi les nombreux motifs que nous avons de nous réjouir de l'esprit de tolérance qui imprègne nos sociétés désabusées, et particulièrement les jeunes générations, n'oublions pas l'hommage à l'*auditus*, ni que la tolérance morale ou religieuse a son envers intellectuel. En une heure, on entend en moyenne neuf mille mots, quand on peut en lire trente mille, voire cent mille en lecture rapide. Nous tolérons de mieux en mieux l'à-peu-près, le décousu, l'incohérent, qui « passent » fort bien à l'oral mais non sur le papier. L'écoute ne peut pas rebrousser une chaîne d'énoncés oraux — ce qui aide à gommer la redondance d'abord, mais aussi la contradiction logique, ou le caractère invertébré du discours. Zigzags et palinodies ont un accueil différent selon les médiasphères ambiantes. Un livre, n'importe qui n'importe quand peut le confronter à lui-même — parce que l'espace pardonne moins l'erreur que le temps, que je peux le feuilleter vers l'arrière, autant de fois que je le veux. Je n'ai pas besoin d'une machine pour le « lire » et le remettre en mémoire.

LE GRAND RETOUR DE L'IMMÉDIAT

Notre culture vécue (qui n'est pas la culture des gens cultivés) paraît bien avoir exaucé le vœu d'Alphonse Allais. Oui, on peut construire les villes à la campagne parce que l'air y est plus pur. Oui, on peut reconstruire l'Afrique à New York, l'oral au sommet de l'écrit, c'est-à-dire *la plus forte immédiateté à la pointe des perfectionnements médiatiques*. Formidable effet opéra. La dématérialisation des supports, l'intellectualisation des outils, la formalisation des langues naturelles dans le langage informatique du calcul binaire, tout ce dégraissage de la communication contemporaine produit le choc en retour de l'archaïque. Dont l'oralité n'est qu'une manifestation parmi d'autres. Regardez la poésie moderne. Elle a coupé les ponts avec la diction et les rythmes, elle est devenue typographie pure, cérébralité, théorie? « Illisible » parce qu'indicible ? Mais moins on lit les poètes, plus on écoute les chanteurs. Les géomètres ou mathématiciens du mot, façon Oulipo ou Lettrisme, à trop négliger la musique, à trop charger la barque sémantique et graphique, rétrocèdent la poésie à la chanson. Le walkman solitaire appelle le grand rassemblement rock. Le langage émotionnel des corps, celui de la création chorégraphique, n'a jamais été aussi présent dans la Cité des arts qu'aujourd'hui. L'abstraction des mnémotechniques contemporaines pousse à l'avant-scène ces « informations qui ne se transmettent que d'Homme à Homme », et la danse, ce contre-transfert, réarticule la mémoire sur le corps. Karine Saporta : « Les danseurs ne font pas l'art. Ils sont l'art. Ils sont dans l'œuvre absolument confondus avec l'œuvre. Ils en sont la chair. Ils sont la chair de leur art. » « Serions-nous incompatibles, ajoute la pénétrante chorégraphe, avec les multiples transferts de la mémoire sur des supports non humains si efficaces aujourd'hui dans quelques autres domaines ? Notre rapport à la mémoire est "archaïque" au sens noble du terme. C'est-à-dire relié à l'ancien. Lié aux souterrains, aux soubassements, aux sous-sols de l'édifice de chair et de civilisation, de nature et d'artifice, qui continue de constituer l'organisme humain [1]. » La ligne Chair triomphe sur scène comme à l'église, en petit et en grand, fêtes de la musique à Paris et nuits de prières à Taizé. À la cour comme à la ville, où les galeries de peinture s'honorent de ne plus accrocher de tableaux, re-présentations tristes, mais d'exécuter des « performances », des « happenings » ; où les metteurs en scène au théâtre font avaler le corps du texte par le corps de l'acteur. Boucle bouclée. La « communication » qui est née de la brisure des communions médiévales (Oresme) culmine sur son point de départ, au degré zéro de l'échange, dans la joie muette, inspirée, des ferveurs communautaires. Au comble de l'effusion, l'aphasie.

Curieux retournement. L'épopée de la Raison se lisait hier comme le cheminement émancipateur du sensible à l'abstrait, de l'immédiat au construit, comme le lent dégagement des apparences vers les lois, car la raison des choses ne traîne pas parmi les choses, au milieu des bruits et des couleurs. Les lois des phénomènes visibles et audibles ne se voient pas à l'œil nu, ne s'entendent pas, la loi de la gravité ne se cueille pas comme une pomme. Et voilà que

1. Karine Saporta, *L'Art, le Rêve et la Mémoire*, Centre chorégraphique de Caen (1990).

se libérer du corps se renverse en libération par le corps. Que le pulsionnel, l'indiciel ou le fusionnel ne sont plus ce à quoi il faut s'arracher mais ce à quoi il faut arriver. Le grand voyage était-il une Odyssée, un retour au lieu de naissance ? Connectez-vous au réseau, disent à présent les chefs-pédagogues. C'est la défaite du maître républicain qui nous disait : « Séparez ; distinguez, détachez-vous. Faites abstraction. Prenez vos distances par rapport à votre culture, cette masse de préjugés qui vous collent à la peau. »

Le rejet du discursif a gagné les vétustes sanctuaires du discours, réduits à l'état d'organes de communication. Toutes les réformes contemporaines de l'école tendent à y subordonner l'écrit à l'oral, la distance au contact. Cela est libéral, nous dit-on, car toute écriture est d'État et la dictée un acte répressif. Cela est écologique, car l'écriture est artificielle et la voix naturelle. Cela est démocratique car les enfants défavorisés ou immigrés maîtriseront plus facilement un français parlé qu'un français écrit. Cela est idiot (antihistorique, antirationnel, antidémocratique, etc.) mais la substitution du « lieu de vie » au « lieu d'études » sonne juste dans le « contexte » sonore. C'est « moderne ». Comme la réforme de l'orthographe, qui veut phonétiser autant que possible le code écrit (l'allégement du support englobe aussi le lexique et la grammaire). Il y a une solidarité entre l'autonomie de l'institution scolaire dans la cité et l'autonomie du système graphique dans la langue. Qui récuse l'une récuse l'autre. La haine de la lettre est la forme autorisée de la haine de l'école, et les deux traduisent, sinon une haine de la Raison, du moins un instinctif refus de l'abstraction. Ne dites plus : « instruction publique », dites activités d'éveil, dialogue, échange. N'écrivez plus, jeunes gens, ne lisez plus des œuvres, ces monuments funéraires ; branchez-vous tout de suite, écoutez les informations, regardez vos écrans, éclatez-vous sans tarder. Moins vous laisserez de traces, plus vous serez libres.

Cette attitude est à la fois induite et validée par les dernières générations techniques et juvéniles de l'immédiateté. Elle emporte un rejet, un discrédit certain des corps intermédiaires. Le croyant veut un Dieu immédiat, sans cléricature interposée (« À quoi sert l'Église ? ») ; le citoyen veut une Cité à la fois transparente et effervescente, sans délégation régulière ni représentation (« Le Parlement est superflu »). Le salarié veut des « coordinations », révocables et éphémères, émanations de la base sans programmes ni organisation (« Des syndicats, pour quoi faire ? »). Le consommateur veut des supermarchés en libre-service, avec accès direct aux rayons de marchandises, sans l'entremise de préposés. Les ministres et les médias rêvent d'une école sans maîtres, supermarché des savoirs où chaque élève viendrait se servir directement, et où le visuel d'ordinateur remplacerait le cahier de textes. Le téléspectateur et l'auditeur veulent du direct, vrai ou simulé, comme s'ils tenaient le différé ou la retransmission avouée pour une émission de seconde main, de moindre qualité. Et nous sublimons l'anthropologie philosophique qui sublime la pensée sauvage, sanctifie le primitif, condamne l'écriture comme ruse asservissante (Lévi-Strauss). L'époque est dure aux intercesseurs. La remontée catholique aurait dû, en bonne logique, redonner goût aux intermédiaires. Elle a elle-même négocié son retour en se pliant aux lois de l'immédiat, incarné en l'espèce par les mouvements charismatiques, pour se remettre à jour. La puissance des médias s'indique dans nos sociétés autant par l'impatience aux délais que par une intolérance généralisée aux médiations (à quoi reviennent « la défaite de la pensée » et « le rejet de la politique »).

Alors, régression ou progrès ? Et pourquoi assimiler civilisation et écriture, comme le fait Lucien Febvre ? Il est vrai que le partage du barbare et du civilisé est une opération quelque peu barbare, qui en dit plus sur les limites mentales de l'opérateur que sur la ligne de démarcation par lui proposée. Il serait assez ridicule d'inscrire l'oral sous la colonne du Mal et l'écrit sous celle du Bien. L'interrogation de Lucien Febvre peut cependant, me semble-t-il, trouver sa pleine légitimité dans un domaine où le mot de barbarie fait sens, la pragmatique des discours, qui fixe peu ou prou les règles du jeu politique. C'est une polarité reconnue par les linguistes que dans l'énonciation orale l'émetteur tourne autour du récepteur, alors que dans l'écrit le récepteur tourne autour de l'émetteur. Cela fait bien deux champs de gravité, comme nous l'indique Bougnoux : dans l'un, l'auditoire satellise l'émetteur. Dans l'autre, le message solaire satellise son lectorat. C'est dire que l'oralité recèle, techniquement pour ainsi dire, une fatalité tribale et démagogique, une pente à la facilité et à la complaisance, une politisation du vrai et du juste dont nous pouvons avoir une illustration, plaisante ou dégoûtante, selon l'humeur, avec les émissions phares du petit écran comme *l'Heure de Vérité* ou *Meet the Press*. On y voit des hommes publics, super-sophistes, courir en temps réel après l'audience et les approbations, dûment comptabilisées par un score immédiatement livré par un arbitre. Soit la forme la plus nue de la barbarie communicative, quelque chose comme les jeux du cirque du Logos, où s'annulent d'un coup ces trois mille ans d'effort pour libérer le discours des attentes de l'auditoire qu'on appelle la civilisation, processus aléatoire et réversible, la preuve.

Il y a, là-dessous, un enjeu très lourd. « Culture de connivence » ou recherche de connaissance ? « Pensée *ad hominem* », à la carte, à la demande, ou adéquation de l'esprit et de la chose ? Chaque société, bien sûr, combine les deux modalités du discours, le scientifique et le politique, et l'histoire nous a montré, fantasme pour fantasme, que le gouvernement des savants n'est pas moins cruel que celui des rhéteurs. Mais la logique de séduction impliquée par une prédominance de l'oralité à l'intérieur de l'espace public est au moins aussi meurtrière que la logique de conformité à un Code écrit, surplomb immuable et supposé savoir. La pulsion libricide s'avérera sans doute plus liberticide que l'ancien culte du Livre.

La ligne Chair aboutit à la Démocratie, mosaïque chaude et colorée de micromilieux communautaires bouillonnant au jour le jour. La ligne Verbe, à la République, entité historique délibérément désincarnée, amie des lois, des livres et de l'interprétation, antipathique à l'immédiat (et dont la seule évocation révulse nos responsables médiatiques). Si la République est apollinienne, et nos médias fondamentalement dionysiaques, on les comprend. Les responsables politiques d'une République ne s'estiment pas tenus à tout instant de s'identifier à leur public car ce sont des tempéraments « secondaires » plus portés aux délais de l'écriture et de la réflexion qu'à la prise de parole pour transmission immédiate. Les leaders d'une démocratie ressemblent un peu et par nécessité au Zelig de Woody Allen, cet hystérique compatissant qui devient tout ce qu'on veut, à la demande, au gré de l'interlocuteur. Zelig est un oral intégral, captif du face-à-face, écho sonore de la radio. Quand vous ne pratiquez plus la « différance » à la mode derridienne, vous vous condamnez à devoir faire la différence, du tac au tac, à tout prix.

L'HISTOIRE : ENTRÉE ET SORTIE

Les habitants de la graphosphère inclinaient à penser la nature sur fond d'histoire. Nous tendons à penser l'histoire sur fond de nature, en replongeant les catégories dialectiques (contradiction, projet, conflit, totalité, stratégie, etc.) dans un milieu anhistorique. Pourquoi cette inversion ? Il faut peut-être, je ne dirais pas expliquer l'un par l'autre, mais penser ensemble la désacralisation de l'écriture et la dépréciation de l'histoire, c'est-à-dire la consécration de la voix et la resacralisation de la nature. Le retour en grâce du panthéisme et des mythologies païennes du cosmos — la vénération renouvelée de Gaïa, notre mère universelle, par les nouveaux cultes de la Terre — et la remontée informatique de la culture d'écran, intuitive et sensorimotrice. Le grand Être n'est plus l'Humanité, mais la Planète, boule divinisée, *totum* fétichisé, sujet de plein droit (« la grande Matrie » d'Edgar Morin). Quand le linéaire se dévalue, les valeurs historiques dégringolent. Quand l'iconique remonte, la nature et la grâce vont bien. Platon méprisait l'écriture et l'histoire. Le dieu Pan n'a pas dit son dernier mot, Athènes peut venir derrière Jérusalem. La vogue écologique frémit-elle comme une annonciation ? Autre cycle à reparcourir ?

Gardons-nous de prendre un simple changement de temporalité pour la fin des temps. Mais qui contestera que ce que nous appelons « histoire » par habitude — à décompter depuis Gutenberg — a pris un sérieux coup de vieux ?

Dans le temps, le récit épique transmis de bouche à bouche a précédé l'histoire fondée sur des textes. Homère, Hérodote. Mais c'est le texte qui fonde l'histoire comme science ; le sens historique non plus n'est pas fils de l'image ni des fluidités orales. Ce sixième sens dépend d'une aptitude à l'écriture et à la conservation des documents. « Ce mystère terrible, écrit Michelet de l'histoire, ne peut se lire que feuille à feuille et lentement. » Il y a quelque chose d'invinciblement graphique dans la prise d'un homme sur son temps. Pas seulement parce que les grands hommes de l'histoire sont ordinairement des hommes d'écritures, fussent-ils capitaines et gens d'armes, encore que Napoléon et Alexandre se contentent de secrétaires, déléguant à d'autres le soin des traces pérennes. Mais parce qu'il y a un lien obscur entre la dynamique des volontés et la statique des stocks, agraires ou symboliques, greniers et bibliothèques, qui fait écho à la dialectique, elle, mieux élucidée, de l'engramme et du programme, de la tradition et du projet. Chacun sait qu'un individu, un groupe, une société sans souvenirs, ont du mal à se tailler un avenir qui leur soit propre. La naissance concomitante de l'agriculture et de l'écriture, de l'entaille et du labour, la communauté originaire de l'argile et de l'humus apparient le scribe et le paysan. Le soc et la plume. La *page* de nos livres vient du *pagus* latin, qui veut dire « champ cultivé », et l'écriture grecque dite « boustrophédon », qui va de droite à gauche et de gauche à droite, fait tourner le bœuf à la barrière. Ce sont là faits d'histoire et d'étymologie. L'agriculteur tire l'écrivain et l'histoire se fait en s'écrivant, se déploie comme horizon dès lors qu'elle se dépose en inscription. Mise en mémoire et souci de postérité vont en tandem. Enfouissement de traces à la verticale, dégagement de perspectives à l'horizontale. Il y a quelque chose de lourd, d'ardu, de lent, qui unit l'élaboration des traces, la mise en ordre des faits et la maturation du grain. Quelque chose de laborieux, de rugueux, d'incompatible avec la glisse des signes, la labilité des supports, l'évanescence des sols et des laboureurs. Avec le *soft* de nos réceptions et la facilité des voyages. L'instantanéité — images-sons et données circulant à la vitesse de la lumière — décourage la quête du sens, relâche la tension des attentes. C'est trivial : quand on peut être partout à la fois, on n'a plus envie d'aller nulle part.

Dans programme, il y a gramme, grammaire, graphie. Qu'il soit scolaire ou politique, on comprend le discrédit qui entoure la notion et le mot. Il n'est en somme de véritable histoire qu'écrite ; il n'est d'écriture qu'historique. Par l'évolution des graphies, d'abord. Je peux regarder et apprécier toutes les images, même si leur code de déchiffrement culturel m'échappe. Je ne peux pas lire toutes les écritures, fût-ce celles de l'alphabet latin (l'onciale, la gothique, la caroline, etc.). Par la singularité des langues, ensuite, qui me rattache à un groupe humain en particulier et à son passé. Apprendre une langue étrangère, c'est nécessairement apprendre l'histoire d'un peuple étranger. Apprendre l'écriture chinoise d'aujourd'hui, c'est s'incorporer trente siècles de civilisation, l'hébreu et le grec, un peu moins. L'image, elle, n'est pas soudée à une mémoire. Elle peut circuler « à plat » d'un bout de la terre à l'autre, cosmopolitisme inné qui fait du regardeur, immédiatement, un citoyen du monde à coordonnées temporelles faibles. Mais surtout et plus profondément, l'image physique comme présence pleine, affirmative et positive court-circuite le vieux travail du négatif par ceci qu'*elle ne peut jamais être elle-même une négation.* Un non-fumeur, comme un absent, et un projet, ça ne se montre pas. J'attends une amie, elle n'est pas venue, elle viendra peut-être, comme l'Apocalypse, la Justice ou la Révolution, ça n'a pas de traduction optique. Notre cinquième sens, celui de l'orientation historique, n'a pas d'équivalent sensible et sensoriel. Il dépend entièrement des techniques écrites de la symbolisation. Une civilisation de l'image au sens fort ferait un monde sans imagination où l'être a vaincu la néantisation, l'optique, la dialectique et le présent, le temps. Ce serait un monde sans histoire ni relief et dépourvu de symboles, un monde impossible car sans possibles, abstrait à force de concrétude, et tellement plein qu'il sonnerait creux. Mais de ce monde-là, nous nous rapprochons selon une courbe asymptotique. *La disparition du néant est devenue notre problème numéro un.*

Tout le paradoxe de l'Ordre Nouveau est contenu dans le *Ceci n'est pas une pipe* de Magritte.

Nous nommons en somme « histoire » une certaine pratique de *l'indirect* ; un effet de différé et de décalage. Un retard à la transmission, tout simplement. L'histoire se faufile dans l'intervalle qui sépare l'événement de son enregistrement. Que restera-t-il de l'activité qui consiste à transformer le chaos en ligne, une broussaille de faits en un livre d'histoire peigné comme un champ, lorsque l'événement m'est *livré* à l'état brut, avec son décodage incorporé, via l'A.F.P. ou, mieux, en direct, par retransmission télévisée ? Lorsqu'il n'y a plus rien à écrire puisque tout est déjà enregistré ? Pourquoi mettre en mémoire si *l'oubli dorénavant marche au même pas que la mémoire* ? Si l'histoire se montre au fur et à mesure, effaçant ses traces à mesure qu'elle se dit ou se montre, qu'ai-je besoin d'y intervenir ? Le support analogique me donne le fruit et la graine en même temps : qu'ai-je besoin de labourer ? Nous économisons de la sueur et du sang. Mais en perdant notre capacité d'arriver en retard, nous n'aurions pas seulement dévalué les sortilèges littéraires de la répercussion comme Chateaubriand « enregistrant », deux mois après, la mort de Napoléon (le temps que la nouvelle arrive de Sainte-Hélène à Paris). Nous ressentirions moins le besoin de prendre de l'avance sur le moment collectif. Avec le recul et la prise de champ sont compromis le bond en avant mental, le « coup d'œil » stratégique de l'anticipateur. « Maintenant tout est maintenant » veut dire : le présent nous a capturés, et nous traite en otages. Je ne prends plus mon temps, je suis pris par lui. Je suis un homme criblé, saturé, engorgé, asphyxié par les détritus instantanés de la consommation d'infos, car même si l'A.F.P. garde par-devers elle ses déchets de chaque jour, soit les 14000 dépêches quotidiennes qu'elle reçoit et ne redistribue pas, elle m'en « balance » encore huit cents par jour, assez pour me dégoûter et m'enlever l'idée d'aller faire le mariol le lendemain au Kamtchatka. Pour les poubelles ? Les bottes de poireau ? Les coups d'œil négligents du passant ? « L'événement, c'est le merveilleux des sociétés démocratiques » (Pierre Nora). Il remplace la chronique par le conte. L'*événementialisation du temps est une déshistorisation du temps*. Il n'y a plus de mise en situation et en perspective de mes circonstances lorsqu'il est devenu non seulement prestigieux mais matériellement possible de « vivre avec son temps », d'« être à jour », de « coller à l'événement ». Car il est plus facile de résister à une mode, une morale, une pression sociale, qu'à une jouissance physique effective. Or le flux d'instants sans passé ni futur qui s'appelle l'actualité est pour notre psychisme source de plaisir, décharge, satisfaction hallucinatoire d'un désir latent d'ubiquité et de toute-puissance. L'aspirant-producteur d'histoire ou de sens doit alors choisir à son corps défendant entre la télétransmission-*live* et l'inscription à longue portée. Plus exactement, passé un certain seuil d'intensité, la transmission joue comme démission de l'énoncé. Quand la transmission tue le message et devient le message lui-même, quand le porteur de nouvelles est en lui-même la nouvelle, le souci d'efficacité conspire avec d'autres sentiments moins avouables pour remplacer le désir d'histoire par l'ambition de faire savoir, ou désir de contrôler les centres de tri et de mise en page. Puisque celui qui fait l'événement est celui qui le transmet, les protagonistes de l'histoire universelle deviennent les contrôleurs des réseaux mondiaux de diffusion. Les ringards aspirent au Panthéon mais les gens sérieux vont en régie. Napoléon aujourd'hui s'appelle Ted Turner.

Ambivalence de l'information : elle sert à la fois d'acolyte et d'ennemie à l'événement. Elle défait en faisant et fait en défaisant car les deux sont fléchés en sens contraire. L'information se dévalorise avec le temps, l'événement se valorise avec lui. Ce qui est durable, dans le monde de l'information, n'est pas valorisant : allez donc vendre à *TF1* le théorème de Pythagore ou les *Voyelles* de Rimbaud ! Au rebours, ce qui est momentané, dans le monde des mémoires, n'est pas valorisé. Un tuyau boursier, un scoop, une dépêche d'agence, engagent dès leur naissance une course contre la montre et la mort, et mon journal de ce matin ne vaudra plus un kopeck demain matin. L'actualité boursière peut servir d'étalon à l'autodévoration de l'actualité tout court, catoblépas toujours plus affamé de soi. Le journalisme, comme disait Gide, c'est tout ce qui intéressera demain moins qu'aujourd'hui, mais l'histoire des sciences, de l'art ou politique procèdent à rebours : de l'amorphe et de l'insignifiant prennent lentement forme et sens à travers une consignation et une justification de signes. Le fait qu'on s'intéresse plus à de Gaulle, à Van Gogh, au professeur Kastler, morts que vivants paraît absurde ou répréhensible aux hommes de l'immédiat : ils ont peine à comprendre que ce « retard à l'admiration » représente ce qui reste de la culture quand on en a tout oublié.

En bref, il y a deux façons d'échapper à l'histoire (au sens traditionnel du mot) : par l'Écriture sainte et les news. La Bonne nouvelle et les dernières nouvelles marquent les deux stades, initial et suprême, de *l'immédiateté*. À vrai dire, toute immédiateté est infaillible, donc dogmatique, qu'elle prenne la forme d'une Révélation religieuse ou d'une banque de données, et la tyrannie de l'ici et du maintenant (toute cette promotion de l'anecdotique, de l'instantané et du localisé) rejoint, par un autre tour de malice, l'immobilisation des hommes par un Dieu éternel. Quoi de plus répétitif qu'un journal télévisé sinon l'éternel présent du rite ? Je ne mets pas en question une dépêche d'agence, je ne réfère pas une émission à une longue durée. J'avale tout et sans recul. On apprend à penser mais on n'apprend pas à croire et à voir. Ici, le fait est son propre droit. Définissons *l'immédiatisme*, sans en faire un démon, comme le régime d'autorité propre aux sociétés sous contrôle médiatique. La « dictadouce » de l'information n'implique pas seulement le crépuscule des œuvres (une grande œuvre est incomprise au moment de son apparition), et la revanche des préjugés (ces évidences spontanées et non problématisées). Elle disqualifie dans le même geste l'idée de processus et le jugement de validité, le temps de l'histoire et le temps de la critique, tous deux sinueux et cumulatifs, qui supposent à la fois une accumulation d'archives fixes comme repères et témoins, et la successivité d'un écoulement dûment consigné. Vérifier une source, recouper un témoignage, remonter une chronologie, établir un fait, une date, un texte — toutes ces opérations qui étaient censées jadis faire gagner du temps —, il est clair désormais qu'elles en font perdre sans nécessité aux responsables toujours pressés de la circulation publique. Le kaléidoscope rejoint, rejoue le cercle. La négation relativiste de toute valeur, l'affirmation répétitive de la valeur absolue.

Il se pourrait en définitive que le grand dégel du temps humain apparaisse un jour comme un intermède entre deux immobilités, le temps-cristal des Écritures primordiales et le temps-fumée des communications immédiates. Entrés par le biais religieux dans le temps historique, nous serions en train d'en sortir par la porte à tambour de « l'actualité ».

À chacun d'apprécier, selon qu'il estimera cette création récente, l'histoire, comme un cauchemar dont il est bon de se réveiller, ou bien comme une fenêtre ouverte indispensable à l'oxygénation de l'individu. Les deux se disent, et doivent sans doute se dire ensemble. Mais sachons que la mise à la roue, l'alternative la plus plausible quand on ne va plus à la ligne, n'ouvre pas une ère de justice. Un esclave enchaîné à son sillon a toujours plus d'espoir qu'un esclave attaché à une roue. Nos cercles sont en pointillés : on y sautille assez gaîment, à première vue. Le « ça tourne ! » est une marque de satisfaction, un indice de performance. Mais le retour d'un Éternel new-look, sans promesse de salut ni certitude de résurrection, sans vecteur ni finalité, disons la roue cosmique sans l'âme et les dieux correspondants, sera le temps des plus grands désespoirs. Retour donc à l'avant-Réforme, à la case médiévale. Fin des révolutions, début des révoltes, convulsions et jacqueries. Les secondes, à en croire les historiens, sont encore plus cruelles que les premières.

Michelet, encore : « Homme de livres, sache bien que l'homme sans livre et de faible culture a en récompense quelque chose qui en tient lieu : il est maître en douleurs. »

TROIS ÂGES EN MÊME TEMPS

Vous ne pouvez pas refuser à un adepte d'Auguste Comte, pour terminer canoniquement ce premier cycle universitaire, une petite joie des « trois états », de nature à ordonner « la marche de l'esprit humain ». C'est un plaisir intellectuel socialement coûteux, dont le caractère jugé subjectif ou fantaisiste ne risque pas d'accroître notre légitimité « scientifique » tout en contredisant, apparemment, notre intention de positivité. Pourtant, la meilleure façon d'abandonner toute recherche des causes propre à l'âge métaphysique n'est-elle pas de mettre en évidence la globalité et l'interaction des phénomènes correspondant à chaque étape ?

Expliquons des mots déjà utilisés. Prenant « l'esprit humain » au stade de l'écriture, j'ai donné à la longue période s'étendant jusqu'à l'imprimerie le nom de *logosphère*. Âge théologique, ostensiblement. L'écriture est de Dieu : hiéroglyphe, au sens fort. Dieu dicte, l'homme note et dicte à son tour. On lit avec les lèvres, et en groupe. Les grandes religions fixent par l'écrit une révélation orale. Une et non pas deux. La Bible dit tout sur tout. Le Coran aussi. D'où la sainteté du Langage (l'unicité sacralise), et la toute-puissance théologique de la Parole indiquée par la notion du *Logos* ou Verbe éternel. À la fois souffle et Raison, le Principe suprême est une Parole perdue et recueillie dans un corps fermé de textes référentiels, support d'une tradition orale aux mille facettes. L'esprit humain n'invente pas. Il transmet une vérité reçue.

La période de la typographie, je l'ai indiquée comme *graphosphère*. Subordination de l'image au texte, apparition de l'auteur (et de l'artiste) comme garant de vérité, abondance des références écrites, liberté d'invention. On lit avec les yeux. Âge métaphysique, si l'on veut.

L'âge de l'électron, qui fait descendre le livre de son piédestal symbolique, comme *vidéosphère* (malgré le rôle accru de l'*auditus*). Le visible en effet y fait autorité, en contraste avec l'omnipotence antérieurement reconnue aux grands Invisibles (Dieu, l'Histoire ou la Raison). Il devrait mais ne peut pas répondre, disons-le d'emblée, aux critères idéaux de l'âge positif (dont Comte attendait qu'il abolisse la fiction, la guerre et les désordres intérieurs, donnant le pouvoir spirituel aux savants et le pouvoir temporel aux industriels).

Tableau à entrées multiples où les traits pertinents doivent en fait

	ÉCRITURE (LOGOSPHÈRE)	IMPRIMERIE (GRAPHOSPHÈRE)	AUDIOVISUEL (VIDÉOSPHÈRE)
MILIEU STRATÉGIQUE (PROJECTION DE PUISSANCE)	LA TERRE	LA MER	L'ESPACE
IDÉAL DE GROUPE (ET DÉRIVE POLITIQUE)	L'UN (Cité, Empire, Royaume) absolutisme	TOUS (Nation, Peuple, État) nationalisme et totalitarisme	CHACUN (population, société, monde) Individualisme et anomie
FIGURE DU TEMPS (ET VECTEUR)	CERCLE (Éternel, répétition) Archéocentré	LIGNE (histoire, Progrès) Futurocentré	POINT (actualité, événement) Autocentré : culte du présent
ÂGE CANONIQUE	L'ANCIEN	L'ADULTE	LE JEUNE
PARADIGME D'ATTRACTION	MYTHOS (mystères, dogmes, épopées)	LOGOS (utopies, systèmes, programmes)	IMAGO (affects et fantasmes)
ORGANON SYMBOLIQUE	RELIGIONS (théologie)	SYSTÈMES (idéologies)	MODÈLES (iconologie)
CLASSE SPIRITUELLE (DÉTENTRICE DU SACRÉ SOCIAL)	ÉGLISE (prophètes et clercs) Sacro-saint : LE DOGME	INTELLIGENTSIA laïque (professeurs et docteurs) Sacro-saint : LA CONNAISSANCE	MÉDIAS (diffuseurs et producteurs) Sacro-saint : L'INFORMATION
RÉFÉRENCE LÉGITIME	LE DIVIN (il le faut, c'est sacré)	L'IDÉAL (il le faut, c'est vrai)	LE PERFORMANT (il le faut, ça marche)

MOTEUR D'OBÉDIENCE	LA FOI (fanatisme)	LA LOI (dogmatisme)	L'OPINION (relativisme)
MOYEN NORMAL D'INFLUENCE	LA PRÉDICATION	LA PUBLICATION	L'APPARITION
CONTRÔLE DES FLUX	ECCLÉSIASTIQUE, DIRECT (sur les émetteurs)	POLITIQUE, INDIRECT (sur les moyens d'émission)	ÉCONOMIQUE, INDIRECT (sur les messages)
STATUT DE L'INDIVIDU	SUJET (à commander)	CITOYEN (à convaincre)	CONSOMMATEUR (à séduire)
MYTHE D'IDENTIFICATION	LE SAINT	LE HÉROS	LA STAR
DICTON D'AUTORITÉ PERSONNELLE	DIEU ME L'A DIT (vrai comme parole d'évangile)	JE L'AI LU DANS LE LIVRE (vrai comme un mot imprimé)	JE L'AI VU À LA TÉLÉ (vrai comme une image en direct)
RÉGIME D'AUTORITÉ SYMBOLIQUE	L'INVISIBLE (l'Origine) ou l'invérifiable	LE LISIBLE (le Fondement) ou le vrai logique	LE VISIBLE (l'Événement) ou le vraisemblable
UNITÉ DE DIRECTION SOCIALE	L'Un SYMBOLIQUE : le Roi (principe dynastique)	L'Un THÉORIQUE : le Chef (principe idéologique)	L'Un ARITHMÉTIQUE : le Leader (principe statistique, sondage, cote, audience)
CENTRE DE GRAVITÉ SUBJECTIF	L'ÂME (Anima)	LA CONSCIENCE (Animus)	LE CORPS (Sensorium)

se lire en simultané, se donner tous ensemble à l'intuition. D'où l'intérêt du tableau noir.

La colonne de gauche liste des fonctions et des normes d'organisation invariantes, inhérentes à toute collectivité historique : c'est, si vous voulez, la « statique sociale » de Comte. Nous parlons, nous, de structure et de synchronie. Les colonnes de droite font varier les organes et les formes qui viennent y répondre successivement. C'est la dynamique sociale, ou les indices du progrès médiologique. On parle de nos jours de diachronie et de processus. La question de savoir si la dynamique est subordonnée à la statique, le progrès à l'ordre, ou l'inverse, relève d'un domaine spéculatif qui déborde les cadres de l'observation médiologique.

On n'entrera pas dans cette discussion en remarquant que :

1° Ceux par qui le monde existe comme monde unifié, les pivots de la syntaxe, sont les dépositaires du sacré de ce monde. Pour éclaté que soit un univers historique, il y a du nœud et du lien : les médias montent aujourd'hui la garde auprès de l'Un (ne serait-ce qu'en faisant communiquer Bucarest, New York, Jérusalem, sur un horizon commun, l'actualité, etc.). Mais c'est une unification sans universel, une mondialisation des codes locaux par l'image, sans la double articulation symbolique.

2° Ceux qui donnent le ton sont bien, à chaque époque, les travailleurs du fond, c'est-à-dire les opérateurs de la cohésion imaginaire.

3° Le fond des choses étant « le support des supports » ou la piété sociale, le fond ne fait jamais défaut mais ce n'est jamais le même. Les hommes restent pieux mais changent de credos. Les formes du crédible et les règles d'accréditation se modifient en fonction des supports de la transmission et du dépôt symboliques.

Il va de soi que ces états se succèdent dans l'histoire comme autant de prédominances ou de polarités fortes mais qu'un contemporain a tous les âges à la fois. Comte nous avait déjà prévenus que la loi des trois états ne s'applique pas aux actions et aux affections humaines. Il y a dans notre âme, simultanément, un Orient calligraphié, une Europe imprimée, une Amérique sur grand écran, et ces continents négocient en nous sans discontinuer leur place respective. Chacun d'entre nous, en un sens, est à la fois Dieu, Raison et Émotion; saint, héros et star; théocrate, idéocrate et vidéocrate. Notre volonté de puissance compose et jongle avec chacun de ces trois âges. Nous nous rêvons hors du temps, nous spéculons sur le siècle, et nous ne savons que faire de notre soirée.

Cependant, au nouvel étalonnage médiologique qui se dessine sous nos yeux, correspond bien un Ordre Nouveau, une configuration psychique, esthétique et sociale, assez singulière pour justifier un parcours propre, un cours plus serré à l'intérieur du grand cercle parcouru cette année.

Ce pourrait être l'objet d'un nouveau rendez-vous.

Et d'un deuxième tome.

V. *L'expérimentation chrétienne*

VI. *Est-il vrai que « les idées mènent le monde » ?*

VII. *La dynamique du support*

VIII. *La notion de médiasphère*

IX. *Vie et mort d'un écosystème : le socialisme*

DU MÊME AUTEUR

Aux Éditions Gallimard

CRITIQUE DE LA RAISON POLITIQUE OU L'INCONSCIENT RELIGIEUX, Bibliothèque des Idées, 1981.

LA PUISSANCE ET LES RÊVES, Le Monde actuel, 1984.

LES EMPIRES CONTRE L'EUROPE, Le Monde actuel, 1985.

COMÈTE MA COMÈTE, Collection Blanche, 1986.

ÉLOGES, Collection Blanche, 1986.

LES MASQUES, Collection Blanche, 1988.

LE POUVOIR INTELLECTUEL EN FRANCE, Folio Essais, 1989.

À DEMAIN DE GAULLE, Le Débat, 1990.

Composition Charente-photogravure.
Impression S.E.P.C.
à Saint-Amand (Cher), le 28 mars 1991.
Dépôt légal : mars 1991.
Numéro d'imprimeur : 825.
ISBN 2-07-072292-9. / Imprimé en France.

51908

Writing Gaia: The Scientific Correspondence of James Lovelock and Lynn Margulis

In 1972, James Lovelock and Lynn Margulis began collaborating on the Gaia hypothesis. They suggested that over geological time, life on Earth has had a major role in both producing and regulating its own environment. Gaia is now an ecological and environmental world view underpinning vital scientific and cultural debates over environmental issues. Their ideas have transformed the Earth and life sciences as well as contemporary conceptions of nature. Their correspondence describes these crucial developments from the inside, showing how their partnership proved decisive for the development of the Gaia hypothesis. Clarke and Dutreuil provide historical background and explain the concepts and references introduced throughout the Lovelock–Margulis correspondence, while highlighting the major landmarks of their collaboration within the sequence of almost 300 letters written between 1970 and 2007. This book will be of interest to researchers in ecology, history of science, environmental history and climate change, and literature and science studies.

Bruce Clarke is Paul Whitfield Horn Distinguished Professor of Literature and Science at Texas Tech University and a Baruch S. Blumberg/NASA Chair in Astrobiology at the Library of Congress. His research focuses on nineteenth and twentieth century literature and science. He has authored/edited 15 books including the *Cambridge Companion to Literature and the Posthuman* (2017).

Sébastien Dutreuil is a researcher at the Centre National de la Recherche Scientifique (CNRS) in the Centre Gilles Gaston Granter at Aix-Marseille Université. He trained in the Earth sciences and earned a PhD in the history and philosophy of science dedicated to Gaia and Earth system science before working at the Max Planck Institute for the History of Science. His research focuses on the history and philosophy of the Earth sciences.

"Gaia – a hypothesis, a theory, a research program, a philosophy of nature. For the last half century, the astonishing work of James Lovelock and Lynn Margulis has cast and recast again a concept with implications for the atmosphere, Earth history, ecology, and exobiology. Both of them would have already stood as major figures in modern science; together, they gave us a concept that remains generative across fields. In this vital, remarkable volume of their letters, one can see the origin and development of Gaia, in the complementarity of their interventions, in their mutual support, in their occasional substantive disagreement. Bruce Clarke and Sébastien Dutreuil bring us a volume that will be read for decades across the very wide range of the environmental sciences."

Peter Galison, *Joseph Pellegrino University Professor, Harvard University, USA*

"Indeed, Lovelock and Margulis found that they 'had something to say' together, a question they ask in 1971 in a letter! What they had to say changed my life and the lives of many people. Gaia is a polymorphous concept, hypothesis, theory, material entity, planet, boundary object in conflict, and collaboration among scientists of different disciplines and persuasions, Earth systems' conceptual foundation, natural philosophy, popular passion, and much more. Gaia matters, and Lovelock and Margulis, separately and together, gave us this generative formulation of the living Earth as a complex dynamic, self-organizing system. This collection – with its sober, extensive, enticing scholarly apparatus – makes the hairs of my arms stand up with pleasure and excitement. Here the reader will find unadorned letters between two very different kinds of professional scientist over many years of a complex personal and intellectual relationship. These letters trace something bigger than an idea, something hard to pin down, something truly important. I am deeply grateful to the scholarship and passion of Bruce Clarke and Sébastien Dutreuil for this book."

Donna Haraway, *University of California at Santa Cruz, author of* Staying with the Trouble: Making Kin in the Chthulucene

"*Writing Gaia* offers a fascinating window on the meeting of two great minds. This insightful set of correspondence and commentaries provides an unprecedented resource on the history of the Gaia concept."

Michael R. Dietrich, *University of Pittsburgh, USA*

"*Writing Gaia* is a revealing and surprisingly entertaining record of the long intellectual and personal relationship between two idiosyncratic scientific geniuses and rebels from whose cerebral symbiosis and complex friendship was born the Gaia hypothesis, which profoundly changed how we think about Earth and life. The collected letters of Lovelock and Margulis, along with accompanying essays by some of their key collaborators, have been skillfully assembled with insightful commentary by Clarke and Dutreuil. The result is a riveting intellectual journey, spiced with gossip, intellectual feuds, and occasional moments of touching intimacy. This book will be required reading for students of Earth's biosphere and of modern history of science."

David Grinspoon, *Astrobiologist and author of* Earth in Human Hands

"It is not hyperbole to say that microbiologist and cell biologist Lynn Margulis and atmospheric chemist James Lovelock were two giants of twentieth-century science. Margulis's serial endosymbiosis theory resolved the riddle of the origin of the eukaryotic cell, forever changing biology. Lovelock developed the Gaia hypothesis, a radically synthetic vision of life on Earth, in which Margulis became his chief collaborator. Published here for the first time, their correspondence provides a fascinating window into the lively interaction of two extraordinary minds and personalities, while also showing the evolution of the Gaia idea and its cultural and scientific reception. This is captivating reading, and I could not put it down!"

James Strick, *Professor and Chair of Program in Science, Technology and Society, Franklin and Marshall College, Lancaster, USA*

Writing Gaia: The Scientific Correspondence of James Lovelock and Lynn Margulis

Edited by

Bruce Clarke

Texas Tech University

Sébastien Dutreuil

Centre National de la Recherche Scientifique (CNRS), Aix-Marseille Université

CAMBRIDGE
UNIVERSITY PRESS

CAMBRIDGE
UNIVERSITY PRESS

University Printing House, Cambridge CB2 8BS, United Kingdom

One Liberty Plaza, 20th Floor, New York, NY 10006, USA

477 Williamstown Road, Port Melbourne, VIC 3207, Australia

314–321, 3rd Floor, Plot 3, Splendor Forum, Jasola District Centre, New Delhi – 110025, India

103 Penang Road, #05–06/07, Visioncrest Commercial, Singapore 238467

Cambridge University Press is part of the University of Cambridge.

It furthers the University's mission by disseminating knowledge in the pursuit of education, learning, and research at the highest international levels of excellence.

www.cambridge.org
Information on this title: www.cambridge.org/9781108833097
DOI: 10.1017/9781108966948

First published 2022

Printed in the United Kingdom by TJ Books Limited, Padstow Cornwall

A catalogue record for this publication is available from the British Library.

Library of Congress Cataloging-in-Publication Data
NAMES: Clarke, Bruce, 1950– editor. | Dutreuil, Sébastien, 1988– editor. | Lovelock, James, 1919– Correspondence. Selections. | Margulis, Lynn, 1938–2011. Correspondence. Selections.
TITLE: Writing Gaia: the scientific correspondence of James Lovelock and Lynn Margulis / edited by Bruce Clarke, Sébastien Dutreuil.
DESCRIPTION: Cambridge ; New York, NY : Cambridge University Press, 2022. | Includes bibliographical references and index.
IDENTIFIERS: LCCN 2022007110 (print) | LCCN 2022007111 (ebook) | ISBN 9781108833097 (hardback) | ISBN 9781108966948 (epub)
SUBJECTS: LCSH: Lovelock, James, 1919–Correspondence. | Margulis, Lynn, 1938–2011–Correspondence. | Gaia hypothesis. | Biology–Philosophy–History. | BISAC: NATURE / Ecology
CLASSIFICATION: LCC QH331 .W95 2022 (print) | LCC QH331 (ebook) | DDC 570.1–dc23/eng/20220627
LC record available at https://lccn.loc.gov/2022007110
LC ebook record available at https://lccn.loc.gov/2022007111

ISBN 978-1-108-83309-7 Hardback

. . . Infolded with innumerable distinctions,
Life gathers the species to itself,
like kneaded dough punched down
to let out the distending gas
and rise half-baked again.
From cell to plant to animal
To human and now God knows what.
Lynn says a planet of machines,
Jim says another age of ice,
And I believe them both. . .

William Irwin Thompson (1997)

TABLE OF CONTENTS

FIGURES

CONTRIBUTORS

W. Ford Doolittle, Professor of Biochemistry and Molecular Biology and Professor of Philosophy, Dalhousie University, Halifax, Nova Scotia, Canada

Betsey Dexter Dyer, Professor of Biology, Emerita, Wheaton College, Norton, MA, USA

Stephan Harding, Senior Lecturer in Holistic Science and Deep Ecology Research Fellow at Schumacher College, Dartington, Devon, UK

Bruno Latour, Emeritus Professor, Sciences Po, Paris, France

Tim Lenton, Professor of Climate Change/Earth System Science, and Director, Global Systems Institute, University of Exeter, UK

James Lovelock, Devon, UK

Chris Rapley, Professor of Climate Science, University College London, UK

John F. Stolz, Professor of Biological Sciences, Director, Center for Environmental Research and Education, Duquesne University, Pittsburgh, PA, USA

Tyler Volk, Emeritus Professor of Environmental Studies and Biology at New York University, New York, NY, USA

Andrew Watson, Royal Society Research Professor, College of Life and Environmental Sciences, University of Exeter, UK

Peter Westbroek, Emeritus Professor of Geophysiology, Leiden University, The Netherlands

FOREWORD BY JAMES LOVELOCK

The first time the Earth was named Gaia in a scientific context was about 1967. It happened when my near neighbor, William Golding, and I were walking along the high street of Bowerchalke, a village in southern England. Bill Golding was interested in the search for life on other planets and at that time I was making frequent journeys to the Jet Propulsion Laboratory (JPL) in Southern California. It was here that NASA scientists were designing spacecraft that would travel to the Moon and Mars and seek the presence or absence of life on those planetary bodies. Although he was famous in a literary sense as a Nobel Prize-winning author, Golding had taken physics when an undergraduate at Oxford. He was interested, as a physicist, when I told him that I had recently read the book by Erwin Schrödinger with the title *What is Life?* (Schrödinger 1944). According to this book, life was a process that reduced the entropy of a system while excreting entropy to the environment.

Prior to this, when challenged by a senior engineer, Robert Meghreblian of JPL, to suggest from Schrödinger's definition a practical method for detecting life on Mars, I had suggested that it could be easily done by analyzing the chemical composition of a planet's atmosphere. The presence of entropy reduction would be indicated if the gases in the Mars atmosphere could still react with one another. This is true for the Earth, which has methane and oxygen simultaneously present. In contrast, the Mars atmosphere was soon found to be almost wholly carbon dioxide, that is, in a reduced state of high entropy, and therefore probably lifeless. When Golding and I had reached this point in our walk, he said: "If you intend to put forward an idea like that, you had better give the low-entropy system that is our planet a proper name, and I suggest the name Gaia." This was the name the ancient Greeks gave to the Earth. It is also the root of many Earth sciences, geology, geophysics, geography, and so on. I liked this suggestion that we name the live part of the Earth, Gaia. I found it attractive. Unfortunately, the Earth and life scientists of the universities did not. But I do not think that we should care too deeply about this disagreement; as Newton discovered long ago, speech and writing are not good languages for expressing dynamic concepts.

I first met Lynn Margulis at a meeting at Princeton in 1968, but there was no opportunity to discuss ideas. Sometime later, Lynn invited me to visit her laboratory at Boston University. This was the first time that we had a chance to discuss, in detail, the concept of a self-regulating Earth. It was a friendly and fruitful discussion and for the first time I found a biologist willing to discuss the concept of Gaia. Previously I had found American and English biologists united in their rejection of Gaia. They shared a unanimous opinion that it was an idea contrary to Darwin's theory of evolution. As one of them put it, "It would require an annual meeting of species representatives to choose the plan for next year's environment." At the end of our first meeting in Boston we realized that we shared a common view of the nature of the Earth system, but we had a battle on our hands. In 1974, I was invited to present a paper on the Earth as a self-regulating system. After the meeting, the chairman, the Swedish scientist Bert Bolin, invited me to publish my paper in the journal *Tellus*. This I did, but because we had by now started a collaborative research effort, I included Lynn as a co-author. Since our paper mainly expressed my views, which were amenable to physical scientists, Lynn also published a paper in *Icarus* in 1974 on a biologist's view of the self-regulating Earth.

Lynn Margulis and I had quite different ways of life and views of the world. I saw Lynn as a highly intelligent left-wing woman who had a true empathy with Darwin's science and his instinct about life. Perhaps, because both of us had been raised in tough city areas, Lynn in South Chicago and I in South London, we shared in common an attitude to life that would be foreign to middle-class academics. We were the best of colleagues but often quarreled over differences in opinion about our very different views on what constituted a self-regulating system. I thought that Lynn's statement about Gaia, "She is a tough bitch," says it all.[1] We continued to collaborate and support each other's ideas until Lynn's death in 2011.

Devon, England, June 2020

[1] Margulis 1995 – editors' note.

PREFACE

The English scientist and inventor James Lovelock (1919–) introduced Gaia into the professional literature in a brief letter to the editor of *Atmospheric Environment* with the title "Gaia as seen through the atmosphere" (Lovelock 1972). "Gaia" was the name he gave to a newly recognized entity, constituted at the planetary scale by the sum of living beings and the environments with which they interact. Earlier that same year, Lovelock and the American microbiologist and evolutionary theorist Lynn Margulis (1938–2011) had begun to develop an important series of papers on the Gaia hypothesis. They suggested, contrary to received ideas regarding life's passivity in the face of environmental change, that over geological time, life on Earth has had a major role in both producing and regulating its own environment. Spanning multiple disciplines, the innovative essays produced through their writing collaboration during the 1970s set the course for the gradual progress of Gaia from initial controversy to a broad reception in the Earth and environmental sciences. That collaboration also initiated a steady correspondence, along with a deep professional and personal relationship, that continued for the next four decades.

During that time, Gaia has grown into a theory, refined by Lovelock, Margulis, and a growing international cohort of scientific colleagues. By now, Gaia has inspired major scientific research programs, assisting in the constitution of Earth system science, and strongly affecting related disciplines such as geochemistry, Earth history, ecology, complexity sciences, and astrobiology. Moreover, the idea of Gaia itself has developed into an ecological and environmental world view, a broad philosophy of nature underpinning a number of significant contemporary representations of Earth and life in the scientific, political, and cultural debates over global climate change and broader environmental issues.

The last two decades have seen a strong renewal of interest in Gaia, with scientists opening new debates over the Gaia theory.[2] Scholars in the social sciences and humanities have been presenting challenging new perspectives on Gaia as they confront the emergencies brought on by climate change and

[2] For instance, Doolittle 2014, 2019; Lenton and Watson 2011; Lenton et al. 2018; McDonald-Gibson et al. 2008; Nicholson et al. 2018; Tyrrell 2013; and Williams and Lenton 2008.

the advent of the Anthropocene era.[3] Nevertheless, due to the overall scarcity of historical work on these topics, knowledgeable accounts of Gaia's backstory and, especially, of the scientific and personal relations of Lovelock and Margulis are much in need.[4] Gaining an historical perspective on Gaia is especially imperative in light of Bruno Latour's provocative comparison of the upheavals in scientific thought that Galileo introduced into Western modernity, by developing the Copernican conception of the cosmos, with the paradigm shifts that the concept of Gaia has brought about in our own time.

James Lovelock and Lynn Margulis are two of the most extraordinary scientific individuals of the last century. As a team they were equally formidable. Lovelock quit his professional position as a salaried researcher at the UK's National Institute for Medical Research in 1964 and, after remarkable contributions in analytical chemistry, gas chromatography, cryobiology, cell biochemistry, and other fields, established himself as a scientific entrepreneur, consulting for private corporations such as Shell and Hewlett Packard, and scientific institutions such as NASA's Jet Propulsion Laboratory and the US National Oceanic and Atmospheric Administration. Thanks to one of his inventions, the electron capture detector (ECD), he made the first measurements of the chlorofluorocarbons (CFCs) later determined to be responsible for the depletion of ozone in the stratosphere. Had he not become known for the Gaia hypothesis, Lovelock still would have been recognized in the history of science for the invention of the ECD. Similarly, had Margulis not become famous for her contributions to and support of Gaian science, she still would have been renowned in her own right as a passionate and prescient advocate for the central importance of symbiosis for the biosphere altogether. Her leading role in the renewal and development within evolutionary biology of the theory regarding the endosymbiotic origin of the eukaryotic cell, eventually confirmed by molecular evidence, would still be an exemplary accomplishment. And her strong personality would still be legendary.

[3] See Clarke 2020 and Latour 2017a.

[4] Exceptions in the scholarly literature include Aronowsky 2018, 2021; Bryant 2006; Clarke 2015, 2020; Dutreuil 2016, 2018a; Gribbin and Gribbin 2009; Grinevald 1996; Latour 2014, 2017a; Latour and Lenton 2019; Rispoli 2020; Ruse 2013. Caitlin Kossmann is developing a PhD thesis in the history of science on planetary ecology as understood through the Gaia hypothesis. See also various contributions in Latour and Weibel 2020.

The literature on Gaia contains a lengthy discussion about its status. Is it to be considered a hypothetical entity or a confirmed scientific fact, a conceptual fiction or a mythic reimagining? The scientific community has pursued an equally long debate over what counts as evidence or proof for Gaia. The Lovelock–Margulis correspondence allows one to follow the progress of these authors' internal discussions from the beginnings of Gaia's elaboration and to specify and examine the elements that Lovelock and Margulis counted as most important to the exploration of Gaia. It also reveals how they negotiated these ideas with their own colleagues and how they saw their own progress. However, for Lovelock and for Margulis, Gaia was not only a scientific hypothesis awaiting testing and potential confirmation, but also a world view, a philosophy of nature comprising an ontology, an epistemology, and and a politics. Their correspondence provides crucial insights on these matters, as well as on the dissemination and reception of Gaia beyond scientific spheres, be it in the American counterculture, in English political ecology, or in other environmentalist circles.

The Gaia concept and the research programs to which it has given rise are intrinsically interdisciplinary. Gaia's diverse scientific reception in various disciplines is a case study for how differently a given scientific proposition may be received in different disciplinary contexts. The letters shed light on these issues by showing how Lovelock and Margulis explicitly worked to reframe the discussion of Gaia according to their audience. Given the differences between their own disciplinary backgrounds, at times they even struggled to understand each other. The Lovelock–Margulis correspondence also contains valuable documentation that makes explicit the material and practical dimensions of a scientific collaboration by two researchers living on different continents. Questions to which answers may be found include: how often, and where and when, did Lovelock and Margulis meet? As they worked up their own scientific articles and presentations, what kinds of information, artifacts, and other professional materials did they exchange through their letters?

Gaia is sometimes presented, even by Margulis, as having been elaborated largely by Lovelock himself. Others consider that the developed state of Gaia should be understood as the product of their close collaboration, especially in its first decade. The correspondence provides a range of evidence critical for the determination of this issue. It brings forward decisive elements for understanding their respective roles in the history of Gaia as a scientific idea. It highlights how their individual backgrounds and training, social and cultural commitments, intellectual temperaments, and geographical and institutional spaces, were complementary for the elaboration, dissemination, and reception of Gaia, but also, occasionally, in conflict. Indeed, their disciplinary and stylistic differences, as well as the divergence between their overarching motivations, also led to disagreements and tensions, and ultimately to a gradual subsiding of their writing collaboration by the 1980s. Still, the correspondence we have been able to recover shows that their conversation and parallel efforts on Gaia's behalf continued and remained vibrant and revelatory until within a few years of Margulis's untimely death in 2011.

The correspondence between James Lovelock and Lynn Margulis tells the story of these developments from the inside. Likely due to Margulis having consistent secretarial support from academic departments, more of Lovelock's letters to her survive than of hers to him. All the same, we have been able to establish a record of their correspondence giving a well-balanced portrait of the beginnings and the progress of their scientific and personal association. The correspondence shows from moment to moment how their partnership proves decisive for the effective development and dissemination of the Gaia hypothesis. Taken singly and together, their ideas have transformed significant parts of the Earth and life sciences as well as contemporary conceptions of nature and the Earth at large.

The international meeting held at the University of Exeter for Lovelock's centenary in 2019 provided one more testimony to the diversity of current scholarly interest in Gaia. Attendees included natural scientists – climatologists, biologists, oceanographers, astrophysicists, astrobiologists, and ecologists – as well as science writers, journalists, historians, literary scholars, sociologists, economists, and philosophers. This volume is addressed most directly to academic workers and their advanced students and other professional observers who have taken up the Gaia debate. We hope that it will also be of interest to historians, philosophers, and sociologists of science and to scholars of literature and science and cultural studies, as well as to adventurous members of the wider public who may have followed several decades of books and articles by Lovelock or Margulis and who are interested in a more detailed knowledge of their scientific lives and contributions.

•

Writing Gaia presents a full and annotated collection of the Lovelock and Margulis correspondence. The idea for this volume originated in May 2011, when Bruce Clarke visited Margulis's lab, only to find that she was to be delayed for a few days in returning from a trip to Europe. "That's OK," she emailed back, or words to that effect: "you can use my office in the meantime, and you're welcome to look at anything in there." Before long, he came across filing cabinets full of professional correspondence and, within one of them, several folders of Lovelock's letters, which he summarily marched to the photocopier. The idea of joining both sides of the correspondence soon presented itself, but Lovelock's papers turned out to be in flux at that moment. However, by 2017 his library and lab had been acquired by the Science Museum, headquartered in South Kensington, London. Around this time, Clarke got word through Bruno Latour about Sébastien Dutreuil's work on Lovelock's archives at the Science Museum for his doctoral thesis on the history of Gaia. That is how our own collaboration began and, in the summer of 2018, we met in London to begin piecing the Lovelock–Margulis correspondence together. Our particular fields of expertise have been complementary for the production of this volume: Bruce Clarke is a senior professor in literature and science and a specialist in the writings of Margulis; Sébastien Dutreuil is a historian and philosopher of the Earth and environmental sciences, specializing in Lovelock's work. We have now assembled a roughly complete record, totaling 286 discrete items dating from 1970 to 2007. This invaluable register of their relationship shows them both in an instructive light, doing the work of doing science together. The texts presented in this volume have been transcribed from copies of the original documents – hand- and type-written letters sent by international post, then faxes, and, eventually, email print-outs. Scholars and other interested readers of this volume will be able to study the final record of a lifelong exchange of correspondence between major researchers who also happened to be two of the greatest scientists of the modern era.

The primary documents transcribed or otherwise cited in *Writing Gaia* are housed in both public and private repositories. We took images of James Lovelock's letters and other scientific papers at the Dana Research Centre and Library at the Science Museum in South Kensington, London, where visitation is available through regular academic arrangements. Lynn Margulis's personal library and correspondence remain in the possession of the Lynn Margulis estate, administered by her daughter, Jennifer Margulis. In May 2011, while Margulis's papers were still housed in her lab at the University of Massachusetts, Amherst, Bruce Clarke made xerox copies from these files – letters and other documents from Lovelock and other correspondents, including the original prospectus for *The Ages of Gaia* (Lovelock 1988), titled "The Colligative Properties of Life: A New Look at Gaia." He checked these holdings against the original documents during a visit to Jennifer Margulis in Ashland, Oregon, in June 2021. Our volume also incorporates materials drawn from the G. Evelyn Hutchinson Papers, housed at the Manuscripts and Archives collection of the Yale University Library.

We have arranged the letters chronologically and divided them into four parts. Footnoted annotations clarify matters of information that would otherwise remain obscure. When the letters refer to journals and books, we have added italic emphasis. Occasional introductory sections guide the reader toward the major landmarks of Lovelock's and Margulis's collaboration as these arrive within the sequence of the correspondence, while additional commentaries provide information regarding the significance of key individuals and topics of discussion. At the end of the volume, a glossary of names, a glossary of terms, and a bibliography provide further annotations and scholarly references. We have also reproduced a number of the tables and figures they published, mostly from their co-authored papers, especially when we could determine that they matched the content of a particular item of correspondence. Our introduction offers an original discussion of the emergence of Gaia, informed by the extant literature while centered on the letters exchanged in their working relationship, drawing new connections and insights from these previously unpublished materials. It highlights a range of themes that animate their conversations and the history of Gaia as a scientific and philosophical idea.

The record of their correspondence is succeeded by a set of short commentaries on Lovelock and Margulis as individuals and on pertinent aspects of the Lovelock–Margulis collaboration. The contributors to this volume form a select group of colleagues, all of whom have personal connections with one or both of our primary figures. Many have also played significant roles in Gaia's development as a scientific idea. Molecular biologist W. Ford Doolittle was a friend of Margulis who published a widely noted review of Lovelock's first book with the first significant critique of Gaia from the viewpoint of evolutionary biology. Biologist Betsey Dexter Dyer did her doctoral studies under Margulis during Gaia's emergence onto the scientific stage in the 1970s and 1980s, affording her an intimate view of Margulis's academic style. Oxford-trained ecologist Stephan Harding collaborated with Lovelock in the 1990s on the refinement of the Daisyworld model and then established Gaia as a centerpiece of the curriculum at Schumacher College in Devon, England. Bruno Latour is a world-famous philosopher and sociologist whose interest in Gaia, coalescing in the new millennium, has markedly advanced its profile in the humanities and social sciences. In recent years, Latour has also published collaborative articles with Tim Lenton, who did his doctoral work with Lovelock and Andrew Watson in the 1990s. Lenton is now considered to be the preeminent proponent of Gaia in the contemporary scientific academy.

Contributor Chris Rapley is an Earth scientist and communicator who, while holding a series of distinguished academic and science leadership positions, has been instrumental in bringing Gaian ideas into the discourse of Earth system science. As Director of the London Science Museum, Rapley encouraged and approved a Lovelock exhibition and the establishment of the Lovelock archive. Biologist John F. Stolz also did his doctoral studies with Margulis, participating with her as well as Dyer in the 1980s in Margulis's famous NASA-sponsored summer programs in planetary biology. Earth scientist and biologist Tyler Volk fell in with the science of Gaia while attending the legendary first American Geophysical Union Chapman Conference on the Gaia hypothesis in 1988, leading to several decades of significant academic and general Gaia publications. Marine and atmospheric scientist Andrew Watson sought Lovelock out to direct his dissertation in the 1970s and then joined with his mentor to develop the first computer programs running the Daisyworld model of planetary homeostasis. And finally, an early proponent of Gaia as a new paradigm for the Earth sciences, the Dutch geologist Peter Westbroek worked closely with Lovelock and Margulis, authoring *Life as a Geological Force* (Westbroek 1991) as well as subsequent volumes developing a planetary outlook on human civilization.

Bruce Clarke and Sébastien Dutreuil

ACKNOWLEDGEMENTS

Writing Gaia would not have been feasible without approval for its production from James Lovelock and the Lynn Margulis estate. We are grateful to Jim and Sandy Lovelock and Jennifer Margulis for their generosity, their hospitality when receiving one or both of us in their homes, and their gracious reception of our project. Their permission has enabled us to bring the full run of unpublished Lovelock–Margulis correspondence into the form of this volume.

We must also thank the great scholar Bruno Latour for making the two of us aware of the other's interest in Gaia. In 2017, upon learning about Sébastien Dutreuil's outstanding dissertation on James Lovelock, Bruce Clarke initiated an email exchange that led in 2018 to a rendezvous in South Kensington, London, to explore the possibility of bringing Lovelock's and Margulis's letters together in a chronological sequence. Our success in this effort has been aided by the kind assistance in 2011 of Celeste Asikainen and the Lynn Margulis lab at the University of Massachusetts at Amherst and of the curators of the Science Museum in London: Beata Bradford, Katherine Ford, Katie Lissamore, Alexandra Rose, Prabha Shah, Cate Watson, and Nick Wyatt.

A crucial stage in the planning for *Writing Gaia* coincided with the Lovelock centenary meeting held at the University of Exeter in August 2019. At that point we had already assembled the bulk of the Lovelock–Margulis correspondence. Now we met in Exeter to attend the conference on "The Future of Global Systems Thinking," celebrating Lovelock's 100th birthday, and to draft a prospectus for our volume. We had the good fortune to discuss our project there with numerous centenary participants. We showed our work to another Exeter attendee in particular, philosopher of science Rasmus Grønfeldt Winther. We owe Rasmus a great debt of gratitude for his helpful insights and comments and for directing us toward Cambridge University Press as the ideal outlet and Dr. Katrina Halliday as a prospective editor, at that time Cambridge University Press's Executive Publisher for the Life Sciences. Katrina's steady guidance and enthusiasm for the project were crucial in successfully negotiating the complex legal matters involved in getting the press, the estates, and the editors all on the same contractual page. It was a pleasure to work with Katrina, and we greatly appreciate the continued and dedicated support of editorial assistant Aleksandra Serocka and our current editor, Dr. Susan Francis, Executive

Publisher for the Physical Sciences, as well as content manager Jenny van der Meijden and copy editor Zoë Lewin.

As the *Writing Gaia* manuscript entered its final stages, we have enjoyed the generous comments and criticisms of many readers, including some who have also contributed articles to this volume. Great thanks to these readers for insights and suggestions that have now been incorporated into the text: Leah Aronowsky, Betsey Dexter Dyer, Caitlin Kossmann, Bruno Latour, Tyler Volk, and Rasmus Grønfeldt Winther. Thanks as well for the excellent contributions of our other commentators: W. Ford Doolittle, Stephan Harding, Tim Lenton, Chris Rapley, John F. Stolz, Andrew Watson, and Peter Westbroek.

Bruce Clarke would like to honor, first above all, Lynn Margulis for her friendship, inspiration, and liberality during the six years he was privileged to know her, for the opportunities to visit her lab in 2006 and 2011, to attend three meetings of the Lindisfarne Fellows as her guest between 2007 and 2009, and to gather with her at various academic meetings during this period, including her appearance as plenary speaker at the Society of Literature, Science, and the Arts in New York City in the fall of 2006. Her perfect candor and uncommon magnanimity made this volume possible. I am also happy to acknowledge the financial assistance of Texas Tech University and the Paul Whitfield Horn Distinguished Professorship. Credit is due to the staff of the John W. Kluge Center at the Library of Congress for their assistance during my year in residence as the Baruch S. Blumberg NASA Chair in Astrobiology for 2019. I am especially grateful to Library of Congress interns Julia Lerner and Jack Romp for the many hours they devoted to transcribing copies of the correspondence and for aiding the research for their annotation. Great thanks as well to everyone who has provided practical, scholarly, and moral support to this effort, including Constance Clarke Adams, Tori Alexander, Doug Armato and the University of Minnesota Press, Dirk Baecker, Penny Boston, Jacob Bowe, Rosi Braidotti, Sankar Chatterjee, Donna Clarke, Dawn Danby, Steve Dick, John Feldman, Adam Frank, John Gilbert, David Grinspoon, Donna Haraway, Stephan Harding, Philip Hilts, Caroline A. Jones, Tim Lenton, James MacAllister, David McConville, Colin Milburn, Frédéric Neyrat, Kim Stanley Robinson, Sergio Rubin, Dorion Sagan, Henning Schmidgen, David Schwartzman, Bruce Scofield, Brian Still, Jim Strick, Henry Sussman, Evan Thompson, Dan Turello, Tyler Volk, Sara I. Walker, Peter Westbroek, Chris Witmore, Cary Wolfe, and Derek Woods.

Lastly, Sébastien Dutreuil would also like to thank the following people. First of all, Jean Gayon and Philippe Huneman, who supervised my PhD thesis (2016), the source for most of the scholarly materials I have brought to this volume. I am grateful for their openness to a topic that was at the time of my MA (2010) still controversial and not considered to be of interest, and for their flawless, rigorous, benevolent, and friendly supervision. Jean Gayon sadly passed away in 2018. I am forever grateful to his legacy: his legendary rigor and precision have inspired a generation of students to which I was lucky to belong. Thank you, too, Philippe, for your constant support and friendliness ever since: your alliance of an extreme brilliance and bottomless breadth of knowledge with an unmatched sense of humor have been, and still are, necessary to ease the many tribulations of academic life. I would also like to thank the teams I participated with during three months at the University of Exeter in 2014: John Dupré and the members of the Egenis lab; Tim Lenton and Andy Watson as well as their colleagues. My exchanges with Tim and Andy since then have been fundamental to my progress in understanding Gaia and are a lasting source of joyful and passionate research. I am grateful to James Lovelock for having accepted my request for an oral interview. My postdoc in Lorraine Daston's department at the Max Planck Institute for the History of Science was important for expanding my historical horizons. Thank you, Raine, for the awe-inspiring and friendly research atmosphere you created and entertained, and to all the members of your department at that time. I thank all of my colleagues at Centre Gilles Gaston Granger and the Center itself for its financial support of my further explorations into James Lovelock's archives. I wish to warmly thank Bruno Latour for his friendly support since 2016. His insatiable passion and curiosity, his generosity, and his ability to organize working collectives have been an invaluable source of inspiration, unblocking and renewing my interest for a topic I've wrongly – but often – thought exhausted after my thesis defense. I wish to acknowledge the scholarly exchanges and moral support of many other friends and colleagues, including Frédérique Aït-Touati, Éric Bapteste, Richard Betts, Manuel Blouin, Cecilia Bognon, Christophe Bonneuil, Laurent Bopp, Frédéric Bouchard, Richard Boyle, Régis Briday, Lino Camprubi, Pierre Charbonnier, Peter Cox, Amy Dahan, Antoine Dussault, James Dyke, Jean-Baptiste Fressoz, Jérôme Gaillardet, Jacques Grinevald, Hélène Guillemot, Émilie Hache, Stephan Harding, James Kasting, Lee Kump, Chunglin Kwa, Victor Lefèvre, Philipp Lehmann, Sabina Leonelli, Fabrizio Li Vigni, Virginie Maris, Johannes Martens, Baptiste Morizot, Matteo Mossio, Stafan Müller-Wille, Dan Nicholson, Antonine Nicoglou, Andrew Pickering, Arnaud Pocheville, Giulia Rispoli, Michael Ruse, David Sepkoski, Bronislaw Szerszynski, Ferhat Taylan, Ola Uhrqvist, Hywell Williams, and Rasmus Grønfeldt Winther.

INTRODUCTION

The Encounter

Between 1967 and 1970, NASA funded four annual conferences, organized through the New York Academy of Sciences, on the Origins of Life. Their format was conversational, reflecting the eminence of the central attendees, including Frank Fremont-Smith, Norman Horowitz, William McElroy, Philip Abelson, Sidney W. Fox, Leslie Orgel, and Stanley Miller.[1] A number of those present were already professional mentors or colleagues of Lynn Margulis, or would soon become so – Cyril Ponnamperuma, Elso Barghoorn, J. William Schopf, Joan Oró, and Philip Morrison. Margulis participated in all four meetings and was tasked to edit their transcripts into volumes (published between 1970 and 1973). The co-chair of these gatherings, Norman Horowitz, also happened to be Lovelock's colleague as the director of the biology section at NASA's Jet Propulsion Laboratory (JPL). This relationship likely had some role in Lovelock's invitation to the second Origins of Life meeting in May 1968. His attendance brought about his first encounter with Margulis: "Margulis, as the youngest member present, had the job of rapporteur. … Perhaps the task of reporting everything we said was onerous and she had no time or opportunity to think about it. Certainly, I had no contact or discussion with her at the meeting. My fruitful collaboration with Lynn was not to begin until some time later" (Lovelock 2000: 254).

Margulis at that moment was rapidly gaining professional momentum in her scientific career. She had always been precocious, entering the undergraduate program at the University of Chicago at the age of 15 and marrying Carl Sagan at 19, soon after receiving her baccalaureate degree in 1957. She gave birth to two sons while earning a master's degree in zoology and genetics from the University of Wisconsin in 1960 and a doctorate in genetics from the University of California, Berkeley in 1965. Margulis divorced Sagan that same year but maintained a professional relationship with him within the close milieu of NASA science. As it happened, Carl

[1] Biographical entries on professional colleagues will be footnoted or placed in the glossary of names.

Sagan was also an occasional attendee of the Origins of Life meetings as well as an occasional colleague of Lovelock's at JPL. Around 1970, Margulis had conceived research questions of her own regarding biological contributions to the planetary atmosphere. She asked Sagan whom to contact for expert opinion about the composition of the atmosphere, and he suggested Lovelock. Thus, when she wrote to Lovelock, initiating their correspondence in the summer of 1970, both parties had already had an opportunity to observe the other in professional action.

Careers and Personae

Lovelock

Lovelock often describes himself as both an "inventor" and an "independent scientist" (Lovelock 1979b, 2000). An inventor and engineer he certainly was. When his collaboration with Margulis began, Lovelock was a seasoned 52-year-old investigator, married to Helen Lovelock and the father of four grown children. Trained as an analytical chemist, he worked for 20 years (between 1941 and 1961) at the National Institute for Medical Research, an institute of the Medical Research Council, based in Mill Hill, North London, on various technical and scientific problems. One was the effects of heat and cold on living tissues and blood coagulation: his pioneer works in cryobiology – freezing hamsters and trying to resuscitate them – are still cited today. He studied the aerial transmission of cold infections and carried out various investigations into the biochemistry and biophysics of cells. While at Mill Hill, he invented numerous devices, from a pen able to write on cold and wet glassy surfaces to a sensitive anemometer for measuring the velocity of gases, leading to his utmost specialty, instruments for analytical chemistry – gas chromatography more specifically – that were able to detect and measure minute traces of chemical compounds. His most famous invention remains the electron capture detector (ECD), invented in 1957, which enabled the sensitivity of chemical measurements previously possible to increase by several orders of magnitude. This invention and his unique expertise in gas chromatography earned him an international reputation. Lovelock's taste for invention and engineering shows through the correspondence, for instance, when he begs to differ with "the comment 'you can't make a wristwatch to run on steam.' Want to bet? This is the sort of challenge that diverts me from other work" (Letter 99). On the strength of these accomplishments, in

1961 he left a comfortable salaried position at Mill Hill to establish himself as an "independent scientist."

An early instance of Lovelock's self-presentation as such can be found in Margulis's edition of the transcript from the 1968 Origins of Life meeting:

> I am not any sort of specialist. I guess I am a scientific general practitioner. This, of course, means that you cannot work in any institution anywhere, because there is no general practice in science. So I operate a one-man laboratory about 10 miles south of Stonehenge, which is both an observatory and a computer, and what more, really, could one want? (Margulis 1971c: 11).

Lovelock has enjoyed retelling the romantic story of a secluded scientist, retired far from the agitation of the world and "buried" in the countryside of Bowerchalke, where he could think more freely about Gaia, life, and nature. His 1961 invitation from NASA to work at JPL, on gas chromatographs for extraplanetary duty on landing modules, was certainly an important starting point for his professional establishment in this regard. But during this same period, an impressive number of both scientific institutions and private companies – primarily Shell and Hewlett Packard, but others on occasion, such as DuPont – hired Lovelock as a consultant. Over the next 20 years, these included the federal US scientific organizations of NASA, NOAA, and NCAR.[2] He was also employed in the UK by the secret service MI6. Original as it may seem to some, Lovelock's professional status was not that exceptional. As the historian Steven Shapin neatly documented, the status of "scientist entrepreneur ... people with one foot in the making of knowledge and the other in the making of artifacts, services, and, ultimately, money" (Shapin 2008: 210) was literally booming right at that time, the paradigmatic example being the biotech startups in Silicon Valley. In many ways Lovelock fits neatly into this category (Briday and Dutreuil 2019, Dutreuil 2017). Other examples could be found within Lovelock's close circle, for instance, Archer Martin – Nobel prize winner, father of partition chromatography, with whom Lovelock worked at Mill Hill – who tried Lovelock's path of scientific independence for a while from the late 1950s onward (Lovelock 2004a), but with less success, and James Lodge, a chemist and colleague of Lovelock's at NCAR, who sought

[2] These acronyms and other instances of technical nomenclature are spelled out in the glossary of terms.

Lovelock's advice on establishing professional autonomy in the early 1970s (Dutreuil 2016).

For Lovelock, the label "independent" is important in two ways. On the one hand, it evokes his ideal of scientific activity, modeled on the nineteenth-century image of a solitary genius, a savant and inventor doing "small science," for instance, with equipment compact enough to carry into the field and transport around the world on one's own. What he despised was its obverse, the "big science" of the twentieth century, reduced to routine by collectives of functionaries in large civil institutions. On the other hand, without a doubt Lovelock was advertising his independent status in order to counteract the numerous accusations in the 1970s that targeted him with conflicts of interest. This line of defense would be especially important when Lovelock – who, thanks to his ECD, became the first scientist to measure atmospheric CFCs (chlorofluorocarbons) – started saying publicly, including in testimony on behalf of DuPont before a committee of the US Congress, contrary to alarms raised in other quarters, that the human release of CFCs was not imminently harmful to the ozone layer. In his own defense, Lovelock argued that the very diversity of his clients preserved his independence. He hired himself out too broadly to be accused of any singular conflict of interest, and he could drop any client or employer if he did not feel morally at ease with what was asked of him.

Nevertheless, just as it would be misleading to see Lovelock as a romantic thinker, retired in the countryside, so it would also be incorrect to see him as one of Shapin's "scientist entrepreneurs" whose ethos was "having fun, making money." Lovelock's goal has never been self-enrichment. He is as genuinely fascinated by and devoted to the natural world as the nineteenth-century naturalists. The passages in his autobiography describing how, with a guidebook in one hand and his chromatograph in the other, he would measure the chemical substances emitted by algae around his Irish cottage, are certainly revealing. But more telling than an autobiography – in which one consciously presents oneself to the public – is the private correspondence of this volume, as when he informs Margulis: "Helen and I also go to the beach and gather sea water and algae looking for sources of new and even stranger compounds coming from the sea; this I do not regard as work" (Letter 58).

For what matters in the context of this volume, it suffices to recall that Lovelock was neither outside the production of scientific knowledge, as some critical accounts that discounted the science of Gaia might suggest, nor outside the political, institutional, and academic world, as his narrative of independence might imply. During the heyday of his collaboration with Margulis, Lovelock was *the* international expert in gas chromatography. He had an intensely active scientific life with a strong empirical and engineering bent – measuring chemical compounds on oceanographic vessels crossing the Atlantic, in military planes sampling the stratosphere, and in the air of the English and Irish countryside; writing papers for *Nature* about these measurements; advising Shell in Thornton (UK) and HP in Avondale (USA) on engineering issues; writing on climate change, both internal reports for Shell and academic papers, and participating in major conferences on the topic; advising the British secret service how to detect explosives or track an individual through chemical marks; and keeping the accounts of his companies, Ionics Research and Brazzos Limited. Numerous letters document Lovelock's demanding travelling schedule. Margulis comments: "You love the remote countryside because you travel so much your life is too hectic otherwise" (Letter 61).[3]

Margulis

At the outset of her collaboration with Lovelock in 1972, Margulis was 33 years old, now married to crystallographer Nick Margulis, and the mother of four children from a toddler to a teenager. Five years earlier, after 15 rejections, she had published what would later be recognized as a landmark article, "On the origin of mitosing cells" (Sagan 1967). Within her dedicated biological specialization of microbial evolution, she had already published a book-length version of that article's thesis, *Origin of Eukaryotic Cells* (Margulis 1970a). This work is a remarkably monumental accomplishment for a debut volume in any discipline, documenting a steady command in the exposition of highly specialized content combined with the courage to synthesize and speculate. It develops what soon came to be called "serial endosymbiosis theory," an innovative account of the evolutionary assembly of the eukaryotic or nucleated cell from the merger of prokaryotic precursors. Margulis would become mindful how far out on another speculative limb Lovelock was taking her on what in 1973 he called "this Gaia adventure" (Letter 52). However, regarding serial endosymbiosis theory, as historian of biology Jan Sapp has summarized the matter, "the field of molecular evolution ... closed the debate over the symbiotic origin of chloroplasts and mitochondria in the early 1980s" (Sapp 2015: 118) by cementing the key

[3] See also Letters 82 and 87.

components of Margulis's theory with evidence drawn from matching the genetic sequences of these eukaryotic organelles with their prokaryotic origins. While the evidence for other aspects of her entire theory – in particular, for the spirochetal origin of the mitotic apparatus – had not yet arrived, Margulis never gave up that search. At the end of an interview with Dick Teresi, published in *Discover* a few months before her death, he asked, "Do you ever get tired of being called controversial?" Margulis replied, "I don't consider my ideas controversial. I consider them right" (Teresi 2011).

The Gaia adventure Margulis embarked upon with Lovelock in 1972 became a lifelong side project flanking her dedicated research on the theme captured in the title of a co-edited essay collection, *Symbiosis as a Source of Evolutionary Innovation* (Margulis and Fester 1991). Her Gaia research was largely unfunded, save for occasions when she succeeded in bootlegging it into funded projects in "planetary biology" and "environmental evolution." For Margulis, too, Gaia was a staunch pursuit carried out alongside a range of teaching duties, regular research commitments, and professional initiatives in a hyperactive academic calling. For most of her university career, Margulis shouldered relentless teaching responsibilities and directed a research laboratory while mentoring scores of graduate students; her letters to Lovelock detail on occasion the exhausting schedule she maintained. She also arranged yearly field excursions to locations such as Laguna Figueroa in Baja California; chaired numerous professional, executive, and advisory committees; sat on the editorial boards of multiple academic journals; managed the creation and production of teaching materials such as booklets, audiotapes, and CD-ROMs; organized frequent professional symposia; and co-directed a legendary NASA-sponsored summer research and internship program, while also publishing a constant stream of professional articles and books and meeting increasing requests for her appearance on the domestic and international scientific lecture circuit. Her devotion of energies on behalf of Gaia is threaded through these many other activities and obligations.

The 1980s saw the publication of her first volumes co-authored with her son Dorion Sagan – their first book-length foray into popular science writing, *Microcosmos* (Margulis and Sagan 1986a), and a provocative co-authored offshoot of her research on early evolution, *Origins of Sex* (Margulis and Sagan 1986b). In 1993, she published the second edition of *Symbiosis in Cell Evolution* (Margulis 1993a). In her last two decades, Margulis continued to produce prolifically on multiple fronts, including Gaia. If we review, for instance, just a selection of her books and edited collections over this final period, her output is remarkable: *What is Life?* with Dorion Sagan (Margulis and Sagan 1995); *Slanted Truths: Essays on Gaia, Symbiosis and Evolution* with Dorion Sagan (Margulis and Sagan 1997); her memoir, *Symbiotic Planet* (Margulis 1998); second editions of *Diversity of Life: An Illustrated Guide to the Five Kingdoms* with Karleen Schwartz and Michael Dolan (Margulis, Schwartz, and Dolan 1999), *Environmental Evolution: Effects of the Origin and Evolution of Life on Planet Earth* with Clifford Matthews and Aaron Haselton (Margulis, Matthews, and Haselton 2000), and *Early Life: Evolution on the Precambrian Earth* with Michael Dolan (Margulis and Dolan 2002); *Acquiring Genomes: A Theory of the Origins of Species* with Dorion Sagan (Margulis and Sagan 2002); her second essay collection co-authored with Dorion Sagan, *Dazzle Gradually* (Margulis and Sagan 2007), her venture into literary fiction, *Luminous Fish: Tales of Science and Love* (Margulis 2007); and her last publication before the mortal stroke in 2011, *Chimeras and Consciousness: Evolution of the Sensory Self* with Celeste Asikainen and Wolfgang Krumbein (Margulis, Asikainen, and Krumbein 2011).

It's revealing to put all that alongside a message she sent in 1995 – capped with a postscript to Jim and Sandy Lovelock – to her partner, microbiologist Ricardo Guerrero, who was then hosting the Lovelocks in Barcelona. This epistolary occasion, meant primarily to bring Guerrero up to speed on her doings, provides a rare but telling view of her in-house academic tribulations as well as her own dedicated research in microbial evolution and eukaryotic microbes (protoctists) at that moment: "Both the National Academy and Lounsbery turned down (rejected) my request for funds. I am going to have terrible money problems for the next two years" (Letter 243). Nevertheless, her work needed to go on. She had to "do properly the chimeric model of the eukaryotic nucleocytoplasm: archaebacteria (*Thermoplasma*) + (eubacteria) *Spirochaeta* in detail since the data is coming in very quickly now. It is important to make people understand that protoctist symbionts aren't lichens." She wittily transformed the political slogan "power to the people" into "power to the protoctists," a shout-out to the most neglected and disrespected biological kingdom (with which, one imagines, she particularly identified): "Between the protein/nucleic acid sequence data and the fossil materials power can be delivered to the protoctists (both live and fossil) but no one can do this work for me" (Letter 243).

With regard to their respective careers, then, we think that it is worth recalling the impressive accomplishments Lovelock and Margulis had both already achieved when their collaboration began. Their actual professional standing contrasts with a typical account that puts Gaia outside the realm of scientific institutions (e.g., Postgate 1988). As Lovelock asserted to Margulis early on, "Gaia is no half-baked notion of a pair of amateurs to be demolished by the first glance of criticism" (Letter 50). However, we can note another aspect of the personae common to both Lovelock and Margulis: they both presented themselves as professional contrarians standing out from the usual fray. With respect to scientific institutions, Lovelock emphatically branded his "independent" status, to the extent that Margulis had to remind him that "the independent scientist" as a generic species was, like the unicorn, "an utterly mythical beast" with an "example of one: you" (Letter 156). Lovelock also assumed a contrarian stance toward those he called "the greens," in spite of his having entertained close ties with leaders of these heterogeneous movements, such as Jonathon Porritt, Edward (Teddy) Goldsmith, Satish Kumar, and Stewart Brand. And Margulis was able to position her combative character both as a woman holding her own in rooms full of men and as a scientist with strong views often at odds with mainstream positions within evolutionary biology and environmentalist circles.

On the Materiality and Sociality of Collaborations

Studying the private correspondence between scientists enables historians to shed light on the material aspects of their collaboration: how often did they meet? What kind of documents and information did they exchange? Through which mediums? Most of the items transcribed in this volume originate from the last period in contemporary history when physical letters rather than emails record the exchanges between collaborating scientists. For instance, in both Lovelock's archives and Margulis's papers the gradual appearance of printed emails indicates their progressive replacement of letters and even faxes. The historical span of this correspondence from 1970 to 2007 allows one to question the significance of the medium conveying the content of the exchanges. Our impression, however, is that for these correspondents, the more recent emails do not differ in any crucial way from the earlier holograph and typewritten letters. In whatever medium, some are long and written with care to discuss scientific issues or technical and practical matters (bearing on measuring instruments or recent advances in computers, etc.); others are short and bear on the organization of collaborative activities, obtaining specific pieces of information, or sharing personal doings between friends. Occasionally the letters accompany the exchange of materials such as manuscripts, tables and diagrams, and 35-mm slides, the coin of the pedagogical realm before digital projection. The earliest years are marked by intensely active exchanges, with immediately following replies often crossing in the mail. Later periods experience occasional lulls. Sometimes the phone was preferred over letters, although as the correspondence shows, Lovelock developed a telephone phobia that hindered Margulis's prodigious dialing habit.

The correspondence reveals certain matters one would expect from any other candid scientific correspondence, things that go on "behind the scenes," common practices of working scientists, known to historians and sociologists of science but often concealed by idealist and naïve depictions of science in action. For instance, the letters show the strategies Lovelock and Margulis occasionally used to navigate around, and sometimes bypass, the perils of peer review.[4] The various materials of their correspondence also offer glimpses into the frequency and manner of their social encounters, enabling an appreciation of their differences in style. Margulis was continually around other people. She ran a lab with a constant complement of graduate students. She also delighted in gathering teams of colleagues to bring on elaborate trips to the field, usually to go microbe hunting. So, on the occasion of Lovelock's visits to the States, where he would combine appointments at HP, JPL, or NCAR with sundry meetings and conferences at other companies and universities, she would invite him to visit her lab or to come along on her excursions.

While Lovelock's own lab was truly a one-man operation, he did possess a "tribe" (as he would say) of close professional friends and colleagues, dispersed in universities on multiple continents and in the companies for which he worked. When it came to Gaia, Lovelock's manner was indeed tribal. He made strong demarcations between Gaia-friendly associates and those not so friendly, between critics of Gaia with whom it was acceptable to discuss the topic and others to be avoided. Lovelock would often invite persons from both receptive and wary camps to his place for the weekend, or longer for close friends. Margulis was herself a frequent guest, as much as her schedule allowed. Most of the scientific discussions would take place during walks (Merchant 2010). Besides the specific case of Margulis, to meet with people personally, and even more so at his own home, was a way for Lovelock to ease tensions and criticisms. As he confessed in an

[4] A good example is Letter 42. On this score, see also further details provided by Betsey Dyer's article in this volume.

interview with one of us, when it comes to one's critics, it's easier to write nasty things about other people's ideas when you are not facing them (Lovelock, personal communication, during an interview with Dutreuil in 2016).

As Lovelock recalls in the interview with Merchant, "Gaia was very much a part-time job." As we have noted, so it was for Margulis as well: "During the 1970s and until 1982, when I fell ill, Lynn Margulis and I spent as much of our time developing Gaia as we could. Neither of us received support for our work, and both of us were busy with other work. Lynn had her teaching and other duties at Boston University, and I had my customers" (Lovelock 2000: 260–261). And in the mid-1970s, as we will go on to detail, Lovelock found himself distracted from Gaian matters by his immersion in the "Ozone War." This is not to say that Gaia was of secondary importance for Lovelock: notwithstanding his "hectic" life, he considered Gaia of the utmost importance, as the correspondence testifies: "It would be lovely to be able to concentrate on a good book on Gaia and not be pressured by a lot of bread and butter tasks to pay the way" (Letter 161). Thus, we can think of their Gaia collaboration not as a primary, unique, and central preoccupation, but rather, as something that became essential to pursue even while it also had to be fitted in among many other commitments and preoccupations. For example, for most of the 1980s, Lovelock also had to deal with the progression of his wife Helen's multiple sclerosis, ending with her death in February 1989.

Lovelock's subsequent marriage to Sandy Orchard shortly thereafter coincided with his oft-expressed desire to withdraw somewhat from the usual professional fray and with his concern to insulate himself from the growing clamor of media interest: "We have changed our unlisted number repeatedly, but always it reaches the pests, the intrusive media people and other nuisances that we both know" (Letter 190). Finding herself behind the same barriers, Margulis complained to Lovelock that she felt personally cut off. He replied: "Dear Lynn, please don't assume that my desperate attempts at a quiet life are meant to exclude you" (Letter 190). Lovelock's excuses appear to have appeased Margulis at that moment: "Stay well and avoid the vultures" (Letter 191). But such difficulties eventually became endemic. Her later letters expressed unrealized hopes to recover opportunities for the fertile exchange of ideas that marked their collaboration in the 1970s. Margulis continued to struggle with these new circumstances in Lovelock's affairs, but the social conditions of their working relationship were now irrevocably changed.

The Authorship and Joint Elaboration of Gaia

Lovelock's collaboration with Margulis raises the question of authorship. If Lovelock is often considered as *the* author of Gaia, is this not the consequence of an all too frequent amnesia regarding women's contributions to science? As pointed out above, even without her work on Gaia, Margulis would still be reckoned as one of the great scientists of the twentieth and twenty-first centuries. The legacy of her championing of symbiosis in biology and in wider cultural discussion is as strong as that of Gaia in the Earth sciences and environmental politics. Nevertheless, we still need to consider the question of the origin of Gaia. As one of us has argued elsewhere, much of the evidence leads to the conclusion that Lovelock is the central figure in the story (Dutreuil 2016). The first written formulation of the core of the Gaian idea – namely, that "the climate of the Earth and the chemical composition of the surface, air and sea have evolved with life to provide optimum conditions for its survival; furthermore, this optimum was actively maintained by biological cybernetic processes" – can be found in a prospective note written by Lovelock for Shell in 1966, several years before he met Margulis (Lovelock 1966). The first published article presenting the word "Gaia" lists Lovelock as the sole author (Lovelock 1972). Their correspondence allows us to note, however, that Lovelock invited Margulis to co-sign that article: "on rereading it I see that the views have been modified by our exchanges . . . Would you join with me in this one" (Letter 18). However, Margulis declined that invitation: "I really have not done the methane argument for myself in the detail I would like to before signing on. Please go ahead and get it out on your own" (Letter 19). In like manner, Margulis always publicly and privately attributed Gaia's invention to Lovelock himself. Finally, after the close collaboration of Lovelock and Margulis in the 1970s loosened in later decades, Lovelock remained Gaia's primary disciple and herald, while Margulis carried forward the torch of symbiosis, of which Gaia is the consummate planetary manifestation. The last of their co-authored articles, "Gaia and geognosy," was published in 1989. But its main composition occurred years before, and it is essentially a recap and retrospective of past work (Margulis and Lovelock 1989). During their entire collaboration, they exclusively authored nine published papers together.[5]

These considerations should in no way diminish our appreciation of Margulis's strong and numerous contributions to the science and public

[5] A list of their joint publications is at the head of the Bibliography.

profile of Gaia. For instance, Margulis asserted at the 1988 American Geophysical Union conference that "geophysicists and atmospheric scientists must study biology and biologists must know something of geophysics and atmospheric science. For too long, we have had atmospheric chemists wondering 'Where does all that methane come from?,' and biologists ignorant of 'Where all that methane goes'" (Margulis and Hinkle 1991: 12). We think that this statement nicely describes the mutual apprenticeships of Margulis and Lovelock in each other's specializations at the beginning of their collaboration. Margulis sought Lovelock's tutelage on the atmospheric compositions of the Earth and other planets as well as on the fundamental dynamics of atmospheric chemistry, while Lovelock absorbed key knowledge from Margulis regarding the rich diversity of bacterial metabolisms that contribute copious quantities of various gases to the biosphere.

Instead of trying to unify Gaia and to decipher who contributed what to a given definition, another historical approach pluralizes Gaia and then follows its different uses and meanings.[6] Just as there is Lovelock's Gaia, there is also Margulis's Gaia (Clarke 2017, Hache 2012). As we will discuss in a moment, the different possible conceptions of Gaia were underscored by the divergences in emphasis and occasional disagreements between Lovelock and Margulis themselves. Thus, if one properly speaks of Lovelock's Gaia as distinct from Margulis's presentation of the concept, one can also speak of Tyler Volk's Gaia or Watson and Lenton's Gaia, developing alongside the influential appropriations of the figure of Gaia by philosophers such as Bruno Latour and Isabelle Stengers (Clarke 2020, Stengers 2015b, Latour 2017a, 2017b).

Disciplines

Lovelock's work at Mill Hill had a medical bent: he knew about microbes, but only the pathogenic ones with any specificity. In the 1960s and 1970s, Lovelock progressively shifted the application of his training as a chemist from medical and biochemical issues to the Earth and environmental sciences. For instance, he thought with Shell about climate change or ways to transport methane in tankers; he built chromatographs for NCAR; and conceived chemical means to follow air masses for NOAA. The contemporary sciences he brought to the initial conception of Gaia were mostly atmospheric and oceanographic – analytical chemistry, geochemistry, and

[6] Suggested in a personal communication from Bruno Latour.

climate science – and a bit of physiology concerning the functioning of cells. Margulis brought all the rest. The published version of her own introduction at the 1967 Origins of Life conference reads in part (Margulis 1970b: 23):

> ... I have always been very interested in the evolutionary relationships between prokaryotic microbes (bacteria and blue-green algae) and eukaryotic cells (those of animals and plants and other higher organisms)... Until Dr. Barghoorn and Bill Schopf showed me how to hang my thoughts on the geochronological framework, I never realized the implications these ideas could have for the early terrestrial atmosphere and the discontinuity in the fossil record at the base of the Cambrian.

Margulis's remarks indicate that the paleontological work of Barghoorn and Schopf had already extended her biological thinking toward what would emerge as its Gaian complexion, with a focus on the deep time of geological and atmospheric transformations. That Margulis brought microbial ecology to the development of the Gaia hypothesis is generally known, but that she also contributed her knowledge of the deep geology of Earth's history is less often recognized. In the 1960s and until the early 1970s, what mattered for Lovelock above all was the contemporary functioning of Gaia. The correspondence, Letter 51 in particular, makes it easy to recognize Lovelock's own voice in the last two sentences of their most famous joint paper: "Proof of Gaia's existence may never approach certainty but further evidence is more likely to come from the study of the contemporary Earth. Astronomical evidence is notoriously fickle and although geological evidence is rather more certain one learns less about a person from the study of his grandfather's bones than from talking to him face to face" (Lovelock and Margulis 1974a). Nevertheless, the correspondence shows that Margulis insisted that Lovelock read geochemists and Earth historians such as Heinrich D. (Dick) Holland. This he did, especially for his second book, *The Ages of Gaia* (Lovelock 1988), informed by correspondence with Robert M. (Bob) Garrels, thoroughly reviewed by Holland prior to publication, and closely edited by Margulis.[7] Finally, Margulis introduced Gaia to evolutionary biologists, beginning with W. Ford Doolittle. Given the weight of their criticisms since the early 1980s, this has been an important hurdle for the theory to clear.

[7] See however footnote 167.

Thus, it is somewhat too simplistic just to say, as one hears on occasion, that Lovelock's perspective on Gaia came "from above," as in the popular tale about Gaia's origins in the Earth viewed from space, or that Margulis's perspective on Gaia came "from below," with the planetary contribution of the tiny microbes. A more accurate picture of Margulis's contributions to the Gaia concept will also credit her knowledge of geological history in evolutionary context, what she herself called "environmental evolution," and what NASA came to call planetary biology. Lovelock's decades of work on the biochemistry of cells did assist his fruitful reflections on Gaia's own biochemistry, and moreover, his "small science," carried out on foot with a chromatograph at hand, did effectively bring his atmospheric chemistry down to Earth.

Geography and Institutions

Lovelock and Margulis were complementary not only in terms of disciplines but also in terms of geographical locations and national institutions. From her position at Boston University, Margulis had entrée to an impressively eminent body of senior researchers along the Harvard–Yale corridor. They greeted her own presentations of the Gaia hypothesis with some encouragement but also bracing criticism. For his part, although Lovelock worked his contacts with both American and Continental colleagues, his efforts were mostly anchored in Britain. Most of Gaia's story is British: when it comes to the modest amount of literature that has discussed what was labelled "Gaia theory" after the early 1980s, most of the handful of scientists taking part in it were in Britain, centered in East Anglia for a while, before moving to Exeter with the arrival there of Andrew Watson and Tim Lenton. Within the UK, Lovelock has enjoyed a wide network of connections, both with private companies and in the political and diplomatic realms, for instance, through relationships with Jonathon Porritt, a prominent member of the Green Party; with the distinguished United Nations diplomat, Sir Crispin Tickell; and, even earlier, with the former British prime minister Margaret Thatcher, who gave her support to Lovelock's Gaia charity.[8] Their correspondence also indicates how Margulis and Lovelock kept each other informed about the fortunes of Gaia in Europe and in the USA. And while they both had important connections with NASA, Lovelock's ties with the US space

[8] Lovelock asked for her support of his charity in a letter dated December 4, 1990. Margaret Thatcher replied that she would be honored to become a patron of the Gaia charity on December 14, 1990.

administration decreased after the mid-1970s. By the 1980s, as NASA was planning new initiatives for planetary biology and Earth system science, it was Margulis who participated directly in these developments.[9]

Disagreements

Lovelock and Margulis came to disagree over a number of issues. In the introduction to Part III, we discuss how the gradual loosening of their collaboration began in the early 1980s. Here we review recurring topics of disagreement. For one, Margulis always disliked mathematical models and computational methods insofar as they bid to displace the immersive insights of field work. This was part of the "big trouble in biology": "Computer jocks (former physicists, mathematicians, electrical engineers, and so forth), with no experience in field biology, have a large influence on the funds for research and training in 'evolutionary biology,' so that fashionable computable neo-Darwinist nonsense perpetuates itself" (Margulis 1991: 214).[10] When one of us was visiting Margulis at her lab in Amherst, Massachusetts, walking through her biology department building one afternoon we happened to pass a room full of beige computers and pasty persons hard at work before inorganic screens, at which she uttered a sigh, said "Look at them!" and shook her head. But while she took her stand as a naturalist and field researcher, planting her boots in the Archaean mud of her beloved microbial mats, Lovelock and Andrew Watson invented Daisyworld – a credible and expandable computer simulation of planetary self-regulation – and cannily caught the coming wave of scientific cyberculture.[11]

Another major and famous disagreement between them bears on the conceptual propriety of calling Gaia an "organism." To tell from its frequency in his statements, Lovelock was never too bothered by this usage, which he would justify on occasion as a useful metaphor for the idea of a "living planet." Moreover, his cybernetic idiom of *homeostasis* was initially extended from the physiological origin of that term as a name for the tendency of organisms to hold their operations at a "steady state," and was then applied to designed or technological systems applying negative-

[9] See for instance Letter 139 and her contribution to the important NASA meeting for Earth system science (Goody 1982).

[10] See also Ruse 2013 on this point.

[11] For an analysis of Margulis's style of research within evolutionary biology and the way it could lead to prediction in a manner different from the study of mathematical models, see Winther 2009.

feedback dynamics to achieve self-regulation. Thus, insofar as Gaia's operations as a system may be described as *homeostatic*, that definition is cybernetically indifferent between an organism and a mechanism.[12] However, for Margulis the arch biologist, this issue concerns a matter of rigor in scientific terminology over which she was willing to come to verbal blows. From the correspondence in 1992, we learn that Margulis threatened to sue *Science* over her objections to their printing the following characterization of her, which submerged the acclaim she had rightly earned for contributions in her own field beneath the most simplistic definition of Gaia: "Lynn Margulis . . . who is best known as a fervent proponent of the controversial Gaia hypothesis, which sees the whole planet as a single organism woven from billions of interconnected life forms" (Travis 1992: 1299). *Science* resolved the issue by publishing her rebuttal, which reads in part: "Because no single organism ever supports its growth solely by eating its own waste and entirely cycling the carbon, hydrogen, sulfur, and so forth needed for its body, I have always clearly maintained that 'the Earth is a single live organism' is *not* the Gaia idea. It is a misstatement that encourages critics and cranks to flourish and prevents the job, begun by Lovelock, of integration of Earth system science data" (Margulis 1993c).

Gaia's Reception

What Is Gaia?

"I am very anxious to talk to you about science. Our first job is to rename the planet" (Letter 202). This magnificent statement in a letter Margulis sends to Lovelock in 1990 reminds us that, contrary to what this phrase once suggested, the "Gaia hypothesis" today is not so much a proposition waiting to be tested as it is the basis for a new philosophy of nature. We mean *philosophy of nature* here in its standard sense, that is, as the elaboration of a discourse that aims at transforming fundamental concepts – or ontological categories – and so changing the way we think about certain essential entities. Just as Margulis's own scientific endeavors implied a new philosophy of life, radically changing how we think about biological individuals, Gaia, too, has yielded a philosophy of nature, changing the way we think about the Earth by connecting the nature of life and its global environment together as a coupled system. Although the title of Lovelock's and Margulis's

[12] For a discussion of these points, see Clarke 2020, Dutreuil 2016, and Latour 2014.

first joint paper does name Gaia a *hypothesis*, it is also noteworthy that Lovelock's first paper about Gaia, published two years earlier, presents it straightforwardly as the name of a new *entity* that can be recognized through the observation of the strange properties of the Earth's atmosphere (Lovelock 1972).

Because "Gaia" far exceeds the mere proposition of a hypothesis to be tested against evidence, we often talk as well about the "Gaia concept" that is elaborated in "Gaia discourse" (Clarke 2020). Additionally, we argue that, whether one consults Margulis's and Lovelock's prose or the wider literature on Gaia, at least four different attitudes toward Gaia can be discerned (Dutreuil 2016). It certainly has been considered by some as a *hypothesis* ready for testing against empirical facts (Kirchner 1989, Tyrrell 2013); but also as a *theory*, elaborated with abstract models, examining the conditions under which planetary self-regulation could emerge – this approach encompasses the whole Daisyworld literature (Watson and Lovelock 1983; Wood et al. 2008); as a *research program* aimed at changing the methodology of, entities considered by, and questions asked in the Earth, life, and environmental sciences; and as a *philosophy of nature* that changes our philosophical and anthropological categories about Earth, life, and nature (Callicott 2014, Clarke 2020, Latour 2017a, Lovelock 1979a, and Midgley 2001). Others have used different terms – a world view, a metaphysics, a paradigm, a new conception of the Earth, and so on – to encompass these larger dimensions of Gaia discourse.

When it comes to Gaia's effect on the research programs of the Earth and environmental sciences, both Lovelock and Margulis were clear about how their large ambitions exceeded the clinching of a hypothesis. Early in the correspondence, Lovelock tweaked the word Gaia into "Gaiology," transforming it into the name of an entirely new science.[13] As Margulis writes at the very outset of their Gaia adventure: "After all we are involved in attitudinal (scientific paradigm – Kuhn) change" (Letter 19). Lovelock repeatedly makes assertions such as, "Gaia is a new way of organizing the facts about life on Earth, not just a hypothesis waiting to be tested" (Lovelock 2004b: 3). At the Gaia 2000 conference in Valencia, Spain, Margulis underscored Gaia's philosophical dimensions by comparing the rise of Gaian science to the emergence of natural history out of natural theology at the end of the eighteenth century: "That age of exploration of the seas and lands

[13] See Letters 70 and 72; see also Letter 39 on the importance of Gaia as a transformational science.

generated natural history in the same way that satellite technology and the penetration of space brought forth Gaia theory." She emphasized Gaia's potential to reunite natural disciplines splintered by modern trends toward specialization, insisting that Lovelock's science offered a "return to the respected natural history, the enterprise from which biology, geology, atmospheric science, and meteorology had not yet irreversibly divorced themselves" (Margulis 2004: 8). Here we will briefly further explore the manifest effects that Gaia has already had both in various scientific disciplines such as evolutionary biology, Earth sciences, complexity sciences, and astrobiology, and in broader philosophical and political fields.

Evolutionary Biology: Was There a Controversy?

The popular story as written by evolutionary biologists has it that the Gaia hypothesis was effectively abandoned after Doolittle's review of Lovelock's first book (Doolittle 1981a) and the few pages Dawkins dedicated to Gaia in *The Extended Phenotype* (Dawkins 1982). About this latter text, Lovelock offered Margulis the reflection that "Dawkins spends about 1/3 of a chapter in his new book waving his well-manicured hands in a denial of Gaia on the grounds that there is no way from natural selection to reach planet scale homeostasis" (Letter 136). This story is too well known to merit more than a mention here. Doolittle and Dawkins argued at that time that Gaia was impossible in theory: given what was known or believed about natural selection, no mechanism for global homeostasis and regulation could arise through that blind and individualized process.[14] Regardless of which of the two leading conceptions of natural selection one adopted, that of Lewontin (1970) or of Dawkins (1976), at that time it was thought that the reproduction of biological individuals was necessary for natural selection to occur. Thus, because the Earth does not reproduce itself (Dawkins 1982), Gaia's purported planetary dynamics had no way to arise or evolve. Moreover, for evolutionary biologists, Gaia reignited former heated debates about the role of altruism (Ruse 2013). A broader outlook on this story would say that Gaia's teleological dimension – as worded in the title of the *Tellus* paper, the idea that atmospheric homeostasis arose "by and for the biosphere" – reminded evolutionary biologists of the phrasings of natural theology. This older discourse saw design everywhere in nature as a proof of the existence of God, before the apparent conundrum surrounding the complexity involved

[14] See also Doolittle's commentary, this volume.

in organismic design had been "naturalized" (or denuded of its theological dimension) by Kant and Darwin (Huneman 2006). Even though a number of passages in the papers published in the 1970s clearly showed that Lovelock indeed thought teleologically, the candid nature of the correspondence provides a definitive confirmation of this point (see, in particular, Letters 16 and 40). It may be fair to say that Gaia discourse contributed to a reopening of thinking around the issues of teleology.

To a certain extent, by making sure to reply to biologists' critiques, Lovelock nourished this idea of a clash between evolutionary biology and Gaia. It bears recalling how popular Dawkins had become, on the heels of *The Selfish Gene*, by the 1980s – as opposed, say, to any climatologist or Earth scientist at that time. Debating with Dawkins was sure to bring Gaia some visibility; hence, even though he himself had never taken a particular interest in that field, Lovelock came to attend closely to Gaia's reception in it.[15] Untrained in this discipline and so unconcerned to contribute to it, when Lovelock spoke of "regulation," he was thinking in terms of cybernetic feedbacks, and not, like Dawkins, of "adaptation by natural selection." Thus, he was happy to have Margulis's company in that arena, the trained geneticist who had actual intra-disciplinary doctrinal battles to wage with the reigning neo-Darwinist orthodoxies. In Gaia's first two decades, Lovelock and Margulis presented a united front against the opposition to Gaia, predominantly from evolutionary biologists. However, the correspondence of the latter two decades documents a gradual truce on Lovelock's part, as key evolutionary thinkers in the British academy such as John Maynard Smith and W. D. (Bill) Hamilton, encouraged especially by the charms of Daisyworld, warmed somewhat to Gaia.

In any event, as one of us has argued (Dutreuil 2016), the idea that there was a "Gaia controversy" within evolutionary biology has been grossly exaggerated. For one thing, Gaia was not set forth as a contribution to this field. With the exception of their article published in *BioSystems*, all of Lovelock's and Margulis's single- and co-authored Gaia papers of the 1970s were published in Earth and planetary sciences and astrobiology journals. For another, with rare individual exceptions such as Bill Hamilton, the whole field of evolutionary biologists simply did not care about Gaia.[16]

[15] For the culmination of Lovelock's changing perceptions of neo-Darwinism, see Letter 270 and Part IV of the correspondence more broadly.

[16] See Letters 244–246 and 270 and our discussion of them later in this volume. See also the paragraph on evolutionary biology after Letter 45.

After all, Gaia was put forward to explain the stability of the global environment, and so its theory bears most directly on objects foreign to the immediate interests of evolutionary biology, interests focused on diverse populations and adaptation. Pick up any major journal in that discipline and you'll have enough fingers on one hand to count the papers addressing Gaia directly. The fact that the same two critiques by Doolittle and Dawkins, dating 1981 and 1982, are still the only "serious" criticisms of Gaia mentioned decades later is telling regarding the general disinterest of evolutionary biologists, in spite of the painstaking efforts of Gaian theorists to engage with them.[17]

Gaia in the Earth Sciences

To an ear attuned to the recent history of the Earth and environmental sciences – the fields in which Gaia has had the most profound and durable influence – the standard narrative, according to which the Gaia of Lovelock and Margulis floats somewhere outside of the history of the mainstream sciences, sounds extremely misguided. It is true that the word "Gaia" gradually fades away from general scientific discussion (notwithstanding the modicum of scientific literature addressing it explicitly) after the late 1980s. But as Margulis cannily argues at the turn of the millennium, "the name changes ought not to deceive us about the true identities of our friends. 'Astrobiology' is the field of natural history reinvented to be fundable for a wide variety of scientists, whereas 'Earth system science' is none other than Gaia herself decked in futuristic garb and made palatable to the 'hard rock' scientists, especially geophysicists" (Margulis 2004: 8). Indeed, Gaia's core ideas have pervaded contemporary Earth sciences and the climate politics that stand beside them.

We will give just a few significant examples.[18] In the 1980s, for instance, the major decade for Gaia's progress in the sciences, it was climatologists who took the lead in organizing spaces of discussion dedicated to Gaia. Famously, it was the climate-change scientist Stephen H. Schneider who opened the journal *Climatic Change* to the discussion of Gaia between the 1980s and the early 2000s, and who also lead-organized the famous AGU

[17] The term "serious" only applies to Doolittle. It appears to us that Dawkins did not to read Lovelock's book before panning it, as could be guessed from what he writes about it. Doolittle recently came back to the Gaia debate with a renewed interest: see his commentary in this volume.

[18] For a broader overview of Gaia's reception in the Earth and environmental sciences, see Dutreuil 2016.

Chapman Conferences on Gaia (Schneider et al. 2004; Schneider and Boston 1991). The important climate modeler Ann Henderson-Sellers also made space for Gaia in her journal *Reviews of Geophysics* in the late 1980s, more than a decade after famous meteorologist Bert Bolin welcomed Lovelock's and Margulis's article in *Tellus* (Lovelock and Margulis 1974a).

More broadly, driven by recognitions of political emergency constituted by global climate changes, the 1980s saw the onset of international calls for the constitution of a new Earth science and the formation of a new object to be studied – the "Earth system," constituted by the vast, dense, and complex interconnections of the Earth's various components.[19] Important agencies structuring and funding the sciences, such as NASA, the International Council for Science, the International Institute for Applied Systems Analysis, and the National Science Foundation, wrote major new reports in these areas. NASA itself launched the label "Earth system science," which was then taken up by the International Geosphere–Biosphere Program (IGBP), the major institution to emerge out of this scientific ferment. In short, Gaian thinking directly influenced the IGBP's promotion of Earth system science,[20] which in its turn brought forward the IGBP's major concepts – such as the Anthropocene (Crutzen and Stoermer 2000), tipping elements (Lenton et al. 2008), and planetary boundaries (Rockström et al. 2009) – that now connect climate politics and the planetary sciences. In addition to the institution of Earth system science, Gaia's influence on the Earth sciences is to have obliged several fields within geology to take the influence of life on its environment fully into account: this is particularly the case for geochemistry and in the climate sciences, in which the purely physical climate models of the 1970s and earlier progressively included the effect of life on the climate, and moreover, in the phrase of Peter Westbroek (1991), began to see "life as a geological force."

A more recent example is Hans Joachim Schellnhuber, one of the most famous climatologists in the world, founder of the Potsdam Institute for Climate Impact Research (PIK), head of the central theoretical program of the IGBP for years, a counselor to German chancellor Angela Merkel and to the Vatican for the encyclical *Laudato Si* and its call to global climate action. Schellnhuber is also known as a very early advocate of climate targets, the

[19] On the history of Earth system science and the IGBP see Barton 2020; Conway 2008; Dutreuil 2016; Grinevald 1996; Heymann and Dahan Dalmedico 2019; Höhler 2015; Kwa 2005, 2006; Kwa and Rector 2010; Selcer 2018; Steffen et al. 2020; Uhrqvist 2014.

[20] See the commentary by Chris Rapley in this volume.

famous 2 °C target in particular (Aykut and Dahan 2015). How did he, great admirer of Lovelock, defend this target at the United Nations, in the Vatican, and in front of European think tanks? Through a patently geophysiological comparison of Earth's rise of temperature to the fever of an organism, which, if prolonged for too long, might lead to the collapse of Earth's major organs – a metaphor directly inherited from Lovelock's Gaia, without the name being pronounced.

Systems Sciences

A neat historical parallel could be drawn between the different generations of Gaian scientists and the heterogeneous history extending from the rise of cybernetics during the Cold War to the biological cybernetics that gave rise to the theory of autopoiesis in the 1970s and the emergence of the complexity sciences of the 1980s.[21] Having started his career in the 1940s, Lovelock's systems thinking was fastened on the first-order cybernetics of self-organizing systems, self-regulation through negative feedback, and the closely allied discourses of energy and entropy that connected thermodynamics to information theory. One generation younger than Lovelock and starting out in the 1960s, Margulis endorsed the second-order cybernetics of Maturana and Varela and their concept of autopoiesis. This theory regarding the form and operation of living systems appeared just as Gaia itself was being introduced through its first publications. For Margulis, the concept of autopoiesis provided a clarifying criterion for the autonomous self-production of living systems in contrast to the more comprehensive and computational cybernetics of control systems. Margulis's theoretical fervor on this issue reads like an implicit counter to Daisyworld's production of digital parables about a virtual planet, in favor of "autopoietic Gaia." In this conception, the Earth system taps the flow of solar energy to maintain and complexify its continuous self-production out of the sum of the biota.[22] Starting in the late 1990s, Lovelock's main heir, Tim Lenton, has approached Gaia's ontology and modes of regulation through theoretical lenses developed in the complexity sciences first disseminated from the Santa Fe Institute in the 1980s, famous for having popularized chaos theory and non-linear dynamics.

[21] On these histories, see Galison 1994; Keller 2008, 2009; Li Vigni 2018; Pickering 2010.

[22] See Letter 169 for an intensive effort by Margulis, for Lovelock's benefit, to negotiate the distinction between machines and living systems through the concept of autopoiesis. See also Clarke 2020, chapter 6.

Exo- and Astrobiology

Another important starting point for the Gaia hypothesis was Lovelock's reflection, within the context of NASA exobiology, on the use of Earth-based atmospheric analyses of other planets to determine the presence of life (Hitchcock and Lovelock 1967; Lovelock 1965). Famously, he then turned this procedure back onto the Earth. One of his earliest arguments for Gaia pointed to the manifestly low entropy of the Earth's atmosphere, for which only the presence of life seemed able to account, relative to the spent atmospheres of Mars and Venus as indexes of their lifelessness. The criterion Lovelock proposed, namely the observation of a massive thermodynamic disequilibrium (that is, a low-entropy state) in the Earth's atmosphere, catalyzed the realization of the enormous influence that living beings have on this planet's environment. Lovelock's work in this area, leading directly to the consolidation of Gaia as a hypothetical entity, also durably influenced exobiology, relabeled as astrobiology by the 1990s.[23]

Political Ecologies and Environmental Counterculture

In the spring of 1975, Margulis wrote to Lovelock with the news that Stewart Brand, the prime mover behind an important West Coast outlet of alternative thought styles, the *Whole Earth Catalog*, and now editor of its lively spinoff, *CoEvolution Quarterly*, "wants to do what looks like a whole issue on Gaia . . . He is claiming that his journal is responsible and responsive, refuses to compartmentalize science and that my accusation that he's into food faddism and astrology is totally unfounded" (Letter 77).[24] That summer, *CoEvolution Quarterly* indeed arranged for a substantial presentation of Gaia before a consequential audience with deeply environmental leanings, a generally erudite lay readership largely unconcerned with mainstream professional niceties. Replete with scholarly references, detailed tables, multi-sourced sidebars, evocative graphics, and author photographs, "The atmosphere as circulatory system of the biosphere: the Gaia hypothesis" mixed scientific depth and popular appeal (Margulis and Lovelock 1975). Numerous Gaia articles

[23] See Clarke 2020, Conrad and Nealson 2001, and Dick and Strick 2004. In the early 1990s, Carl Sagan and his colleagues employed the close passage of the Galileo space probe by the Earth to revisit Lovelock's criterion and show that, when looked upon from space, the thermodynamic disequilibrium of its atmosphere is the strongest evidence of life's presence on Earth (Sagan et al. 1993)

[24] On the history of Stewart Brand, the *Whole Earth Catalog*, and the American counterculture, see Bryant 2006, Clarke 2020, Kirk 2007, and Turner 2010.

and items variously authored by Margulis and Lovelock subsequently appeared in *CoEvolution Quarterly* and its eventual successor, *Whole Earth Review.*[25] These connections would bring Lovelock and Margulis together with the American systems counterculture, leaving an appreciable intellectual mark on the science writings of Margulis in particular.[26]

The year 1981 also saw the first ripple of published Gaia criticism. However, thanks to Margulis's connections with the Whole Earth network impresario Brand, it washed ashore in a calculated way, within the friendly and eclectic pages of *CoEvolution Quarterly*, in the form of Doolittle's critique of Lovelock's *Gaia* (Lovelock 1979a), "Is nature really motherly?" (Doolittle 1981a). Margulis arranged not only to place her fellow biologist Doolittle's review with this outlet, but also for it to be immediately followed in the same number of that journal with responses and rebuttals by Lovelock and herself.[27] This same year, in a more positive and equally consequential development, the location of the Gaia hypothesis on the margins where normal science meets radical cultural agendas was further confirmed by an important alliance with William Irwin (Bill) Thompson, who sent both Lovelock and Margulis invitations to the heterodox intellectual gathering of the Lindisfarne Association.[28]

Additionally, a decade later, in a belated replay of the American lay reception of Gaia centered on *CoEvolution Quarterly*, with the arrival of supporters such as Peter Bunyard and environmentalist interest in the magazine pages of *The Ecologist* and *Resurgence*, the British popular reception of Gaia took a strong green-political and deep-ecological turn beyond anything rallied by the American greens around California's Whole Earth network. For one instance, as evidenced by the short series of Gaia conferences in Cornwall that began in 1987, by the later 1980s the Gaia concept had captured the imagination of the British environmental community around figures such as Teddy Goldsmith, the conservative environmentalist and founder of *The Ecologist*, and Satish Kumar, the editor of *Resurgence.*[29] These connections also led to the major event of Lovelock's participation in the 1990 founding and subsequent development of Schumacher College. Concurrently, Lovelock forged a new set of London-

[25] For instance, Lovelock 1981c, 1983b. [26] For details, see Clarke 2020.

[27] See Doolittle's commentary in this volume regarding Doolittle 1981a; Lovelock 1981b; Margulis 1981b; and Letters 121, 126, 128, and 130.

[28] See Clarke 2020; Thompson 2016.

[29] Two of the three Cornwall conferences in Cornwall are documented in detail, in Bunyard and Goldsmith 1988, 1989.

based publishing arrangements. Margulis would also be welcomed by these initiatives in British Gaia activism, but as an occasional visitor, not precisely as a compatriot.

In brief, the planetary speculation Lovelock presented to Margulis in 1971 set into motion an unusually robust series of wider scholarly and cultural waves. The Gaia concept progressed from the offbeat thought experiment Lovelock conceived and contemplated in the later 1960s to a viral meme, a mobile intellectual phenomenon comprehending the return of exobiological exploration upon the Earth itself and broad disciplinary upheavals in the Earth and environmental sciences. The variously irritating or irresistible idea of Gaia also tapped into the nascent planetary consciousness announced by Earth Day to build toward a swath of radical countercultural aspirations centered on ecological witness and the remediation of environmental degradation. Lovelock and Margulis were both variously sympathetic to the spiritual and existential currents unfolding from Gaia beyond the academy and mainstream disciplinary activity. They chose to consort with a selection of the intellectual elite among the lay supporters with whom they made common cause. All the same, the correspondence clarifies that while these extracurricular contacts brought certain kinds of social gratification, these connections could not supply them with what they both held to be most important: conceptual validation and the approbation of their scientific peers.[30]

Environment, Pollution, and Politics: Gaia and the Anthropocene

> Dr. Lovelock stressed that he was not suggesting that the Gaia hypothesis implies that we could let nature solve man's problems and that everything would be all right. Instead, he pointed out, if Gaia exists, our approach to environmental problems might be somewhat different from one in which we assumed nature was a passive entity with no homeostatic response

[30] For one instance of this shortfall, Margulis was disappointed when Lovelock and his colleagues Watson and Whitfield unexpectedly failed to show at Bunyard and Goldsmith's third Cornwall Gaia gathering in 1989. She wrote him that if there were to be a next time (there wasn't), she wanted to have a say in the program, complaining to Lovelock with uncharacteristic disapproval: "I do want to help arrange Gaia Cornwall next year (with you in it, or course). I think it might just be called 'The Science of Gaia' to keep away the nonscience... If you guys don't show up though I don't want to go to another meeting with German greens, Sahtouris, Mae-won Ho and computer people, etc." (Letter 191).

> changes. Gaia might provide a rationale for global studies of environmental issues.
>
> (Kellogg and Mead 1977: 121–22)

This statement occurs in the proceedings of a major conference on climate change organized by the NCAR climatologist Will Kellogg and the anthropologist Margaret Mead. Thanks to his various consultancies both for chemical and petroleum companies and for the scientific institutions studying the contemporary state of the Earth and its environment, Lovelock was at the epicenter of "global pollution" (Dutreuil 2016, 2017). Lovelock was mixed up, sometimes very directly, with a suite of issues classically linked to the emergence of global environmentalism – the insecticide DDT, CFCs, acid rain, climate change, lead in gasoline exhaust, and smog in urban centers. Thus, it should not come as a surprise if, decades before the formulation of "the Anthropocene" to name the current geological epoch, Gaia was probed for ways to think about the global environment (Latour and Lenton 2019). While he was elaborating his ideas on Gaia in spare moments, in the 1960s and 1970s Lovelock's daily activities were immersed in pollution issues. These mundane and murky concerns certainly occupied more of his time than the frequently cited reflections on criteria to detect life on other planets. Lovelock himself testified to that in the introduction to his first book, when he noted the personal benefit he derived from a congressionally mandated postponement of NASA's Voyager program: "By great good fortune, so far as I was concerned, the nadir of the space program coincided with an invitation from Shell Research Limited for me to consider the possible global consequences of air pollution from such causes as the ever-increasing rate of combustion of fossil fuels" (Lovelock 1979a: 8). Lovelock's *Gaia* can indeed be read not only as a philosophical reflection on life and nature but also as an anthropological reflection on pollution (Dutreuil 2016, 2017). Accordingly, Lovelock's vexed relations with environmental politics are rather more complex than the simplistic idea that his long roll-out of Gaia should install him as a "green guru."

The "ozone affair" (Letter 87), regarding the potentially deleterious effects of human-made halocarbons on the stratospheric ozone layer and the policy decisions summoned in response, would loom at least as large over Lovelock's professional life in the mid-1970s as the "quest for Gaia" itself.[31]

[31] See "The Ozone War," chapter 8 of Lovelock 2000: 203–240.

From the inception of this unforeseen complication in his scientific pursuits, Lovelock was broadly skeptical about the "freon doom story" (Letter 73):

> I am exceedingly busy just now, all through having dabbled in atmospheric chlorine chemistry... I doubt if there is anything to fret over. It is probably just another of those academic fashions which serve to keep universities centers of intellectual corruption... The Bowerchalke Lab is almost the sole source of atmospheric halogen compound information. You can guess the rest. (Letter 65)

What ensued over subsequent years were varieties of ad hominem attacks on Gaia, guilty by association with its inventor Lovelock's skepticism over a panoply of environmental alarms. Denunciations of conflict of interest for his testimony on behalf of DuPont before the US Congress, stating that CFCs were not as harmful as the worst-case scenarios suggested, led on many occasions to claims that Gaia itself was used to legitimate the suppliers and activities of polluters – a point that did not escape Doolittle's (1981a) critique. Lovelock recalled this attack against his professional integrity on the occasion of Margulis receiving some bad press in the British newspaper *The Guardian*, noting sarcastically how that same outlet once "accused me of being a bought man of the chemical industry (quite untrue – no such luck)" (Letter 222).

As the passage from Kellogg and Mead documents, Lovelock's history of statements in this regard has often been reduced to the soundbite that "Gaia will regulate human pollution." A related argument put forward by Lovelock is that "pollution is natural."[32] Because humans and their activities are a part of Gaia, their byproducts are as "natural" as the belching of cows and, what amounts to the same thing, the waste gases of bacterial metabolisms. When a human source of "pollution" is identified, one can always find some equivalent in the non-human world. Stated thus, however, Margulis agreed entirely with this view of the issue: "Pollution is certainly distressing," Margulis and Sagan write in *What is Life?* "But it is hardly unnatural. The pollution crisis effected by all-natural, blue-green bacteria was much worse than any we have seen lately," referring to the Great Oxidation Event of 2.2 billion years ago. Drawing out the irony of framing this massive evolutionary threshold as a pollution event, Margulis and Sagan also point out how "Earth's protective,

[32] On the importance of this argument for Lovelock and its relationship to Gaia, see Aronowsky 2021; and Dutreuil 2016, 2017.

ultraviolet-shielding layer of ozone (O_3, a three-oxygen molecule) was built up largely by 'all-natural' pollution in the first place." Thus, "if pollution is natural, so is recycling . . . One of the greatest turnarounds in evolution was the transformation of a once-fatal form of air pollution – oxygen – into a coveted resource" (Margulis and Sagan 2000: 106). However, even if they agreed philosophically about conceiving pollution as a natural phenomenon, this did not always lead them to the same practical conclusions. Lovelock's claims were indeed frequently controversial or, at least, at odds with most "green" ideologies. Margulis's more occasional environmental remarks tend to cite the Gaian perspective as a sound reason to preserve the ecologies of current natural habitats.

In 1974, at the start of the ozone affair, Lovelock wrote to Margulis: "We have just discovered a huge natural source of methyl chloride (about 5 megatons a year). It is almost certainly of marine origin . . . It means that the input of chlorine to the stratosphere from natural biological sources is probably at least 100 times and possibly 1000 times larger than from the freons" (Letter 69; see also Letter 76). Lovelock's inference from the discrepancy between these natural and anthropogenic proportions was that the drive to ban freons immediately to counteract stratospheric ozone depletion was, at the least, too precipitous, a position he maintained until very late in the scientific controversy (see, for example, Lovelock 1981a). Thus, some have read into Lovelock's statements on pollution the outlines of policy positions that lie in the vicinity of Oreskes's and Conway's (2010) *Merchants of Doubt*.[33]

What matters here is that these issues determined an important part of Lovelock's daily activities during the early years of his collaboration with Margulis. They are indeed bound up with his own development of Gaia, and they constantly come up in the correspondence, especially on Lovelock's side. For her part, Margulis rarely touches upon these matters, and when she does, it is to get back to the science: "What is your current hypothesis for origin of methyl chloride and role of ozone layer in climate regulation (in two sentences or less)?" (Letter 74). In short, in the correspondence between Lovelock and Margulis, the ozone issue is to some extent an annoyance that Lovelock brought upon himself, but it is much more a central node connecting to many other Gaian issues. These include: ozone, nitrous oxides, and the regulation of climate; the natural emission of methyl chloride and

[33] See for instance Aronowsky 2021; and Dutreuil 2016, 2017.

input of chloride to the stratosphere; and stratospheric ozone as an ultraviolet shield over geological time, its absence before the Great Oxidation Event, and the effects of its destruction today. Moreover, understanding the importance of chlorine compounds in ozone depletion also led Lovelock and Margulis to reflect on other Gaian dynamics and effects, such as the cycle of iodine or the regulation of oceanic salinity. In Gaian relief, ozone is much more than just a human concern.

Finally, politics aside, another way to recognize the complementarity of Lovelock and Margulis is by starting from the chemical compounds that cycle through the natural environments of their respective disciplinary locations. Take another atmospheric organic compound, methane: it is produced by Margulis's methanogenic bacteria in the guts of cows in Devon, where Lovelock is deeply concerned over the pathogenic practices of industrialized agriculture. Methane is also a commodity transported by Shell tankers, raising engineering issues Lovelock had to think about. And it is a natural byproduct of the biosphere involved in one of the primary regulatory mechanisms Lovelock and Margulis proposed for stabilizing atmospheric oxygen. Our point is that the synergetic activities of chemical elements in the Earth system or in Gaia were *embedded* in the materiality of the professional practices and intellectual engagements that the company of Lovelock and Margulis held in common.

A Chronological Outline

Our preface so far has been arranged thematically, cutting across the sequence of the Lovelock–Margulis correspondence. To conclude, we hope to assist the reader's entry into the letters proper by touching on some chronological aspects of their presentation in this volume. The letters are arranged in chronological order and divided into four roughly equal parts, reflecting their gradually diminishing frequency over the span of the correspondence. Each part has its own introduction and is occasionally punctuated by editorial remarks on Lovelock, Margulis, Gaia's story more broadly, and closely neighboring topics of interest.

The first two parts document the beginnings of the correspondence and the origin of the collaboration in Part I (1970–1972), followed by the close, detailed, and technical record of Lovelock's and Margulis's joint work on the main sequence of their co-written papers in Part II (1973–1979). On Margulis's side, during this decade she is still intensely occupied with establishing herself in the academy on the primary basis of her work on microbial evolution, while also providing major professional service to the exobiology initiatives of NASA and the National Academy of Sciences. In 1976–77, she spends a semester as Sherman Fairchild Distinguished Scholar at the California Institute of Technology and is promoted to full professor, and in 1979 she is a Guggenheim Foundation Fellow researching early life on Earth. On Lovelock's side, this decade is heavily marked by the ozone affair. He is at the peak of his period of consultancy with a diverse roster of clients and employers, while publishing technical articles on the ECD (Lovelock 1974b), climate change (Lovelock 1971), and atmospheric and oceanic measurements of dimethyl sulfide and halocarbons (Lovelock 1974a, 1975, 1977; Lovelock, Maggs, and Rasmussen 1972). He is elected Fellow of the Royal Society in 1974. His 1975 article co-written with his Shell colleague Sydney Epton and published in *New Scientist* attracts enough interest to have Oxford University Press ask him to develop the idea for what will become Lovelock's first book. In the summer of 1977, Lovelock packs up his lab at Bowerchalke and moves his operations to Coombe Mill on the Devon–Cornwall border.

Part III (1980–1991) picks up with the publication of *Gaia: A New Look at Life on Earth* (Lovelock 1979a). The writing collaboration of the previous decade enters a new, less strenuous phase. Margulis provides close editorial oversight as Lovelock develops his next book, *The Ages of Gaia* (Lovelock 1988). However, with the exception of the retrospective article "Gaia and geognosy" (Margulis and Lovelock 1989), their period of intensive co-authorship on professional and popular articles has closed. Lovelock cultivates a new set of co-authors while Margulis establishes an enduring writing collaboration with her first son, Dorion Sagan. This decade is also marked by the first critiques from evolutionary biologists (Dawkins 1982; Doolittle 1981a) and Earth scientists (Kirchner 1989). Nevertheless, Lovelock and Margulis remain closely engaged in their mutual efforts to respond to such criticisms and to establish Gaia within and without the academy through lectures, symposia, conferences, and sundry organizational initiatives. The 1980s is undoubtedly the most active decade for the history of Gaia, marked by a broad upsurge of interest in both professional and general venues. Lovelock publishes landmark papers moving Gaia from hypothesis to theory (Charlson et al. 1987; Lovelock and Whitfield 1982; Watson and Lovelock 1983). The AGU's first of two Chapman Conferences on Gaia takes place in 1988, alongside debates over Gaia in important journals such as *Reviews of Geophysics* and *Climatic Change*. In the Earth sciences of this decade, Gaia is everywhere, and the scientific ferment it inspires sets the stage for NASA's consolidation of Earth system science and the constitution of the IGBP.

Part IV (1992–2007) starts after the publication of Lovelock's third book (Lovelock 1991a) and with initial preparations for the consequential series of Gaia in Oxford conferences of the 1990s. These meetings are marked by Lovelock's increasing determination to reconcile Gaia and evolutionary biology. Margulis is dubious about such a rapprochement but remains staunch in her advocacy for Gaia. Working with her partner, Ricardo Guerrero, she has a major hand in bringing the second Chapman Conference on Gaia to Valencia, Spain, in 2000. Additionally, by the end of the 1990s, Tim Lenton arrives as an important proponent of Gaia research. Watson and Lovelock supervise Lenton's doctoral work, after which Lovelock passes him the baton to keep Gaia's scientific development going in the academic race. In the 2000s, another notable Lovelock protégé, Stephan Harding, publishes his study of Gaia, *Animate Earth* (Harding 2006), and forms a writing collaboration with Margulis to develop the essay "Water Gaia" (Harding and Margulis 2010), in the mold of the Lovelock and Margulis papers of earlier decades.

Part I

1970–1972

The correspondence commenced in the summer of 1970, when a still untenured Margulis sent Lovelock a request for information along with offprints of her own work. Lovelock later confirmed that Margulis wrote him on the advice of his erstwhile office mate at NASA's Jet Propulsion Laboratory (JPL), the astronomer Carl Sagan. Margulis directed questions to Lovelock regarding the relation of the biosphere to the composition of the atmosphere.[34] The first extant letter of the correspondence is Lovelock's reply: "Dear Dr. Margulis: Thank you very much for your letter and papers on Early Cellular Evolution; these I found most interesting" (Letter 1).[35]

The scientific collaboration of Lovelock and Margulis launched in earnest in January 1972, a year and a half after their first exchange of letters in the latter half of 1970. The opening chapters of their correspondence document Margulis's importance for both the construction and the communication of Gaian ideas. Lovelock's first suggestion to her of a collaboration follows directly upon a word of praise for Margulis's early article in *Scientific American*, "Symbiosis and evolution" (Margulis 1971d), a relatively popular short account of material from *Origin of Eukaryotic Cells* (Margulis 1970a): "I have greatly enjoyed your articles including the one in *Sci Am* recently. What would you think about a joint paper on the atmosphere?" (Letter 7). Their collaboration develops precisely as a writing partnership, with Margulis in the *de facto* role of in-house editor as well as co-author of their early papers.

The letters exchanged in 1972 show them meticulously working through the host of technical matters intrinsic to their bold project until an initial manuscript is ready for submission. These early letters are also the most minutely specialized, as they are both still teaching the other what they need to learn in order to bring their respective specializations together. By the end

34 "My first correspondence with Lynn Margulis on the science of Gaia was in the summer of 1970. Lynn had begun to wonder about the significance of oxygen in the atmosphere and had asked Carl Sagan, her former husband, who would be his first choice of scientist to ask about atmospheric oxygen. Strangely, Carl recommended me… Soon after, I received a letter from Lynn inviting me to visit her lab on my next visit, but it was not until late in 1971 that I was able to accept" (Lovelock 2000: 256).

35 The papers she encloses with her initial letter could have been Sagan 1967 and Margulis 1969.

of 1972, however, their first co-authored Gaia paper has been rejected by *Science* and by *American Scientist*. After they have been writing together for just over a year, and while revising their unsuccessful first submission, Lovelock affirms her editorial control of their manuscripts in progress: "Lynn you have done the writing and the organization of the papers so if you really prefer it as is take no notice of my dislikes above. They are points of prejudice which do not affect meaning" (Letter 47). In these first years, it may be that she models effective science writing so well that Lovelock himself subsequently emerges as a prolific self-popularizer and book author of major proportions.

1970

When her first letter arrived in 1970, Lovelock's personal research program on planetary atmospheres, then developing through a concept he has privately named "Gaia," had already taken on a fair amount of definition. He informed her, "I am in the course of writing a paper on the Earth's atmosphere as a biological cybernetic system" (Letter 1). This striking formulation of a *biological* cybernetic system is the curt technical description for which "Gaia" will become the shorthand trademark. This phrase was already present in a paper written on behalf of NASA, delivered in 1968 at a meeting of the American Astronautical Society and published in 1969, "Planetary atmospheres: compositional and other changes associated with the presence of life" (see Letters 5 and 9).

In this presentation Lovelock suggested that NASA's planetary exploration program had already discovered that a "living Earth" *constitutes a system*, and that this formal and functional recognition regarding our own planet rivaled the importance of NASA's ostensible mission of detecting life on other planets:

> The planetary exploration program has already contributed in many ways to the better understanding of the Earth as a planet. If it can succeed in revealing in full detail the biological cybernetic system of the Earth's atmosphere, this would seem to be a role nearly as important as the discovery of life elsewhere. Even if the other planets, Mars and Venus, show no evidence of life, their composition and properties still represent important reference points of abiological steady state equilibria against which the living Earth can be compared. (Lovelock and Giffin 1969: 192)

Lovelock's work on life-detection schemes for NASA in the 1960s was a major impetus behind the first drafts of the Gaia hypothesis. This same paper already approaches a recognizable version of the Gaia concept, but it does so through a lively mix of standard disciplinary terms. The science of life-detection applied to Earth is a "comparatively new subject, planetary ecology, with particular reference to the planetary ecosystem which includes all of the life on Earth ... the maximum unit of life" (180). We read the "planetary ecosystem" today as the Gaian system.

Letter 1 gives this unusual description the unconventional construction sketched in that 1969 article: "I am now tolerably certain that all of the components of the Earth's atmosphere other than the rare gases and perhaps water vapour are biologically maintained." His thesis regarding the largely biological nature of both the composition and the stability of the Earth's atmosphere challenges an earlier consensus that sees "the present composition of the Earth's atmosphere as the end result of the working of abiological" – or strictly geological – "processes" (Lovelock and Lodge 1972: 575). Lovelock and Margulis immediately shared a conviction that the biosphere had a larger role in the affairs of the geosphere than traditionally accorded. Lovelock was already building up the Gaian view of tight coupling between the atmosphere and the biosphere that keeps molecular composition within a narrow range of viable states, "and this of course includes nitrogen." As Lovelock and Lodge argue, the presence of atmospheric nitrogen (N_2) is also a "life indicator" (1972: 575). Thus, if life were deleted from the contemporary Earth, nitrogen may be chemically pulled out of circulation, leaving only a trace in the air. Thought experiments based on the deletion of life from the present Earth would become a standard Gaian talking point.

*

* *

1. James Lovelock to Lynn Margulis, September 11, 1970

Dear Dr. Margulis,

Thank you very much for your letter and papers on Early Cellular Evolution; these I found most interesting.

I am in the course of writing a paper on the Earth's atmosphere as a biological cybernetic system. My comments on yours and a draft copy I'll send when it is ready, which should not be later, I hope, than the next few weeks.

I am now tolerably certain that all of the components of the Earth's atmosphere other than the rare gases and perhaps water vapour are biologically maintained and this of course includes nitrogen.[36]

I shall be paying a visit to JPL towards the end of September and maybe can give you a call from there.

Yours sincerely

[36] In addition of nitrous oxides, which are greenhouse gases, nitrogen is the most pervasive component of the atmosphere (78%); changes in its atmospheric pressure would ultimately change the radiative effect of greenhouse gases, and so the climate. Lovelock and Margulis argued that the co-presence of nitrogen and oxygen is as much a biosignature as the co-presence of methane and oxygen (Lovelock 1972, Lovelock and Margulis 1974a).

1971

Lovelock's next letter to Margulis in our record, dated New Year's Day, 1971, refers again to the draft beginnings of a professional paper: "The paper is by no means finished but I enclose for your interest the section dealing with the state of oxidation, which should indicate the way of thought" (Letter 2). However, his correspondence with Margulis did not mention "Gaia" by name until a year later (Letter 11). He seems to have waited for her to confirm her willingness to join him in co-writing a paper, "if it turns out," she replied, "we have something to say after our talks" (Letter 8). Fully developed papers "on the Earth's atmosphere as a biological cybernetic system" become the project of their first collaborative writings.

In Letter 3, Margulis is all business. Has Lovelock seen her *Origin of Eukaryotic Cells*? Her own research focuses on the Precambrian period – the first three-fourth's of life's tenure on Earth. The vista of early cellular evolution surveys several billion years when prokaryotes permeate a planet they have all to themselves. Margulis's microbial emphasis would meld nicely with Lovelock's concentration on the contemporary atmosphere. Together, they describe the atmosphere as the "the circulatory system of the biosphere," that is, the immediate planetary source and sink for the major metabolic feedstocks of the biota. Microbial metabolisms generate, evacuate, cycle, and exchange ions and gaseous molecules – such as oxygen (O_2), carbon dioxide (CO_2), ammonia (NH_3), and methane (CH_4). Joining with Lovelock's biochemistry of the present atmosphere, Margulis's evolutionary microcosm brought an account of deep time to the Gaia hypothesis.

A British postal strike delayed by two months the delivery of Letter 4, which accompanied copies of two prior collaborative Lovelock essays recognizably on the road to Gaia, "Life detection by atmospheric analysis" (Hitchcock and Lovelock 1967) and the previously mentioned "Planetary atmospheres" (Lovelock and Giffin 1969). Two weeks later, Margulis sent Lovelock her initial impressions of his materials (Letter 5). Her response suggests the course of study Margulis would pursue to bring Lovelock's atmospheric chemistry rigorously together with her evolutionary microbiology. Letter 5 is a striking reminder how different Lovelock's specialized scientific work is from her own, how much she still must learn in order to work through the detail of his arguments. Reviewing his data tables, she asked, "where do these estimates come from?" Her comments also indicate the unsettled state of microbial phylogeny at the turn of the 1970s. From her own specialized knowledge, she could name the gases produced by microbial metabolisms, "and we are just beginning to know enough about the bugs in which these reactions occur to order them in an early-to-late evolutionary sequence." But Lovelock would have to guide her regarding "how the gases themselves act in the environment." About the complex behavior of the planetary atmosphere significantly composed by these metabolic emissions, she continued, "I really don't know what I need to learn or where to begin."

At one of that summer's Gordon Research Conferences, Lovelock's latest thinking on the atmosphere gets a positive response.[37] However, while "The evidence in favor of the atmosphere as a biological contrivance grows," he also confessed, "it is a devil of a job to write coherently on it. At least for me it is!" (Letter 7). It appears that Lovelock had sized up Margulis's excellence as a writer and editor of scientific communications for both specialized and general audiences. Perhaps his own current frustration as an author plus strong evidence of her literary facility put him in mind of inviting her as a co-author. Letter 7 continues: "I have greatly enjoyed your articles including the one in *Sci Am* recently. What would you think about a joint paper on the atmosphere?"[38] Margulis sent back a warm but guarded reply, deferring agreement until after a full conversation on the matter. Moreover, their atmospheric investigations would need to encompass her own evolutionary emphases: "It would be excellent, if, after agreeing on the present atmosphere, we could make some attempt to reconstruct the past" (Letter 8). Lovelock replied immediately with more details about his previous published work on atmospheres and made tentative plans for a meeting (Letter 9). However, his consequential research voyage that autumn on the *Shackleton* postpones a meeting with Margulis until the end of the year.[39]

*

* *

[37] Established in 1931 by the chemist Neil E. Gordon, the Gordon Research Conferences are ongoing today with expanded venues.

[38] The *Scientific American* article: Margulis 1971d.

[39] For details, see Lovelock 2000: 208–229. Lovelock's measurements taken on his voyage on the *Shackleton* yield two major publications measuring dimethyl sulfide (DMS), and, for the first time, atmospheric chlorofluorocarbons (CFCs) (Lovelock et al. 1972, 1973).

2. James Lovelock to Lynn Margulis, January 1, 1971

Dear Dr. Margulis,

It was good to have your card at Christmas even though it reminded me of that section of the Book of Common Prayer which says "We have left undone those things which we ought to have done, and we have done those things which we ought not to have done."

The paper is by no means finished but I enclose for your interest the section dealing with the state of oxidation, which should indicate the way of thought.[40] Also included for your amusement is a paper on the application of these notions to current problems.[41]

With best regards

[*Margulis's note, Jan 9*] Wrote asking for refs 4 + 5, what "pe" is, would he come here this summer to "consult" – If already in this country on this coast – for our *Precam. Res.* Proposal

*

* *

3. Lynn Margulis to James Lovelock, January 8, 1971

Dr. Lovelock

Glad to get what you were able to send but please send refs 4 + 5 (Hitchcock and Lovelock; Lovelock and Giffin) and any others and explain what "pe" is.[42] When do you come here?

During the summer we work on our NASA proposal "Microbial Contributions to Precambrian Earth"[43] and if you are in this country (on this coast) we would be in a position to "hire" you for "consulting" – which means come talk to me and my one student. Let us hear. Thanks in advance.

40 Probably a draft version of "Oxygen in the contemporary atmosphere" (Lovelock and Lodge 1972). The published version states that the "purpose of this note is to re-examine the state of oxidation of the contemporary atmosphere" on the premise that "the atmosphere is itself almost wholly a biological contrivance" (575).

41 Perhaps "Air pollution and climatic change" (Lovelock 1971), also published in *Atmospheric Environment*, the journal edited by his NCAR friend and colleague James Lodge.

42 We think Margulis is referring to the draft of Lovelock and Lodge 1972 covered by Letter 2. As published, it lacks notes but does contain in-text references, the fourth and fifth of which are the specific papers she requests: Hitchcock and Lovelock 1967 and Lovelock and Giffin 1969.

43 Cf. Margulis 1971b, 1971a.

P.S. Have you seen

(1) my chapter (11, in *Adv. in Exobiology* Ponnamperuma*, ed) on Precamb. microbes[44]

(2) my book on *Origin of Eukaryotic Cells* (Yale Univ Press, New Haven Conn) – esp chaps 4 and 5

*

* *

4. James Lovelock to Lynn Margulis, March 15, 1971

Dear Dr. Margulis,

At last the Postal strike is over and I can reply to your letter of January 8th.

It is very kind of you to offer a fee for consulting should I be able to visit Boston; I am due to give a lecture at one of the Gordon conferences sometime towards the end of August and could easily plan to arrive at Boston. Even if a fee is not available I should value the chance of a discussion with you and your student.

In the meantime here are some reprints of the papers you requested and the expression p'e' is the electron analogue of pH i.e. the log of the reciprocal of the electron concentration in molar units. It is a measure of the oxidation reduction state.[45]

Yours sincerely

*

* *

[44] Margulis 1972 is chapter 10 of a volume, edited by Cyril Ponnamperuma, simply called *Exobiology*.

[45] Early in his first book, Lovelock dilates on these basic matters of abiotic chemistry as pervasive "environmental factors" for living systems: "Hydrogen, that ubiquitous material from which most of the universe is made and which occurs in all living matter, is more often taken for granted. Yet its importance and versatility are paramount. It is an essential part of any compound formed by the other key elements of life. As the fuel which powers the sun it is the primary source of that generous flux of free solar energy which enables life's processes to start and keep going. Water, another life-essential material which is so common that we tend to forget it, is two-thirds hydrogen in atomic proportion. The abundance of free hydrogen on a planet sets the reduction–oxidation, or redox, potential, which is a measure of the tendency of an environment to oxidize or reduce. (In an oxidizing environment an element takes up oxygen, thus iron rusts. In a reducing, hydrogen-rich, environment an oxide compound tends to shed its oxygen load, thus rust turns back to iron.) The abundance of positively charged hydrogen atoms also sets the balance between acid and alkaline, or as a chemist would call it, the pH. The redox potential and the level of pH are two key environmental factors which determine whether a planet is fair or foul for life" (Lovelock 1979a: 17-18).

5. Lynn Margulis to James Lovelock, March 31, 1971

Dear Dr. Lovelock,

Thanks for your letters and papers of March 15th. I have read them and must go through them again for full digestion. Several of your charts are fascinating and very comprehensible (Table 1, Table 2 of planetary atmospheres) but where do these estimates come from?[46] I'd really like to learn your methods for making these sorts of estimates as well as your sources of original data. Microbes strongly interact (i.e., take up, give off) hydrogen, nitrogen, ammonia, methane, carbon dioxide, oxygen, hydrogen sulfide at least and we are just beginning to know enough about the bugs in which these reactions occur to order them in an early-to-late evolutionary sequence. But how the gases themselves act in the environment . . . I really don't know what I need to learn or where to begin.[47]

I hope you will plan to come here before your Gordon conference. If we take any vacation at all it will be (like billions of others) the very last week in August. We haven't really done this in several years, but we always hope to, and try to leave that week open. School starts immediately after Labor Day in September. For these reasons I hope you can come any time earlier in the summer.

I have been communicating with H. D. Holland and recently received his very exciting chapters from his forthcoming book on the history of the atmosphere and oceans.[48] He clearly agrees with your basic idea that biology is intimately involved with the large-scale processes which maintain the current steady state of the atmosphere.

I'd be very interested in hearing your opinions concerning the Berkner–Marshall hypothesis.[49] Of course I can't evaluate the atmospheric physics component, but with respect to oxygen and organisms they are clearly too low, too late and utterly in the wrong group of creatures (as discussed in the enclosed checked-off chapters).

[46] Lovelock and Giffin 1969 presents two tables, "I. A comparison of the sources and sinks of the principal and of the trace components of the atmosphere," and "II. Atmospheric compositions of Mars and Venus compared with an abiological model Earth" (184).

[47] Ellipses in the original. See Margulis and Hinkle 1991, stating that biologists should learn where all the methane goes, and geochemists should learn where all the methane comes from.

[48] Presumably, chapters of what will become Holland 1978.

[49] Lovelock and Lodge assert that Berkner and Marshall 1965 "saw a prime role for the biosphere" in the oxidation of the atmosphere (Lovelock and Lodge 1972: 578).

Looking forward to seeing you

*

* *

6. James Lovelock to Lynn Margulis, August 11, 1971

Dear Dr. Margulis,

I shall be in Boston briefly on August 28th, arriving from London in the afternoon by air and departing again at 3.30 the following afternoon to New Hampshire for a Gordon conference. I think that it is highly uncivilized to intrude upon weekends with work topics, but since I so rarely visit your part of the world I thought that if you wanted to talk about planetary atmosphere for a short while I would be glad to accommodate.

With best wishes, Yours sincerely

[*Margulis's note, Sept. 12*] Wrote back – sent [Richard E.] Berendzen schedule.[50]

*

* *

7. James Lovelock to Lynn Margulis, September 17, 1971

Dear Dr. Margulis,

South America seems to have prevented a meeting in September but maybe will make possible one in early December. I leave here on Oct 26 by ship for Montevideo (to take air and water samples en route) then from there to L.A. and could return here via Boston on say December 2 and 3 or 3 and 4.[51]

The evidence in favor of the atmosphere as a biological contrivance grows, but it is a devil of a job to write coherently on it. At least for me it is! I would greatly welcome a chance to exchange views.

[50] Richard E. Berendzen, professor of astronomy at Boston University. Studied under Carl Sagan at Harvard.

[51] Lovelock refers to his voyage on the *Shackleton* to measure CFCs in the atmosphere and oceans (Lovelock 2000: 206–216). As a consequence of taking these exploratory measurements, Lovelock precipitates himself into the "Ozone War." See Lovelock 2000, chapter 8, and Letters 21 and 22. The halocarbon issue returns in Part II.

I do not think that anything significant has been added to the draft I sent earlier, but another copy is enclosed just in case. More important it was one of the presentations I made at the Gordon conference and was surprisingly (to me) well accepted by the audience of aeronomists.[52]

I have greatly enjoyed your articles including the one in *Sci Am* recently. What would you think about a joint paper on the atmosphere? Perhaps we could discuss this in December.

Wish I could hear your paper at the BU Symposium. But send my best wishes for its success.

Yours

*

* *

8. Lynn Margulis to James Lovelock, September 20, 1971

Dear Dr. Lovelock,

I was delighted to get your letter today and learn that your trip is imminent. Do come Dec, any of those dates and if possible, Wed. Dec 1 as I have no classes on Wed. I am in class 12–2 Thurs and 9–2 Friday, and greatly welcome the opportunity to discuss these issues with you between commitments.

Have you seen preprint material on Dick Holland's book? I am especially thinking of chapters 7 and 8, the first billion years and the Precambrian atmosphere and oceans respectively. I hope you will have a chance to read these materials before you come.

If you are going to be in Brazil at all, let me know. I have some rather interesting colleagues (who these days, are concerned about science education) whom you might be interested in knowing.

Regards and anticipation

P.S. As for your suggestion of a joint paper, I would love to write one if it turns out we have something to say after our talks. I am supposed to be working on the "microbial contributions to the Precambrian environment" and find it much easier to spend my time on my experimental biology work. A colleague, Stjepko Golubic, who is an excellent ecologist, is interested in joining some of our discussions. His expertise is on the blue green algae.

[52] *Homage to Gaia* gives a detailed account of this meeting (Lovelock 2000: 259–260).

It would be excellent, if, after agreeing on the present atmosphere, we could make some attempt to reconstruct the past.

*

* *

9. James Lovelock to Lynn Margulis, September 27, 1971

Dear Dr. Margulis,

Thank you for your letter. It is good to know that a meeting can be arranged; I'll come to Boston on Tuesday evening November 30th and could leave either on the Wednesday afternoon or the Thursday morning of that week. I'll go directly to the Biological Science Centre after breakfast on Wednesday morning, unless I hear from you otherwise. I was delighted to know that you might consider a joint paper but quite understand that you would not wish to commit yourself until we have had a chance to talk more about it. I have not read Dick Holland's book; if you could let me have a copy of the relevant chapters before I come along in December I would be most grateful.

A copy of the paper I wrote with Giffin is enclosed.[53] Although it contains many of the notions for our proposed joint paper, it is a very lightweight piece of writing. It was prepared at the request of JPL in 1968 to support their planetary program and was read at a meeting of the American Astronautical Society. Its significance is that it did make a prediction on the nitrogen on Mars and offer an explanation of the 21% oxygen on Earth. The general notions of these earlier papers have been amply confirmed by recent studies of the sources and sinks of atmospheric gases; notably the work of Robbins and Robinson of Stanford Research Institute.[54] Generally speaking my earlier papers on the atmosphere and the biosphere were tentative arguments drawn from rather slender evidence. Since these were written three or four years ago the evidence has accumulated in favour of the early arguments until it is well nigh overwhelmingly in support.

I may have to stop at an airport in Brazil but sad to say will not be there long enough to meet any of the colleagues you mention. It rather looks now as if the ship I am going on will reach Montevideo earlier in November than

[53] Lovelock and Giffin 1969. Lovelock may have forgotten that he had already sent her a copy with Letter 4. This letter contains a more robust discussion of its content.

[54] Robinson and Robbins 1968.

I thought. If there are any last minute matters you can reach me here at this address by a letter during the week of November 20th. I have decided to return home here for that week before going back to North America.

With best regards

*

* *

10. Helen Lovelock to Lynn Margulis, November 2, 1971

Dear Dr. Margulis,

Jim asked me to drop you a line to tell you that the sailing of the ship was delayed, and there is a possibility that he may not be back in time for his appointment with you. He will make every endeavour to keep it, should he be unable to do so will the following Wednesday do?

Yours sincerely

1972

It appears that Lovelock and Margulis determined during their first in-person meeting in December 1971 that they had "something to say" about, as Lovelock puts it in Letter 11, "the notion of a living planet." Here again is the "planetary ecosystem" of Lovelock and Giffin 1969, for which the atmosphere is not merely an abiological medium but rather one that is biologically maintained. Lovelock now informed Margulis that his neighborhood acquaintance in the south of England, the prominent British author William Golding, suggested "Gaia" as a name for the living planet so described. Setting to work on the first co-authored essay with Margulis, Lovelock began to transmit the finer details of the geochemistry informing his hypothesis. Letters 12 and 13 confirm that Margulis was currently tasked to transform Lovelock's data into a collaborative prose narrative, and that she was quickly sending him drafts of her work. It would seem that, under his guidance, she was doing the major part of the composition of the text. Letter 14 documents the event of Margulis's taking full grasp of the notion of Gaia as a biological cybernetic system. Gaia is described as a system built up from negative-feedback cycles that control molecular variables in the environment. In this instance, methanogenic microbes are seen as being successively turned on and off by their own environmental consequences, forming a biogeochemical cycle that "homeostats," or self-regulates, the level of atmospheric methane.[55]

As their exchanges got under way, Lovelock and Margulis were working over the two short items Lovelock sent Margulis along with Letter 2 – draft versions of two articles in progress that ended up published side by side in *Atmospheric Environment* toward the end of 1972 (Lovelock 1972, Lovelock and Lodge 1972). They appeared there without mention of Margulis's incipient influence on Lovelock's thinking. However, he did acknowledge her contributions in private. Their writing collaboration had been under way for just two months when Lovelock corresponded, regarding the draft

[55] "Homeostats": see Letter 13. For more discussion, see Clarke 2020: 29.

of Lovelock 1972 in particular, "on rereading it I see that the views have been modified by our exchanges especially on page 2. Would you join with me in this one also? It would please me and I don't think that the heretical views on life will cancel your membership of the Biological Tribe" (Letter 18). As we noted in the introduction, while thanking Lovelock for his offer of co-authorship, Margulis demurred. This exchange is a microcosm of the mutual respect that bonded these scientific co-workers in the first years of their collaboration.

The early letters work in great detail through the chemical and biological propositions at the base of the Gaia hypothesis, according to which the main composition of Earth's atmosphere is not only biologically produced but also, and even more profoundly, biologically maintained in its chemical proportions. Accounting for such a geologically durable state of atmospheric homeostasis would fully instantiate "Gaia" as a self-regulating system on the cybernetic model. With some regularity, these early letters also address themselves to figures and diagrams in progress, some of which show up in the small suite of articles published in 1974. We have made an effort to identify them. All the while, on a foundation of atmospheric chemistry and microbiology, they are inventing their own, largely unprecedented multidisciplinary approach to a hypothetical entity that integrates environment and life, combining abiotic transformations with metabolic productions. Gaia, the hypothetical entity, "if she exists" (Letter 25), must be built up piece by piece from scientifically plausible statements about a self-regulating system composed of multiple ecological cycles that operate to sustain habitability for the planet at large.

*

* *

11. James Lovelock to Lynn Margulis, January 3, 1972

Dear Lynn,

I greatly enjoyed my visit to Boston and the stimulating even tho disjointed discussions we had. I am most grateful to you for the time and the hospitality. Family Christmas with all that it entails has prevented my writing sooner to thank you.

Here are some thoughts illustrated on the enclosed diagrams, which seem to fit in with the notion of a living planet. Bill Golding suggests 'Gaia' as a name for it.

Figure 1. shows the chemical equilibria at different pE's for the various gaseous compounds of the Earth.[56] The pE scale must relate to a time scale with the far left hand side of the diagram -5×10^{-9} yrs and the far right hand side now. The vertical scale shows the pressure of each gas in logarithmic units (0 = 1 atmosphere)

The interesting points are these:-

(1) Below pE −6.1 all of the carbon would be as CH_4 and lots of pressure to keep it warm.
(2) As CH_4 goes so N_2 appears. pE −6.1 [to] −5.5. N_2 remains up to pE +9 and then goes to NO_3 unless life prevents.
(3) The solid phase transitions for different pE's are also indicated and may help with dating.
(4) The intervals −6.1 [to] −5.5 where major changes occur may have been drawn out in time and −5.5 → +9 might have gone fairly quickly.

This data all from the work of L. G. Sillén.[57]

Fig 2 shows how the temperature varies with surface pressure for the present atmosphere. Also the effects of clouds, CO_2 etc. 1000 millibars = 1 atmosphere = present day pressure at sea level.

Fig 3 shows how the surface temperature assuming the present atmosphere would vary with solar output over the range 0.3–1 roughly what has happened in 4.5×10^9 years. More useful is the other curve showing how much increase in atmospheric pressure would be needed to keep the temperature constant at the different times. CH_4 would certainly have helped at the beginning.

All best wishes

*

* *

[56] Chemical formulas and other abbreviations are spelled out in the glossary of terms.

[57] See in particular Sillén 1966.

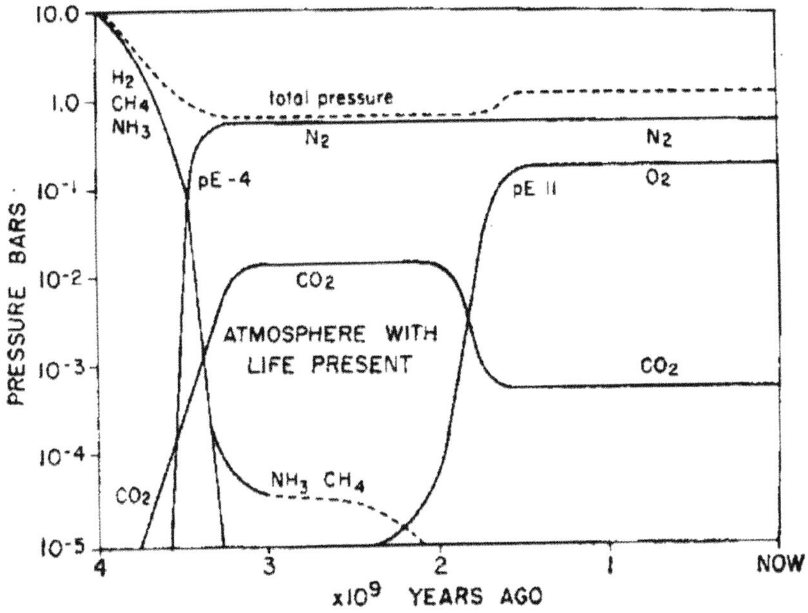

Figure 1.1 A possible variant of "Figure 1" discussed in Letter 11, from Margulis and Lovelock 1974: 473.

*

* *

12. James Lovelock to Lynn Margulis, January 13, 1972

Dear Lynn,

I liked your draft and style.

You should by now have received the diagrams showing the effects of air pressure and compositions on the surface temperature of the Earth and also the probable compositional changes over the period −4 Giga years to date.

I think that we now have enough material for a clear-cut paper with plausible supporting evidences. I have copied your draft to work on further, meanwhile it is returned to you with comments.*

Enclosed is a copy of a paper I have just sent into *Atmospheric Environment*. You have I believe seen an earlier draft but the final version has new information in it which you may find helpful.[58]

[58] Presumably Lovelock and Lodge 1972.

Do you have a cassette tape recorder? It might be easier to pass on comments this way.

Best regards

*Our photocopier has bust, will send copy on next week. Meanwhile comments enclosed separately.

*

* *

13. James Lovelock to Lynn Margulis, January 17, 1972

Dear Lynn,

Many thanks for your letter with the second draft.

Here are two more diagrams to illustrate the possible atmospheres of a Homeostated Earth.[59] I think that it will be best to consider pressure building gases and infrared absorbing gases separately; this is because 1. The pressure builders methane, nitrogen and oxygen are all biologically controlled whereas the infrared absorbers water vapour, carbon dioxide and ammonia are only indirectly controllable by the biota; nitrous oxide which is a direct biological product is still a bit enigmatic. 2. The pressure builders are always 99% of the total and the absorbers always just traces.

The first diagram shows the transition from a methane hydrogen atmosphere through the appearance of nitrogen then oxygen to the present mixture. The dates shown are for the present just guesses for I do not have a geological reference to show when the various chemical changes took place. The diagram gives a plausible explanation of how the total pressure could have been kept at the value required to homeostat the surface temperature.

The second diagram shows how the more passive greenhouse gases varied with time. When the atmosphere was mostly methane at ca 1.8 atmospheres [*Margulis's note*: why 1.8?] pressure it could have held in suspension that much more water vapor and ammonia assuming that their concentrations were not different from normal expectations. The ammonia is shown on an arbitrary scale, there can never have been much in the air unless the sea was very alkaline which seems unlikely. If we know the early pH then we can

[59] Versions of these two diagrams may have been superimposed to produce "Figure 1b. History of the gases of the atmosphere with life present" (Margulis and Lovelock 1974: 473). See Figure 1.1.

assign a maximum value to atmospheric ammonia and see if indeed it was an early greenhouse agent. When the methane and ammonia went then carbon dioxide could appear; however Sillén is emphatic that its concentration is strongly determined by inorganic equilibria and although biological activity may facilitate the establishment of the equilibrium it does not much change the concentration of CO_2. Water vapor of course is right outside biological control in the lower atmosphere where the climatic effects take place.

I hope that this [*Margulis's note*: what?] is clear; the point is that an atmosphere of pure dry nitrogen would give the same surface temperature regardless of pressure; the addition of a constant concentration of CO_2 or water vapor would make a great difference.

Let me know the most suitable dates in March for my next visit. I am free after the first week (from the 11th onwards)

It was most thoughtful of you to send the cheque for a consulting fee and since I fund my own travel etc. it was greatly appreciated. I would not like you to think though that it was a necessary condition for a visit.

With best regards

[*Margulis's notes*] (1) Early – when N was not in N_2 what was it in? (2) How to state limits on the pressure building vs greenhouse effect gases? (3) methane H donor ever in photosyn?

*

* *

Grasping Lovelock's Scheme

Letter 14 documents the moment when the elements and implications of Lovelock's biocybernetic Gaia concept fall into place for Margulis: "I have read your oxygen article five times and finally not only do I dig it but I find it brilliant." In the midst of Letter 17, written a week later, Margulis inks an asterisk on the line "What is the derivation of Gaia? I'll read it soon," directing Lovelock to a handwritten postscript that begins:

> *Read it – perhaps you already have my strong response . . .

Which "strong response"? We think that her added comment refers back to the spirited evaluation cited above from Letter 14: "I find it brilliant." Hence, in Letter 17, her uncertainty only has to do with whether Letter 14 has been received yet across the Atlantic. To tell from this testimony, what Margulis has now grasped is the circular workings of Lovelock's cybernetic scheme, the operational closure of one of Gaia's feedback circuits, the effective form of a negative-feedback loop between the anaerobic and aerobic portions of the biosphere. Letter 14 goes directly on to attach her understanding of methanogen metabolism to his feedback scheme, by which the biogenic pumping up of methane regulates the atmospheric concentration of oxygen, and then affirms, "Your basic conceptual plan here must be correct."

*

* *

14. Lynn Margulis to James Lovelock, January 24, 1972

Dear Jim,

The mail will probably cross again. Anyway, I have read your oxygen article five times and finally not only do I dig it but I find it brilliant.[60] Have you sent it in? Even if so, I think you should strongly consider reducing the size, outlining the argument (I'll do this if you want my collaboration) and submitting it as a technical comment to *Science* in response to Leigh Van Valen's article.[61] Van Valen raised this issue well but did not perceive the solution. I would also change the wording in several places to make it more transparent to the potential ecological and general biological audience. Please let me know soon what you think of this possibility.

Methane producers as far as I know are fermenting anaerobes. If the local environment gets too aerobic they turn off. Therefore they release less methane into the atmosphere. Therefore, according to you, less gets transported up to circuitously loose hydrogen (via water, according to you) and the mechanism for keeping aerobic shuts off. This provides more anaerobic niches and the methane bacteria go to work again. Your basic conceptual plan here must be correct. I am confused on page 4 about lines 5, 6, 7, etc. from bottom.[62]

Neither have I a cassette recorder, and I'd much prefer to write than talk. However, you feel free to send cassettes.

Enclosed is a revised memo which I made up about you. I hope it is reasonably accurate and that the powers in charge will take the next step.

[60] A draft for Lovelock and Lodge 1972. See Letter 16 for more detail. [61] Van Valen 1971.
[62] Lovelock directly replies to this statement at the end of Letter 16. The text in question is around pp. 576–577 of Lovelock and Lodge 1972.

See if you can get a hold of MIT's *Tech Review*, latest issue. Stewart Wilson is supposed to have an article on the Interactive Lecture system in it. I am also confused about the N_2 argument. Carl claims there is plenty of (undetected?) N_2 on Mars in proportion to CO_2. Although on intuitive grounds I feel you are right "that if Mars were lifeless then N_2 would be absent from its atmosphere"... I wish you'd reiterate the grounds for this, slowly. I've looked at the Lovelock Giffin paper but I'm missing something.[63]

I just reviewed a paper for Ponnamperuma's new *Journal of Molecular Evolution* and apparently there are plenty of "nitrogen fermenters" (among Clostridia and very primitive). They reduce nitrate to nitrite. What would happen to nitrite on the anaerobic, Lower Precambrian Earth?

Please explain the reason for needing evidence of buried, fixed N.

Best regards, and please let me know if you want me to do something for *Science*.

Sincerely

[Margulis's note] Memo

S[tewart] Wilson Tech Review

4 questions

What was N when not in N_2 Early

How are limits of pressure builders and absorbers

What form on Mars and Venus

*

* *

15. James Lovelock to Lynn Margulis, January 25, 1972

Dear Lynn,

Many thanks for letting me see a copy of your letter to Carl [Sagan]. The information exchange is not functioning too well and it is very helpful to know who said what, to whom and when.

Back here in Bowerchalke a good friend and flautist, brought a collection of IR spectra which have helped me to understand the atmospheric greenhouses better. The view at present is as follows:

(1) We can probably dismiss N_2O from the greenhouse scene. We still need to know why it is made.

[63] Lovelock and Giffin 1969.

(2) What bothered me about ammonia was that if there was much of it in the air, then the sea pH would be too high. However, it looks from the spectra to be a much better greenhouse gas than CO_2 therefore perhaps as little as 10^{-15} parts by volume would have been enough in 2 atmospheres of CH_4.
(3) Photolysis of methane in the presence of water etc. might give other volatile carbon compounds such as ethane propane-methanol etc. these are all good greenhouse agents.
(4) Carl's 50 atmospheres of methane is not inconsistent. If all of the Earth's carbon was originally as methane it could have been about this much. However, it would not need much water etc. to cause excessive surface temperatures, even with a cooler sun. I do not see why in pre-biotic times there need not have been lots of methane and a high temperature. We are only concerned with post-biotic affairs when maybe the methane was 2 atmospheres.
(5) The current leakage of heat from the Earth's interior is 3.2×10^{13} watts. The input of heat from the sun is 8.1×10^{16} watts i.e. about 3,000 times greater. At −3 giga years the ratio could have been 500 times but not less. Hence the sun outweighs internal heating at all periods we need consider.

This is all I can manage at present.
Best regards

*

* *

16. James Lovelock to Lynn Margulis, January 28, 1972

Dear Lynn,

Flattery from you who I respect works hence this immediate reply.

The oxygen article has a complex history.[64] Knowing it to be impossible to get such a thing into *Nature* or *Science*, I asked a colleague Jim Lodge at NCAR last year if he would do some digging of data for me and submit it from NCAR as a joint paper. He did but the NCAR establishment did not like it. We have submitted it therefore to *Atmospheric Environment*, a lesser journal but as you so wisely said over one of yours, why not. It is most unlikely to be rejected by *Atmospheric Environment*, Jim Lodge is on the Editorial Board and I know the UK editor personally.

[64] The published article states "First received 12 January 1972" (Lovelock and Lodge 1972: 575).

I am all for a response in *Science* to Van Valen as you suggest.[65] If you can orient one biologically so to speak so much the better. The gestation period of *Atmospheric Environment* is about 6–9 months and the paper was submitted early this month. The timing will have to be delicately balanced if we are to avoid the anger of editors and colleagues.

One thing bothers me about the methane. The bugs make 2×10^9 tons in order to transport a mere 5×10^7 tons into the stratosphere. They would not have to make much more than 1×10^8 tons if other bugs did not eat the methane. I have wondered if methane has other uses such as providing water to desert soils. It is a commonplace in efficient systems to maximise the use of a product and there may be other uses for methane.[66]

Carl [Sagan]'s claim about N_2 on Mars is not supported by the evidence which puts it firmly as a minor gas even at the highest possible concentration (5%) lower estimate < 0.5%, Dalgarno and McElroy.[67] Of course astronomical evidence is barely better than evidence from the Old Testament and he may be right from the wrong reasons.

The argument about N_2 as I see it is as follows:

N_2 is unstable in the presence of O_2, CO_2, H_2, CH_4 except at pE (+5 to −5) it will oxidise in O_2 or even in CO_2 to give oxides of nitrogen and CO and will reduce in H_2 or CH_4 to give NH_3 hence it will go to nitrates, nitrites, or ammonia unless there is life to keep it in the air.

The answers to your postscript questions are:

(1) Limits of pressure builders we would take from my diagram:

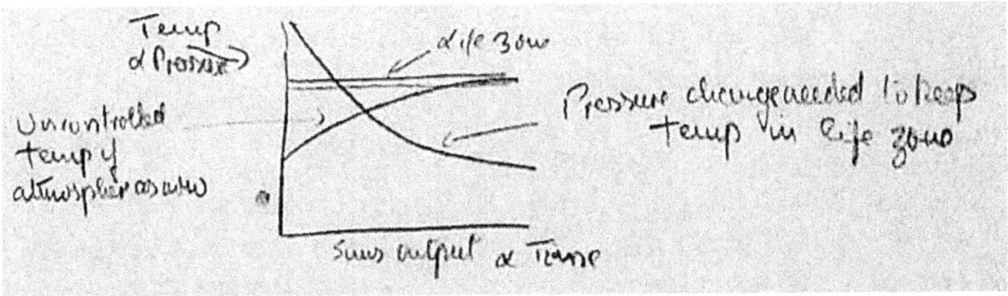

Figure 1.2 Hand-drawn diagram by Lovelock in Letter 16.

[65] Van Valen 1971.

[66] "Mature biospheres are likely to be parsimonious over waste and it is difficult to escape the conclusion that the methane production has an important purpose such as the maintenance of the planetary redox potential" (Lovelock and Lodge 1972: 577).

[67] Dalgarno and McElroy 1970.

Greenhouse absorbers are very difficult, one can only guess at present.

(2) Early N_2 was either NH_3 or NO_2 or NO_3 or 'organic' nitrogen e.g. urea etc. possibly also HCN

On Mars probably NO_3 NO_2. On Venus N_2 as on Earth. Venus too hot and too acid for NO_3 to be stable.

(3) Need to bury nitrogen to reduce atmospheric pressure as sun's output increases unless greenhouse gases alone exert the control (seems unlikely).

(4) Methane eaters abound but I do not know the literature citations. The statement on page 4, lines 5, 6, and 7 from the bottom refers to the temperature of the cold trap which sets the upper limit to water vapour concentration, i.e. if it is $-80\ ^{\circ}C$ at some height then more than 0.5 parts per million of water cannot get past it except as snow and snow does not normally rise!

+ Enclosed

(1) resume with modifications

(2) Letter to *Nature*. Object to restate L and Giffin article which is so buried as to be effectively unpublished. Rejected by *Nature*, but now submitted to *Atmospheric Environment*.[68] Would it help with proposed Oxygen letter to *Science*? Could probably withdraw this one, but Oxygen paper to *Atm Env* must stay (unless the referees object and this is quite possible)[69]

Best regards

P.S. Firm dates in March needed soon.

[*Margulis's note*] These dates have to be pushed back until late April or May what is your pleasure? L.M.

* * *

Exobiology

Two years before Gaia's original thinkers begin to correspond, their having crossed paths at the NASA-funded Origin of Life conference in 1968 indicates

[68] "Letter to *Nature* . . . now submitted to *Atmospheric Environment*": perhaps an early version of Lovelock 1972.

[69] Lovelock and Lodge 1972.

their close professional nexus within the nascent field of exobiology. This professional milieu was sufficiently close for them both to chafe against it on occasion. Many of Lovelock's earliest Gaian pursuits were institutionally rooted in NASA's exobiology program, but he regularly took exception to its life-detection policies and practices. For instance, Lovelock's paper with C. E. Giffin, written at NASA's behest, "Planetary atmospheres," posed the question, "could the chemical analysis of a planetary atmosphere constitute a life detection experiment"? If so, then the evidence points to the absence of life on Mars.

> We convinced ourselves and a few others that such an experiment could indeed detect the presence of life on a planet and with a signal-to-noise ratio at least as good as that of other life detection experiments. At that time, the detection of life on Mars seemed ample justification for this exobiological exercise; as time passed, however, evidence accumulated from the Mariner missions and from the infrared astronomy of the Connes and Kaplan to suggest that Mars may not be far from an abiological steady state and therefore unlikely to be a base for life. (Lovelock and Giffin 1969: 179)[70]

Lovelock then turned the issue of planetary atmospheres back from Mars and toward a more promising object, a renovated sense of Earth as a living planet. Indeed, as earlier noted, "revealing in full detail the biological cybernetic system of the Earth's atmosphere" – that is to say, confirming the existence and effective operation of the system called Gaia – "would seem to be a role nearly as important as the discovery of life elsewhere" (1969: 192). NASA would come around to this view of things, but not for several decades.

Similarly, even while NASA space science was a major source of funding and formed a crucial component for Margulis's professional orientation, at times she would also voice some criticism, at least for Lovelock's private consumption. For example, in Letter 17, Margulis appears in passing to disparage exobiology as a proper field of enquiry: "I've been invited to NASA Ames to discuss post-Viking exobiology Mar 21–22. Have you? I'm thinking of turning down invite because I don't believe exobiol. has come up with a subject for study yet." In *The Living Universe*, historians Steven Dick and James Strick address the occasional complaints that accompanied NASA's institutional construction of exobiology outside of the academy proper: "From the start many academic biologists criticized the putative

[70] Pierre and Janine Connes were French astronomers; Lewis D. Kaplan was an American spectrometrist at the JPL (Connes et al. 1968; Kaplan et al. 1969).

discipline, saying that, because there is no known life on other worlds, its creation amounted to establishing a field of science that has no subject matter" (Dick and Strick 2004: 29).[71] Margulis seems to have been repeating this established line of criticism. We think it equally likely that she was picking up the thread of some previous conversation in which Lovelock expressed a measure of his frustration with the management of the Mariner and Viking projects. His first book would detail this point of concern, often repeated thereafter. Margulis referred back to Letter 14's "strong" and presumably positive "response" to Gaia, and then in the next sentence, on the other hand, addressed the issue of exobiology's purported lack of a "subject for study." This sequence of statements may have articulated her making common cause with Lovelock to distinguish Gaia's speculative existence from the neighboring ontological uncertainties of exobiology.

In Letter 18, Lovelock quips that exobiologists were "barely alive." This hyperbole strikes us as a mordant play on the hubris of that scientific neologism and as a jab at what he considered NASA's mistaken priorities regarding the payloads on the Mars landers: feasible planetary science had been sacrificed for the sake of improbable apparatuses probing for non-existent organisms. A letter in 1977 offered another satirical play on this disciplinary name: "the Biemann team did wonderfully well on Viking . . . The only place they went wrong was in not having the courage to refuse to do the silly experiments thrust upon them by the egobiologists" (Letter 98). Since Lovelock regularly describes this scene of disagreement as the institutional background for his epiphany of Gaia, these chapters of Gaia's origin story are well known. What they confirm in this context is an abiding tension between exobiology – whose institutional mission throughout this period is pointedly disciplinary, to mainstream itself for scientific respectability – and the pursuit of Gaia, which in the beginning and for the first two decades of its presentation was conceptually beyond disciplinary capture and institutional decorum. At the end of 1972, with their first co-authored paper rejected twice by mainstream journals and now split into two versions, as they sized up the available avenues for publication, Lovelock seemed mildly despondent at the prospect of sending Gaia to the world through exobiological outlets: "It may be very slow to appeal and it does seem a pity to have both of our babies fostered by Exobiology which in my classification is only just one above psychical research!" (Letter 42).

At the outset of their collaboration, then, Lovelock and Margulis appear to have been sensibly concerned, at least between themselves, to distinguish their

[71] The first author of this judgment may be the paleontologist George Gaylord Simpson in a book Margulis is likely to have known (Simpson 1964).

Gaia project from the objectives of exobiology. In Letter 21, Lovelock declared that "We are Eso rather than Exo biologists," that is, students of life on Earth, period. In this comment, he recalled Joshua Lederberg's original distinction between *exo*biology as the study of life beyond the Earth and *eso*biology as the study of Earth's own biology.[72] Lovelock then asserted – but, it would seem, not as a criticism – that between the two of them Margulis had the more exobiological orientation. Indeed, Margulis's own research into early cellular evolution was the dedicated exobiological work on the origin and early course of life on Earth that effectively put the Precambrian eons into the Gaia discussion. Lovelock's preference for the materially operating present moment limited his approach to Gaia's cosmological description. The next year he joked to Margulis, "if you will insist on probing around in a 3 billion year old septic tank you must not expect crystal clear answers" (Letter 54). At the same time, with the technological advent of space probes, planetary landers, and radio astronomy, the outer-directed exobiological gaze challenged biological science to renovate its notion of ecological location. One could no longer do terrestrial biology in detachment from its cosmic conditions. Margulis's occasional gestures of resistance to the overt exobiological frame may simply underscore Lovelock's point that Gaia itself is the exobiological object *par excellence*. Gaia is life in the cosmos, on a planet called Earth.

*

* *

17. Lynn Margulis to James Lovelock, February 1, 1972

Dear Jim,

Very shortly I will send you a corrected copy of our joint manuscript, so forget about the last version (i.e., herein).

Methane: there is no question that it is utilized directly in the metabolism of many bacteria; its oxidation (sometimes to CO_2) serves these bugs as their (sometimes) only source of energy. The literature I can put my hands on shows that all these methane oxidizers use atmospheric O_2 and are obligate aerobes. What I was looking for was a way of removing CH_4 under anaerobic (postbiotic) conditions. Perhaps we had a good deal of O_2 accumulate before these bugs evolved and methane was removed both by chemical and biological oxidation during and after the transition to the free O_2 atmosphere (ie., could not be biologically removed earlier).

[72] See Strick 2004: 139.

Buried nitrogen: Elso Barghoorn has frequently told me that a way to tell the age of coal and petroleum deposits is by the amount of nitrogen: older organic deposits are nearly entirely hydrocarbons whereas younger retain nitrogen. This is so well documented that it is in textbooks. If this helps you I can collect references to the original literature.

What is the derivation of Gaia? I'll read it soon.*[73]

They are working on dates. I'll let you know as soon as they know.

*Read it – perhaps you already have my strong response. I've been invited to NASA Ames to discuss post-Viking exobiology Mar 21–22. Have you? I'm thinking of turning down invite because I don't believe exobiol. has come up with a subject for study yet. They want to make recommendations for the "content and direction of Exobiol. res. program that will yield highest scientific return . . . Post Viking"

I'd really appreciate it if you'd go thru this draft – adding, subtracting and massively altering including refs,* decisions on figs (the two historical ones at least) etc.

As for *Science* letter – it might overlap too much with yours to *Atmos. Env.* Let's get this done first. Perhaps this should be sent to *J. Molec. Evol.* I've informally asked Cyril [Ponnamperuma] if this is up his alley.

Warm regards

*Sagan and Mullen Cent Rad Space Res Cornell Publication #460[74]

Evolution of Earth and Mars – did you receive yet?

P.S. meeting of Air Pollution group Tues Feb 8 to decide on planning schedule. I'll let you know then if these dates have to be pushed back until late April or May. What is your pleasure?

*

* *

[73] The "derivation" of the name "Gaia" from a suggestion by William Golding is made public only later that year, in Lovelock 1972. We speculate that Margulis's "strong response" is her favorable reception of Lovelock's exposition of implicitly Gaian geobiological regulatory mechanisms in the draft of the "oxygen article" to be published as Lovelock and Lodge 1972. Lovelock gave Margulis the story of that paper in Letter 16, dated a few days earlier.

[74] The original name of the Cornell Center for Astrophysics and Planetary Science was the Center for Radiophysics and Space Research, at that time the institutional base of Carl Sagan and George Mullen. Cornell Publication #460 is Sagan and Mullen 1971, a preliminary version of Sagan and Mullen 1972.

18. James Lovelock to Lynn Margulis, no date, early–mid February 1972

Dear Lynn,

I was shaken to think of you reacting to our problems at such a time and place. I hope that Zac[hary Margulis] is well again.[75]

I have had some qualms on the Gaia letter, not about the contents as will be explained later, but because you rightly may feel that it preempts our joint paper.[76] The initial intention was to put in words what was said at the Gordon conference last summer, however on rereading it I see that the views have been modified by our exchanges especially on page 2. Would you join with me in this one also? It would please me and I don't think that the heretical views on life will cancel your membership of the Biological Tribe. Let me know your answer by return, since the editor of *Atmospheric Environment* is calling here on February 18th and I can return it to him for immediate publication then.

I agree with you that it would be read to imply that the atmosphere was a living part of the world. The following passage is therefore added between paragraph 1 and 2 on page 4. "In this hypothesis the air is not to be thought of as a living part of Gaia, but rather as an essential non-living component which can be changed and adapted to the needs of the time. Like the fur of a mink or the shell of a snail."[77]

Definition of life:– why do you distinguished biologists call descriptions definitions? I had the same argument with Norman Horowitz my West Coast biological friend. There is as yet no definition of life, only phenomenological descriptions like that which is based on the self replication of the right sort of coded DNA. Physical phenomenology allows the possible existence of a self replicating mechanical system and all sorts of other forms of life not based on nucleic acid information stores. Our next interdisciplinary exercise might be to try to define life but not yet!

Now to come to the points in your letters.

Methane can react with CO_2 in the presence of sunlight lightning etc. to give all sorts of products including CO, water, 'organic' compounds.

[75] Margulis responds to this concern in Letter 19.

[76] "The Gaia letter": presumably the draft for Lovelock 1972.

[77] This passage appears only slightly altered as published: "In this hypothesis the air is not to be thought of as a living part of Gaia but rather as an essential but non-living component that can be changed or adapted as the needs require. Like the fur of a mink or the shell of a snail" (Lovelock 1972: 580).

So methane can go in the absence of bugs and of O_2, but there are no methane, CO_2 reaction users?? Methane also photolyses in the upper air.

The nitrogen is most exciting: cheers to you and Barghoorn.[78] I hope that we can have one or more of the diagrams in the paper; with this nitrogen storage story our picture is now becoming plausible so far as the climate control goes.

Ammonia.

There is no immediate connection between the concentration of NH_3 in the air and NH_4^+ ion in the sea, everything depends upon the pH. If the oceans have always been at 8.2 then there would be as much as 3M NH_4^+ or as little as 10^{-5} M NH_4^+ in the sea without any appreciable change of atmospheric NH_3. This is because the atmospheric NH_3 depends upon the equilibrium $NH_3 + H_2O \leftrightarrow NH_4^+ + OH^-$. At pH 8.2 the free NH_3 concentration is in the region of 10^{-5}–10^{-7} according to the amount and nature of the other NH_4^+ salts present like $NH_4^+ Cl^-$ etc.

Furthermore if the biota choose to excrete ammonia – as they do today – there need be little or no constraint on how much they make other than energy and available nitrogen. If as Carl says one in 10^5 NH_3 is equivalent to 3 parts in 10^4 CO_2, then even the present day NH_3 concentrations could be having a greenhouse effect.

Can't imagine you mixing with Exobiologists. With very few exceptions they are barely alive. I feel very strongly that good experiments such as a complete atmospheric analysis down to parts per 10^7 and good soil analysis experiments of a petrological nature have been bumped off Viking to accommodate exobiological frills.

Best thoughts

*

* *

19. Lynn Margulis to James Lovelock, February 16, 1972

Dear Jim,

As for Gaia I do not in any way think you are preempting our mutual paper . . . on the contrary the more already in print and justified the better off we are. After all we are involved in attitudinal (scientific paradigm – Kuhn)

[78] Lovelock refers to the information concerning nitrogen Margulis gleans from Barghoorn and passes to Lovelock in Letter 17.

change.[79] Furthermore I really have not done the methane argument for myself in the detail I would like to before signing on. Please go ahead and get it out on your own. My examples, rather than the fur of the mink (which is composed of keratin protein mostly and directly attached to cells) would be any of the following: the nest of the paper wasp, the dam of the beaver, the sand-cemented shell of *Arcella*, the mound of a termite colony, the webs of spiders, the hills of ants etc.[80] These are all complex and extensive elaborations of the environment by the organisms. Perhaps there are some extensive nests of large bird colonies off the So[uth] Coast of England that will be a reference ringing true . . . like those weavers in Africa that take over entire trees.

Please send me your final word on a copy of the ms Gaia as it goes in to *Atm Env*. Nitrogen apparently varied from 0.01 to 0.9% weight in petroleum deposits and is steady in Carboniferous coal at 1–2%. I haven't been able yet to find the increase burial with age statement but I will soon. Carbon goes up and nitrogen down of course in the coalification process itself.

Yes there are methane utilizers (oxidize methane with O_2 for energy) that take in CO_2 and fix it to organics. One genus of organisms . . . and the greatest fractionator of C^{13}/C^{12} known. Aerobes, of course.

What is the explanation for all that H_2S (recent *Science* Kellogg, et al?)[81]

Your comments about physical phenomenology and life are well-taken. I'd like to think pH is 8.1–8.2; I've just read Sillen's masterpiece for the 1st time. I like 10^{-3} M NH_4 . . . 0.1% is good for bugs and this is [James R.] Miller's value for the decomposition of asparate. [Preston] Cloud says "If NH_3 were in the atmosp. it would also be in the hydrosphere. The resultant high pH would favor the precipitation of $CaCO_3$ and CaMg $(CO_3)_2$ and oppose the precipitation of the SiO_2 whereas the record of the oldest sediments show the reverse" p. 730 Egl. and Murphy. Can you put an

[79] Thomas Kuhn, American historian, inventor of the concept of paradigm shift. For more on Letter 19, see Clarke 2020: 30–31.

[80] *Arcella* is a genus of "testate" amoeba, which form shells to live inside. All these examples of structures built by living beings will be popularized in evolutionary biology after seminal publication of Lewontin and Levins in the early 1980s, under the label "niche construction" (Levins and Lewontin 1985, Odling-Smee et al. 2003). This label put forward the "active" role that living beings play vis-à-vis their environments. Interestingly, the Gaia literature – developing this idea with an emphasis on the planetary scale – and the niche construction literature – starting a decade later and focusing on smaller scales – in spite of very similar arguments, will proceed in parallel with very little crossover. For a history of niche construction theory, see Pocheville 2010; for a historical analysis of the parallel between Gaia and niche construction, see Dutreuil and Pocheville 2015.

[81] Kellogg et al. 1972.

upper limit on this? Between Miller and Cloud we are apparently bracketing the ammonia.[82]

Rereading my letter from Cyril [Ponnamperuma] I see, "we would be delighted to have a contribution from you for *J Molec Evol*" ... since I respect your response to "exobiology" *JME* is probably our best possible outlet.

I'm hoping to receive a sort of next-to-last round directly on the paper from you soon. [Stewart] Wilson is still fooling with his electrowriter so May will come soon enough. Have you seen the new *Newsweek*? He called this am. To apologize for using Watson as example for geneticist.[83] He is a snob and a delicate nervous system but with excellent taste and ability.

Zach [Margulis] had much less flu than all of us. He had a literally wretched hour and recovered blithely. He has been his cheerful eager self for so long that I had forgotten about the incident.

*

* *

20. James Lovelock to Lynn Margulis, February 18, 1972

Dear Lynn,

I have to be over in Washington during the week of March 13th to visit my bread and butter suppliers, NOAA. Would you be free for a talk about where we are with the paper? I do hope that you will and if so it might be best to make mutually satisfactory arrangements with my contact at NOAA. Who is: Dr. Robert J. List, Chief, Air Resources Radioactivity Lab, US Department of Commerce, NOAA Silver Spring, Md. 20910.

I propose to travel to either Boston or Dulles on Monday 13th and return the following Friday night.

Had a letter and article from Carl [Sagan]. This article with Mullen is fascinating as a contrast to our picture of the way things happened.[84] There is clearly some confusion in his mind over nitrogen. Provided that the concentrations of CO_2 and H_2O stay the same then an increase in N_2 puts more of them into the air and so thickens up the greenhouse. On this basis relatively small N_2

[82] This may be referring to the book by Preston Cloud (Cloud 1971).
[83] James Watson, American biologist, co-discoverer of the structure of the DNA molecule.
[84] Sagan and Mullen 1972.

changes can have an appreciable effect. Carl seems to be hung up over atmospheres of N_2. We are talking about a $\pm$20–30% change in the current level. The most important rock is shale – most of the buried carbon etc. is in this. I hope that the N_2 distribution of shale goes with age as does coal etc.

A recent article in *Nature* offers a correlation between air temperature and inorganic (volcanic dust) in the historical record of the Antarctic and Greenland ice caps. That is to say an outburst of volcanism sets off and sustains an ice age. This all makes good sense and fits with current meteorological notions. From our viewpoint I wonder if we should look for some biologically driven change to prevent the climate being driven beyond an ice age.[85] It's the difference between shivering and being frozen solid. It has long been a meteorological puzzle why an ice age does not go on to a frozen planet.[86]

Did not quite follow your note about Cyril Ponnamperuma's journal. I'm quite happy wherever it goes so long as there is not a lot of difficult referees to satisfy.

See you soon, I hope

*

* *

21. James Lovelock to Lynn Margulis, February 29, 1972

Dear Lynn,

Thursday afternoon and Friday 16th and 17th March are fine and I'll do as you suggest and leave from Boston on the Friday evening.

I expect I must seem a bit unresponsive about your draft and I admire the patience you are showing. It is mostly for the good reason that new clues or potential clues keep turning up and I did not want to start on the final

[85] It was already understood in the 1960s that human activities could change the climate. Even though global warming due to greenhouse effects was certainly dominant, the possibility of a global cooling due to the dimming effects of aerosols (not to mention thermonuclear war) was also considered a possible threat. "Nuclear Winter" became a cautionary slogan in the 1980s during the last years of the Cold War.

[86] In the 1960s, theoretical considerations showed that if ice caps expanded beyond a given latitude, then a runway positive feedback loop would lead to an Earth entirely frozen at its surface (e.g., Budyko 1969). This ultrastable state, considered a theoretical curiosity in the 1960s, was shown in the 1990s to have actually occurred earlier in Earth's history (Hoffman et al. 1998; Kirschvink 1992). Now known as "snowball Earth," these episodes were then an important topic of debate within the Gaia literature – and often exhibited in critiques as "counter-examples" of Gaia's stability.

version until it had all shaken down. There is a work storm and flu as well but these would not alone have made much difference.

To illustrate what I mean:

(1) The most extensive ice age was just before the emergence of oxygen.
(2) Have always doubted the importance of ozone as a UV filter but as a climate modifier it could be very important.[87]
(3) Annual output of N_2O now estimated to be 2×10^9 tons i.e. same as methane. Convinced it is vital – think it makes ozone.

I see typically opaque controversy rearing its head over the burial of N_2, thanks for the warning. The whole thing is bound to be subtle if it is biological – like the oxygen story. I don't know if it affects you the same way but half way through the working out I usually become convinced by some one, both erudite and with encyclopedic knowledge, that I'm quite wrong. Fortunately the spell breaks after a while.

My program is to arrive at Dulles on Monday afternoon spend Tuesday and possibly Wednesday at NOAA and come to Boston for Thursday afternoon. Unless I hear from you otherwise, I'll come straight to Cummington Street from the Airport. Between 2 and 4 p,m. no doubt.

[*Margulis notes*] dimethyl sulfide 10^8 tons/yr.

Sweden – acid rain.[88]

Don't have any strong views on Theory and Experiment in Exobiology apart from the fact that we are Eso rather than Exo biologists.[89] Its more your backyard than mine Lynn so am glad to leave the decision to you.

Look forward greatly to seeing you.

Best regards

*

* *

[87] Lovelock takes this position before the ozone controversy starts and sticks to it during the "Ozone War."

[88] Acid rain resulting from the combustion of fossil fuels containing SO_2 transforming into sulfuric acid was a hot topic in the early 1970s. At that time, Lovelock conducted measurements of DMS – which would later be famously linked with climate (Charlson et al. 1987) – and suggested that the biological production of DMS can be considered an important source of sulfuric acid (Lovelock et al. 1972), and thus a "natural" contribution to acid rains.

[89] In reference to Schwartz 1972. The decision to which Lovelock refers may have been whether to review it at all: "This is an issue of a review journal disguised as a book . . . each chapter has its value, and all are well written, yet this is no justification for the book" (Margulis 1974b).

22. James Lovelock to Lynn Margulis, March 8, 1972

Dear Lynn,

Wish I could stay over until Tuesday but I can not. I have a bread and butter meeting at Chester on Tuesday involving 20 people which has been rescheduled twice already. I just do not have the nerve to ask them to put it off again.

Any way here are some comments on our paper for your consideration before I get to Boston next week.

First a general comment: In this sort of interdisciplinary paper I think that we have to have a general introduction which explains in common language what it is all about. It has for example to be explained to non-chemists that equilibrium is a nineteenth-century academic concept with no existence in the real universe. Any planet with or without life on which the sun shines cannot be at equilibrium. It is at a chemical and physical steady state and the entropy reduction of such a steady state on a lifeless planet is recognizably less than that on a planet with life.

It needs to be explained to non-meteorologists how the surface temperature is related to the input of solar energy, the atmospheric pressure and composition. Carl does some of this rather well in the introduction to his paper with Mullen.[90] Something similar is also needed for us non-biologists on how the bugs work. On the attached sheet is a paragraph or so to serve as the chemical bit.

Suggested order of the paper including the above comments:[91]

(1) Introduction as is, plus above and concluding with some statement about what we are trying to demonstrate exists. i.e. a phenomenological test for a living planet.
(2) Evidence for chemical homeostasis: The ensemble of gases, pH, pE. Some comments on the cycling of essential trace elements between the sea and the land surfaces. E.g. sulphur cycles as dimethyl sulphide, selenium as dimethyl selenide, iodine and methyl iodide etc. All are wholly biological and the evidence is new.
(3) Evidence for physical homeostasis: The temperature record compared with solar output. The fact that small changes in input can produce large surface temperature changes because of the positive feedback mechanisms in the real atmosphere. How chemical compositional changes can cause temperature changes.

[90] Sagan and Mullen 1972.
[91] This outline seems to have served as general guidance for various versions of Gaia articles.

[*various chemical notations in Lynn Margulis's hand*]

(4) Summary of homeostasis evidence
(5) General biological and biochemical mechanisms for the maintenance of the system. Could we consider the methane oxygen cycle in close detail? See diagram attached.[92] Also consider NH_3 N_2 N_2O and nitrates together.

I hope on Tuesday next at NOAA to learn some more from the experts just what ozone does for the climate. There are tantalizing bits of evidence that it is very important in maintaining the surface temperature. I think it goes that the more ozone the cooler it is. Now the gas NO is a great ozone destroyer hence all the fuss about SST's injecting NO as a combustion product in the stratosphere. But biological production of N_2O is 2.5 × 10 tons annually and half of this at least goes to make NO in the stratosphere. We might take the opportunity to lay the ghost of ozone as a UV filter; the more I think about it the more nonsense it is.[93] About at the same intellectual level as the need to sterilize spacecraft going to or from the moon, Mars etc.

[*Margulis's note to previous paragraph*] contrary to classical greenhouse argument

[*Margulis's note to following paragraph*] not received –

A diagram is enclosed giving the latest information on the temperature record for the mid latitudes over the past 100 megayears. It is on a log scale but is I think very sinister in its implications. The ice ages look just like the start of an uncontrolled oscillation in other words symptomatic of a failure incipient in the climate feedback control mechanism.[94] Could their starting date be related to the emergence of man and tricks such as the fire drive method of hunting?[95]

As I mentioned earlier in another letter the previous great ice age was just around the time that oxygen appeared in abundance.

[92] We think this refers to the "Methane balloon" diagram mentioned in Letter 23 and later published in Margulis and Lovelock 1974. See Figure 1.4.

[93] *Homage to Gaia* (Lovelock 2000) dates the onset of the Ozone War to the publication of Molina and Rowland 1974.

[94] See Figure 2.1, "Midlatitude paleotemperatures compared with solar luminosity," from Margulis and Lovelock 1974: 486. This is the first mention in the correspondence of an argument that will be pervasive in Lovelock's Gaia writings – the speculation that the temperature oscillations that produced the most recent ice ages signify that contemporary Gaia is already under stress and its control function is weakening.

[95] Accompanying Lovelock's concern over the "sinister . . . implications" of the recent ice ages is an equally striking suggestion that these temperature oscillations may have resulted from humans setting massive fires – a presentiment of anthropogenic climate change under way long before fossil fuels make their appearance.

Look forward immensely to talking with you and to beginning to play a more constructive role in this joint effort.

With best regards

[*Marguliss's note*] 1. Relation of nitrate
nitrite to pE of atmosp

Specific comments etc.

Example of paragraph for non-chemists.[96]

Chemical equilibrium is a state in which all of the atoms of a mixture have undergone all possible reactions until they have reached that stage of chemical satisfaction that no more change can ever take place. Such a state does not exist in the Universe which everywhere is traversed by a flux of radiation sufficiently energetic to disturb atoms away from their state of chemical equilibrium. This is especially true near a sun where all of the planets are receiving huge fluxes of radiant energy. In such circumstances the atoms at the surface or in the planetary atmosphere are greatly disturbed and a considerable proportion may be changed to a new constant composition which is not a static chemical equilibrium but is a 'steady state equilibrium' which will persist so long as the sun shines and so long as the atoms present are of the same species. The Earth is unique in that it possesses an atmosphere and a surface chemical composition which is far removed not only from static chemical equilibrium but also from any conceivable steady state abiological equilibrium. It is a strange mixture of mutually reactive compounds some with lifetimes measured only in days and none with a lifetime greater than ten million years (the noble gases excepted). Its composition fits only that of a mixture contrived for some specific and very contemporary purpose.

[*Margulis's note?*] We suggest that purpose is the maintenance of the biota.

Page 2 on the matter of ammonia. Once life is established the presence or absence of NH_4^+ ion in the sea is irrelevant. Even today the biology excretes no less than 3 times 10^9 tons of NH_3 annually to give an atmospheric concentration of about 2×10^8 by volume. This has an undoubted role as a pH controller. Prior to oxygen even the present excretion rate could have lifted the ammonia concentration to levels sufficient for greenhouse action. The present and probably the past production of ammonia does and did not require NH_4^+ ion as a source.

Page 4 end of second paragraph "Photolysis of methane... ethane propane methanol" This would only be true before oxygen appeared and probably only way back at the beginning.

[96] The following paragraphs do not directly match up with any of the early published articles. They appear to represent draft content that was further worked over.

Page 5 N_2O is a dubious greenhouse gas. Unless it could have been present at really high concentrations greater than CO_2 now. It is so easily decomposed by solar UV that I am loath to invoke its use as a greenhouse agent unless we have some other reasons such as the simultaneous presence of a protecting gas (can not conceive one such). Note N_2O as an ozone modifier and a source of upper atmospheric NO, NO_2 and O could be much more realistic roles for this gas.

*

* *

23. Lynn Margulis to James Lovelock, no date, ca. March, 1972

Dear Jim,

We've now heard your questions and in general very much like the entire presentation of "Gaia." We think that some further explanation is required at several points – in order of appearance on the unedited recorded answer tapes as follows:*

(1) Dimethyl sulfide – possible involvement in cooling. Need: addition to tape answer and diagram presenting your hypothesis
(2) N_2O – how could it alter O_3 – addition to tape and a diagrammatic representation of your hypothesis. Also we will try to get a copy of Alexander's graph.
(3) I think photosynthesis answer should be entirely retaped – either electrowriter or diagram accompanying to explain what you mean by reduced carbonaceous matter "chemically equivalent" to oxygen. (You mean quantities and at one point say photolysis – instead of photosynthesis. Confusing.)
Define source and sink either here or later (4)

*Enclosed are my notes to remind you about more or less what you said.

(4) Residence time
Retape
(5) Gaia control – good
(6) Answer good but additional materials needed* – Effect of ozone on height of tropopause.

*Diagram [see Figure 1.3]
*Explanation – most think more O_3 less UV lower temperature, less O_3 more UV – greenhouse effect – higher temp. Must be directly discussed.

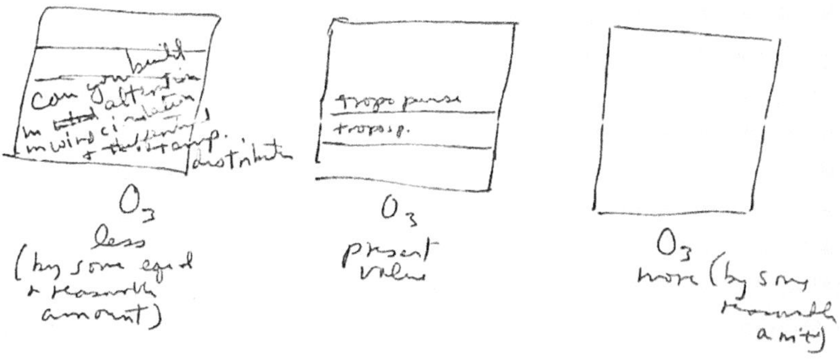

Figure 1.3 Hand-drawn diagram by Margulis in Letter 23.

(7) good
(8) ”
(9) ”
(10) ”
(11) What is smog

Need illustration materials:

> Chemical equations of oxidation of sulfur compounds to sulfuric acid–ammonium sulfate. Tear gas compound etc. just as reference in black and white to your words.

(12) good
(13) Need addition to tape defining aerosol
(14) great

Jim [Schaadt] and I think you ought to draft all diagrams and send us copies as soon as possible. We can be working on these before you get here so that your time when you are here can be spent as productively as possible.

Listening has permitted me to (get ready to) include sulfur compounds in our joint paper. When you were here I forgot to ask you about an invitation I've had for a chapter in a book on biology and oxygen: history of atmospheric O_2. I've been tempted to turn it down but perhaps you want to include this in our busy schedules.

Warmest regards

P.S. At one pt. (early question (2) about 0.3 way into tape) you say (concerning expulsion of H_2): “Methane balloon” – we think diagram (A) enclosed ought to illustrate this. Please look at our alterations and return your corrected version for eventual making into a slide or glossy. Thanks in advance.

You may have to rerecord this question with new diagram in front of you.

*

* *

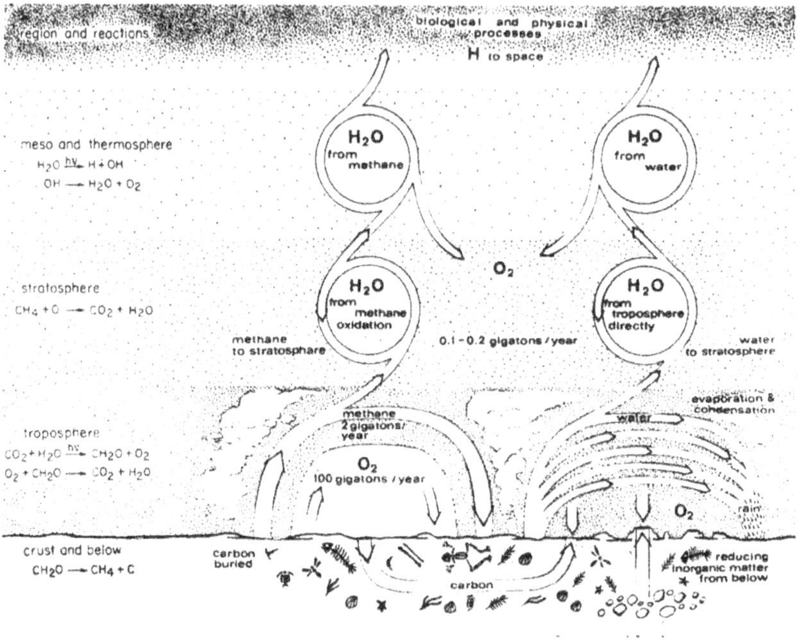

Figure 1.4 A finished "methane balloon" diagram: "Figure 5. Atmospheric oxygen maintenance from methane oxidation," in Margulis and Lovelock 1974: 485.

*

* *

24. James Lovelock to Lynn Margulis, April 5, 1972

Dear Lynn,

I must have been anticipating your request for one such diagram is already made. Copy enclosed. I've not put the gases in descending order of abundance because at heart I'm an elitist. Also throughput is as significant as is abundance but I've not listed them that way either. No, they are grouped with elements in common, i.e. carbon compounds, sulphur compounds, nitrogen compounds and O_2 all on its own. I cannot find good information on the current output of gases from volcanos etc. (the abiological column, which also includes processes like O_2 by photolysis of H_2O) hence the ? marks.

Don't fret about the mammals it was only a guess anyway. Many other living things may have been in the course of change then, as you indicate. The interesting point is that the temperature of the mid latitudes was falling while the sun's output increased.

I keep coming back to the thought that the most economical way of controlling the climate is by manipulating the stratosphere. Hence my interest in ozone and its regulator N_2O. Also certain sulphur compounds could be important thru the production of stratospheric hazes. This does not mean that the bulk N_2 effect is unimportant, but rather that a short time constant response is necessary as well as a long time constant one. The residence time of N_2 is 10^6 years which is fine for compensating against solar output change but 10^6 is too long for the prevention of runaway ice ages.

Coming back to the table another nice point is that the NH_3 output is comfortably right to keep the planet just on the alkaline side of neutral. Without it the H_2SO_4 and HNO_3 generation would soon make the land top surfaces far too acid for life. The chalk downs around here have acid top soils! In spite of $CaCO_3$ almost pure 2" below.

The rain washes downwards, so the alkali cannot move up against the stream. Venus would appear to be acid HCl and HF in the atmosphere and maybe Mars also.

Like you I'm ground down with too much to do for too many, but I hope that the brief spell in Ireland 12th–20th will give me time to think.

I greatly appreciate your efforts to see that some payment comes my way. It will be welcome for just now the sinks are larger than the sources.

The period May 22–30 I've booked to share with you and NOAA (Gaia's illegitimate daughter).

Good luck

*

* *

25. James Lovelock to Lynn Margulis, April 26, 1972

Dear Lynn,

Today after 12 days in wonderfully peaceful sunny Ireland we are due to go home. So good has been the weather that my carefully planned program of work has somehow slipped in favor of mountain climbing. At each opportunity I've read and reread your letters of commentary on the tapes and some responses in the form of diagrams are enclosed also some written comment. Two things have prevented the completion of this task: (1) lack of data on e.g. smog reactions. This I'll transmit as soon as I am back at Bowerchalke. (2) A feeling that I overstressed the dimethyl sulphide and N_2O aspects of control. Not that they may not be important but rather that they could merely be parts of a more detailed scheme. Some ideas on how Gaia if she exists could homeostat Ⓣ are on the typewritten bit.[97] You will see the DMS N_2O are just one part. Next week I'll be in Germany lecturing at Chris Junge's lab. He is the sulphur and aerosol king so I hope I get the latest news on this one from him. Look forward to seeing you soon.

*

* *

26. James Lovelock to Lynn Margulis, June 7, 1972

Dear Lynn,

It's great! I can't drop everything and give it the attention it merits but I've dropped ¾ of everything today and enclosed are my first comments. You will see that they are little more than alterations of the form of expression, which make those parts altered clearer to me.

I'll pass on more comments, literature citations etc., as the days go by seizing moments before they pass. Do hope *Science* will take it. If not let's try *Nature*, about every other paper I send to them they take and there is one due for acceptance now.

Hope Nick [Margulis] won his poker game or at least it was as profitable as yours.

I miss you all

*

* *

[97] The capital T inside a circle is a shorthand for "planetary temperature."

Submission, Rejection, Conviction

In the spring and summer of 1972, Lovelock and Margulis were sending working drafts of their first co-authored Gaia manuscript, "The Earth's atmosphere: circulatory system of the biosphere?" back and forth by international post. It appears that Lovelock was content for Margulis to drive the writing process. She thanked him for "complying with my superego" (Letter 31), presumably, accepting her editorial preferences. For this essay, Margulis tried without success to secure a copy of Sachs von Lewenheimb's *Oceanus Macro-Microcosmicus*. In this 1664 engraving, the meteorological and atmospheric allegories illustrating William Harvey's demonstration of the circulation of the blood may be read as intimations of a Gaian "circulatory system." This illustration would later accompany their *CoEvolution Quarterly* article (Margulis and Lovelock 1975). Margulis submitted their first co-authored essay to the journal *Science* on July 23. Lovelock vacationed in Ireland and noted his immersion in the recently published work of applied cybernetics, D. S. Riggs's *Control Theory and Physiological Feedback Mechanisms* (Riggs 1970).[98] From this reading he would issue key remarks on homeostasis, a central concept in his theory of the Gaian system.

During this same period, Lovelock publicly debuted the name of Gaia in a two-page letter in the journal *Atmospheric Environment*, titled "Gaia as seen through the atmosphere" (Lovelock 1972). He defined Gaia here once again using the phrase "a biological cybernetic system," specifically, as a system that could "homeostat the planet for an optimum physical and chemical state appropriate to its current biosphere" (579). This brief professional article published under Lovelock's sole name is the original communication introducing the name of Gaia into the scientific literature.

While Margulis was bound to departmental duties at Boston University and longing for a sabbatical, Lovelock was making repeated trips to the States for meetings with NOAA colleagues. At the end of September, *Science* rejected their submission. Her letter informing Lovelock of that outcome appears to be lost. Lovelock's response went over their options. Margulis seems to have already suggested applying their Gaia article to a book treatment, while Lovelock currently preferred journal outlets as the quicker route to publication. Shortly thereafter, Margulis submitted a version of their

[98] Lovelock would recommend this book to both Andrew Watson and Tim Lenton when they started working on their PhDs.

extant manuscript to *American Scientist*, which journal would reject it by December. They also got to work on a revised version of their article, "our new magnum opus" (Letter 36). That fall Lovelock experienced recurring chest pains and was advised to rest at home, which "ordered cessation of effort" (Letter 37) afforded him time to bring the most current literature to bear on their Gaia writings, and especially on the updating and refinement of their data tables. Toward the end of 1972, Margulis was conferring about the Gaia idea with an important mentor, the eminent ecologist G. Evelyn Hutchinson, and hoped to get him together with Lovelock, who reported finding multiple confirmations of their Gaian thinking, so much so that, as he affirmed in an important letter that December, "The Gaia hypothesis is moving on to become a theory" (Letter 40). While the Gaia hypothesis posited the possibility that a system called Gaia might exist, Gaia theory asserts that a system called Gaia must exist: "The logic of the atmospheric life detection experiment (which proves beyond reasonable doubt that the Earth's atmosphere is a contrived mixture impossibly different from an abiological steady state) can only mean that Gaia exists" (Letter 40). Nevertheless, his published statements for years to come would remain for the most part carefully couched in tentative tones.

*

* *

27. James Lovelock to Lynn Margulis, July 4, 1972

Dear Lynn,

Here are some comments – maybe final – for our paper.[99] I am sorry to have been slow in responding these last few weeks but my eight bosses have been clamouring for their pounds of flesh. It was not so much the lack of time – though there was little to spare – so much as the lack of alertness to do justice to our paper which held things up.

I don't in the least feel I have been pushed in any way by you. Indeed I think that you have done a grand job with great patience.

Hope the other bits have arrived in Boston.

[99] Their first co-authored article, the original essay rejected by *Science*.

The weather here is unbelievably bad. Never ceasing rain and temperatures in the 50's very conducive to writing and reading.

Our best thoughts to you all.

*

* *

28. Lynn Margulis to James Lovelock, July 5, 1972

Jim,

When the enclosed has received both your additions and your blessings I think it will be ready for *Science* (and when rejected minor modifications may fix it up for *Nature*). Do you think we ought ask that R. H. Whittaker (a really fine ecologist) Hutchinson or some other wide-visioned-brain review it or leave it to Fate and Politics?[100]

Please carefully comment directly on the enclosed and return the ms when you are entirely happy. We might even be able to salvage most of the typing job as is.

I have requested the photo from Keeper of the Books, Brit. Museum. If it is possible, you might call or in some other way use your influence to get the figure for I hear they are competent, diligent and slow.[101]

When this is happily mailed off I will start on the Exobiology piece but until then, I can't get organized.[102] Have you proof on Lovelock '72, I'd like to see the up-todatest?[103]

Warm regards and great interest in your reply

P.S. Letter this week from Carl says the best figure for the increase in solar brightness is 40% ± 10%.[104]

*

* *

[100] R. H. Whittaker was an American plant ecologist and proponent of the five-kingdom phylogeny favored by Margulis. See Margulis 1971e.

[101] Margulis's papers preserve a letter from the British Museum dated September 11, 1972, with regrets that they do not have *Oceanus Macro-Microcosmicus* in their collection.

[102] The identity of "the Exobiology piece" remains uncertain. We assess the evidence in the introduction to 1973.

[103] The "Gaia letter" (Lovelock 1972). [104] See Sagan and Mullen 1972.

29. James Lovelock to Lynn Margulis, July 18, 1972

Ard Carrig, Direeney, Adrigole, Bantry Co. Cork, Ireland

Dear Lynn,

At last our correspondence is in phase again and I can respond to your reply to my letter with inclusions sent from here earlier this month. I will do as you say and wait until I receive your next and probably last draft on the *Science* paper.

Both of your wishes have I think been granted, your man has been nominated and the sun has been shining for four days now.[105] We are enjoying swimming in the pool our Irish neighbours have built for us, the sea is still too cold to be endured.

One thought came to me on rereading the draft and that is that Siamese twins may be a rare event but pregnant women hardly.[106] It is a nice analogy and should stay but needs some qualifying words to protect us from the obvious comments such as "Ivory tower academics so obsessed with their theorizing that they have not heard of the population explosion." What about . . .

"Except with rarities such as Siamese twins or comparatively infrequent states such as those of pregnant women" . . .

These damn journals and their stylistic demands are a tyranny. I had no notion that *Science* had become one of the rigid academic establishment voices; I thought that it was like *Nature*, somewhere one could publish articles that were speculative and said in one's own words so to write. If they will not accept our pearls there are a few others we can try before considering the last resorts like *Icarus* or *Atmospheric Environment*.

[105] Presumably the nomination of George McGovern as the Democratic candidate for the 1972 presidential election.

[106] As in the following passage of the published article, "Homeostatic tendencies of the Earth's atmosphere," Margulis will often make this point about the problematic complexity of biological "individuality." The correspondence shows Lovelock adjusting the clarification given in the parenthetical statement in this passage: "Although the environmental control mechanisms are likely to be subtle and complex, we believe their evolution can be comprehended broadly in terms of Neodarwinian thought (Mayr, 1972). All organisms at any given time are, if circuitously, connected to all others. People are misled by the ease with which 'individuals' can be identified in human and animal populations. (Ambiguity seems to arise only in exceptional cases, such as pregnant women or Siamese twins.) However, when considered from the point of view of the survival of the individuals to reproduce and leave offspring to the next generation, the 'individual' is very difficult to delineate from the 'group' or 'population'" (Lovelock and Margulis 1974b: 99).

I don't know if you have had a chance to get and look at the book "Control theory and physiological feedback mechanisms" by D. S. Riggs.[107] I have been enjoying reading it here and one point of special interest to us brought out is that unlike engineering systems where homeostasis is kept by reference to a primary standard such as a thermostat which is set; biological systems maintain homeostasis in the absence of any reference point in the formal sense. Instead there is a sort of consensus among the components to choose the current optimum.[108] If you do get a hold of the book I would very much like to know Nicki's down to earth views on it.

Time to climb the mountain. Will await your next letter with pleasant anticipation.

As ever

*

* *

30. James Lovelock to Lynn Margulis, July 21, 1972

Ard Carrig, Direeney, Adrigole, Bantry Co. Cork, Ireland

Dear Lynn

It arrived this morning having delayed itself by going via Bowerchalke.[109] We shall be here in the bog until Aug 3!!

To get it back to you in time for your July 25 dateline I must catch the 2.00 PM post which leaves virtually no time for any but the briefest checking. I think that it is fine and really nothing but a few trivial points need attention. These I have marked in pencil on your MSS.

Have a good vacation,

In haste as ever but calm

Maybe I'm nutty but I think of "homeostasis" as a magic word with all of the living circular activity of life. Hence my dislike of verbal and adjectival

107 D. S. (Douglas) Riggs, American medical doctor, chair of pharmacology at the University of Buffalo.

108 After the early 1980s, both Lovelock and Margulis will make a point to note that, unlike designed systems, biological systems do not operate around a *fixed* set point. When comparing Gaia to biotic systems, they will substitute the term *homeorrhesis* in place of *homeostasis*, a shift often considered as a hallmark in the evolution of Lovelock's and Margulis's thinking. But here we see Lovelock clearly cite this distinction in the first year of their collaborative writing.

109 Presumably "it" is Margulis's final draft of the manuscript submitted that summer to *Science*, sent to Lovelock for his final corrections or comments.

forms of the word which seem to diminish it. By the same token once you have a homeostasis it is difficult to distinguish parameters from variables, inputs from outputs etc. etc. Thus 'parameter' becomes dubious as a word.

*

* *

31. Lynn Margulis to James Lovelock, July 23, 1972

Dear Jim,

Thanks for complying with my superego.

As you can see it went in today, enclosed are 2 copies and correspondence. We will still have a chance to modify, of course, after we get reviewers comments even if they are favorable.

Things left undone include:

vol and page for Lovelock at al *Nature* (ref. 18) and Lovelock *Env. Atm. Sci.* (2) are these out yet?

What about my Siamese twin stuff; I'm not sure what you are querying?

Are you happy with the tables?? Please look closely.

Jim Schaadt and Susan Riggs are really delighted with our tapes. They have made three short tape main body sequences from them and developed a "map." It all looks good to me, although I haven't yet listened, I'm giving them a chance to edit tapes first. I will listen of course before embarking on our second paper. Please let me know your detailed schedule insofar as it is projected into the future to avoid another rerouting of mail. We'll send you the map for comments. Basically it is (1) what is the homeostated atmosphere–biosphere and how long has it been like this (2) what is/has been controlled? (3) What are possible mechanisms for control. They have nice titles and questions, etc. We'll probably get back to you for illustrative materials, refs, etc.

Thanks again, hope to see you soon

P.S. Received a great card from Evelyn Hutchinson, he has just been to see Willmer (author of *Cytology and Evolution*, at Cambridge).[110] You really

[110] Hutchinson's postcard relayed biologist Nevill Willmer's verdict that Margulis's thesis in *Origin of Eukaryotic Cells* (Margulis 1970a) was "on the right track." G. Evelyn Hutchinson to Lynn Margulis, ca. July 1972. Lynn Margulis Family papers.

ought to get to know each other while he is still in England. I don't know more about his schedule but I could enquire of Yale, if you'd like.

*

* *

G. Evelyn Hutchinson

The first letter from Lynn Margulis in the papers of G. Evelyn Hutchinson is dated March 27, 1967. While her greeting was formal, it is evident that they had had some previous conversation. She wrote seeking his advice while preparing a paper on Precambrian evolution "suitable for *PNAS*" and his assistance, as a member of the National Academy of Sciences, placing it there: "Would you be willing to send it when it is available."[111] The next three years saw a steady correspondence in which Margulis solicited Hutchinson's criticisms of her book manuscript reconstructing the history of early microbial evolution: "I have a contract with Academic Press for the book – I have been strongly urged against University presses anyway ... However, I am deeply grateful for your kind offer."[112] We believe this refers to his willingness to endorse her work by providing a foreword for her book. But by the end of that year Margulis was second-guessing her decision to go with an academic trade press. Regarding her desire for profuse illustrations, she reported: "Acad Press thinks I'm a little lavish for an advanced monograph. Do you think it would be difficult to find another publisher if AP is willing to release me?"[113]

Margulis got her wish the next summer, when an Academic Press editor decided at the last moment to seek an outside review of the completed manuscript: "His reviewer claims the book is 'one-sided,' 'polemical' and would devastate my reputation as a scientist ... I am asking them to release me and therefore I am in the market for another publisher. The fact of your foreword is enormously important ... I do remember you saying something

[111] Lynn Margulis to G. Evelyn Hutchinson, March 27, 1967. G. Evelyn Hutchinson Papers (MS 649). Manuscripts and Archives, Yale University Library.

[112] Lynn Margulis to G. Evelyn Hutchinson, June 24, 1968. G. Evelyn Hutchinson Papers (MS 649). Manuscripts and Archives, Yale University Library.

[113] Lynn Margulis to G. Evelyn Hutchinson, November 8, 1968. G. Evelyn Hutchinson Papers (MS 649). Manuscripts and Archives, Yale University Library.

about Yale Univ. Press."[114] Hutchinson was then instrumental in vetting that sizable manuscript for publication by Yale. An unaddressed letter of recommendation under his signature concluded: "Although it is unlikely that all the ideas put forward will prove valid, I suspect that an unusually high proportion will be acceptable. I have much pleasure in recommending with enthusiasm its publication as a most stimulating and original contribution to current biological thought."[115] *Origin of Eukaryotic Cells* was published a year later with Hutchinson's foreword front and center: "The book has the great virtue of showing to the systematist that not all molecular biologists are his enemies, and to the molecular biologist who may be obsessed by the unities of his subject, that living organisms can be astonishingly diverse" (Margulis 1970a: xvii).

Thus, a few years later, with Lovelock and Margulis's campaign to secure a wider hearing for the Gaia hypothesis currently stalled, there was precedent for her turning to Hutchinson for renewed assistance.[116] Moreover, Lovelock was already in print citing Hutchinson more than once as support for the Gaia concept.[117] On November 29, 1972, Margulis wrote him with news that she would be coming to Yale in the new year to attend a cell biology seminar and would build time into her trip to meet with him. She now took the opportunity to ask:

> Has "Gaia" gotten to you yet in any way? Lovelock's ideas (admittedly strongly influenced by yours) have become very convincing to me and we would so much love to have your criticism. If you have not seen a paper of ours called "The Earth's atmosphere: circulatory system of the biosphere?" let me know and I will send it to you immediately.[118] Lovelock, an atmospheric chemist, has been forced to learn much biology to comprehend his own data. I think his views will delight you.[119]

[114] Lynn Margulis to G. Evelyn Hutchinson, June 3, 1969. G. Evelyn Hutchinson Papers (MS 649). Manuscripts and Archives, Yale University Library.

[115] G. Evelyn Hutchinson, October 31, 1969. G. Evelyn Hutchinson Papers (MS 649). Manuscripts and Archives, Yale University Library.

[116] On Hutchinson's and Margulis's conceptions of the biosphere, see the doctoral thesis of Leah Aronowsky, "The Planet as Self-Regulating System: Configuring the Biosphere as an Object of Knowledge, 1940–1990" (Aronowsky 2018).

[117] Lovelock and Giffin 1969 and Lovelock and Lodge 1972 both cite Hutchinson 1954.

[118] This is the original co-authored Gaia essay that *Science* rejected that September.

[119] Lynn Margulis to G. Evelyn Hutchinson, November 29, 1972. G. Evelyn Hutchinson Papers (MS 649). Manuscripts and Archives, Yale University Library.

Her question regarding Gaia is curious since she would have known whether she had already sent him a copy of the manuscript. How else would Gaia have "gotten to" him? Perhaps Margulis suspected – not implausibly, as she may have suggested him for this role – that Hutchinson was one of the relatively sympathetic reviewers for *Science*. Whatever the case, Margulis played down her own part in the collaboration with Lovelock, casting herself in a consultative role: "I simply provide him with organisms he requires (that produce N_2O; that oxidize methane, that turn dark when it gets cold . . . etc.)."

After an encouraging meeting with Hutchinson to start the new year, Margulis wrote Lovelock on January 13, "I came home from Yale imbued with confidence . . . He is very moved and enthusiastic about the whole thing" (Letter 43). She recorded Hutchinson's practical and scholarly assistance for a "game plan" and his intellectual encouragement regarding the Gaia idea. Apparently, Hutchinson had recognized an ecosystemic construction of major proportions. Two days after writing Lovelock, Margulis informed Hutchinson: "I have completely rewritten the Gaia paper, it has been renamed 'Homeostatic Tendencies of the Earth's Atmosphere' and incorporated your suggestions."[120] Upon receiving Letter 43, Lovelock responds to Margulis, "It was marvellous to have the news of your meeting with G.E. and all of his support," and, with all due irony, "If Hutchinson believes it, it must be true" (Letter 44).

*

* *

32. James Lovelock to Lynn Margulis, July 28, 1972

Still at Direeney but back in Bowerchalke on August 3rd

Dear Lynn,

All this and money too!!!

Your very welcome letter with the paper as sent in to *Science* and your letter with the cheque arrived here on my Birthday. I really think that you have done wonders.

As soon as I get back to Bowerchalke I will look up the missing references. The *Nature* paper has been published but I do not know exactly when.[121] The

[120] Lynn Margulis to G. Evelyn Hutchinson, January 15, 1973. G. Evelyn Hutchinson Papers (MS 649). Manuscripts and Archives, Yale University Library.

[121] Lovelock et al. 1972.

others are just about at full term. Incidentally that brings me to my remark about Siamese twins etc. It was simply that to suggest that pregnant women were a rare event is asking for some comment on the blindness of those that can not see the population exploding.

I do hope that you and Nicki can make the trip over.

A sabbatical sounds a grand idea. My only comment on your choice of University is that I found Harvard and Yale had less to offer than has BU.[122] The centers of excellence tend to be filled with science critics and the elderly distinguished. Still it is a small country so maybe it matters little where you go.

Fond regards

*

* *

33. James Lovelock to Lynn Margulis, August 25, 1972

Many thanks for your letter. I'm glad that the pregnant Siamese twins are in better shape.[123]

I'll be in the USA during the next two weeks Tues Aug 29th to Sept 12th but my landing places – sad to say are far from Boston. I arrive for a one day meeting at NOAA on Wednesday 30th and from there travel to Idaho where I'll be for the rest of the trip except perhaps for a day at JPL. My contact should you need it is Dr. Robert J. List, Air Resources Laboratory NOAA Silver Spring Md 80910. Telephone (can't find it)

A better chance to meet again will probably be in October when I am due to lecture at Andover on Freons in the air or some such thing.

I've had some nice letters from [Frederick] Challenger the Biological Methylation man. He is very interested in the possibility that we may find trimethyl phosphine to be as abundant as dimethyl sulphide.

It is amazing how many senior workers in the field have had Gaia in mind so to speak but have hesitated to state so in print.

Best regards to Nicki and you all.

Love

*

* *

[122] Boston University, where Margulis was on the faculty.

[123] See Letters 29 and 31.

34. James Lovelock to Lynn Margulis, September 25, 1972

Dear Lynn,

It was good to have your cheery letters.

It looks as if I'll be free to visit on Wednesday evening Nov 1 until Friday evening Nov 3rd. The meeting in Andover Mass is from Monday 30th Oct until Nov 1st.[124]

Tell Jim Schaadt that I'll be glad to try to answer some more questions but that I will not be able to prepare a lecture for your colleague. Again I'd be glad to answer the students' questions but preparing a lecture takes more time than I have to spare.

Do hope that *Science* gets out of the trough and realizes how well our pearl would look on its snout. But when as is probable they reject I'm glad to leave it in your capable hands.

Doubt if I'll go to the Barcelona meeting but delighted to think of your representing us there and that you'll be over to make a visit here.[125]

Will confirm dates in good time.

Love

*

* *

35. James Lovelock to Lynn Margulis, October 17, 1972

Dear Lynn.

Sorry to hear that *Science* have rejected our paper.[126] Their editorial board must be senile.

Don't like the idea of leaving the paper to the uncertainties of book production. Would you be interested in any of the following alternatives, not necessarily instead of the Chapter:-

(1) *Nature*. (They have accepted 2 of mine this year without fuss and in three weeks of submittal)

[124] Lovelock is to attend "a conference on the ecology of the chlorofluorocarbons. Indeed, I think it was the first conference ever held specifically on this topic, and some time before Rowland and Molina published their famous paper" (Lovelock 2000: 329). See footnote 202 to Letter 66.

[125] "The Barcelona meeting": see Letter 43 regarding "Oró's show."

[126] For a characterization of *Science*'s readers' reports, see Clarke 2020: 32–33. Margulis's papers preserve a note dated October 31, 1972, confirming receipt of "The Earth's atmosphere: circulatory system of the biosphere" by the editors of *American Scientist*.

(2) *Atmospheric Environment*. Certain publication possible.
(3) In the Proceedings of the International Symposium on Atmospheric Chemistry to be held in Mainz in April 1973. A paper has to be submitted by Jan 1 1973, and publication will be at the time of the meeting. I am due to prepare one before Christmas anyway.

Shall I come to the Cummington Street place on Wednesday afternoon Nov 1st?[127]

You can reach me at the Andover Inn, Andover Mass.

It looks as if I'll have to attend a bread and butter meeting at HASL (whatever that is) in NY on Friday afternoon. You'll just have to come over here if we are to do an effective stretch of work on the chapter!

Look forward greatly to seeing you all again even if ever so briefly.

Love

*

* *

36. Lynn Margulis to James Lovelock, November 8, 1972

Dear Jim,

I fervently hope you are well.[128]

After you left I went over our new magnum opus again; it is now with the typist. When I get the next round copied I will send it to you. Perhaps it will help you submit something for the Mainz conference.

Warren Caplan, the BUMP student I mentioned was very sorry he missed you. He reported (gave a talk here on Monday) on his gas collections from "fertilized" and "nonfertilized" soil in Sippewisset marsh, plenty is given off and more is given off in areas treated with sewer sludge. He has done a lot of ecology and is now trying to get together his equipment for the in situ gas chromatography. There is no measurable nitrate but ammonium ion is around. He knows all about the bacteria, plants etc.

Dr. Humes, director of BUMP, has just left my office. He says that it is possible that money for Warren to spend a week or so in your lab learning

[127] Margulis's office at Boston University's Biological Sciences Center was at 2 Cummington Street.

[128] Lovelock returned to Boston from the Andover meeting with chest pains. Lynn and Nick Margulis took him to Newton Wellesley Hospital (see Letter 41). He declined treatment until he could get back to England. See also Letters 37–41 and Lovelock 2000: 330–336.

the chromatography might be supported by the program. I have told Warren that if he listens to your tapes, reads our papers and studies the literature, i.e., develops an interest in the historical as well as the current ecological problem, I would be happy to spend some of my NASA travel money on sending him.

This all depends of course on you, your feelings and your health. That you will like Warren and learn from him as well as teach him of course, goes without saying. We are thinking of telephoning you. Let me know when is a good time. If I haven't heard, you may hear from me anyway. I (we: Nick and the children too) am very concerned about your health.

If all goes well I'll see you in June. (With Nixon re-elected it becomes less likely I get my grant. He now thinks even less of Massachusetts.)

Much love

*

* *

37. James Lovelock to Lynn Margulis, November 14, 1972

Dear Lynn,

Here are some answers. Those questions unanswered may take a bit longer and they will be sent with the chemical evolution diagram.

I'm enjoying an ordered cessation of effort and it is great to have time to hear and see and smell. They are stuffing me full of an amazing assortment of drugs anti coagulants "rat poison to whit," diuretics, methyl dopa etc etc. I'm not sure if the odd sensations are the disease or are iatrogenic. I think though that I'll have to give Warren a rain check at least until it is fine again. Don't know when I'll get in the lab myself.

The [Hermann] Flohn Xerox was fine. It confirms the core theory nicely. Another possible piece to fit into the jig now is an article by H. Foley and M. A. Ruderman in *Aviation Week and Space Tech.* Nov 6th 1972. These authors are concerned with the effects of SST on the stratosphere but argue that NO from SSTs would not be important since the H bomb tests in '62 generated 3 times as much NO as a fleet of 500 SSTs in one year. They then go on to say nothing happened to the ozone layer after the H bomb tests hence SSTs are unlikely to alter it either. Fascinating but they fail to mention that 1963 was the climatic singularity of the last 200 years with unprecedentedly cold weather throughout the N. hemisphere. The NO may not just simply remove ozone but it sure is beginning to look as if it affects climate. Hence so can N_2O.

Could you get a copy of the article for me? Would be very grateful. Also alert your political friends. I have always felt H bomb tests adversely affected the climate.[129] Now there is a plausible link.

With fond thoughts to you all

Tell Jeremy [Sagan] his schoolteacher was right and I was wrong.

Total photosynthetic C production	Land	1.36×10^{10}	Metric tons	1/3
J Burnet [?] Cal Tech	Ocean	2.56×10^{10}	per year	2/3
personal communication	Total	3.92×10^{10}		

*

* *

38. James Lovelock to Lynn Margulis, ca. November 1972

Dear Lynn

Many thanks for the parcel of papers.

I'm afraid it will be a while yet before I know how much I can do so can we defer consideration of Warren's visit till then? It would be very unwise to bank on my being able to cope before 1973.

Have been looking more closely at our table and a new one is enclosed. The old one was rather obscure and some of the data was outdated. The sinks column I've removed for really it said little more than that practically all gasses were eaten by soil microorganisms. In the description of the table we could say "Almost all of the gases are fixed or metabolized by the biota and this is the usual and principal sink. Some, such as H_2S and CH_4 react in the air also but it would not be profitable at this time to discuss the details of the complex atmospheric chemistry."

[129] For the idea that the nuclear bomb could affect the weather, or be intentionally used to do so, see Hamblin 2013. Letter 37 is written a decade before the "nuclear winter" debate over the consequences of nuclear war on the climate, to which both Carl Sagan and Dutch atmospheric chemist Paul Crutzen will contribute.

A key reference we need is:

McElroy, M. B. and McConnell, J. C., "Nitrous oxide a natural source of stratospheric NO". *J. Atmos Sci.*, 28, 1095–1098, 1971. The authors are at Harvard Centre for Earth and Planetary Physics. Cambridge Mass. Would be very grateful to see a Xerox of this.

Will respond soonest with other commitments e.g. evolution table and new draft.

Love

*

* *

39. James Lovelock to Lynn Margulis, December 7, 1972

Dear Lynn

I am sorry to have been so slow with our paper but here is the draft with some entropy reduction (I hope) and a table of comparative atmospheres. Have you received my last letter with the revised main table of atmospheric gases???

Things move in our favor. This week's *Nature* has an article by Dilke and Gough on solar mixing and evolution. It looks like a major contribution. It says a 70% increase with periodic fluctuations of 10% at intervals of $10^9 \rightarrow 2.5 \times 10^8$ years. (i.e. very slow fluctuations).

F. W. W. Dilke and D. O. Gough, "The Solar Spoon" *Nature* 240, 262–293, 1972.

They comment god bless them that some unknown phenomenon on the Earth must have acted to keep it from being frozen solid up to –1 Gy BP.

Have been feeling very dopey but am now convinced it is a surfeit of antihypertensive drugs. Tomorrow I go for a major check up so I hope to have it sorted out and return to normal shortly.

I'll send on the other material Time v. Temperature graph brought up to date according to Dilke and Gough and the chemical evolution graph in the next few days.

Kindest regards to all

Love

P.S. One of my major grant aid supporters Dr. Ray McCarthy of Dupont has a daughter Sharon at Newton College. Would it be possible for her to hear our tapes?? She is majoring in Ecology. Without thinking I gave her your address. Hope it does not offend or become a chore. If she is like her father she should be very good.

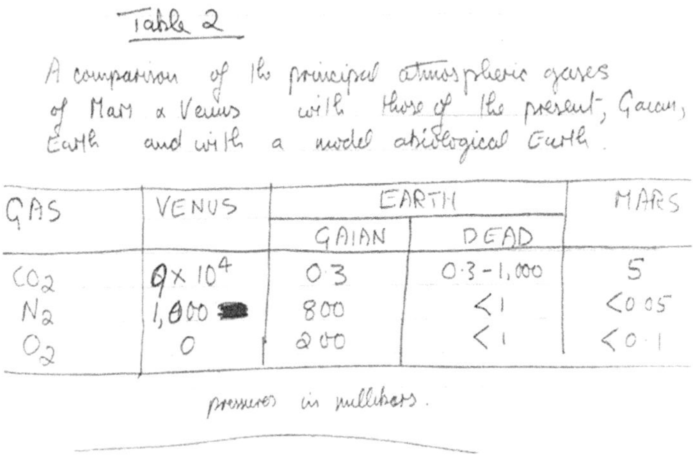
Table 2

A comparison of the principal atmospheric gases of Mars & Venus with those of the present, Gaian, Earth and with a model abiological Earth.

GAS	VENUS	EARTH		MARS
		GAIAN	DEAD	
CO_2	9×10^4	0.3	0.3–1,000	5
N_2	1,000	800	<1	<0.05
O_2	0	200	<1	<0.1

pressures in millibars.

Figure 1.5 Atmospheric gas comparisons between Venus, Earth, and Mars in Letter 39.[130]

P.S. Venus atmosphere values are latest Russian. Their chemical analytical gear stinks and this is your planetary atmospheric analysis expert speaking. Do not believe their value of 2 atmospheres of N_2 and 100 mb of O_2. Richard Goody[131] said that there is no trace of O in the Venus atmospheric spectrum and I believe him and why should Venus have more N_2 than Earth.

Page 22[132]

Although there is no certainty that the mere presence of ozone in the stratosphere has any direct climatic significance, there is no doubt that the physical and chemical condition of the stratosphere is very different from that of an ozone-free stratosphere. If for purpose of discussion we assume a climatic significance for ozone, then we can further consider the role of gases such as nitrous oxide as ozone regulators. Nitrous oxide is a major biological product produced in quantities of hundreds of megatons a year by soil microorganisms; it decomposes in the stratosphere to give among other produces nitric oxide which is catalytically destructive of ozone. The link between biological nitrous oxide production and climate is admittedly tenuous. We introduce it primarily because in the context of Gaia the production

[130] Figure 1.5 shows draft version of Table 1 in Lovelock and Margulis 1974a: 4. See Figure 2.3. A slightly clearer version of this same table occurs as Table I in Margulis and Lovelock 1974: 472.

[131] It is noteworthy for the history of Earth system science that Goody and Lovelock knew each other. Richard Goody is the editor of the NASA report on global change preceding the reports on Earth system science (Goody 1982).

[132] In the following passage Lovelock drafts content that appears in Margulis and Lovelock 1974: 481–482.

of such large quantities of a contrived molecule N_2O requires an explanation of its role in the atmosphere. It is very inert chemically except for its reactions in the stratosphere mentioned above.[133]

Apart from its entertainment value which we at least have enjoyed the Gaia hypothesis is principally useful in suggesting a wide range of experimental questions in the entire spectrum of Earth Science disciplines. Should the existence of Gaia be proven beyond reasonable doubt then this topic would become interdisciplinary even to the realms of the metasciences.[134]

Alternate page 36.

Do not much like the present one

Kellogg, W. W., Cadle, R. D., Allen, E. R., Lazarus, A. L. and Martell, E. A. "The Sulphur Cycle." *Science*, 175 587–596, 1972

Junge, C. E, "Sulphur in the Atmosphere," *J. Geophys Res.* 65, 227–237, 1950.

Lovelock, J. E., Maggs, R. J, and Wade, R. J., "Halocarbons in and over the Atlantic." *Nature*, 241, 194–196, 1973.

Challenger, F., "Biological Methylation" in *Advances in Enzymology*, 12, 429–491, 1951.

J. E. Lovelock and J. P. Lodge, "Oxygen in the Contemporary Atmosphere," *Atmos Environment* 6, 575–578, 1972.

*

* *

40. James Lovelock to Lynn Margulis, December 11, 1972

Dear Lynn,

The Gaia hypothesis is moving on to become a theory. The quiet and rest of the last weeks has enabled me to sort the evidence and discover that we were in possession of a much more solid argument than either of us realized. This is how it goes;

133 Lovelock's idiosyncratic usage of "contrived" could mean either (i) conveying the purposefulness of a "contrivance," just as in Lovelock 1972: 580, or (ii), not abiotically occurring but biotically manufactured within organisms, and in the immediate context, introduced into the atmosphere by metabolic processes. That is, it can be read teleologically, or non-teleologically, or as suggesting a position somewhere in the middle.

134 Compare the published version from Margulis's editorial hand: "Apart from its entertainment value, the Gaia hypothesis is principally useful in suggesting experimental questions in many scientific disciplines. The heuristic value implied, as well as the requirement for co-operation of differently trained experts, itself may justify the hypothesis. And possibly the Gaia hypothesis may eventually provide a true description of the atmosphere of our anomalous planet Earth" (Margulis and Lovelock 1974: 487).

I first looked back at Sillen's data, which incidentally has been around since 1965, in order to generate the atmospheric evolution diagram. I noticed that from a chemical equilibrium viewpoint ammonia vanishes from the Earth as soon as the pE rises above −4, i.e. when the very first oxidised rocks appear and long before oxygen appears in the air. Hence Carl's picture of an ammonia greenhouse will not do unless the biota did as they do now, inject ammonia continuously to the air. Furthermore the half-life of ammonia will always be short, after all even N_2 now with 8/10 of an atmosphere turns over in a few million years. Thus if Carl's picture is correct the maintenance of one in 10^5 NH_3 in the air must have been a major biological activity. See Figure enclosed which shows the evolution of the Atmosphere with and without life.[135]

Just about as this was completed along comes Dilke and Fisher's *Nature* paper on the Sun, which sets a much lower limit than Carl used for the initial solar output.[136] Without Gaia there is no way by which the Earth could have kept warm. I am now convinced that the atmosphere ocean system is the key. Albedo and emissivity changes could help but certainly not alone. Consider what could happen if an extensive snowfall and sea freezing took place. Albedo control alone would certainly fail.

The logic of the atmospheric life detection experiment (which proves beyond reasonable doubt that the Earth's atmosphere is a contrived mixture impossibly different from an abiological steady state) can only mean that Gaia exists. If the departure from steady state abiological equilibrium was not purposeful but just an accumulation of randomly generated waste gases, then it could not possibly be stable. A new equilibrium would be forced upon the total system leading to a new species to atmosphere interaction. Through a series of iterations the right atmosphere would always result.

From all this you will have gathered that I am much better. Indeed apart from a ban on travel and a return to the overworked and disorganized state of hitherto, it's business as usual.

Hope you all have a happy Christmas.

Love

P.S. If a UV screen is needed for surface life, the NH radical during the O_2 phase would do as well or better than O_3. Indeed it is still exerting some effect.

*

* *

[135] Presumably drafts for Figures 1a and 1b, "History of the gases of the atmosphere" without and with life, in Margulis and Lovelock 1974: 473. See Figures 1.1. and 2.4.

[136] Lovelock corrects this misstatement of authorship in his next letter.

41. James Lovelock to Lynn Margulis, ca. December 1972

Dear Lynn,

You are quite right. It is Dilke and Gough – Fisher was a product of my imagination. The article was called the Solar Spoon.[137] Also I've dug out my reprint of Sagan and Mullen and they do definitely suggest a biological origin for NH_3.

I've been equivocal about H_2 because of the uncertainty about the size of its atmospheric source from methane oxidation. Residence time and other data are very uncertain at present. It's worth a sentence to say it is probably mostly of biological origin either directly or via CH_4.

Never met Pamela Robinson.[138] I hate London and indeed most cities so keep away from culture generally.

I've sent Newton Wellesley Hospital a check. Their charge was I think very reasonable. Glad Nick remembered.

Here are the references: -

(1) Riggs D. S., *Control Theory and Physiological Feedback Mechanisms*, 1970, The Williams and Wilkins Co. Baltimore
(2) Syukuro Manabe has written many papers on climatic modelling.[139] Which reference do you need??
(3) Curve; Photostat enclosed, from the work of Flohn as reported in the MIT second paperback.

Dilke and Gough superimposed upon it.

Love

P.S. Need desperately reprint of McElroy, M. B. and McConnell, J. C, *J. Atmos. Sci.*, 28 1095, 1971[140]

P.P.S. Have almost completed brief note to *Nature* called "Living with the Solar Spoon." It will be good so I'll send a copy as soon as it is done.

[*Margulis's note*: *Geochemical Acta*]

Some more post scripts:-

Can Barghoorn or anyone tell us the average N_2 content of rocks of different ages? If we are right about NH_3 vanishing early on (as a static component) then N_2 should be only present as traces in all rocks after the pE rose above

[137] Dilke and Gough 1972. [138] British paleontologist.

[139] Famous meteorologist and climatologist at the Geophysical Fluid Dynamics Laboratory who helped develop the first global climate models.

[140] McElroy and McConnell 1971.

-4 say somewhere between 2 and 4 giga years B.P. There should be a lot of N_2 in the old stuff. If argon survives in the rocks well enough for K Ar dating then so should N_2.

P.P.P.S. Just read that Preston Cloud says: no NH_3 after 3.2 BP. So Gaia must have kept it there.

*

* *

42. James Lovelock to Lynn Margulis, ca. December 1972

Dear Lynn,

They really don't want to know![141]

Yet a year or two ago *American Sci* published a paper which reviewed work published in UK journals in the last century. The author concluded that almost all of the good science was rejected by the prestigious but dull establishment journals. Times have not changed.

Yet further I think as I said in my last letter that we have now a convincing and well supported theory. It does not such matter to me where it goes except that it goes somewhere soon. I'll gladly try *Nature* and or *Atmospheric Environment*. Oró's thing is a last ditch.[142] It may be very slow to appeal and it does seem a pity to have both of our babies fostered by Exobiology which in my classification is only just one above psychical research!

Perhaps you would let me have the latest draft rejected by *Amer Sci* so that I can modify it for the other two journals.

Don't forget that *Tellus* is prestigious and since my lecture at Mainz was invited it should have no trouble passing referees. As soon as the *Tellus* thing is written I'll pass it on to you, it will use the diagrams enclosed anyway and is a joint effort.[143]

Love

141 Presumably referring to the rejection of their first Gaia essay by *American Scientist.*

142 "Oró's thing": the journal Oró founded in 1968, *Origins of Life*. Lovelock and Margulis 1974b will be published in "Oró's thing." See Letter 43.

143 "The *Tellus* thing": the manuscript for Lovelock and Margulis 1974a.

Part II

1973–1979

The profuse correspondence of 1972 and 1973 chronicles Lovelock and Margulis composing and circulating their first Gaia articles. The most widely cited paper co-authored by Lovelock and Margulis was published in the journal *Tellus* as part of the proceedings of the Mainz symposium on trace gases attended by Lovelock (Lovelock and Margulis 1974a). This was the first article-length appearance of the Gaia hypothesis and would subsequently be Lovelock's preferred reference among their earliest Gaia articles. After their initial rejections at the end of 1972, they published three co-authored Gaia papers in 1974 in specialized scientific outlets and a fourth in 1975, lead-authored by Margulis, in the American countercultural journal *CoEvolution Quarterly*.[144]

The years 1974 and 1975 mark a period of taking stock *pour mieux sauter*. Lovelock was elected to the United Kingdom's Royal Society, the British equivalent of the National Academy of Scientists (NAS) to which American association Margulis would gain election in 1983. But once the set of original Gaia articles was published, the immediate response was muted at best. A decade later, in the television documentary *Gaia: Goddess of the Earth*, Lovelock noted with some bemusement that the scientific debut of the Gaia hypothesis "fell like a lead balloon. It wasn't that there was any criticism, in fact there was an astonishing absence of criticism. It was just a kind of no-reaction response." Margulis continued to work on her reconstructions of Gaia's early evolution by developing models of the transition of the atmosphere from the primal anaerobic world to the aerobic planet in the aftermath of the Great Oxidation Event. At the same time, Lovelock's preferred focus on the "contemporary scene" (Letter 51) contributed to his being pulled into the first skirmishes of the "Ozone War": "Now quite suddenly it has burst upon the chemical scene that chlorine is very important in the atmosphere and that chlorine compounds like the freons may be potentially more harmful to life on Earth than a skyful of SSTs" (Letter 65). Lovelock's wariness toward alarmist constructions of the threats CFCs posed

[144] For a personal account of the influence of this extra-scientific outlet on a budding scientist, see Tyler Volk's commentary in this volume. For a larger history of *CoEvolution Quarterly* and its relationship with Gaia, see Clarke 2020.

to the ozone layer is fully on display in Letter 69: "that nonsense about fatal sunburn on account of aerosol cans is one of the more deplorable events of the year."

At mid-decade, however, with Lovelock embroiled in the ozone controversy and occupied in making new atmospheric measurements (including the monitoring of a new station in Adrigole, in the southwest of Ireland), their joint efforts were put on hiatus. Then, around 1977, Margulis revived their Gaia collaboration on two separate fronts. One is the "methane paper" begun around 1975: in the fall of 1977, she sends Lovelock "a very rough draft but I hope somewhat more comprehensible and resuscitated version of our ms." on the methane–oxygen connection (Letter 102). The other is a Gaian consideration of planetary atmospheres in light of data from the 1976 Viking mission to Mars. Lovelock and Margulis interpreted these as evidence for that aspect of the Gaia hypothesis – the one that Lovelock brings out in his foreword to this volume – that is based on life-detection by atmospheric analysis, thus validating their prediction of the lifelessness of Mars. Regarding their post-Viking victory lap, Lovelock wrote with his usual sense of mischief: "OK about the Mars Venus thing. Why not resuscitate the lifeless Earth model? It seems it was unpopular enough to madden the opposition" (Letter 103). By the end of that year, they published "The view from Mars and Venus" (Margulis and Lovelock 1977b).

In the last two years of the 1970s, their correspondence slowed down once again. For one, final details for the methane essay, now co-authored with Lovelock's doctoral student, Andrew Watson, were finished up early in 1978. That article came out in *BioSystems*, a journal with which Margulis was closely connected. "Methanogenesis, fires and the regulation of atmospheric oxygen" (Watson et al. 1978) put a respectable period on a decade of collaborative Gaia writing in the professional article format appropriate to the introduction of a new concept and the elaboration of an idiom of discussion with which to frame it. For another, we think that a comment Lovelock made later in 1979 nicely summed up their current situation: "Like you I'm busy with a lot of book business just now" (Letter 117). Margulis was currently working away on her next major book manuscript within her dedicated field, *Symbiosis in Cell Evolution: Life and Its Environment on the Early Earth* (Margulis 1981c), while Lovelock was putting finishing touches on *Gaia: A New Look at Life on Earth* (Lovelock 1979a).

1973

In collaboration with Margulis, Lovelock began work on a professional talk as the basis for a new Gaia essay. Its publication was assured when *Tellus* collected "Atmospheric homeostasis by and for the biosphere: the Gaia hypothesis" (Lovelock and Margulis 1974a). Margulis took on the overhaul of their first paper, which she referred to in Letter 43 as "Gaia I": "I will rewrite Gaia I into the style appropriate for the *Proc Natl Acad of Sci*. For example, the title will be 'Homeostatic Tendencies of the Earth's Atmosphere'" (the title of Lovelock and Margulis 1974b). By February, both drafts were reaching completion: "The end would appear to be in sight at least so far as the preparation of these drafts goes. I think that they are great," Lovelock wrote, acknowledging Margulis's lead efforts: "Lynn you have done the writing and the organization of the papers" (Letter 47). These two essays became three as Margulis developed a separate article, "Biological modulation in the Earth's atmosphere" (Margulis and Lovelock 1974), repurposing draft materials and diagrams while putting the biology of Gaia front and center.

To get Gaia off the ground, Margulis was also gathering allies among her scientific colleagues in the greater Boston area, key among them her Yale mentor G. Evelyn Hutchinson (often referred to in her letters as GEH). She also sought assistance from other notable scientists of her acquaintance: the physicist Philip Morrison, the paleontologist Elso Barghoorn, and the celebrated geologist Heinrich D. Holland. While supportive for the most part, these colleagues also advised her to mute the pronunciation of Gaia as "too analogical and cute" (Letter 43). Lovelock abided the prospect of this nominal infidelity with equanimity: "By all means use any tactics to achieve its publication. I'll not fret much if you drop Gaia, its special thing for me is that it represents a potential literature citation and that it is a four-letter word" (Letter 44). However, none of their three co-authored papers published in 1974 delete the mention of Gaia, settling that issue once and for all.

"Lynn I really do think and wish that you would be first author on the Exobiology chapter" (Letter 52). To which manuscript was he referring? There are two candidates, but the textual evidence in the correspondence seems to be inconclusive with regard to a definitive identification. Or perhaps, one essay splits into two. The first candidate is "Homeostatic tendencies of the Earth's atmosphere" (Lovelock and Margulis 1974b), published in the proceedings of the Barcelona ISSOL meeting, as well as in the associated exobiology journal *Origins of Life*. However, that article retained Lovelock as lead author. The second candidate, "Biological modulation of the Earth's atmosphere" (Margulis and Lovelock 1974), was the first Gaia article published with Margulis as lead author. Its venue is *Icarus*, edited by Carl Sagan, already considered by then as a leading figure in exobiology. Whereas "Homeostatic tendencies" as published was a bit of a miscellany, "Biological modulation" more fully corresponds to Lovelock's characterization as "the biological version of the story" (Letter 52). It showcased Margulis's facility in expounding Gaia in her own voice and from her own research, both by reprising Lovelock's primary arguments and by introducing her own speculative formulations regarding the "microbial contribution" to their hypothesis (Margulis and Lovelock 1974: 475–79).

*

* *

43. Lynn Margulis to James Lovelock, January 13, 1973

Dear Jim,

I came home from Yale imbued with confidence. GEH called *American Scientist* asking why they rejected our ms. Jane Olson said someone conservative on the board, a geologist, didn't like it but that a small rewrite and resubmission in about a year would probably prove fruitful, especially if GEH liked it. He went over everything with me. Pulled out calculations for contributions of vertebrate excreta to CH_4. I now have data I think to compare macro with micro contributions. He is very moved and enthusiastic about the whole thing. He suggested the following game plan. I've already talked to Morrison about it. Here it is.

I will rewrite Gaia I into the style appropriate for the *Proc Natl Acad of Sci*. For example, the title will be "Homeostatic Tendencies of the Earth's Atmosphere" (It was felt that "Gaia" is too analogical and cute). Morrison will submit it with the recommendation that GEH review it. GEH will read it carefully and recommend it for publication. Morrison may jointly submit it with Richard Goody who IS NOT AGAINST the idea at all, according to Morrison who has already shown it to Goody. I really think this will work. If it doesn't we will go back to *Amer Sci* and/or Oró's show.[145] Oró has already said he'll take it but he has admitted that he will be getting ms. not before April and publication will be delayed a year or so. (Spoke to him on phone. I am to talk after [S. I.] Rasool and [J. William] Schopf and before [Elso] Barghoorn, frightening. Huge audience).[146]

Of major importance now is the return of the drawings. I must have them finished and slides made by Jan 24 talk at Woods Hole. Please return them. The ice age drawing and stromatolite diversity curve are finished and beautiful, will be photographed Monday.[147] I'll send you copies.

I'm writing this from home. I'll send several copies of Table 1 as soon as I go to work and retrieve them.[148]

Warren [Caplan] is poor and will be happy with student pad and lowest possible prices. He is very easy to accommodate. Is your student [Robert] Maggs[149] around? He'll stay anywhere you can arrange, the major problem will be financial. I'm trying to raise some money for his travel but I'm doubtful. Even if he has to borrow, he will be there. We must look at CO_2 curve and Hatch–Slack plants. Very important. Warren will explain.

Please, the drawings soon and the paper returned and it will be submitted within a week of receipt.

Love to you and Helen and stay well.

P.S. Send everything to 106 Gibbs as you have been doing as we get deliveries on Saturday.

*

* *

145 "Oro's show" would be the Fourth International Conference on the Origin of Life and the First Meeting of the International Society for the Study of the Origin of Life (ISSOL), June 25–28, 1973, in Barcelona, Spain, as supplemented by the journal Joan Oró founded in 1968, *Origins of Life*, later retitled *Origins of Life and Evolution of Biospheres*, which journal published the proceedings of that meeting (Oró et al. 1974), including "Homeostatic tendencies of the Earth's atmosphere."

146 Oró has invited Margulis to speak at ISSOL's inaugural meeting.

147 For the "ice age drawing" see Figure 2.1; for the "stromatolite diversity curve," see Figure 2.2.

148 "Table 1" likely refers to Table 1 in Lovelock and Margulis 1974a: 4. See Figure 2.3.

149 The first of Lovelock's three PhD students (the other two will be Andrew Watson and Tim Lenton). Maggs is co-author of two major papers: one is on the measure of DMS; the other is the famous paper measuring CFCs (Lovelock et al. 1972, 1973).

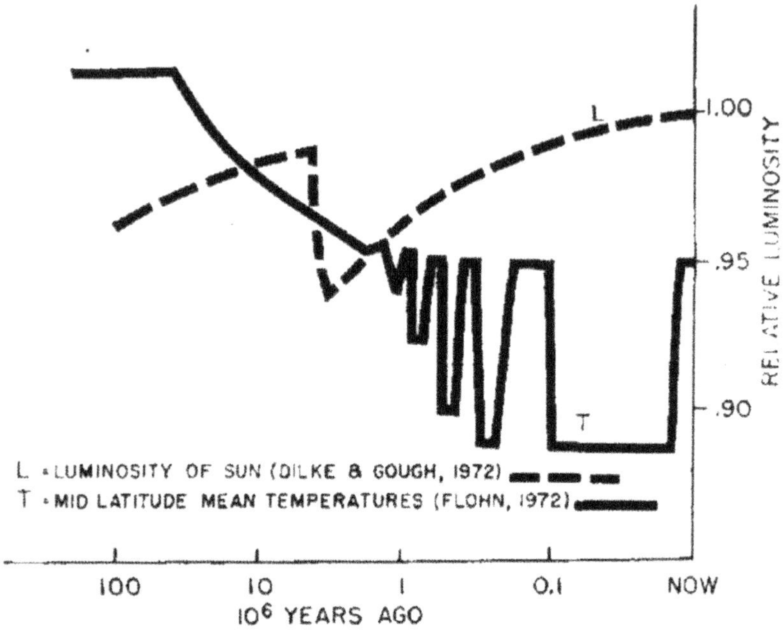

Figure 2.1 The "ice age drawing," from Margulis and Lovelock 1974: 486.

*

* *

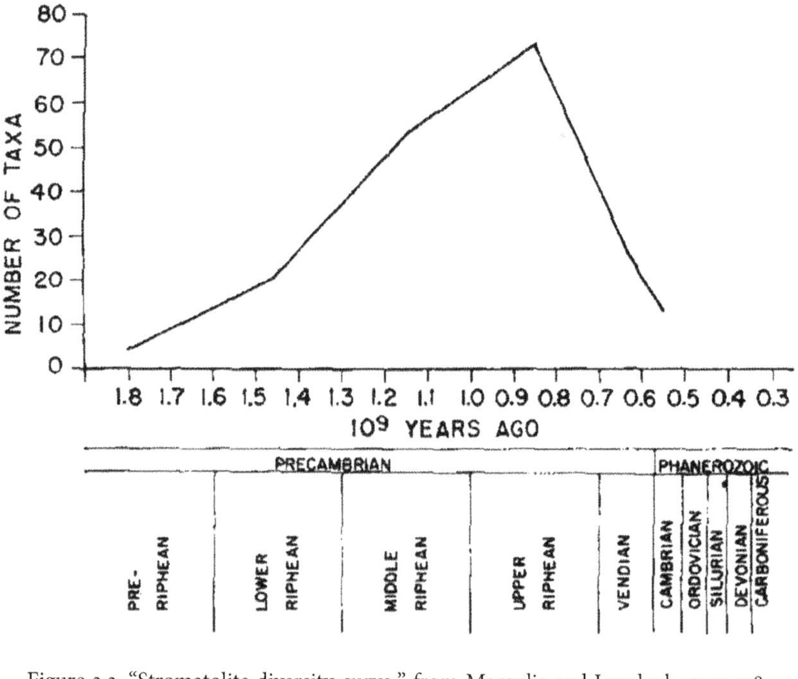

Figure 2.2 "Stromatolite diversity curve," from Margulis and Lovelock 1974: 478.

Table 1. *The partial pressures in millibars of CO_2, N_2 and O_2 on Mars, Earth and Venus and on two model abiological Earth's*

Model (*D*) after life had been deleted and Model (*I*) a geometric mean interpolation between Mars and Venus

				Abiological earth models	
Gas	Venus	Earth	Mars	*D*	*I*
CO_2	90 000	0.3	5	0.3–1 000	300
N_2	1 000	780	0.05	1	30
O_2	0	210	0.1	1	0.3

Figure 2.3 Atmospheric pressure comparisons between Venus, Earth, and Mars, from Lovelock and Margulis 1974a: 4.

*

* *

44. James Lovelock to Lynn Margulis, January 19, 1973

Dear Lynn,

It was marvellous to have the news of your meeting with GEH and all of his support. I do wish I had been there. If Hutchinson believes it, it must be true.

By all means use any tactics to achieve its publication. I'll not fret much if you drop Gaia, its special thing for me is that it represents a potential literature citation and that it is a four-letter word.

What are the drawings you so urgently need? I hope they are those in the chapter which should now be in your hands. If not, cable. I've enclosed some just in case.

Concerning Warren's visit. I think it would be best if he could postpone it until early summer. My physician says I'm already trying to do too much. It isn't easy when there are so many interesting things to do, to set a limit. I know that Warren will be disappointed but on the credit side it is a grim time of year to visit this remote rural place. Also since it costs about $100 per week to stay over here it may give time to gather some funds.

*

* *

Exobiology Redux: A Prodigal and Expansive Life

Letter 45 presents an early formulation of what recent astrobiological literature has called the "Gaian bottleneck."[150] This phrase refers to the (theorized) need for emergent life on a given world to lock its operations in at the planetary level sooner rather than later – in other words, to bring about an indigenous Gaian system as quickly as possible – in order to ensure, maintain, and enhance that planet's habitability for the long run. According to this principle, if a biosphere is to enjoy cosmic continuity, life must perfuse that planet as prolifically and tie itself together as punctually as possible, before the cold winds of the abiotic cosmos snuff it out: "I well remember many arguments back in the old days of exobiology as to whether there could be sparse life on the planet and always felt that if one was to have life on the planet it must be abundant, sparse life was essentially something unstable" (Letter 45).

This passage also informs the paper they published the next year, lead-authored by Margulis: "Life tends to grow until the supply of energy or raw materials set a limit. Probably a planet is either lifeless or it teems with life. We suspect that on a planetary scale sparse life is an unstable state implying recent birth or imminent death" (Margulis and Lovelock 1974: 486). This is one of several passages in the correspondence that testifies to a philosophy that sees life as prodigal, expansive, unsparing – reminiscent of Darwin when he considered the reproductive capacity or "biotic potential" of living beings, or that of Nietzsche when he considered living beings in their environment and opposed Darwin on scarcity.[151]

In Lovelock's statement, "the planet" could be Earth, or Mars – or any planet. This suggests that despite Lovelock's reservations about the discipline that went by that name, the Gaia concept is fundamentally exobiological. For his was not just an esobiological observation about our Gaian home, although it is that. It was equally an exobiological assumption aimed specifically at Mars and Mars-life enthusiasts such as Carl Sagan, those who down to this day have held out for the possible existence of surviving remnants of life somewhere in the deep and disconnected pockets of the planet. If Gaia and its "babies" (Letter 42) were the love children of Lovelock and Margulis, exobiology was the scion of Carl Sagan.[152]

*

* *

[150] See Chopra and Lineweaver 2016.
[151] For further discussion, see Dutreuil 2016, 2018b, 2021.
[152] See Grinspoon 2016: 58.

45. James Lovelock to Lynn Margulis, January 23, 1973

Dear Lynn,

Just a quick response to a latest round of questions starting with the diagrams.[153] I think your problem has arisen through not noticing that the vertical axis on the diagrams is expressed in logarithmic units. Because of this it looks as if there isn't much difference between the oxygen concentration finally reached on a lifeless Earth as compared with one with life. In fact the difference is considerable. It is necessary to use logarithmic scale otherwise one cannot show on the same diagram both the dominant and the trace gases such as ammonia. The weak point about the diagram for a lifeless Earth and also the weak point in Table 1 is the uncertainty over the probable temperature course of a lifeless Earth if it ever became cold, froze solid then it would have probably stayed in this condition perhaps right up until now and the atmosphere would have been a thin one with just a little CO_2 and nitrogen. If on the other hand a runaway greenhouse developed causing the vaporization of much of the water as steam and a high pressure steam and CO_2 atmosphere might well have been possible giving conditions like Venus but not so far developed as on that planet. I do not know how to decide between the two possibilities.

I was very pleased with your answer to my question how Laminaria know that giraffes need iodine.[154] This sort of question is a stinker as far as I am concerned when it turns up during question time after a lecture on Gaia and I'm most grateful to have your inputs here. I do feel that the problem raised by this question is a fundamental one particularly where it concerns life on the planet very soon after it had developed, I feel sure that the acquisition of control by the early life was vital. I well remember many arguments back in the old days of exobiology as to whether there could be sparse life on the planet and always felt that if one was to have life on the planet it must be abundant, sparse life was essentially something unstable.

Talking of exobiology I was saddened to hear that NASA have closed down JPL's bioscience section. It did occur to me though that this must have released for NASA quite a sizeable sum of money in this area why not reapply for support. Do hope the Woods Hole lecture went well.

The titles and other information you need are enclosed.

[153] Lovelock's discussion describes Figures 1a and 1b in Margulis and Lovelock 1974: 473; see Figures 1.1 and 2.4.

[154] *Laminaria* is a genus of brown algae or kelp that can be processed to produce iodine.

*

* *

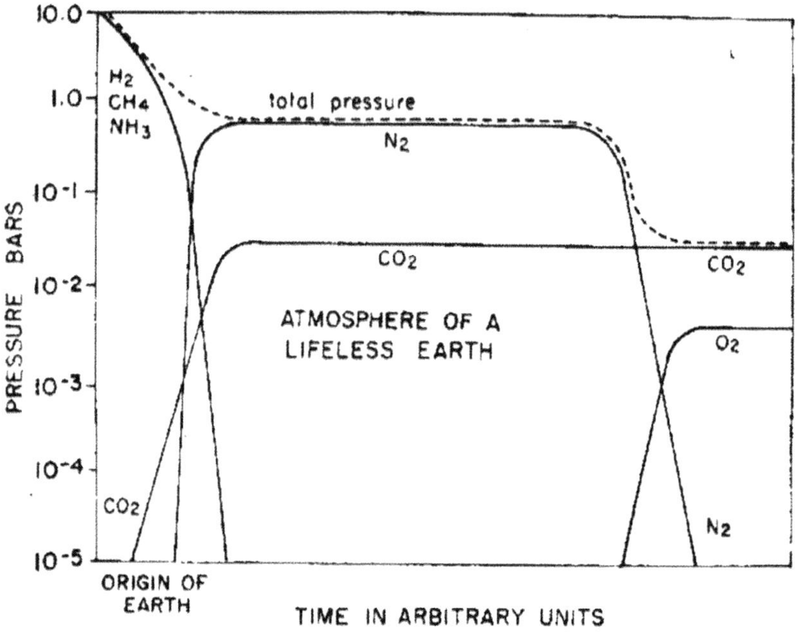

Figure 2.4 "History of the gases of the atmosphere" without life, from Margulis and Lovelock 1974: 473.

*

* *

Evolutionary Biology: The Giraffe and *Laminaria* Conundrum

How do "Laminaria know that giraffes need iodine"? (Letter 45). "What is in it for the algae in the middle of the ocean making volatile iodine, sulphur and other compounds for the benefit of us and giraffes etc???" (Letter 58). Lovelock's early questions for Margulis, posed to their own planetary model, offer fascinating glimpses into the relationship between Gaia and evolutionary biology. The story – even when written by Lovelock – goes that Gaia's theorists realized there was an issue with evolutionary biology only after the critiques of Doolittle and Dawkins in the early 1980s. However, these reflections from a decade earlier on the systemic connections between *Laminaria* and giraffes touch precisely on the issues brought up by Doolittle, as previously pointed out by Aronowsky (2021): what are the mechanisms by which different species could regulate the environment toward a common optimum, or at the least, a common good? How is this optimum even defined? So, in a sense, Lovelock and Margulis did not need these critiques to be formulated in order to be aware of these conceptual problems for their Gaia hypothesis: they already knew that mechanisms were required and that issues involving time and spatial scales needed to be addressed. Nevertheless, that they were aware of these problems does not mean that they formulated them and their proposed solutions in a manner that conformed to evolutionary biological protocols. Perhaps the most telling passage indicating these basic differences lies in Lovelock's Letter 58: "If the evolution of volatile compounds of essential elements enables more efficient colonisation of the land then the total system including the ocean life improves and hence in the long run it will happen." Thinking about the "total ensemble" is foreign to evolutionary thought, which focuses on *differential* properties (in particular, differences of fitness among organisms, i.e., their persistence and/or reproduction). Even evolutionary biologists focusing on group selection (as opposed to genetic determinisms) to account for altruistic behavior still need *different* groups. The notion of differences at the heart of most evolutionary thinking shifts to another level of description once one starts considering the total ensemble.

Another way that Lovelock's cybernetics differ from evolutionary biology shows in their differing conceptions of "cheating," a notion he also introduced in Letter 58: "The system is I feel very resistant to cheating and always tries to turn the cheat to advantage." Evolutionary biology considers "cheating behavior" to be the opposite of "altruistic behavior," understood as an increase in the fitness of another individual at one's own cost.[155] In the later 1990s, "cheaters" were introduced within the Daisyworld modeling literature as a reply to evolutionary critiques about Gaian altruisms.[156]

155 This definition is still too vague and broad – and indeed, there have been several ways to implement the notion of altruism in evolutionary models. See the remarkable article on this specific issue (Kerr et al. 2004).

156 Lenton and Lovelock 2001; Lovelock 1992a; Robertson and Robinson 1998; Wood et al. 2006.

Ironically, none of the cheaters the Daisyworld modelers introduced actually "cheated" in the sense classically meant by evolutionary biologists.[157] Rather, most of the time, these authors meant "cheating" in the sense of potentially impinging on the regulation of environmental variables, which is Gaia's central issue. In any event, these studies did not carry out the fitness analysis that would be needed to evaluate which behavior's consequences are to be regarded as altruistic or self-dealing in an evolutionary sense. We may conclude that Lovelock's cybernetics were strictly orthogonal to evolutionary thought but largely in line with Margulis, who always considered such economistic "cost–benefit" analyses as applied to collectivities of living beings to be one of the most pernicious aspects of the neo-Darwinist school.[158]

*

* *

46. James Lovelock to Lynn Margulis, February 5, 1973

Dear Lynn,

It gets better every time.[159] I do like the introduction now. I have only very few corrections and these are on the pages now returned.

Can not afford to send you the 170 odd reprints of publications you requested. So have just enclosed a few of the relevant ones. We should have the literature citations done at last!

The figures look fine. If you are using them for slides at Barcelona or elsewhere would it be possible for me to have copies for Mainz? I'll pay for them if necessary. In this connection I propose using the figures in the *Tellus* paper which comes from the Mainz meeting.[160] Hope that this will not cause any editorial spasms.

157 For a detailed analysis of why these Daisyworld cheaters are not evolutionary cheaters, see Dutreuil 2016: 371–372.

158 On this issue, and the impossibility to calculate a "self" in Daisyworld, see the thoughtful remarks in Latour 2017a.

159 Either Lovelock and Margulis 1974b or Margulis and Lovelock 1974.

160 The *Tellus* paper reproduces as "Figure 1. The mean surface temperature of the Earth to 3.5 × 10^9 years B.P.," an identical version of "Figure 2a. Temperature history of the Earth: abiological prediction from solar luminosity" in Margulis and Lovelock 1974: 475.

Wish I could come to Barcelona but doubt if it can either be afforded or that I'll be free. In any case it would be an inhibition for you.

We also are having a very mild winter. This I attribute to the purchase of those skis in 1971.

How did you get on at Woods Hole?[161]

Hope Warren is not too disappointed but later on would be better for many reasons. My eldest girl Christine (just broken the world 3000 m record) has moved to Bowerchalke and will have a spare bed for him. Also things grow later on and give off gases.

Kind thoughts to all Margulis's

Love

P.S. The corrections may be few but some are vital. Marked V

*

* *

47. James Lovelock to Lynn Margulis, February 6, 1973

Dear Lynn,

The end would appear to be in sight at least so far as the preparation of these drafts goes. I think that they are great.

I have a few comments on both drafts. Most of them are to me vital and marked with a marginal "V". They mostly concern your conversions of my words to meet the style of the papers which somehow have led to changes in meaning.

To points of style about which I have strong feelings and would like to see changes in the draft are these: (1) "Homeostasis" I prefer to be a noun only. "Homeostated" I dislike.[162] "Homeostasis" is like "unique" a word not needing qualifiers; phrases like "a closed loop cybernetic system which homeostats" will not do. If you think that a definition of "homeostasis" is needed then let us give one. The second pet hate of mine is "Environmentalist phuzz phraseology." The term "life support system" I regard as applicable only to submarines and space craft and the like. The

[161] Despite Margulis's statement in Letter 43, we can find no record of this event.

[162] Nevertheless, Lovelock had expressed himself in this manner on several previous occasions: see Letter 13, and Lovelock 1972: 579. Margulis's drafts would be following the precedent of these past usages.

worn out cliché "the space ship Earth" and its "life support system" is something to be blasted.[163]

Lynn you have done the writing and the organisation of the papers so if you really prefer it as is take no notice of my dislikes above. They are points of prejudice which do not affect meaning. I'll take a bet though that Richard Goody will feel even more strongly about them than I do.

*

* *

48. James Lovelock to Lynn Margulis, February 15, 1973

Dear Lynn,

I'm writing on this my favorite yellow paper – memories of Jim Schaadt – to try to break the spell of crossing mails. Three parcels and one air letter arrived from you this morning – all presumably sent on different dates.

I know how you must be feeling about lecturing on our stuff. I am already mentally answering the difficult expert critical questions from meteorologists at the Mainz meeting. (You have not said how it went at Woods Hole.)

I think though that you may find as I have done that the hostile questions are incoherent or irrelevant or both and that the truly sharp ones are in support.

A new small but neat piece of evidence concerns DMS. A Japanese scientist of good repute, one Yuzaburo Ishida, Memoirs of the College of Agriculture, Kyoto University, No 95, 47–84, 1968, has shown (thoroughly) that the evolution of DMS by marine algae is dependent upon salt concentration.[164] Little or none is evolved below 0.2 M NaCl and production levels off at a maximum above 0.4 M NaCl. It may be coincidental but nice that it needs sea water to drive the sulphur back to the land. Wonder if methyl iodide does the same thing.

You should have all the missing references by now but just in case, Challenger page nos are 429–491.[165]

[163] Lovelock's crusade against the "Spaceship Earth" metaphor, fashionable at that time (see Grevsmühl 2014, Höhler 2015), will be strong and constant throughout his Gaia writings.

[164] Yuzaburo Ishida, Department of Fisheries at Kyoto University.

[165] Challenger 1951 is cited in Margulis and Lovelock 1974.

I greatly appreciate your help with the slides. I'm well under way with the Mainz paper and when the first draft is ready I'll send it over (some time in March I hope).[166]

Don't know many in Seattle except perhaps Rasmussen and a 7 feet high Haematologist called Finch.

Look forward greatly to seeing you in June. There will be so much accumulated to talk about.

Love

P.S. What's the problem over H_2O vapor? Just put variable, for it is, 1 or 2 ppm to %. Or better leave it out it's not a gas. Yes definitely leave it out – it only confuses.

H_2 concentration is from:– Bates, D. R., and Nisbet, M., "The Photochemistry of Atmospheric Water Vapor," 1950 *J. Geophys. Red.*, 55, 301–327.

You will have to get a computer terminal in Gibbs Street if only for Jeremy. They are not very expensive, try it on NASA just for fun.

Do agree about our sloppiness, but then you can't be an interdisciplinary disciplinarian can you? Anyway disciplines are just territorial boundaries for Academic egomaniacs.

End P.S.

*

* *

Heinrich D. Holland

Serious professional efforts on Margulis's part to refine and advance Lovelock's Gaia hypothesis put her early career and scientific reputation in an uncertain amount of jeopardy. In their earliest exchanges, Margulis queried Lovelock about his familiarity with the work of the eminent Harvard geologist Heinrich D. (Dick) Holland, the international authority on atmospheric and oceanic chemistry:

> I have been communicating with H. D. Holland and recently received his very exciting chapters from his forthcoming book on the history of the atmosphere and oceans. He clearly agrees

[166] "The Mainz paper": published as Lovelock and Margulis 1974a.

> with your basic idea that biology is intimately involved with the large-scale processes which maintain the current steady state of the atmosphere. (Letter 5)

However, Margulis may have read too much into Holland's initial response to her queries. Letter 49 records a private gathering, "a small dress rehearsal for Barcelona," at which Holland rejected much of the geohistorical reconstruction that was Margulis's particular interest in her engagement with the Gaia hypothesis. Margulis worried, "I really let myself in for it as your representative last night." As she told it, regarding her living-room presentation on Gaia, Holland "thinks the entire idea is overstated and simplistic, although he is not at all ignorant of the biological contribution ... He told me that I ought to let you talk for yourself lest I risk my scientific credibility." Overawed at this moment by Holland's authority, Margulis felt that "We must listen to him for he is wise, extraordinarily knowledgeable and VERY undogmatic." In subsequent letters Lovelock acknowledged her tenuous position. But this early moment of misgiving on her part was an isolated dip in the overall resilience of Margulis's advocacy for Lovelock's Gaia.[167]

Lovelock promptly replied with a remarkably broad defense of his Gaian ideas, beginning with this priceless piece of advice: "Dear Lynn, Cheer up and don't be blinded by erudition" (Letter 50). He also fortified her resolve by explaining precisely in what way Holland's critique was dogmatic in fact. For instance, in one of several humorous statements in this letter:

> Solar luminosity. Why accept Holland's opinion on solar evolution ... Does he have a hot line to the Sun??? I agree that what the Sun did is not known but it would be a brave man who said that it never changed its output since the Earth has been. I suspect that Dick Holland's view of Geology requires a constant Solar output ergo it must have been.

Moreover, as he noted regarding the same matter a few weeks later, "Geology in all its aspects is an expertise and you cannot argue with experts on their own ground" (Letter 51). But the larger issue for Lovelock was the radically speculative nature of any detailed reconstruction of the geological past, relative to the

[167] Holland would publicly criticize Gaia at the end of his masterpiece (Holland 1984: 539–40), and later review *The Ages of Gaia* before publication, making more than 200 comments, none of which Lovelock took into account in the published work. Tim Lenton, personal communication to SD, corroborated by Peter Westbroek and Tyler Volk, personal communications to BC.

opportunity for empirical testing of the system currently in operation. He was happy to assist with Margulis's deep paleontology of Gaia, while cognizant that this line of approach could not avoid running up against countervailing geological ideas. Lovelock reminded her of his bottom line: "the crux of the Gaia argument lies not in historical details which are forever a mess of uncertainty but in the understanding of the contemporary Earth as a system" (Letter 50).

*

* *

49. Lynn Margulis to James Lovelock, February 23, 1973

Dear Jim,

I really let myself in for it as your representative last night, and I think much of the criticism was valid. It was a small dress rehearsal for Barcelona to which came Golubic (his house), Awramik, a Stony Brook geologist and importantly, H. D. (Dick) Holland. Holland made many detailed criticisms, reasons why the O_2 on the abiotic model cannot be that high, noticing the CO_2 on the slides is off by a factor of 10^2 or so, should be between 10^{-3} and 10^{-4} of course.[168] He thinks the entire idea is overstated and simplistic, although he is not at all ignorant of the biological contribution. He thinks the argument of volatilization of the rain forests is wrong because it may have happened without a record and with high humidity the O_2 tolerance goes way up. He thinks uplifting of marine sediments makes a huge contribution to the reserve of elements such as phos. and sulf. He thinks Brinkman and Van Valen entirely wrong with respect to the carbon buried relative to the O_2 and that there is sufficient carbon to account for O_2 without a methane balloon.

We must listen to him for he is wise, extraordinarily knowledgeable and VERY undogmatic. Today he gives a seminar at Harvard on the CO_2 history of the atmosphere. There seems to be a regular Fri seminar on atm. hist. problems to which I'm going to start going.

As for ice ages they believe Milankovitch...and neoMilankovitch a la Broecker that generate the cycles via Earth-sun relations.[169] My problem is

[168] Stanley Awramik, American biogeologist and paleontologist who worked with Margulis on stromatolites. Student of Elso Barghoorn.

[169] Milutin Milankovitch, Serbian mathematician, geophysicist, and astronomer who hypothesized that variations in the axial tilt, eccentricity, and precession of the Earth generate ice ages at regular intervals.

not having the quantitative arguments and this experience has instilled in me a large reservation about Barcelona. He told me that I ought to let you talk for yourself lest I risk my scientific credibility. Please understand that he was far from hostile, all his criticism was constructive and bears listening to. He doesn't know yet whether he goes to Mainz and/or Barcelona but I feel it is imperative for you to air this out with him. He is a top-notch geologist and geochemist and really knows much more biology than he claims. He is in the process of writing a book on the history of the atmosphere, which I saw a long time ago in ms and it looked fabulous. He claims that CO_2 (not photodissociable NH_4) did the greenhouse heating after about 2.5 bya.

I'm a little afraid of the noise that will be generated at Barcelona if I don't get these things straight. Perhaps I'd better talk about cell origins and evolution of major taxa, something I know a bit more about. At any rate, the important thing is never to lose one's sense of humor.

I hope Warren will be able to benefit from your wisdom and share some of it with me soon. The more I can get before Europe the better.

Let me hear your rebuttals.

Love

The solar luminosity stuff is in serious danger of being wrong and he thinks the best argument against lowering Phanerozoic O_2 is mitochondrial O_2 requirements. I'm trying to find out what is the lowest pO_2 at which squalene can cyclize to lanosterol.

*

* *

50. James Lovelock to Lynn Margulis, February 28, 1973

Dear Lynn,

Cheer up and don't be blinded by erudition.

If Gaia is put forward as a hypothesis, up for testing and as a source of ideas and for experiments and for entertainment, you should have nothing to fear at Barcelona. If it goes forward as a certainty then there is sure to be criticism and rightly so. BUT the establishment as represented by Dick Holland has no certainty either.

This is an area where facts are few and opinions many. Ours deserve at least to be heard. I do understand your anxiety over personal credibility. It is easier for me in that I have been through this phase of rejection by the erudite and well informed several times before.

I accept your word that Holland is no usual critic and that he is a gentleman. Can you therefore ask him to prepare a set of critical questions. These I will willingly try to answer. I anticipate that many may be valid and lead to a revision of our ideas, but so much the better. Also we shall then be the more prepared for future encounters.

Above all Lynn do not lose heart. Gaia is no half-baked notion of a pair of amateurs to be demolished by the first glance of criticism. Do not confuse simplistic with simple and in any event it is revealing that in the academic scene simplistic should have become a pejorative.

The response to the specific points you raise are these:

(1) The abiotic gas slide is all wrong. I was very dopey when I generated it and must have confused pressure with concentration. I bow my head with shame. However it barely affects the argument. The points you raise in the first paragraph of your letter are only opinions. Holland thinks that a limit is not set by flammability to oxygen concentration. I think otherwise. But some experiments can easily be done.[170] He thinks that oxygen has been continuously sustained by burial of carbon. This is pure conjecture but the action of methane is not. You are right that we must listen to him in detail and my responses above may well differ when I hear his words.

(2) CO_2 as an early greenhouse gas. Here we are on more certain ground. CO_2 is a poor greenhouse gas at concentrations much above its present level. This is because the infra-red absorption of CO_2 saturates at about double the present concentration. It would not have bought more than about 1.5 °C unless there was more than 1% which seems very unlikely. Does Holland know how little NH_3 is needed? 10^{-5} to 10^{-6} is not a lot to sustain, especially in a non-oxidizing atmosphere. The present concentration of 10^{-8} to 10^{-9} is not bad for an acid oxidizing environment.

(3) Solar luminosity. Why accept Holland's opinion on solar evolution... Does he have a hot line to the Sun??? I agree that what the Sun did is not known but it would be a brave man who said that it never changed its output since the Earth has been. I suspect that Dick Holland's view of

[170] These experiments would be carried out by Andrew Watson for his PhD under the supervision of Lovelock and Margulis and then published (Watson et al. 1978). Watson's doctoral thesis, completed at the University of Reading in 1978, is titled "Consequences for the Biosphere of Forest and Grassland Fires."

> Geology requires a constant solar output ergo it must have been. Do not forget that the more cunning astronomers have been influenced by the arguments of the Establishment that the Sun cannot have much altered for the Earth has not.

We are all to a greater or lesser extent victims of the constraints of our subjects. Holland may be a great geologist but when it comes to Meteorology, Astronomy etc. he is no more likely to pick the correct information than are we. Just consider for a moment your own views of the fashions and views of present biologists. Then think is any other discipline likely to be different. The answer is I think no.

We are fascinated by the thought of your forthcoming appearance on TV. The family are all anxious to see the great Dr M in living colour. Find out from the BBC man when it will be.[171]

Had a letter from Warren. We hope to fix his visit in May and he will stay with long distance foot running daughter Christine. How long does he intend to stay? His approach to marsh gas analysis looks great and I look forward to seeing him and helping with the gas analysis.

Do try to get Holland to prepare a detailed criticism. Questions or comments jotted on a pad will do. Tell him I would greatly value the comments of someone as wise as he is.

Lastly the crux of the Gaia argument lies not in historical details which are forever a mess of uncertainty but in the understanding of the contemporary Earth as a system. I am trying hard to make a good job of this for the Mainz meeting, when I have it in draft I will send it on.

Grateful thanks for the slides, they are a boon. My apologies again about the one that was wrong.

Love

*

* *

51. James Lovelock to Lynn Margulis, March 2, 1973

Dear Lynn,

I am concerned about the position you are in over the Barcelona meeting. I should have realized earlier that your enthusiasm was tempered with

[171] Perhaps *Intimate Strangers*, BBC/*Horizon* 1976, focused on Lewis Thomas.

anxiety. Heaven knows I'd hate to have to prepare your stuff for a potentially hostile audience! So if you want to duck out don't fret on my behalf. It will not bother me half as much as the thought of your being savaged by the "running dogs" of the establishment.[172]

I am quite happy to leave the exposure to the Mainz meeting. But I do need several weeks of quiet thought free of contention from now on to complete our paper for Mainz. I hope that your argumentative friends do not turn up there but if they do I am not fearful.

You may recall earlier in our association I was reluctant to become involved in arguments based on historical evidence in the proof of the existence of Gaia. I now think that this intuitive feeling was wise. Geology in all its aspects is an expertise and you cannot argue with experts on their own ground. Also it is not very sensible to try to prove a man is alive by examining his grandfather's bones.

The best arguments in favor of Gaia come from the contemporary scene and it is on these I am concentrating. History is a mess. At least to me it is. I prefer systems which can be prodded, probed, and tested here and now.

I'll not write again until I have the draft which may not be before mid March.

Love

P.S. The two diagrams, corrected, are enclosed.

*

* *

52. James Lovelock to Lynn Margulis, March 14, 1973

Dear Lynn,

Here is a very rough draft of the paper for *Tellus* and which I shall be presenting at Mainz on April 2nd. If you can let me have your comments before then I would be grateful. The paper itself is not due to be submitted until three weeks after the meeting – a very civilized idea to give the contributors an opportunity to make changes as a response to the interaction of the meeting itself.

[172] Margulis must have risen to the occasion, since Volume I of the proceedings of the 1973 Barcelona meeting publishes "Homeostatic tendencies of the Earth's atmosphere," interestingly, directly after H. D. Holland's article "Aspects of the geological history of seawater."

I think that your diagrams could easily be possible, except for N_2. As I see it the uncertainties over CO_2 in the past are these. [A. E.] Ringwood at that Origins of Life meeting in Princeton first proposed that the CO_2 equilibria were facilitated by the biota. If this is so then much higher CO_2 levels are possible in the past. On the other hand if CO_2 concentration depends entirely upon inorganic equilibria then it is likely to have been even less in the past for the environment would have been at least slightly more alkaline before O_2 appeared. The CO_2 equilibrium droops down as one goes alkaline.

A new comparison chart for the Mars Earth Venus atmospheres is also enclosed and will be Table I of the paper.[173]

On page one of the paper in connection with the quotation of a 30 orders difference for the CH_4 O_2 concentrations which are compared with inorganic equilibrium predictions, I have deliberately not quoted Lippincott et al.[174] I have recently read through that paper and find it to be so inaccurate and so misleading that it is not the sort of source to recommend to our readers. In any event Sillen made prior calculations and is a much more deserving citation.

Lynn I really do think and wish that you would be first author on the Exobiology chapter. You will see from reading the enclosed how it is slanted from a Phys Chem outlook and clear to anyone who reads it who wrote it, similarly with the chapter which gives the biological version of the story. Don't let your kindness and consideration cause me to appear as grasping and egomanic [*sic*] in this Gaia adventure.

In haste to catch the post

Love

*

* *

53. James Lovelock to Lynn Margulis, April 11, 1973

Dear Lynn,

Mainz was a success. Thanks to your wise advice on humour and humility, the only significant criticism came from an able and respected oceanographer

[173] See Figure 2.3, Table I in Lovelock and Margulis 1974a: 4.

[174] This point about Earth's atmospheric disequilibrium measuring 30 orders of magnitude appears at the beginning of both Lovelock and Margulis 1974a, without attribution, and Lovelock and Margulis 1974b, with a reference to Carl Sagan.

who said "I don't believe it but it doesn't matter for it makes me think." Subsequently he sent the letter (copy enclosed) and a reprint which when I have read it I'll pass on. If you can bear it maybe later on we can do a thing on the oceans. Your remarks on Div S or if you prefer ∇. S (called Del dot S) are appropriate.[175] In the presentation of our paper I did not use any mathematical terms at all. It is conceited and irritating to listeners to battle them with equations. However the corrupt academic referees are easily blinded by such expressions and consequently are made less critical.

We are looking forward to your visit greatly. I think I'll be able to do something to dispel the pre lecture blues.

The paper goes to *Tellus* shortly. The copy you have is not very different from the final. The principal change is that the conclusions are tightened up. By the by tell Warren to fix his dates soonest. Or we shall be in Ireland when he comes. Which will not do. It looks as if early May will suit better than late May.

It's wonderful to have got it done with. You can look forward to a happy and relaxed July.

*

* *

54. James Lovelock to Lynn Margulis, April 17, 1973

Dear Lynn,

The answer to your question about nitrate and sulphate producers is easy to give in general terms but for me very difficult in detail. The point is this: on an anaerobic world with life and sunlight there must be a large chemical potential gradient.[176] Hence comparatively stable oxidised compounds will

[175] In these reported remarks Margulis is presumably criticizing Lovelock's inclusion of mathematical notations in a draft of the Mainz/*Tellus* paper. He informs her of his reasons for omitting them from the conference presentation. However, he must have reinserted them into the published version, so he says, as a subterfuge to "blind" the peer reviewers. Lovelock and Margulis 1974a invokes "Div S" as part of "the equation of continuity for entropy" (3). Two years later the cybernetician Heinz von Foerster will call out what appear to be faults in Lovelock's thermodynamic equations (von Foerster 1975) as republished in Margulis and Lovelock 1975, and Lovelock would concede in private that his math was not impeccably stated, due in part to a "printer's error" (see Letter 81). For more discussion, see Clarke 2020: 122–124.

[176] Regarding an "anaerobic world" (see also Letters 55, 56, 57, 59, and 66), it appears that Margulis is currently consulting Lovelock in her effort to reconstruct the cycling of organic elements and compounds on the early Earth. See Figure 6, "A reconstruction of possible anaerobic cycles: 3400 million years ago" (Margulis and Lovelock 1975: 38).

therefore be made by the life. Not just will be must be made. The requirement would be that these compounds must survive long enough after production to provide food for consumers. They would either survive as such if sufficiently stable or in a protected environment. Analogous to the food fats in a nut, stable in our oxygen atmosphere. Bugs bloated with nitrate waiting to be eaten in a hydrogen atmosphere may not be all that fictional.

Don't be misled by oxygen. Oxidised compounds with a high potential energy vis a vis hydrogen can even be hydrocarbons. Thus acetylene, ethylene and other unsaturated hydrocarbons can be considered as oxidised, in addition they contain stored energy. So much in the case of acetylene that it will explode when pure.

Some bugs make complex acetylene derivatives such as acetylene dicarboxylic acid amide and polyacetylene acids. Ferric iron, and similar high valency states of other elements are "oxidised." The thing to hang onto is electron activity rather than oxygen. Few electrons means oxidised and vice versa.

Hope this rather long-winded response helps but then if you will insist on probing around in a 3 billion year old septic tank you must not expect crystal clear answers.

Love

*

* *

55. James Lovelock to Lynn Margulis, April 23, 1973

Easter Monday

Dear Lynn,

This is just a brief note to let you know that we are off to peaceful Ireland for a short working holiday April 30th–May 15th. Our address there in case you have lost it is: Ard Carrig, Direeny, Adrigole, Bantry, Co Cork. Do not post mail to there after May 7th.

Your anaerobic world fascinates, no doubt you will by now have received my general comments. I still think that the search for specific reactions leading to say NO_3^- or NO_2^- formation is not vital although the discovery of one would be interesting. Does the creature which makes chloramphenicol (an NO_2 compound) live anaerobically? If it does then you have your nitro group – not as an anion – but instead in organic combination. This form stores energy very well but is much more stable in the presence of hydrogen.

Have had no word from Warren. Can you warn him that we shall be away until May 15th and if he comes thereafter to be sure his visit does not clash with yours and that we know in advance when.

An interesting point about Gaia was made by a friend at Shell who said that the hypothesis cannot be refuted and therefore (according to Popper's principle) is liable to remain speculative. This objection is a real one and applies also to the "God" hypothesis and interestingly to the theory of evolution. It is something the geochemists can choke themselves with!!

Kind thought to all Margulises

Love

*

* *

56. Lynn Margulis to James Lovelock, April 23, 1973

Jim

Can't wait to really get together on mutual interests. Our short paper has been accepted, as I wrote you, and the chapter will be sent to press by Alan [Schwartz] as soon as he gets the other papers for the volume, presumably within several months. He will give us a three week notice at which time we can update our chapter and incorporate any suggestions.[177]

Enclosed is the anaerobic cycle. Note even blue green algae are too evolutionarily ADVANCED to go on it, too aerobic. I really don't think the denitrifying cycle is added until after the Lower Precambrian evolution of blue greens and, if I understand your argument, don't think you disagree. I'm going to use this as a slide in Barcelona and next week at Yale (May 9th seminar, School of Forestry; Evelyn Hutchinson will be there, yeah!)

Now I want to make an "aerobic" plastic overlay and figure out what will happen at the point blue greens start leaking O_2 into the system. I think the nitrate cycle (marked with ?) will start in first.[178] We can do this together.

Warmest regards and see you Jun 19th.[179] I'll arrive Sabena Fl 607 at 5:10 pm that Tues. from Brussels and will make my way to Salisbury by train.

[177] This publication does not seem to have materialized. [178] Question mark in the original.

[179] Margulis planned to pass through England on the way from Belgium to Barcelona for the "Origin of Life" meeting a week later.

Please send instructions. I'm going to give a seminar on cell origins at Mol (Belgium), Monday, Jun 18.

Love

*

* *

57. James Lovelock to Lynn Margulis, May 14, 1973

Dear Lynn,

Just back from Ireland and confronted by a dreadful pile of mail and things to do. Hope Warren does not turn up before I have dealt with it.

How did the Yale lecture go? I realised after my last letter that you needed from me an explanation of the estimate of how much photosynthetic energy goes to make CH_4. We shall have to devise a method of listing questions needing answers apart from the rest of the correspondence. It is not too easy on first, or even second, reading of handwritten letters to discover what is and what is not urgent.

The CH_4 argument is like this:

O_2 production per year approx. 10^{11} tons or 3.5×10^9 moles. $2\ O_2 + CH_4 = CO_2 + 2H_2O$ therefore 1 mole $CH_4 \equiv 2$ moles O_2.
Methane production per year 2×10^9 tons (Robbins and Robinson 1968) = 1.25×10^8 moles oxygen used up by CH_4 2.5×10^8 moles.

Hence proportion of O_2 production consumed in oxidizing methane

$$(2.5 \times 10^8 / 3.5 \times 10^9) \times 100\% = 7\%.$$

Energy to make methane from $CO_2 + H_2O$ exactly equal to energy released by its oxidation. Hence 7% goes for methane production. Most conservative estimate of CH_4 production ([Dieter] Ehhalt Mainz 1973) was 6×10^8 tons so might be 2%. Robinson Mainz 1973 disagreed with this lower value so let us use a mean of 5%.

Had another look at your anaerobic world. Its great but what do you need from me?? Other than what I've sent. I repeat the point I made earlier that Pasteur's notion of weak flabby life before O_2 came along is all wrong, if an anaerobic world could store oxidants and use them as food. Details of possible reactions do not by themselves tell us anything other than what might happen.

Longing to see you and communicate by speech rather than by this inadequate means.

Good luck

*

* *

58. James Lovelock to Lynn Margulis, July 18, 1973

Ard Carrig, Direeney, Adrigole, Bantry, Co. Cork, Ireland

Dear Lynn,

The postal delays are a curse and a cause of a great deal of misery for you over the slides. In case you did not receive my previous three letters all sent to your home address, the fate of the slides is as follows: We discovered them almost immediately after you left Bowerchalke. We telephoned Waterloo Station and asked them to call you to the telephone when the train from Salisbury arrived there. We checked that the Gaia slides were not in the boxes and decided to await your instructions. When they came asking for the slides to go to Barcelona we sent them immediately air mail special delivery in a strong box packed with dense polyurethane foam. Your only hope I think of retrieving them is to make full use of Oro and his local contacts.

I am sending this letter to you also air mail special delivery. I am told that mail between Ireland and Boston is particularly bad since security checks are carried out to frustrate the conspiracies of the Irish fanatics in Boston who are the source of much of the harm and violence here.

I am returning GEH's letter which must be a valued possession to you. As one might expect the point he makes is a deep and crucial one. It is related to the question I posed to you some time back, namely, 'What is in it for the algae in the middle of the ocean making volatile iodine, sulphur and other compounds for the benefit of us and giraffes etc???' If I remember you had no difficulty in producing a plausible answer.

I think that the formal answer will be quite difficult to formulate even though we know it now intuitively. It is probably concerned with the motion of the system always towards a contemporary optimum utilization of solar energy. If the evolution of volatile compounds of essential elements enables more efficient colonisation of the land then the total system including the ocean life improves and hence in the long run it will happen.[180] The system

[180] See our commentary prior to Letter 46 on evolutionary biology and giraffes.

is I feel very resistant to cheating and always tries to turn the cheat to advantage.[181] Heavens look how it copes with us the greatest cheats since the blue green oxygen makers.

In my previous letters I did not answer your question about the form of nitrogen in earlier times: Under abiological conditions it is fairly simple. Nitrogen will be ammonia and compounds such as amides etc. until the pE reaches −4 or thereabouts then it goes to gaseous nitrogen and remains so until free oxygen appears pE ca. (9). The free oxygen coming from CO_2 or H_2O dissociation by any means. At all more oxidising states, provided that the pH is not too low that is not below 2 and there is plenty of water around, it will be the very stable NO_3^- ion.

I had a very nice letter from Toby Owen and have arranged to visit him in the fall.[182] I mentioned in my earlier lost letters that I would be very glad indeed to talk with Walker and GEH at Yale and with Holland and your other friends at Harvard.[183] Wish that you were there too to neutralize my biological blunders. To say nothing of giving moral support. I have written to Walker[184] but I do not have Holland's address here. Perhaps you could tell him that I would be very glad to visit. No lectures though!!!!

The Meteor is due in Santo Domingo on November 2nd.[185] I will reach the East Coast soon after and will let you or rather them know by telegram from the ship just when.

Apart from a considerable anxiety about the lost letters and slides we are enjoying a pleasant holiday away from work here in Adrigole. I spend my time mountain climbing which I find I can do nearly as well as last year before my troubles and better every day. Helen and I also go to the beach and gather sea water and algae looking for sources of new and even stranger compounds coming from the sea; this I do not regard as work.

Next time you visit us it should be to here, there are no cats, grass or other airborne protein just bare sandstone rocks and the sea.

[181] Our comment above on evolutionary biology also addresses the matter of "cheating."

[182] Tobias "Toby" Owen, professor of astronomy at SUNY Stony Brook and later at the University of Hawaii, involved in several NASA missions including the Viking mission.

[183] See Lovelock 2000: 263.

[184] James Walker was the author of noteworthy papers in the scientific literature surrounding Gaian themes (Walker et al. 1976, 1981).

[185] Lovelock's forthcoming research trip on the *Meteor* departed from Hamburg and arrived in the Dominican Republic. For a detailed account of this voyage, see Lovelock 2000: 229-40.

Have a good trip West. Do you travel by car? If you do it will help us to recall the many trips we made from Boston to the rest of the USA. With a car full of family.

Best regards to you all

Love

*

* *

59. James Lovelock to Lynn Margulis, July 23, 1973

Dear Lynn,

It was grand to know that at last we were in communication again and that the fate of your slides was now in Juan [Joan Oró]'s hands.

This will be a rather brief letter for the sun is shining and I am itching to get climbing up the mountain. Did two two-and-a-half thousand foot peaks the other day so I guess I must be back on form.

(1) Will send Rasmussen's address when I get back. It is at Pullman wherever that may be.
(2) If GEH is only ten miles from Boston College how can I find out where? I would much rather see him there than in a hasty visit to Yale.
(3) What is your address in Seattle?

CS_2 coming along fine. It is a product of the anaerobic mud at the sea bottom but survives well in the oxygenated sea water above. Its concentration in the sea water is between E-9 and E-10 volumes of vapour per ml of sea water. Comparable with DMS. Ask your anaerobic microbiological friends what bug makes it.

Do not agree with Carl about the back extrapolation of the planetary temperature. All such exercises are suspect. The one in our diagram was derived by taking Carl's backward glance and adjusting for a larger increase in solar output (70%) as well as for the smaller figure (30%) adopted by Carl himself.[186] Dilke and Gough were not invoked except to give the 70% figure which is nothing compared with Chandrasekhar's 300%.[187] Ask Carl what

[186] A reference to Figure 1 in Lovelock and Margulis 1974a: 7, reprinted as Figure 2a in Margulis and Lovelock 1974. See Figure 2.5.

[187] Subrahmanyan Chandrasekhar was an Indian-American astrophysicist and recipient of the 1983 Nobel Prize for Physics.

allowance he made for positive feedback on cooling due to the large albedo of ice.

N_2O as a climate regulator — Very speculative but growing more possible all of the time.

Argument goes like this:

Some of the biologically made N_2O is converted to NO_x in the stratosphere by the reaction $O + N_2O = NO \equiv NO$. NO goes to NO_x which is a powerful modifier of the ozone layer concentration and position. The present amount of biological N_2O so performing is significant. Thus far we are respectable. Now for the speculation: The atmospheric circulation, which undoubtedly controls the distribution of heat over the surface of the Earth, might be determined in some way by the ozone layer or by the presence of NO_x in the stratosphere in some other as yet unknown manner. If this is so we have a powerful and economic way of controlling the temperature distribution of the planet. If the heat input is less then the heat could be conserved in the core region if too much then dissipated to the poles.

Had a nice letter from Norman Horowitz in response to a copy of Gaia. He had some useful criticisms, will send on the letter when I get back and can make a copy. Needless to say he does not believe us, but has fallen into the trap of thinking that you can have a biologically dominated system without control and feedback. He like GEH sticks at the evolutionary point.[188] This really is becoming the crucial thing to develop in our arguments. I am not convinced that it is needed as proof but it sure as blazes is the thing which needs a convincing and plausible answer. The real key is in the hands of our friends the cyberneticists.

Your sensory transduction thing is terrific. Fill me in on how vision works though; all the rest I can recall from our talk but the mechanism for vision escapes me. Not critical to your argument for there are many possible light

[188] Regarding the "evolutionary point": presumably it was Margulis who submitted the manuscript of "Biological modulation of the Earth's atmosphere" to the journal *Icarus*, edited by Carl Sagan, who requested an evaluation from G. E. Hutchinson, which he returned to Sagan a week later with a critical comment about natural selection as a weak spot in the argument for Gaia: "Like all grand schemes it is vulnerable but I believe it is interesting enough to be admitted to the dialectical tournament . . . My only real worry comes from the rather ex cathedra statement about natural selection; the authors know of my concern here but evidently for the moment can't go further." G. E. Hutchinson to Carl Sagan, September 13, 1973. G. Evelyn Hutchinson Papers (MS 649). Manuscripts and Archives, Yale University Library.

to displacement transductions. It is just what particular one you had in mind.

Back in UK August 2nd.

Love to all

*

* *

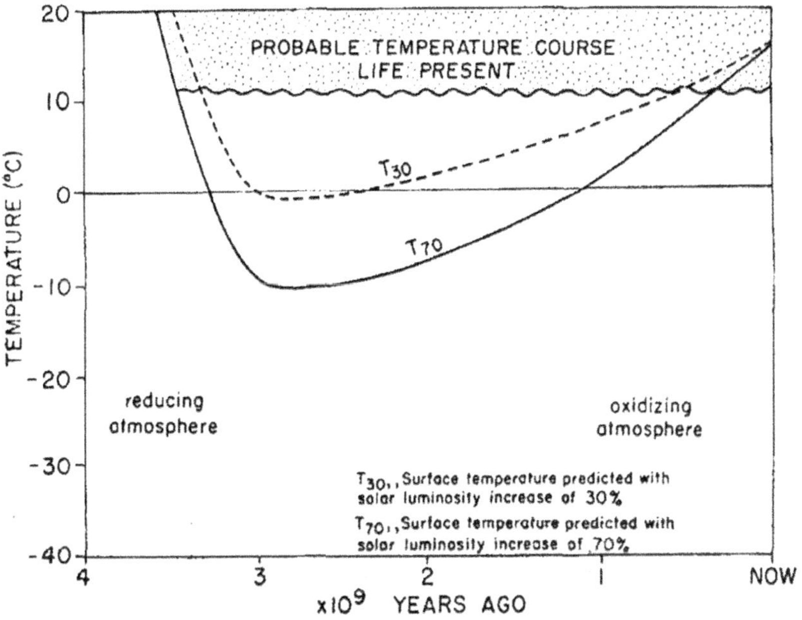

Figure 2.5 Comparative temperature histories, from Lovelock and Margulis 1974a: 7.

*

* *

60. Lynn Margulis to James Lovelock, September 15, 1973

University of Washington, Seattle, Washington 98915, Department of ~~Zoology~~ Microbiology[189]

[189] In the fall of 1973 Margulis spends a sabbatical semester in the Departments of Microbiology and Zoology at University of Washington in Seattle. Thus lodgings at her house are available if Lovelock happens to pass through the Boston area on his return from the Dominican Republic.

Dear Jim,

I'm afraid that your angina-induced (slow-set) feedback system is out-of-whack and over compensation has led to fantastic uncontrolled activity in all directions.[190] I'm disturbed that your life is dreadful at the moment and delighted that once you get on the ship no one can get you . . . (not even me). Please take care.

I'm still combing your envelope for the enclosed reprint on DMSO which in the flurry was also left sitting on your desk probably (Please send). I accept your comments on our paper and if we ever get it back from *Icarus* I'll modify accordingly. Since Carl owes us some 3 months of child support (he is always late) it will probably be next summer in Ireland before the paper is returned.

Barghoorn will be very happy to see you but he has a harder time than most answering his mail and writing up his results. Don't take no posted answer from him personally. . . just call him and I'm sure he'll be very welcoming.

All these Boston area codes: 617
Elso S Barghoorn
Department of Biology (he is located in Paleobotany Farlow Herbarium building)
Harvard Univ
Cambridge MA 02138 (485–3200 lab 495–2361 office) afternoon or eve
1–369-5224 home (morning)

He also has an appointment in Geology, one building over, namely the building in which Holland (Heinrich is his name but he is called "Dick") is located. For Holland call 495–2353. You might even get Mrs. Pauline Solomon, the secretary, who is a very close friend of ours. Her husband is a prof of history and expert on Black America long before it was popular. He also is the best humored person we know, funny enough to be on stage. They can help you to stay at our house if you have any problems.

Of course you must stay at our house. Only Yehuda Ben-Shaul is there, a plant physiologist and electron microscopist from Israel working at

[190] Presumably a friendly parody of Lovelock's cybernetic idiom in reference to his recent heart problems.

Brandeis. He has 6 bedrooms from which you can choose. If you tell me approximate dates I'll write him. He can be reached in the biology department at Brandeis (TW 4 6000) during the day. Call Aby (Obdulia Morales) at work 734–8000 ext. 542, if that is more comfortable for you to arrange staying at our house.

I hate being here while you are there and missing all the great conversations.

If you and Helen retreat to the Welsh mountains you can be sure that both I and Dianna [Diane] Hitchcock will find you.

Love

Pullman of course is NY to Bost. distance away

To document my first statement is following exact quote from your recent letter:

> "If we can get it at a reasonable price it will be so long Bowerchalke and all of the nuisance people who keep coming to disturb."

*

* *

61. Lynn Margulis to James Lovelock, December 29, 1973

Dec 29th and I hope it is not too late

Jim Jim Jim...

Origins of Life Proofs are terrible.[191] Please send immediately a copy of what you sent, namely your corrections so that I can stop the presses and get final corrections into Ponnamperuma by 'phone if necessary, even to the Nederlands. (e.g., this can't come out with Phil Morrison's name spelled incorrectly and that Exobiology reference which is nonexistent etc., if we are wrong on the little things they will surely consider that proof that we cannot be right on the important things.)

Tellus proofs or *Tellus* anything was NOT enclosed. Please send some evidence that the *Tellus* ms. exists.[192]

You love the remote countryside because you travel so much your life is too hectic otherwise. Please, please take care of your wonderful self.

[191] The proofs for Lovelock and Margulis 1974b. [192] Lovelock and Margulis 1974a.

Had a good conversation with Rasmussen. Most of the quantitative information he gave me concerned the quantity of beer consumed on board.[193] I'll have to get the story from you. He seemed a little annoyed re the Meteor.

Warmest regards to Helen, Jane, Christy and the rest of you.

P.S. I simply can't send corrections unless I know what you have done. I received your letter today!

[193] Lovelock et al. 1972.

1974

62. Lynn Margulis to James Lovelock, February 7, 1974

Dear Jim,

I hope your silence means you are too busy to write. Selenium, it seems to me, will be a winner. See enclosed. The enzyme is required for glycine reduction to NH_4 and the organisms he has listed here are extremely primitive on other grounds. I will monitor the selenium biochemistry paper when it comes out and keep you posted. What actually have been your ecological observations re dimethyl selenide?

I think we need to get together again to generate some more ideas. I hope to go to Bristol at the end of this summer and hope dearly to see you then.

Still have not seen *Tellus* paper in any (recent) form. Please send.

I sent the corrections on Barcelona-Gaia to Dreidel publ. special delivery airmail and a plea not to go to press uncorrected.[194] Ponnamperuma thought it would be on time. Thanks for cabling references!

Icarus paper has been sent to compositor.[195] I have not seen proofs yet. I was able to add references to acid lakes, pH 1. I'll keep you posted.

Regards to Helen, Jane and Christy, do write soon

*

* *

63. James Lovelock to Lynn Margulis, February 14, 1974

Dear Lynn,

Your letter gave me a twinge of guilt. It is so long since I last wrote. My excuse is that I am in the midst of preparing 4 quite different papers. One on the Meteor trip,[196] one on the Recognition of Life for the Royal Society,[197]

[194] Lovelock and Margulis 1974b. Margulis expresses concern over the textual integrity of its page proofs in Letter 61.

[195] Margulis and Lovelock 1974.

[196] Certainly Lovelock 1974a.

[197] Lovelock and Kaplan 1975.

another on Atmospheric CCl_4 and such things and the last one on the electron capture detector.[198] All of them are to date lines in May. It leaves little time for writing much else.

Have heard nothing of the *Tellus* paper, but it must be about gravid.[199] Will let you know as soon as I hear from them and send your proportion of the reprints as soon as they come.

Selenium does look good and many thanks for letting me see the note about it. The problem with selenium is the analysis of the dimethyl selenide. To do it one needs a nuclear reactor and these tend to be a bit outside my budget. I managed to smuggle a few samples into the reactor at Harwell and so discovered there was dimethyl selenium in the marine system. I do not think I will be able to have many more samples analysed in this way. If it looks as if you can get it done over there please do not hesitate to do so, I have no proprietary feelings about selenium.

Enclosed is a photostat of a leading article from the *Times* which says such nice things about America that I thought you might find it pleasant reading. Perhaps when you have read it you can pass it on to Rei Rasmussen who would I know appreciate it.

Our best thoughts to all the family, we look forward to seeing you in the summer.

*

* *

64. James Lovelock to Lynn Margulis, March 25, 1974

Dear Lynn,

Thank you for your kind and encouraging letter. Much of my recent anxiety over the forthcoming lecture at the Royal Society was due to the fact – which I could not disclose – that I was up for election as a Fellow. In these circumstances the lecture was like some dreadful final examination. By great good fortune I have just heard that I have been elected so I can relax and talk as a member of the establishment!!!

Helen and I look forward with the most pleasurable anticipation to your visit in August. We are praying, spraying indeed taking all measures to

[198] Lovelock 1974b. [199] "Gravid": in the late stage of pregnancy; that is, soon to be published.

abolish pollen and cats. Wish that we could see Nicki as well but in the meanwhile give him my warm best wishes

Love

*

* *

65. James Lovelock to Lynn Margulis, May 28, 1974

Dear Lynn,

Many thanks for the xerox of *Science News*. It seems that our chickens are at last hatching. I am beginning to wonder though if the Swedish one has addled.[200] Did you receive my parcel of reprints from *Origins of Life*?? We sent it to your Newton address at least one month ago by air parcel post.

I am exceedingly busy just now, all through having dabbled in atmospheric chlorine chemistry. Perhaps you may remember my muttering things about the possible natural origins of carbon tetrachloride. I was thinking of course about atmospheric chemical not biological origins. When I mentioned the idea to atmospheric chemists, even to good ones like Jim Walker, their skepticism was chilling. Now quite suddenly it has burst upon the chemical scene that chlorine is very important in the atmosphere and that chlorine compounds like the freons may be potentially more harmful to life on Earth than a skyful of SSTs. The hydroxyl radical which was so cherished a while back for its part in the SST doomwatch scenario has been put back in the cupboard and the Cl radical is now the star of the show.

I doubt if there is anything to fret over. It is probably just another of those academic fashions which serve to keep Universities centres of intellectual corruption. Part of the problem is that the chemists do not even do lab experiments any more let alone go out in the world and measure things.[201]

200 "The Swedish one" refers to their article coming out in *Tellus*, edited in Sweden (Lovelock and Margulis 1974a). It is taking a long time to appear, a point reiterated in Letter 66.

201 These two attitudes will recur frequently in Lovelock's writings, and all more so in the context of the "Ozone War." First, the idea that universities and academia generally corrupt scientists: their status as civil servants depresses creativity and originality; moreover, they must bend their projects to fund their researches. However, Lovelock himself would be accused of being a bought man of the petroleum and chemical industries (see Letter 69 for another instance of this accusation). And second, the idea that his practice of chemical measurements enjoyed epistemic priority over any other scientific activity, be it theory, modeling, the formulation of hypotheses, and so on.

They sit at computer desks and make models of doom situations based on current or more usually old and dusty data. In the last model, that of doom by SSTs, they left out chlorine. In the latest doom by freons they leave out CCl_4 and others I have not yet had time to seek.

The point is that the Bowerchalke Lab is almost the sole source of atmospheric halogen compound information. You can guess the rest.

I look forward as does everyone of the family to your visit in August. We leave for two months in Ireland on June 14th.

Love

*

* *

66. James Lovelock to Lynn Margulis, June 5, 1974

Dear Lynn,

Many thanks for your letter as usual it has crossed with one from me. I am making this response very brief for I shortly have to take an aeroplane trip straight upwards to do some measurements, let us hope that it comes down again.[202]

Enclosed is a copy of an old reprint of mine which includes a diagram illustrating Earth with and without life which might form a basis of the thing you said that Dick Young needed.[203] If you think it is, let me know and I will be glad to prepare a more contemporary version.

I don't know where you got the idea that I put a lot of CO_2 into the atmosphere of the lifeless model, perhaps there is a confusion between the proportion of CO_2 and the amount. In a lifeless atmosphere CO_2 will undoubtedly be the predominant gas unless argon exceeded it. If we assume that the Earth was much the same as now, then you were right in assuming that carbonate equilibria etc., would keep the partial pressure much as it is now. However, if all of the nitrogen has been converted to nitric acid this may have shifted the Earth's pH considerably to a lower side so increased the amount of CO_2. Furthermore, as [A. E.] Ringwood in that somewhat

[202] In response to Molina and Rowland 1974, which "raised for the first time the possibility that the continued emission of CFCs was a danger to stratospheric ozone," working with friends in the UK's Ministry of Defence, Lovelock arranges with the RAF for a "trip to the stratosphere to find out if CFCs declined in abundance as the [Molina–Rowland] theory predicted" (Lovelock 2000: 217–218).

[203] Pioneer of astrobiology and chief scientist for NASA's Viking mission.

disastrous origins of life meeting that we both attended,[204] commented that the biosphere facilitates the attainment of CO_2 equilibria and that without plants the system might be considerably out of equilibrium with more CO_2 than expected in the atmosphere. Naturally I agree with him.

The anaerobic world looked fine except that I would go easy on the N_2O. This is a bit of an oxidising gas and my friend Rasmussen finds that the oxides of nitrogen emitted from anaerobic soils is NO and not N_2O. Indeed for a model of the anaerobic world back then why not just consider the case of an anaerobic situation here and now. This surely is a more reliable guide than speculation about biology and chemistry three thousand million years ago. Or am I missing something.

I would love to have the diagrams as slides when you finally get them done. Still nothing from *Tellus* but then *Icarus* does move faster even though in a more eccentric orbit.

Love to all

Look forward to seeing you later in the summer. Helen.

*

* *

67. James Lovelock to Lynn Margulis, June 21, 1974

Dear Lynn,

In the mild hysteria which accompanies our annual departure to Ireland for the summer working holiday, I forgot to include with my papers the copy of your diagram. I have sent instructions to Andrew [Lovelock] to send it to you but it may take a week or more to reach you. I am very sorry.

The day before we left for here, Friday June 14th, I had to give a seminar on Gaia at Reading U. just to justify my unpaid Professorship![205] Before

[204] Lovelock refers to the second conference on Origins of Life held at Princeton, New Jersey, in May 1968. His first encounter with Margulis is at this meeting, but they have no interaction at that time. For more details, see Lovelock 2000: 254–255 and Margulis 1971c. His recollection of the event as "somewhat disastrous" seems to be connected to his sense of having been slighted: "For me the meeting was fascinating, but frustrating because senior American scientists were then heavily authoritative. These eminent professors expected young scientists like Lynn and me to be seen and not heard; we were there to be used, not to have opinions" (2000: 254).

[205] When he settled in as an "independent," Lovelock worked out an arrangement with Reading University for a nominal academic affiliation that, for one thing, made it easier to do scholarly publishing.

preparing it I wondered some more about the problem of how control was first acquired. How did it learn fast enough to produce just the right ammonia flux? I may be recalling what you have already said, but the answer seemed to me to be that (1) it could never have so done (2) control was acquired through many different systems acting in what they found to be personally advantageous. Thus when and if the NH_3 producers failed to do this task, it grew colder and the other things like algal mats and lipid excreters did their thing to keep warm. Or rather those that did kept warm. And so on. To my oversimplified biology, this is what species variety is about. Does this fit – make sense – and have you told me *n* times already?

Do you read *Science*? If you do look for a recent article by Reid Bryson on climatology, it is good.[206] Look especially at the chart for Iceland and his comments. Maybe we are seeing a system response here and now.

Am reading a lot about oceans and regulation within them. If you have any recent news of papers on this subject I'd greatly appreciate hearing about it. It is our next step I think. Did you know that NaCl is cycled in less than 10^8 years?

We shall be here until August 15th climbing, swimming, reading, and taking measurements of PAN, $CH_3{\cdot}O{\cdot}O{\cdot}ONO_2$, O_3, NOX, Freons and other unlikely things.[207]

Love

*

* *

68. James Lovelock to Lynn Margulis, October 16, 1974

Dear Lynn,

Many thanks for sending back the DMS paper. I never did find page 57. Would it be convenient for me to visit arriving Wednesday November 6th in the afternoon and leaving on Sunday 10th?

*

* *

[206] Bryson 1974. [207] An array of chemical components of air pollution.

69. James Lovelock to Lynn Margulis, December 15, 1974

Dear Lynn,

Hope that the talk went well. I can guess how you must have felt. One of these days I shall I have to perform before an audience of distinguished biologists.

Enclosed is a copy of the Gaia for *New Scientist* article.[208] It will probably make you wince but it might serve as a model for the *American Scientist* version. Many grateful thanks for Rasool's book. It is tantalisingly conservative for him but still a fine source of the views of the conservative scientists.

The rest of my trip was all freons. Your story of Zach coming home with that nonsense about fatal sunburn on account of aerosol cans is one of the more deplorable events of the year. I often wonder how anyone as honest as you are can stand working with those corrupt academics who are responsible for these scare stories. Universities do seem to employ the worst of our society these days.

You can tell Zach that Gaia has come to the rescue and there is nothing to worry about and that Nick can go on using his aerosol spray if he wishes. We have just discovered a huge natural source of methyl chloride (about 5 megatons a year). It is almost certainly of marine origin as that man Zafirou at Wood's Hole predicted. It means that the input of chlorine to the stratosphere from natural biological sources is probably at least 100 times and possibly 1000 times larger than from the freons.

All of our best thoughts for Christmas

Love

[208] Presumably a manuscript or page proof for Lovelock and Epton 1975.

1975

Popularizing Gaia

The Ozone War breaks out in the same year that the Gaia concept ventures beyond scientific circles.[209] The first of these more general appearances took place in two very different venues. Lovelock and Margulis seem to have made a concerted decision around this time to launch the Gaia hypothesis toward science periodicals rather than academic journals. Lovelock targeted the British weekly magazine *New Scientist*, while Margulis planned to take a second shot at the illustrated bi-monthly magazine *American Scientist*. "Enclosed is a copy of the Gaia for *New Scientist* article," Lovelock wrote at the end of 1974: "It will probably make you wince but it might serve as a model for the *American Scientist* version" (Letter 69). Perhaps Lovelock was thinking about Margulis's likely response to the teaser introducing the *New Scientist* article: "Do the Earth's living matter, air, oceans and land surface form part of a giant system which could be seen as a single organism?" (Lovelock and Epton 1975: 304).

Appearing early in 1975 and co-written with Sydney Epton, a colleague from Shell, "The quest for Gaia" gained popular purchase with an appealing retrospective on the nearly decade-long development of the Gaia hypothesis and brisk summations of its main arguments. The anthropological and political handling of various sorts of pollution in this article were standard themes Lovelock developed in his former papers. Some of these papers were dedicated exclusively to this issue (Lovelock 1971), and quite often Lovelock would conclude Gaian papers with a few sentences about the same issues (Lovelock 1972; Lovelock and Giffin 1969). But these more human-centered themes are not as common, and often given shorter development, in the papers co-written with Margulis (e.g. Lovelock and Margulis 1974b: 102). Lovelock and Epton opened up full sections dedicated to climate change, overpopulation, regulation of stratospheric pollutants, and a concluding paragraph with anthropological considerations: "In man, Gaia has the equivalent of a central nervous system and an awareness of herself and the

[209] On this issue, see the section of the introduction on "Environment, Pollution, and Politics: Gaia and the Anthropocene."

rest of the Universe" (1974b: 306). This cosmic note appeared to strike home with the *New Scientist* audience. In late February, Lovelock reported to Margulis that this new article had "stirred up some interest including an amazing number of crank letters of a gentle and non-aggressive kind. *Newsweek* has sent a reporter and photographer" (Letter 73). Lovelock cites this article as responsible for the interest of Oxford University Press, leading to the contract for *Gaia: A New Look at Life on Earth* (Lovelock 1979a): "The book took four years to write . . . Its publication completely changed my life" (Lovelock 2000: 264). Moreover, after reading "The quest for Gaia," Andrew Watson would ask Lovelock to supervise his thesis.

Meanwhile, Margulis was still at work on a new article on the Gaia story: "It has been chewing around since December. I've either worked on it like mad or not at all" (Letter 74). In the early months of the year, their correspondence went over the technical details for this still science-heavy manuscript with the expectation of her submitting it for another go at *American Scientist.* Then an editorial overture came her way bearing the prospect of popular exposure beyond anything previously contemplated. Margulis heard from Alan Ternes, the editor of *Natural History* – "a classy glossy job with a circulation of @ 370,000" (Letter 77) – in tandem with Stewart Brand, the editor of *CoEvolution Quarterly*, the periodical successor to the *Whole Earth Catalog*, signature outlets for the ecological intelligentsia on the frontier of the American counterculture. Letter 77 outlined a scheme by which the low-circulation *CoEvolution Quarterly* would pre-publish a Gaia article to be prepared for a high-profile appearance in *Natural History.* Nothing is heard again about *American Scientist* as a venue for the manuscript Margulis had been putting in order. As matters turned out, only the first half of the Ternes–Brand scheme would come to pass in a way that fulfilled the initial promises made. *Natural History* would eventually publish a pared-down version of the anticipated Gaia article (Margulis and Lovelock 1976). However, *CoEvolution Quarterly* provided ample space and inspired editorial collaboration.

*

* *

70. James Lovelock to Lynn Margulis, January 6, 1975

Dear Lynn,

I was very pleased to hear that your talk at Harvard went so well. I knew that you would be well received. I wish I had been there to help with the objections over the comparison between Mars and Venus. They are a rough bunch these aeronomists; in Goody and Walker's little book there is if I remember correctly a comparison between Jupiter and Uranus with Saturn as an interpolation.[210] Provided that the unknowns are heeded such comparisons are reasonable as aids to explanation.

The term "hand-waving" puzzles and amuses me. Whenever I am in the USA someone says I am doing it and I have never been sure of the implication. Was it a compliment or was it a condemnation? I assume from your context it refers to speculations unacceptable to the audience. Hand waving or not I am quite confident that the model Earth made by deleting life is a perfectly reasonable abiological Earth. If the aeronomic establishment continue to object I shall build one in a big jar. Incidentally the model made by deletion is very like the interpolation and maybe this has led me to the illogical step of arguing that the deletion model is supported by the interpolation one; rather than vice versa.[211]

I entirely agree with [Steven C.] Wofsy's comment and the implication that we cannot for ever go on putting chlorine compounds into the air. However, the Sunday supplements suggest that the environmentalists want to see chlorocarbon manufacture banned yesterday if possible which seems both unreasonable and unwise. CH_3Cl is continuing at the high level of 500 ppt and it will be a long time before industry can equal this natural output alone.

By far the most exciting thing in your letter was GEH's approval of the salinity control idea.[212] If we do the *Am Sci* thing it should include our first essay into the ocean side of the control system. As soon as I can escape from the pressure of demands to solve the freon problem, I will start work on the ocean system.

[210] Goody and Walker 1972.

[211] This passage sheds light on the Gaia-hypothesis literature that imagines an Earth without the influence of life in various ways: for instance, interpolating a model of Earth between Mars and Venus, letting the contemporary atmosphere go to equilibrium, then trying to assess all the influences of living beings by artificially suppressing these effects. The fictional imagination (or modeling) of an "abiotic" Earth (as in, what if life had no effects on Earth?) is a powerful way to exhibit life's massive influence on the planet. This scientific practice is a distinctive mark of the Gaia literature (Dutreuil 2014).

[212] This remark connects Lovelock's interest in oceanic salinity and the destruction of ozone: sea salt is mostly sodium and chlorine, and it is indeed chlorine compounds that are involved in stratospheric ozone depletion. For the confirmation of the link between these two stories, see Merchant 2010.

In a recent issue of *Nature* there is a letter on the role of ethylene in the soil. If true it is a fascinating bit of Gaiology. The authors claim that the balance of aerobes and anaerobes and the total productivity of the soil is maintained by the distribution of ethylene gas. Do look at it and let me know your views. It may well have something to do with the fungus smell story.

Will try to gather some views on Tony Swain but as you know I am not much in touch with the academic world over here especially not the biologists and botanists.

Love

*

* *

71. James Lovelock to Lynn Margulis, January 9, 1975

Dear Lynn,

Methanogenesis looks fine except for para 3 page 1 and the para on page 3 beginning "The first of these . . ."[213]

I particularly dislike para 3 page 1. The argument can be expressed without us quoting such gems as Avogadro's number and the molecules of the air.

What about this instead:

"The atmospheric abundance of methane is approximately 1.4×10^{-6} so that the entire atmosphere holds about 2.5×10^{14} moles of methane." Follow with sentence beginning "It requires two moles of oxygen."

Then carry on as before except that "certainly" (top of page 2) should be "probably."

On page 3: "the first of these is self-evident." Is it? And was the literature review (8) concerned with methane ventilation? If so OK, if not change it.

Your choice of reviewers sounds good although it is not the usual practice of *Nature* so to accept. Also Wolfgang [Krumbein] is liable to be in Antarctica or the Hindu Kush or someplace else.

Rei Rasmussen's new address

"Oregon Graduate Center"
19600 NW Walker Rd.
Beaverton, Oregon 97005

[213] "Methanogenesis" would appear to be a very early draft for what becomes Watson, Lovelock, and Margulis 1978.

Travel plans good but will probably see you in Boston before then.

Can't send reprints to Wolfgang. They are sequestered en route to here at present. Will do so later.

Love to all

In haste

[*Margulis's note*] Volatilized heavy metal derivatives of methane (e.g. methyl arsenate) are produced by cells and released; they may pass from the sediment to the atmosphere.

*

* *

72. James Lovelock to Lynn Margulis, January 28, 1975

Dear Lynn,

I'm sending this from our place in Ireland where I have spent the last week repairing the apparatus here. The monstrous winter gales play havoc with the gear and provide a fine excuse to make the journey across the stormy seas. The sight of the waves breaking right over 100 foot cliffs is well worth the journey.

I cannot remember responding to your request to provide a standard reply to those who assert the impossibility of modelling an abiological Earth. I have had time to think on it and it seems to be yet another of those problems which are very difficult if approached from a classical geological viewpoint but easy from Gaiology.

We as Gaiologists are not concerned with the origins of the atmosphere. We accept the distribution of elements as they are. Our task is to explain why the elements are distributed in the compounds which go to make up the present surface composition. We know that the atmosphere is in dynamic equilibrium maintained by processes with time constants all less than ten million years.

It is perfectly reasonable to calculate the consequences of shutting off the Biosphere. It takes no great feat of chemistry to show that oxygen and nitrogen will vanish from the air in less than ten million years. This will leave a planet with CO_2, argon and water vapor as the principal gases. I defy anyone to model any alternative. To be sure we cannot predict the exact proportions for these will depend greatly on the final temperature. If this is low then the CO_2 and water vapor will tend in a Martian direction. If it is high the atmosphere will be denser and tending towards Venus.

Enclosed is the proof of a discussion comment made by [Isaac R.] Kaplan at the RS meeting at which I lectured last April. It is a fine example of the ponderous academic geological establishment view of Gaia. It should provide a useful student exercise "List three errors in the following . . ."

Seriously though I find it incredible that Kaplan cannot see the difference between the dynamic disequilibrium of a whole planetary atmosphere and the trivial fossilized disequilibrium of a meteoric solid. Solids preserve the disequilibrium of their origin (hence the stromatolites). Such disequilibria have no contemporary significance. By great contrast disequilibrium in the air is demanding of an explanation now.

Sad though is the confidence with which he is happy to regard gases such as methane and hydrogen (present at parts per million) as remote traces very difficult or impossible to analyse. As you know we who measure these gases think of concentrations one million times less as near the limit of current technology. Finally as you know fluxes are not difficult to calculate from a knowledge of composition and solar radiation.

To keep you posted on the freon affair. Wofsy and I are not really in disagreement over anything but the time scale. I agree with him that freons cannot be released to the air indefinitely without something odd happening. Where I think we disagree is over when the releases must be stopped. I see no need in view of the large natural sources of chlorine to start any panic action, certainly not until their models have the proof of experimental measurements in the stratosphere. In any case the recession is causing freon production to tend to zero growth.

Glad to hear that you are getting on with the *American Scientist* article. I would be happy if you did it as a solo. The Gaia thing has been so much a true joint effort that some vigilance is needed to see that the credit is fairly distributed. I have recently been over-exposed.

Love

*

* *

73. James Lovelock to Lynn Margulis, February 26, 1975

Dear Lynn,

The *American Scientist* article is splendid. They should be very pleased to have it. I would be a lot happier if you were the sole author. Could you not just say somewhere in it that it is about a thing we created together and leave it at that. The words and the story are yours.

The *New Scientist* one seems to have stirred up some interest including an amazing number of crank letters of a gentle and non-aggressive kind.

Newsweek has sent a reporter and photographer but from past experience I shall be surprised if they run any story. CBS curse them are making a "Transatlantic Interview in depth by telephone" next Monday. They may well be looking for you.

Two small points on the article. N_2 abundance is not 76% as stated in the table but 78%. My colleague's name is not Magga but is Maggs in one of the references.

Rei Rasmussen is just back from the South Pole in a state of high excitement. He finds that the ice there is an historical store of gases laid down over the years. He wants me to go back there with him next winter and I sure am going to try to do so.

I shall be off on a trip round the world at the end of April. To Washington, Seattle, Mona Loa, Samoa, Guam, New Guinea, New Zealand, South Africa and home. Will try to stop off briefly at Boston on the way. Dare not fix it for sure yet though for it is in part a ship trip and they are notoriously bad time keepers.

Latest on the freon doom story. Methyl chloride now confirmed here by Mass spec. and at close to parts per 10^9 which makes it the dominant chlorocarbon of the air. We have measured its rate constant for reaction with OH the prime cause of its removal in the troposphere and it is such as to give a residence time of 0.4 years, amply long enough for a fair amount of it to enter the stratosphere. Rei tells me that he found freons to be pouring down out of the stratosphere over the South Pole. Everyone else is busy drawing conclusions on our data of last year whilst we continue to stir the pot.

Love

*

* *

74. Lynn Margulis to James Lovelock, March 2, 1975

Dear Jim,

I'm delighted that you are happy with our *Amer Sci* paper, let's hope they take it this time.[214] Janet Williams, my editor friend, helped a good deal to

[214] As no such Margulis or Margulis–Lovelock paper appears to be extant in *American Scientist*, we surmise that this manuscript becomes the basis for the *CoEvolution Quarterly* article (Margulis and Lovelock 1975).

make the meaning clear. Unless you stop me by awful coercive measures I shall submit it with your name on it as well. I feel very strongly that it is a joint effort.

The few things that I'd like you to check carefully are: Table 1, temperature and sources of temperature, is this correct? Especially the mesosphere entry which I sort of invented. Also, Table 2, the carbon monoxide and ammonia entries.[215] I felt CO ought to go in because something had to be in the human column. The flux which I figured out is likely to be wrong, please do it yourself and show me the work, as well as the disequilibrium calculation.

On page 7, I picked midlatitude temperature has deviated by 15° because it seemed like a number that ought to satisfy everyone. Please approve it or alter it. I'm very happy with my Gaian deductions, Table 3 but would like to know if you know if it is reasonable to assume that in any freshwater or terrestrial environments Mo, Mn, Mg, K might be limiting?[216] I didn't add most of these because I don't know anything about their abundance but I have strong reasons for insisting, if there is an abundance problem, that they must cycle. Please advise.

I would be very grateful if you would attend these points quickly so that I could mail off the ms. It has been chewing around since December. I've either worked on it like mad or not at all.

In addition you still owe me something that I need better documentation on. Please show me just what numbers you are interpolating to make this table of the abiotic Earth atmosphere from Mars and Venus. I need to see the calculations themselves. Also for temperature.

Your methyl chloride results sound spectacular. As soon as you have a table of the relative proportions of carbon tet, methyl chl, freon etc. and their contributions to atm O_3 removal let me know. What possibly could be the mechanism of falling out of these gases in Antarctica or is that all just well known meteorology?

I'm still very anxious to see *New Scientist* and how it all came out in the end. Nick went by Harvard Sq. tonight and perhaps was able to get a copy but I doubt it.

Of course we shall be very happy to see you at the end of April or any other time you happen by.

[215] This statement corresponds with Table 2 in Margulis and Lovelock 1975: 34.

[216] On that same page of the *CoEvolution Quarterly* article: "TABLE 3. Some critical biological elements that may be naturally limiting."

What is your current hypothesis for origin of methyl chloride and role of ozone layer in climate regulation (in two sentences or less)? The difference with you and most other scientists I know (after having sat for three days at JPL in a closed room with [Alastair G. W.] Cameron, Wasserburg, Van Allen, McCord.[217] McElroy[218] was supposed to be there but he never showed up. Trying to decide on a strategy for exploration of the outer planets...) is that you can summarize important problems and possible solutions in a few words. (I'm trying to say that you stick to the important thing and always think clearly, most of the others wrap themselves in obscurity which makes me conclude that my ignorance is bounded somewhat like the surface of Jupiter).

I hope it is no burden to you to answer these queries, I'm sure you'd much rather measure gases but I'd really like to hear your ideas. Furthermore, if we do have some time together I'd like to talk to you about what can be measured by GC and by GC-MS on planetary probes. Tell me your schedule on Mar 23 (Sunday) for I'll be flying into London and perhaps we can at least communicate by telephone.

Looking forward to your next response. Keep up the fabulous work and of course I hope dearly that you get the support required to make the Antarctic trip.

Love

*

* *

75. James Lovelock to Lynn Margulis, March 11, 1975

P.T.O. for comments on *American Scientist* article

Dear Lynn,

On a separate sheet are the notes on the *American Scientist* article. The methyl chloride measurements daily grow more exciting. It looks more and

[217] Gerald Wasserburg, professor of geology and geophysics at the California Institute of Technology; James Van Allen, American space scientist instrumental in establishing the field of magnetospheric research and at the origin of the famous International Geophysical Year (IGY); Thomas B. McCord, professor of planetary physics at MIT and head of the MIT Planetary Astronomy Lab who previously worked on the Apollo program at the JPL.

[218] Along with Cicerone, Rowland, Molina, Wofsy, and others, Michael McElroy is one of the more important scientists in the study of CFCs and ozone. For a history of atmospheric chemistry and ozone destruction, see the important thesis of Briday 2014.

more as if Gaia will triumph over Galatea.[219] The methyl chloride concentration is now at about 1.5 ppb with peaks to 3 ppb making it overwhelmingly dominant in the chlorocarbon scene. My friends at Harwell[220] have experimentally estimated its atmospheric residence time which turns out to be 0.4 years, amply long enough for it to reach the stratosphere. What is so specially interesting is that the concentration has steadily grown from .5 ppb in midwinter and shows every sign of increasing with the development of the algal season.

Of course Wofsy et al. are right about freons being a hazard in the long run but the urgency of the problem seems to diminish as the size of the natural chlorine cycle becomes revealed. Your request for a two-sentence explanation of the role of methyl chloride, ozone and climate regulation makes even my mind boggle. The size of methyl chloride emission, its capacity to change rapidly and to respond as conditions are more or less favorable for algal growth are all powerful properties for anyone seeking a purple gas. Maybe this will keep us busy for some time to come.

I'll certainly be around on March 23rd. Let me know more of your movements and maybe we can plan something of a meeting then. If not I'll be over in April somewhere between the 14th and 25th.

Yours

Comments on the *American Scientist* article.

These are brief because I have to travel shortly for a few days and I note that you need a reply urgently so here are my short form comments.

Table 1. This table bothers me. Is it really necessary? The idea of a source of temperature is a bit vague. The temperature at a point in the atmosphere indicates the equilibrium for steady state molecular condition. Heat is being gained from all manner of sources including direct absorption of sunlight, air motion from warmer places (that's how the daffodils bloomed here since

[219] In classical mythology the goddess Venus turns the marble statue of Galatea into a living woman to reward the piety of the sculptor Pygmalion. If this remark is intended as a comment on the ozone affair, perhaps Lovelock means that the theory of an intrinsically self-maintaining biosphere (Gaia) will win out over the notion of an inert planet visited by the ministrations of an external (governmental-regulatory) agency.

[220] Harwell is the site of the Atomic Energy Research Establishment (AERE), the United Kingdom's principal center for research and development in atomic energy during the twentieth century. Lovelock applied for a job there in 1963, using this as an excuse to come back to England from the States. He did not get the job but kept his contacts there over the years. Lovelock needed access to radioactive materials for his instruments.

January). Latent heat of water vapour and so on. Likewise heat is lost by the same processes in reverse. I really think this table would be better left out. Even if it does require the renumbering of other tables which is a bind.

Table 2. CO disequilibrium is the same as methane, hardly surprising for methane is its source. The flux calculations look OK but I'll check them and let you know later.

Table 3. This is fine except for the following. Column 3 heading. Surely birds are not fluids?[221] Why not say 'Probable transport vector.' Or if you don't like those words paraphrase it with words of your own choice. Why leave out food under carbon? Also why leave out oxygen gas under oxygen and hydrogen. Na, K, Ng, and Ca should all be taken together. They almost certainly do cycle partly because excesses of ions in the sea are bad for membranes, 0.6 m is the limit for life. The use of these ions is not membrane function so much as to maintain the ionic environment within the cell at an optimum for the interaction of biological macro molecules. The process of cycling of these ionic elements is almost certainly the deposition of biological debris on the sea bed followed by its subsequent burial and movement under the continents by the plate tectonic processes.

I hope this is all a help, in the meanwhile will send you more data.

*

* *

76. James Lovelock to Lynn Margulis, April 11, 1975

METHYL CHLORIDE AND METHYL IODIDE SOUTHERN ENGLAND AIR AND SEA WATER CONCENTRATIONS JANUARY TO APRIL 1975
Air analyses

	Freon 11	Methyl chloride	Freon 12
X	100.6	1140	151.7
S.D.	4.22	340	15.23
n	14	46	14 [*Margulis's note:* (number of observations)]

[221] Lovelock's remarks coincide with the tables in Margulis and Lovelock 1975. See "Possible form of fluid transport" for phosphorus in Table 3 on page 34.

Concentrations in parts per 10^{12} by volume
Sea water analyses

Date	Water temp	Methyl chloride	Methyl iodide
12 Jan	45	13.1 (3.96)	0.78 (0.21)
12 Feb	44	8.7 (4.5)	0.48 (0.23)
8 Mar	42	9.69 (0.63)	0.6 (0.21)
9 Apr	42	16.7 (1.15)	1.5 (0.31)

Concentrations as ml of gas per ml of water $\times 10^{-9}$
Air samples were 5 ml syringe samples and analysed directly. Water samples were by equilibrating air with the sea water and analysing a 5 ml portion of the air. The air samples were taken during clear Atlantic air only for the freons the methyl chloride was analysed for air masses of all origins.

*

* *

77. Lynn Margulis to James Lovelock, April 29, 1975

FLIGHT REPORT - FLIGHT ATTENDANT
Flight: AA337 Cabin: Tourist Date: 4/29/75 From: Boston To: St. Louis
Aircraft No./Type (ΣX talk)
Subject: No stationary! But automatic carbon copy.

Dear Jim: Received your hurried note today. I'd love to get the freon story from the horse's mouth. I'll try to route my Leningrad (July 6–10 more or less) through Eng[land] – will you be home then? I need to talk to you at length.

Good news – and I'll need a quick response (sorry to hassle you further) I've spoken today to Alan Ternes, editor of *Natural History* (a classy glossy job with a circulation of @ 370,000). He's apparently a friend of Stewart Brand, editor of the *CoEvolution Quarterly*. Brand, who has been pressuring me mightily, claims his mag. has a circulation of only 17,000. They apparently in agreement that *Nat. Hist.* will publish the Gaia II[222] and that appearance (even prior appearance) in *Coev. Q.* will not jeopardize a full article in *Nat. Hist.* Ternes wants to expand the mechanisms section, he wants your oceans paragraphs and he wants me to work in the anaerobic

[222] "Gaia II" would appear to be the manuscript lead-authored by Margulis for submission to *American Scientist* over which they were corresponding earlier this spring.

world diagrams with the text so that the text will stand alone. He wants amplification of the anaerobic world stuff and the diagrams of the stuff in the air. He has given *Icarus* and *Tellus* to one of his editors and will do some of the work himself on the rewrite. He will then send it to us for our review and comments. This will happen in the next few months – probably for an autumn issue. In the meantime Brand wants to do what looks like a whole issue on Gaia (vol. 6) – with Laszlo's color photos and all. He apparently is having a special cover painting done by one of Ternes's staff. He is claiming that his journal is responsible and responsive, refuses to compartmentalize science and that my accusation that he's into food faddism and astrology is totally unfounded. At any rate what he wants from us is permission to excerpt (apparently nearly all) Gaia II with the statement that it's from a full article coming out in *Nat Hist.* I told him that I could not give him permission unilaterally but must consult you. Since we now have a definite commitment from Ternes at *Nat Hist.* and since after reading *Coev. Q.* I find myself sympathetic to his goals, I would hope you will agree to this plan. Since he has planned his entire issue around the stuff he needs desperately to know if you deny permission. I have asked him to let me see his copy before it goes to press and he is very willing. If you haven't seen *Nat History* I'll send you a copy – it really is elegant and they'll do a fine job. They are interested for example in adding to the text that a good atmospheric analysis could detect life on Mars and that from present atmospheric observations (in spite of Viking) life seems unlikely. Ternes does not feel in any way beholden to the "academic establishment" as you would say. I think he's going to help us with even more dramatic illustrations too.

I've found the references to the dye industry carcinogen and bladder cancer and will send it to you soon. An environment evolution student has done a very provocative paper on CO sources and sinks which we need to discuss too.

Please though by return mail let me know (1) your feelings re *Coev. Q.* as secondary source and *Nat Hist.* as primary source for Gaia II, (2) please let me have a long letter on oceans that I can work into the revised version and (3) please let me know if July 2 or July 11 is better and if you'll be in Bowerchalke or Ireland. I probably can arrange to go thru either though London is easier (time of course is short).

Brand also asks me to get a picture (4) of you and a curr. vitae or something. I sent him to *New Scientist* but he would like an original print if you'd be kind enough to provide one. I suppose a slide will do. Have you one of us together?

Carl tells me Brand has become a millionaire on the royalties of the *Whole Earth Catalog* which was his conception and that he gives his money away because he believes it is the quality of life that counts.

It would be nice to document the phosphorus limited salmon story in the Alaska rivers – I'll try to work on that one. Sorry for this sprawling script but I'm on this plane bound for some chapel in St. Louis where I have to discuss the origin and evolution of everything in about ½ hour!

*

* *

78. James Lovelock to Lynn Margulis, June 2, 1975

Dear Lynn,

Almost as soon as I had posted the letter to you indicating that I would be delighted to come to the Viking meeting I received by post a summons to attend a meeting of the NASA Panel on Atmospheric Chemistry in Colorado on July 22nd. This I have a moral obligation to attend and two journeys in so short a time is too much. Farewell Viking.

I could call at Boston on the way back to Ireland say Friday July 25th arriving from Philadelphia on Thursday evening. Would it be possible to see Mike McElroy on that day? It occurs to me that even if I am unable to go to the Cape, perhaps he and you might care to present the arguments about a lifeless Earth and I would be glad to discuss these with you both on that Friday.

In haste

*

* *

79. James Lovelock to Lynn Margulis, June 12, 1975

Dear Lynn,

Many thanks for the MSS. I think that it is splendid and my corrections are in the notes attached at the foot of this letter. The only serious ones refer to the Table which has some startling errors in it. I am sorry about the muddle over the Viking launch, believe me I'd much rather come than go to the NASA meeting but it seems that I have a moral duty to go Colorado whereas Viking is pure pleasure.

Norman Horowitz was here on a brief visit recently and I sought his advice on the choice between the two meetings. He was quite definite that Viking was unimportant compared with the NASA meeting and indeed used the phrase that I had a moral duty to attend. Lynn, I think that it may be for the best, for the real key on Viking is not at the launch but when the results start to come back, then if such interesting things as no nitrogen in the atmosphere or nitrate on the surface to mention but two of them come along we are in a position to interpret and this is when we should make our case. Not only this but this year my mind is so very occupied by this accursed halocarbon affair that I do not think I would be able to present our case at Florida as well as it should be done.[223] Next year things should have settled down.

It would suit me much more if I could come to Boston directly from here on July 17th arriving on the usual plane from London that arrives [in] Boston sometime in the afternoon, this would give us the whole of Friday and part of Saturday before I took my plane to Colorado. Let me know if this is convenient for you.

Sincerely

*

* *

[223] Halocarbons include CFCs and freon; the "halocarbon affair," also called by Lovelock the "Ozone War."

Figure 2.6 Front cover of *CoEvolution Quarterly* 6 (Summer 1975).

*

* *

80. James Lovelock to Lynn Margulis, October 14, 1975

Dear Lynn,

Grateful thanks for your letter with the algal UV notes.[224] My response to the methane oxygen request is as follows:

According to Schidlowski et al. *Precambrian Research*, 2, 1–69 (1975), the production of oxygen by photosynthesis is 1.67×10^{15} moles per year. The proportion of this used up in the oxidation of methane depends on the rate of oxidation of methane. Various residence times for methane from 2 to 6 years have been quoted. I do not know who is right but the table below lists the proportion of oxygen used up for methane residence times over this range:

Methane residence time Years	Methane annual production moles	If oxygen production is 1.67×10^{15} moles per year then the proportion of this used up in methane oxidation is:
2	1.25×10^{14}	15%
4	6.3×10^{13}	7.5%
6	4.2×10^{13}	5.0%
8	3.1×10^{13}	3.8%
10	2.5×10^{13}	3.0%

One mole of methane uses up two moles of oxygen.

Schidlowski's value for oxygen production is very close to the one Holland uses, namely 1.56×10^{15} moles per year. The methane production comes utterly simply from the reciprocal of the residence time. You pay your money and take your choice!!!!! Anyway [Dieter] Ehhalt estimates a production of 6×10^{14} grams methane per year from source estimates, this is 3.75×10^{13} moles or a 4.5% oxygen use. Unless Mike has made some new and quite different estimate of methane residence time I cannot see how he gets the 1% figure.

Hope that this will do.

Love

P.S. Full Schidlowski reference: M. Schidlowski, R. Eichmann and C. E. Junge, Precambrian sedimentary carbonates: Carbon and Oxygen isotope

224 A series of references to ultraviolet (UV) radiation continues for the next year. The issue concerns an understanding of "the biological and medical effects of UV radiation arriving at the Earth's surface" as part of "the chlorofluorocarbon problems" (Letter 84). See also Lovelock 2000: 221–222.

geochemistry and implications for the terrestrial oxygen budget, (1975) *Precambrian Research*, 2, 1–69.

*

* *

81. James Lovelock to Lynn Margulis, October 21, 1975

Dear Lynn,

One reason for the success of our collaboration may be that we are both about equally inaccurate. I accept that Avogadro's number is 6.023 but there really is 1.06×10^{44} molecules in the atmosphere. 1.41 ppm is the latest value for methane.

Sad to say no chance of getting to the Maryland meeting, I have to be back in Munich next week for another meeting. Curse it. No, they did not send me notices of the meeting in Maryland. As you say time flies, don't fret about the aeronomic data, I am quite happy about this, all I need from you is a few bits about methane producing environments and whether methane comes mostly from the sea or mostly from the marshes on the land as has previously been suggested. Don't forget that *Nature* will not take a letter longer than 1,000 words. Preferably less. I'll be coming back through the USA en route from New Zealand probably sometime in November.

Other data.[225] Dr. Frank Bower is best reached by DuPont at the following address:

Freon Products Division
E. I. Du Pont de Nemours and Co
Chestnut Run
Wilmington
Delaware 19898.

[225] We surmise that Lovelock was responding here to Margulis's request for the addresses of potential referees to support her first of several nominations of Lovelock for the recently created Tyler Ecology Award, currently called the Tyler Prize for Environmental Achievement, an annual award for environmental science, health, and energy, established in 1973 with a large cash prize, administered by the University of Southern California. Lovelock has never received this award. See Letter 83 and the return of this topic in Part IV, Letters 249–252.

I do not know what part of NASA headquarters Jim King is in but he is fairly senior and should be easy enough to get from Lists over there.[226]

Names of Senior Scientists.

The Lord Rothschild,[227] C.N.E., F.R.S
11 Herschel Road
Cambridge CB3 9AG
England

The only other person I know who knows of my freezing work and who is both friendly and prominent is somebody called H. T. Merryman. I don't know where he is but he should be in the *American Men of Science* which I do not have. One old friend of mine who does seem to have followed my work and who is quite prominent is

Professor F. C. McIntosh, F.R.S.,
Department of Physiology
University of McGill
McIntyre Medical Sciences Building
Montreal, H3G 1Y6

Finally, how I hate academics, I think but for you and Peter Fellgett I would quite happily see them all sink in the ocean and vanish.[228] Heinz Von Forrester or whatever his name is, criticism in *CoEvolution* is quite unnecessary.[229] First, equation is a form of the continuity relation for entropy. It was introduced by Denbigh.[230] I have no intention of defending here and now but will discuss it when I see you. He is correct about the printer's error in the second one, all of this now relates back to the first line of this letter which is the sort of process of iteration by which we get things right.

With all best wishes

*

* *

[226] James King, Jr. joined JPL in 1961 as a senior scientist in chemistry and worked with the Space Science and Applications Program in the Office of Technology and Space Program Development.

[227] Rothschild was Lovelock's employer at Shell.

[228] Peter Fellgett was chair of the Department of Cybernetics, Reading University, during Lovelock's "unpaid Professorship" (Letter 67) at that institution.

[229] Heinz von Foerster, Austrian-American physicist and cyberneticist, director of the Biological Computer Laboratory at the University of Illinois, Urbana-Champaign. See Letter 53 regarding Lovelock's strategic use of entropy equations in Lovelock and Margulis 1974a, and its critique in von Foerster 1975. For a commentary, see Clarke 2020: 122–124.

[230] Kenneth G. Denbigh was a British chemical engineer and thermodynamicist (Denbigh 1951).

82. Helen Lovelock to Lynn Margulis, October 30, 1975

Dear Lynn,

Thank you for your letter. I am sorry you are having a hard time getting to grips with Jim by mail, you have my sympathy, it is difficult getting to grips with him even here. The "papers" he wanted you to send to the Carolina Inn was a copy of Methane and the Regulation of Atmospheric Oxygen.[231] I guess the cable arrived in a different form from which it was sent.

At the time of writing Jim is still in the US but will be home tomorrow for a day en route to Munich. After that his program is as follows:

November 4th Bowerchalke
November 5th London
" 6th Poole
" 7th Visitor from Gulf Oil
" 8th HOME
" 9th Off to Philadelphia
" 10th Du Pont Wilmington
" 11th " " "
" 12th Leave for Hawaii
" 13th Hawaii
" 17th Leave for New Zealand and Australia

That is as far as I have at the moment but he has to be in London for a meeting on the 10th December.

He had originally planned to go to Hawaii via Boston but unfortunately his plans were altered and he has to go to DuPont. I think he is overdoing things and asking for trouble. When he is at home things are just as hectic. He leaves here with his followers in a complete daze and needing time to recover but alas he also leaves us work. Have come to the conclusion he is still running away from his Mother.

*

* *

231 See Letter 71. Lovelock's request would be for the current draft of what becomes Watson, Lovelock, and Margulis 1978.

83. James Lovelock to Lynn Margulis, December 5, 1975

Dear Lynn,

Just back from the World even more convinced than ever that it is both round and alive.

Thank you for the kind words about the Tyler candidacy. It would be a pity if the emotion in the USA over the freon affair intervened. Enclosed is a copy of a reply of mine to the arch environmentalists Rowland and his colleagues. It is due in *Nature* on December 18th, perhaps its inclusion in the matter submitted might help cool things.

The methane oxygen saga is fantastic. On first glance Jim Walker's criticism makes no sense to me at all, just as my suggestion baffles him.

Two points now, I'll think about it and reply in detail later.

(1) CH_4 production in the sea bed probably badly under-estimated by J. W. Liss and Slater, values refer to the open ocean.[232] Production on the continental shelves and estuaries is much greater.
(2) Does Jim Walker realize that even a 1.1% increase in O_2 could be serious? Stoppage of current CH_4 production could achieve this in 2 to 3 thousand years.

Tell Jim Walker I have a mountain of mail to answer and will consider his comments more carefully over the next week or so when things calm down.

It was a fascinating trip.

Sincerely

*

* *

84. James Lovelock to Lynn Margulis, December 30, 1975

Dear Lynn,

Just a brief note to wish you the best for the New Year and to ask your help with a problem I have. On January 23rd I have to give a presentation about the biological and medical effects of UV radiation arriving at the Earth's surface. This is at a meeting held by our National Committee on the

[232] Liss and Slater 1974.

chlorofluorocarbon problems. Do you have any information on the effects of UV on algal systems which I could present before them. It is a small closed meeting and does not constitute public exposure of the material.

Since my return here from around the world I have been paying for the pleasure of the trip with the need to catch up with the pile of work which accumulated. There has not been time to do more than glance briefly at the oxygen note. I still think that J. Walker is quite wrong and I think I see why. In a paper he sent me he postulates that way back sometime ago the oxygen content of the Earth's atmosphere was 25% higher than it is now. Either he is disastrously wrong. Or, this would account for the extinction of the dinosaurs. Recent reports I have read suggest that at the time of the disappearance of the dinosaur very large beds of carbon were laid down, there could have been more oxygen in the atmosphere and maybe we are both right and that the dinosaurs died off as the result of catastrophic vegetation burning. It would be nice if this is the true explanation of our difference.*

I look forward to the New Year and the chance to get down to some more interesting things again. In the meanwhile warmest regards to you all,

Love

*Tough on the lizards tho.

1976

85. Lynn Margulis to James Lovelock, January 7, 1976

Dear Jim,

I hope these are of some use for January 23. My feeling about UV is that like strong sunlight, it can be handled. As for medicine, I know nothing of course. Do you know the (rather poor) pamphlet on UV dangers put out by the National Academy of Science?

I gave an invited talk at Woodwell's ecology course in Woods Hole yesterday. I was gratified by several "closet Gaian" ecologists who showed up. Two especially liked the biological volatile phosphorus idea.

When is your next jaunt over here?

*

* *

86. James Lovelock to Lynn Margulis, March 2, 1976

Dear Lynn,

Many thanks for your letter of February 7th. Sorry to have been so slow in responding to it but you are right about the albatross, except that it is no albatross it's an incubus or a succubus, I've forgotten which is the gender of these two objectional parasites. For your amusement I enclose a copy of a diagram which relates a number of things to latitude. Perhaps I should explain that almost the sole argument that skin cancer is attributable to UVB is that people in Southern Latitudes have more of it. You will see on the diagram, surprise, surprise, that not only does UVB increase as you move south but so does the temperature and an awful lot of other things which include putative carcinogenic substances.

I would happily exchange fluorocarbons with the contamination of Uranus if you can find a lawyer skilled in arranging such as the exchanges of contract.

Your note about dry wood termites is received and understood but I would warn you that one thing you don't find in Ireland are trees. As Cromwell said "not enough wood to build a coffin for a man, yet alone to hang him in this accursed country." Nevertheless, I will search.

I'm delighted to hear that the CMA project has turned out but horrified at the proportion that BU take as overhead. I never before realised what a modest and undemanding University was Reading, which takes only 50% of salaries. Still so long as you have the money, why worry.

It was kind of you to send on the clippings about the MS affair.[233] It has just hit all of the newspaper here also and one never knows I guess but something may come of it for the benefit of future victims if not also those now afflicted. I'll be in the States for a brief week at the end of March but I don't see any chance to come to Boston. It is just a quick trip to Washington and then on to a meeting in Boulder. It looks as if the best chance of our meeting will be when you come over here in May or June. We are just off to Ireland for a week to escape it all.

*

* *

87. James Lovelock to Lynn Margulis, April 14, 1976

Dear Lynn,

Sorry to be such a poor correspondent but when I tell you that I am averaging a visit to a different country each week I hope that you'll understand why.

I was delighted to hear the great good news of your Fairchild appointment.[234] The honour is richly deserved. You will do them a lot of good out there in California for to judge by Norman Horowitz's latest paper on Planetary Atmospheres they are falling behind the times.

I looked for termites in Ireland but without success. Maybe St. Patrick banished them along with the snakes when he did his ecological disaster act. Or maybe it was the wrong season but anyway I'll try again in the summer.

[233] The "MS affair" may have to do with multiple sclerosis, with which Helen Lovelock was afflicted.

[234] In 1976–77, Margulis was Sherman Fairchild Distinguished Scholar, California Institute of Technology.

The CMA are quite mad.[235] They seem to go out of their way to offend those who might have something to say in their defence and contrary to the doomsters. The fluorocarbon issue is a scientific disgrace, it is even worse than the problem of contamination on Uranus. Or did I get it wrong and it was Urinals and not Uranus. Of the dollars 40 millions spent in research funding for the ozone affair, less than 3% goes to tropospheric and biological studies. Yet this is where the source and the effects if any are to be found. It is a pure boondoggle for kineticists and stratospheric modelers.

I am writing to the CMA and to Gutowsky of the National Academy to see if something cannot be done to reinstitute your support.[236]

The family flourish. Andrew [Lovelock] is now working with me full time as are Chris and Helen. Reading has supplied me with a pyromaniac graduate student [Andrew Watson] who has ambitions to start forest fires in atmospheres of differing oxygen content.

Love

*

* *

88. James Lovelock to Lynn Margulis, June 17, 1976

Dear Lynn,

Our letters are always crossing. It must mean something!!!

It was great to read the Garrels article in the *Am. Scientist.*[237] At long last someone else has seen the huge flaw in the Walker Holland model of atmospheric oxygen–CO_2 regulation.

Your point about the Warburg effect is valid but it is one of about ten putative control loops in the aerobic sector. It must have an effect and must be taken into account in the total model. Do not forget though that in the aerobic sector everything tends to cancel out. Less plants means less consumers and so only a secondary effect on oxygen and CO_2.

At the risk of your thinking me obstinate I am sticking to the importance of the anaerobic sector in the control of most things Gaian. After all it was

[235] The CMA funded research into atmospheric chemistry (including Lovelock's work with the ECD), in the wake of the CFC and ozone affair.

[236] Herbert Gutowsky was an American chemist at the University of Illinois, Champaign-Urbana.

[237] Garrels et al. 1976.

you who alerted my attention to the microorganisms there and their early and continuing significance. When this puzzle is solved I am convinced that we shall find that the production of methane and nitrous oxide form part of one of the key feedback loops.

I shall write to Garrels and seek his views. It was kind to offer your copy of the *Am. Scientist* but I have been a member of Sigma Xi (life member) since 1959 so they come automatically like the rain.

Off to Ireland for six weeks on July 3rd but hope to reach Boston in the fall.

Yours

*

* *

89. James Lovelock to Lynn Margulis, August 23, 1976

Dear Lynn,

Contrary forces are again acting to prevent our meeting. The Utah affair now schedules me to present more of my stuff on the 18th, there will therefore be no chance to get to Boston before you go off to JPL.[238] I am greatly disappointed for there is much that I wanted to be able to talk to you about. The future looks better and in the coming year I intend to refuse all but royal commands to lecture on or attend committees concerned with fluorocarbons.

The Mars result thing must go on though in spite of communications problem. Peter Simmonds who is on [Klaus] Biemann's team confirms all that you said about the lack of organic carbon in the soil samples they have so far analysed. Nobody seems to be mentioning the possibility that if nitrogen is in the Martian surface as nitrates or similar compounds then the C-14 activity of the Martian surface would be much higher than on Earth. I wonder if some of the peculiar alleged growth experiment positive results are attributable to the release of Martian C-14 compounds by the experimental manipulation. Peter also told me that Mike McElroy's theory of the exospheric escape of nitrogen is coming under attack rather heavily at JPL science sessions which

[238] On the Utah meeting, which he characterizes as the "nadir" of the ozone affair, see Lovelock 2000: 222: "Here were gathered the faithful among the stratospheric scientists, together with environmental lawyers, politicians, and a small defensive party from the chemical industry."

leaves nitrogen in the soil as a plausible alternative. It is clear that the exobiologists will obfuscate the life on Mars issue to the ultimate.

I was dismayed to hear the bad news of your rejection by NSF. I sometimes think that life would be simpler if we gave up and just did simple fashionable pedestrian experiments and made obsequies to the 'great.' We could satisfy their needs in 5 minutes and then get on with the real work.

Most grateful for the Sociology book, let me know its cost and the postage.[239] Would love to see Zac over here when he comes. I am sure that something could be arranged.

I'm off to a meeting in Sweden on Aug 29th and to one in Holland immediately after so will not be here for more than 1 day before taking off again for Logan, Utah. I will have time though to pick up a letter before travelling on to the States. Do you think that you could put your Gibbs Street phone number in the letter so that I can give you a call from Utah.

Love from us all

*

* *

90. James Lovelock to Lynn Margulis, September 14, 1976

Dear Lynn,

Home for one day before travelling to the Utah meeting. You are so right about Viking it is almost a vindication of all we have said about Mars. Peter Simmonds has been filling me in on the N14/N15 ratio which indicates much outgassing and on the probability of nitrate in the soil.

I looked up the paper I wrote from JPL in 1968 in Proc. American Astronomical Association.[240] It says that Mars should have an atmosphere deficient in N_2 and that nitrate is to be expected in the soil of such a planet. When the next two weeks are over I hope to be much more free to think and write.

The Sociobiology book is marvellous. I look forward to reading it on my return here. Cheque for $22.00 enclosed.

In haste as ever

*

* *

[239] Probably Wilson 1975. [240] Lovelock and Giffin 1969.

91. Lynn Margulis to Helen Lovelock, September 18, 1976

Dear Helen,

Thanks for your note. I shall be trying to get in touch with Jim while he is in this country but I don't know if I'll be successful. In any case, I have sent him a manuscript (you have probably already received it and decided not to forward it given such a frantic itinerary . . . at least I hope that is what has happened!). Might you please bring this to his attention between the 24th and the 27th and have him send back his comments and answer my queries immediately. It is a joint work and I cannot proceed further without being in contact with him. I refer not to the Space Colony piece[241] but to something entitled "Earth, Mars and Venus: An experiment and two controls."[242] Don't worry about the Space Colony stuff unless he sees some gross error.

Even if you have already forwarded the ms., please help me to receive his reactions to it before he takes off to unreachable places again. Thanks very much in advance.

Is Chris interested in further Viking photos? I think I can get some more of the spacecraft, the surface and so forth, if she is.

Sincerely and with thanks

Love

*

* *

92. James Lovelock to Lynn Margulis, September 30, 1976

Dear Lynn,

Here is the MSS with some minor corrections. The symbol R means possibly redundant, consider deleting but don't do it if you think it spoils your style.

Enclosed is a copy of the paper which was published in *AAS* in 1969 but buried.[243] It is so relevant to Viking that JPL ought to be reminded that they used it. Xerox it if you wish but let me have the original back. It is the only copy.

[241] Ballester et al. 1977b, 1977a.

[242] Either Margulis and Lovelock 1977b or Margulis and Lovelock 1976.

[243] As in Letter 90, the paper in question is Lovelock and Giffin 1969.

Slowly relaxing to nice quiet Bowerchalke life at long last. Hope to come over though early in the New Year, specifically to Boston.

Love to all

*

* *

93. James Lovelock to Lynn Margulis, October 28, 1976

Dear Lynn,

Many thanks for letting me see the copy of Earth, Mars and Venus.[244] The few comments I have to make are on the attached sheet, otherwise I think it splendid and I am proud to be associated with it.

Concerning my next visit to the USA I'll certainly be there long before your meeting at the Royal Society in April 1978. Hopefully sometime early in the New Year, I hope that this is not yet again a conflict with your schedule. Since I returned here at the end of September I have been very busy catching up with all of the things which should have been done during the past year but which I was prevented from doing by the fluorocarbon affair. Thank God it looks now as if it is settled. By December I should be ready to start collaborating normally again. Do you have any views on whether or not we should prepare a short note on the phosphorous cycling story. I remember you mentioning someone saying something about rich algal growth near the salmon spawning grounds at the head of rivers. It should not be too hard to estimate the total throughput of phosphorus especially since there is not a complicated chemistry to consider. Your views will be welcome.

I was amused by the list of proposed researches into the biological effects of microwaves. I feel reasonably certain that all effects including the hearing of modulated microwaves and other similar responses are again really the consequence of local heating effects. There is a well-known detector used in infra-red measurements which detects the presence of very low level modulated infra-red light by the sound produced when this infra-red is absorbed in a small volume of gas. The gas expands and contracts according to the intensity of the infra-red. Microwaves would do just the same thing and it would be hardly surprising if a modulated microwave beam was audible when it impinged on the air spaces behind the ear drum.

[244] Margulis and Lovelock 1977b.

Folk living near powerful radio and television transmitters have often complained of having been able to hear the programs all of the time. This is almost certainly a similar biological phenomenon, not an occult one.

Good luck

*

* *

94. James Lovelock to Lynn Margulis, no date, 1976

I was delighted to have your cable. It was a truly kind thought for you must have guessed that I was especially concerned to have your blessing on the book. By all means keep the MSS but if you can have a copy made (I'll be glad to pay cost) it would be a great help for me.

Stewart Brand wants to prepublish some of it in *CoEv Q* but Peter Janson Smith who is publishing it for me is against an exclusive prepublication in *CoEv. Q.*[245] It is a difficult conflict of interests. I like them both. If you can convey to Stewart that my heart is with him but I'm under contract to Oxford U. Press so I'm not a free man!

Hope that you now have my revisions of the draft.

The N_2O problem is intricate but some of the key points are these:–

(1) The oxygen of N_2O is inert. Thus N_2O is not toxic to anaerobes as is O_2. Neither can it be used in respiration. Therefore any oxygen in the anerobic sector transferred to N_2O is inerted and removed by ventilation. This allows more carbon burial and more O_2 in the air.

BUT

(2) N_2O and N_2 come biochemically from organic nitrogen (protein urea etc.) in sediments – To be sure through nitrate etc. but these all come mostly from biologically fixed N_2 – Sedimented organic nitrogen affects oxygen in two ways

   (a) If NO_3^- or NO_2^-, they oxidise carbon, prevent its burial, and hence lessen O_2 in the air. Also the N_2 and N_2O released ultimately reoxidise in the air or aerobic soil to NO_2^- and NO_3^- which removes O_2 from the air.

[245] Peter Janson Smith was a British literary agent.

(b) If the nitrogen is as protein or urea or NH_3 in the anaerobic sediments then they consume oxygen there and allow more carbon burial. Hence more O_2 in the air. Don't know which of (a) or (b) wins.

Love

1977

In 1977, Lovelock moved his home and laboratory from Bowerchalke to Coombe Mill:

> The two years from 1977 to 1979 were the quietest in all my time as an independent. To travel anywhere was now much more difficult. It was an hour's journey by car to Exeter station and Plymouth airport, and then three or four hours to London. I still had my four sponsors: Shell, HP, MOD, and NOAA – but the settling in at Coombe Mill occupied most of my time.[246]
>
> (Lovelock 2000: 316)

*

* *

95. Lynn Margulis to James Lovelock, January 1, 1977

California Institute of Technology, Pasadena California 91125
Division of Geological and Planetary Sciences

Happy New Year, 1977

Dear Jim,

In recognition of your contributions to "Ecological Considerations for Space Colonies" (winter 76/77 p/ 95–96) you will be receiving a year's subscription to the *CoQ*.[247] If you are already getting the magazine please inform the office (*CoQ*, Box 428 Sausalito CA 94965) and have them send your subscription as a gift to someone else of your choice.

I have talked to Stewart [Brand] about a version of our Mars, Venus, Earth piece and he is interested.[248] Let me know how you are doing with *New Scientist*. After it comes out in *The Sciences* (or at least after the photos are returned) we can bring it up to date and send it to Stewart for review. Did you hear the Norm Horowitz incorporation of labeled C into stuff retained by the organic

[246] MOD is the British Ministry of Defence. [247] Ballester et al. 1977b.
[248] Margulis and Lovelock 1977b.

vapor trap was quenched with small quantities of moisture? (He probably has UV production of formaldehyde derivatives, according to simulation experiments.) We can incorporate the Viking lander 2 results in the newest version.

Hope to hear from you soon . . . and see you spring of '78 if not before.

We are at (213) 795–8316, 305 S. Hill Ave. Pasadena CA 91106 until Jun. I do hope you see Peter Mazur soon.

Love

*

* *

96. James Lovelock to Lynn Margulis, January 12, 1977

Dear Lynn,

Your letter from Caltech arrived here safely. It was good to hear that you are settling in and all goes well. The address you ask for of the [*New*] *Scientist* is as follows:

Dr. Bernard Dixon[249]
King's Reach Tower
Stanford St.
London SE1 9LS

As I said before Lynn I think the article is absolutely splendid and I wouldn't want to change anything.[250] It is just what is needed at the moment. Peter Simmonds tells me that the Biemann team are now completely convinced of the absence of life on Mars and very interested in the possibility of peroxy nitrate acid being the strange oxygen producing substance observed in the soil there.

I had a letter from Peter Mazur yesterday and he will telephone on Wednesday with a view to a visit on Friday of this week. I do hope that he can come, it will be great to see him again after so many years. Don't know when I'll be over but I do hope that we can get together before too long.

*

* *

[249] British science journalist, editor of *New Scientist* from 1969 to 1979.
[250] Presumably Margulis and Lovelock 1977b. See Letter 83.

97. Lynn Margulis to James Lovelock, January 18, 1977

OSEAGRAM BS P2
PASADENA CA 21 17 0121 P EST
LT
DR J E LOVELOCK
BOWERCHALKENEARSALISBURYWILTS

PUBLICATION HELD UNTIL YOU RESPOND OUR *THE SCIENCES* ARTICLE PLEASE ANSWER UBELL SEE YOU IN MAINZ OR BEFORE?[251]

LOVE LYNN
[*Lovelock's note*] manuscript ~~approved~~ Satisfactory Lovelock

* * *

98. James Lovelock to Lynn Margulis, January 24, 1977

Dear Lynn,

The telegram has been long since dealt with. I am sorry that you should have so much trouble making contact over the *Sciences* article especially since I thought it was splendid and needed no alterations. I am not guilty though over the delays in correspondence. The mail rooms in California especially need watching. They frequently fail to apply sufficient postage for overseas airmail. It used to be so bad from JPL that when I worked with them Peter Simmonds would post letters from his home to ensure their arrival here in reasonable time.

It sounds as if the Mediterranean climate and conditions are suiting you all. Will you stay there??? I must say I rather like California and would rather live there than in the Northeast. The only snag is the distance in time from here.

I have not been invited to the Mainz meeting.[252] I seem to have offended them inadvertently perhaps by declining two job offers from them. I think that they found it difficult to understand that I just do not want to work for

[251] Robert Ubell, editor of *The Sciences*, later of *Nature*.

[252] In 1977 Margulis gave an invited lecture in Mainz, Germany, "Influence of the Biosphere on the Atmosphere," which became the co-authored article "The biota as ancient and modern modulator of the Earth's atmosphere," published in *Pure and Applied Geophysics*, or *Pageoph* (Margulis and Lovelock 1978).

anyone, not just not for them. Still it will be great if you can spare a few moments here on the way.

We greatly enjoyed Peter Mazur's visit and the talking over of old times. I was delighted to hear from him that you will be the next SSB chairman.[253] Congratulations. At long last NASA will have a scientist in a significant position.

By contrast talking of non-scientists I was disturbed to hear from Peter Simmonds that Vance Oyama will be in charge of the next round of GC measurements. I do hope that before this is confirmed or finalised someone will have a close look at past performance. The Biemann team did wonderfully well on Viking, why on earth not continue to use them. The only place they went wrong was in not having the courage to refuse to do the silly experiments thrust upon them by the egobiologists. Their technology was impeccable.

Will be over on the East Coast some time in March.

Warmest best wishes for all of you.

Love

*

* *

99. James Lovelock to Lynn Margulis, April 18, 1977

Dear Lynn,

Great to hear from you and my thanks for the slides and other goodies.

I have just returned home after a voyage on the research ship Challenger. Made an amazing discovery, the sea is super saturated with nitric oxide, this gas is even more abundant than the N_2O and must be pouring off into the air from the sea. No wonder I found all of those strange peroxy nitrates over the Sargasso Sea in 1973. It's great to go out and measure things, always there are discoveries. How much better than sitting in meetings talking about last year's results.

Did you see the letter to *Nature* by Chamberlain and Marland, Vol. 256 [265]: 135, 1977. Title, Precambrian Evolution in a Stratified Sea.[254] These authors think as do others, that the continents came later after life had

[253] For Margulis's activities on behalf of the Space Science Board, see Letters 115 and 119.

[254] Chamberlain and Marland 1977.

started. This is an intriguing idea and a certain way to keep the Earth warm back in the beginning. Total sea cover would provide a very low albedo and ensure the absorption of heat from a cooler sun. The gradual emergence of continents would compensate for increase in solar output.

Many thanks for letting me see Margales's letter.[255] He does sound like one of our sort, I agree with almost all he says except the comment "you can't make a wristwatch to run on steam." Want to bet? This is the sort of challenge that diverts me from other work.

Hope all goes well with you and that we shall be seeing you somehow or other in July.

Love

P.S. A note from H. We will be in Ireland from 14th.

*

* *

100. James Lovelock to Lynn Margulis, June 15, 1977

Dear Lynn,

Yes, I saw the articles in both the *Geographical Magazine* and in *The Sciences.*[256] I received a cheque which I do not think I deserved from *Geographic*, I think that the one from *The Sciences* you should put to some good cause if you want to keep it for yourself, which seems the best cause of all.

Your life in California seems almost as hectic as mine here, indeed we have decided to move to a more remote part of England. We are in the midst of moving house and laboratory and so on to a site near Launceston, Cornwall. Bowerchalke is fastly becoming an exurb and degraded by the practices of agri business. Our new site is adjacent to a small healthy river and with 13 acres of land around it, much of which is in a fairly natural state. The address is classified as top secret and with a need to know limited to our closest friends only. It is Coombe Mill, St. Giles on the Heath, Launceston, Cornwall. Burn this letter as soon as you note the address. There is a good train service from London to Plymouth about 3 to 4 hours journey. There

[255] Perhaps Ramon Margalef, Spanish Catalan biologist and ecologist at the University of Barcelona.

[256] Margulis and Lovelock 1977a, 1977b.

may even be some sort of air service from London Airport to Plymouth. We hope that you will be able to come and see our new abode when you are over on July the 8th or thereabouts. Let me know when you think you could come and I will meet you.

Sincerely

*

* *

101. James Lovelock to Lynn Margulis, June 19, 1977

Dear Lynn,

Your paper should do well at Mainz and fall on receptive ears. My only comment is what is the strange compound on figure 3: CH_3–O–S–O–CH_3. Doubt if it exists.

There is $CH_3-S(=O)-CH_3$, and $CH_3-S(=O)_2-CH_3$, and the very nasty $CH_3-O-S(=O)_2-O-CH_3$.

If the German chemists give you a hard time blame me. Say it is a vapor of my imagination!

Did I tell you that over my last Atlantic voyage in April I found in the sea but not in the air a strange gas. Thought at first it was NO but now know it is not. It has a boiling point between -80 and -40°C, it reacts with electrons, is stable in water, and unreactive towards soda asbestos, and is none of the obvious simple things. Suggestions would be welcome.

I believe that R. Rasmussen will also be at the Mainz gathering. He also is visiting me afterwards on July 8th. If you intend to come maybe you could travel together. I only need to see Rei for one or two hours. Peter Simmonds my colleague here will then take over and look after him. If you have time come to our new retreat – it is much more your style than Bowerchalke.

My schedule is Bowerchalke until June 24th then to the West returning about July 7th, to Bowerchalke for one week, then Ireland on July 13th for 5 weeks.

Hope you can fix something.

Love

P.S. To see our Western place you'd need to come there before July 7th.

*

* *

102. Lynn Margulis to James Lovelock, September 23, 1977

Dear Jim,

I'm enclosing here a very rough draft but I hope somewhat more comprehensible and resuscitated version of our ms. There are certain obvious things you and Andrew [Watson] must add: make the burning section realistic and up-to-date and add your references. I think you will find the recent discovery that methanogenic bacteria are more distantly related to other bacteria than bacteria, algae and everything else are to each other rather interesting. There is no doubt that the potential for methanogenesis is extremely ancient and has preserved in a relatively unchanged form for about 3 billion years. The new data come from very "hard science": RNA sequencing.

I would appreciate it if, in your next letter, you would point out any errors I may have made with respect to your views that were sent to Roger Chesselet.

As for the arithmetic I am sure it is wrong since I did it quickly in my head. Please check it and have Andrew check it independently and let us stop our sloppiness before it perpetrates.

I've been thinking that there are really some spectacularly interesting new data about Mars and Venus atmospheres, all of which strengthen Gaia and that our slides and previous comparative planets statements are somewhat out of date. I would like to think about a short paper on this. It would help focus a search on next Mars probes for regolith nitrate, comparison with biogenic sediments, oxygen regulation mechanisms and so forth. As usual, we never had time to explore these things. Love to you and yours and write again soon.

I'd be curious to know what happened re world monitoring at your Cambridge meeting, if Rei mentioned Baja mat gas analysis to you and what your plans are about the 27th of Nov until the 4th December. I'll probably be in France with my spirochaete business then and perhaps I can fly back via Ireland or something that doesn't involve extra money or time or returning to London. Will you be in Devon/Cornwall then. (Tony [Swain?], slightly high at a good-bye party for Chester-Jones of Sheffield, starting doing the regional accents for us the other day. Aye, he mun be a Yorkshire lad, eh?)

As ever, luv

*

* *

103. James Lovelock to Lynn Margulis, September 29, 1977

Dear Lynn,

Great to be back in collaboration again. Your remarks on sloppiness well said. I'll try to be good and do my arithmetic right this time. We now have 4 computers and numerous calculators so there is no excuse for errors!

I've passed the draft on to Andrew for his contribution and at first glance the general shape still looks good but there is some stiffening needed. Thus on page 2 the simple arithmetic is fine but what editor would accept it? Also the really interesting numbers refer to the ratio of carbon buried to carbon vented as methane.

The discussion on the bottom of page 2 about methane residence time is also too lengthy. There is a last common ground among aeronomists that somewhere between 3–5 years is the value. Also energy shunted by methane oxidation and methane lifetime are directly related. So if we give a fixed value for 1 a variable value for 2 does not make sense.

The arithmetic on page 6 is wrong. My fault years ago and a consequence of not explaining that the 1% increase is in the *quantity* not the *concentration* of oxygen. The figures should be 12,000 years for 1% and if Andrew is right somewhere over 36,000 years (23%) for fires to become disastrous.

These are all small bits of old errors coming through. When I hear from Andrew I'll return a corrected draft.

OK about the Mars Venus thing. Why not resuscitate the lifeless Earth model? It seems it was unpopular enough to madden the opposition.

Will be at Coombe Mill next week and evening but write back to Bowerchalke until we are finally moved.

Affectionate regards

P.S. I very much like the new microbiology section.

*

* *

104. James Lovelock to Lynn Margulis, October 17, 1977

Dear Lynn,

Your card eventually reached here where we shall be on a permanent basis after Oct 31st. Will be in Bowerchalke week of Oct 24th.

Your chiding about the diagram is not wholly deserved. I passed on the paper to Andrew Watson and have been awaiting his reply ever since. But to make amends one is enclosed. Andrew's contribution will come to you as soon as he does it.

You will be very welcome here in November or December. We still have the builders adding on a spare room and lab so it might be necessary to book you in at a nearby motel or somewhere. When their job is done there will be a room for you here.

Love to all at 106 Gibbs St.

*

* *

105. James Lovelock to Lynn Margulis, November 8, 1977

Dear Lynn,

Many thanks for the Chinese Boston Mural Card. It's great but would not fit in here.

Glad that you now have Andrew's revisions of the MSS. Here are my replies to your queries:

(1) Andrew says he has checked the arithmetic. He is a qualified mathematician as well as author!!
(2) Show it to anyone you wish. I don't mind indeed welcome criticism. So long as it does not undermine your confidence in the topic. However, did we not agree to let Garrels and McKenzie see it first????
(3) Have no instruments for drawing diagram here yet. Suggest BU does it if possible. Otherwise RV via Andrew.
(4) [Arne] Jernelöv reference was yours not mine.
(5) We should cite Board somewhere.[257] He has written about anaerobic sector oxygen control and recently.
(6) It is a bit long for *Nature* but still worth trying. When you are satisfied let's give them a try. They are usually prompt in their rejection if it is just

[257] See Board 1976.

a matter of length or topicality. *Proc Roy Soc.* might be okay, depends on who referees it.

Have a good time in Europe.
Love to all

*

* *

106. James Lovelock to Lynn Margulis, November 14, 1977

Dear Lynn,

Here are my corrections to Andrew's draft of our paper. You will see that much has been changed, some of it trivial (i.e. does not biogenic mean "life making" hence biogenic gases are a bit startling in the contemporary scene).

The dreadful arithmetic inconsistencies all have arisen through the updating of methane carbon etc. flux values with each draft of this paper. I have done my best to tie it all down and wherever possible leave things as ranges, i.e. 2–5 years residence time for CH_4 rather than exact values. In places, e.g. pages 6 and 9, the text was plain wrong.

It comes on tho and Andrew's bit helps a lot.

Love

P.S. Sorry this has been so delayed but the idiots at Reading sent the draft to Bowerchalke where it rested 10 days before coming on here.

*

* *

107. Lynn Margulis to James Lovelock, November 18, 1977

Dear Jim,

Thanks for letter. Please write back immediately saying who is Board and full reference to whatever he has done and where to be cited or we have to ignore. I don't know anything about the work you've mentioned.

I will try to send to *Nature* but I feel skeptical they'll accept. Perhaps a cover letter suggesting Garrels or Mackenzie as reviewers will help.[258] At

[258] See Garrels et al. 1976 and Garrels and Mackenzie 1971. Fred T. Mackenzie was then professor of geological sciences at Northwestern University. After their seminal book of 1971 on the

least then G and Mc will be put in a position where they have to look at the ms. carefully.

I'll take care of drawings and next typing and then will send to you and Andrew for OK.

Methanogens getting continued large press here – in England too?

What about *Pageoph*? Have you had trouble with them? They have done a splendid job with our Mainz paper. Also *BioSystems*. I probably could get the paper into that fairly easily – depending on finding a second reviewer since I'm an associate editor. I'll assume *Nature* first unless I hear from you – which of course influences the style of typing.

Love

P.S. Methanogens of course are bacteria even if Woese doesn't think so.[259]

*

* *

108. James Lovelock to Lynn Margulis, November 22, 1977

Dear Lynn,

Just a quickie to enclose the diagram. Maybe we should use a flux diagram also? See the one enclosed taken from the report of a lecture I gave a year or so ago.[260]

So far as I could gather from Andrew most of the outstanding questions about the paper are now answered. The next round – views expressed by Garrels et al. – is due.

evolution of sedimentary rocks, Garrels and Mackenzie gathered with a group of other geologists (Abraham Lerman, H. D. Holland, William Holser, Bryan Gregor, James Walker, Bob Berner, and others) and were known as the "geocyclers" for their reintroduction of Huttonian views of Earth cycles, an articulation of the rising paradigm of tectonic plates. The 1970s and 1980s were not only a very intense period during which the climate and oceanographic sciences were thinking about global change and the stability of the Earth's fluid envelope. It was also a powerful moment of transformation in the way scientists saw the long history and stability of the solid parts of Earth. For a retrospective history of this group see Gregor 1992. For a discussion of their communication with Gaia's history, see Dutreuil 2016.

259 Letter 102 already documents Margulis's attention to the arrival of Carl Woese's three-domain phylogeny and its recategorization of prokaryotes, such that methanogens are now to be considered Archaea rather than bacteria. The postscript to Letter 107 registers her resistance to Woese's scheme, which is nonetheless cited in the published version of Watson, Lovelock, and Margulis 1978. See Woese and Fox 1977.

260 See Figure 2.7, Lovelock's hand-rendered version of the previously printed flux diagram.

Would like to see it in *Nature* if possible. So long as it does not exceed 2–3 K words they might well take it. Otherwise I'll try *Pro Roy Soc* if you like.[261]

Love

*

* *

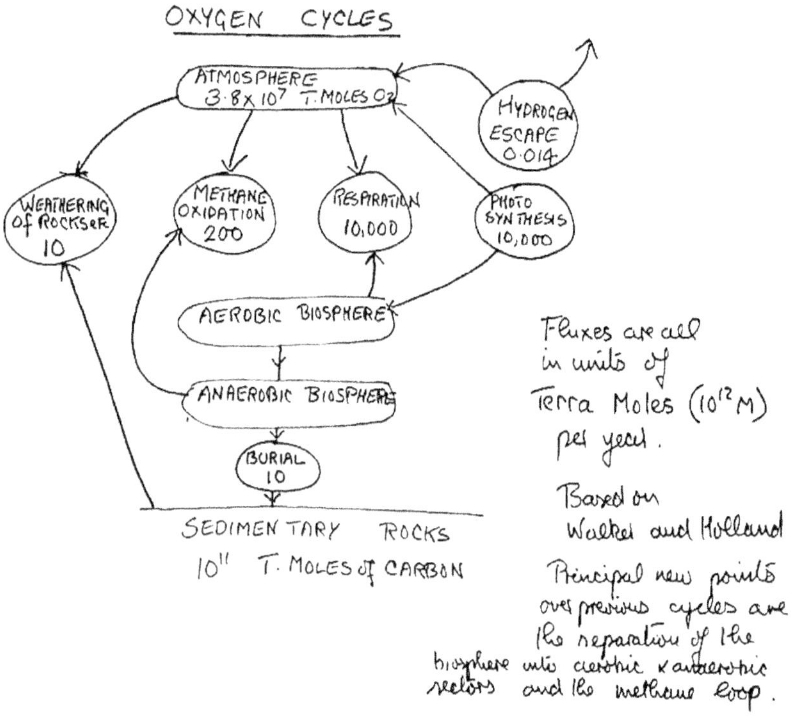

Figure 2.7 "Oxygen cycles" sketch in Lovelock's hand.

261 Watson, Lovelock, and Margulis 1978 was submitted to *BioSystems* in the spring of 1978 and published that August.

1978

109. James Lovelock to Lynn Margulis, January 21, 1978

Dear Lynn,

I'm beginning to wonder about the Boston mail system. You don't seem to receive the letters I write or they are so delayed that their contents seem irrelevant. Mail to other USA destinations always travels without problems. Although I have noted that mail to and from more distant places such as New Zealand, Japan, and S. Africa takes less time to travel. In my more paranoid moments I imagine the more fanatic of the Irish Patriots – who no doubt run the Boston mail – striking their blow against Cromwell by blighting the mail from England. Let's hope this one runs the gauntlet.

An expedition to Baja sounds marvellous. But when? and from whence could come some funds? I'd love it but I know from experience that it would take a great deal of preparation. To do a worthwhile job on Gaian gases requires a lot of equipment and its conveyance there. We need to borrow something like the Viking GC-MS. The best way I could help would be in some specialist niche or as an observer. The hardware and analytical equipment should come from the USA. Still think that Rei Rasmussen is the best bet but maybe I could come as well in the lesser role. His address is: Oregon Graduate Center, 19600 N.W. Walker Road, Beaverton, Oregon 97005.

We are heavily occupied at the moment establishing the tropospheric monitoring network and I may be off to Ireland in the next few weeks.[262]

The MSS of our paper arrived here weeks ago and I posted a reply almost by return. My comments were: fine except for the rather too lengthy piece of simple arithmetic on page 1, and did Jernelöv et al. review the function of CH_4 as a ventilating gas? Or did they merely comment on the escape of volatile derivatives of toxic gases? I had thought that the carrier gas function of methane was by no means "self evident" but maybe I was wrong.

Do hope that this one reaches you. Will try special delivery.

[262] On Lovelock's monitoring station in Adrigole, Ireland, and the global network to which it was connected, funded by Imperial Chemical Industries/CMA, see Lovelock 2000: 223–225, and Prinn et al. 1983.

Love

P.S. Not much help with chemical evolution. Interested but I have no useful inputs for you. Let me know more about logistics of Baja expedition and I'll think about it some more.

*

* *

110. Lynn Margulis to James Lovelock, January 29, 1978

Dear Jim,

We have extended the dates of our trip from Mar 24–April 10. Partly this is to insure we see you at your convenience. I'll be taking Zach to France ≈ 3/29 and sending him to Bristol ≈ 31. Can we make a definite date to visit you? Easter Sunday? Monday 27th? Tuesday 28th? Please give us one of these.

The methane paper went out without me reading it over again – I hope you've not caught dreadful errors.[263] Do let me have any comments.

It is amazing the extent to which Gaia-type thinking is beginning to influence policy.

How is "The Quest . . ."[264]

Many things to discuss.

Love

*

* *

111. James Lovelock to Lynn Margulis, February 20, 1978

Dear Lynn,

Just a quickie to let you know that the meeting with Alyea is now fixed for Wednesday, March 15th. I propose to travel to Boston on Monday 13th and will arrive there sometime in the afternoon. I would be grateful if you could fix my accommodation and let me know where I should go from the airport. Since flight arrival times tend to be rather erratic it would be best if I get a cab. All this of course depends on whether the appalling weather, 20 ft snow drifts in Boston and 30 ft here on Dartmoor have cleared up before March.

[263] A near-final draft for Watson, Lovelock, and Margulis 1978.

[264] Presumably a working title for Lovelock 1979a.

As ever

*

* *

112. Lynn Margulis to James Lovelock, February 25, 1978

Jim (and Andrew)

Excerpt (translated by LM) from R. Chesselet, letter 12 February in response to our methane ms.

> "It cannot be a question of citing 'marine particles' as a reservoir having any importance with respect to atmospheric methane. The best calculation that we can make (with a number of hypotheses) is the following:
>
> 1) On the basis of the number of aggregates per liter of sea water that COULD serve as "anaerobic isolated chambers" in the entire ocean (their number per liter has been deduced by electron microscopic examination, but we do not yet know if these aggregates contain methane or not, but in general they contain micro-minerals that must have been formed in a reducing environment).
> 2) On the basis of the frequency of this size particle on the filters, one can (for amusement) calculate that if their mean residence time in the ocean is between 10 and 100 years in accord with their size these aggregates contain 10^6–10^8 moles of methane per year before they reach the sediment or decay in situ. The destruction of these aggregates COULD play a role in the production in situ in the open ocean of methane observed (see Scranton enclosed here and Linnenbom, Mainz, 1977) but I am not at all sure of this yet."

I think it would be better if the phrase on page 2 said "In this context cows, elephants, sewer treatment tanks and also barite rich suspended oceanic aggregates (Chesselet et al. 1976) can be thought of as . . ." This says better what I am trying to explain to you but I don't very much like it because the scientific message seems to me more serious and important than this short provocative statement. Thus I have slightly changed the wording in our ms, but I would like to have your comments. I have not sent this letter etc. to Andrew.

Warm regards as ever

*

* *

113. Lynn Margulis to James Lovelock, no date, 1978

Dear Jim,

Please let me know if you think this is worth publishing. Please let me know your arguments against this, too.[265]

Thanks

*

* *

114. James Lovelock to Lynn Margulis, August 9, 1978

Dear Lynn,

Many thanks for letting me see the paper by Engelberg and Boyarsky. I'm returning it herewith but would greatly appreciate a xerox of it. My comments which you can use as you wish are these.

It is a well written scholastic sort of paper which is either innocent or is spiteful in the way where the venom is hidden beneath an academic cloak. I don't know enough about the scene or the personalities to judge.

The fundamental flaw to the argument is that it is just as impossible to disprove a biocybernetic system as it is to prove it. It is always a matter of probabilities.

At another level their arguments could be used to prove that a tree like their cone resting on its base was merely stable not cybernetically balanced. A tree does not try to escape the chain saw nor actively oppose a bulldozer. As with our acquaintance [Isaac R.] Kaplan their hubris is showing.[266]

[265] Presumably a cover sheet over the submitted manuscript of Engelberg and Boyarsky 1979, eventually published by *American Naturalist*, which manuscript Margulis as associate editor at *BioSystems* sent to Lovelock as an outside reader. Lovelock perceived the article as an argument against Gaia, although that topic is not explicitly addressed there, eliciting the excellent commentaries on cybernetics in Letter 114. On the controversy surrounding this article within ecosystem ecology, see Hagen 2013.

[266] See Lovelock's previous criticism of Kaplan as unaware of his own ignorance: "Sad though is the confidence with which he is happy to regard gases such as methane and hydrogen (present at parts per million) as remote traces very difficult or impossible to analyse" (Letter 72).

It is arrogant to assume that cybernetic activity equivalent to that which regulates a living organism or a cell does not proceed say in a forest until it is certain that none of the numerous known and unknown volatiles in the forest air are not serving as do hormones.[267]

After the authors have been made aware of our views in gentler terms I think they should decide whether or not to publish. If they publish it unchanged it is useful for us to have some of the opposition to Gaia well stated.

Yours

[267] Lovelock's claims are reminiscent of the newer forest ecology, based on plant communication through semiochemical aerosols and mutualistic relations with mycorrhizal networks, that will develop in the following years. Baldwin and Schultz 1983, a groundbreaking article on tree signaling through the emission and reception of volatiles released in response to environmental disturbances, "Rapid changes in tree leaf chemistry induced by damage: evidence for communication between plants" was published five years later.

1979

In Letter 109, Lovelock responded to Margulis's invitation to join her team on a field excursion to Baja California: "An expedition to Baja sounds marvellous. But when? and from whence could come some funds?" A year later, Margulis used her selection as a Guggenheim Foundation Fellow to support a research group studying early life on Earth at Laguna Figueroa, Baja California Norte, Mexico. Letter 115 indicates that Lovelock joined the party that spring, after which Margulis expressed her delight with Lovelock's participation in this recent excursion: "It was a pleasure to see you so healthy. The trip was a highlight for me of my career." This allows us to put a date on the trip he recounts in *Homage to Gaia*:

> A high spot of this period was an expedition organised by Lynn, who gathered the funds to enable a party of scientists to visit Baja California and do research on the algal mats there . . . I watched as Lynn cut out with a small spade a cube of the mat four inches in size. We looked at its banded structure: each band was a different community of micro-organisms segregated according to the flow of nutrients and oxygen. Lynn showed how similar was this banded structure to that of the fossil mats over two billion years ago. I was convinced by her lucid explanations that micro-organisms are the heart of Gaia and always have been. (Lovelock 2000: 261–262)

*

* *

115. Lynn Margulis to James Lovelock, May 17, 1979

Dear Jim,

I miss you already. It was great. Please let me know if Helen thinks I owe you any money!

When I unwrapped the samples yesterday I went gaga. We probably could spend the rest of our lives working on them. Something bright orange and cellulolytic is growing out all over the wash cloth! It is obvious from which layer of sediment it comes!

What I have been realizing though is the difference between pure salt, pure gypsum, and pure soil versus the same minerals bound by the microbes. Isn't it clear that lots of salts are prevented from running back into the sea just because they are tied up by organics into clasts and debris and made into a far firmer fabric than they would if they blew around like the Martian regolith? How important all this activity is quantitatively it is hard to say but just look at the desert crust filaments and their capacity to prevent runoff and blow-around.

Are you ready or thinking about the salt story? I think as a piece of speculation, we ought to write it up. Garrels thinks we ought to too . . . I had a great talk with him in Northwestern in April. Perhaps all these consolidation of evaporites effects are just enough to keep the 0.6M from going up to 1. Your realization that we must consider total salt (ionic strength) is crucial. That emphasizes the importance of gasification (nitrate reduction etc.)

The ball is in your court. I'd like to hear about your next move.

I'm bringing the samples to Elso [Barghoorn] for his wisdom this pm.

I'd like to invite you to our autumn meeting of PBCE (Planet Biol and Chem Evol) committee, but not until I have a document that you can read first. Might you please let me know your approximate US plans . . . could you come ≈ October 20th?? (I think that we have 3 days on geochem cycling planned around that time.) The Space Science Board will pay your trip, I'm rather sure, if we do not get NASA money for the geochem cycling program. If we do, it will include Goldberg who wants to talk about detoxification and methyl-metal release.[268] Did you see him at Scripps?

It was a pleasure to see you so healthy. The trip was a highlight for me of my career. Thanks for coming. Love to all

*

* *

116. James Lovelock to Lynn Margulis, September 1, 1979

Dear Lynn,

Thank you for letting me see [Daniel] Gilbert's letter.

[268] Edward D. Goldberg was one of the major oceanographers and marine chemists of the twentieth century, working at the Scripps Institution of Oceanography in San Diego, California. He wrote landmark papers on the regulation of the composition of sea water and the consideration of the ocean "as a geological system," e.g. Goldberg 1958, 1964, 1974.

His point about the small size of the ocean CO_2 reservoir and its limiting effect on any short-term rise in O_2 is a good one. Andy Watson and I gnawed at this for quite a while several years ago. We decided that as always for a complete answer you need at least all of these: (1) complete data (2) a model which is a true likeness (3) a computer big and fast enough to handle it. This will give a precise although not necessarily accurate answer which may be comprehensible. In the meanwhile, as with many Gaian things there is a vague verbal answer which goes thus:

Consider the time when the O_2 abundance was only a few %. The same limitations to an increase in oxygen applied then as they do now. The ocean CO_2 pool was no bigger then than now or at least not significantly so. So how did oxygen reach 21% and why stop there?

The methane cycle must have a short time constant itself but the consequences of shutting it off would operate over a long period. In any event shutting off methane might have disastrous consequences for CO_2 and climate. Gilbert alerts me to the link between oxygen and CO_2 regulation.

Next week Lynn we leave for Ireland for two weeks. Back Sept 25th. I must reluctantly admit for the first time that I have doubts about the wisdom of going there. I am sure that our many friends in County Cork will welcome us as ever and no hostility to us as representatives of our tribe will be shown. But we have been warned that as a consequence of my work on bomb detectors that we are potential "legitimate targets" for the IRA.[269]

As one who has paid many tens of thousands of dollars of tax in the US of A I feel able to voice the criticism that it is high time in view of its position of world leadership that the US stopped cultivating the racists and bigots among its many ethnic communities just to get votes. There is no doubt in my mind that the nasty little tribal war of N. Ireland is now spreading and that the only place that can stop it is the Irish community of the USA. Just as it never would have developed without the idiot romantic support of that community and its political leaders.

Sorry to sound off like this but it is all very disturbing. Can't Ed Wilson find a cure for the malign effects of tribalism?[270]

With love

*

* *

[269] Lovelock refers here to work he carried out for the UK's Ministry of Defence.

[270] A witticism about Edward O. Wilson, author of *Sociobiology*.

117. James Lovelock to Lynn Margulis, September 11, 1979

Dear Lynn,

Your sad news distressed me. I can only hope that, like Ireland, things look worse from afar than they really are.

My reply to your letter from Dan Gilbert was set to Gibbs Street some time ago. No doubt as usual it is crossing with yours to me. I'll see that you receive his letter back as soon as we return to Cornwall.

Like you I'm busy with a lot of book business just now. *Gaia* will be published over here early in October and in the US of A a little later. I'll send one of the advance copies when I receive them later in the month.

I look forward to seeing you at the NASA meeting. Meanwhile you are much in my thoughts.

Love

P.S. We telephoned Jane about your Paris trip and she will be watching the TV on the great day. Jane would be very pleased to have you stay if you are free so to do. She is Mrs. Jane Flynn, Rue de les Champs, Chanteloup, Les Vignes. Don't have her telephone number here in Ireland.

*

* *

118. Lynn Margulis to James Lovelock, November 12, 1979

Dear Andy and Jim,

Thank you both so much for coming to our conference. It may not have been perfect, but like the University of Chicago, it was the best we had. I was pleased and this next week we are getting all the abstracts together and trying to make up a summary of use.

Enclosed is attempt number 1 on the oxygen letters. Might you please read through the letters and my first round on a reply and return with comments, omissions, corrections etc. After I have heard from you I'll send this in to Alan Schwartz.

I have nearly finished *Gaia* in print and find it delightfully amusing, extraordinarily Lovelockian, charmingly original, thoroughly unscholarly (yes, Jim, of course for you a compliment, e.g., there are no *Scientific American* books like those I made up as place savers. The program is years behind. Do you really think that everything inside a cell was oxidized in the beginning when it was reduced outside?) No matter. We are putting in to Oxford Univ Press a great order of *Gaia*'s and making it required reading next year in Environmental Evolution . . . I hope.

Thanks loads for the copy. Do let me hear from you re the enclosed. It obviously needs help.

Love

Part III

1980–1991

During the 1980s, Gaia was perhaps the hottest topic in the Earth sciences. Lovelock and his colleagues published ground-breaking scientific papers: the Daisyworld model (Watson and Lovelock 1983), a mechanism by which living activities may have kept the climate habitable over geological time through their enhancing of silicate weathering (Lovelock and Whitfield 1982), and the famous CLAW hypothesis – so named for its four co-authors – linking the emission of DMS by plankton to the climate regulation (Charlson et al. 1987). A fine 1985 television documentary (NOVA/BBC TV) was dedicated to the story of Gaia, including interviews with Margulis, Lovelock, Dawkins, and others. In March 1988, the American Geophysical Union sponsored a Chapman Conference on the Gaia hypothesis. At the end of the 1980s, the publication of Elizabet Sahtouris's *Gaia: The Human Journey from Chaos to Cosmos* and Lawrence E. Joseph's *Gaia: The Growth of an Idea* marked the initial consolidation of a lively secondary Gaia literature. Around the same time, the British environmental community organized a series of meetings on Gaia. This major scientific decade for Gaia also saw the start of a wide-ranging reconfiguration of the Earth sciences, leading in coming decades to the constitution of the IGBP and NASA's promotion of Earth system science as a terrestrial counterpart to astrobiology. This decade is also that which will see the foundational theoretical critiques for the ensuing debates, from evolutionary biologists (Dawkins 1982, Doolittle 1981a), and from Earth scientists (Kirchner 1989).

Coming back to the Lovelock–Margulis collaboration proper, the 1970s closed with their alliance under occasional strain, leading by the end of the 1980s to a cessation of their writing partnership. As testified by the letters, there was no cessation of their friendship or coordinated efforts on Gaia's behalf. Nevertheless, late in 1979, Margulis sent Lovelock a note on his recently published book: "I have nearly finished *Gaia* in print and find it delightfully amusing, extraordinarily Lovelockian, charmingly original, thoroughly unscholarly" (Letter 118). While this last judgment was delivered with levity, she could not have been happy that the modest bibliography of that volume misstated her seminal first book, *Origin of Eukaryotic Cells*, published by Yale University Press (Margulis 1970a), as "*Evolution of Cells*. Harvard University Press, 1978" (Lovelock 1979a: 155). What if anything is one to read into Lovelock's carelessness regarding the work of his most significant Gaia collaborator? Apparently, he did not seek Margulis's assistance on the preparation of *Gaia*; the correspondence is curiously mute on the topic. We think Margulis had been hoping, at the least, that Lovelock's first book would evince sufficient scholarly rigor to prove helpful in her own efforts as an at-times beleaguered champion of the Gaia hypothesis within scientific venues. Instead, Lovelock wrote a personable, widely accessible, and broadly successful popular treatment. His generally uncombative and non-rigorous approach in that volume was surely right for that moment and occasion. But still, *Gaia* was not impeccable regarding its scientific bona fides and scholarly apparatus.

This may be one reason why the 1980s began with a lull in the Lovelock–Margulis correspondence. Only one letter survives from 1980, Lovelock's solicited critique of an in-house report prepared for the National Research Council under Margulis's chairmanship of the Committee on Planetary Biology and Chemical Evolution.[271] The correspondence for this decade records the first appreciable rifts in their working relationship. For one, it appears that Margulis began to feel somewhat displaced by Lovelock's new set of younger co-authors – Andrew Watson, Michael Whitfield – working on explicitly Gaian themes. At one point during this period, some transmitted remark of hers must have prompted Lovelock to respond: "I am so sorry to hear that you have been disturbed by the random inputs about Gaia" (Letter 128), in reference to some correspondence from Andrew Watson that appears to have lacked an explanatory cover letter. Margulis herself brought these tensions to a head by publishing her own sharply critical review of Lovelock's *Gaia*. He responded: "it isn't easy to take from you such words and phrases as 'unreliable, many errors and glib statements.'... Was it really that bad, Lynn?" (Letter 131). A month later Margulis replied: "what would our relationship be worth if I weren't entirely straight with you, to the point of not even being very polite. This attitude of straightness toward people who really matter has cost me two marriages and more but everyone takes me seriously" (Letter 134).

As if to confirm these strains, Lovelock's Daisyworld project for a computer model of Gaian self-regulation, intensively developed in collaboration with Watson, marked the first significant divergence in effort between Gaia's

[271] For more context on this important activity, see John Stolz's commentary in this volume.

primary collaborators.[272] However, they effectively repaired their collaboration not with a renewed research effort but rather with a new book project, this time with Margulis in her preferred role of editorial overseer. During 1984, the major portion of their correspondence centered on brainstorming for the Commonwealth Fund book proposal that would become Lovelock's second book, *The Ages of Gaia*. As a founding member of the Commonwealth Fund Book Committee chaired by Lewis Thomas, Margulis was involved with both the editorial production and the promotion of this volume. However, at the turn of the 1990s, with the consummation of a new publishing arrangement between Lovelock and Joss Pearson of Gaia Books in London, Lovelock took control of his own literary destiny for good.

For Margulis, this decade is also marked by her close and growing interest in the biological systems-theoretical concept of autopoiesis. A letter to Margulis from Francisco Varela written shortly after their encounter at the 1981 Lindisfarne Fellows meeting documents her enquiry to him about "using autopoiesis as a guiding concept to understand life."[273] Varela continued, presumably speaking for himself and his co-author Humberto Maturana: "we both feel that from your vantage point, dealing with many different ways in which the same phenomenon of life appears and reappears as different composite unities, our conceptual framework is a natural." In professional developments, Margulis was elected to the National Academy of Sciences in 1983. She was also developing the first two of her own book-length works co-authored with her son Dorion Sagan. These would both be published in 1986 as the popular science volume *Microcosmos* and the general scientific exposition *Origins of Sex*, in which volumes Margulis also began to add in the discourse of autopoiesis as it supplemented her narratives of the symbiogenetic origins and subsequent evolution of eukaryotic cells.[274]

Notwithstanding their disagreements or differences of perspective, Lovelock and Margulis gave each other mutual support during harsh periods. For instance, at the turn of the 1990s, as Lovelock was being lionized as an environmental guru and accumulating international prizes and national awards, Margulis suffered repeated stereotyping in *Science*, in the

272 The correspondence records that Margulis began as a co-author of the initial draft of the Daisyworld paper developed for the scientific press (Watson and Lovelock 1983), but eventually removed herself from that undertaking.

273 Francisco Varela to Lynn Margulis, June 26 [1981]. Margulis Family Papers.

274 For more detail, see Clarke 2020, chapter 6.

first instance, as a belligerent harridan, an "unruly Earth Mother" (Mann 1991) – a manly critique indeed. Gratuitously derided in professional journals and increasingly starved for grants, she worried that some of her students were having difficulty on the job market because of their association with her. After Lovelock read the egregious "Lynn Margulis: science's unruly Earth Mother," he wrote to her: "I feel a sense of shame that you should have been pilloried for your collaboration with me" (Letter 205). His published reply to *Science* on Margulis's behalf extends this same note: "I feel a sense of outrage when attacks on her reputation are made because she almost alone among biologists chose to collaborate with me and to share my view of Gaia theory as a straight piece of hard science up for trial" (Lovelock 1991b).

During the 1980s, then past 60 years old, Lovelock managed to decrease the number of his clients and employers, but did not cease his activities, for instance, in support of Hewlett Packard and the British secret services. The 1980s were intense for him at a personal level as well: he and his children nursed his first wife Helen, who lingered with multiple sclerosis until 1989, and then quickly remarried. All this while, journalists and academics around the world increasingly sought him out to talk about Gaia. His archives are littered with letters from prestigious universities inviting him to lecture on Gaia as well as on analytical chemistry. His speaking engagements ran the gamut from a United Nations symposium on tropical forests in Brazil, to a lecture filling an amphitheater at MIT, to a keynote address celebrating 25 years of NCAR with directives on the future of climatology. In England, Margaret Thatcher requested his expertise on issues raised by climate change. The 1980s were indeed a crucial decade for climate science and climate politics, leading to the creation of the Intergovernmental Panel on Climate Change (IPCC) along with James Hansen's famous testimony in front of the US Congress on the certainty of climate change. Whether named or nameless, the steady rise of Gaia's profile was an inextricable part of these developments.

1980

Letter 119 provides some insight into Margulis's tenure from 1977 to 1980 as the Chairman [*sic*] of the Committee on Planetary Biology and Chemical Evolution (PBCE) of the Space Science Board, an organ of the National Research Council in connection with the National Academy of Sciences. This activity was a direct continuation of her professional involvement with NASA's exobiology initiatives of the 1970s. In the Committee's report *Origin and Evolution of Life: Implications for the Planets, a Scientific Strategy for the 1980s* (National Research Council 1981), Lovelock was listed as a consultant to the Committee under Margulis's chairmanship. The head of the Space Science Board, A. G. W. Cameron, noted in the report's foreword:

> This document describes the emerging science of life as a planetary phenomenon. It assesses the status of our knowledge of the origin of life on Earth and of the precursors of life elsewhere in the Galaxy. It also outlines ways in which we can use the capacity that space technology provides to study the biological processes that are important on a global scale in shaping the surface of the Earth and the composition of the atmosphere. (v)

As with their collaboration on the multi-authored document "Ecological considerations for space colonies" (Ballester et al. 1977b, 1977a),[275] here was another occasion when implicitly Gaian formulations silently informed mainstream academic productions. Letter 119 documents Lovelock's critique of its final draft regarding "Section 3A, the one on which my comments are specifically sought." Section 3 is on "global ecology"; its first subsection is "The Biosphere and Its Components (Ecosystems)." The published document corrects the discrepancy Lovelock noted in the draft document regarding the section title, now emended to "The Interdependence of Ecosystems" (18). Cameron's foreword concluded, "The Board appreciates the efforts of the Committee and particularly its Chairman, Lynn Margulis, who devoted a substantial amount of her time over the past two years to bringing the report to its present state" (vi).

*

* *

[275] See Letters 91 and 95. For more details, see Clarke 2020: 118–122.

119. James Lovelock to Lynn Margulis, September 8, 1980

Dear Lynn,

The document prepared by the Committee on Planetary Biology and Chemical Evolution arrived here today, too late for me to reply before the September dateline. Even so I am writing briefly to let you have my views and also to list the few errors of fact I noted.

Section 3A, the one on which my comments are specifically sought, has improved since the first draft but it still reads as if the ecosystem was the only significant unit of life. To me it seems like one of those history textbooks I suffered as a child where there was nothing other than the affairs of nations and of their territorial disputes.

Most disappointing was 3.9 on the interdependence of ecosystems. Here I thought maybe we shall escape the close confines of the forest and see it all from outside. But in one long paragraph it just said we do not know. Perhaps the misunderstanding is mine because the section headline uses the word "independence" whereas the table of contents lists "interdependence."

When we come to 3B the section on Biogenic gases suddenly the whole philosophy changes now we are looking at the world from outside and the ecosystem is a part of the whole.

It seems that there is a nettle to grasp somewhere here if sections 3A and 3B are to be reconciled.

Points of detail:

(1) Foot of page 3–8. Polysiphona[276] produce mostly dimethyl sulphide which is a reduced sulphur gas. The interesting thing is that they do this in an oxidising environment and whilst they themselves are oxygenated.
(2) Top of page 5. The phrase "The aerobic zone . . ." repeats.

I will continue to read the report and write again later.

Sincerely

[276] On these algae and Lovelock's measurement of DMS, see his narrative in Lovelock 2000: 293.

1981

With Lovelock's *Gaia* published and circulated at the end of the 1970s, the early 1980s see the onset of specialized critiques of Gaia in print. One of the first salvos against the Gaia hypothesis arrived with the publication of biologist W. Ford Doolittle's skeptical review, "Is nature really motherly?" (Doolittle 1981a), accompanied by defenses of Gaia from both Lovelock (1981b) and Margulis (1981b). Letter 121 states the rushed circumstances putatively accounting for the brusqueness of Lovelock's response, while summarizing two key premises regarding Gaia's relation to the principle of natural selection. Later in 1981, Lovelock recounted an encounter with H. D. Holland at a professional meeting: "I was inclined to forget Doolittle but at Hamburg was maddened again by Dick Holland who in response to my talk prattled on about Gaia being Panglossian" (Letter 126), a dismissive trope previously purveyed by Doolittle.[277] This current irritation evoked a passionate defense of Gaia and a call to arms:

> Gaia is in fact well and flourishing. It is just about time that you and I wrote a definite piece to summarise the ten years we have worked on the topic. I'll be sending you a draft of what I have in mind shortly but briefly it will include: A definition of what we mean by Gaia and the disposal of Mother Earth notions for which I admit some guilt. Something about the consequences of evolution of species by natural selection in an environment which is changed by the evolution. Biogeochemical recursion if you need an academic "bon mot." (Letter 126)

"Biogeochemical recursion" is indeed an inspired phrase that deserves a place in the lexicon of Gaian concepts. It gave a precise name to the premise stated in Letter 121: "The environment in which things evolve by natural selection is determined by the things. Hence Gaia [is] a closed (cybernetically) system." Cybernetic closure is distinct from thermodynamic closure: it does not mean that the system is sealed away from its environment, but rather, that the system is self-referential. That is, Gaia defines itself by attaining and maintaining a state of *operational* closure. As its biogeochemical cycles produce ecological loops continuously binding the biosphere and the geosphere by a

[277] The paper that promoted this adjective in evolutionary biology was Gould and Lewontin 1979.

thousand threads, the entirety of this process recurs upon itself. This is an early version of the premise that natural selection is itself a Gaian process, since, in the final analysis of that premise, it is Gaia that evolves. In 1986, Lovelock delighted in finding evolutionary precedent for Gaia in Alfred Lotka's physical biology (Lotka 1925): "Lotka's message also makes a good starter for a paper on Gaia and Darwin. The clear statement that the evolution of the species should not be separated from the evolution of the environment also has been ignored for 60 years" (Letter 175). The idea that evolutionary pressures change in relation to the effects of living beings on their material environment would be popularized within evolutionary biology in the years to come, under the label "niche construction" (Levins and Lewontin 1985).[278] These formulations conforming to the central focus of cybernetics on circular operations occurred in historical proximity to the biological systems theories that Lovelock and Margulis heard expounded that year at their first Lindisfarne Fellows meeting. Both were already dedicated systems thinkers: this orientation attuned them beforehand to the centrality of recursion for the second-order cyberneticians von Foerster, Maturana, and Varela, who greeted them at the Lindisfarne Fellows conference held outside San Francisco on June 4–7, 1981.

*

* *

120. Lynn Margulis to James Lovelock [Mailgram], January 22, 1981

Heinz [Lowenstam] will receive doctorate 45 years late Munich May 20, 1981.[279] Special colloquium on effects of biota on planet. Please come too.

Love

*

* *

[278] See footnote 80 to Letter 19.

[279] Margulis's correspondence with Heinz Lowenstam in the Margulis Family papers records that as a graduate student at the University of Munich in the 1930s, Lowenstam was denied the doctorate he had earned when the Nazi regime outlawed the awarding of degrees to Jews. He fled the country and eventually established himself in American academe as an expert in biomineralization. Around 1980, Margulis enlisted several of her German colleagues and mounted a successful campaign to have Lowenstam's doctorate retroactively awarded. The University of Munich held a ceremony for this purpose in May 1981. Letters 120–125 address the planning for this event.

121. Lovelock to Margulis, February 2, 1981

Dear Lynn,

So glad to have your cable confirming Heinz's, almost otiose, qualification.

Sad to say I'll not be able to join in. I have a meeting in Sweden the next week and cannot manage two weeks away at that time. I expect that many of the participants at Munich will be travelling on to Sweden but probably not you or Heinz. I'll be in the USA in June so maybe we can meet then.

The crocii and the daffodils are in flower indeed were so in January in this phenomenally mild winter. I admit that our gains are at your expense.

Stewart Brand (due here in April) sent a copy of Doolittle's [*illegible water stain*] criticism of Gaia.[280] It arrived here the day [*illegible*] to leave for a meeting in Brussels. So my reply was a hasty one.[281]

(1) Natural selection applies to systems generally and not just to fruit flies. Gaia preempted life.
(2) The environment in which things evolve by natural selection is determined by the things. Hence Gaia [is] a closed (cybernetically) system.

Let me know your views also.

With love

*

* *

122. James Lovelock to Lynn Margulis, March 18, 1981

Dear Lynn,

Your kind letters have had effect. I've decided to come to Heinz [Lowenstam]'s ceremony and if not too late join with you in the trip by car to Sweden.

I've written to Wolfi [Krumbein] asking him about accommodations in Munich. Obviously I hope that there is room at whatever hotel you are booked in at.

280 Lovelock replied to Brand: "Your request for a reply to Doolittle's lively critique of Gaia comes as ever at the worst possible moment . . . Enclosed is a quick ½ hour reply. It is scrappy and he deserves a lot better but it is all I can manage now." James Lovelock to Stewart Brand, January 6, 1981. James Lovelock Papers, Box 20.2, Science Museum, London.

281 The published version is Lovelock 1981b.

I'll be at the SCOPE[282] meeting in Sweden until Saturday June , then go home until Wednesday when I'll travel to Sausalito to the Lindisfarne gathering at which we'll be representing Gaia yet again.

A great deal of consolidation of thought and gathering of new evidence has happened since we last met so I also yearn for some interaction.

With love

*

* *

123. Lynn Margulis to James Lovelock [mailgram], March 29, 1981

We are delighted you are coming. Westbroek, Krumbein, Monty and Stolz all coming too. Please invite Michael Whitfield. We will make reservation for you Tuesday and Wednesday nights in Munich. Heinz absolutely delighted.

Love

*

* *

124. Lovelock to Margulis, April 14, 1981

My dear Lynn,

This morning's post brought the wholly delightful news of our nomination by John and Nancy Todd for the Right Livelihood/Threshold Award.[283] Whether or not we get it, I was so pleased to read so warm and understanding a statement of your worth and of our collaboration.

[282] SCOPE: The Scientific Committee on Problems of the Environment, established in Stockholm, Sweden in 1969 under the aegis of International Council of Scientific Unions (ICSU). This institution and the people involved in it were instrumental for the elaboration of the IGBP in the late 1980s, also under the aegis of ICSU. Bert Bolin organized the meeting on global biogeochemical cycles in which Lovelock participated and also contributed to the volume (Bolin and Cook 1983; Lovelock 1983a). On the history of the SCOPE meetings and their relationship to Gaia, the IGBP, and Earth system science, see Dutreuil 2016: 519–526, and Rispoli and Olšáková 2020.

[283] John and Nancy Todd, Canadian biologists, ecological designers, and Lindisfarne Fellows; founders of Ocean Arks International, a non-profit research and outreach organization for ecological sustainability. The Right Livelihood Award is an international prize, which was established in 1980 to support persons developing innovative solutions to world problems.

Is this what the Lindisfarne gathering is about? among other things.[284] Whatever it is it surely will be quite a homecoming. Incidentally what do we talk about there? I mean how do we organise our two inputs? I could talk about atmospheres, climates, and consequences. If you wish I can send you a draft later on. Anyway please let me know what you have in mind.

There was also a letter from Prof. Dr. Dietrich Herm of Munich inviting me to give a 30 minute talk at Munich for Heinz's ceremony. Do I really have to?? It is rather like the proverbial last straw! There are lectures in Stockholm, Philadelphia and Vancouver to give this May and June and one more is more than can be managed. I could do a sort of appendix, say ten minutes, after yours if you wish, but not more.

Itinerary for May–June.

May 19th	leave London for Munich
May 22nd or 23rd	leave Munich for Stockholm SCOPE meeting
May 30th	leave Stockholm for London
May 31st	London to Philadelphia
June 2nd	Philadelphia → San Francisco
June 8th	San Francisco to Vancouver
June 10th	Vancouver → London

What excitements this year brings!

With much love

*

* *

125. Lovelock to Margulis, May 2, 1981

Dear Lynn,

Here is a formal (semi) letter for Heinz [Lowenstam]'s book.

I've tried in vain to reach you by telephone and have not heard from you by letter.

[284] On the Lindisfarne Association and the occasion of Lovelock's and Margulis's invited appearance at the 1981 meeting, see Clarke 2020: 139–144. See Thompson 1987 for documentation of Lovelock's and Margulis's presentations at the 1981 Lindisfarne Fellows meeting. As published, Margulis delivered her early evolutionary narrative while Lovelock provided an overview of Gaia theory.

If you can let me know what you intend to say at Lindisfarne, it would help me to plan mine.

This summer looks like being a nightmare, meetings nearly every week until July.

In haste

Love

*

* *

126. Lovelock to Margulis, August 24, 1981

Dear Lynn,

Just back from a meeting in Hamburg of the IAMAP (what an acronym!!). I was very glad for many reasons to find your welcome letter waiting.

First but least important, maybe you should shop around before buying Jerome's Apple II. Apples are great for everything except text processing. I suspect that it will, along with the filing of references, addresses etc., be the principle use for you. If this is so then other microcomputers on the market could well suit you better. Have a look at Superbrain with a WordStar software package or the portable Osborne with the same software. These are tailored for your kind of need. They are much less suitable for games and graphics.

What a spiteful character that Doolittle must be. As it happened I did see the review of your book by him in *Science.*[285] I saw it in the table of contents and immediately turned to it hoping to read something nice about you. It started off reasonably well but what a let down at the end.

I was inclined to forget Doolittle but at Hamburg was maddened again by Dick Holland who in response to my talk prattled on about Gaia being Panglossian. I had not expected to have to endure this from Dick, who was otherwise as always kind and courteous although implacably anti-Gaian. Damning by labelling is such a mindless thing.

Gaia is in fact well and flourishing. It is just about time that you and I wrote a definite piece to summarise the ten years we have worked on the topic. I'll be sending you a draft of what I have in mind shortly but briefly it will include: A definition of what we mean by Gaia and the disposal of Mother Earth notions for which I admit some guilt. Something about the

[285] Doolittle 1981b.

consequences of evolution of species by natural selection in an environment which is changed by the evolution. Biogeochemical recursion if you need an academic "bon mot." It must also include the latest development which is at long last a clear cut and simple Gaian mechanism. The regulation of climate by the modulation of atmospheric CO_2. The great thing about this is that the hard core types have no option but to accept it for it arises directly from their own models, moreover they have done all the sums for us. All we need do is to plug in the biota as an amplifier and sensor. I revealed it at Hamburg and with the exception of Dick Holland it was well received by a very difficult audience of meteorologists and geophysicists. I will let you have details in a few days.

The reason we did not hear from Jeremy Tarcher is that OUP have decided to issue a paperback themselves.[286] The book has sold out in the USA which is what stimulated them at long last. The bad news is that they are in a hurry and will accept no revision.[287]

I was so glad to hear that all goes well with you and the kids. Your cryptic remarks about the achievement of personal sexual satisfaction stimulated my already fevered imagination. Could it be that Lynn has programmed the Apple to function as a driver for some extra sensory peripherals??!

With much love!

*

* *

127. Lovelock to Margulis, October 14, 1981

London International Hotel

My dear Lynn,

Just away for a couple of days of meetings in London. At one of them (the council which runs Mike Whitfield's lab) I met J. Z. Young and enjoyed a good discussion with him on Gaia. He is a fan but also a good and sharp critic. We, that is you and I, must try to answer the question what is Gaia made from?

[286] Jeremy P. Tarcher, independent publisher of books on the human potential movement.

[287] In Letter 134 Margulis advised Lovelock not to hurry into an unrevised paperback edition, to no avail.

Physical and chemical observations indicate a near certainty for the homeostasis of the Earth. Three possible systems could serve:

(1) Purely geochemical
(2) "biological"
(3) A geochemistry biologically determined

It may seem trivial for we have always known it to be (3) but we have never made this clear and quite often equated Gaia to the biosphere.

J. Z. Young observed it can't be geochemical because you can't have a homeostat without a memory. You need a sizeable memory to run the Earth. He does not care for the dogmatism of the population geneticists but I think that their criticism may well be justified if it is applied to a Gaia which is no more than biospheric altruism.

What do you think dear?

With love

*

* *

128. [Holograph] James Lovelock to Lynn Margulis, November 5, 1981

Nov 5th 1981 (Guy Fawkes day)

Dear Lynn,

I am so sorry to hear that you have been disturbed by the random inputs about Gaia. The paper Andrew sent on should have had a covering letter to explain what it was about. But he, like you, was too busy to do so. The paper is the written version of a lecture I gave at the "International Association of Meteorologists and Atmospheric Physicists" at Hamburg in August. It was well received by all except Dick Holland who was burbling ill digested comments from Ford Doolittle.

It was an invited paper and I was asked first briefly to review Gaia and then to discuss the climate control mechanism. It was written with atmospheric physicists in mind – not you my dear. The enclosed final draft of the *Nature* letter you may find easier to follow.[288]

The problem the anti-Gaia fraternity face is that they are all cybernetically naïve. They think from cause to effect and fail to understand the essential

[288] The "invited paper" is presumably a reference to Lovelock and Watson 1982; the "*Nature* letter" is likely Lovelock and Whitfield 1982, prepublished as Lovelock and Whitfield 1981.

overwhelming circularity of Nature. As J. Z. Young – God bless him – put it. You can't have lifeless homeostasis, it just won't work.

The criticisms ought to be welcome, but I do wish we had a few more vocal champions. It is a bit difficult for the two of us to carry on the fight alone.

I did read and wholly agree and understand your statement on "contamination" in *CoEQ*. There are very many ways of developing our argument but it does take time and effort.

As for the clockwork – the mechanisms – I was led by your statement that the ignorant will not accept an idea until the mechanism behind it is explained. Hence the early rejection of plate tectonics. That is why I'm concentrating on climate control.

I am beginning to think that Gaia is failing to gain acceptance because of the prevalence of anthropocentric arrogance. A world where man is neither dominant nor in control is not a popular one.

ANYWAY LYNN we ought to prepare this new joint statement on Gaia and by hook or crook have it published as an article in *Science* or *Nature*. Will bring some draft with me in December.

With love

*

* *

129. [typewritten] James Lovelock to Lynn Margulis, November 5, 1981

Nov 5th 1981 (Guy Fawkes day)

Dear Lynn,

I am so sorry to hear that you have been disturbed by the random inputs about Gaia. The paper Andrew sent on should have had a covering letter to explain what it was all about and to whom it was addressed.[289] It was in fact the written version of a lecture given at Hamburg this summer to the International Association of Meteorologists and Atmospheric Physicists (IAMAP). It was well received by all except Dick Holland who burbled ill digested comments based on Ford Doolittle. It was an invited paper and I was asked first to review briefly Gaia and then give an account of the climate control mechanism. It was written for an audience of atmospheric physicists not for you my dear.

[289] The submitted version of Lovelock and Watson 1982.

I would welcome the criticism, at least it indicates that Gaia at last is no longer just ignored. The problem is we have so few champions to support us and it is hard to battle for so long alone. I worry that your reputation may suffer in the fracas particularly when it becomes venomous. I always take cover in the shelter of my firm belief that it is not our task as scientists to be right but rather to make models and test them with some honest experiments. I realise that it is easier to do this from the refuge at Coombe Mill than from your Department in Boston. If you feel like taking a mental vacation away from Gaia I surely will sympathise and understand.

My recent meeting with J. Z. Young was a joyful relief. He shares with me the thought that the anti-Gaia fraternity are cybernetically naïve.[290] As he put it, "you can't have homeostasis without a memory and you can't have a memory without life." The geochemists try as they may will never find an abiological system capable of the long-term stable regulation of such things as climate and chemical compositions.

I read and wholly agreed with your statement about "contamination" in *CoEQ*. There are so many different languages for expressing our view of Gaia that it is easy to see why it is so little understood for few are fluent in many of them. It is also from the *CoEQ* response of yours that I got the message that the ignorant are only convinced by arguments from a mechanism. They need to see the clockwork and hence my response of a climate control mechanism.

Do you suppose that some of the objection to Gaia is irrational and stimulated by an instinctive anthropocentric arrogance? A kind of species bigotry. It often seems that the majority find repugnant the idea of a world where man is neither dominant nor the controller.

If you think that a new and definitive joint statement from us both is due or overdue I am very willing to draft one with you. I could easily prepare a first draft in time for my visit.

Until then

With love

*

* *

[290] An indication of J. Z. Young's cybernetic sophistication is his contribution of a preface to *The Tree of Knowledge* (Maturana and Varela 1987), a textbook presentation of their theories on autopoietic systems and the biological basis of cognition. Interestingly, Lovelock provides an endorsement for this same volume.

130. James Lovelock to Lynn Margulis, November 10, 1981

Dear Lynn,

I have carefully reread your letter and notes on the IAMAP lecture and also my letter to you of last week. As usual our comments are crossing as well as the letters themselves. I must get Andrew (Lovelock) to design an interface between my word processor and yours which translates across our time and language barriers. In spite of this problem I was delighted to receive the clear message that you are in favour of an early joint statement on what we mean by Gaia.

There now has been enough useful criticism to justify such a response as well as to clear our own minds somewhat. I reread your reply in *CoEQ* to Ford Doolittle and agree with every word of it.[291] It is evident though that I have failed to explain to you how the CO_2 regulation works and also failed to convey the key cybernetic significance of the coevolution of the geochemical environment and the biota. You say that this is obvious to good biologists. I wonder if it is more than superficially obvious. To me it is about as obvious as the dynamics of riding a bicycle. There is no doubt that it can be done but to explain it in formal terms is a tough task. To explain how to someone who has never ridden and do it so well that they can ride there and then is probably impossible.

This kind of problem is the root of many of our confusions. There is still no working definition of life. Most of the biologists I have asked "how can you tell if something is alive?" eventually fall back to the answer "If it is alive then it can reproduce itself." But this is hardly a satisfactory answer especially to a post-menopausal woman or a eunuch. It is quite easy to write a computer program which will make endless replications of itself. But these thoughts lead nowhere.

You are so right when you say "Gaia is the name of the homeostatic system . . . and in any case it does no good to label it alive or dead."

There is always the possibility, albeit very small indeed, that one of Ann Henderson-Sellers's inorganic regulating systems exists. But if it does it is not argument against Gaia only a suggestion that the system in question may be regulated that way rather than or as well as by Gaia. You can sometimes find a rock standing upright like a tree but to find a forest of upright rocks would be a wonderful sight to be seen. It is this kind of probabilistic distinction which will defeat Ann's arguments in the end.

You must try to get a copy of Jim Walker's inorganic regulation of CO_2 and climate. It has been submitted to *J. Geophys Res* but not yet I think published.[292] It explains beautifully the way weathering could automatically reduce CO_2 so as

[291] Margulis 1981b. [292] Walker et al. 1981.

to regulate climate in the face of a growth in solar output. It is a purely inorganic argument, life does not come into it, and at the end of the paper Jim Walker admits that it would not work. All that I have done is to show how the presence of the biota breathes life into this otherwise lifeless mechanism. Just like the rider getting on the bicycle. It is a marvellous piece of opportunism by life.

On a different matter is it true that the methanogens are ancient and may have been present in the Archean? If so then their presence might solve the puzzling problem of how the first life avoided removing too much CO_2 from the air and consequently freezing. If then as now almost all of the carbon of the detritus falling into sediments was returned to the atmosphere as methane the problem would go away. The enclosed diagram shows what the atmosphere might have been before and after life in the Archean.

See you Thursday afternoon December 10th. Will come straight from the airport to BU unless you say otherwise.

Love

P.S. Just received an advanced copy of *Science 81* with your piece on Darwin Newton and Einstein.[293] It was splendid and timely. By chance it is in juxtaposition – so far as the issue goes – with Roger Bingham's profile of me.[294] This is great, it should be clear to anyone reading the journal, which of the two of us is responsible for the eccentric aspects of the GH.

P.P.S. Also an extract from J. Z. Young's book. We have failed to credit him for all these years!

*

* *

131. James Lovelock to Lynn Margulis, December 18, 1981

Coombe Mill, St. Giles on the Heath, Launceston, Cornwall

Dear Lynn,

Thank you again for the chance to talk and for looking after me. Here is the programme I promised to send.[295] The preamble of the programme is a preliminary account of the model. It is likely to be developed considerably as time goes on, particularly the calculation which at present is clumsy.

I arrived home to find the weather much worse than Boston. Temperatures fell to -20 °C and lower and most of the southwest has been

[293] Hammond and Margulis 1981. [294] Science writer and educator.
[295] An early version of the Daisyworld program.

without electricity for several days now following hurricane force winds from the North. Otherwise all is well.

It was so good to see you all again and apparently so contented.

With much love

*

* *

132. James Lovelock to Lynn Margulis, December 27, 1981

Dear Lynn,

I've now had time to read your review of Gaia.[296] (There wasn't time nor undivided attention for more than a glance when in Boston). It has given me a bad few days, during which I had the sense not to write, but now I think that I've come to terms with it and can respond.

It was written (the review) in California when maybe you were at a pessimum.[297] Even so it isn't easy to take from you such words and phrases as "unreliable, many errors and glib statements." To me these add up to mean dishonest, like a crooked used car dealer's advertisement. Was it really that bad, Lynn? Or is it that you feel the need then to distance yourself from that wild man who clearly had not the sense to fear the vengeance of the academic ton ton macoute.[298]

Enclosed is the slide you wanted. Remember before you use it that it is a photograph of a hand painted item of impressionist science. It is unreliable, inaccurate and a glib statement! But what else was possible in 1974 when it was made?

As Vilfredo Pareto said about Kepler long ago: "Give me a fruitful error any time, full of seeds, bursting with its own corrections."[299]

With love as ever

P.S. The slide is the last copy, please return after making your own copy.

[296] Margulis 1981a.

[297] *pessimum*: "the least favorable environmental condition under which an organism can survive" (*Merriam-Webster.com Dictionary*). Margulis's review indicates its composition while a visiting professor at the California Institute of Technology. Her CV dates this period to March–June 1980.

[298] Tonton Macoute: brutal secret police force under Haitian dictator Francois Duvalier. Lovelock's figure hyperbolically envisions the gatekeepers of academic proprieties as a comparable gang of hired thugs.

[299] Pareto (1848–1923) was an Italian economist, sociologist, and philosopher trained in engineering.

1982

Daisyworld

Toward the end of the 1970s, Lovelock brings his student, Andrew Watson, into the work on Gaia. He was added as co-author to an earlier paper begun with Margulis, "Methanogenesis, fires and the regulation of atmospheric oxygen."[300] By the early 1980s, Lovelock and Watson were deep into the initial programming of Daisyworld and so moving away from Margulis's own Gaian expertise and, one must also think, away from her professional preferences. It would appear that she made some draft contributions to the first fully developed professional essay on Daisyworld, "Biological homeostasis of the global environment: the parable of Daisyworld."[301] However, despite occasional expressions of encouragement, her enthusiasm for this turn of Gaian affairs was muted, as may be discerned in her candid Letter 134, in a less-than-complimentary comparison of Daisyworld to a heavily mathematical, implicitly neo-Darwinian formalization of population genetics known as the Hardy–Weinberg principle: "I think what you are doing for Gaia is exactly analogous to what Hardy and Weinberg did for population genetics. I suppose it will have the same bad effect too of generating the usual academic garbage."[302]

By the summer of 1982, Margulis expressed some frustration as co-author of the Daisyworld article in progress and offered to withdraw her participation: "Andrew's comments about the amateurish statements I made about feedback examples were certainly apt but neither of you really make any helpful comments about the biology. I wish you would leave the 'reality' of the biological part to me" (Letter 138). That August, she extracted herself from further collaboration on this project: "I like your beginnings of an article here and hope you go ahead with it. I also feel that it must be by you and Andrew. I am simply not close enough to the work to take any credit,

[300] Watson et al. 1978. [301] Watson and Lovelock 1983.

[302] The Hardy–Weinberg principle states that in an idealized population (infinite in size, with random mating, etc.) allele and genotype frequencies in a population will remain constant from generation to generation in the absence of other evolutionary influences. Margulis affirms here her dislike of mathematical treatments in population genetics, with idealized hypotheses often quite far from what occurs in the natural world.

nor have I time to learn the calculations sufficiently" (Letter 142). But no rehearsal of calculations, we think, would have moved Margulis away from a fundamental distaste for the "unreality" of dry biology done at computer workstations. Letter 142 continued: "My personal feeling and indeed hope is that you will agree to go over what I sent you already (with or without Andrew) and correct it, adding the very clear statement about unreality to it."

Perhaps a vestige of Margulis's concern remained in the introduction to the Daisyworld essay as published without Margulis as an author:

> By simplifying our biosphere enormously we can describe it in terms of a few equations borrowed directly from population ecology theory. But let the reader be warned in advance: we are not trying to model the Earth, but rather a fictional world which displays clearly a property which we believe is important for the Earth. (Watson and Lovelock 1983: 284).[303]

And indeed, Daisyworld flourished under the continued cultivation of Lovelock and his like-minded colleagues. He thought of this effort to produce a working formal model of a planetary homeostatic mechanism as a direct retort to Doolittle and Dawkins's critique of Gaian "altruism," exclaiming that "I've a soft spot for both him and Ford Doolittle for having made us think Gaia through so I don't care if he remains unconvinced by daisies!" (Letter 147). In September 1984, he made a point to Margulis that would recur in *The Ages of Gaia* and later presentations of Daisyworld. On his model planet primally seeded with black and white daisies, the dynamics of these "fictional" populations reach a steady state, that is, they "homeostat" while reacting to each other and to their combined effects on the virtual climate. In contrast, according to Lovelock, when the population biologists computed on their own mathematical models – in which, typically, predator–prey relations are simulated in detachment from feedbacks to and from their milieu – their strictly biotic population models ran to chaotic bifurcations. Not so with Daisyworld:

> Daisy world is coming to life. Not only are many species now living there in a comfortable coexistence; something the population biologists have been trying to do without success for 60 years; but also it homeostats nicely and copes with planetesimal

[303] For more on Daisyworld, see Clarke 2020: 132–138, Dutreuil 2014, and Wood et al. 2008.

> impacts and other disasters. The regulation of climate by CO_2 is now linked in and as with the other models is full of insight. Can't wait to tell you about them but for now I have enclosed some diagrams straight from the computer. (Letter 162)[304]

Margulis would come to appreciate how the stability of Daisyworld rested on a central Gaian premise absent from previous population models.[305] Here, mutual feedbacks connect the biota and the environment to each other. Even with the incessant solar forcing built into the Daisyworld simulation of cosmic evolution, within broad limits a replica of Gaian self-regulation emerges to stabilize the ambient virtual temperature. After the 1990s, Daisyworld will become the epicenter of scientific theorizing about Gaia and the circumstances under which living beings may regulate their environments. A vast array of mathematicians, computer programmers, "artificial life" experimenters, and other modelers and theorists will tweak the program in every possible direction (Wood et al. 2008).

*

* *

133. James Lovelock to Lynn Margulis, January 17, 1982

Dear Lynn,

Altho a letter from you will probably magnify the pleasure of tomorrow's post I'm sending this one anyway. Since I last wrote there has been a series of small disasters.

First – Excuses if I've already mentioned it – I skidded on some ice while shifting firewood with our tractor and turned it over upside down on top of me. Since it fell on something soft – me – the tractor was undamaged. Two weeks later I'm still sore but amazed that nothing worse happened.

Second – My Apple died. It was a 1978 model so maybe its time was up. I'm having it revived and renewed for Andy Watson and have ordered a replacement – DOS 3.3 version 48K for here. The Plymouth computer stores do not have the keyboard enhancer so $160.00 is enclosed to have

[304] See Lovelock 1988, chapter 3, "Exploring Daisyworld."

[305] Personal communication to BC at the Margulis lab, University of Massachusetts at Amherst, October 2006.

one sent directly to me. I will await the Apple writer software from Zach. Let me know if more cash is needed for mailing.

Third – Silke B[ernhard] has written from Berlin. It seems I must have my background paper for the Dahlem Conference camera ready by Feb 8th.[306] No time therefore to do much else!!

All these things have interfered with thoughts on the *Science* paper project. However after Feb 8th I'll be fairly free and will concentrate on it.

Meanwhile Andy W[atson] is checking my maths for daisy world and so far has not been able to fault the logic. I've developed several new versions and as you can see from the enclosed plot the system is improving.

We look forward to your visit in the spring

With much love

P.S. Have you found the Atmospheres slide yet? It was in the same envelope as the program of daisy world.

*

* *

134. Lynn Margulis to James Lovelock, January 29, 1982

Dear Jim,

Don't be hurt about my review of Gaia.[307] It is accurate and makes people want to read the book. I warned you about a second edition prematurely and indeed you shouldn't do it. If you wish I'll be glad to read it again and make detailed corrections but only if you promise that you will not go to press until I do so. If you prefer to keep the informal style, as apparently you must under these time pressures, then don't hassle me about the criticism. You know I love the Gaia idea and even more importantly I love you immensely (and so do all my children) but what would our relationship be worth if I weren't entirely straight with you, to the point of not even being very polite. This attitude of straightness toward people who really matter has cost me two marriages and more but everyone takes me seriously.

[306] Dahlem conferences are prestigious week-long workshops held in Berlin. This one was on atmospheric chemistry (Goldberg 1982).

[307] Margulis 1981a.

Anyway the offer still holds. I'll be glad to help in any way but you have to stop publication for the moment.

I'm glad you like the daisies. I think we can put little symbols over the ground and the petals and use them in our publication. If the journals don't want it . . . so be it. We will find a journal with a sense of humor. Also I think what you are doing for Gaia is exactly analogous to what Hardy and Weinberg did for population genetics. I suppose it will have the same bad effect too of generating the usual academic garbage.

Herein is Zach [Margulis]'s contribution to the Apple-Grandchildren effort. He is feeling a little bad, as is his wont, because he has about 5 unused disks. He wants to be sure that you feel you got your $50 worth and so asks please that you tell him what else he can copy for you on the rest of the disks. (He is very worried that you might think he is keeping things not rightfully his. I told him to cool it but indeed do give him another copy assignment and he'll do it.)

Jim, you need to get a VIDEX keyboard enhancer II. I can get it for you if you wish. It has user definable keys and very fast repeat action. I'm trading my I in for a II. Jeremy [Sagan] has already done so. With that we can copy Magic Window for you, and the documentation and we will be conformed.

Might you be kind enough to send back the manuscript with however far you have gotten, also some of your graphs. I'll try to keep on it.

Yes, the slide did finally arrive. I will send it to you as soon as it is copied. It looks very good. Thanks very much. We have taken it in today for copying.

Do write soon. Very much love to you and your family

*

* *

135. Lynn Margulis to James Lovelock, January 30, 1982

Dear Jim,

Of course. As usual. Our mail crossed again but all is well. I hereby return your wonderful slide with my thanks. I also have spoken to the VIDEX people and a board is on the way. I shall send it to you as soon as I have installed my identical one so that we can conform the systems completely.

I will also copy "magic window" or whatever word processing program seems to be the one we should both work with.

Are you fine? The tractor story was awful, the last thing needed is for something to happen to you.[308]

Of course I have the paper too, as soon as I can find some time I will tend to it. The Springer-Verlag publication of the Dahlem conference we went to in Sept '80 is also out.[309] "Precambrian biospheric atmospheric interactions and metallogenesis" or some such title. When next you write to Silke [Bernhard] have her send you one as it is chock full of fascinating information.

Do you have my *Symbiosis in Cell Evolution* book?[310] If not I shall certainly send you one. What about *Five Kingdoms*?[311] It just came out and so far I still have only my one copy. We hereby also invite you to celebrate the emergence of the *Five Kingdoms* book.

Don't despair if I can't get the materials back to you immediately. I'm so looking forward to seeing you in spring and having time to work on the Hardy–Weinberg analog. I think you are on to something very big and important. One of our 351 students is going to try, as a class exercise, to apply cybernetic terminology to Gaia with specific examples, I'll let you know how it comes out.

Warm regards to everyone as ever,

Love

*

* *

136. James Lovelock to Lynn Margulis, February 28, 1982

Dear Lynn,

Just a brief note before leaving on a week of travels to let you know that all is well and that our paper develops slowly but surely.[312]

I've installed the VIDEX and as soon as I can find a suitable supplier I'll buy an Apple word processor program. The VIDEX seems OK except that it clobbers the cursor moving routine of my variety of Apple. The worst effect – which has made the grandchildren furious – is that Panic can only be run by

[308] See Letter 133. [309] Holland and Schidlowski 1982. [310] Margulis 1981c.

[311] Margulis and Schwartz 1982.

[312] Presumably the current manuscript for the "joint statement" Lovelock proposed in Letters 128, 129, and 130.

pressing reset before every move. Comments from Jeremy et al. would be welcomed.

Andrew and Jackie Watson now have a son, Adam, 7½ lbs of him. We visited Jackie yesterday at the local hospital where everything was fine.

If you see Robin Bates tell him his program which included you and Lewis Thomas was marvellous and very well received over here.[313]

There seems to be a lot of Gaia criticism in the air. Richard Dawkins spends about 1/3 of a chapter in his new book waving his well-manicured hands in a denial of Gaia on the grounds that there is no way from natural selection to reach planet scale homeostasis.[314]

The daisy model[s] are now moving on to a different world where the CO_2 greenhouse rather than daisy albedos rules the scene. It looks as if this will work just as well. Anyway I'll keep you posted as it develops. The only problem is that there is so little time to work on it. Mere survival grows ever more demanding.

With lots of love from us all.

P.S. Can I have your home phone number?

*

* *

137. James Lovelock to Lynn Margulis, April 29, 1982

My dear,

It was a joy to see you again and thank you for being such a good listener. I reckon your company is worth a great deal more than $125 per day!!

The flight back on Northwest was fabulous. I had not realised that a privilege of "executive" class was the option to sleep in a horizontal position in the upstairs dormitory of the 747. I slept all the way from Boston to Gatwick. They even provided a "do not disturb" notice for those who preferred sleeping to eating.

Andrew [Watson] called here yesterday and I gave him your letter. He will be going to COSPAR. I asked him to borrow for me from the MBA library

[313] Thomas 1982. Margulis appears around minute 40:00. Robin Bates was a writer, producer, and director of the nature documentary series *Nova* from 1981 to 1987.

[314] Lovelock's papers document his initiating a brief correspondence with Dawkins in response to *The Extended Phenotype*, in which they agreed to disagree.

Holland's book.[315] In the conclusions he states firmly that "the Gaia hypothesis of L and M of planetary homeostasis is quite wrong." Those are not quite his words (Andrew had to take the book back) but it is near enough. It will make a marvellous quote for our *Science* paper.

Andrew has now confirmed solidly the Gaia maths and we can confidently state that homeostasis or homeorhesis is inevitable.

My health and physical performance have greatly improved in the last few days. Maybe because I have managed to cast off about 7 lbs by diet and exercise. So it's off to Berlin on Sunday.

We look forward to your visit and since travel in the UK on Sunday is not easy I hope your schedule will permit an arrival on Saturday.

With much love

*

* *

138. Lynn Margulis to James Lovelock, June 23, 1982

Dear Jim,

I hope you are as well now as you were when you left us. I'm sending you here a check for $7.50 because of the $15.00 I received for the use of some table of ours in Dan Botkin's book. It is of course not the money but the thought that counts and I wouldn't want you to think that I wasn't scrupulous about your share.

We have enough money in our grant for Peter [Westbroek]'s meeting travel support to reimburse you for part of your travel.[316] PLEASE send us your ticket or copy of the hotel bill or whatever with an indication of what the equivalent would be in dollars and we will be happy to submit it for reimbursement. Without anything from you, however, we cannot request the money. I felt very bad that you had to leave so soon as the meeting was a great success. Even more important to me though was seeing Claude Monty's 30-meter-high Devonian bacterial mud mounds. Just as two years ago I spent a weekend with Heinz [Lowenstam] in the Cretaceous this year I spent more than a weekend in the Devonian. Wish you had been there.

315 Holland 1978.

316 "Peter's meeting": the Fourth International Symposium on Biomineralization, held in Renesse, The Netherlands, June 2–5, 1982.

I'm really sorry that you and Andrew [Watson] have not sent back my version of the paper. Andrew's comments about the amateurish statements I made about feedback examples were certainly apt but neither of you really make any helpful comments about the biology. I wish you would leave the "reality" of the biological part to me. Actually as much as I love you both I feel very frustrated about this paper. I wish I had it here at the Natl Acad summer study on the "habitability of the globe" (dealing with a new NASA thrust in global ecology) to show Verne Suomi, Mike McElroy, Wally Broecker and other colleagues.[317] As it is I feel that I ought not to show it to anyone if you don't approve it. If you would only approve it I will get it properly published. And if you just vaguely don't approve it I give up. On the other hand if you change it massively to be in some sort of convoluted style I would just as soon withdraw my participation. As I have told you though I think that, in principle, it is your most important piece of work in the Gaia area.

Sorry about this typewriter. I am supposed to be doing my committee report for Botkin and I have grabbed a moment on an unfamiliar typewriter whose erase key doesn't seem to work.

I would love to hear about your ship voyage and gas measurements. Do write.

[Claude] Monty has made it clear that we will not be able to study the Alicante (Spanish) mats because they are being destroyed by "land development." Thus I have put in a grant proposal for Baja California on the hope that you will agree to come in June 1983 if we get the money. At least I'm giving you a clear advance notice!! If you absolutely can't come (which will break my heart) perhaps you can teach me how to make measurements. (doubtful)

Wish you were here!!

Love

*

* *

[317] In June 1982 Margulis attended the NASA Workshop on Global Habitability organized by Richard Goody (see Goody 1982). This workshop was one of the first of many institutional activities leading to Earth system science, the US Global Change Research Program, and the IGBP (see the introduction of this volume). Verner Suomi, Finnish-American educator, inventor, and scientist, is considered the father of satellite meteorology.

139. Lynn Margulis to James Lovelock, July 8, 1982

Jim,

It was wonderful to hear from you. Thanks for calling. I feel a bit remorseful about the tone of my letter that prompted you to phone. I so hope you will consider going to Baja Calif with us next year in May. Claude is certainly thinking about it. I received his CV express today.

Jim I can't help you with the money unless you send me some receipts or something. As you know I want to help you.

Andy has not sent back the paper. I could not wait on the slides either. I have to give two Gaia talks at NASA (I certainly will represent it as your work) but it is important because there may be a new "initiative." You know about that word Initiative in NASA (e.g., Apollo, Viking, Pioneer). This one would be Habitability. Of course lots of money will be misspent but at least it will be spent. I was in Washington yesterday when Mike McElroy and Richard Goody made their presentation to Hans Mark, grey Mr. Beggs and the other top brass of NASA.[318] I think they are going to try to sell a program of space science based on the habitability of the globe to the OMB by Sept. of this year. You ought to feel not only like the father of Gaia but of Habitability as well because certainly it was our little abstract that Al Cameron read that led to the PBCE that led to the action yesterday. They have put Ron Prinn head of the [National] Academy [of Science]'s Earth Science committee as a sign that they are going to do something about atmospheres.[319]

Anyway that is why I have to make sense and not sound like some old-timey religion when I talk about the Gaia ideas. I am asking Laszlo [Mezholy] to make up my version of your slides so that by my July 24 presentation I'll have them. If you can't do anything about Andy [Watson] then certainly I can't. I guess if I haven't heard from you and Andy in a few weeks I'll write my version that refers to your (yours and Andy's) "work in progress." I'll of course send it to you and we can start all over. It does seem a waste but what else? In the meantime I am scheduled to talk about the status of Gaia at both NASA Ames and at the course

[318] Hans Mark was Deputy Administrator at NASA and former director of the NASA Ames Research Center, and Secretary of the Air Force from 1979 to 1981.

[319] Ronald Prinn, American atmospheric scientist at MIT and director of the Center for Global Change Science. See the introduction of this volume on NASA's importance for the inception of Earth system science.

at Santa Clara on Planetary Biology and Microbial Ecology.[320] Furthermore I'm on the NASA advisory council so I must make sense. (That meeting is July 21.)[321]

Write soon. Keep on doing whatever you are doing in order to stay fit (and plan to come fit to Baja Calif in May). Think about how I can help you. At the moment we are trying to buy new compact electronic field instruments to measure salinity, acidity, dis. O_2 and temp at once. I'm also trying to work out how I get super- and subscripts, underscore and italics from within Screenwriter with the Epson Graftrax-Graple. The new Screenwriter manual has just appeared. Do you have the disk, I forget? Let me know what you need.

Much love as ever, also to Helen, Andrew L. et al.

* * *

140. Lynn Margulis to James Lovelock, July 25, 1982

Dear Jim,

I had to give a big talk on Gaia last night (and then must speak at NASA Ames again Tues) so I couldn't wait for you and Andy. Here is a set of slides that should be OK for now. For you to keep.

There was a lot of discussion about the "daisy world" – a major criticism which I'm thinking about is "But how do you predict something from this?"

Have you heard anything from Andy?

Wish you were here, much love

We're going to Baja Ca Laguna Fig[ueroa] over Wed–Fri.

If you've written I haven't heard. I'm just about giving up with you two. You already have 0.9–1.0, n'est-ce pas?

* * *

[320] For more on the Planetary Biology and Microbial Ecology courses, see Letters 155 and 159, and the commentaries by Betsey Dyer and John F. Stolz in this volume.

[321] Margulis was a member of the NASA Advisory Council from 1982 to 1986.

141. James Lovelock to Lynn Margulis, July 29, 1982

Dear Lynn,

Here at last is the first draft.[322]

You will see why we were cautious and your experience at Ames seems to justify our caution over a premature exposure of daisy world. The two key points are

(1) Daisy world as first drawn was never intended as anything other than an answer to W. F. Doolittle's criticism. And it does this well.
(2) The prediction of the daisy world extensions is obviously that a planetary biota will inevitably homeostat in the short term and perform homeorhesis in the long term.

I have always found Ames to be the dullest and most pedestrian of NASA establishments and to include more clowns than a circus. I am not in the least surprised that they couldn't understand. You shouldn't cast pearls before swine.

Will come to Baja in the spring – Love to come. So grateful for the invitation. Have cancelled a trip to Australia to make it possible.

Life for all of us here is very happy and gorgeous. I now weigh only 125 lbs. and can ride my bicycle right to the top of a 500 foot hill nearby.

Hope this all reaches you. Boston post is dreadful. Your last letter correctly stamped and postmarked July 8th arrived here this week from Boston. A complete exchange of letters to Seattle was possible in the same time interval. Average US time for trans Atlantic post 4 days. Boston average 10 days but can be over 20.

Send future letters to Rev Kevin O'Connor S.J. at this address. It may make quite a difference.

With lots of love

P.S. The full diagrams will follow shortly.

*

* *

[322] The first full draft of Watson and Lovelock 1983.

142. Lynn Margulis to James Lovelock, August 9, 1982

Dear Jim,

I have just received your package today. Only yesterday did I return from the three weeks in Santa Clara and two days in Baja Calif. The scene out there is fantastic: there is a remarkable recolonization going on almost as if we had put clean petri plates in the field. Individual colonies of bacteria can be seen, right in the field, because it is so early in the redevelopment of the microbial mat. I feel confident that we will be very productive next May. Betsey [Dyer] and I are so delighted that you agree to come with us. Thrilled, in fact. Jim Lawless, one of the Ames scientists who is immune to your strong remarks has offered to do correlated GC-MS on sediments whose biological make-up we know.[323] He also has offered to help in any way with GC equipment and even (if we can get permission, for technically it would be spying) aerial reconnaissance of the Laguna Figueroa site. I am hoping that you will come to the US in autumn and we can be in touch with him by phone if not in person. He needs to know requirements, they are apparently working on field flexible GCs anyway for measurements of sulfur and nitrogen compounds. This is in connection with deforestation and agricultural work. In fact I think you would be delighted with the direction things are taking at Ames in spite of your comments. The old guard is mostly gone.

At least two people in the audience, Chris McKay who has decided to devote his professional life to Gaia-sorts of things, and one other, were very supportive of the daisy model.[324] The major difficulty, which I find silly since we disclaimed its reality to begin with, is the objection to the idea that organisms directly change their albedo to alter their temperature (to say nothing of the T of the planet).

I like your beginnings of an article here and hope you go ahead with it. I also feel that it must be by you and Andrew. I am simply not close enough to the work to take any credit, nor have I time to learn the calculations sufficiently. My personal feeling and indeed hope is that you will agree to go over what I sent you already (with or without Andrew) and correct it, adding the very clear statement about unreality to it. Then, with your blessing and a reference to the present effort (which I assume is by you and Andrew) I shall

[323] James Lawless was a researcher at the NASA Ames Research Center.
[324] Chris McKay, planetary geologist at the NASA Ames Research Center.

try to find a place to publish it. You see a very different audience is meant for the two pieces. I don't think there is any problem using both of them. The biologists will understand my language and the others will understand yours.

(By Lawless and GC-MS I mean specifically the carbon compounds in sediment ala standard geochemistry).

I hope the mail is faster now that I have decided to use your test. Actually, I find you are slightly paranoic and more than slightly daft, as you might say. But that is, among many other things, the reason I love you so.

My sex life is practically nonexistent but everything else is fine. Even it shows chances of getting better if I can get rid of the children and house guests for a while.

I hear from John Brockman that you sent him a book proposal on metaphors.[325] What is this about? Actually he is terrific as an agent and I hope you can work something out with him. I would like to see you get Gaia 1 out of the hands of Oxford, perhaps redoing it as a more popular and better distributed work.[326] Do you know about the "other" Gaia? Hilarious!! Friends went to San Fran looking for your book and when asked a book seller said "of course we have it. It is a best seller." The customer was ushered to the psychology section, explicitly to the SF "gay life" section and showed the book "Gaia: guide to the gay life of San Francisco." If I ever see a copy I'll of course buy you one. That was the explanation of the popularity, no they didn't have the Oxford UP book of the same name.

Please destruct this letter,

Much love as ever

P.S. Watch for Unispace news re "Global Habitability" (Vienna next week).[327] Carl [Sagan] came and gave pronouncements about planetary contamination last week at our NASA PI meeting. Tired and old. I had the strong feeling confirmed that he never really learns, only puts notions into cubby holes. Apparently most of the children inherited from me skepticism toward preconceived notions.

*

* *

325 Lynn Margulis's and Dorion Sagan's literary agent at that moment.

326 "Gaia 1" is Lovelock 1979a.

327 Unispace is the news service of the United Nations Office for Outer Space Affairs, headquartered in Vienna, Austria.

143. James Lovelock to Lynn Margulis, ca. December 1982

Dear Lynn,

You will by now have received the voluminous comments from the *Nature* referees.[328] Things have changed a lot since the days when *Nature* would accept a paper just on the Editor's approval.

I wish that I could help with the answering of the specific comments but unfortunately by the time this letter reaches you I shall probably be in a London hospital preparing for a coronary bypass operation.[329] Last week I was examined by one of our best cardiologists who diagnosed CAD severe enough to need urgent treatment. This time I don't have many doubts about the accuracy of the diagnosis since I was able to watch the ECG monitors while doing the exercise tests.

I telephoned the *Nature* editor, Philip Campbell, who I know, and learnt from him that they are concerned about the simultaneous publication of a closely similar paper in *Tellus* and with the answering of the referees' comments.[330] He did say that they liked the paper and that it had generated a lively debate in the *Nature* office. One way out that was mentioned might be the publication in the News and Comment section of *Nature* a piece on Gaia at the time the *Tellus* paper is published.

Last point. Whatever happens I do not want to be first author. In the *Tellus* paper Andrew is first and in the *Nature* one you should be. Truly Lynn the first author should be the one who writes the paper.

Sorry to be so hopeless a colleague this year. I'll try to be better when they fix me up!

With love

*

* *

144. James Lovelock to Lynn Margulis, December 14, 1982

Kings College Hospital, Denmark Hill, London

Dear Lynn,

You would enjoy being bored sitting as a patient in this very friendly hospital. I am due to be carved on Tues next Dec 21st two days before our 40th wedding anniversary.

[328] In Letter 146 Margulis gives the working title of the manuscript rejected by *Nature* as "my version of 'Towards a mechanism for Gaia.'"

[329] See Lovelock 2000, chapter 11, "Building your own bypass."

[330] Watson and Lovelock 1983.

The path of my life seems destined to be erratic. I had an angiogram yesterday and was intrigued to discover, as were the cardiologists, that my left main coronary upstream of the bifurcation is totally blocked and has been since last March at the latest. Therefore I have been dead since then, or if not medical theory is incomplete. In fact numerous arterioles developed by exercise over the years are carrying, albeit inefficiently, the entire blood flow. It all goes to show you can stay alive if you try hard enough.

My physician wants me to write a personal paper for one of the medical journals. Apparently there are only 7 patients who have survived a total block and almost all of them were bed ridden afterwards. Mountain climbing in such circumstances is unusual.

Or maybe the love from you and all my friends really did cure a very broken heart.

See you sometime in the new year hopefully in good shape again

With love

1983

The Ages of Gaia

Margulis apparently considered *Gaia: A New Look at Life on Earth* insufficiently robust in the cause of Gaia's scientific defense. She now took a more proactive role in sponsoring a book by Lovelock that would meet her own standards. Around June 1983, Lovelock began a letter to Margulis: "Here is a copy of my formal letter to the Commonwealth Fund. Whether or not anything comes of it I am so grateful to you for bringing it to my attention. It is just what I need to keep out of mischief next year" (Letter 152). Recorded here is the inception of what is often considered Lovelock's best concerted presentation of Gaian science. Not coincidentally, *The Ages of Gaia* (Lovelock 1988) developed under Margulis's editorial eye.

Around 1983, the Commonwealth Fund Book Program, under the direction of Dr. Lewis Thomas at Memorial Sloan-Kettering Cancer Center in New York City, began to solicit manuscripts of books for the general public written by scientists on current trends in basic research. Margulis was a founding member of the Commonwealth Fund Book Committee chaired by Thomas, serving in that role from 1982 to 1993. She ran this opportunity by Lovelock and he was quick to respond. He reported back a month later: "Had a call last night from Helene Friedman of the Commonwealth Foundation. She said they liked my application but that it could not be supported because it was an autobiography. Apparently the Commonwealth Fund cannot support the writing of autobiographies, it is outside their charter. She advised me to resubmit it as a science book of some kind" (Letter 153).

That September, Margulis replied on the score of "Helene Friedman's call. It seems to me she acted on her own initiative and not that of the committee (or of Thomas). Hold on to your current outline and I'll clarify this at the next meeting" (Letter 154). Whatever those committee discussions may have entailed, the following January, Margulis applauded Lovelock's newly expository prospectus along with a word of caution not to generalize from his own unique case:

> I love the enclosed book plan and I think it is likely that they will accept it. However there are a few raw spots that must be

> dressed. I have made numerous small suggestions, none of which you need to accept of course. They are all part of the admonition that you don't speak in general of "the independent scientist," an utterly mythical beast, but that you be frank about your example of one: you. (Letter 156)

The correspondence over the next several months documents continuing editorial dialogue between Lovelock and Margulis over the shaping of the new book project. In June 1984, after what seems to have been a fair amount of editorial negotiation, he mailed her another revised prospectus, a "last try": "Just a brief note to enclose a draft synopsis for a second Gaia book. If you think it appropriate I will submit it as a last try to the Commonwealth Fund. If they turn it down I shall do it anyway" (Letter 158). Clearly Margulis was closely vetting Lovelock's proposal documents on their way to and from the full committee. We presume that, along with her own interactions, the Commonwealth Fund committee also made requests for multiple edits.

This process came to a head in the summer of 1984. At some point in August Lovelock wrote: "Believe me I tried hard to write it in a way that might be pleasing to your committee but I do believe that Oscar Wilde was right when he said of the Americans and the English 'They are divided by a common language'" (Letter 161). His letter continued with an immensely clarifying declaration of professional ethics as an independent scientist, one who still had to hustle to make a comfortable living:

> I bother very much about the trouble that my idiosyncratic way of writing and thinking is causing you. I should have known better than to take up your vastly generous offer to back a book for me at the Commonwealth Fund. Proposal writing is something that is beyond my range of skills. Can you imagine the review committee of any funding agency anywhere accepting a proposal for research on Gaia written by me? That is why I have to fund my own research. It would be lovely to be able to concentrate on a good book on Gaia and not be pressured by a lot of bread and butter tasks to pay the way but if my synopsis fails this time I shall start on it anyway. The book will be like the first one was, cheerful and optimistic, although obviously care will be needed to ensure that the idioms are compatible on both sides of the Atlantic. Some books can easily be summarised before the writing but not this one, it just has to evolve. I am

> truly grateful for your fight on my behalf and unhappy to think that somehow I may have let you down. (Letter 161)

Lovelock need not have worried. A month later he received a Commonwealth Fund book award, providing monies to defray expenses incurred in completing the manuscript. The volume was not yet titled *The Ages of Gaia*, nor did the current book plan have the larger chronology of Gaian eons that would organize the central chapters of the finished volume. The title of the proposal that clinched the deal was "The Colligative Properties of Life: A New Look at Gaia." We can now read the introduction to this document as directed toward Margulis above all. The proposed volume would not just remedy her internal critique but also contemplate the cultural resonances Gaia has already set loose:

> The first Gaia book was . . . descriptive and poetic rather than seriously scientific. This light hearted approach to Gaia became general when soon after its introduction as a scientific hypothesis and long before it has been adequately tested Gaia was adopted by metascientists as a metaphor, a synonym for mother Earth. . . This book will build upon the theme of its predecessor but will be much stronger in its scientific content. It will also be about the metaphor of Gaia and its use as a refracting glass through which to see the world, life, love and ourselves different. (Lovelock 1984b)

*

* *

145. James Lovelock to Lynn Margulis, January 3, 1983

Coombe Mill, Launceston

My dear Lynn,

It was great to hear your voice in the hospital ward last week. I was so freaked out on morphine and Godnose and other drugs that at first I thought it to be an illusion! Whatever, it certainly speeded my recovery for here I am home again. Apart from some maddeningly irritating sequalae like herpes at three orifices (not unusual after surgery they said) and various other minor but painful additions I'm very well. Still can't quite grasp the fact that I agreed to have it done – not that all of last year I was walking around with my heart supplied with blood only by the smaller right coronary. Still it shows what can be done if you fight to keep fit.

The hospital ambience had a lot of you in it Lynn. I took Edna St. V. Millay's sonnets and Mozart's requiem Mass with me to set the scene.

Helen probably had it worse than I did and we both intend to take a month or so off together to help recover.

Is it still possible to get or purchase those lovely NASA Voyager photos of Saturn and if so who from? The reason I ask is that a fellow traveller thro the hospital with me was an extraordinary kind and intelligent kid who did many things for me and asked only for this in return.

With fondest love to you all.

Your reborn man

*

* *

146. Lynn Margulis to James Lovelock, January 22, 1983

Dear Jim,

I am so relieved to know that you have recovered from godnose what and doctors' knives. I don't know when or where this letter will reach you but just to let you know we all can't wait to see The New Man.

I am enclosing a copy of the Dawkins letter for your amusement.[331] I still have not received the ms. copies of "Towards a mechanism for Gaia"[332] but a recent phone call from Andy claimed they would be forthcoming. I do not want to be included as a co-author on your *Tellus* paper at all but of course I would like to have a copy of the revised version as soon as you and Andy have it.[333]

Have you received a request from Mitch Rambler that we write the opening chapter for his book on *Global Ecology*? Science Books

[331] Dawkins invited a contribution from Margulis for his inaugural edition of *Oxford Surveys in Evolutionary Biology*, and her response in relation to this matter is cordial, leading to the publication of Margulis and Sagan 1984. See also Letter 154. However, her reply to Dawkins closes with these statements seemingly for Lovelock's benefit: "I have publicly spoken about your maligning of Lovelock's *Gaia* in *The Extended Phenotype* and was very sorry that you weren't in Boston to try to defend yourself." Lynn Margulis to Richard Dawkins, January 22, 1983. James Lovelock Papers, Box 20.2, Science Museum, London.

[332] Presumably an alternate title for Lovelock and Watson 1982.

[333] Watson and Lovelock 1983.

International, the publisher that did *Early Life* is planning to publish that as reference. Von-Nostrand distributes for them. With your permission, what I would like to do is use my version of "Towards a mechanism for Gaia" as the starting point for the chapter for Mitch's book.[334] It must of course be expanded and drastically altered but I thought I would take a first crack at it and send you something when a draft was ready. Feel free to sign his contract on that basis. You get very little but perhaps the *Nature* rejection is a blessing as it gives me the wherewithal to begin.

Claude Monty has written terrible news about the state of science in Belgium, or Liège anyway. He has lost his entire staff of seven people. Paleontology is apparently being dispensed with. It is not considered an "important science." He has lost a year politicking but not with much result. In any case he plans to come here in May before the trip and work with us before we go to the field. You think about that too. We will send you both tickets early in the game in order to avail ourselves of inexpensive fares.

Gaia has gotten along without you for most of her four billion years but I am not so fortunate. Uppermost in my mind is the state of your health and your happiness. I have asked several friends here and they assure me that by-passes not only are common and commonly survived, but patients come out better than before.

Please tell Andy [Watson] that John Stolz did forward his telephone message. I have asked for and actually received sabbatical leave for the autumn semester of 1983. At the moment I am planning to stay in Boston, lie low and finish these writing projects and some left-over lab work on Paratetramitus. (I did isolate that organism from flat mats submerged with fresh water in Alicante too.) Perhaps I could spend some time at Plymouth and visit both of you in November or so.

Please feel free to share this letter with Andy and explain to him that it is the fact of 4 two hour classes a week with all advanced students that keep me from writing him his own letter.

Much love as ever

*

* *

334 The manuscript in question is eventually completed and published as "Gaia and geognosy" (Margulis and Lovelock 1989).

147. James Lovelock to Lynn Margulis, February 3, 1983

Dear Lynn,

It was so good to hear from you and know that all goes fairly well in Boston.

I seem to be coming back to life slowly. The plumbing works very well and the surgeons clearly did a good job; unfortunately though something seems to have gone wrong with my defences and I have been plagued with a never ending series of infections ranging from boils to herpes. My guess is that they couldn't find a blood group to match my somewhat obscure group and the war among the white cells at the time of my transfusions has left me with an immunodeficiency. Hopefully not the notorious AID syndrome.

I have not yet heard from Mitch Rambler but your notion of expanding the article "towards a mechanism for Gaia" is a splendid one. I would be more than glad to help.

We are all looking forward to your sabbatical and hope that you will indeed find time to spend some of it round here.

With love

P.S. Many thanks for the news of the Richard Dawkins correspondence. I've a soft spot for both him and Ford Doolittle for having made us think Gaia through so I don't care if he remains unconvinced by daisies!

*

* *

148. James Lovelock to Lynn Margulis, February 24, 1983

Glossop Ward, North Devon Regional District Hospital, Barnstaple, Devon

Dear Lynn

You will be disgusted to observe that once again I'm in the hospital. What was apparently a minor hangover from the Christmas happening has turned into a problem. Time will tell if it is major or minor. Some damage caused by catheterisation led to an almost blocked urethra . . . When they tried to dilate it it responded by blocking altogether. So now I pee via a supra pubic catheter. At least until someone figures out how to get the normal process back on stream.

As you can guess I'm more than a little fed up. I think my original instinct to stay away from hospitals surgeons etc. was right.

Whatever happens I cannot now see much chance of making Baja. If I can escape here with some sort of permanent catheter and a leg bag to collect pee I'll try to come but don't plan on it.

Do hope all goes well with you. I'll try and make my next letter a bit more cheerful.

With much love

*

* *

149. James Lovelock to Lynn Margulis, February 28, 1983

Coombe Mill, St. Giles on the Heath, Launceston, Cornwall

Dear Lynn,

I do hope that my last letter did not transfer to you the state of depression I was then in. It was written in a state of shock and probably should have been torn up instead of posted.

Things are much more cheerful now although it will be, they tell me, two or three months before completely normal function is restored, but I'll be home with luck in a few days.

For once, Helen is right. I'll have to take it easy until my body has had a chance to regain its identity.

Andrew [Watson] and I have just received, what by US standards would be miniscule grants, for work on Gaia. Still this will enable us to develop daisy type models for all kinds of situations and work towards a general theory.

Hope that you can read this. Writing in bed is harder for the reader than the writer.

I shouldn't grumble. The view from my window here by my bed is across the small town of Barnstaple to the sea and quite beautiful. It is a comfortable well-run hospital. We the victims compare it to an ideal utopian prison. I can't wait to escape!

With much love

*

* *

150. Lynn Margulis to James Lovelock, April 14, 1983

Dear Jim,

Because I haven't written doesn't mean I haven't thought of you continuously. Forgive me. The press of duties overwhelms me: 2 different courses, 3 classes and plans for Baja CA. We'll miss you.

But we are coming to see you afterward arriving at Plymouth on June 2. We will rent a car or do whatever is easiest for you. There will be Betsey [Dyer], my father and me. We will speak to Andrew Watson about how we can molest you least.

I do want to go over the plan for this Gaia paper for Mitch Rambler's *Global Ecology* book so that we agree what is to go into it. I would also like to see Plymouth Marine Station and look carefully at Andy's suggestion that I come and visit for a time. We won't bother you for more than 2 days. We leave for Barcelona very early on the 4th. Perhaps we shall stay at the Plymouth airport on the 4th. Betsey is writing Andy explaining our dilemma: a fierce desire to see you coupled with a panic that we will bother you in some way. I know all the problems with groceries, waste, heat, meals etc. at Coombe Mill and we promise to be as inconspicuous as possible. But we do want to tell you about H_2S measurements and H_2S-thriving organisms and other aspects of Betsey's thesis, our joint paper etc.

Much love

*

* *

151. Lynn Margulis to James Lovelock, June 26, 1983

Dear, tres cher, Jim,

I'm writing too early in the am before the flocks of sleeping children arise and squawk. It was marvelous seeing you. I always have the feeling that had we only a little more time scientific new gems would come streaming out again from our collaboration. I try to continually learn more real geology which helps. Perhaps in 1982 for half a year.[335]

[335] Misdated as written.

I'm sending you this piece by Asimov for you to throw out.[336] Only that it is so devoid of Gaia that it strikes me as a locked-in period piece. It is a marvelous example of the totally non Gaian common myth – and of course by a biochemist yet. Also the paintings are rather charming. I could not resist adding the cave paintings although they have nothing to do with fire and ice, Earth evolution.

I have an upper respiratory infection – which in my heart of hearts – I do hope is not one of my new Baja Calif. bugs getting back at me.

We are indexing the *Five Kingdoms* book on the Apple II+ – how different (how wonderful) than dealing with thousands of little white index cards.

Please give my love to your whole family – especially Helen.

Much love

*

* *

152. James Lovelock to Lynn Margulis, ca. June 1983

Dear Lynn,

Here is a copy of my formal letter to the Commonwealth Fund. Whether or not anything comes of it I am so grateful to you for bringing it to my attention. It is just what I need to keep out of mischief next year.

We have just enjoyed a visit from Ellen Weaver and her husband who happens to be a HP honcho. NASA Ames must have improved if Ellen is representative of their new standard.

What a wonderful thing it was to have GEH elected as a foreign member of the Royal Society. I feel a lot less lonely in it now!

I have just started on our paper for Mitch [Rambler]. Apart from a three day visit to Corsica next week I shall be concentrating on my assigned parts of it for the rest of this month.

Still enduring surgery every three or four weeks but it does look at last as if something may be improving.

With love and warm best wishes to you all

*

* *

[336] Isaac Asimov, renowned writer of science fiction and professor of biochemistry at Boston University.

153. James Lovelock to Lynn Margulis, ca. July 1983

Dear Lynn,

The samples from Baja and your letter arrived here separately but on the same day. I have analysed the samples and the results are on the attached sheet of paper. Briefly they all are just air plus a little CO_2. There was no detectable methane present above the atmospheric level (less than 10 ppm). Sulphur gases were not sought since they would not have survived in the metal containers. I will try for COS and CS_2 that are more stable but do not expect there to be much of them present.

The results surprise me. Andrew suggested that the tidal movement of water beneath the mats may be pumping air in and out of the region where the samples were taken. This sounds plausible to me.

Had a call last night from Helene Friedman of the Commonwealth Foundation. She said they liked my application but that it could not be supported because it was an autobiography. Apparently the Commonwealth Fund cannot support the writing of autobiographies, it is outside their charter. She advised me to resubmit it as a science book of some kind. This will not be easy for the story and account of science I have to tell is a very personal one. Also I have already gone broody getting ready to write the book and it will not be easy to reprogram myself in time to submit a new application for their dateline. Still I will try.

Don't fret about the Plymouth visit Lynn. We shall be delighted if you can come but we shall be thinking of you anyway if you can't. It looks to me as if we shall need to meet over the Rambler chapter anyway. According to my reckoning I have two pieces left to do. The one on modelling and one on the present state of information about putative Gaian control methods now in use on Earth. Such as: the control of ocean albedo by blooms of cocolithophoridons (marvellous satellite photographs of these are available); the control of the atmospheric water balance by evapotranspiration and so on.

I shall I hope to be going to Lindisfarne. HP want me to visit their place at Palo Alto at about the same time. It may clash with Cyril [Ponnamperuma]'s meeting in Washington. Do you want to present the Martian terraforming thing there?

With love to you all

P.S. The UN University are setting up a panel of 10 scientists to advise them on global problems that may result from the development of the humid tropics. They will be a carefully chosen group and meet about once a year. Would you care to join? Subject of course to your approval of the thing itself and the conditions?

They (the UNU) have based the program on Gaia and are very receptive. Can you recommend an ecologist or other biologically minded scientist from the third world who also could serve. I wondered about Humberto Maturana from Chile but don't have his address.

*

* *

154. Lynn Margulis to James Lovelock, September 4, 1983

Dear Jim,

Zach and I spent three rushed frustrating hours in Heathrow a few days ago. I could only think of you but my telephone card was not good for intra UK calls and I had no pounds sterling. I decided it was easier to call from home which I will do soon.

We did keep the air collecting over the mats and there was a smell . . . who knows? We will have to do gas collections correctly with you some day. Thanks for the analysis. It is reassuring that the air is just what the books say.

Can you come and be a part of our global sulfur cycle course in California next summer, for a week to ten days? You will get a note soon from [Ken] Nealson about this but I want to ask you first. Some time in mid or late July. We'll be going until the first week in August.

I can't go to Lindisfarne as much as I would love to because I'm going to Cuba. I hope anyway. Don't let the Fellows kick me out on the basis of poor attendance. Did you hear about the disgrace of Baker Roshi?[337] I gather this is causing a bit of trouble at Green Gulch.

I have almost cleared my way to working on our piece for Rambler. I expect it to have high priority next week. Dorion and I submitted an article at the request of Peter Bunyard of *The Ecologist.* He rejected, admittedly with encouragement, the first version but we have sent off a second far better version.[338] It includes some of my folksy version of Daisy but I think you will

[337] Richard Baker-roshi, American Zen master and abbot of the San Francisco Zen Center who resigned in disgrace in 1983 over an affair with a student (see Butler 1983). Green Gulch is the location of the Zen center then directed by Baker-roshi, site of multiple Lindisfarne Fellows meetings.

[338] Sagan and Margulis 1984.

like it. As soon as I know what the fate is I'll make a copy of the final version and send it to you. His complaint was that it was too general, now it is highly specific. On this round we have made a color Xerox of your comparative planets painting. We will probably need your permission to use it if they accept the piece.

Humberto Maturana is a splendid man. I strongly suggest you invite him. His address is:

Professor Humberto Maturana
Facultad de Ciencias
Casilla 653
Universidad de Chile
Santiago Chile

What do I know about the humid tropics? Your best aid on your committee would be Thomas Lovejoy of the World Wildlife Fund research in Washington who has spent years studying the Brazilian forest. He is terrific. Another good person might be Daniel Botkin, University of California at Santa Barbara.[339] My real reason to join this group would be self indulgence: more scientific time spent with you. Let me know if the UN university gets interested in cell evolution.

I would love to see you talk about *terraformation* in Washington where it counts, at Cyril [Ponnamperuma]'s meeting. Can you plan your trip so that you arrive here before October 20th? We may have money by then to make another new Interactive Lecture tape on Gaia. We could give you $700. Our students are still listening to the old tapes – we would have a piece of history if we did a new one. *Terraforming* could be a part of that. NASA's flight program needs ideas.

We know a bit about coccolithophores. They are protoctists after all. Peter Westbroek is writing the fossil bit of our chapter on them and Green at Plymouth is writing the rest. (We are doing a reference book to these nucleated microbes.) Do you have a photo of their bloom? Might you let me know how to get one?

I am greatly enjoying my half-sabbatical which starts next week. I can see how fortunate you are to schedule your own time. I love not having to teach two–three classes. Depending on the Cuba commitment and other problems this fall it is fairly likely I will show up near you. I have someone I want to see

[339] On the importance of Daniel Botkin to NASA Earth system science and the IGBP endeavor, see the excellent work of Chunglin Kwa, e.g., Kwa 2005.

in Barcelona. Zach and I came back from what was one of the best trips of our lives. Please let me know your schedule this year so that I can plan with it in mind. I'm tentatively planning to go to Cuba Oct 22–Nov 20.

I'm very curious about Helene Friedman's call. It seems to me she acted on her own initiative and not that of the committee (or of [Lewis] Thomas). Hold on to your current outline and I'll clarify this at the next meeting. Please don't get broody, just continue to write your scientific biography anyway. You'll have a million publishers after you.

We finally have a short statement about our book *The Expanding Microcosm* that our editor at Summit Books accepts.[340] He knows absolutely no science so it has been difficult to please him. He claims we write badly and he is going to have to hire a writer. Fine. Just so long as the manuscript does not sit any more. He is a charming intelligent man, this editor Samuelson, but he never answers letters or writes commentary or anything.[341] It has been grueling for us to understand what was wrong with our material. We of course thought that it was fabulous. Oh, well. One day you'll have to read my novel. You probably will conclude, with Samuelson, that I can't write.

My pile of obligations is diminishing. Dorion and I are working on our *Origins of Sex* book after having sent an article to Oxford (to Richard Dawkins).[342] We expect the article is now acceptable for the Oxford evolutionary series. I'd love to talk to you about its contents. It seems as if [John] Maynard Smith and his colleagues have been asking the wrong questions and making the wrong assumptions (e.g., what is the advantage of sex and why, if asexual organisms are at a selective advantage, are there not more of them. Using equations just brings you farther away.)

Our article next. You will hear from me soon. Do send me a couple of copies of the Watson/Lovelock *Tellus* reprints. I still haven't seen the final form.

Thank you so much for sending your pages on "terraforming" but somehow I never communicated at all on the phone. I was looking for the book you have co-authored – or is this the state of that book.[343] I thought the dinosaur–asteroid book contained some of the Martian material. Send me please the dinosaur–asteroid book. I will be most happy to buy it. I certainly

[340] Working title for Margulis and Sagan 1986a.
[341] Arthur Samuelson, editor for Harper Collins and Summit Books.
[342] The book in progress is Margulis and Sagan 1986b. [343] Allaby and Lovelock 1983.

have not seen any evidence of its existence on this side of the Atlantic. Indeed I can't remember the name of your co-author, its title, etc.

It is getting very late so I'm going to send this letter off to you without checking what will no doubt be glaring errors. It will be wonderful if you come to CA next year. When do we see each other next?

Very much love, also to the family.

* * *

155. Lynn Margulis to James Lovelock, November 29, 1983

Dear Jim,

It is noon in Cornwall but I am unable to reach you by telephone this morning. Please share this information with Andrew Watson and Michael Whitfield and, if any of you anticipate any problems, please let me know as soon as possible.

I have made arrangements to come from Barcelona to London the week of January 7th. If it is acceptable to the Plymouth group I would very much like to give the invited seminar on Monday January 9th. A title might be "Gaia's Microbial Underlayer." I must return to Boston on Wednesday the 11th leaving in the morning. Therefore I would have to leave Plymouth Tuesday afternoon or so. I would very much like to take advantage of the time in England to speak to David Smith, Jean Whatley and Philip John at Oxford (and perhaps Richard Dawkins who has a chapter of ours on the origins of sexuality).[344]

If you and Helen will agree to house us in your little "motel" my companion from Barcelona, Ricard Guerrero, and I would love to stay with you at least Sunday and Monday nights. Perhaps even Saturday. We will probably rent a car in Plymouth so we will be more help than hindrance to the persisting autopoietic venture.[345] We both hope to see Peter Bunyard and discuss joint future projects with *The Ecologist* while at Cornwall.

[344] Jean Whatley was a plant scientist at the University of Oxford.

[345] This appears to be first appearance of the term *autopoiesis* in the correspondence. We read "the persisting autopoietic venture" as Margulis's humorous way of saying to Lovelock, in the Lindisfarne idiom, apropos his current health troubles, "the maintenance of your life."

Might Andrew check this with his colleagues? This plan is my response to a formal invitation of the Plymouth lab to speak at a Thursday afternoon seminar in November. I'm afraid I'm a bit late, as I suspected I would be. After January 12th I have an enormous teaching commitment at Boston University that does not have any respite until May.

I have spoken to Ken Nealson about your participation in the NASA summer research program on sulfur and the biosphere. We have not lost hope that you will join us but have acceded to your wish to remove your name from the brochure. We will of course support all of your living expenses in San Jose if you decide to come but the grant proposal goes in tomorrow and, in good conscience, we cannot request your airfare on it as we had before. Guerrero, who works on photosynthetic sulfur bacteria, will be one of the research team leaders in that Planetary Biology and Microbial Ecology program. He is looking forward to meeting you, Andrew, and Mike Whitfield.

I am enclosing here the newest version of our paper: "Gaia and Geognosy: Towards a Science of the Biosphere." Please give it a final and thorough check up and call or write me with any corrections. Note there are still some of your references missing and I've said some new things I hope you agree with. I've ordered Vernadsky's biography, newly available in English and hope to bring it and other relevant Russian biogeology books when I come.

It will be wonderful to see you and Helen again. Can I bring you anything from here?

If I don't hear from you very soon I will assume these plans are acceptable to you and your Plymouth associates.

Much love

1984

156. Lynn Margulis to James Lovelock, January 23, 1984

Dear Jim,

I want to write to you immediately before you leave for your trip around the world.

I love the enclosed book plan and I think it is likely that they will accept it. However there are a few raw spots that must be dressed. I have made numerous small suggestions, none of which you need to accept of course. They are all part of the admonition that you don't speak in general of "the independent scientist," an utterly mythical beast, but that you be frank about your example of one: you. I very much hope that you will immediately smooth this out and, by as return mail as you can muster [*sic*], send me a copy and a copy to Helene Friedman so that, while you are in Japan I can speak to her (and to Lewis [Thomas]) about the whole project.

An excellent student of mine is planning to submit his Master's thesis very soon. Although a long, well-illustrated document, we think it may be amenable to summary in *Science* or *Nature*. We think it is about Gaia's mechanisms, although it is entirely experimental work, and we may call it something like "Contaminants and Weeds: a Gaian mechanism." What Stuart Brown attempted to do was to take totally desiccated microbial mat samples from Laguna Figueroa, about a cubic millimeter each, that I collected into sterile plates during expeditions over various years (1977–1982). He checked the potential growth on several photosynthetic, anaerobic and heterotrophic media, of whatever in the samples were still capable of growth. He has a minimal estimate of about 1000 to one in the sense that for every bacterium or protist there are about 1000 individuals capable of growing with the addition of water. He is now making the estimate of variety: there are probably minimally over a hundred different species or varieties represented whose growth depends on the presence of light, appropriate salt concentrations, and the like. We hope, when finished, to make an overall estimate of the potential growth and variation in this snippet of sediment only to begin a dialogue about the limitations and potential range of capabilities in specific microbial communities. I hope to send you a draft of the paper so that you can help us relate these observations to the kind of models you have been making lately.

Have you received our various packages? I sent out a few copies of the chapter for Mitch Rambler's book so that you would have it on hand although all the corrections are not entirely entered yet. We'll complete this work very soon and send you the final reference list.

Please keep in touch and don't stress your health. You are terribly precious to more than only me. I'm very glad you were able to meet Ricardo [Guerrero] and he felt that our visit to Coombe Mill was the highlight of a magnificent but too short trip. Oxford, after your countryside, was very much as it is in your memory of academia: full of preening people in a persistent competition to be witty.

Much love, also to Helen and John

*

* *

157. James Lovelock to Lynn Margulis, April 4, 1984

Dear Lynn,

Thank you so much for letting me see your paper with Stuart Brown about weeds and things. I love it and as is my wont I shall read it over and over until some helpful comments begin to surface.

In response to your plea for a reply ASAP here are a few random thoughts:

(1) I have enclosed some of latest Gaia model slides and included among them is one of the Archean atmosphere before and after life. You will see that the post life Archean may well have had as much as 0.1% methane and a whole mess of organics and organic polymers in it to say nothing of sulphur compounds at what we would now regard as excessive abundances. Ann Henderson-Sellers has confirmed for me that you could have a stable chemically inert troposphere with such an atmosphere and a stratosphere warmed by the UV absorption of the abundant organic compounds that would have served then as does ozone now. This is vastly different from Jim Walker or Joel Levine's models of an Archean atmosphere very little different from the pre life atmosphere.[346] I think and the models I use show that the abundant CO_2 of the early atmosphere could vanish very fast as the bugs started to

[346] Joel Levine is an American planetary scientist who worked at NASA on the Viking program.

photosynthesise. It would be replaced by methane organic compounds and perhaps CS_2 and COS. Now your world fits in very well with this methane digester kind of air. It should also please the ecologists who are always going on about biogas and other kinds of farts.

(2) I greatly appreciate your kind references in the paper but would prefer to have the FRS left off. It is not that I am not proud of it but personally prefer the American style of not labelling. If you persist I shall have to respond by calling you Academicienne Margulis. For the time being I have responded by giving one of your books a plug in a review of *Earth's Early Biosphere* that should shortly appear in the *New Scientist*.[347] A draft is enclosed.

It might be worth listing the five fundamental characteristics of living matter that make Gaian regulation probable:

[*Margulis's note*] Dorion, this is the good part

a. That growth is constrained by the physical and chemical properties of the environment to take place between fixed bounds of, for example: temperature, pH, abundance of nutrients and so on.
b. That natural selection operates.
c. That growth within a niche is exponential when the environment is favorable.
d. That the growth of organisms changes the environment in which their growth occurs.
e. That these four characteristics when closely coupled form a self-regulating system.

[*The page ends here*]

*

* *

158. James Lovelock to Lynn Margulis, June 12, 1984

Dear Lynn,

Just a brief note to enclose a draft synopsis for a second Gaia book. If you think it appropriate I will submit it as a last try to the Commonwealth Fund.

[347] Lovelock 1984a.

If they turn it down I shall do it anyway. Have not heard from Lewis Thomas but if I do I will let him have a copy of this draft.

Just received the Coevolution and Climate book for review from the *NY Times*.[348] Did you arrange for them to send it to me? I must admit that on rereading it is a much better book than I had thought it to be when at your apartment in April. The only thing I don't like about it is the word "coevolution" and the way those ambitious but dim population biologists who coined it are using it to claim they thought of Gaia before we did. It is a good professional piece of climatology and writing but when it moves onto other disciplines it becomes a committee report of the numerous advisers and consequently dull and uninspired.

All goes well here, hope that it does with you.

With love

*

* *

159. Lynn Margulis to James Lovelock, June 28, 1984

Dear Jim,

Your missive with the plans for the Commonwealth Book Program came two days before we left for San Jose State University where we are now. In the hecticness of the move (two of my students, Dorion and his new wife Margie, Ricardo Guerrero, are all here) I misplaced your book plan. I feel not only remorseful but impatient. I had read nearly all of it and except for the small, perhaps crucial remarks, I had very much liked it. However I don't have a copy to mark. Please send me your best version of this right away. I really would like one last look at it before you send it to Lewis [Thomas]. Even if you have sent it I'll like to send you my remarks before it gets sent again to the board. You still have time since the board meeting is in September. We will be here until August 4th. I implore you to be in touch.

I have been asking these sulfur cycle experts what sulfur gas is most abundant in the atmosphere and how much is there. I have been told that there is no DMSO naturally in the atmosphere, that it is an artefact. Can that be? I'm enclosing here a list. I would be grateful if you would put whatever you can about the fractional amounts, sources, sinks, residence times and

[348] Schneider and Londer 1984.

references to who knows this work or who has done it. I have NASA's "Mans impact on the troposphere" values but they have no entry for DMS and DMSO.[349] Isn't the atmosphere mixed sufficiently that we can use global trace values? They are trying to tell me that marine air differs from terrestrial in quantities of trace gases.

I really wish you were here to speak for yourself. If they were only concerned with protists and not sulfur compounds.

Much love. I really yearn to hear from you soon.

PBME FACULTY and STUDENTS

PERMANENT FACULTY

Ken Nealson Scripps
Doug Caldwell U. of Saskatchewan
Michael Klug Michigan State U.
Ricardo Guerrero Autonomas U. of Barcelona
Yehuda Cohen Hebrew U.
Barbara Javor Scripps
Ellen Weaver SJSU
Lynn Margulis BU

STUDENTS

A. Vairavamurthy Fla. State
Bob Haddad U. of N. Carolina
Ruth Gyure Purdue
Penny Boston U. of Colorado
Tim Shaw Scripps
Ulrich Fischer U. of Oldenburg
Gordon Tribble U. of Hawaii
John Lawrence U. of Saskatshewan
Ricardo Poplauski Hebrew U.
Tom Schmidt Ohio State U.
Roger Francois U. of British Columbia
Allen Doyle U. of Alaska
Lee Prufert U. of N. Carolina
Trudy Scheulderman Delft
Dan Brune U. of Puerto Rico

[349] Levine and Schryer 1978.

David Bermudes BU
Fred Sundquist Scripps
Heather McKhann BU
Dorion Sagan Consultant
Marjorie Sagan Consultant

VISITING LECTURERS
Dr. Robert Garrels U. of S. Fla.
Dr. Christopher Martens U. of N. Carolina
Dr. Meinrat Andreae Fla. State U.
Dr. William Holser U. of Oregon
Dr. Martin Goldhaber US Geo. Survey
Dr. James Kasting NASA Ames
Dr. Stanley Awramik U. of Santa Barbara
Dr. George Fox U. of Houston
Dr. Hans Treuper U. of Bonn
Dr. Harry Peck U. of Georgia
Dr. Abdul Matin Stanford U.

*

* *

160. James Lovelock to Lynn Margulis, July 7, 1984

Dear Lynn,

I was so glad to hear from you.

Wish that I could be at the NASA summer school especially now that the sulphur cycle is at last beginning to make sense in a Gaian way. (I have tried to explain what I mean by this on the attached sheet.)

Don't fret over the Commonwealth thing. A second copy of the draft synopsis is enclosed. I have not sent anything to them directly nor have I heard from Lewis [Thomas]. I will send in my final version before the end of July.[350]

I am still battling my cursed affliction. Had to go into hospital again last week to have a pseudomonas infection treated. It seems that the prokaryotes

[350] Lovelock's cover letter for the latest revision of his book prospectus notes: "You have all been very patient with my first two attempts at Commonwealth books and I surely hope that this time the prescription is the right one." James Lovelock to Lewis Thomas, July 25, 1984. Margulis Family Papers.

are hitting back! I have to go in again towards the end of July for more surgery. In spite of it all I am quite fit in between and this year is a lot less trying than was last year.

Did you see Stewart Brand's review of Steve Schneider's book in this month's *CoEQ*? His response was about the same as was mine when I first read it in your apartment in Boston.

I have decided to do the Gaia book, whether or not the Commonwealth Fund supports it. Apart from a small grant to MBA last year from the Leverhulme Trust (a private fund) there has never been any support for Gaia. Steve Schneider's view of Gaia accurately reflects that of the scientific community and confirms my long-felt disgust for the system of peer review. The word peer, a fine example of Orwellian language, reveals its true purpose namely to maintain the feudal establishment and make sure that they remain more equal than the rest.[351]

Doing science my way has never been easy and I don't see why I should expect it to be so now that I am near my dotage. But it is good to have to do it alonc but for the unstinted help of friends like you Lynn. I guess that it isn't really helpful to offer a marathon runner a bicycle when he has completed most of the race.

Have a great time in San Jose

With my love

*

* *

161. James Lovelock to Lynn Margulis, no date, ca. August 1984

Dear Lynn,

What marvellous news to hear of your Spanish Prize.[352] It must feel good to have your love for Spain so well requited. We shall look forward to seeing you and Jenny [Margulis], maybe for longer next summer.

Your letter cheered and bothered me about equally. I am so sorry that you found the book synopsis to be inadequate especially since a copy has now been sent to Lewis Thomas. Believe me I tried hard to write it in a way that might be pleasing to your committee but I do believe that Oscar Wilde was

[351] Lovelock alludes to the satirical saying in George Orwell's novel *Animal Farm*, that "All animals are equal, but some are more equal than others."

[352] Margulis's CV does not clarify Lovelock's reference here.

right when he said of the Americans and the English "They are divided by a common language." The phrase "mainstream science" is not pejorative here. If I sounded peevish it would not have been so regarded in our local idiom. How does one respond to the presumption of those who label our work on Gaia teleological? Has the stiff upper lip once so well established here been transplanted into the USA? I bow to your judgement on "metabiotic." It is an awful word and I coined it in the hope that it might appeal to the committee.

I bother very much about the trouble that my idiosyncratic way of writing and thinking is causing you. I should have known better than to take up your vastly generous offer to back a book for me at the Commonwealth Fund. Proposal writing is something that is beyond my range of skills. Can you imagine the review committee of any funding agency anywhere accepting a proposal for research on Gaia written by me? That is why I have to fund my own research. It would be lovely to be able to concentrate on a good book on Gaia and not be pressured by a lot of bread and butter tasks to pay the way but if my synopsis fails this time I shall start on it anyway. The book will be like the first one was, cheerful and optimistic, although obviously care will be needed to ensure that the idioms are compatible on both sides of the Atlantic. Some books can easily be summarised before the writing but not this one, it just has to evolve. I am truly grateful for your fight on my behalf and unhappy to think that somehow I may have let you down.

I will try to have some copies of *The Greening of Mars* sent to you but you may find it quicker to get them from the US publishers, St Martins Press.[353]

The telephone just rang. It was the pathology lab with news that the pseudomonads had attacked again and with instructions to return to Taunton hospital immediately from treatment. The saga goes on!

With much love

*

* *

162. James Lovelock to Lynn Margulis, September 20, 1984

Dear Lynn,

No doubt this letter will be crossing the Atlantic at the same time as one of yours to me but no matter I could not wait any longer to write and tell you

[353] Lovelock and Allaby 1984.

how very pleased and very grateful I am about the Commonwealth award. It was so good to have that quite unexpected phone call from Ricardo [Guerrero] calling from Spain. What nicer man could have been chosen to pass on the good news.

So now I must really get down to the writing of it. I plan to start in November but meanwhile I have gathered some notebooks so that random ideas are not forgotten. On Sept 30 I go back to Taunton hospital for what I hope will be the last of the long series of operations. One to remove an otiose kidney thought to be the nesting place of my persistent pseudomonads.

Daisy world is coming to life. Not only are many species now living there in a comfortable coexistence; something the population biologists have been trying to do without success for 60 years; but also it homeostats nicely and copes with planetesimal impacts and other disasters. The regulation of climate by CO_2 is now linked in and as with the other models is full of insight. Can't wait to tell you about them but for now I have enclosed some diagrams straight from the computer.

Talking of computers I will let you know all about the HP 110 as soon as they send one. It has much the best specification of all of the truly portable computers so far produced but also one or two snags that might deter you. Some reviewers did not like the feel of the keyboard. There is a vast pile of business software (spreadsheets and the like) built in as ROM but the word processor is a bit primitive. However word processing programs that work on IBM lookalikes can be loaded in and once in the memory stay there forever unless deliberately erased.

With love

*

* *

163. James Lovelock to Lynn Margulis, October 8, 1984

Musgrove Park Hospital, Taunton, Somerset

Lynn,

I love you, even tho your letters made me flush like a ripe tomato and brought nurses and interns rushing to my bedside to discover what new catastrophe had come to snatch success from their hands.

It is rather wonderful that on this my 27th and maybe final stay in hospital your letters should arrive. It would be wonderful to receive the Tyler award, better to share it with you but best of all to have the never ceasing staunch and sturdy love that you give.

If I am the mother of Gaia *you* most certainly are the father – not the midwife as you claim. It was a difficult conception, I do agree. Like the first child of one of those semi-fertile couples who tried and tried before nature took its course.

My surgeon tells me that the offending kidney – now in the path lab – was more a home for microorganisms than an organ and that now there should be no more convenient habitats for opportunist bugs left inside me.

It isn't easy to write in the intensely human interactive environment of the hospital ward and when I'm home next week I'll write again. Also I'm still feeling somewhat mizzled.

Nature, for their own peculiar reasons have sent me a copy of Holland's latest book *The Chemical Evolution of the Atmosphere and Oceans* to review.[354] The review editor said "It should make good bedside reading."

I'm enjoying it. It is very well written, a lovely student text and firmly and unashamedly anti-Gaian. Much to be preferred to the vague cop-out of coevolutionary ideas.

I don't have any special line on the "ozone war" book. There is a copy at home that I would send if you want it, but I am sure that Ray McCarthy[355] will have or can get hold of a copy for you.

With much love

P. S. Had a "get well card" from Rusty Schweickart.[356]

* * *

164. James Lovelock to Lynn Margulis, October 19, 1984

Dear Lynn,

Just returned home from Taunton hospital minus a kidney but otherwise much better in health than for the last two years. I feel somewhat depleted,

[354] Holland 1984.

[355] Chemist working for DuPont, the greatest producer of CFCs in the world. On DuPont's role and strategy in the "Ozone War" and the coming (at the date the letter was written) Montreal Protocol, see Maxwell and Briscoe 1997.

[356] Rusty Schweickart, American astronaut and spacewalker celebrated by the California counterculture around *CoEvolution Quarterly*.

rather as if a long battle had at last been fought and won and that the peace would take some getting used to. They were kind enough at the hospital to delay telling me that pseudomonas infections were usually rapidly fatal until I was cured.

You will recall that I wrote in my last letter that *Nature* had asked me to review Dick Holland's new book on the "chemical evolution of the atmosphere and oceans." I have read it through and enjoyed it immensely even though he is irredeemably anti-Gaian. It is a gorgeous collection of solid information and made me wish that I were young enough to have been one of his students and to have enjoyed his teaching. The book itself will be a splendid source of information for the Commonwealth fund book.

Talking of reviews did you see the one I did of Steve Schneider and Randi Londer's book for the *New York Times*?[357] It was a great and pleasant surprise for me to receive last week a letter from Randi Londer thanking me for being kind to them.

We had the team from the BBC '*Horizon* program' filming here for the last two days. They were doing Andy [Watson] and his colleagues at the MBA earlier in the week. It was a bit exhausting but good fun none the less. They scrambled around in the river with underwater cameras and took pictures of tree roots as seen in cross section where the river bank had been eroded.

I expect that I shall be over for a few days later in the fall on my routine trip to HP and if convenient could stop over in Boston on the way. It would probably be sometime towards the end of November.

I am still in a warm daze at the thought of your great kindness which makes the ennui of convalescence the more bearable. I will write again as soon as things begin to make sense.

With love

[357] Lovelock 1984c. Randi Londer is a science journalist and editor.

1985

Autopoietic Systems

The original essay in English on the concept of autopoiesis – introduced as a criterion by which to distinguish living from non-living systems – is "Autopoiesis: the organization of living systems, its characterization and a model" (Varela et al. 1974).[358] The authors published that essay in the fifth volume of *BioSystems*; Margulis published an essay in *BioSystems*' sixth volume (Margulis 1974a). As it happens, then, the concept of autopoiesis was introduced into Anglophone science in a journal that Margulis attended to, published in, and then co-edited, from 1983 to 1993. In December 1985, Margulis dilated on this topic in a letter marked under the date as "en route Pittsburgh–Boston." Perhaps, as with Letter 77 a decade earlier, she was writing Letter 169 while on or waiting for a flight home. It appears to record Margulis's impromptu responses to draft portions of a Lovelock manuscript. It also documents the intensity with which she took up the issue of autopoiesis at this stage of her theoretical engagement with Gaia theory. Lovelock did not reciprocate her enthusiasm in this regard.[359]

The letter begins by acknowledging that "The chapter you sent is marvelous. The only bothersome aspect is that the entire magnum opus stops midsentence! Pls send the rest!! (I'll mark it if you wish when I have it whole – it won't need much attention)." Something from the current manuscript for *Ages of Gaia* for sure, but what chapter? The clue to its identity came later in the letter, but to decipher it, let us follow the thread of her text. William Irwin Thompson appeared in what may have been a prospective editorial role at that moment. Its overriding topic was the concept of autopoiesis as naming an ineluctable biological criterion in relation to the fate of technology:

> Machines (like hives, shells, teeth, nests, stromatolites) can be *part* of autopoietic systems of course (I'll send you our paper "Gaia and the evolution of machines" written for W. I. Thompson – under separate cover). Like viruses – because they do not exchange

358 For theoretical context, see Clarke 2020, chapter 3, "Neocybernetics of Gaia."

359 For a detailed treatment, see Clarke 2020, chapter 6, "Margulis and autopoiesis."

> chemical components w. environment to keep form and info intact at expense of solar energy (e.g., don't metabolize) they ain't autopoietic systems alone – they can't be – but they are clearly part of autopoietic systems . . . (Letter 169)

We take Margulis to be saying that machines are like hives or teeth, or viruses, because they are the non-living but post-biotic and reorganized material extrusions and transformative catalysts of living systems in relation to their ecological niches. The sheer materiality of Earth's crust and mantle may seem merely "non-living," yet after several billion years of Gaian operations, as Margulis will suggest, "once-autopoietic" – the accumulation and repurposing of post-biotic residues processed through the self-producing operations of living systems – seems more pertinent.

In similar fashion, the building out of the technosphere is not merely instrumental for the human. Its accumulation as a substantial material production also alters the planetary environment that absorbs its components and infrastructures into its existing, thereby transformed texture. In a view of autopoietic Gaia that considers the technosphere as a differentiated continuation of the geosphere, then, machines are "clearly part of autopoietic systems." Letter 169 continues:

> Viking landers (both) are great examples. They were autopoietic from their inception ("creation", "birth" – I don't like these words but go ahead with them if you must) until ≈ 1983 when they were "turned off" by mission control. No longer part of Gaia or any other autopoietic system they are passively insulted by exposure to the disintegrating influences of the Mars surface. They are now, today examples of nonautopoietic systems even though at one time they were autopoietic by virtue of their connections with other life. Like dead animals they are "once-autopoietic" systems.

The example of Viking landers gestured directly to Lovelock's account of Gaia's incubation while he was contracting with NASA on the Mariner and Viking missions. The introduction to *The Ages of Gaia* frontloads a mordant Ballardian glimpse of these abandoned machines, monuments to their own failure to fulfill NASA's exobiological dreams of Martian life: "Their mission was to find life on Mars, but the messages they returned as radio signals to the Earth returned only the chill news of its absence ... The two Vikings now sit there brooding silently, no longer allowed to report the news from

Mars, hunched against their final destruction by the wind with its burden of abrasive dust and corrosive acid" (Lovelock 1988: 7).

Letter 169 goes on to work through the differences between "cybernetic" systems – restricted here to designed or engineered systems, machines that must be tended to some extent to maintain in operation – and living systems, self-producing and self-regulating autopoietic systems that run and repair themselves: "I still think the smallest autopoietic system we know is a bacterial cell and the largest is Gaia – including Gaia's gloves and boots (your sentient silica-beings). Your sentient silica-beings, as offspring of Gaia, are simply special examples of future machines just as cybernetic systems are examples of present machines." Placed in Viking context, we take "Gaia's gloves and boots" to be those an astronaut visiting another planet might wear, or shed, and thus as figures equivalent to the Viking landers, "extensions" of Gaian productions that may or may not maintain self-preserving connections to autopoietic operations. But what are Lovelock's "silica-beings"? The answer may identify the draft chapter Margulis praised as she began her letter. Our guess is that Lovelock had sent her at least a portion of the draft for chapter 9 of *The Ages of Gaia*, "God and Gaia," in which "silicon beings" make a late appearance.[360]

*

* *

165. James Lovelock to Lynn Margulis, January 21, 1985

Dear Lynn,

Should have written to you long ago but life has been unusually full these last two months. There has been an extraordinary Japanese interest in Gaia. The book in Japanese sold out in two months and has been reviewed in 30 papers there already. Japanese TV crews are making the trip to Coombe Mill. Fortunately they are very efficient otherwise this place would be an exurb of Tokyo.

What a marvellous profile of you in *Omni*.[361] I have been a subscriber to that trash can of a magazine ever since it was first published. There are few issues that do not include some jewel amid the detritus and Volume 7 #4 had the biggest of them all.

[360] For more on Letter 169 in relation to Lovelock 1988, see Clarke 2020: 270–272.
[361] Wolkomir 1985.

Have started to read Fleck.[362] Thank you so much for sending it. It really is as you said a fascinating account of the way tribes gather their wisdom and respond to novel notions. Enclosed is a paper I mentioned on electron reactions. It is a reply to an attack in *Nature* by J. A. Stockdale, G. S. Hurst and L. G. Christophorou, *Nature* (1964), 202, 459. There was quite a nice retraction by Stockdale and Sangster in the *JACS* (1966), 88, 2907–2910.

Helene Friedman is bravely making the journey here today. Had she come earlier she would not have arrived for we have been buried under snow drifts for about a week. Today is it about 50 °F and it is difficult to remember that it was cold so short a time ago.

Tell Donna [Reppard] that I really will try to visit Greece in April or early May. I had a letter from Geri Sachtouris inviting me to stay with them. The only other news I have is that Nigel Calder called here a few days ago. He has taken charge of this Mars affair in the UK. It really is getting quite out of hand. Never write fiction, they take it much more seriously than science. I told him how much you enjoyed his book *Timescale*.[363]

With much love

*

* *

166. James Lovelock to Lynn Margulis, February 20, 1985

Dear Lynn

Your welcome letter came just as I was about to leave for Brazil but there is still time for a quick reply.

First I shall not be able to pass through Boston on this trip but I look forward to doing so on my trip in early June on the way back from the Canadian meeting. Will you be around on June 4th and 5th? I have to go to HP in Philadelphia on June 3rd and intend to travel to Boston on the afternoon of the 4th and return to London on the evening of the 5th.

I tried to telephone yesterday but you were elsewhere. I will try again after the meeting in Brazil. It looks like a good one. Your comments on Wolfgang

[362] Ludwik Fleck was a Polish biologist, vaccine researcher, Holocaust survivor, and notable pioneer in the sociology of science for his concept of the "thought collective" and of "thought styles." Margulis cited him frequently.

[363] Calder 1983.

[Krumbein]'s paper were a bit tough especially when his paper is compared with the others to be submitted. I am sure though that he will bear no grudge for good criticism is always welcome, it is only spite that hurts.

Tell Donna [Reppard] that I heard from Geri Sachtouris and hope to go to Greece for a week at the end of September or the beginning of October.

Helene [Friedman]'s visit here was a great success. It is going to be a desperate business producing the two chapters by April. I have done about 1.2 chapters and the remaining 0.8 has to be done in the three weeks of March. Still it will give me the opportunity to say no to all putative visitors and invitations to go elsewhere.

Your family news was marvellous. I am so glad that they are all doing well. Things are not so bad for us either.

With much love

*

* *

167. Lynn Margulis to James Lovelock, August 20, 1985

Universidad Autonoma De Barcelona, Facultad De Ciencias, Departamento de microbiologia, Bellaterra, Spain

Dear Jim,

If I've already sent you these (I can't remember) pls give these copies to Mike Whitfield with my thanks for the nice pad of reprint he sent me.

This Gaia sociology paper (Lind) can be thrown away. I thought you might be interested in your far-flung influences. Please don't return it! We have written her.

How was Mass? Is the Earth alive?

I'm going to call you soon about the horrible incident that occurred to Dorion and Margie.[364]

Please let me know how Comm Book Club chapters are doing.[365] Send, if you have.

Much love

[364] Dorion Sagan sustained severe injuries when he and his first wife were attacked in their apartment.

[365] Presumably a jocular reference to the Commonwealth Fund manuscript.

P.S. I'll be back with Ricardo, Univ Autonoma in January, I hope to see you then. Zach will probably come with me to England for a week or so. Do you plan to be in USA before that?

*

* *

168. Lynn Margulis to James Lovelock, November 18, 1985

Dear Jim.

I enjoyed greatly receiving your letter today. Within hours of its arrival I called Evelyn Hutchinson. He is not very well, although he despises complaining. He has difficulty with his "water balance" and was coughing and hesitating on the telephone. He has had two bad falls in the last few months. One during a lecture: he collapsed unconscious. He is ashamed and miserable about his unanswered mail, including letters to you. We had an excellent conversation in spite of his difficulties. He has been desperate to finish his last volume of his treatise on limnology before it is too late.

If life is defined as a "reproducing mutating system which reproduces its mutations," no the Earth is not alive. If life is defined as an autopoietic, self-maintaining and self-regulating system, yes the surface is alive.[366] He is extremely sympathetic with your work and hasn't answered primarily because he doesn't think he has much useful to add. He certainly agrees that life has altered the surface of the entire planet and he is not against the terminology of the "living planet" as long as your audience is aware that it is the second sort of definition of life that is employed. He believes you are on the right track entirely and that you are going in the right direction. Still he thinks it will be a long time until all the details are properly assessed and integrated. I'm sure you will agree.

To get at the Vernadsky mentor you mentioned [*handwritten note*: Kolokov] he suggests you get ahold of Fersman's book.[367] If you remember I mentioned [Alexander] Fersman because I found his amazing book *Geoquimicva* in Cuba ("Entertaining geochemistry"). Fersman wrote a more

[366] Margulis's second mention of the concept of autopoiesis, this time as an explicit counter to the neo-Darwinian depiction of life. See also the postscript to Letter 169 for a reiteration of these ideas in relation to G. Evelyn Hutchinson.

[367] Prominent Soviet Russian geochemist, mineralogist, and member of the Soviet Academy of Sciences (1883–1945).

serious and longer book that was never published in English, yet it was translated. Evelyn believes the translation was by Julia Ephron. Furthermore he thinks we might be able to get the English version on interlibrary loan from the Yale library. I'm going to work on this. He recalls that the work of Vernadsky and his colleagues figure[s] significantly. It is likely that a lead to Kolokov will be in that.

Cheer up. We're all on your side. I'm sending a few copies of this Brown et al. paper to you with this letter. If you would like a few more copies just let me know. As you can see, your work, both alone, and with Andy Watson inspired us.

Much love as ever, also to Helen and John.

[*handwritten note*] More about "terror of Lamarckism" and BBC later.

[*handwritten note*] More sulfur cycle volumes available at no cost – let me know if you can use them.

*

* *

169. Lynn Margulis to James Lovelock, December 7, 1985

en route Pittsburgh–Boston

Dear Jim,

The chapter you sent is marvelous. The only bothersome aspect is that the entire magnum opus stops midsentence! Pls send the rest!! (I'll mark it if you wish when I have it whole – it won't need much attention).

Machines (like hives, shells, teeth, nests, stromatolites) can be part of autopoietic systems of course (I'll send you our paper "Gaia and the evolution of machines"[368] written for W. I. Thompson – under separate cover). Like viruses – because they do not exchange chemical components w. environment to keep form and info intact at expense of solar energy (e.g., don't metabolize) they ain't autopoietic systems alone – they can't be – but they are clearly part of autopoietic systems. Viking landers (both) are great examples. They were autopoietic from their inception ("creation," "birth" – I don't like these words but go ahead with them if you must) until $\approx$ 1983 when they were "turned off" by mission control. No longer part of Gaia or any other autopoietic system they are passively insulted by exposure

[368] See Sagan and Margulis 1987. Margulis adverts to this article nearly 20 years later in Letter 274.

to the disintegrating influences of the Mars surface. They are now, today examples of nonautopoietic systems even though at one time they were autopoietic by virtue of their connections with other life. Like dead animals they are "once-autopoietic" systems.

Cybernetic systems are different from autopoietic ones because their set points are imposed from outside, their boundaries are not self-maintained – but clearly in all the cases we know of engineered cybernetic systems they too are parts of (extensions of) autopoietic systems but they don't metabolize so they are not by themselves autopoietic. If left untended by autopoietic systems their (cyber. Sys.) boundaries do not self-maintain and their integrity erodes. The set points and purposes of cybernetic systems are not determined by the system itself – not determined from inside the system.

I still think the smallest autopoietic system we know is a bacterial cell and the largest is Gaia – including Gaia's gloves and boots (your sentient silica-beings). Your sentient silica-beings, as offspring of Gaia, are simply special examples of future machines just as cybernetic systems are examples of present machines.

We need to talk. I'm coming to Europe (Barcelona) Jan 6 pm. I suspect Zach will see you before I will (have you heard from him?) I'll call you on the 6th pm or the 7th and we'll arrange from there.

He has the notion of coming to Santander from Plymouth. I'll of course be grateful to you if you could help him get to Spain but of course you may not pay his transportation. Pls help book what he needs but I absolutely insist on paying the tickets and the taxi from Plymouth to you and back.

Much love, I'll talk to you soon. Keep writing!

P.S. Evelyn [Hutchinson] himself distinguished these definitions of life. He is entirely sympathetic with your work (e.g., he notes that since the Earth has not reproduced – if life is defined as reproducing the Earth is not alive).

I will be glad to send you over *Origins of Sex* book ms, (proof copy) if you'll really read it.[369] In it I think we handle replication vs reproduction vs sex vs recombination vs autopoiesis vs mutation and evolution etc. in a clear modern chemical way. Perhaps having these ideas laid out and defined might help with your Commonwealth fund book.

I'm so glad the Comm. book is underway.

Love to all, renewed thanks for letting Zach visit.

[369] Margulis and Sagan 1986b.

1986

Vladimir Vernadsky

The 1980s witnessed a significant renewal of interest in Vladimir Vernadsky's concept of the biosphere (Polunin and Grinevald 1988). Save within the ecosystem ecology transmitted through G. Evelyn Hutchinson (Grinevald 1998), Vernadsky had been largely forgotten. Likely due to her original work recovering the Russian thinkers standing behind her theory of symbiogenesis, Margulis herself was happy to have Vernadsky take a bow as a valuable precursor of the Gaia concept.[370] However, on more than one occasion in the correspondence, Lovelock informed Margulis that upon consideration, he found Vernadsky's importance in this regard to be minor at best. We think that an important component of the general revival of interest in Vernadsky at that moment is that the wider calls in the Earth sciences for a grand new research program also required a "great" precursor on which to stand. And after Lovelock's numerous controversial positions on CFCs, ozone, and other environmental issues, it was not possible for a program tackling global change to acknowledge a direct line of inheritance from Gaia.[371]

In the earlier 1980s, an obscure typescript translation of Vladimir Vernadsky's *The Biosphere* began to circulate in some corridors of the scientific academy around Lovelock and Margulis. Originally published in Russian in 1926, *Biosfera* was the sequel to *La géochimie*, a foundational book for the discipline of geochemistry, published in French in 1924 from a series of lectures Vernadsky gave at the Sorbonne. By the mid 1980s, *The Biosphere* was enjoying a revival of interest with the arrival of a biography of Vernadsky in English and an abridged English translation of *The Biosphere* by other hands. Vernadsky was also strongly vetted by Hutchinson, who was a Yale colleague of Vernadsky's émigré son George and a conduit between *The Biosphere*'s prescient formulation of biogeochemistry and Anglo-American ecology (Grinevald 1998). Hutchinson had published a pioneering popular

[370] See the foreword of Vernadsky 1998.

[371] For a detailed documentation of this interpretation, see Dutreuil 2016. In an oral interview (Dutreuil, Lovelock interview 2016), Lovelock confirmed that his political positions explain in great part why he was not cited within the IGBP.

science article on Vernadsky in the same year that Margulis first contacted Lovelock (Hutchinson 1970). By the mid 1980s, it became incumbent upon the purveyors of Gaia to fit Vernadsky into their story in some fashion.

Once Margulis had possession of a full text to latch onto – David Langmuir's previously languishing translation of *The Biosphere* – she took up Vernadsky's cause with her usual gusto, eventually overseeing the production of a lavish scholarly edition. Margulis declared in the foreword to that volume, co-written with numerous colleagues:

> Whereas Vernadsky's work emphasized life as a geological force, Lovelock has shown that Earth has a physiology: the temperature, alkalinity, acidity, and reactive gases are modulated by life… Vernadsky teaches us that life, including human life, using visible light energy from our star the Sun, has transformed our planet over the eons. He illuminates the difference between an inanimate, mineralogical view of Earth's history, and an endlessly dynamic picture of Earth as the domain and product of life, to a degree not yet well understood. (Vernadsky 1998: 16, 18)

She and co-author Dorion Sagan would also write Vernadsky's biosphere into their accounts of planetary and evolutionary unfoldings in *What is Life?* (Margulis and Sagan 1995) and *Acquiring Genomes* (Margulis and Sagan 2002).

However, Lovelock and Margulis would disagree over Vernadsky's position in relation to Gaia. Vernadsky's new prominence arose while Lovelock was writing *The Ages of Gaia*. In 1986 he published a mildly laudatory review of *The Biosphere* under the title "Prehistory of Gaia" (Lovelock 1986d). Here he lodged pertinent complaints about the Synergetic Press edition of that moment (Vernadsky 1986), produced by the Ecotechnics group, active Vernadsky enthusiasts soon to be known as the Biospherians. At that moment they were at work on plans to create a monument of sorts to Vernadsky's vision of planetary processes, Biosphere 2, in Oracle, Arizona. Letter 172, written while he was assembling that 1986 review, divulged Lovelock's more complicated responses: "Vernadsky was no lone scientist battling against the establishment; he was a loved and respected figure and rightly so. But he was a middle weight expressing his ideas in a vague and all-inclusive manner and with the support of little or no testable evidence." In *The Ages of Gaia*, Lovelock made a place for Vernadsky in the context of other prospective precursors of Gaia, gave him what he considered his due, then moved on (Lovelock 1988: 9–10, 30).

Residing on the cosmological side of Gaia's scientific constructions, Vernadsky's biosphere more closely demarcated Margulis's vision of Earth dynamics under the pressure of a planet full of metabolic pathways and bursting with biotic potential. But even at that, for Margulis, Vernadsky's biosphere was an antechamber, a way into more finely observed emergent self-regulating orders of systemic co-operation between the biosphere and the geosphere in Lovelock's Gaia. As Margulis wrote to Lovelock in 1989, "I think the more credit, appropriately of course, you give Vernadsky, the more credit you will get for inventing Gaia. People will ask, 'Who is Vernadsky?' Anyway, I think credit is like love, the more you give the more you have to give (and the more you get). There is decidedly no conservation law here" (Letter 186). Lovelock remained unconvinced: see Letter 203. Over a decade later, reviewing Margulis's ongoing promotion of Vernadsky in the manuscript of *Acquiring Genomes* (Margulis and Sagan 2002), Lovelock set out a detailed rebuttal in Letter 270.

*

* *

170. James Lovelock to Lynn Margulis, April 24, 1986

Dear Lynn,

Many thanks for sending the chapters by Preston Cloud. I am not sure that I am ready to read them just now; it seems easier to write first and then read; otherwise it is too easy to be led in what would for me be the wrong direction. When all three Earth history chapters are drafted then I shall read Cloud and discover what has to be re-written.[372] Hope that this will not keep it from you for too long. Maybe I can bring it with me in June.

Have just about finished the 'Middle Ages' first draft. It has been an astonishingly difficult chapter to write; partly because I have been writing without a break since last November but also because that middle period of the Earth's history is very vague. There is great certainty about the origin of life and all that but very little seems to be known or bothered about from then until the Cambrian. Your own book is the one great exception and guide.

[372] This would correspond to chapters 4-6 of Lovelock 1988, in which the precise designation "Archean" prevailed: "The Archean," "The Middle Ages," "Modern Times."

What about 'ancient history' as the title for the Archean chapter. I agree that something different from 'Archean' is needed.

I look forward a lot to our seeing you in NY en route to Boston in June. There is much to talk about not least a series of breakthroughs in sulfur gas analysis methodology.

Had a call yesterday evening from someone at the Nat Acad [NAS] about a meeting in September. It sounded like a real nice gathering and I agreed to participate. Sounds also as if you had something to do with it. If so I am grateful in every way.

A photocopy of the review of life's origins is enclosed.[373] It was in *Nature.* I enjoyed yours of Shapiro's book and thought it to be a very fair and just review.[374] The only thing I did not like about Shapiro's book was the constant reference to baseball; nothing is more tedious than ball game analogies; as we would say "It isn't cricket is it?"

The exposure to these books makes me wonder what it is that is so exciting to so many about finding (if it ever can be found) the origin of life. To me the search is as pointless as was the search for life on Mars. There must be something missing in my psyche; perhaps it is a persistent childishness that makes the present so much more interesting than the remote past and big bangs and all that.

With much love

*

* *

171. James Lovelock to Lynn Margulis, May 7, 1986

Dear Lynn

Enclosed is a plot from a geophysiological model that shows how oxygen and climate might simultaneously be regulated. I am quite excited about it because it represents a big step up from the simple 1D daisy world model. It gives insight on the question of why at certain times large quantities of sulfur and carbon are buried and at others much less. I shall be glad to explain it all when I see you later on but in the meanwhile I thought that you might be interested in the pictorial version.

[373] Lovelock 1986c. [374] Margulis 1985.

I am so grateful for the splendid editing job you are doing for me. I accept gladly your advice to improve the text and will use it in the final version.[375] About the only disagreement I have is over the choice of a few words. I will try to be transatlantic but to call an operating 'theatre' an operating 'room' goes beyond my threshold of objection. This indeed shows how slight is the disagreement between us.

The Proterozoic chapter is almost done.[376] The model was as much as anything the major hold up. It took me a long time to do it using my peasant variety of math. Thank god for computers, it could never have been done otherwise.

I feel just about written out and will take a break until later in the summer before starting on the remaining four chapters.

Your article with Dorion [Sagan] in *The Sciences* was lovely.[377] What a splendid journal that has become, we were so glad to see you adding to it.

See you soon. Love from all Coombe Mill denizens.

*

* *

[375] Margulis is taking care that Lovelock's *Ages of Gaia* does not go to press with the perceived flaws of his first book.

[376] "The Middle Ages" in *Ages of Gaia*.

[377] Margulis and Sagan 1986c.

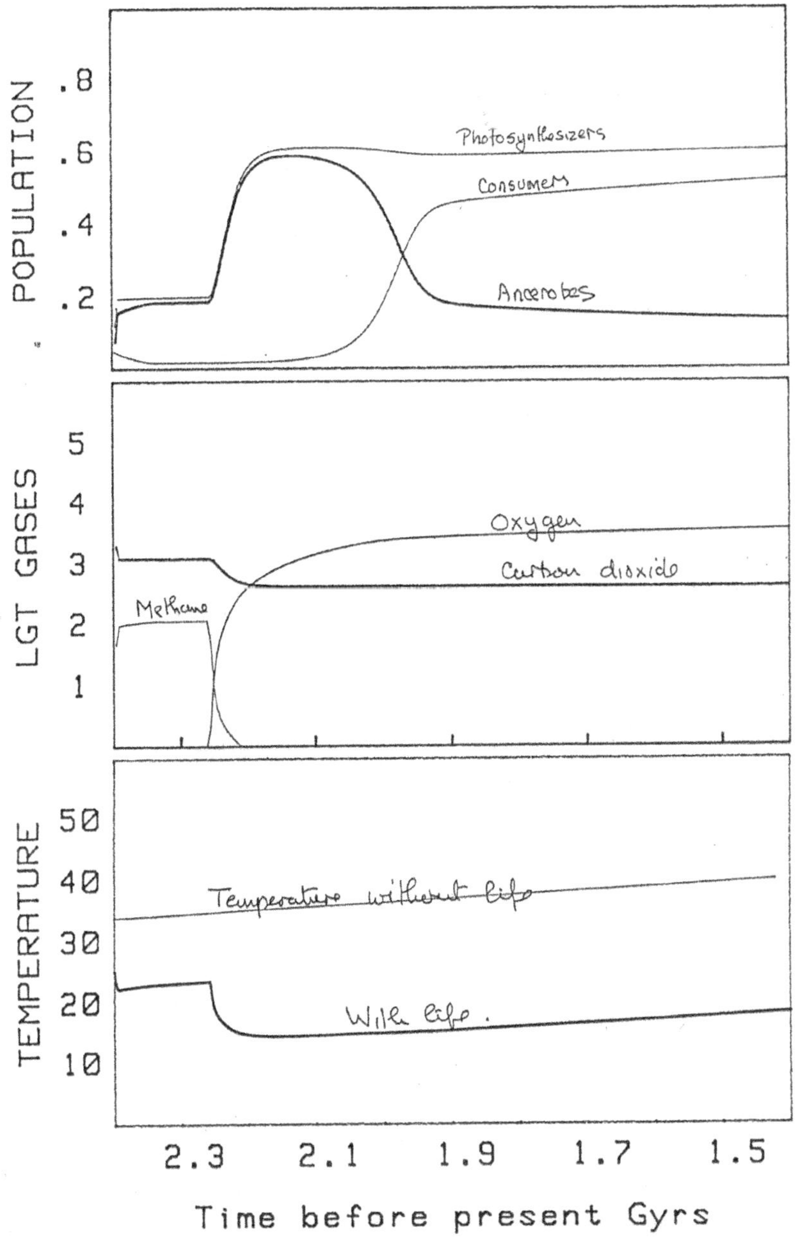

Figure 3.1 "A plot from a geophysiological model that shows how oxygen and climate might simultaneously be regulated," enclosed with Letter 171.

*

* *

172. James Lovelock to Lynn Margulis, June 17, 1986

Gordon Conference

Dear Lynn,

Thank you both for looking after me so well last weekend. It was as often an eventful visit.

Returned here is the archaemonad paper.[378] It was fascinating to read about the upside-down sedimentation of these organisms floating up on ice crystals. Thank you for letting me see it.

I have written some scraps and prepared my mind to do a fair and just review of Vernadsky.[379] But it is not easy to write here and I miss my word processor. So I'll complete it on returning home next week.

On rereading Vernadsky I find myself even more put out by the hype from Ecotechnics and his Russian disciples.[380] These feelings will not of course be expressed in the review.

In Russia Vernadsky was no lone scientist battling against the establishment; he was a loved and respected figure and rightly so. But he was a middle weight expressing his ideas in a vague and all-inclusive manner and with the support of little or no testable evidence. Hutchinson was much more illustrious as his successor. Compare Vernadsky's book with Hutchinson's article in Kuiper's book.[381] The latter is sound solid science and was the foundation of biogeochemistry. Hutchinson is the one in need of praise and the truly great scientist. To compare Vernadsky with Darwin or Einstein is in bad taste.

You will probably disagree with what I just said. I realise that my views are probably colored by what to me is the criteria of good science: Good theory clearly expressed in simple language that successfully predicts the natural world and ~~is rich in~~ ~~gives~~ opens a cornucopia of new discoveries.

With much love

*

* *

173. James Lovelock to Lynn Margulis, June 30, 1986

Dear Lynn,

Just returned home from cool Seattle to Florida weather with temperatures in the nineties and a mountain of mail to answer! But first I must write to

[378] Possibly Mitchell and Silver 1982. [379] Lovelock 1986d.
[380] On the Ecotechnics group, see Reider 2009: 47–48. [381] Hutchinson 1954.

thank you and say how much I enjoyed the family gathering in Newton two weeks ago. Zach and Jenny really are amazing and a delight; so cool and so urbane one might think them to be the products of some ultimate finishing school. You must be proud of them.

I am still haunted by Dorion's predicament and if there is anything that I might do to help tell him to let me know. Maybe there is something that we could write. Enclosed are three copies of the Geophysiology paper; perhaps it could be rephrased as a longer piece.[382]

I shall be starting on the Vernadsky review as soon as the more immediate mail is answered; but enclose a check for $70.00 for Dorion in anticipation of payment by the *New Scientist* and because I suspect that his need is the greater.

Jeremy's graphics software interested me. Does he have a printed description of it to spare? If so I would be glad to see it to confirm my recollections of a brief conversation and maybe buy one from him.

Sorry for so scrappy a letter but jet lag plus the mail mountain threaten to overwhelm.

*

* *

174. James Lovelock to Lynn Margulis, September 29, 1986

Lynn Dear,

Thank you so much for a splendid visit and for making feel at home.

I arrived back on Saturday and found Helen to be much better than when I had left. The family had rallied round in a way that made me feel quite proud of them. Sadly as soon as I had put down my suitcase they all vanished leaving us two ancients to cope as best we could.

The Forum in Washington was excellent. Well organized and attended and with many sensible papers. I was fortunate to have an hour-long solo breakfast conversation with Ed Wilson. He may well turn out to be a good mediator in the forthcoming battles between Gaia and the population biologists and reactionary evolutionists.

I had a letter, copy enclosed, from C. S. Holling. I had approached him a year or more ago to do a joint paper taking on the population biologists but

[382] Lovelock 1986b.

having heard nothing I assumed that he either disagreed or had cold feet. It seems that he is still keen.

This affects our intended paper on the same topic. What would you like to do? I would be quite happy with a threesome. Or would you prefer to join in with one on the effects of Gaia theory on evolution. Talking of evolution Richard Dawkins has written a paper in this week's *New Scientist* that is so amazingly steeped in error that it would make a great starting point for ours.[383]

I shall be assembling those parts of the small GC I promised for Duncan during the coming week. After that no doubt Peter Bunyard or someone else can bring them over.

Only one more trip this year, to Florence in late October, and then I can stay put until next Spring.

Affectionately

P.S. Just heard from Gregory Hinkle. He comes here mid-December he says, OK by me.

*

* *

175. James Lovelock to Lynn Margulis, October 22, 1986

Dear Lynn,

It was good to hear from you and thank you for your understanding response to the theoretical ecology paper problem. I suspect that Buzz Holling will take another year at least to finalise his version of the paper so ours could precede it without too much problem.

I have been reading Alfred Lotka's beautiful book *Physical Biology* written in 1925 and published by Williams and Wilkins, Baltimore. A photocopy of page 16 is enclosed. He said it all, but the theoretical ecologists did not listen or read and went running with their own blinkered versions of his rabbit fox model and got nowhere for sixty years!

I wish that I had known of James Hutton's and Alfred Lotka's work when we discussed Vernadsky in the summer. To my mind there is little doubt that the main stream of Gaia goes from Hutton through Lotka to Redfield and Hutchinson. Vernadsky's science, though significant, was by

[383] Dawkins 1986.

comparison much less sharp and clearly defined. There may well be other names in the nineteenth century who were rebels and did not go along with the conventions of those days. The anonymous editor of the *Sci. American* in 1875 for example.

Lotka's message also makes a good starter for a paper on Gaia and Darwin. The clear statement that the evolution of the species should not be separated from the evolution of the environment also has been ignored for 60 years. Also his insight that a combined species and environment model might be easier rather than more difficult to construct is brought to life in daisyworld and its large family of successors. I do realise though that we move on to a battleground.

Of course I shall be glad to see your student. Indeed I wrote to him long ago to say so; but there seems to be problems with the Spanish mail. I sent two express delivery letters to Barcelona and one Telex last week none of them arrived at their destinations. Fortunately Ricardo telephoned and I was able to provide the text to accompany your presentation there.

I am off to Firenze at the end of the week to the 'physis' conference. I had hoped to spend the rest of the year undisturbed completing the book but I had not allowed for the consequences of becoming president of the MBA. No one mentioned when they invited me to take it on that it was now a hot seat. It used to be the reward reserved for eminent biologists like J. Z. Young, Alan Hodgkin and so on that gave a chance to sail on the ships and potter at the MBA labs in one's dotage. Now they seem to want a rebel to fight the civil service who are set to take the MBA over and turn it into a typical dull government lab.

Helen is much better now and so far is managing a permanent catheter with minimal side effects. It could be a blessing and allow her a great deal more mobility than before. It was a tough month though when she was ill.

Richard Dawkins thing is enclosed. It is amazingly clever. (In Brit 'clever' is almost pejorative in case you did not know).

With love from us all

1987

Gaia in Cornwall

It is curious that the Lovelock–Margulis correspondence for this year contains no mention of the first of the three public Gaia symposia organized by Peter Bunyard and Edward Goldsmith, held at the Wadebridge Ecological Center in Cornwall between 1987 and 1989. Letters 154 and 155 indicate that Bunyard established contact with Margulis as early as 1983 and that she anticipated "joint future projects" with Bunyard's journal *The Ecologist*. Presumably some of these projects then took the form of this series of broad-based meetings on "Gaia and its implications." The first one took place in October 1987, attended by an international and multidisciplinary set of speakers, including, in addition to the organizers and Lovelock, Margulis, and Dorion Sagan, Margulis's student, Gregory Hinkle, Swiss historian of science Jacques Grinevald, Lovelock's colleagues at the Marine Biological Association in Plymouth, Andrew Watson and Michael Whitfield, Dutch geologist Peter Westbroek, American philosopher David Abram, and the controversial geneticist Mae-Wan Ho of the Open University, London. The published proceedings (Bunyard and Goldsmith 1988) transcribe numerous post-presentation roundtables on Gaia and its plausible consequences, conversations that remain fresh and pertinent over 30 years later.

*

* *

176. James Lovelock to Lynn Margulis, February 2, 1987

Dear Lynn,

Just a note to confirm that I shall be travelling to San Francisco from Chicago on Thursday March 26th. I may be going to Ellen Weaver's but if not I will book in at a hotel near the airport. My flight to Honolulu is inconveniently at 22.45 on Saturday 28th, part of the inexpensive "round the world flight." The departure date from Honolulu is 15.25 on Wednesday 1st April en route to Singapore.

I have not had more than a brief confirmation from the California Academy. How long do they want me to talk? And how do we arrange our double act. I would be quite ready to talk for an hour if they want it but it would be good to know beforehand.

It is said that if you want something done ask a busy person. I can confirm its truth for never has there been so much to do and so many requests to do more. I guess it is the same with you. Peter Westbroek was here for seven days last week. It was great to see him and no one could have been more considerate. He was the near perfect house guest. This week Bill Thompson wife and son arrive. I have been looking forward to seeing Bill and talking with him on many things. I love them all but it does seem to be a kind of conspiracy to prevent the final stages of the writing of Gaia 2.[384] The epilog and preface still are not done and only five busy weeks are left before the April deadline.

Sorry to whinge. With much love from an overworked friend.

*

* *

177. James Lovelock to Lynn Margulis, April 13, 1987

Dear Lynn

Just a short note to thank you for the brief but splendid days in Hawaii. Seeing the very different habitats there has given me a much better feeling for the mats. Somehow in Baja, they were real but did not register in my mind their connection back to the Archean.

I do hope that you are recovered. That was a lousy bug you had; it caught up with me on the way back from Singapore and the first few days back home were spent in bed in a daze of pneumonia. Fortunately it was not a virus and responded well to antibiotics. Also I kept it from Helen.

I have been reproaching myself over the disappointment I caused you over the unfortunate choice of words in the *New Scientist* article. The book preface – which will have a much larger and more permanent audience – will be the place to make amends.[385]

[384] "Gaia 1" was Lovelock's first book; "2" was *The Ages of Gaia*.

[385] Lovelock 1986a. Lovelock's offending phrase may be calling Earth "the largest living organism in the Solar System" (25), a persistent popular trope that Lovelock knows Margulis consistently avoids and denounces – see the introduction to this volume.

I know all too well how you must have felt and I am glad that you spoke out. We have all grown so busy in our eminence that it has become easy even if unforgivable to forget our friends.

Look forward to your plate tectonic draft. Don't hurry I shall not be free to look at it before mid May. Note the enclosed photocopy from this week's *NS*. If it is true and there are plate tectonics on Venus then we shall need to write carefully and stress that the action on Earth is the coupling in of the biota rather than that the biota are the cause.

With much love and hopes that this is a good year for you and yours.

*

* *

178. James Lovelock to Lynn Margulis, December 26, 1987

Lynn dear,

At last all of the corrections and changes are made. The book will have to go out now warts and all. I am deeply grateful to you all and to Dick Holland for taking so much patient trouble with the MSS. It cannot have been easy for him. I have written to tell him how much I appreciated his helpful criticisms. As you said the differences grow less as time goes by. What I really like about Dick is his kind and courteous manner and willingness to explain why he disagrees. No wonder science is such a mess, there are so few like him left.

Thank you and Lorraine [Olendzenski] for all the pictures. I have chosen to use about half of them. Some I just can't see in black and white, Earthrise for example, others, mainly the more artistic of the drawings, are fine in themselves but do not fit in with what I want to express. The key picture for me will be a Patrick Holligan's, Emily, the beautiful coccolithophoridon.[386]

The *Boston Globe* folk sent their Sunday Supplement with the article on collaborations. The years have gone by Lynn, without ever it seeming that we were doing anything in a <u>human</u> sense noticeable enough to reach the Sunday Newspapers – there was no doubt about the significance of it as a scientific collaboration – I suppose it really is true that when it works you take it for granted and only notice when it doesn't work. I was amazed and

[386] Patrick Holligan's image of *Emiliana huxleyii* appears in Lovelock 1988: 2.

full of wondering although slightly shocked to find that you were younger than Christine [Lovelock].[387]

Until we meet again at La Jolla in March.[388]

Much love

[387] Perhaps there was a misstatement in the cited article. Lynn Margulis, née Alexander, was born on March 5, 1938; Christine Lovelock was born on September 16, 1944.

[388] La Jolla, California, is the location of the American Geophysical Union's Chapman Conference on the Gaia hypothesis, March 7–11, 1988 (see Schneider and Boston 1991).

1988

The First Chapman Conference

In March 1988, thanks to the initiative of climatologist Stephen Schneider, the American Geophysical Union sponsored a Chapman Conference on the Gaia hypothesis in San Diego, California. This weeklong meeting gathered a wide array of Earth scientists – climatologists, Earth historians, oceanographers, and atmospheric chemists, including Ann Henderson-Sellers, Ken Caldeira, Lee Kump, Tyler Volk, David Schwartzman, Meinrat Andreae, Andrew Watson, James Walker, Bob Berner, Raymond Siever, Manfred Schidlowski, and H. D. Holland – as well as a few scholars from ecology (Paul Ehrlich) and other disciplines, such as philosophy (David Abram). Yet soon after the meeting, Lovelock expressed to Margulis a sense of disappointment over the event: "Did you find the AGU meeting odd? It left me with a sense of having watched it on a VDU rather than having been a participant. Everyone was so well behaved and respectable. Where was the passion, the arguments, the fire?" (Letter 179). His account of the same meeting in *Homage to Gaia* is similarly depressed (Lovelock 2000: 271). However, his downbeat verdict was a minority view. The larger consensus was that the meeting was successful both on its own terms as an honest examination of Gaia's status as science and as a milestone in the dissemination of Gaia within the professional academy, also abetted by the fine publication drawn from the event, *Scientists on Gaia* (Schneider and Boston 1991). A decidedly positive eyewitness account of this meeting noted plenty of passion: "Extended debates that followed generally strong presentations were lively, argumentative, and remarkably civil despite widely held views. The grace with which Jim Lovelock moved between his strongest critics and supporters set high standards for the debates. Everybody acknowledged a high learning curve" (Kauffman 1988: 763). Tyler Volk has also provided a favorable memoir of the San Diego meeting in his contribution to this volume.

*

* *

179. James Lovelock to Lynn Margulis, April 1, 1988

Dear Lynn,

I had intended to use the spare time of the San Diego meeting catching up with you but it was a stupid idea I should have known that there would be no spare time. Maybe when you have settled in at Amherst we can go for a walk and rearrange our worlds again.[389] I really do miss those lively discussions we used to have – all the more now that there is so much more to be discussed.

Did you find the AGU meeting odd? It left me with a sense of having watched it on a VDU [visual display unit] rather than having been a participant. Everyone was so well behaved and respectable. Where was the passion, the arguments, the fire? I expected Jim Kasting at least would fight but not a bit of it, we had an amiable breakfast together exchanging ideas about how best to model a dead Earth. The only discordant note I thought came from the Berkeley biologists Paul Ehrlich and the man Harte, but even they seemed fearful of raising the temperature and they sent their toothless tiger Jim Kirchner to do battle instead. He tried hard but how could he make a sensible criticism when he clearly did not understand what it was he was criticising. I am slowly but surely coming to the conclusion that the Popperian philosophical notion of testability and falsification, although fine for physics where theories have always been judged by the ability to predict correctly, is inapplicable to living and even closed loop systems generally.[390] How can the inventor ever explain how the invention works? As Popper himself said, dismayed by the misuse of his work by disciples, "If it works that's proof enough for a start."

How did Baja go? I do hope that Andrew [Lovelock] succeeded at least as far as measuring some permanent gases. Wish that I had been there to help but on second thoughts it is just as well I was not for the young ones have to find out for themselves. I would have been dismayed to have had some wiser older figure around to tell what I was doing wrong.

389 In 1988 Margulis moved from Boston University to the University of Massachusetts at Amherst.

390 In the early 1980s, the Popperian criterion of testability and, in fact, the broader philosophical attempt to define a criterion of demarcation between science and pseudo-science came under criticism, in particular from Laudan 1983. One argument was precisely that the Popperian criterion was attuned to theoretical physics but inappropriate when applied to other scientific fields.

I spoke to Peter Bunyard about the 'Evolution' meeting of *The Ecologist* in the fall and told him of your preference for a November date.[391] It may all fall through. Teddy Goldsmith has sold his house and is moving probably to London. I suspect that Kathy is fed up with rural life and ecologists, I can't really blame her, she is a normal city type woman.

The pace of meeting grows more intense. I am due to speak at one in Oxford next week along with Carl [Sagan], the Dalai Lama, and the Archbishop of Canterbury.[392] I am glad that I have decided to pull out of active work on Gaia starting in October. There will still be time for modelling and experiments but not for answering heaps of mail and lecturing.

Maybe there will be a better chance to talk at Perugia, it should be a much less busy meeting.[393]

With much love

*

* *

180. James Lovelock to Lynn Margulis, April 10, 1988

The Marine Biological Association of the United Kingdom, The Laboratory, Citadel Hill, Plymouth

My dear Lynn,

I am so sorry that our family affairs have intruded so grievously. There is not much I can do about the loss of time and nervous energy, but I can repay the money spent. A check for $5000.000 in pounds is enclosed.

If you can reach Walter Shearer I would be grateful if you could convince him (a) That if ever the chromatograph becomes a commercial item I will do my best to see that the UNU get their fair share, and that I am trustworthy.[394] (b) Tell him that if he persists in pestering Hewlett-Packard it will do no good and may damage a relationship that has taken me 20 years to establish.

[391] The second conference organized by Peter Bunyard and Edward Goldsmith in Cornwall, held in November 1988, on the theme of Gaia and evolution. See Bunyard and Goldsmith 1989.

[392] As Lovelock narrates the event in *Homage to Gaia*, it is at this 1988 Oxford speaking engagement that he first meets Sandy Orchard (Lovelock 2000: 372–373).

[393] In reference to the Lindisfarne Fellows meeting held in Perugia, Italy, in May 1988, documented in Thompson 1991.

[394] Walter Shearer, American physicist who worked at the United Nations in the Department of Economic and Social Affairs.

Perhaps this expensive year will convince Andrew [Lovelock] to stick to what he is really good at – namely software and computers – and cause him to bury his illusions of following in my footsteps as a peripatetic environmental investigator.

With much love

*

* *

181. Lynn Margulis to James Lovelock, April 15, 1988

My dear loving Jim,

Andrew [Lovelock] has paid back what he owed me outright. The rest of the 5K was to pay him for his work which he did. That he didn't get scientific data out of it is a risk one always takes. I can't imagine taking this money from you.

Just encourage Andrew to finish his instruments – or at least print out and send us his data.

I've simply participated in supporting Jane [Lovelock]'s career as a photographer and Andrew's free-lance attempt, such as it is.

Of course I can't take money from you!

Love

*

* *

182. James Lovelock to Lynn Margulis, May 30, 1988

My dear Lynn,

What a delight it was to receive the warmth of your blessing in Perugia and its completion in your letter.[395]

Sandy and I consider ourselves to be an emergent domain.[396] We have fused to become a star that warms the planets of a marriage.

[395] The edited proceedings of the Lindisfarne Fellows meeting in Perugia are published in Thompson 1991. Lovelock gives a detailed account of the beginnings of his relationship with his second wife, Sandy, and the illness and death of his first wife, Helen, in Lovelock 2000: 371-387. Helen Lovelock died on February 4, 1989.

[396] "Emergence" was the theme of the 1988 Perugia meeting of the Lindisfarne Fellows.

As you guessed Perugia was a kind of honeymoon and while naturally we did not participate quite fully in the meeting no better company could ever have been found in which to emerge.

The only problem we have is seeing enough of each other and the pain of parting which is so intense as to be like suddenly taking an addict off heroin. Same thing I guess with endorphins playing a heroin game.

I knew that you and Ricardo seemed happy together but we are so pleased to know it really is a grand passion. We never dreamt we'd have to wait so long to find it. But now it seems almost as if we have been together always.

When do you want us in Spain? Next spring I would guess. We are all rather busy before then. Tell Ed [Barber] we'll be 3 weeks in the USA in October. 2 of them can be devoted to a mix of holiday plus book promotion. Sandy says she'll be my geriatric nurse as well as other things! during the trip. But it must be launched around Oct 11th. Cannot come in September and later will be very difficult

With love from us all

P.S. Be guarded in the mail. Helen opens my letters if I'm away. I'd hate to have her hurt.

*

* *

183. James Lovelock to Lynn Margulis, June 7, 1988

23 Castle Street, Great Torrington, Devon EX38 8BZ

My dear Lynn,

Ed Barber telephoned to confirm the October launch of the book. He wants me to do a bit of a tour for promotional purposes. Ordinarily I would try to avoid this but Sandy has offered to come with me and that makes all the difference. Do you think you could let Ed know the state of our relationship. The Norton marketing people will probably organize it and it would be a shame to agree and then find that we were in separate rooms! It is also vital that the dates chosen are not now changed. We could not come at any other time.

Everything goes very well and although busier than ever it does all seem easy. We were so pleased by your warm and encouraging letter and often re-read it.

We shall, if Stewart [Brand] approves of Sandy accompanying me, be travelling straight to one of his Learning Conferences at Esalen just before the Lindisfarne meeting in October. See you there if not sooner.

The address at the head of this letter is daughter Christine's who will hold any correspondence that might be hurtful to Helen if she opened it when I am away from here.

With much love from us all

1989

184. Lynn Margulis to James Lovelock, June 9, 1989

Dear Jim,

I'm scurrying about unsuccessfully trying to find a new telephone number for you. Perhaps the buzz I receive on this line is a fax noise. I've just seen the new Joss Pearson Gaia bookplan and have reservations. I'd love to talk to you about it. Furthermore I need some information from you for various confidential reasons. Our new fax number is the same as the UMass tel. number but has a three rather than a four as the final digit.

I've just read Sahtouris *Gaia: Human Journey* and find it really excellent.[397] It provides a superb bridge to the public. Somehow it is far finer in final form than it was in early draft. How is your autobiography coming along?

Another issue is *The Ecologist* and the varied attempts, including mine, to coax MIT Press to publish the proceedings and the Cornwall Gaia conferences.

Please call me or answer this with some semblance of schedule and telephone numbers; I've just been told that I have high blood pressure for the first time in my life. More than ever I commiserate with you. Much love, also to Sandy

*

* *

185. James Lovelock to Lynn Margulis, June 10, 1989

Dear Lynn,

Lovely to hear from you but worried to hear that you have hypertension. Isn't it time you took it easy and enjoyed the calming influence of some beta-blockers. Also worried about your involvement with the Biospheres crowd,

[397] Sahtouris 1989. Compare Letter 191.

their scientific credibility is very low, don't let them drag you down when they sink.[398]

Glad you enjoyed Elizabeth [Sahtouris]'s book. I agree that she has done a splendid thing of it.

After my recent brush with ill health, now happily over, we decided to drop almost all meetings, lectures etc. and concentrate on writing and experiments. The telephone is for me a menace for I find it so difficult to say no! So, here at Coombe Mill there is no telephonic connection, only fax. If we need something locally the fax can be used as a telephone. The London number is still operating but we are not there so often these days.

Sandy and I are continuing and developing our romance, apart from a small risk of going broke, life is very good. We send all our love to you and do hope that things go well with you and for you, also.

*

* *

186. Lynn Margulis to James Lovelock, July 12, 1989

[*Margulis's note on her copy*] File Lovelock but send him note (1) Elmwood newsletter 1 copy (2) ask for reply to my letter of 12 July

Bellaterra

Dear Jim,

Although I haven't had a chance to speak to you directly I feel confident, after hearing from Ricardo, that all goes well. I hope we will see each other at Teddy Goldsmith's novemberfest. I also hope that you have returned my feeble attempt at doing your CV with corrections. I really need it as soon as possible.

I've now seen the revised version of the Barlow–Volk paper (they have rid themselves of the Spaceship Earth metaphor).[399] I think it is a profound contribution, explaining your persistent intuition that life must be always a

[398] The "Biospheres crowd" produced the selected translation of *The Biosphere* Lovelock critiqued three years earlier: see Lovelock 1986d, and Letter 172. By now, the Biospherians are well into the construction phase of Biosphere 2. See Reider 2009: 119–120. Lovelock is clearly less sympathetic to these countercultural American visionaries than is Margulis at this moment.

[399] Barlow and Volk 1990.

planetary phenomenon, from the beginning to the end. I know you have often said this but you have not really explained it. They seem to have gotten the basic notion very well stated; I think they have described the paradox so well that they document your claims in an understandable way. Of course I explain their contentions in different terms but I think they are really onto something crucial. I would tend to say it all very simply as follows. Each individual (and each species) is materially opened. None eats its own waste as sole source of carbon, nitrogen, phosphorus, etc. or energy. Yet the Gaian system is materially closed. Whenever the system threatened to stop (e.g., for lack of phosphorus), selection pressure was enormous for mobilization of the limiting element (e.g., phosphorus from apatite). Life, as a planetary phenomenon simply waited, many organisms died. The system slowed but it did not stop. Life must have never stopped since Warrawoona times [3.5 bya] but in its acceleration it certainly must have slowed dramatically many times. The system is holographic, it all gets faint together before it dies. If it were to die it would be lost as an entirety, all at once. Just as Gail [Fleischacker] imagines the origins of life to have occurred instantly geologically speaking, as soon as the membranes closed on themselves; the death of Gaia would also occur instantly, geologically speaking.

All the biologically important elements have always cycled but, I imagine, the major cycling modes were more tectonic and less biological in the Archean. Vernadsky was certainly getting at this idea when he called life a "moving mineral." My suggestion to them is that they call their discovery, "The Vernadsky Paradox." I think the more credit, appropriately of course, you give Vernadsky, the more credit you will get for inventing Gaia. People will ask, "Who is Vernadsky?" Anyway, I think credit is like love, the more you give the more you have to give (and the more you get.). There is decidedly no conservation law here.

Anyway, if you have comments on the most recent version of their ms. I'd love to have them. I'm hoping to take the paper for *BioSystems*.

Have you read W. I. Thompson's latest on imaginary landscapes?[400] There too it seems to me that the "Planetization" he describes is mostly a question of velocity. He is describing simply the most recent veneer of human–electronically accelerated planetization. But the gene-trading bacteria and the phosphate-loosening fungi have always been "planetized." He certainly says nice things about us in that book.

[400] Thompson 1989.

Do write or fax or call. Love, also to Sandy

*

* *

187. Lynn Margulis to James Lovelock, August 29, 1989

[*handwritten secretarial note*] replied 25–9.89

Dear Jim,

The enclosed certainly contains quotable quotes!

I'm delighted you aided Bill Stevens of the NY Times.[401]

Please let me know how I can communicate with you; I'm terribly sad that you haven't answered any of my recent missives. I was delighted that Stevens told me your conversation was so successful.

[Connie] Barlow and [Tyler] Volk have made an excellent contribution I think.

Where should I send things?

Where are you? Are you specifically attempting to avoid me? I do hope to see you in Cornwall.

Much love

[*enclosure: a Xerox of a page from a 1920 geography journal sent to LM, "The Earth as an Organism."*]

*

* *

188. Lynn Margulis to James Lovelock, October 7, 1989

Science Writers, PO BOX 671, Amherst, MA

Dear Jim and Sandy,

I'm relieved to hear from you both! We are coming to London on Tues Nov 7 before Cornwall meeting – we plan to take evening train on Tues night about 6 pm. (We'll stay through Friday night).[402]

[401] Science reporter; presumably a reference to Stevens 1989.

[402] The third Gaia conference organized by Edward Goldsmith and Peter Bunyard in Cornwall, held in November 1989. Unlike the first two meetings, it appears not to have been documented.

Will you be in London? Dorion and Tonio [Sagan] will arrive early in the day – Ricardo, Greg [Hinkle] and I will come in later – just in time for train. Please let me know if we can call you and if so – at what tel #!

Much love

P.S. If it is OK for Dorion to be in town with you on Tues pls write to him at above address. Or call – this letterhead is his tel #.

*

* *

189. Lynn Margulis to James Lovelock, November 18, 1989

New York City, Commonwealth Book Fund Program

Dear Jim,

We've just had a meeting and everyone is delighted with *Ages*, its sales and its lucidity. It is far-and-away the best book on the program.

Peter [Westbroek]'s manuscript (variously called "Life as a geological force" and "Peculiar planet, familiar ground").[403] It may end up as: The living Earth, a geological perspective. Do you have an opinion? How would you feel if the book were called: Gaia: A geological perspective? Ed Barber would like to get Gaia in there somewhere, I suspect he has learned that Gaia sells. In fact I was chagrined, maybe devastated when, at the meeting, Ed said that he "talks to Jim all the time." That he has a telephone number for you both in London and Devon.

Jim, I tried all the numbers I had for you and I can't reach you. Peter Bunyard has told me that you have taken out both your phones. When you responded to the fax we sent from Camelford with a telephone number I tried it right away. All I received was fax static. Let me just say that I am terribly upset (although I have not told anyone) that you are refusing to speak to me. I have deduced this from your reluctance to give me a number and time when I can reach you. I don't want anything commercial from you, of course. I left with Maria Parsons a copy of our attempt, so far, to put together an accurate list of your publications.[404] Has she seen it? I wanted her to get it to you for checking. We've done a lot of work, mostly because

[403] The manuscript for Westbroek 1991.

[404] Former managing editor at *The Ecologist* and subscription manager for *Resurgence*.

I believe you deserve a Natl Academy prize but I have to have the CV before I can send in the application.

I reviewed [Bill] McKibben's horrible book *The End of Nature* and, although they paid me, the *New York Times* would not run the review because (they claimed) I am too identified with Lovelock and Gaia to be objective.[405] I wanted to share this experience with you. Furthermore Wolfie [Krumbein] and Don Anderson are really thinking about plate tectonics and the biota . . . I wanted to speak to you about that as well.[406]

Ricardo came with me this time to Cornwall. In fact Dorion, Tonio and Greg were there too. I was really disappointed not to have seen you, Whitfield and Watson. In fact I came home almost sorry that I had gone, and most certainly that I had gone under false pretenses since I didn't see you, Whitfield or Watson. How is Barber able to reach you? He actually announced that he will see you when you come for HP in Spring? Please let me know about your plans next to be in the States.

The Linnean society asked me to debate Gaia on December 14th but I'm afraid I have too many commitments to accept. Apparently they had asked you but you can't come?

The MIT Press (under the direction of Frank Urbanowski, who came to Cornwall) will be publishing our Environmental Evolution interactive lecture tapes as a textbook. We (Lorraine Olendzenski and I) are preparing it for publication now.[407] You will hear from us soon about your transcript. All we are requesting is that you read your contribution to the final ms. for updates or errors. We think you will like the entire offering which contains [Michael] McElroy on comparative plants and [Raymond] Siever on plate tectonics, etc.[408]

Just send me a note with your telephone number and whereabouts for the next two months or so, AND when it will be best to call you, and all will be well.

405 Margulis's review of McKibben, cosigned by editor Ed Dobb, was published by *The Sciences*: see Margulis and Dobb 1990.

406 Don Anderson, geophysicist of the solid Earth, present at important meetings for the planning of NASA's Earth system science and for the IGBP, was one of the few to connect the Gaian surface of the Earth with its solid interior (e.g., Anderson 1984).

407 Margulis and Olendzenski 1992. Olendzenski is currently associate professor of biology at St. Lawrence University.

408 Raymond Siever, American geologist and geochemist at Harvard University was a former colleague of Bob Garrels and one of the initiators of the geocycling/neo-Huttonian view in petrology in the 1970s.

Where is Andrew [Lovelock]? He still has our computer, our GC and our data – if any. I gather he has decided that since we did not pay him what he thought was his due he can keep the equipment. Although that may be fair, I'd like to have a written confirmation of the current status of the Baja CA gas measurements. I have no address for him at all.

Have you and Sandy given up all hope of going to Barcelona next spring? Ricardo has succeeded in raising the funds for your trip, and I was even thinking of meeting you two there. Please let me know your pleasure.

I hope you have no more flu or other health problems. Love to you both.

Much love as ever

P.S. Have you read the Westbroek ms? If so we'd love to know what you think about it.

*

* *

190. James Lovelock to Lynn Margulis, December 4, 1989

Dear Lynn,

Just returned to Coombe Mill and read your letter.

I am so sorry about the confusion over our meeting. We had looked forward to seeing you and Dorion and Tonio here at least one day of the meeting. I did not go partly because I have had some minor cerebrovascular problems that could be a warning but also because I did not wish to appear at the same meeting as Rupert Sheldrake. Nothing at all against him personally and if it were not for the battle we have to establish Gaia I would gladly appear with him.

Ed Barber is a delightful man but he is somewhat a verbal gas geyser. He does not talk to me all the time, nor does he have any telephone number but the London one where we are always available, half of the time.

Lynn I am <u>not</u>, repeat <u>not</u>, trying to shut you out. There has been no option but to treat the phone here as top secret. We have changed our unlisted number repeatedly, but always it reaches the pests, the intrusive media people and other nuisances that we both know. Either call London, we shall be there when you receive this, or fax Coombe Mill after Dec 16th giving me your number (Never on your letters!) and I will return the call at the time chosen.

Misinformation abounds. I shall be at the Linnean Society as will Andrew Watson. I never said to them that I would not.

What a dreadful put down by Tim Beardsley in the *Sci American*.[409] *Nature* have asked me to do a commentary on Gaia and I am taking my revenge there.[410] He certainly used your responses as ammunition against Gaia. It is homeostatic in the physiological sense. Homeorhesis is by stages, long periods of steady state with jumps to new stable states. Gaia does excrete. Why do you all forget the exchange of subducting rock with the magma, which is effectively an infinite sink. Then there is the excretion of infra-red to space.

I have not seen Andrew [Lovelock] for some time. But I will ask him about the items you mention in your letter when I do.

We would have loved to go to Barcelona in the Spring but for two reasons cannot. There is a clash with a Pittsburgh meeting that coincides with my HP visit, a Dahlem conference and a meeting organised by Peter Liss in France, all of these on top of one another. The other reason is that I am having to cut back lecturing to no more than two prepared talks a year.

Dear Lynn please don't assume that my desperate attempts at a quiet life are meant to exclude you. There has never been more than two people here to handle the vast volumes of stuff on Gaia. I don't have secretaries and grad students nor would I wish to have them. I was over at an HP meeting in October but I flew in on Sunday afternoon and out again on Tuesday evening. No one but HP and Jonathan Weiner, who met me at the airport for a two hour chat, knew I was there.[411]

With much love from us both

*

* *

191. Lynn Margulis to James Lovelock, December 16, 1989

Dear Jim,

I'm so delighted to have received your cheery letter today. I don't want to negatively affect your health.

Stay well and avoid the vultures.

Tim Beardsley, a former student of Dawkins, was beastly in print but ever so charming and friendly as our guest in Amherst for Steve Schneider's

409 Beardsley 1989. 410 Lovelock 1990.

411 Jonathan Weiner, British writer on evolution, genetics, and the environment.

seminar, dinner, etc. Enclosed is our reply which will be printed (after editing, they want to add the meaning of homeorhesis, etc.) in the March issue of *Scientific American*.[412]

I thought you'd like to see our review of McKibben's very bad book also.[413] Share it around.

I do want to help arrange Gaia Cornwall next year (with you in it, or course). I think it might just be called "The Science of Gaia" to keep away the nonscience. Sir Crispin [Tickell] is willing to come and Urbanowski is willing to publish. I have had no time to speak to Teddy [Goldsmith] or Peter B[unyard] about this. It is crucially important that Andy W[atson] and Mike W[hitfield] attend. They (and you) are our reasons for coming. I think too we should invite Don Anderson to talk about Gaia and plate tectonics, he is extremely sympathetic to the idea and so knowledgeable. If you guys don't show up though I don't want to go to another meeting with German greens, Sahtouris, Mae-Wan Ho and computer people, etc.[414]

As for the Dec 14th stuff, they never called back or wrote. No matter, I couldn't go anyway.

Much love

[412] Margulis and Stolz 1990. [413] Margulis and Dobb 1990.

[414] Mae-won Ho was a Chinese geneticist, critic of neo-Darwinism, and advocate for sustainable systems.

1990

192. James Lovelock to Lynn Margulis, March 13, 1990

GAIA, 58 St Marks Road, London W10 6NN

Dear Lynn,

I received a copy of your student's letter to Ed Barber about the "egregious error" in the *Ages of Gaia.* I am grateful to you both for letting me know about errors but unhappy about the way it was done.

Chemists when describing a complex process often summarise by listing the end result and ignoring the details. We speak of the depletion of stratospheric ozone by chlorofluorocarbons. In fact ozone and CFCs do not react at all, ozone can be safely stored as a solution in CFC. In the same way I say photosynthesis results in the fixation of carbon dioxide to form carbonaceous material and oxygen. To say that water, not CO_2, is split in photosynthesis is pedantic, it is not even true in detail.

Life is desperately busy just now. We were in New York last week and are off to Berlin in a few days. We are tired but otherwise all goes well. Hope that it does with you.

In haste but with love

*

* *

193. Lynn Margulis to James Lovelock, March 15, 1990

Dear Jim,

I'm grateful for your appropriate article in *Nature* – and of course I agree with you re NeoDarwinists (see enclosed). Did you see our letter in *Sci Amer*? (Mar '90?)[415]

I'm anxious to do science with you soon, especially since I'm trying to define "organism" and "self" and the evolution of this for a symposium in April.

[415] Margulis and Stolz 1990.

I'll see you in Geneva if not before.

Much love also to Sandy

P.S. Forgive the egregious letter. Let me have a tel # for you if you have one so that I can call you from Spain in March or May.

*

* *

194. Lynn Margulis to James Lovelock, March 27, 1990

Tenerife, Las Camonias

27 de Marzo de 1990

Dear Jim and Sandy,

The scenery, palms, birds and laurel trees, reminds me of your memories in this beautiful – if over touristy – place. Here we are at a meeting on "arqueobacteria, extreme ambientes, y evolucion" trying to enjoy the program in spite of a terrible cold. I'm the only foreigner and woman, and as you might imagine, I greatly enjoy the company of all these animated Spanish men, especially Ricardo.

I was delighted to see that the matriarchs in control of the tight little island are recognizing the worth of their most precious son. Indeed you are not only a Companion of the Empire[416] but of the entire damned planet with its 20 km scum of jockeying, exponentially growing animated water supermarkets. Jim, would that the rest of your planetmates appreciated you as much as Sandy, Ricardo and I do.

The "hands-up" *Nature* article is terrific.[417] It is a pleasure to have something short and clearly written. Because no organism by itself cycles all the necessary C, H, O, N, S, P, etc. needed (i.e., none eats its own waste nor breathes in its own foul air) I'm loath to call the Earth "an organism" as you know – but of course it is a live system and those mechanical-minded parochials who resist the idea will look as silly as the physicians who resisted Harvey's claims that the blood circulates. Another decade and the paradigm shift will be complete. The exponentially growing tendency of life makes it always expanding toward planetary-scale cover of the surface. Indeed Gaia is

[416] In 1990 Lovelock was appointed a Commander of the Order of the British Empire (CBE).
[417] Lovelock 1990.

the Natural Selector of any population of organisms in question – as David Abram said.[418]

Since Gaia includes other organisms, their emergent physical and chemical properties, their tendency to grow etc. Gaia (not God) selects. It seems obvious to me that these concepts will be incorporated into any sort of evolutionary thinking in the future (along with "Symbiogenesis" sensu Mereschkowski).[419]

When will I see you next? Soon, I hope – or at least in Sept. in Geneva.

Much love

*

* *

195. James Lovelock to Lynn Margulis, May 14, 1990

58 St Marks Road, London W10 6NN

Dear Lynn,

It was good to receive your letter from Madeira. What a splendid place for a meeting.

Sandy and I are just back from a brief but much needed holiday in Tuscany travelling with a small group of *Resurgence* readers and led by the editor Satish Kumar. I had, apart from that wonderful week in Perugia two years ago, never before seen the Tuscany and Umbrian landscape and towns. The countryside reminded me of the England of my childhood and the towns like Volterra, Sienna, Lucca and Urbino were a wonder in themselves.

I was amazed at the response to your letter to the *Scientific American* and responded myself with a letter to the editor complaining of Beardsley's carelessness with the truth. I have a paper in which [Conrad] Waddington is mentioned as the coiner the word 'homeorhesis.'[420] It was the one in the Bulletin of the American Meteorological Association, also in 'the Geophysiology of Amazonia.' I sent this also.[421]

418 Abram 1985. Abram is an American ecological philosopher who promoted the Gaia hypothesis and coined the phrase "more-than-human world."

419 Konstantin Mereschkowski (1855–1921), Russian biologist and botanist whose research into lichens led him to develop the theory of symbiogenesis that stands behind Margulis's further development of that concept.

420 Eminent British developmental biologist who laid the foundations for systems biology, epigenetics, and evolutionary developmental biology.

421 Lovelock 1986b.

We were so glad that you liked the *Nature* article. It was very kind of the editors, John Maddox and Tim Lincoln, to commission it and they were very helpful in providing just about the right amount of space.

We are returning to Devon on Wednesday 16th May and will be busy for a fair while completing book three,[422] feeding the peafowl and setting up an Earth First activity to thwart the farmers of the region.[423] Thinking of the farmers reminds me that two years ago I speculated about a disease that might become a pandemic among cattle, and to my amazement a novel disease of cattle appeared on a farm near Coombe Mill in Devon. It is, bovine spongiform encephalopathy (BSE). The agent is very strange, a protein that is a sort of photocopy of virus nucleic acid. I expect you know all about it as the disease scrapie that attacks sheep. It is major news here because filthy agrobusiness people ten years ago began adding sheep offal brains etc to cattle feed. The disease then passed to cattle in a much more virulent form and it is now thought that 50% of UK cattle are affected. This weekend we heard that laboratory mice and a domestic cat had picked it up also. Now all are scared that humans are incubating it, the quiescent phase lasts ten or more years. Have always thought that humans and their livestock were a gigantic niche waiting for some predator to emerge. AIDS does not seem quite able to do it but maybe BSE will.

On that cheerful note I conclude.

Our love to you and Ricardo.

See you in Geneva if not sooner.

*

* *

[422] "Book three" is *Gaia: The Practical Science of Planetary Medicine* (Lovelock 1991a).

[423] Lovelock bore a grudge against modern mechanized agriculture. One reason for this was its destruction of bocage or mixed terrain and replacement by open fields. He felt that these practices ruined England's southwest landscapes. Perhaps another reason lay in the fact that he himself contributed to the modernization of agriculture when he worked for the Grassland Research Institute in the beginning of his career. Lovelock frequently rehearsed his hatred of modern agriculture in his writings on environmental affairs (climatic change, acid rain, etc.), in which he would blame agriculture but give a pass to the chemical industries. On Lovelock's relationship to agriculture, see Dutreuil 2016, 2017.

196. Lynn Margulis to James Lovelock, May 19, 1990

Dear Jim and Sandy,

I'm extremely glad I'll be seeing you both in September. I'm missing our collaboration.

What do you think about Dorion's *Biospheres* and Larry Joseph's *Gaia . . . Growth*?[424]

Much love

P.S. Any telephone yet?

Are you willing to go come (go?) to Eastern Shore of Maryland with me? If so, I'll send dates to you. It would be great to work together again. Ben Fuzaro keeps asking. I'll go if you go.

*

* *

197. James Lovelock to Lynn Margulis, May 30, 1990

GAIA, 58 St Marks Road, London W10 6NN

Dear Lynn,

So glad to hear from you. Yes I am hoping to be at Geneva in September and we look forward to seeing you and catching up on everything then. The only thing that could prevent it is a kidney infection. Happily, although I am prone to them after the saga of surgery a few years back they only happen about once a year. It has been a tough year and for once we shall be escaping to old haunts this summer, the Scilly Isles and Ireland to recuperate.

I took Wolfie [Krumbein]'s letter as a cry for help. I do hope that it is not something more sinister. Is he having difficulties that could be overcome? Or are his problems in his head? If there is anything practical I can do to help, please let me know.

One piece of good news I just heard from the Royal Dutch Academy that they had awarded me the Amsterdam prize for environmental science.[425] It should do quite a bit to help with credibility.

[424] Joseph 1990; Sagan 1990.
[425] Precisely, the Dr. A. H. Heineken Prize for Environmental Sciences.

Sandy and I are as much in love as we were at Perugia over two years ago. It is amazing to discover in such a pleasant way that it is never too late for anything.

Our love to you and yours

*

* *

198. James Lovelock to Lynn Margulis, June 2, 1990

[*Margulis's note*] Help us find published *New Scientist* page "The independent practice of Science" about JEL. Tom – pls fax my response and file "Lovelock"

Coombe Mill, St Giles on the Heath

Dear Lynn,

In a letter I sent yesterday to you I goofed.

I had a telephone call from the president of the Royal Dutch Academy of Sciences telling me that I had been awarded their prize for environmental science. I thought he said that the news was confidential until the end of the week. It now looks as if the news is confidential until the Academy announces it later in the year. Please could you therefore sit on it until they make their announcement.

Sorry to be so stupid.

In haste but with love

*

* *

199. Lynn Margulis to James Lovelock, June 8, 1990

Dear Jim,

When I was admonished to keep silence about the award three times, long before I received your fax, I decided that the Japanese had given you their lucrative environmental prize, the Tyler committee had suffered an appropriate loss of a member by death and had therefore seen the light, or that the Nobel committee was meeting early. Ah, my fantasies. In any case, I of course told no one since I couldn't figure out what the messages were all about. I will still say nothing and, although you have my warmest congratulations. I also believe that this is only the first of many.

When Ricardo left yesterday for home it was in part to arrange Bill Thompson's triumphant entry into Barcelona later this month. He has a competing meeting the same week in Sevilla in September so he won't see us in Geneva. Besides our horrendous scheduling problems and the fact that my father is in a terrible mental state after suffering the second stroke, things here are well. Jenny is living with me here in Amherst before she (and probably Zach too) begin graduate school at UCal Berkeley. I very much look forward to seeing you both in September.

Much love as ever

*

* *

200. James Lovelock to Lynn Margulis, August 29, 1990

Dear Lynn,

I am not going to Geneva. The news that you would not be there made up my mind. I have had a few spells of ill health recently following trips and meetings and have decided to take note of the warning and quit all but about two lectures a year.

I spoke to Dr. Wright by telephone and found him most sympathetic although disappointed. He said that he could call you. I offered alternatives, Lee Kump, Peter Bunyard, or Tyler Volk would be others.[426]

It was great to talk to you the other day. We look forward to seeing you at Amherst next year after what will have been a quiet holiday with Sandy's family in St Louis.

With love

*

* *

426 The meeting in Geneva, Switzerland, to which Lovelock and Margulis were invited but which neither attended, would appear to be the Fourth Wright Science Colloquium for the General Public on "The Evolution and Demolition of Planet Earth," held September 17–21, 1990.

201. James Lovelock to Lynn Margulis, October 6, 1990

Dear Lynn,

I am sending the material you need for *Environmental Evolution* by both mail and fax.[427]

Here are my comments on the figures:

1) Have not had a thatched roofed laboratory since 1969. Present roof, slate.
2) OK
3) Was not included in your letter
4) OK

Table 1 has many errors, mainly a consequence of its age. More accurate data has now become available. For example, the residence time of methane is 10 years, of FC11 65 years, of FC12 200 years.[428] CO_2 is the most serious error, this gas has a variable residence time ranging from a few years to over 100,000. I am now out of touch with the current values for most of these gases. Why not ask Dick Holland? Looking at Table 1 more closely I think it needs a new version. I see that all of the columns, except the list of gases, have errors in the light of present knowledge. The other tables are fine.

With love from us both. See you in the Spring.

*

* *

202. Lynn Margulis to James Lovelock, November 28, 1990

Dear Jim and Sandy,

I just spoke to Sir Crispin and to Ricardo. I am very anxious to talk to you about science. Our first job is to rename the planet, as you can tell from the enclosed print.[429]

The three new Gaian points that must be worked on are: is water retention itself a Gaian phenomenon? Is granite (due to oxygen and water) a rock type unknown in the solar system and limited on the Earth until about 2500 million years ago due to life? Are "wet spots" (rather than "hot spots") Gaian due to the biogenic volatiles?

[427] Margulis and Olendzenski 1992.

[428] These are varieties of CFCs: FC-11 is trichlorofluoromethane, or Freon-11; FC-12 is dichlorodifluoromethane, or Freon-12.

[429] The enclosure shows an oblong globe labeled "WATER."

I am leaving for Cal. on Mar 12 or so and will be there for less than two weeks, the last week will be in Baja with Lorraine, Greg, and others. PLEASE let me know your plans for March so I can cancel if necessary my other duties. I really don't want to miss you this time and must show you the glacial varves and hiking paths in this valley.

During January I must go to Frankfurt (to give talks on the 8, 9th). Although it might cost a great deal more we are considering (Ricardo and I) visiting London if you will be there. Please let us know your schedule from Jan 5–16.

Enjoy the enclosed missives. I look forward to real collaboration soon. Warmest regards to both of you, with much love.

*

* *

203. James Lovelock to Lynn Margulis, December 4, 1990

Dear Lynn,

Not sure that anything can be done to establish Gaia until new data comes in to demonstrate clearly the existence of a regulator system of global scale and significance. With luck this might happen as the cycle of glaciations becomes comprehensible from the ice core measurements.

It would be wonderful to have a good discussion like long ago to try to find a way to persuade our reluctant colleagues. In the Netherlands the job is almost done, in the UK there are plenty of closet Gaians, but in the USA?

The diagram you sent me made me see red, not blue green. How could you possibly link someone as great as Darwin with an old mumbler like Vernadsky? We do owe a vast debt to Darwin, and Hutton, a lesser one to Hutchinson, Redfield, Lotka, Sillen but almost nothing to Vernadsky. He merely reiterated what was already known in an anecdotal fashion. To give him a prominent position is as daft as listing [Rupert] Sheldrake as as great a biologist as you. I like the diagram otherwise but would insist on linking Darwin with Hutton.

We have a major engagement in January. A five-week course on Gaia at Dartington beginning on January 12th.[430] Dartington is on the other side of

430 Schumacher College is housed on the estate of the Dartington Trust near Totnes, Devon. Lovelock was preparing to be its first guest instructor. See Stephan Harding's contribution to this volume.

Devon from Coombe Mill, about halfway between Exeter and Plymouth, and accessible by train. The first week I have to be there all of the time, but there is accommodation available for you and Ricardo if you wished. If you wished to give a seminar or something during the first week it would be very welcome. I also have to give a high-profile lecture at Linacre College in Oxford on the 24th which will take some preparing.[431]

Crispin told me of your invitation to Baja. It would be lovely to go down there again but our schedule is tight and we are due in the Kansas region on March 25th and Palo Alto sometime after. We plan to leave the USA via Amherst at the end of March or early April and do hope that it will be possible to see you then. We shall also be under less pressure then than earlier in the month.

With much love to you and Ricardo

[431] The lecture was "The Earth is Not Fragile" and would later be published (Lovelock 1992b). A decade later, Schellnhuber, echoing Lovelock's title, lectured on "How fragile is the Earth system?" (Schellnhuber and Held 2002) and introduced the concept of "choke point," which would later lead to that of "tipping elements" (Lenton et al. 2008). On this genealogy, see Dutreuil 2016.

1991

204. James Lovelock to Lynn Margulis, April 24, 1991

Message to: Lynn Margulis
From: Jim Lovelock

Dismayed by the news of Greg Hinkle's rejection by BU. Please give him my condolences and offer to help in any way I can.

The chapter is fine.[432] Thank you so much both of you for taking so much trouble with that bit of ancient history. There was nothing I would ask you to change.

Have not yet seen the *Science* piece of Gaia will comment when I do if it seems worthwhile.[433]

Just off to Windsor Castle to hear Crispin hold forth.

Much love from us both

[*Lovelock's note*] This may be easier to read.

*

* *

205. James Lovelock to Lynn Margulis, April 29, 1991

Message to: Lynn Margulis
From: Jim Lovelock

Have read the *Science* article and found it appalling. I am [sending to *Science* a brief letter to express my disgust at their] Kitty Kelly style of science gossip.[434] I feel a sense of shame that you should have been pilloried for

[432] Lovelock's contribution to Margulis and Olendzenski 1992.

[433] Mann 1991, which is dated April 19.

[434] Kitty Kelly was a journalist and biographer often criticized for including salacious material in her work. Lovelock's letter to *Science* (1991b) reads in part: "Lynn Margulis is among the most eminent of living biologists, a scientist of stature superior to those selected to denounce her. She is the staunchest of colleagues I have known in 50 years of scientific research, and the sharpest of my critics . . . It would have been much easier for her to have remained secure and

your collaboration with me. The only one of that repulsive bunch of biologists who came out of it decently was, strangely, Maynard Smith.

[*Margulis's note*: Pls resend]

What has gone wrong with American Science? They drool over rubbish like cold fusion, space colonisation and science fiction cosmologies, but cannot take Gaia even as a hypothesis.

[*Margulis's note*: I agree]

What is good though is that steadily the results come in that give us the real support we need.

With much love

*

* *

206. Lynn Margulis to James Lovelock, April 30, 1991[435]

Jim,

Your loving fax is, in part, illegible. My scientific reputation is at stake, and as usual, we are running out of grant support – with no hope of NSF and little other means. "Gaia" taints Greg [Hinkle] almost as much as "symbiosis" and "undulipodia" do.[436] Please send me a copy of anything you send to *Science*.

I'll be in Heathrow 3 hours on May 16. Can we be in touch at least by telephone? People with higher steroids may breathe out more isoprenoids; I'd like to discuss the reply to our letter from the fellow in Wisconsin.[437] Love to Sandy, etc.

*

* *

rested on the laurels worthily gained from the acceptance of her own radical contribution, the endosymbiont hypothesis."

435 Margulis writes out this message to Lovelock on the copy of the fax that constitutes Letter 205. We have placed in brackets the portion of Letter 205 that Margulis deems "illegible," due to a fold in the fax print-out.

436 At this moment the topic of "symbiosis" is still considered a relatively marginal aspect of the biosphere and has become strongly associated with Margulis and her suite of controversial positions. On technical grounds derived from her theory of symbiogenesis, Margulis coins the term "undulipodium" for what is still generally termed the bacterial flagellum, thus its "taint."

437 See Letter 207.

207. Lynn Margulis to James Lovelock, June 14, 1991

Dear Jim,

It was great seeing you in the States in April, as attested by these inadequate but amusing photographs which I enclose. I also took a picture of Cyril that day; I thought you might like to have a copy of it. As you will notice in this package there are two things: Hunter has raised some fascinating issues.[438] He answered very quickly the letter we sent to him, of which I suppose you have a copy. Could he be right in the sense that the isoprene emissions are mistaken and calibrated under methane? If not, how are they reported? What is your opinion about the so-called "missing" methane in the overall budget?

While visiting Storer Lecturer at the University of California at Davis, I met interesting and enthusiastic faculty people, one of whom was Eldridge Moores, editor of *GSA Today*. As you can see from the enclosed, the Geological Society of America is trying to reach out broadly and revitalize their activities. Moores took me into his office and said, "Look, we really want to air the Gaia concept amongst our readership, and if you, or you and Jim Lovelock agree to write an article, I can tell you now that with respect to content, we will accept anything you say. We will just help you get it out." So, when I talked to him about the issues listed here on my printout – the difference between the original Gaia contentions about temperature, oxidation state and chemical composition, and the new Gaia extensions under scrutiny, (i.e., the retention of water by the planet, ocean salinity, and even lateral movement of continental plates) and the usefulness of Gaia as a generator of hypotheses that bear examination, he was extremely enthusiastic that we write up the work. He said that he would do what he can (short of paying us) to see that our views were aired in the *GSA Today* publication. I am loathe to begin any collaborative article prior to a conversation. In fact, when I was in Heathrow airport, I tried to call you and instead of your voice I heard that woeful, plaintive, syncopated, non-mammalian murmur of the fax machine. If there is any chance that you would take your fax off, or at least answer your phone when I come in this next time on Saturday morning, the 22nd of June (en route to Barcelona – Ricardo and I are driving from there to Bellagio on Monday), I would be grateful.[439] So I am telling you now – I am going to call you, I even bought an enabling British telephone card. I will call

[438] J. Robert Hunter, botanist at the University of Wisconsin, Madison

[439] Margulis organized a meeting at the Rockefeller Foundation Bellagio Center on Lake Como, Italy.

you on that Saturday, somewhere between 8:00 and 10:00 in the morning (I will give you exact information at some later moment) while I await my airplane south. At the very end of July, Ricardo and I are flying back through London and, again, will be three hours in Heathrow. I really want to talk to you. I would also like to talk to Joss Pearson about a proposal for the *Gaia Graphix* that we just sent to her.[440] If you see her, or talk to her, perhaps you could ask her to send a copy to you to take a look at.

I will keep trying to reach you since I have interesting biological results to tell you about as well. I miss our joint projects and hope we will revitalize the work as we do the *GSA* piece. I hope we will be in touch soon.

Love

lm/dr
enc: 2 Gaia printouts
3 photos
Hunter to Lovelock, 5/22/91
Moores to Margulis, 5/30/91
GSA Today, February issue

*
* *

208. James Lovelock to Lynn Margulis, July 30, 1991

Dear Lynn

Of course, I'll be delighted to come to the Archean/Proterozoic meeting next April. I am finding meetings and travel increasingly difficult but this is clearly one of those I wouldn't wish to miss.

I'd be glad to join in the discussions and may even by then have some new modelling material to present, although not a paper. I am no use as a moderator or chairman; originating is my thing, not striking balances. Look forward to seeing you at last.

With much love

*
* *

[440] After a period of non-response from Gaia Books, this project was taken up by Peter Névraumont and morphed into Margulis and Sagan 1995.

209. Lynn Margulis to James Lovelock, July 30, 1991

To: Jim
From: Lynn
Subject: April Natl. Acad.'92–yesterday's fax

Please realize you don't have to "moderate" anything at the Origins of Life symposium. I'll do any talking necessary. I just want you to get on the program so that you'll come to Washington and Amherst and so that I'll have leverage to use the travel money.

I'm so anxious to establish contact with you again,

Love

P.S. We need to hear from you before proceeding. What does Joss Pearson think about our Graphic Gaia book proposal?

*

* *

210. Lynn Margulis to James Lovelock, August 19, 1991

2 pages (No response on fax machine. Our fax isn't working today so we will try the mail.)

Dear Sandy and Jim,

Sandy, we were delighted to receive your fax and, just after, to have heard from Bill Thompson that you will be in the NE in November. Ricardo is right here and also appreciated your regards. He is very busy planning ISME-6 (about 1500 microbial ecologists in Barcelona just after the Olympics in 1992, Sept 6).[441]

Jim and Sandy: I'll be glad, if necessary, to drive to NY to pick you up but we really hope you will both come to Amherst on the November trip. The *Environmental Evolution* book will be published early in 1992 (MIT Press; we are correcting the index and have already returned the proof; Steve Schneider's *Scientists on Gaia* is due out just after the first of the year). Although the book pieces are up to date the audiotape we use in class (on Gaia) is that which you made at Polaroid, Stewart Wilson's from 1972, and we feel the students are not getting what they should. Lorraine and I invite you to retape it. We will reserve a nearby radio studio and record no more

[441] Sixth International Symposium on Microbial Ecology, Barcelona, September 1992.

than 35 minutes of a new Gaia tape. We'll copy whatever slides you wish, etc. (The current tape has pix of the thatched space lab in Bowerchalke and defines Gaia as a "homeostatic system with cybernetic tendencies"; it also speaks of the biosphere optimizing its activities and that the Earth's surface temperature is still getting cooler. Can you believe that the tape we made called "What's new with Gaia? 10 years later" was actually recorded in about 1983? We feel you can much better represent yourself and the Gaia hypothesis now even though, if we have nothing else, of course we will continue to use this rather than not have anything.

Besides[, the] N[orth]E[ast] (especially Amherst next to Emily Dickinson's house where we live) is bucolic and we won't let anyone bug you in any way. If you wish, no one will even know you are here (except Lorraine [Olendzenski], Dorion and me). Certainly I will be happy to pay any request you make of me so that you don't feel encumbered by personal obligation. Sandy, if you feel you can write a legitimate letter of financial need for your April Natl Acad Sci trip to be paid also I will do my very best to get the money for your expenses also. We also want to give you our new edition of *Microcosmos* (has kinetosome DNA ref.) and the sex book (*Mystery Dance: On the Evolution of Human Sexuality*).[442] Although we were invited to record a "Fresh Air" program and lost a day driving to Boston they rejected our commentary and will not broadcast it.[443] I think the sophisticated language and thought was too much for the media but perhaps prudery is the source of the rejection.

Jim, there are so many scientific questions I'd like to discuss with you, (especially since the Magellan data on Venus is coming in and is entirely relevant to the lateral plate tectonics and retention of water issue). Gordon Petengill says that 91 per cent of the surface is already mapped with great resolution.[444]

Do you know if Joss Pearson is interested in our Gaia Graphix proposal? If we knew she weren't we would pursue other potential publishers.

When does your magnum opus on Planetary medicine come out? Will it have an appropriate 1992 date? Will there be a book party? We (Lorraine, Ricardo, Dorion, Tonio, and me) are greatly looking forward to seeing both of you soon. We would love to have you stay as long as you wish; we promise good digs, excellent food and company (and glacial varves).

Love

[442] Margulis and Sagan 1986a, 1991.

[443] "Fresh Air" is a longstanding American interview program on National Public Radio.

[444] American radio astronomer and planetary physicist at MIT.

Part IV

1992–2007

In the early 1990s, Lovelock and Margulis still encountered contentious confrontations of various sorts. We have already noted the record in the correspondence of the flak Margulis was getting from the scientific press around that time. For his part, Lovelock began to avoid meetings where he might have been forced to fend off adverse criticism. In reneging on a pledge to attend a memorial meeting in Washington, DC, for the geologist Preston Cloud, for instance, he asked for Margulis's pardon in these terms: "After much loss of sleep I have come to realise that I can no longer cope physically with the stress of, what to me are hostile, public meetings . . . I have not lost heart or belief in Gaia but I have lost the will to fight in public before audiences whose minds are closed and whose response is sophistry not science" (Letter 211). However, as the 1990s wore on, where the fortunes of Gaia as a scientific idea were concerned, the stress and annoyances at the beginning of the decade would lighten to some degree. Leading up to the new millennium, Gaia theory was being steadily mainstreamed by its own professional proponents, not under its own name but as "Earth system science." As noted toward the end of Part III, it would be Lovelock's own feeling, at least on occasion, that major strides in their 30-years' "battle . . . to establish Gaia" (Letter 190) were being accomplished, just as Margulis herself had predicted in 1990: "Another decade and the paradigm shift will be complete" (Letter 194). Indeed, with Margulis and Guerrero working mightily behind the scenes, a second AGU-sponsored Chapman Conference on the Gaia hypothesis would convene in June 2000 in Valencia, Spain, and mark a significant international consolidation of Gaian science.

The 1990s would also be rich in important conferences and other organized events. In April 1994, the first Gaia in Oxford meeting, "The Self-Regulating Earth," took place at Green College and St. Anne's College of Oxford University, which venues also hosted the subsequent meetings, Gaia in Oxford II, "Evolution of the Superorganism," March–April 1996, and Gaia in Oxford III, "Gaia and Natural Selection," in April 1999.[445] And what

[445] Nevertheless, despite Hamilton's and Maynard Smith's expressions of interest in Gaia at that time (see our comment on the year 1995), the field of evolutionary biology as a whole would remain mute on Gaia until Doolittle's post-2014 revival of interest. See Doolittle's commentary in this volume.

would appear to be a parallel effort to institutionalize the science of Gaia began in February 1998 with Gaia, the Society for Research and Education in Earth System Science. A *Gaia Circular* started to circulate that autumn, with news about the Gaia Society's inauguration and its present and future activities. A transcript of Lovelock's speech delivered at the launch event held at the Royal Society, London, was flanked by announcements of upcoming Gaia-themed seminars and conferences, short articles by Chris Rapley, Tim Lenton, and Tyler Volk, and a two-page Gaia Library section listing references to both academic and popular Gaia literature. An accompanying brochure facilitating subscriptions to the Gaia Society contained words of greeting from US astronaut Eugene Cernan, *New Scientist* science writer Fred Pearce, and philosopher Mary Midgley.

However, it must be said that mainstream science has never institutionalized Gaia under its proper name, but quite the opposite: after the 1980s the name of Gaia became marginalized. In 2002 Lovelock himself would testify in a letter to Margulis that the attempt to institutionalize Gaia in its own right had not yet taken hold: "I would be less sensitive on the issue of Vernadsky and Gaia if we ourselves were receiving fair recognition. Recently I had a letter from the group at Ames apologising for not mentioning Gaia in their paper in *Science* about methane in the Archean atmosphere. They explained that the editors would not allow it to be mentioned. And did you see the entry in Microsoft's Encarta encyclopedia? It concludes with the statement 'It (Gaia) is of no particular value in science'" (Letter 270).

Lovelock published fewer scientific papers during this period, but he did not cease working actively on Gaia's behalf. For instance, in the 1990s he had a series of discussions and exchanges with Peter Cox and Richard Betts at the Hadley Center, scientists who would develop a dynamic vegetation model to be coupled to physical models of the climate. The scientific community greeted their work as an important step in incorporating life into climate models and so changing our understanding of the climate itself. At the same time, Tim Lenton began a PhD dissertation under Watson's and Lovelock's supervision, making him, after Watson and Maggs, the third and last doctoral student Lovelock would supervise. In the late 1990s, Lovelock was happy to pass the torch on to Lenton and focus on writing his autobiography. Lenton would subsequently be the central Gaia theorist, notably succeeding in gaining funding to do Gaian science. Lovelock would still publish a few papers on Gaia (Lovelock 2003a) and contribute along with Paul Crutzen in reintroducing geoengineering into the public and political debates over the mitigation of global heating (Lovelock 2008; Lovelock and

Rapley 2007).[446] However, his main focus was now on a further series of books (Lovelock 2006, 2009, 2014), with *The Revenge of Gaia* (2006) becoming his best seller to date.

With the success of the Gaia 2000 conference in Valencia and the significant publication drawn from that event (Schneider et al. 2004), Margulis's direct participation in the development of Gaia was largely complete. Over the next decade she would take part in broad-based Gaia-themed meetings such as "Gaia Theory: Model and Metaphor for the 21st Century" held outside Washington, DC, in October 2006, and contribute to the edited collection produced from that event (Crist and Rinker 2010). Like Lovelock, for the most part she too would give the next generation leading roles, as evidenced most notably by her joining forces with Stephan Harding to compose their essay "Water Gaia" (Harding and Margulis 2010). Thus, as the new millennium was under way, the science of Gaia would develop at different scales in two main directions. On the one hand, a small literature on Daisyworld and related theoretical papers explicitly discussed and refined Gaia as such (e.g., Lenton 1998); *Climatic Change* also published special issues on Gaia in in the early 2000s (Wood et al. 2008). On the other hand, massive reconfigurations of the Earth sciences, among which the IGBP gained weight and traction, would deploy important aspects of the Gaian research program, but without mentioning the name.[447] Finally, we think that it is surely significant that in the decade since the death of Margulis, with a healthy boost from prominent thinkers such as Donna Haraway, Isabelle Stengers, and Bruno Latour, Gaia discourse, broadly considered, has prospered and the importance of the Gaia debate for our present moment has been significantly aired in academic literature in the humanities and social sciences.[448]

[446] On Crutzen's breaking of the taboo on the mention of geoengineering, see Hamilton 2013. On the way that a Gaian or Earth-system perspective may shift our views about geoengineering away from "Promethean" efforts, see Morton 2015. On Lovelock and Gaia's place with respect to geoengineering, see Dutreuil 2019.

[447] On the historical relationship between Gaia, Earth system science, and the IGBP, see the introduction to this volume. On the theoretical differences between Gaia and Earth system science, see Lenton and Dutreuil 2020.

[448] See Clarke 2020, Haraway 2016, Latour 2017a, and Stengers 2015a, 2015b.

1992

The Road to Gaia in Oxford

After more than two decades of somewhat precarious efforts, by the 1990s Lovelock's mostly self-funded investments in Gaia theory begin to pay substantial dividends. A case in point is the £75,000 gift he received in 1992 from Knut Kloster, a Norwegian shipping magnate who studied marine engineering at MIT and then made a massive fortune reinventing the modern cruise industry. Lovelock gives the conclusion of that story in the front matter of *Homage to Gaia*:

> He was what my mental model of a Viking told me he should be . . . I said, "We have a charity, Gaia." Knut broke in at once and said, "To me, charity is a dirty word. What can I do for *you*?" I replied, "Give me a contract to work to make Gaia scientifically acceptable. I can't promise success but I would guess that a three-year contract at £25,000 per year would go far to achieve this objective." And he did. (Lovelock 2000: xviii)

Lovelock dedicated this windfall to a series of invitational professional meetings carefully curated to make good on his pledge to Kloster. He wrote Margulis that "What we badly need is a serious scientific meeting of practising geophysiologists and open-minded biologists. The Oxford meeting at Green College now looks like offering just this" (Letter 220). Two weeks later he added more detail about the preliminary planning for what proved to be the first of three Gaia in Oxford meetings under his ultimate direction stretching from 1994 to 1999: "It is intended to be a small meeting for those actively working on geophysiological science and will include experimenters . . . and modelling theorists who are at the sharp end of climate prediction . . . New Agers, and chattering scientists, those with much to say but nothing to add, will not be asked to attend" (Letter 223). Assisted in particular by his Marine Biological Association colleague, the United Nations diplomat and university administrator Sir Crispin Tickell, at that time the Warden of Green College, Oxford, planning for the Oxford meetings began that same year. In October, Lovelock queried Margulis, "What do you think of a general title and description of the meeting as 'A mid-term report of the progress of Gaia theory'?" (Letter 220). This soon evolved into a slightly less lackluster suggestion that sampled a new, soon-to-be regular circumlocution for Gaia, "The application of control theory in Earth System science" (Letter 223). However, eventually, "the topic we chose was 'The self-regulating Earth.' This was not so Gaian as to frighten the horses, so to speak. But all of those who chose to come to it would know that it was a Gaian meeting" (Lovelock 2000: 274).

*

* *

211. James Lovelock to Lynn Margulis, April 6, 1992

Dear Lynn,

I am so sorry to have to tell you that we shall not be coming to Amherst or to the Washington meeting.[449] After much loss of sleep I have come to realise that I can no longer cope physically with the stress of, what to me are hostile, public meetings. The weeks and months before meetings have always been a period of anxiety; this weekend I experienced a deep depression much worse than any of those that normally blight our lives in the run up to public lectures. This time I do not need a clinician to tell me that the time has come to stop.

I have not lost heart or belief in Gaia but I have lost the will to fight in public before audiences whose minds are closed and whose response is sophistry not science. I think I have an understanding of Darwin's distress that kept him from public appearances. It is not a simply clinical illness nor is it an excuse diplomatically put, but it is real.

Lynn we have shared so many meetings, you must have seen the effect they had on me. From now on I intend to work only by writing, modelling and experiments. Something that is joy to do. September this year will be the last of my biannual visits to Hewlett Packard, this has been work I did enjoy and is well paid, but transatlantic travel twice a year is now too much.

I take comfort in the thought that I shall not be missed in Washington, except by you. Knowing Preston Cloud's views on Gaia expressed in his

[449] Lovelock has bowed out of a National Academy of Sciences symposium Margulis chaired in memory of Preston Cloud on April 26, 1992, at the 129th annual meeting of the NAS.

letter to *Science* in 1988 my presence there would have been superfluous.[450] We look forward to seeing you soon in quieter circumstances over here.

With much love

*

* *

212. Lynn Margulis to James Lovelock, April 6, 1992

Dear Jim and Sandy,

Old Pres Cloud haunts us from the grave. I despised his public tactics and remember when he forced me and Elso [Barghoorn] in confrontation at Santa Barbara in a scene we never forgave.

I am as relieved as you that you are doing what you truly want to do and are avoiding the Academy of self-styled authorities on everything. Please don't worry, I will handle your absence gracefully. I would appreciate however a copy of the Pres Cloud 1988 *Science* article since I never heard of it or saw it so I have no idea to what you refer. (You know the job *Science* did on me to which you so graciously and effectively replied.[451] They have just now rejected my combinatorics–biodiversity article, another move of gossip mongering coupled with scientific rejection.)

I am sending you a copy of an earlier letter to you; I need to know if the tapes ever did arrive and if you have had a chance to listen to them.[452] I can't tell from your fax this morning and if you are still planning to come to Hewlett Packard this April. If so I just hope you will permit me to visit you there and tape record a half hour of your talking about Gaia because the old tape is simply no longer suitable for my students, as I am sure you realize if you have listened to it. (We have budgeted $500.00 for the tape session; if money is an issue as you know I would be delighted to pay your transportation and that of Sandy.) As for Amherst, my house is in the country and except for Lorraine, Dorion (spelled with an o), those at Boston University who are planning to tape your contribution and Bart Bouricius (who built the forest walkway), no one here even knows you are coming.[453] I have every

[450] See Cloud 1988, a two-paragraph letter to the editor containing the following sentiment: "Although Earth may remind one, in poetic moments, of a living system, it does not metabolize, replicate, mutate, or reproduce mutations as living systems do. Gaia in its current mystical sense invokes poetic license."

[451] Mann 1991. [452] The audiotape mentioned in Letter 210. [453] See Bouricius et al. 2002.

intention of keeping quiet about your presence. I don't want to pressure you further and cause you any anxiety but I would cherish a calm scientific discussion. If this means that I should simply come to HP or anywhere else that you will be in the US I will be happy to do so. Reading your fax between the lines it seems that because of your commitment to HP you are only canceling my portion of your trip. Please, Jim and Sandy, I would never force my presence on you both (adorable love birds that you are) but I need to know your plans and if you will permit me to catch up with you when you are in the States this April.

I feel enormously distressed that my invitation to NAS has generated your own malaise. Indeed, I think you would have hit as nonhostile an audience as we saw at MIT and at the Chapman Conference, the other two public performances where I tried to be fully supportive. Of course I can predict the old boy net of the Academy and would be mortified if some of the bastards attacked so it is better that you are not coming. I did arrange a full 24 minutes for you though, so that if you want me to read your paper I will be happy to do so.

Jim, the last thing in the world I want is to interfere with your health and happiness. You are an international treasure, a true original and very dear to me. Forgive me for any role I played in aggravating your stressful days and sleepless nights. I share your views about the rapacious establishment scientists (indeed, in their endorsement of lucrative nonsense and stimulation of cash flow to the military industrial network they are dangerous) but I tend to prefer to laugh them off rather than take their tactics personally. I only ask that if indeed you are coming to the US that you permit me to catch up with you somewhere.

I'll send you the rest of the Crowell Cloud memoir if it is any interest to you.[454]

Much love

*

* *

213. Lynn Margulis to James Lovelock, April 14, 1992

Dear Jim and Sandy,

Here is the final printed version of the program for the Cloud symposium that still has you listed as the opening speaker. I plan to announce at the symposium

454 A memoir of Preston Cloud written by John C. Crowell as part of the NAS symposium.

that you were taken ill and of course apologize for your absence. I will gladly read your prepared talk. Please do send a copy with your slides as soon as possible. If you wish I'll be glad to make copies, comment on the text or anything else. We will of course copy and return your slides. Although it won't be as good as having you here, I will do my best Lovelock imitation. Lorraine and I certainly understand your trepidation; please don't worry about it. Lorraine, Ricardo and I will very much miss you both. We still hope to see you in the US and still want to arrange a retaping of the 45 minute talk for the students.

Much love

*

* *

214. Lynn Margulis to James Lovelock, April 29, 1992

Dear Jim,

I think you have very little idea of how many friends you have. In the last two days people have come up to me and said how sorry they were that they didn't have a chance to see you and how much they had been looking forward to seeing you at the meeting. The Preston Cloud Symposium went over without a hitch. Amazingly, Mrs. Jan Cloud is practically a stand-up comic. She has great experience with speaking; the picture she drew of life with Pres was riveting. Furthermore, all the scientists behaved themselves and presented fascinating information, much of which will be published shortly. I did what I could with your piece. I showed four out of the six slides. That reminds me to ask you if you need them back immediately or if you can wait until we copy some of them, or whether you don't want us to copy them, etc. I won't proceed with the slides until I hear from you. Everything you have to say, especially about biodiversity and the number of organisms that can be built into your models, is of great interest to a lot of people and I urge you to publish it in some form or another.

Gail Fleischacker is approaching the Academy with hopes of actually making a written version of this symposium on "How, Where and When Did Life Originate?" If she's successful in wresting money out of the Academy for her work, then things will proceed. If she does, I can supply her with my copy of your manuscript or you can send her a more polished one that is closer to the written form (if you wish). At any rate, we'll let you know because it may be a moot point if the Academy does not come up with money to proceed. Rosemary Buffington came to the meeting and mentioned that as far as she knew you had changed your plans regarding your trip to HP, so we are waiting with bated breath to find out when in fact you will be coming to the East coast of the US.[455]

As planned, earlier in the week we went to the forest walkway. We did climb into the treetops and walked across the suspended bridge made by Bart Bouricius. It's utterly fascinating; way out in the woods and nobody even knows it's there because they don't look up. So of course if you want to visit the beautiful Berkshire mountains and see the forest walkway, I would be only too delighted to bring you both there. We did not go to see the glacial varves because we needed you to be there, since we have already been there many times by ourselves. All of these things are ready and waiting for you and Sandy. Anytime you wish to join us we would be honored and of course delighted. Furthermore, we won't let anybody know you are around so you would not be under any pressure to perform.

Not only was the audience at the Academy not hostile, but people like Professor Kenneth Hsu, a geologist from Zurich, were positively elated and delighted with the Gaian point of view. I had even mentioned his paper, "Is Gaia Endothermic?," which I don't think you have seen.[456] He told me that he was going to dedicate it to you in print but he was kind of afraid to, not knowing you, and not having a chance to talk to you about how you feel about that first. He was ecstatic about the quality of your work. He was one of several of the people who came up and said they were disappointed not to see you. People that I didn't know at all, so I can't tell you who they were, approached me claiming they were friends of yours. But I must say that at least six people complimented me on the program and said how sorry they were that you weren't there. Some of them didn't even compliment me; they just said how sorry they were that you weren't there. At any rate, we all miss you and we all love you and will do anything we can do to help you continue this line of work. The new aspects of your modeling that are connected to problems of multiple species and biodiversity are fascinating. I have done a paper with Joel Cohen on symbiogenesis and combinatoric generation of diversity that I hope would interest you, too.[457]

455 Rosemary Buffington, working as a writer at HP, produced a *Gaian Science* newsletter at the end of the 1980s. See Lovelock 2000: 185–186.

456 Hsü 1992. Hsü is an eminent Chinese geologist, paleoclimatologist, and oceanographer.

457 A mathematical biologist and MacArthur Fellow, currently at the Rockefeller University and Columbia University. See Margulis and Cohen 1994.

I also want to tell you that several astrophysicists assured me that the whole concept of the increase of solar luminosity with time is being challenged and that some people think there is a decrease. Since almost everybody agrees there is some change, which is what's important for your model, you're OK. But anyway, the one thing we thought firmly, the increase of solar luminosity with time, itself is under severe question because of the models and the neutrinos and all the rest of it are calling it. I'm sure you know that, I just want to reiterate it. In any case, tell me your plans and I will try to get to England to see you sometime this year if you don't call me when you come to HP.

If you are in contact with our mutual friend, Sir Crispin Tickell, tell him that I was fortunate enough to receive this Conti Faculty Fellowship which allows me to escape more frequently from my teaching duties. I've just read part of an article in *New Scientist* about him. I'd like to see it all. I do plan to spend at least a week in England, but I would want to do it when I can see both of you and also visit Green College and see all his wonderful efforts to infuse ecological and environmental thinking into policy planning. Please be in touch. Feel free at any time to send me a fax at home.

Much love

*

* *

215. James Lovelock to Lynn Margulis May 29, 1992

Dear Lynn,

Thank you so much for the news and material from the Washington meeting. I am glad that it went well. I guess I should have come but I am grateful Lynn for your forbearance over my difficulties.

One piece of good news, the biodiversity paper that formed some of the material in the talk you gave on my behalf, has been accepted without fuss for publication by *Philosophical Transactions of the RS*.[458] None of the four reviewers were against publication and two were enthusiastic in favour. Perhaps things are changing at last. A draft of the paper is enclosed.

[458] Lovelock 1992a.

We now look forward to a quiet working summer with no interruptions until mid September.

With love from us both

P.S. Would be grateful if you could send back the slides. There is no way to copy slides here in this remote part of the UK. They are the originals. By all means copy them for your files.

*

* *

216. Lynn Margulis to James Lovelock, June 10, 1992

Dear Jim and Sandy,

I was delighted to finally hear from you and look forward to reading your biodiversity paper. I'm also happy to see it accepted without some silly struggle. Thanks for sending them and for the generosity in lending your slides to the Academy event. In the meantime I enclose here your slides; please confirm their safe arrival by fax (at home: 413–253-3169). I have not copied them since I don't foresee the need to use them but certainly LET ME KNOW if you would like copies of any slides (i.e., scenes of the Archean world, etc.) because I can easily have them made for you. If you have any good materials on ordinary paper that you would like copied into slides, B and W or color, please just send them with your request.

If you are interested I'll be glad to send you copies of two related papers of ours. One shows how species diversity is generated by symbiosis and the other argues for the proper higher taxa (Kingdoms, Phyla) etc. based on explicit criteria. An attempt is made to use genetic, molecular biological and other criteria without privileging one kind.

Unfortunately, I won't be in the US at all in September since I'm going to Scandinavia (for a biodiversity meeting) and to Ricardo's ISME-6 program in Barcelona (6th to 11th). I plan to stay in Barcelona after the meeting because they have awarded me a fellowship for this year and I don't have to teach. On the way home, in October, also via Scandinavia (Oslo) I was thinking of visiting the UK so I am wondering (if I'm welcome) by when you plan to return to Coombe Mill. I'd very much appreciate knowing if this were a possibility since I have to arrange my tickets fairly soon. Of course even if you'd have me I couldn't stay more than one night or two. I'm also wondering if I might go see David Smith at Edinburgh on the same trip

(I've never been to Scotland). I'll miss you at the Cathedral then, where I see you are scheduled to meet with Bill Thompson in September.[459]

Lots of nice news about my family which will wait for the next missive.

I'm so glad to hear that everything is well and peaceful for both of you.

Much love

*

* *

217. Lynn Margulis to James Lovelock, June 15, 1992

Dear Jim and Sandy,

Please note my complicated and incipient plans for the autumn. I would like to come to see you, preferably on Saturday, October 3. But I don't want to put you under any pressure ever again, so please look at my sketch for an itinerary in the enclosed letter to Sir Crispin and please inform me as soon as possible where you might fit in. Do confirm one or another of these possible dates or make a related counter offer.

Gaia ideas have come a long way and we still have much to discuss. Peter Westbroek is here at the moment and explaining his plans for co-ordination of a Gaian global modeling approach. Do you know anything about this?

Did you ever receive the draft of my biodiversity paper?

Much love to you both

*

* *

218. Lynn Margulis to James Lovelock, no date[460]

Schedule
Lynn Margulis
September–October 1992

Fri Sept 4	Copenhagen (Royal Danish Academy: Biodiversity in a Changing World, 2nd day symposium lecture).
Wed Sept 9	Barcelona ISME-6, plenary lecture: Individuals as Microbial Communities

[459] The Cathedral of Saint John the Divine in New York City, which held Lindisfarne Association events to which Lovelock was invited.

[460] We place this document from the James Lovelock papers here as the likely enclosure Margulis mentions in Letter 217 as a "sketch for an itinerary."

[illegible text]
[italics and brackets in original]

Fri Oct 2	*Discussion of environmental education?]*
Sat Oct 3	[*Jim and Sandy Lovelock?*]
Sun Oct 4	[*Travel to Edinburgh, Sir David Smith?*]
Mon Oct 5	[*Edinburgh dinner with Sir D.C. Smith and Sir Crispin Tickell as speaker, Royal Geographical Society?*]
Tues Oct 6	Heathrow [*Jim and Sandy Lovelock or on to Paris and Girard Blanc?*]
Oct 9	Return to US

[? = tentative plans]
cc: Sir Crispin Tickell
Sir David Smith
Girard Blanc
Jim and Sandy Lovelock
Knut Kloster and Larry Joseph

* * *

219. James Lovelock to Lynn Margulis, June 29, 1992

Dear Lynn,

Saturday October 3rd looks good. It is down in our diaries so you can assume it to be fixed. I do not think a copy of your paper on biodiversity arrived here. The slides did but not a paper. It may still be travelling.

On biodiversity did you see an article by the Ehrlichs in *Ambio*, May issue pages 219–226.[461] It combined a petty put down of Gaia along the lines of the *Science* commentary last year together with the hijacking of a key piece of Gaia argument, namely that the forest ecosystems are valuable through their capacity to self-regulate climate and chemistry. Arseholes are becoming more prevalent I fear.

With love from us both

* * *

[461] Ehrlich and Ehrlich 1992.

220. James Lovelock to Lynn Margulis, October 24, 1992

Message to: Professor Lynn Margulis
Please forward if away.
From: Jim Lovelock
One page only.

Just had a fax from Wolfie Krumbein with notice of his proposed Dahlem conference. Such a conference on Gaia would be a splendid idea but no one I can think of worse to organise it than Wolfie. Wolfie wants among the planners of the meeting, Wally Broecker, remember he was the one who tried hard to prevent the San Diego meeting on the grounds that Gaia was anti-science, and Paul Ehrlich who bad mouths Gaia and at the same time plagiarises it as his own idea. Wolfie had proposed sensible scientists like Andi Andreae as well, but the meeting proposal reads more like one from an impresario staging a grand opera than a scientist.[462] I will not attend and I hope that you will not either.

What we badly need is a serious scientific meeting of practising geophysiologists and open-minded biologists. The Oxford meeting at Green College now looks like offering just this, and the dates July 13th and 14th 1993 are more or less booked.[463] We have enough money, I think, to pay the fares of the speakers. What do you think of a general title and description of the meeting as "A mid-term report of the progress of Gaia theory."

We don't need invite destructive critics, it isn't a TV show, but there are many good and sensible biologists who are sceptical without having closed minds. Stuart Pimm is one that comes to mind, Robert May may be another. Quite definitely I will not attend a meeting on Gaia that is set up like a high-school debate. Kirchner's sophistry at San Diego was more than enough for me.

Hope all goes well with your sabbatical and apologies for bothering you with my doubts about the Dahlem conference.

With love from us both

*

* *

462 Meinrat (Andi) Andreae, German biochemist and colleague of Lovelock, co-author of the CLAW paper (Charlson et al. 1987).

463 Lovelock details the origin of the Oxford Gaia conferences in *Homage to Gaia* (Lovelock 2000: 274–275). See also the introduction to this volume.

221. Lynn Margulis to James Lovelock, October 27, 1992

Dear Jim,

Don't worry about your apparent but not real paranoia over Wolfie [Krumbein]'s grandiose plans for the Dahlem. From the note below it becomes clear that I have more cause to worry about Dawkins, especially when his unbelievable fear of discussing Gaia and symbiogenesis gets into *The Guardian*!!

Connie Barlow's (and Tyler's) Gaia article has been published in *BioScience*, we both need to see it.[464]

I'd love to come to your meeting at Green College with Crispin, etc. I do think you ought not use the word "progress" in the title, however. How about: "Status of Gaia Theory" or "Gaia theory two decades later" or "The Gaia Hypothesis: New observation and theory." I tried with no success just now to call you, unfortunately I never spoke to you during our time at King's College which, even with Hawking, went very well. We returned last night!

I'm coming back to the UK on Dec 17 to give the Christmas lecture at the Entomological Society in London (Thurs.) invited by the wonderful Miriam Rothschild.[465] I'm hoping to be able to see you Fri of that week. Please let me know if you have plans for that day or for Saturday morning, Dec 18. Will you be going to London or Plymouth around that time? I'll be coming from the Netherlands, Peter Westbroek, etc. who certainly ought to be invited to Green College, if possible. Also Ricardo would very much like to come and represent "early microbial phototrophic ecosystems" or "the prePhanerozoic sulfur cycle as inferred from modern communities of phototrophic bacteria." I suspect he can pay his own way if you are willing to write him a letter of invitation. It was great to be working with you again.

Love

[pasted into the fax] *The Guardian*, October 22, 1992: Science Diary, Tim Radford[466]:

> FEVERISH excitement at King's College, Cambridge, where Scientists for Global Responsibility have organized a forum tomorrow called Science For The Earth, with an opening lecture by the formidable Lynn Margulis and a keynote message by the cosmic Stephen Hawking and some Earth-shaking stuff from the seismic Jeremy Leggett of Greenpeace International.[467] Plus a post-seminar

464 Barlow and Volk 1992.

465 British natural scientist and author.

466 British science journalist and science editor at *The Guardian*.

467 Jeremy Leggett, director of science at Greenpeace who later became a successful entrepreneur in solar energy.

post-mortem at the Eagle "the pub in which Crick and Watson celebrated their discovery of DNA." The whisper is that the charismatic biologist Richard Dawkins was to have attended, until he heard about Lynn Margulis. He is said to have intimated that he would sooner share a platform with Attila the Hun.

*

* *

222. James Lovelock to Lynn Margulis, October 29, 1992

Message to: Professor Lynn Margulis
From: Jim Lovelock

Dear Lynn,

It is not too bad a thing to be attacked in *The Guardian*. They have made at least three on me, one accused me of being a bought man of the chemical industry (quite untrue – no such luck), another was a whole page diatribe against Gaia. *The Guardian* is our left wing 'Quality' daily. They support tribal causes, like Irish republicanism, Neodarwinism, and the Catholic Church. All outside the *Guardian* tribe are, in their terminology, fascists; so glad that at last you have been elected to this honourable outcast state.

I think you missed the point of my last fax. Of course I would not object to the presence of opponents at a Gaia meeting, but Wolfie [Krumbein] says he has invited Ehrlich and Broecker to be among the small group who meet in Berlin to plan the meeting. Unless he can muzzle them, their agenda would be the final demolition of Gaia theory. Why we should assist in such a project? There are plenty of decent opponents like Dick Holland, Jim Kasting, Stuart Pimm, Robert May and many others he could have chosen. Wolfie may be an excellent gardener of algal mats but he is quite unsuitable as an organiser of a Gaia meeting. I think that Gaia deserves something better.

I take your point about the title of our meeting in Green College. So glad that things are going well for you on your sabbatical and yes we look forward to your visit in December.

With love from us both

*

* *

223. James Lovelock to Lynn Margulis, November 8, 1992

Dear Lynn,

Your latest fax to Wolfie Krumbein makes me sure that you have misunderstood me. My concern over his proposed Dahlem Conference is twofold. First the danger of it clashing with our meeting in Oxford and secondly the real danger that in Wolfie's hands it will become just a re-run of San Diego by the little league. Do you really want Jacques Grinevald as a speaker? He would be fine at a meeting organised by the Audubon society, but Gaia has reached the stage of deserving something more solid than this. In no way is this meant as a slur on Jacques, he is a good and respected friend, but not a serious scientist. The same goes for others on your and Wolfie's joint lists. My paranoia is on Gaia's behalf not mine.

The planning of the Oxford conference goes well. It is intended to be a small meeting for those actively working on geophysiological science and will include experimenters, for example, Ayers from Australia whose work finally established the cloud algal connection, and modelling theorists who are at the sharp end of climate prediction, like Tom Wigley, from East Anglia and many others we can think of.[468] New Agers, and chattering scientists, those with much to say but nothing to add, will not be asked to attend. The title is evolving and the latest one arrived at during discussion with Mike Whitfield and Andrew Watson is 'The application of control theory in Earth System science.' Gaia deserves a thoughtful scientific meeting where active experimenters and good theorists can meet and exchange ideas.

Wolfie does listen to you and I ask therefore if you could try to persuade him to time it so that it does not clash with the Oxford meeting. Ours will now be sometime in April 1994. I would be happiest if you could also persuade him to have a meeting mainly for biologists and about the broader view of evolution by natural selection. It would then complement rather than rival the Oxford meeting which is mainly geochemists, geophysicists, and community ecologists, with physiology as a guiding principle.

We are away all this week lecturing at the Open University and in London.

Love

[468] Greg Ayers, Australian atmospheric scientist; Tom Wigley, climate scientist at the University of Adelaide.

1993

Water Gaia

In 1993, against Margulis's residually biocentric orientation, Lovelock affirmed the need to conceive of Gaia in a way that gives the geosphere and the biosphere equal importance while also overriding their conceptual separation: "I think it best to look on Gaia as a coupled system involving both the biota and the material world. Something that cannot usefully be separated into parts" (Letter 227). It is ironic, then, that during this same period Margulis was almost completely unsuccessful in persuading Lovelock to join her in a line of enquiry that did precisely that. She gave it the name "Water Gaia." As we noted in the introduction, in 1990 she informed Lovelock, "Our first job is to rename the planet" (Letter 202). Her immediate meaning was that this planet in its Gaian specificity should be called Water instead of Earth. This is because the water that has been necessary for all life on Earth for all time is in no way an eternal fixture of the planet but, quite plausibly, a condition of habitability that Gaia itself has preserved since its inception. In any event, that is the theory that Margulis repeatedly asked Lovelock to pursue with her: "is water retention itself a Gaian phenomenon?" (Letter 202). She posed this issue again in Letters 208 and 210, without any immediate response from Lovelock that we have found. In 1995, this time in the context of soliciting his preference with regard to the topic she should present at the 1996 Gaia in Oxford gathering, she rehearsed some corollary implications of the Water Gaia thesis: "Would the rain cycle be sustained on a lifeless planet? I recently saw a *Science News* item entitled 'No Ocean, No Motion' arguing that oceans are necessary for plate tectonics" (Letter 248).

In short, if Gaia keeps Earth's water from escaping the planet, that active retention also keeps the oceans intact, which planetary formations are necessary to drive plate tectonics, which are necessary in their turn to build the continents and recycle the components of the Earth's mantle, which can then move into and out of Gaia, replenishing its planetary activity of water retention. In the correspondence we have gathered, it is not until 1996, responding to yet another prompt on this topic from Margulis, that Lovelock offered a reply on the matter, in a single offhand sentence before moving on to other things.[469] But it would be another eight years before Lovelock, somewhat out of the blue, agreed to Margulis's longstanding request to collaborate on the Water Gaia issue:

> . . . yes, I do want to write a paper with you about water. Too many geochemists still ignore the aridity of Mars and Venus and seem to accept Earth's water as God, not Gaia, given. I have just started on a new book and we will be away again from July 3rd to the 18th. So why not draft the outline you had in mind for the paper and I will return it with my own ideas added. We should be able to take it from there. (Letter 279)

In whatever way matters may have developed from there, eventually this project moved to a consummation only when Margulis finally enlisted Stephan Harding as a co-author and the two produced, in our estimation, one of the great and still untapped Gaia essays, with the winning title "Water Gaia: 3.5 thousand million years of wetness on planet Earth" (Harding and Margulis 2010).[470] And perhaps this new collaboration was the ultimately fitting resolution to the Water Gaia saga, one that put a kind of period on the Lovelock–Margulis collaboration. It arose as a consequence of the permanent upturn in Lovelock's personal resources and with his repeated expressions of desire throughout this period to pass the hands-on development of Gaia to the next generation: "Yes it does seem possible that without organisms there would be no, or at least little, water by now. The Volvo Prize will allow me at last to spend almost full time on my autobiography. It is wonderful to have Tim Lenton and Stephan Harding take over my part of the Gaia science" (Letter 254).

*

* *

224. Lynn Margulis to James Lovelock, January 11, 1993

To: Jim Lovelock
From: LM
Re: *Science* magazine

Science maligned me again (Nov 20) and when I threatened to sue them if they didn't publish my letter they agreed to cut and publish it. It is called

[469] For a contemporary discussion of these ideas, see Van Thienen et al. 2007.
[470] For his account of this project, see Harding's contribution to this volume.

"Gaia in *Science*" and it ought to get some attention. Anyway I have cited your paper "A numerical model for biodiversity" *Trans Royal Soc London* [*Margulis's note*: *Philosophical Transactions*] but I must change "in press" to a real citation in order to make my point that Gaia is good science and that papers on it are reviewed and published in the professional literature. I do hope you can send the citation by fax and, if you don't have it yet, that you can call the Royal Soc and wheedle it out of them.

I think you'll like my letter and, when it's edited and agreed upon (they insist on cutting it severely) I'll send you a copy of course. In any case you will love Ricardo's excellent introduction to *Edades* ("Ages") *de Gaia*. As soon as the book comes out I really look forward to translating it for you. He worked long and hard on it and it came out exceedingly well.

Much love, also to Sandy of course

PLEASE HELP ASAP

Send an equivalent published reference if necessary.

Thanks!

*

* *

225. Lynn Margulis to James Lovelock, January 15, 1993

Dear Jim and Sandy,

Thanks so much for the help. The letter, with reference, will come out either the last issue – January or the first in Feb – (*Science*) called "Gaia in *Science*."

I'm not sure this fax went to you since I received a "start-again" message. I want you to know about Ricardo's work on "Edades."

I enclose photos I took of my house and also of my quotable neighbor, Emily Dickinson, who talks to me all the time ("Nature is a stranger yet"). Her's (born in 1830) is brick. She was born in this house, her father's daughter to the end – she died there also. I send these to reiterate my invitation to visit. The scene is especially gorgeous now because of the winter wonderland. It's snowing hard.

Love

*

* *

226. James Lovelock to Lynn Margulis, February 19, 1993

To: Lynn Margulis
From: The Lovelocks

Dear Lynn,

Thank you so much for your letter, photographs, and for letting me see your letter to Lewis Thomas. I had no idea that he was ill; please do pass on my best wishes to them both.

I am grateful for your kind words in *Science*. They really are a stuffy journal. I can't wait for the time when they come to us for a paper, as will happen before long, and we can refuse on the grounds that *Science* lacks the objectivity required for the publication of our paper.

I have recently been diagnosed with having coeliac disease and have probably had it all my life. The change to a diet free of wheat products has greatly improved the quality of my life and given so much renewed energy that we are now in the midst of a ridiculous amount of work. One piece of work is a paper that Lee Kump and I are preparing for *Nature*.[471] We think we have made an important step in understanding the feedbacks involved in the cloud algae affair. The key part of it is that for several reasons algae do best in the cold. Not a consequence of biology but because the formation of stable thermoclines when it is warm denies them nutrients. In addition a young physical chemist at Plymouth has found that the atmospheric reaction that produces clouds from DMS is temperature sensitive in the way that makes cold weather more cloudy. As soon as it is finalised we will send you a draft.

Sandy and I leave for the US on March 28th en route for Japan. There will not be the time on this occasion to call at Amherst, but we shall be seeing you at the Lindisfarne in August in Colorado or New Mexico wherever Bill [Thompson]'s place is.[472]

In haste but with love from us both

*

* *

[471] Lovelock and Kump 1994.

[472] During these years the Lindisfarne Fellows meetings take place in Crestone, Colorado, at a new facility designed on cosmic principles.

227. James Lovelock to Lynn Margulis, March 15, 1993

Message to: Lynn Margulis
From: Jim Lovelock

No problem with faxes, at least three copies of your slides have arrived all of which are legible. We have been away this weekend.

There are some problems with the slides:

Take CO_2 for example. The Gaian operation is to control the rate of weathering calcium silicate rock which, says Dick Holland, and I agree, is the only sink for CO_2. The only source, he says, is inorganic, and again, I agree. The huge turnover between plants and consumers is a do-nothing cycle. The long-term residence time varies with the rate of weathering, fast during the glaciation but slower now and with a residence time of about 100,000 years. There are many short-term sinks like growing trees, algal growth in the ocean, but with these it all comes back when the consumers eat the product.

I think it best to look on Gaia as a coupled system involving both the biota and the material world. Something that cannot usefully be separated into parts. So your column inorganic is Gaian, and the column labelled Gaia only indirectly concerned with CO_2 regulation – it is a measure of the total – the rate of weathering will probably be proportional to it.

The same is true for oxygen. The only source is the burial of a tiny fraction of the carbon photosynthesised and the sink is wholly inorganic. The Gaian regulation probably occurs in the selection of material to be buried.

We need a different approach for these slides. There will not be time to do it before I leave for the US and Japan at the end of the month but I can if not too late do it in May or June.

I am in the midst of preparing three different lectures. One for NCAR, one for Tokyo and one for Winchester Cathedral. The one for NCAR will be the subject of a *Nature* paper that Lee Kump and I are writing on the cloud algae story. We are very excited and think we have made a significant step. As soon as it is done I will send you a copy.

In great haste and with much love

*

* *

228. James Lovelock to Lynn Margulis, March 26, 1993

Dear Lynn,

After one of the busiest and most productive months ever we are off on Monday on a trip to Philadelphia, Boulder and Japan. I wish that there had been more time to help with your atmosphere slides but there was not. Part of the problem is that I have lost touch with up-to-date information sources on the levels, sources and sinks of the gases and to do a good job would take time. I suggest that we leave it until the summer. I will ask Lee Kump, who I am seeing next week, if he has the information and would help directly.

Lee and I are preparing a paper for *Nature* on the cloud DMS algae story. We think that we have made a significant step towards understanding what is a very complex affair. I will send the draft when we have finished composing it.

Will you be at Bill Thompson's do in Crestone this summer? Probably this will be our next meeting place.

Have had some faxes from Carl [Sagan] recently over a paper they were sending to *Nature* on the attempts of the Galileo fly-by to see life on Earth. It was quite extraordinary, their views had not changed since 1966.[473]

[*handwritten by Sandy Lovelock*]

Dear Lynn,

At last . . . a list of Jim's papers (not quite all, but perhaps most important ones). Will send you updates as and when.

Love from us both

*

* *

229. Lynn Margulis to James Lovelock, April 20, 1993

Dear Jim and Sandy,

I am here helping the *Catalan Enciclopedia* people launch an utterly gorgeous 10 volume work: *Biosfera*. The volumes beginning with I. Living Planet are organized by ecosystems (e.g., II. Tropical Forests. III. Oceans and Seacoasts, etc.) Under separate cover we have sent you the brochure. The entire work is in a Gaian context and you will love it. Ricardo, Dorion and

[473] Sagan et al. 1993.

I have helped a great team of scientists, including those who head conservation and wildlife preserves worldwide. Anyway, the Catalan government plans to dedicate an entire regional publication to Gaia, environmental problems and biospheric science. They ask if we will help by arranging an interview with you (and only one journalist: Luis Angel Fernandez Hermana, a good friend.) We (Ricardo and I) want to grab this wonderful opportunity to come and visit you both (we won't burden you by staying in Coombe Mill, we'll stay in Plymouth or Exeter and try to see Andy Watson, Patrick Holligan and Mike Whitfield). We hope we might come Oct 6–7th since I have to give a talk in Oslo and Barcelona and therefore would not have to pay any transatlantic fare (or suffer another trip). *Edades de Gaia* (Ages) is doing well and Ricardo's introduction is smashing. I keep trying to record his intro on tape for you but I get diverted. If we can come and visit I'll be able to do this in person and also help in any way with your plans to have a scientific meeting with Crispin's group in 1994.

I'm trying to get Smithsonian to publish the English version.

Now all we need to know is if you will be around Coombe Mill to give us a little time between Oct 6 and 8. If not please let us know at this fax machine as soon as you can. If you will be home there isn't any need to do anything, we'll just send you copies of some of the publications that your ideas have so profoundly influenced (the activities here). I can't come until the 5th and can't stay past that weekend since I have to return to teaching on Mon 11 (Oct).

Very much love

*

* *

230. Lynn Margulis to James Lovelock, April 20, 1993

Dear Jim and Sandy,

These are the "under separate cover" things referred to in the fax we sent today. We dearly hope you'll be around and we can visit in October. We've just finished writing "bacterial landscapes" for Volume 10 (Oceans and Coasts). The *Biosphera* project is Gaian, is gorgeous and needs all the aid it can get. I'm trying to get the Smithsonian to publish the English version by lobbying at the Natl Acad Sci next week. Any suggestions are welcome. Crispin is all for it but is not in a position to do anything directly for the

English-language version. It will go from Catalan to Spanish so we do have some time. How glorious to have this information in one place, reliably.

Do let us hear from you,

Much love as ever

P.S. I leave tomorrow early am for MA.

*

* *

231. James Lovelock to Lynn Margulis, April 23, 1993

Dear Lynn,

So sorry to be such a bad correspondent but life is busier than ever and for the past few weeks we have been away in the USA and Japan. Today we go to Winchester for an Earth Day thing that somehow trapped me when I was not watching. Next week we have visitors from Japan and then a trip to Strasbourg for an EEC meeting.[474] After that we rest and try to catch up with our friends.

We look forward greatly to seeing you and Ricardo in October.

With love

Of course you and Ricardo must stay here. The Shippon is now much improved and suitable for you both.[475]

*

* *

232. Lynn Margulis to James Lovelock, May 25, 1993

To: Jim and Sandy
From: Lynn and Ricardo
RE: visit en route from Barcelona

Have you seen *Christianity Today*'s Gaia article: The Earth is alive? If not I'll fax a copy (that of course will lack the color pictures) to you now. Or the

[474] EEC is the European Economic Community. Its activities were absorbed into the European Union with the formal establishment of the EU later in 1993.

[475] Shippon: *British dialect.* A cow barn or cattle shed.

article about Gaia with the five-kingdom hand color picture, in the *Kansas City Star*? Let me know if you want copies please.

Thanks for your recent missives. You are an excellent correspondent, don't worry. I'm always happy to hear from you whenever you can get to it. I have been working very hard on it so that, at this point, I think *Biosphera* will eventually come out in English published by Smithsonian Press, which is the very best thing that could happen to the Gaia hypothesis since the illustrated volumes of the *Biosphera* work are so really connected to the biomes and UN preserves (on this Earth, not in anyone's imaginative model).

Although I'm delighted that you plan to be home the first week in October and we do hope to visit for one day then, we are making summer plans now. It turns out that Luis Reales (if I have his name correctly) who is writing the Catalan-natural-history-Gaia booklet we spoke about can't do the interview in Oct since he will be in the US. So we are hoping that we three might visit you sometime between Jul 29 and August 3 on our way back to the US from the ISSOL meeting. If we scheduled the UK within a transatlantic voyage it would be far easier and less expensive for us, and then we could help with the interview. They are planning a beautifully illustrated booklet on the natural history of Cataluña explicitly in the Gaian context. Best for us would be to do the interview with you on Thurs or Fri the 29thish of July so we might return to the US by Monday. Let us know if you might give us a one-day firm date that week, say Fri Jul 30th. We promise to be extremely circumspect and take as little advantage as possible of your superb good nature and kindness. All details can be arranged after the dates are set. Because the airline tickets cannot be changed we must make flight plans soon.

Looking forward to seeing you both soon. Much love

*

* *

233. James Lovelock to Lynn Margulis, May 26, 1993

To: Professor Lynn Margulis
From: Jim Lovelock

Just back from a brief trip to Cornwall and off in a few days to Ireland. My first visit there since 1977. Hope to show Sandy what a wonderful place it is in spite of the abominable Irish in the North and their awful extended family in Boston.

Of course you and Ricardo and friend will be welcome here in late July. We may have problems with accommodation at that time because it is family visiting time here but nothing has yet been fixed. Keep in touch as the date approaches.

With love from us both

*

* *

234. Lynn Margulis to James Lovelock, June 16, 1993

To: Jim and Sandy
From: LM

I'm desolate to tell you that Heinz Lowenstam died (of lung cancer) last week at the age of 80. He will be sorely missed. I spoke to Lillian and to Steve Weiner (who is with her in CA after having missed Heinz) and they are doing what they can. I'm delighted that I spoke to him for an hour two days before he died, we knew he was sick but not that sick. He was more than lucid as we reviewed the major biominerals (enclosed.) Now Steve Weiner promises to check this tabulation for us.

Yesterday I also received news of Mr. Alan McHenry's death as well, also a smoker, also nearly 80 years old. The director of the Lounsbery Foundation. Without his aid we never would have been as productive as we have been since 1984 when they began to fund us (very modestly, but something each year).[476] The Protoctista handbook and glossary were supported by them and McHenry was a wonderful man (whom I had just seen in good health at the Lewis Thomas award for scientist poets last month).[477] Anyway this is why Donna [Reppard] not I sent the fax yesterday, after I had a chance to talk to Jeffries at the Linnean Society.[478] I do hope we can work it out since I would much rather go to Gaia than to Linnaeus (I can't go to both unless the dates of Linnaeus are officially changed). I'll let you know as soon as

[476] The Richard Lounsbery Foundation, founded in 1959, has supported French and American science and technology, with an emphasis on biology and medicine.

[477] The Lewis Thomas Prize for Writing about Science was established by the Rockefeller University in 1993, in honor of Thomas in the year of his death.

[478] Peter Jeffries, professor of microbiology at the University of Kent.

I know myself. How much money, if any, will your program be able to pay toward the transatlantic travel? I know of course that you have very little.

We have fixed and unalterable tickets in July so we are definitely coming to England that last weekend (July 30–Aug 1). We will stay in Plymouth and rent a car, so please don't worry about any other visitors (*family time*) as you mentioned in your wonderful missive.

We greatly look forward to seeing you soon, much love

Henry David Thoreau
Journal Entry:
December 31, 1851
Massachusetts

> The earth I read on is not a dead, inert mass. It is a body, has a spirit, is organic, and fluid to the influence of its spirit, and to whatever particle of that spirit is in me.

*

* *

235. Ricardo Guerrero and Lynn Margulis to James Lovelock, July 24, 1993

Dear Jim and Sandy,

[*from Ricardo Guerrero*] We are sorry not to have contacted you sooner but only last night did we learn about the detailed plans of our visit. The Catalan government has appointed recently a Minister of the Environment (there is no such a Ministry in the Central government in Madrid), who supports the publication of high-quality large-format reviews in color called *Medioambiente* (i.e., Environment). They appear four times per year. They are preparing a special issue on Gaia. Luis Reales, the science journalist who is in charge of the magazine, will bring some samples with him. He is in charge of the science section of *La Vanguardia*, one of the most intellectual and serious newspapers in Spain, which runs a full color science supplement on Saturdays. The plan is to do a "What's new Gaia?" interview with you and try to apply it to the local setting. Reales is coming with us but he can only stay on Friday morning, and early afternoon.

We have collected some useful previous information, so that probably he will only want your recent thoughts about Gaia. We will meet him in London in the airport on Thursday afternoon and travel together to

Launceston where, apparently, he has a hotel reservation. We will try to make a reservation there as well for Thursday night.

Please send us by fax a copy of your good map to Coombe Mill, so that we can get a taxi from Launceston to your home at whatever time in the Friday morning you wish. Reales has also requested that a photographer from London visit and take photos for these publications. This will be Friday morning also. Luis Angel Fernandez Hermana (to whom you have met before) was supposed to join us, but is now in South Africa. Anyway, we remain with the plans I'm trying to describe. We hope this will all aid in the raising of scientific Gaian awareness. Since Reales has to return to London Friday night it will all be over soon.

From Lynn:

I will be very delighted to translate Ricardo's lovely introduction to *Ages of Gaia* in the Spanish version. I am sure you will enjoy it. Also do tell me if your videocassette player can take the American standard (NTSC; the European is PAL). If so, I have a few short videos that we made on ½ inch tape of live material that I would like to show you both – less than ½ hour, and Jeremy [Sagan] did the music to some of it.

Unfortunately I cannot come back in October at all and I am not even sure whether I can come to the April meeting which is promising to be so excellent. Mr. McHenry of the Lounsbery Foundation suddenly died – he wonderfully helped with money for our projects since 1984 – and between NASA and UMass travel has become impossible to justify. But I want to try.

The other sad news, which by now I am sure you heard, is that our dear friend Heinz Lowenstam died of lung cancer in June. I spoke to both Lillian (who was with him until the end) and to a very disoriented Steve Weiner who arrived in Pasadena too late after planning to spend the summer with Heinz in the lab. Most importantly, I called him at the end of May after learning of his illness and spoke perhaps an hour to him about the current state of the list of biominerals. As a result of discussions with him and John Stolz, I have a highly simplified but very useful list of minerals made by organisms at moderate temperatures and pressures that of course are considered "inorganic" that might interest you. How unaware I was that this would be the last time because he was totally cogent and clear throughout this engaging discussion.

As you know our plane leaves for the US Monday morning. Of course we will return to London in plenty of time. After dispensing with our duties to Catalan Gaia we can plan further with you but in any case we promise to be exemplary guests causing as little disturbance as possible.

Although it is not settled, we think it highly likely that *Biosphera* will be published in English by Smithsonian Institution Press. I (Lynn) have been working hard to achieve this. I know there is no contract yet, but I think you have seen the gorgeous flyer, no? What emerged in discussions with the heads of [*Gran*] *Encyclopedia Catalana* here and with [Thomas] Lovejoy and others at Smithsonian in Washington is whether or not, in principle, you would be willing to write a short foreword to the English version of the 10-volume series. One aspect is clear: from the beginning there would be only a single English version in the UK, the US, Australia, Canada, etc. This single standard handled entirely by Smithsonian Press so that the level of both text and illustrations would remain as high as you saw it to be in the glossy flyer.

Please acknowledge this fax by sending us the map from Launceston, reminding us from which station and at what intervals, approximately, the trains leave from London to Launceston (or Exeter).

Gaia Press, Joss Pearson's outfit, has contacted me via a Philip Someone, re our proposal for a Gaiagraphix. I have his fax with me but do not want to answer until I speak to you about him, and them.

Much love to you both

*

* *

236. James Lovelock to Lynn Margulis, July 25, 1993

So glad to know you will be here later in the week. Family are not coming until Friday night so we will be expecting you and Ricardo here. There are no good hotels in Launceston. If your friend needs a hotel near here we recommend the Arundel Arms Hotel at Lifton. Why not come down on Thursday morning and let's do the interview on Friday morning.

Map and written directions enclosed. The map is to some extent outdated by the building of a new road (A30), but directions from Launceston remain as written. The best way to this region is by train from Paddington Station in London. There are trains to Exeter at approximately hourly intervals. A good train from Paddington is the 09:35 arriving Exeter 11:58. Another the 12:35 arriving 2:45 and in the afternoon the best train is the 5:35 arriving 7:42. You could fly to Plymouth from Heathrow. Brymon Airline has four flights a day to Plymouth which is no further by taxi from here than Exeter. You would need to book the flight in advance.

All news can be exchanged when you are here in person.
With love

*

* *

237. Lynn Margulis to James Lovelock, August 10, 1993

Dear Jim and Sandy,

If both (or either) of you are willing to read our relatively short (to be profusely illustrated) manuscript: *What is Life?* we (Dorion and I) would be deeply honored and appreciative. We (science writers – Dorion and me, general partners) only want to catch egregious errors and misunderstandings, raw edges and incomprehensibilities. We are not seeking quotable praise, rather we can accept and incorporate hard criticism at this time. We would send you, under separate cover by air of course, the 50,000 word ms. (and the list of illustrations since we don't yet have our act together on the 80–100 fabulous photographs and occasional drawings we plan to use). We would welcome marks directly on the ms. and you would have until Oct 15 to give us criticism we will happily incorporate. After that we would hope to have a finished manuscript. Peter Névraumont, the publisher, is very thoughtful and conscientious. Furthermore he is a true bibliophile, among the last in the publishing business. His previous book, Niles Eldredge's *Fossils* (Harry Abrams, NY) inspired us to work with him and we are delighted by this choice.[479]

I keep plying Luis Reales with written materials and Ricardo rapidly delivers him other Gaia literature in several languages. I know his project is coming along nicely, thanks mainly to your hospitality.

Much love as ever

*

* *

[479] Niles Eldredge, famous American biologist and paleontologist who collaborated with Stephen Jay Gould on the theory of punctuated equilibrium.

238. Lynn Margulis to James Lovelock, August 20, 1993

To: Jim and Sandy
From: Lynn
Re: Gaia Society etc.

We had a marvelous time – my photos came out beautifully, even those of Lifton showing just how marvelous. Thanks again. We are supplying Luis Reales with written materials for his article on you, and the work.

Do you know this most extraordinary book?[480] I just received it from Carl because I've been away.

Love

[480] Note written on a print-out of the title page of *The Gaia Society Handbook*, by Jon K. Hart, 2nd edition, April 1993. This was an American organization, not to be confused with the London-based Gaia Society begun in 1998. See the introduction to this volume.

1994

239. James Lovelock to Lynn Margulis, January 5, 1994

Message to: Professor Lynn Margulis
From: Jim Lovelock

Crispin has just invited us to your lecture at Green College later this month.[481] I wish that we could come but the date clashes with an entirely unavoidable meeting in London. I wanted you to know that we will be there with you in thought if not in the flesh.

With all best wishes for the new year

*

* *

240. James Lovelock to Lynn Margulis, November 13, 1994

My dear Lynn,

I was so sorry to learn that Morris [Alexander] had died. When my father died it was not just a sad event, it marked for me the end of a kind of innocence. I remember when Morris came here to Coombe Mill. He was about as old then as I am now and quite vigorous. We send our condolence.

Sandy and I are preparing for our visit to Ricardo in January. Will you be there? Otherwise we are peaceful and just about to start on my autobiography which will be my main work for the next year or so. We will be holding another meeting in Oxford in April 1996 to the title "The Superorganism." Do hope that you will come.

With love from us both

*

* *

[481] Margulis's invited lecture at Green College of Oxford University in early 1994 was titled "A Century Without Symbiogenesis is Enough."

241. Lynn Margulis to James Lovelock, November 27, 1994

Dear Jim and Sandy,

Everyone here is delighted about your forthcoming visit except me: I'm desolate not to be able to attend your lecture on January 26. Ricardo has been making his usual superb arrangements and has delivered newspaper copy to *La Vanguardia*. I think that for the occasion they are even going to publish a piece I did for them on the origins of life during the ISSOL meeting or something. Since the Lyceo (concert hall on Las Ramblas) burnt down in a terrible fire the Barcelona culturati have suffered difficulties in placing their most exciting cultural events like your impending visit. But they are working it out, and of course they will overcome. Alas, I'll miss you for two reasons: I have to return to work in Massachusetts beginning with a flight out tomorrow morning at 8 am. And, on January 23 I have an open meeting, a public discussion at NASA Hdqtrs in Washington DC with Daniel Golden (the current NASA chief administrator) and Leslie Orgel about where the NASA life sciences program is supposed to be going. Apparently our contribution involves mostly the fielding of questions from the floor, a huge audience is expected.

I've been working here helping Ricardo with the English of a fascinating article submitted by a Czech from Prague named Anton Markos entitled "Gaia theory: role of microorganisms in planetary information network."[482] We are planning to return it to him with a great deal of obvious criticism and, if he revises (even the title will change), I want to publish it in *Symbiosis*, Miriam Balaban's journal. *BioSystems* has gone the way of modeling and has become irretrievably abstruse (I resigned after my December 1993 swansong issue).[483] Did you see Crispin [Tickell]'s "Gaia: Goddess or thermostat?" article in it plus many others that might interest you?

It strikes me as I write you that if he does a really excellent job perhaps we ought to try to put his 5-page paper in a less specialized place such as *Proc. Royal Society*. Markos, it turns out, is your translator of the *Ages of Gaia* book and obviously, in spite of language barriers, has a fine scientific background. (No doubt you already have the Czech version of your book upon which he holds the copyright.) He recognizes the environmental, atmospheric, sedimentary etc. aspects of Gaia to be analogous to the extra-cellular matrix: full of semiochemicals (meaningful signal compounds like

[482] Anton Markos, Czech theoretical biologist. [483] Margulis 1993b.

pheromones and allelochemicals) and argues against a DNA-controlled, linearly acting living system. He's got the sensing system right but he doesn't yet realize the amplification powers of exponential growth. I'm not really doing him justice and you probably have the draft of his paper anyway.

Are you using email yet? When they request my email address, asking me if I have it, I quote you, Jim: "certainly not, it's far too chatty." In fact we are hooked into America On-Line and I will give you the address if you are so inclined. I indulge very sparingly, using it mostly to communicate with Zach and Jeremy, to the point of denying I even have an address.

Anyway, I write you with dismaying news that my father Morrie died on Nov 3rd. I can't remember if I sent you his obituary from the Chicago newspaper. We all (Zach, Dorion, Tonio and I) went to the funeral on the 4th and were filled with both sadness and relief. About three months ago at about 5 in the morning he had jumped out a three-story window of the geriatric center where he lived – for obscure reasons. I think he was disoriented and looking for a cooler place, or a bathroom or something because by then he was in very bad mental shape. He actually landed in bushes with only a broken leg and had been released from the hospital. But on approaching his 85th birthday and having lost his memory entirely he really wasn't interested in much more living. "I had a great life," he used to say to me, "and probably won't last the year." Only later he developed fever and pneumonia and died peacefully. When I had seen him in the summer he knew I was a friendly face but I'm not sure he recognized me.

Did I tell you about our plans (with the Natl Academy of Sciences) to do a two-day program in California "On Biomineralization: Heinz A. Lowenstam, in memoriam," at the Beckman Center in Irvine? Either it will be accepted as it is planned for Jan 3 and 4 1996 or it won't happen at all. If we get the money of course I'm going to ask you to come in any capacity you wish and I'll use the money to pay Sandy's way if needed, as well. I ought to know by this January.

Dorion and I expect our beautiful book *What is Life?* to be out very soon (June next year) with gorgeous photographs in color. Are you interested in looking at proofs and perhaps giving us some nice comments for the cover or for the catalogue? This book is more or less the result of the proposal "Gaia Graphix" we tried to get Joss Pearson of Gaia Books to look at years ago. But it has been heavily influenced – for the good – by the publisher Peter Névraumont, the last of the bibliophilic NYC independents (he has sold the book to Simon and Schuster for distribution). Indeed Connie Barlow did the manuscript editing which we found hard work but extremely rewarding in the end. We now have proof copy in black and white to send you if you are interested in seeing this, in several weeks we will have color proof.

Ricardo leaves for the USA in mid December and will be with me until he returns on Jan 7th. And so continues our exceedingly romantic transatlantic marriage of sorts, all the residual energy on both sides of the ocean spent foolishly in incessant work. I haven't even begun to tell you about teaching and research obligations and privileges because after this week in Barcelona it makes me tired to even think of listing them as they begin again so soon.

As you know even though we are co-authoring a chapter with Peter Bunyard, I have wheedled out of the Schumacher connection for this year (thank you for helping me do that). Yet I do plan to go there in June of 1996 for a week and to combine it with the trip to see Crispin in Oxford. Certainly I'll see you both then, if not before. Ricardo is luckier.

Have a great time in Barcelona. Get them to take you to see the Amazonas exhibit at the Museum of Science.

Did you see the scathing review of Jimmy Goldsmith's new book in *Newsweek* (and his photo)?[484]

Much love to you both from both of us.

*

* *

242. James Lovelock to Lynn Margulis, December 7, 1994

Dear Lynn,

It was good to have your long newsy letter. We had hoped that you would be in Spain in January but can well understand the pressures you must be under in the US. We take a lot of comfort from the thought of you and Ricardo sustaining your romance in spite of the distance and the separation. One of the few advantages of age is that I am now a lot less peripatetic so Sandy and I keep close together all the time. It took 70 years to find true love; it would be madness to miss any of it now that time is short.

[484] Brother of the conservative environmentalist Edward (Teddy) Goldsmith, British financier and far-right politician James Goldsmith published *The Trap* in 1994 (Pan Macmillan), a polemic against international free trade agreements.

It was sad to hear of your father's death. You will by now have my letter in response to the news so I won't say more except that I remember him very well, especially in his kindness to Helen.

The NAS sent some documents about the proposed Discussion Meeting on Biomineralization. It sounded fine to me and overdue if there has been no follow up to the one on the Dutch Island.[485] We were saddened by the news of the death of Arine, Peter Westbroek's wife. He seemed quite distraught. The preparations for the meeting may be just what is needed to take his mind from too much grieving.

I have at last started on my autobiography and apart from the visit to Spain will disappear from view until it is written.

With love

[485] Lovelock and Margulis attended this meeting in 1982. See Westbroek and De Jong 1983.

1995

Lovelock and the Neo-Darwinists

By the mid 1990s, convinced that the Gaia concept was making inroads with the scientific establishment in England, including the bastion of British neo-Darwinist opposition, Lovelock was increasingly sanguine about Gaia's prospects for full scientific recognition. Writing to Margulis in May 1995, he described his encounter with a formidable evolutionary theorist, famous for his work on kin selection (the "gene-eyed view" of altruism):

> I had a meeting with W. D. Hamilton last week – one of the fringe benefits of the Oxford connection. Although he was a kindly and thoughtful man, the meeting was what might have been expected between a geophysiologist and a neodarwinist; we agreed to disagree. Two days later I had a letter from him. In it he said that after much thought it seemed to him that Gaia was after all not inconsistent with Darwin. Where organisms affected their personal environment then the tendency could be inherited and could become extensive, even global. Things move, we have won over Maynard Smith and now perhaps Oxford's leading neodarwinist also. (Letter 244)

Margulis's reply (Letter 245) was characteristically wary regarding Lovelock's anticipation of an armistice between the two scientific camps, but Lovelock was insistent: "I am fairly sure that there is a real Gaia breakthrough here . . . If we have won over Krebs, Maynard Smith and Hamilton we are moving at last" (Letter 246). In the report on his speech inaugurating the Gaia Society in the *Gaia Circular* of Autumn 1998, Lovelock again namechecked Maynard Smith and Hamilton, and for good measure, effused over "Richard Dawkins, whose clear and beautiful writing has done so much to make us all aware of Darwin's genius" (Lovelock 1998). Given his prior comments on Dawkins submitted to Margulis in earlier correspondence, this was a remarkable, if politic, turnabout.

After the second Oxford conference, Maynard Smith would support Lenton's article in *Nature* (Lenton 1998) and Bill Hamilton would start to collaborate with Lenton on a paper articulating Gaia, DMS and natural selection (Hamilton and Lenton 1998). Writing to Margulis shortly after the close of the 1999 Gaia in Oxford meeting, from which Margulis was absent, but whose theme of natural selection drove into the stronghold of the biological cohort, Lovelock underscored the truce he was brokering: "You were missed and I think you would have wanted to be there to see Bill Hamilton presenting Gaian models. The ideas we struggled with nearly 30 years ago now have a life of their own and we can I think take a brief holiday" (Letter 260). When Margulis persisted in doing battle against the neo-Darwinist stronghold in the manuscript of *Acquiring Genomes*, which she submitted to Lovelock for his criticism, he summarized this field of contention as he saw it at the start of the new millennium:

> I do not know how it is in the USA but over here and in much of Europe the neodarwinists no longer wear battle dress and apart from a few diehards still fighting rear guard actions, they are in a mood for a period of peaceful coexistence. I trace the change back to the time of Bill Hamilton's epiphany. Little that is positive has emerged yet but they seem prepared to think that they may have been too dogmatic about evolutionary biology. You would know if there is still disagreement about symbiosis and evolution, but so far as Gaia goes the battle is all but over. I am thinking in particular of the neodarwinists I know such as R. Dawkins, R. May, J. Maynard Smith and J. Lawton. Perhaps you could afford to be more magnanimous. (Letter 270).

*

* *

243. Lynn Margulis to Ricardo Guerrero and the Lovelocks, February 8, 1995

Querido Ricardo,

I write in English for speed (and to send a copy to the "tórtolas famosas," whom I adore).[486]

Thanks for faxes of both the Lovelocks' letters. They are wonderful. I would love hard copies of both of them when you send MORE COPIES,

[486] "Famous turtle doves," or love birds: We take this to be a mildly satirical phrase of endearment for the Lovelocks (cf. Letter 212).

say 10, of the *Vanguardia* (one for Laszlo [Mezholy], one for LO, one for Oona West who painted the drawings, etc.).[487]

Both the National Academy and Lounsbery turned down (rejected) my request for funds. I am going to have terrible money problems for the next two years. My highest priority though is to do properly the chimeric model of the eukaryotic nucleocytoplasm: archaebacteria (*Thermoplasma*) + (eubacteria) *Spirochaeta* in detail since the data is coming in very quickly now. It is important to make people understand that protoctist symbionts aren't lichens. The "pneu" organization of the Ediacaran biota as pointed out in the *New Scientist* article you sent this morning is like *Ophrydium*. (I mailed the original *Ophrydium* ms. for publication in *Symbiosis* yesterday, including the color plate.) Between the protein/nucleic acid sequence data and the fossil materials power can be delivered to the protoctists (both live and fossil) but no one can do this work for me. [Dennis] Searcy's sulfide expm't worked, he IS CORRECT about a residual sulfur reducing human metabolism![488]

Do you know a Dr. Cypess?[489] New head of ATCC, apparently from Cornell University? I probably need to speak to him.

The tedral and the dictionary arrived yesterday.[490] Thanks very much. Also please answer Sagrario Mochales (who sent me a wonderful fax) and tell her that I am totally happy to accept her invitation to have dinner with her in Madrid in April whenever you wish.[491]

Teaching is overwhelming now. The first Gaia class in Environmental Evolution went well yesterday (13 students). I redid Jim's tables on atmospheric gases and the slides are now gorgeous.

Much love and renewed thanks

P.S. Jim and Sandy: I hope to see you at the end of the year in the UK, if not before. I'm thrilled about the Barcelona success and thank you. Also I'm trying so hard to find a decent publisher for the US publication for the splendid 10 volume work *Biosfera*. You are both going to love *What is Life?*

487 LO: probably Margulis collaborator Lorraine Olendzenski; Oona West, microbial ecologist at Michigan State University.

488 Dennis Searcy, American biologist of cellular evolution and physiology at the University of Massachusetts. Colleague of Margulis.

489 Raymond Cypess, head of American Type Culture Collection (ATCC), a non-profit organization that handles microorganisms and cell lines for research and development.

490 Tedral is a medication used for treating asthma.

491 Sagrario Mochales, Spanish microbiologist for Compañia Española de Penicilinas y Antibióticos (CEPA).

which will be out within a few months. Do write me, at your leisure, a juicy personal letter about the BCN trip!

Love

*

* *

244. James Lovelock to Lynn Margulis, March 9, 1995

Dear Lynn,

We were alarmed to hear of your troubles but have faith that like me you are a survivor. It sounds like a GI ulcer. There is a growing belief here that these are mainly caused by Helicobacter pylori infections and that antibiotics are effective as a cure. I pass it on in case it is not yet the fashion over there.

I had a meeting with W. D. Hamilton last week – one of the fringe benefits of the Oxford connection. Although he was a kindly and thoughtful man, the meeting was what might have been expected between a geophysiologist and a neodarwinist; we agreed to disagree. Two days later I had a letter from him. In it he said that after much thought it seemed to him that Gaia was after all not inconsistent with Darwin. Where organisms affected their personal environment then the tendency could be inherited and could become extensive, even global. Things move, we have won over Maynard Smith and now perhaps Oxford's leading neodarwinist also.

Amazingly I am off to Nottingham next week to address the senior management of our Natural Environment Research Council on how to include Gaia in their plans for future research.

You are much in our thoughts, Lynn, and get well soon.

With much love

*

* *

245. Lynn Margulis to James Lovelock, March 27, 1995

Dear Jim and Sandy,

Thanks for your recent letter. I seem, after having lost more than half my blood, to be fine. Apparently I have a colon angiodysplasia that we won't treat at all unless the bleeding recurs.

As for *Helicobacter pylori*, not only am I negative but I have no ulcers at all. I never had upper GI pain and the barium work shows clearly no sign of ulcers. We are now working on *Arthromitus*, filamentous spore forming bacteria, normal symbiotic microbiota in animals. I have reasons for believing the *Arthromitus* are standard gut microbes (we have documented them in termites, sowbugs, millipedes, mice and men at least) that yield to opportunistic infections of *Salmonella, H. pylori*, etc. when the ecology goes awry.

As for W. D. Hamilton and crew, unbelievably, these people not only admit to knowing NO chemistry but they don't even see why they need it. PLEASE SEND ME A COPY OF HIS LETTER in which he states Gaia is not inconsistent with Darwin. (This is news??)

I am thinking of writing a carefully argued Gaia paper showing formally the cybernetic similarities and differences: the sensing system (sum of sense organs), the amplifier (exponential growth, i.e., biotic potential) and the negative and positive feedback loops and their relation to natural selection. Not that you haven't already done this, you have, but these biologists need papers in their own dialect. Are you interested in joint authorship? In any case we need a list of your publications from 1990 until the present (we have lost track of this) not only for my work but I think Donna also requested such a list from Sandy. We would be grateful if you faxed this material.

If you really have written evidence that "we have won over Maynard Smith and perhaps Oxford's leading neodarwinist too"... I would VERY MUCH LIKE A COPY OF THESE. My impression is that Maynard Smith is still anti Gaia, or muddled.

Did you ever read anything about Vaclav Havel, the chief of state of the Czech Republic, about Gaia? If you can find a clean copy of this and send it to me, I would like to see it. Did he put Gaia in the same category as the "anthropic principle" and thus ruin his Gaia statement?[492] Peter Westbroek tried to send me a fax about this but it is illegible.

If Ricardo ever sends me the tickets I plan to be in Madrid with him for the big *Jornadas de Biociencia* the first week in April.

[492] As Margulis suspected, Havel's acceptance speech on July 4, 1994, for the Philadelphia Liberty Medal awarded by the National Constitution Center, did indeed cite the Anthropic Principle – the cosmological notion that universal laws of nature are constrained so as to bring about the existence of life and/or human observers – alongside the Gaia hypothesis.

Thanks for your kindness in this, my only moment of illness.
Much love to you both

*

* *

246. James Lovelock to Lynn Margulis, March 29, 1995

Dear Lynn,

So glad to hear that all is well with you. It must have been awful at the time especially for those who love you.

I am fairly sure that there is a real Gaia breakthrough here. It may not yet extend beyond this small country but it is palpable. I gave two lectures recently, one at Hadley Centre (our climate modelers' habitat) and one at the annual conference of the Geological Society. The latter was at the invitation of John Krebs, now head of our Natural Environment Research Council and an Oxford biologist. In his letter of invitation last December he said "I want you to tell our senior management how to use Gaia thinking in their future research planning." The reception at both places, well known for their tough critical audiences, was warm and encouraging. There were some amusing exchanges at question time. Krebs was chairman and asked me, "Why has it taken so long for Gaia to become accepted"? I replied "Your friends in Oxford did not exactly help." This brought a laugh from the audience and one man said, "but the idea of comparing the Earth with a living organism put many of us off." To this I replied, "There was a disclaimer in the preface of my first book saying that this metaphorical use of Gaia was in the interests of easy reading. Just like calling a gene selfish." This got a roar of laughter and from John Krebs: "touché." On the practical side, the Hadley Centre are sending modellers here in June to discuss the inclusion of Gaia modelling in their global climate models.[493] These events would have been inconceivable two years ago.

Sandy and I were invited by Maynard Smith to Sussex to lecture on Gaia last year. It was a most cordial meeting and he seemed to like and

[493] Founded in 1990 as the Hadley Centre for Climate Research and Prediction with support from Prime Minister Margaret Thatcher. The modelers in question here are certainly Richard Betts and Peter Cox, famous for their modeling of the climatic role of vegetation, a topic about which they extensively exchanged with Lovelock in the 1990s (Betts 1999; Cox et al. 2000)

understand Daisyworld and had just approved for publication Peter Saunders' paper (the one he gave at our meeting in Oxford).[494] Subsequently he has let it be known that anyone interested in discussing Daisyworld and its descendants with him would be welcome to come to Sussex and see him. Last, he has just reviewed and approved a paper by Stephan and me on 'Exploiter-mediated competition and frequency-dependent selection in a geophysiological model.'[495] Like the title, the paper is written in biobabble and both he and Bill Hamilton have approved it.

I will let you have a copy of Bill Hamilton's letter to me but first I need his permission. He may have had second thoughts and not wish a private letter to become public evidence. The crux of what he said, in my words not his, was 'I misunderstood Daisyworld when we talked about it. I did not realise that it was the temperature of the individual daisies that was set by their albedo. This being the case you have a valid model'.[496] It was an extraordinarily nice letter and he had the honesty to admit that he had got it wrong. It may take time to answer all of the more detailed reservations in his mind but there is no doubt that we are now talking as scientists to one another.

The fact that there is no way to model biodiversity except through Gaia models – all others are chaotic – may be the reason behind this change of mind.

Your proposal of a paper addressed to biologists is excellent and I hope timely. I would be glad to help but it should come from you alone. I am rewriting the lecture I gave to the climatologists and to the geologists and thinking of submitting it to the *New Scientist*. Will let you have a copy when it is done.

If we have won over Krebs, Maynard Smith and Hamilton we are moving at last. Maybe you can do the same with the heavies in the USA. We are acting on your request for a publication list. Vaclav Havel's speech is coming to you by post. [*in pencil:* Sent 30.3.95]

[494] Peter Saunders, British writer and academic, co-director of the Institute of Science in Society, London (Saunders 1994).

[495] Harding and Lovelock 1996.

[496] Watson and Lovelock 1983 mentioned an "optimal temperature" common to the white and black daisies. But the equations of the model were such that the same "external temperature" was not felt the same way by black and white daisies, hence the introduction of the idea of a temperature for individual daisies. This important clarification was made by Harvey 2004 and Saunders 1994.

Take care and use your angiodysplasia as a reason for a holiday in Spain.
With much love

*

* *

247. Lynn Margulis to James Lovelock, June 23, 1995

Dear Jim and Sandy,

Have you seen *What is Life?* (book). We really missed you at the gorgeous New Eng Sci Ctr opening (see enclosed) but your presence (telepresence) was keenly perceived. Check out the "Black on Black" invitation. Lovelockiana is on the walls there.

Please entitle my April talk Symbiogenesis: source of ecological and evolutionary novelty (or "innovation") – and consider "endosymbiosis" covered.[497] As Greg Hinkle said, "Gaia is symbiosis as seen from outer space" since symbiosis is just living together of distinct species in physical contact!

It is wonderful of you to permit Dorion to come. Please send him an invite letter and tell him you have no travel funds for non-speakers (he wouldn't want to speak – he'd probably write up a lot afterwards though). I can get Lounsbery Foundation money for his travel. But . . . you know. It is better if I don't show him your letter and if he gets one directly from you so he won't take his invitation as your personal favor to me. You are certainly welcome to say that I wrote that I have Richard Lounsbery funding for such non-regular academic activities.

Jennifer and I snorkeled among the stromatolites at Lee Stocking Island in the field trip of our lives (to San Salvador Is.) last week – a veritable bacterial megalopolis![498]

Yes, write your autobiography and let me know if I can help. The *GSA* [*Today*?] reference list ought to be helpful.

Ricardo and I are happy to share a room – less money for you too.

Much love

*

* *

[497] Margulis is planning ahead for the Gaia in Oxford II meeting in 1996.
[498] Both islands are in the Bahamas.

248. Lynn Margulis to James Lovelock, October 19, 1995

To: Jim and Sandy Lovelock
From: L. Margulis

How nice to hear from you! Yes, of course I am planning to come to Oxford. I'm very happy to accept the opportunity to speak and that the Gaia Trust is willing to defray some of the costs of travel.

We are now assuming that Ricardo will meet me at St. Annes.[499] Dorion apologizes for his lack of response, please forgive him but he has just now decided he definitely wants to attend. He is very interested in the super-organism issue and has submitted a book manuscript to *Wired* ("Cybergasm") and is awaiting their decision to publish it. He is thinking about bringing Tonio since there is really no one with whom we can leave him. You will find him to be a wonderful 11-year-old boy (very unlike the terrible two-year old at the last meeting). If he does come he will stay with Dorion in the dorm room and we will plan a program for him with Lady Penelope [Tickell], Philip John, David C. Smith, Norman Myers or other Oxford friend.[500]

Have you received *What is Life?* We are celebrating its recent publication with a book party tomorrow night.

Please help me decide between two general possible topics (with video; Sir Crispin is aware of my 3/4" U-matic video need:

1. Is our Water Planet's hydrological cycle a Gaian phenomenon?
   Dan Botkin and I want to outline the problem and invite people to work on it: would the Earth have a freeze-out or runaway greenhouse if the CO_2 were 60–90 atmospheres? By what mechanisms is there alterations of the planet's surface water (e.g., cloud formation, planet water storage, bromeliad "tanks", beaver dams, egg and algal gel, oil films). Would the rain cycle be sustained on a lifeless planet? I recently saw a *Science News* item entitled "No Ocean, No Motion" arguing that oceans are necessary for plate tectonics. Ocean waters are apparently necessary for granite formation, and even though our planet is 0.4% granitic rock,

[499] A constituent college of the University of Oxford, England, and host site along with Green College of the Gaia in Oxford meetings.

[500] Norman Myers, British environmentalist and ecological consultant who advocated for the conservation of "biodiversity hotspots." A neo-Malthusian concerned with population size (as were Lovelock and Margulis), Myers previously had Lovelock write a piece for his *Gaian Atlas of Planetary Management* (Myers 1985).

granite does not exist elsewhere in the solar system according to the South African Taylor.[501] Even if I do not present a talk oriented in this direction I would love to see this "Gaia–Water" problem discussed in a plenary or working-group session. Videos: Gaia to microcosm (14 min). Who's eating the wood? 18 min.

2. Individuality by symbiogenesis: bacteria and Gaia
 Here I would plan to show how individuality (active, reiterative, and dynamic) first appeared in the fossil record with the origin of eukaryotes (not with the much earlier origin of life). To me, because no organism chemically cycles all the major elements by itself Gaia is not an organism. Rather Gaia as a worldwide ecosystem (a "superecosystem" not a "superorganism") is utterly dependent on bacterial transformations and interactions for its persistence. Videos: Photo synthetic bacteria (3 min); Eukaryosis (14 min); Sex vs Reproduction (12 min).[502]

Certainly other presentations are negotiable.

Have you been in touch with Bob Haynes? I saw him at a meeting recently. He is now the president of the Royal Society of Canada and expressed great interest in your meeting. He is still publishing on Ecopoiesis and would love to talk about Gaia and Mars.[503] Or not talk at all formally. If there is room and you are so inclined perhaps you might extend him an invitation. Also Bruno Marino, who with Wally Broecker is dedicated to the new scientific look at Oracle, Arizona is profoundly and professionally interested in asking what good Gaian science might be done with Biosphere 2.[504] All the kooks seem to have disappeared from the scene.

See you soon, much love

501 See Campbell and Taylor 1983, also cited in Harding and Margulis 2010.

502 Margulis's presentation at the 1996 Oxford meeting followed this second suggestion and was titled "Symbiogenesis: organism/superorganism to ecosystem/Gaia."

503 Lovelock coined "ecopoiesis" in Lovelock and Allaby 1984 as a non-geocentric term for *terraforming*, the institution of living ecologies on dead planets, such as Mars.

504 Bruno Marino was a research associate at the Division of Applied Sciences, Harvard University. In 1995, Columbia University purchased the Biosphere 2 complex in Oracle, Arizona, and until 2003 attempted to fashion it into a science center. The University of Arizona now runs it as a conference site and environmental education center.

1996

249. James Lovelock to Lynn Margulis, no date, ca. May–June 1996

My Dear Lynn

The Tyler Prize discomfort has just reached my pain threshold.[505] It happened when I received a letter from Teddy Goldsmith who wrote to say that he had just proposed me as a candidate for the award. We sure could do with the cash for such things as another Gaia meeting or to support students like Tim [Lenton]. But the continuing round of proposal and rejection has all the obscenity of a Victorian melodrama and with no prospect of a happy ending.

Therefore I hope that you will understand why I sent the enclosed letter to the Chairman of the Tyler Prize Committee.[506] With both Mitchell and Rowland as committee members there is no chance whatever of the award and no point whatever in continuing as a candidate.

I shall always be grateful to you for your kindness in proposing me all those years ago. It must have been as far back as the 70s but then we did not know what the chances were. I hope that you will understand why now I want to stand down. Quite apart from the pain of rejection, being a candidate for prizes is constraining in a bad way. Now I intend to be much ruder than I have been and no longer fear giving offence to those who are both wrong and pompous with it. I am now 20k words into my autobio and it feels wonderful to feel free to write as I think.

With love from us both

*

* *

[505] Margulis first nominated Lovelock for the Tyler Prize in 1975; see Letters 81 and 83. Lovelock further explains the reasons for his discomfort in Letter 251.

[506] This letter, addressed to Jerome B. Walker in the Office of the Provost at the University of Southern California, reads in part: "As you must know I have been proposed as a candidate for the Tyler Prize on several occasions since the 1970s and the process of nomination still goes on. I accept that there is no chance of my receiving the Prize and understand why. My views on what is important in environmental science and those of your committee are different in several ways. Can I ask you to tell those who, in future propose me for the Prize, that I would not accept it. This is far less uncomfortable and undignified than continuing the charade of proposal and rejection." James Lovelock Papers, Box 20.2, Science Museum, London.

250. Lynn Margulis to James Lovelock, May 25, 1996

Dear Jim and Sandy,

The puzzle is now complete. For all these years (we nominated you 7 times – 3 + 3 + 1) I have wondered how the little prick (Ralph Mitchell) could have so much power. I now realized that Sherry Rowland, Tyler recipient, was also a member of the selection committee and indeed still do not know how that can work. I watched Mrs. Rowland in action at the Natl Acad meetings this April – reflection is not necessary to ameliorate her aggressive self-centeredness – perseverance is. She kept hushing Jenny and me in the auditorium between speeches, probably in instant jealousy towards our quiet intimacy. In any case do savor these missives – the world has a no more appreciated and beloved scientist than you and it is far more important that you know this than that the Tyler committee be confronted with their political corruption and pigheadedness.

I'm in Woods Hole at the moment taping Evelyn Hutchinson's reminiscences of spore research for another interactive lecture tape from our course and program. After a triple bypass he has just suffered a bleeding ulcer and I want to get his message on tape before I'm sorry I didn't do it. Hence lack of stationery – and great postcard. But do enjoy the Amherst card as well – how would I love you to come and visit Amherst, my village.

Love

Sandy: send me a copy please of this note. I have no access to a copy machine here. I'm keeping originals. These are only the recent Tyler nomination letters. LM

*

* *

251. James Lovelock to Lynn Margulis, June 2, 1996

Dear Lynn,

I had no idea until I opened your package from Woods Hole how much you had done to put my case before the Tyler Prize Committee. I am humbled and so sorry for not realizing sooner just how much you had fought for me. I don't possess a lot of self-esteem and to have all those warm tributes is in many ways as good as or better than the prize itself.

That whole CFC ozone affair was an egregious example of bad science. I had no dialogue with Rowland. We just shouted at each other through the media or fought like lawyers on the floor of Congress. I never doubted his chemistry. I disagreed with his conclusion that a small increase in UV would destroy all life on Earth. Even the National Academy played dirty. If you look in their first report on ozone depletion you will see that they condemned my measurements taken on the *Shackleton* as inaccurate. They said this because the measurements did not agree with the model predictions. I now know the measurements were accurate and they now know their first models were wrong but they will never admit it. The first draft of the Academy report was such a scurrilous attack on my ability as an analyst that I threatened to sue the Academy if they published it. Foolish of me, I should have waited until they published and then sued. I am now well started on my autobiography and the Ozone War should make an interesting chapter.

Lynn I thank you from my heart for what you did. In some ways we were on to a loser from the start. Prizes do not go to generalists. They go to the single-minded single-issue specialists who are no threat to anyone.

With much love

*

* *

252. Lynn Margulis to James Lovelock, no date, ca. June 1996

Jim and Sandy

Please use this address and affiliation for Dorion ("general partner," Sciencewriters) – his title.

Thanks

P.S. The Tyler-award idiocy drives me mad. I had a public show-down with R. Mitchell about this at the Harvard visiting committee. He has no intellectual content to his Gaia objections. Just an emotional gut response that stems back (in my opinion) to your quiet detonation of his so-called ideas at that Harv. Univ seminar so long ago.

The US publishers (Simon and Schuster, of course, not Peter Névraumont) insisted on removing your excellent quote from our book jacket (because *Gaia* is too controversial/mystical). So we are still retarded (as usual) on this anti-intellectual side of the Atlantic. I'm delighted to hear of progress on your side though.

Bruce Davie (the force behind the Edinburgh Science Fair), Peter Névraumont and Tom Wakeford are all coming to Barcelona.

*

* *

253. Lynn Margulis to James Lovelock, September 20, 1996

To: Jim and Sandy

Congratulations on the Volvo prize.[507] No one is more worthy, of course, and I hope they are giving you the huge amount of money you deserve. Ricardo must be in Brussels around the day of the fest and I think he is going to attend the princess's ceremony and dinner (representing us both of course).

I'm truly sorry not to be able to leave Massachusetts midsemester to join the festivities. I'd so like to talk to you about (1) water on the planet probably a Gaian phenomenon (2) your autobiography, especially re Rowland (3) Vernadsky in English, progress has been made and (4) the likclihood that I have to go to the UK, Cambridge, to speak to A. V. Grimstone before it is too late.[508] I wanted to explain why to you and choose a time when you'll be around. I tried several times to call you both using a telephone number that did work last year in England. Disconnected. If there is any way you will permit me to call you I would be grateful for the information.

Much love as ever and renewed felicitaciones

[*Margulis's handwritten note*] Even the fax wouldn't go thru!

*

* *

254. James Lovelock to Lynn Margulis, October 6, 1996

Dear Lynn,

Thank you so much for your kind fax of congratulation. The Volvo Prize was a wonderfully unexpected surprise that also came by fax. Tomorrow we leave here for Brussels and the ceremonies.

507 Awarded by the independent Volvo Environment Prize Foundation instituted in Sweden in 1989, the Volvo Environment Prize is an annual international award to individuals investigating how to create a sustainable world. It carries a large cash prize.

508 Grimstone was a zoologist, microscopist, and co-author of a crucial paper on *Mixotricha paradoxa*, figuring notably in Margulis 1970a; see Cleveland and Grimstone 1964.

We are just returned from a marvellous trip to Japan. The more we see of Japan the more we like its people. This time we were so moved by their kindness that parting at Kansai airport was an emotional affair.

Who is A. V. Grimstone? And why might it be too late? Yes it does seem possible that without organisms there would be no, or at least little, water by now. The Volvo Prize will allow me at last to spend almost full time on my autobiography. It is wonderful to have Tim Lenton and Stephan Harding take over my part of the Gaia science. I am delving into the Ozone War history to find out the truth about the personalities involved. The easier chapters will come first.

In haste but with love from us both

1997

255. James Lovelock to Lynn Margulis, September 15, 1997

Dear Lynn,

Crispin faxed to say that you had asked for our telephone number and that he could not give it you. I owe you an explanation. For several reasons – not least that I am truly terrified of telephones and their ring is to me as menacing as the dry noise of a rattlesnake – we keep our number for those of our family who might need to reach us urgently.

We are all a bit peculiar and this is my most well developed eccentricity – please forgive.

Thank you so much for faxing the paper by Kurt Grimm. What a delight it was to read. It does seem that our efforts are beginning at last to have effect.[509] We were at Prague Castle last week for a tight little meeting held by President Havel and Elie Wiesel.[510] It is wonderful to have the support of leaders such as these.

We shall be in London all this week but back here most of the time before we leave for Japan on the 25th October.

With love from us both

[509] See Grimm 1997. Kurt Grimm was professor of geology at the University of British Columbia, Canada.

[510] Elie Wiesel, Holocaust survivor and writer.

1998

256. Lynn Margulis to James Lovelock, May 17, 1998

To: Jim and Sandy
From: Lynn

We so greatly enjoyed, indeed loved, your wise and witty "book for all seasons" piece in *Science*.[511] Thank you for your clear and unambiguous observations. Perhaps all to whom you so appropriately preach are not yet converted.

This Thursday evening at the Amer Museum of Natural History, NYC, (beginning of "Biodiversity Exhibit") I'm showing a satellite image of urbanization of western Washington state that is indistinguishable, in the absence of a scale bar, from growth of microbial colonies on a petri plate. Just remember, folks, the generation of microbes just prior to those that grow enough to reach the edge of the plate is most happy and healthy. In the John Groom Gaia film you say something like "no use to tell the peacocks to ration their weekend fare, they just eat the lot and suffer the sickness."[512] Well, wisdom, wit and wholesome advice aside, "no use to warn them about environmental degradation – they will continue to fornicate, procreate and dump the ever proliferating shampoo, conditioner, packaging from the creeping amenities etc. in the woods (the hedgerows) and over the fields." So many now sit in front of the TV screen so many hours a day; the level of sensory deprivation is already enormous and shows no sign of abatement.

Oh well, we can't do much about our fellow upright and deluded apes. But there is a cheery side; at least we can go to see the 18,000 cave paintings in Altamira before our lives are over. And we are going together which is a joy to anticipate. I so want to talk to you about the following, at least:

1. Is granite Gaian?
   (Not seen elsewhere in the solar system, needs water and maybe free oxygen to form)

[511] See Lovelock 1998. In this article Lovelock outlined the contents of a book preserving essential science knowledge in dark times, in case modern civilization succeeds in collapsing.

[512] British director of the documentary "Gaia: Goddess of the Earth," broadcast in the USA by *Nova* in 1986.

2. water Gaia
3. phosphorites
4. thermodynamics and the appearance of progress
5. rates of ecosystem turnover
6. Gaian element distribution including salt

Anyway.

I have made some suggestions, solicited, to Tom Wakeford about potential attendees at *Gaia in Oxford III*; no matter or not if he accepts them.

Would you like a copy of the new *Five Kingdoms* (3rd edition, 1998)? It at least has the virtue of a complete list of higher taxa with definitions and criteria for placement of groups in more inclusive groups.

Because Donna [Reppard] went to Schumacher College and met someone with both nature-love and money she leaves this week for 2 weeks in Alaska (Glacier Bay), not only will they (she and her patron) visit a Schumacher classmate who lives there but the someone (I don't know him, not even his name) is paying her way. She also did very well in her (UMass employee) writing class where she presented a fable about Dartmoor and hooted like an owl. She was terrific. We are all thrilled about the wonderful consequences of the Schumacher stint and again have you to thank for your generosity.

Don't worry about participation in the Menendez-Pelayo Santander course. You should feel free to ignore the academic and social stuff; I can help you, just send them a bibliography, leads to appropriate readings of your work.

May we use your original Gaia chapter as we reprint the *Environmental Evolution* textbook (second edition, MIT Press, Clay Morgan, editor) or would you rather redo it yourself?[513] I'll do minor changes to make the reference list more current and send it to you for checking. Or, if you would rather entirely rewrite the chapter, PLEASE LET ME KNOW ASAP.

We greatly look forward to seeing you and Sandy at the site of the first 18,000 year old western art collection, in September. Oscar [Wilde] said "each man kills the thing he loves," and clearly that was the fate of the ancient deer and bison.

Much love

*

* *

[513] Margulis et al. 2000.

257. James Lovelock to Lynn Margulis, June 9, 1998

To: Lynn Margulis
From: Jim Lovelock

It was so good to have your kind words about the *Science* article. So many have asked in the last few years "What shall we do?" I thought that something between "Don't worry" and "The world ends next year" was needed.

We are just back from a holiday in Madeira. What a wonderful island it is. No beaches so no noisy tourist industry. A perfect place for walking which we did.

We look forward greatly to the September get together. So long as I do not have to prepare a formal lecture I am happy to join with you in discussions or whatever.

I liked your comparison of urbanisation with the growth of bacteria on a petri dish. We grow more like proteus than the better-behaved organisms that gave countable colonies.[514]

I note your agenda and look forward to talking about it in September. Did you not see Nick Petford's' papers on granite?[515]

The Valencia meeting looks good.

I have faxed Clay Morgan agreeing to do the update of the chapter.

In haste but with love from us both

[514] *Proteus* are opportunistic bacterial pathogens.
[515] British geologist, planetary scientist, and expert on granites.

1999

258. James Lovelock to Lynn Margulis, March 18, 1999

Dear Lynn,

Email from Steve Schneider reminded me that we have not exchanged letters for a long time. I had hoped to see you and Ricardo in Oxford in two weeks' time but Phil George tells me that you cannot make it.[516] I see the Oxford conference as the last scientific conference I will attend. You know how much I hate and fear lecturing so you will understand when I say enough is enough. There are still things left to be written rather than said. I will concentrate on them.

I have asked Steve Schneider to invite Tim Lenton instead of me.[517] I see Tim as my able successor. In no way is this meant to diminish your part in Gaia, Lynn. You and I have our own idiosyncratic approaches to the subject. Tim is able to say what I would have said only more clearly.

I have sent my autobiography to my agents and await its acceptance by a publisher. It is mostly about how to do science independently. It includes an account of the enthusiastic days of Gaia's innocent childhood when we used to talk and talk at Boston University and in your home at Newton.

Apart from the minor problems of aging, like cataracts, we flourish here in Devon. After the Oxford Meeting Sandy and I propose walking the 600 miles of coast that surrounds the SW peninsula of England.

With much love to you and Ricardo and to Dorion, Jeremy, Jenny and Zach.

*

* *

[516] Margulis explained in Letter 259 that she was unable to attend the third Gaia in Oxford meeting due to spring-semester teaching commitments. Philip George was executive secretary of Gaia, the Society for Research and Education in Earth System Science, launched at the University of East London in February 1998.

[517] With reference to the Gaia 2000 meeting being organized in Valencia, Spain. Lovelock eventually decided to attend. Letters 261 and 262 detail the special accommodations on site to be made for the Lovelocks.

259. Lynn Margulis to James Lovelock, March 31, 1999

Dear Jim and Sandy

I'm so sorry not to have answered your fine fax and to miss you again. I'm determined to bring you both 1st class to Altamira and to Amherst![518] You've never even seen the Environmental Evolution course in its new vastly improved digs. Mark McM[enamin], bearer of this letter and good tidings will tell you about our "Happy Valley" and about my new Heinz Lowenstam biomineralization video.[519] Please plan to come next fall when the leaves are turning!

I've told Mike Whitfield that I'll do his Oban symbiosis lecture. Ricardo and I will be coming to his meeting. Perhaps we can see you before or just after. I'll have to return to No. Amer in a hurry not only because of classes but because Jenny is pregnant. She married a wonderful kind, thoughtful and very intelligent philosopher: James de Properzio.

I miss our Gaian conversations and, were it not the height of the teaching season, I'd be with you. Please let us not permit more time (another year) to pass before we see each other for Gaian conversation again. I want to hear about the burgeoning biography as well.

Poundstone's "scintillation," the C. Sagan biography, is marvelous.[520] You will love reading it. Much love to you both, please forgive my absence at what I'm sure is a splendid meeting.[521]

P.S. Enjoy Mark. I'm teaching his class while he is gallivanting to St. Anne's.

Read at our oral exam by one of the better students!

> Environmentalists, churches, politicians, and science, all are concerned about the damage to the environment. But their concern is for the good of human kind. So deep is this introspection that even now, few apart from eccentrics really care about other living organisms.
>
> The oft-stated objection to the rape of the forests is that they might include within them some rare plant that bears the cure

[518] Altamira is a paleolithic cave in the north of Spain, with numerous archaic paintings. UNESCO declared it a World Heritage Site in 1985. Amherst is the location of the University of Massachusetts campus where Margulis worked.

[519] Mark McMenamin, American paleontologist and professor of geology at Mount Holyoke College.

[520] William Poundstone, American biographer of Carl Sagan (Poundstone 1999).

[521] The third Oxford meeting, "Gaia and Natural Selection," took place in April 1999.

for cancer, or that trees fix carbon dioxide, and that if they are cut down we may no longer enjoy our privilege of private transport. None of this is bad, only stupid.

We are failing to recognize the true value of the forest, as a self-regulating system that keeps the climate of the region comfortable for life. Without the trees there is no rain, and without the rain there are no trees. We do not have to become saints, only to achieve enlightened self-interest.

James Lovelock, *Healing Gaia*, 16–17[522]

Wish you were here

Love

*

* *

260. James Lovelock to Lynn Margulis, May 13, 1999

Dear Lynn,

Thank you so much for your kind letter and thoughts which were delivered by Ricardo's hand at the Oxford meeting. You were missed and I think you would have wanted to be there to see Bill Hamilton presenting Gaian models. The ideas we struggled with nearly 30 years ago now have a life of their own and we can I think take a brief holiday. I do agree though that it is time we had some more Gaian conversations.

Talking of holidays, Sandy and I are just leaving for the second leg of our 600-mile coast walk. It is around the South West Peninsula of England going from Poole in Dorset to Minehead on the Bristol Channel. We completed the first leg of 100 miles last week and we hope to finish the whole thing by mid July. It is quite hard going for the coast is not level, indeed the whole walk climbs in total 60,000 feet. It is a wonderful holiday and its discipline makes it a pilgrimage.

As I grow older I find myself becoming a working model of the present Earth. With a single partially disabled kidney, the homeostasis of salt, pH, and water volume are no longer the carefree automatic functions they once were. I have manually to regulate these variables by weighing out salt and by measuring water volume and adjusting with bicarbonate. So far it is not too difficult but it explains why I am loath to travel anywhere where I do not have a direct control over what I eat and drink.

[522] Lovelock 1991a: 16.

In the course of my battles with disease I have swallowed far more antibiotics than is reasonable. When I read in *Nature* recently that the mitochondrion is a close genetic match to Rickettsia organisms I wondered what protects mitochondria from these antibacterial substances. Do you know?

Give Jenny my love. It is wonderful news to hear that she is carrying on the line.

The autobiography is written to first draft stage but there will be much to do this Fall putting it in a readable order.

With love

*

* *

261. Lynn Margulis to James Lovelock, September 19, 1999

Dear Sandy and Jim,

Crispin related darkness at noon on the moor to me. What a splendid experience. We saw no eclipse at all. Flooding in the wake of Floyd has left our basement soaked and an upper respiratory altercation with the fungal spores. The molds are doing their thing and we do ours which, I suppose, is the basis of all the world's problems.

Of course Ricardo and I were utterly delighted when we heard that you are willing to come to Valencia.[523] My plan is to appear at your door beforehand, as you instruct, and with Crispin to accompany you. If you prefer we (Ricardo and I) will campaign to raise funds to hire a private plane to bring you nonstop from Exeter to Valencia. I am at your service in any way. We so dearly want you to simply greet the meeting and tell us informally what you believe has happened to Gaia's respectability or lack of it since the 1988 meeting in San Diego. The meeting is set for June 19. The local organizer, Juli Peretó not only is a dear and hospitable friend but his wife Mercé is an expert on restricted diets and already plans to discreetly arrange all of the conditions, whatever they may be, of your lodging. That is my labor of love as well. My heart sunk when Steve Schneider told me you could not come to Spain. I had started three years ago to arrange this meeting which represents

[523] The second Chapman Conference on the Gaia hypothesis, sponsored by the American Geophysical Union, was held in June 2000 in Valencia, Spain.

years of effort to bring Gaia to the nonAnglo world in a strictly scientific context. We (Ricardo and I who are more together than ever in spite of the "charco," the Atlantic puddle) cannot tell you how happy your agreement to attend makes us. Of course Tim Lenton will speak as well; he is already on the program.

The other big news is our personal "evening star." Jenny gave birth to a daughter. She and her husband (also James) call her "Hesperus." More on that later.

Furthermore the 11-volume gorgeous work in Catalan, *Biosfera*, is in production in both English and Spanish. I have written the Foreword which I hope you two (along with other international colleagues) will both sign.

My only goal now is to regain communication with you, via fax is fine, to plan carefully the voyage and an optimal program. Do you suggest we try to attract Andy Watson? The whole program will last much less than a week.

Much love

*

* *

262. Lynn Margulis to James Lovelock, October 31, 1999

Dear Sandy and Jim,

Happy Halloween. We expect to visit the Mount house in the Berkshires of Edith Wharton to watch her play "Woman in Black" this evening. Anything to avoid the street reveling, even in Amherst.

Our close friend and colleague from the University of Valencia, Juli Peretó and his wife Merce will contact you about your lodging and food in Valencia. All will be arranged EXACTLY the way you specify. Juli and Merce are honored and delighted that you are willing to come. My plan still is to visit the UK on the way to Spain next summer – I have business with Richard Fortey's (Nat. History Museum-London) chemolithosymbiotic trilobites in sulfur rich sediments.[524] Surprisingly, a sulfur cycle is most likely involved in the origin of the karyomastigont (first nuclei, first nucleated cells). I also must aid Don Williamson complete his larva transfer theory paper for the

524 Richard Fortey, British paleontologist, natural historian, and past president of the Geological Society of London.

Linnean society.[525] I won't bother you but I would like to arrange to fly with you to Valencia (as your translator) to help all go smoothly. Perhaps Crispin will join us as well.

Have you seen or even read "Spirit in the gene: humanity's proud illusion and laws of nature"? Reg Morrison?[526] If not, I'll send you a copy. The 11-volume work on the biosphere is close to publication in English. I hear that 2 volumes have already been shown in Frankfurt. When I approved the Foreword yesterday I was surprised and delighted to learn from the Catalans that Sir C[rispin] is Chancellor of the University of Canterbury at Kent. His former exalted titles were removed to be replaced with his current impressive one. If he is not willing to travel with me coach class I'll buy us all first class tickets. For what else is money? Let me know.

We've begun to collect abstracts for the meeting which indeed will be another Chapman Conference (both AGU and IGU – International Geophysical Union, due to the good work of Steve Schneider and especially Jim Miller at Rutgers University in New Jersey.) Although we have not yet sent them and no doubt much change is in order I fax to you our first round of abstracts.

If you catch errors or problems do let us know. I'm delighted that Dorion (and his very science-oriented new girlfriend Jessica Whiteside) who currently studies with Clarkson at the University of Edinburgh really want to attend.[527]

Michael Dolan (co-director of NASA's Planetary Biology program), Andrew Wier (whose parents live in Spain) and other of my students and former students will try to put together both the money and the abstracts to present.[528] Eileen Crist, another former student, now a professor of the history and philosophy of science at Blacksburg VA (Virginia Polytech) is working on a monograph for analyzing Gaia theory in the light of Earth system science. She asks if I have any of your autobiography ms. Of course I don't have anything at all from you really since I moved to Amherst in

525 Williamson 2001. Williamson was a British marine biologist and controversial proponent of hybridization as a vector of evolutionary variation.

526 Morrison 1999. Reg Morrison is an Australian photographer and author. Margulis wrote the foreword to his book *The Spirit in the Gene.*

527 Jessica Whiteside is now a geochemist at the National Oceanography Center, University of Southampton.

528 Michael Dolan, biologist at University of Massachusetts/Amherst, colleague and co-author with Margulis; Andrew Wier, student and colleague of Margulis, currently professor of biology at Pace University.

1989 but perhaps you can send whatever of the ms. you feel might be read by her. She works slowly and only wants to see whatever you might have ready for other eyes.

We are happy to have any criticism from you on abstracts or anything else, of course. Feel free to share this info with Crispin or anyone concerned. The current plan is that you speak at the opening session (15 min as you requested) and that I do the "Clausura" (15 min at the end).

More later, much love to you both

2000

263. James Lovelock to Lynn Margulis, February 18, 2000

Dear Lynn,

A letter arrived this morning from James Strick of Arizona asking to see my autobiography in connection with his history of space research.[529] He mentioned that he had talked with you on this. Is he a good and fair historian?

His request reminded me that I have not sent you a draft of it. Would a copy on a 3.5 inch disk do? It is a bit weighty to send by mail. The book has only just been completed and sent to the publishers, OUP. They hope to issue it in September. I hope that you enjoy it as much as I enjoyed your latest "Symbiotic Earth."[530]

I am puzzled at the slowness of the preparations for the AGU meeting in Valencia and have heard almost nothing from the organizers about it. Is it still on?

Apart from a feverish cold last week I have been amazingly well. Sandy has endured sciatica since last Spring but is slowly recovering. It is a miserable condition but fortunately walking is part of the cure.

With love from us both

*

* *

264. Lynn Margulis to James Lovelock, February 18, 2000

Dear Jim and Sandy,

Peter Raven told me he had a great time with you both in St. Louis.

Perhaps you'll like my review of the Bernal book attached.[531] Do you really use email (JESL@cs.com)? I'm planning to visit you (w Crispin) en route Valencia in June, OK? I'd bother you for only 1 day.

[529] Professor of science and technology studies at Franklin and Marshall College and the co-author of an important book on the history of astrobiology (Dick and Strick 2004).

[530] Margulis 1998. [531] Margulis 2000.

Love

P.S. The president is supposed to give me a Natl. Medal of Science on Einstein's birthday.

*

* *

265. Sandy and James Lovelock to Lynn Margulis, July 17, 2000

Dear Lynn,

A happy reminder of the splendid meeting.[532] I have the one of you with Eva and Juli.

We've just completed the 613th mile of the coast path walk – elated but a little sad, too, that it is all over.

A Japanese film crew will be here all next week filming Gaia Symphony #4 (Jim Tatsumura) for showing in Japanese cinemas. All good publicity.

Enjoy the summer.

With love to you and Ricardo

*

* *

266. Lynn Margulis to James Lovelock, October 27, 2000

To: J and Sandy Lovelock
To: Dr. Lynn Margulis
From: Sherman J. Suter

Dear Professor Margulis,

I wonder whether you might have contact information for James Lovelock that he would not mind if you released. (Or if you would be willing to pass this inquiry onto him.) We are interested in arranging a review of his recent autobiography, but have not been able to persuade his publisher to send us a copy. So I would like to see whether he might have more success with them.

Thank you for your consideration and assistance.

Sincerely, Sherman Suter, Ph.D.

Book Review Editor

[532] Referring to snapshots taken at the Valencia Gaia meeting included with the greeting card.

[*inscribed in Margulis's hand on Suter's fax*]
Jim and Sandy – did you receive my letter yet (about books and reviews)?

Jim,

What to do? Might you not send *Science* a review copy? We have difficulty getting the book here. Kirk Jensen, great senior editor at OxUp [OUP] has no indication that the US Oxford plans to publish "*Homage*". Do you know anything about the book's status on this side of the Atlantic? What?
Much love to you both

*

* *

267. James Lovelock to Lynn Margulis, October 31, 2000

Dearest Lynn,

What a lovely letter to read on coming home from a short holiday walking through the mud of Exmoor, the place where the mythical Lorna Doone lived. I am so glad that you liked *Homage to Gaia*. It was a great pleasure, and at the same time a difficult book to write and so it is wonderful to have your warm approval. More so because both Ed Barber and Tory Prior thought that few in the USA would find it interesting to read. OUP America will probably publish the book sometime soon but I do not know when. The book is doing well enough here to need a second print run soon. Your offer to send the corrections you noted will be gladly received. We found some ourselves – mostly errors that arose in the copy editing. A copy is on its way to Ricardo and I will ask OUP to send on also to the *Journal of International Microbiology* in Barcelona.

Your letter took me back to that time in Baja and the algal mats. I was delighted to hear that the bacteria precipitate NaCl in a special section of their cell walls – the more that you discover the more there is to discover. Thinking of salt I wonder if in the debate about the "icehouse" Earth, said to have existed a few hundred million years ago, the inevitable increase in sea salinity is taken into account. The freezing of about 25% of the present ocean would take the salinity above the critical level of 0.8 Molar.

We are off to Japan for ten days on November 23rd and then travel on to stay with Sandy's folk in St. Louis where we will be from December 5th to the 15th. Let me know if you plan to be in that region then.

With much love from us both

2001

268. Lynn Margulis to James Lovelock, November 28, 2001

Dear Jim and Sandy,

How nice to be in touch again! We'll send you "Origins of Species" (i.e. *Acquiring Genomes: A Theory of the Origins of Species*) within 3 weeks for extended comment (probably needed in March).[533] MS is now w/ typist.

We send you Emily Dickinson postcards to encourage you to visit in summer (mine) when Ricardo is here but to admire winter (Tonio's photo) when he can't tolerate our wonderful weather. We have fabulous hills to climb v. close by. Anytime.

Much love

P.S. Enclosed pls find materials to keep that may be of interest.

*

* *

269. Lynn Margulis to James Lovelock, December 3, 2001

Dear Jim and Sandy,

What a delight to speak to you recently!! We so look forward to a visit here. I'd love to show you Emily Dickinson's garden, just next door. She speaks to me daily (e.g., "Our lives are Swiss, so still so cool til some odd afternoon the alps neglect their curtain . . . Italy stands the other side. . ." etc.)

I cannot believe how much later it is than when I had intended to send you this manuscript. Many of the figures, as you will well appreciate, are placesavers and in flux. Dorion now hones and refines the text so don't fret over details. We know mistakes lurk, pagination is uncorrected still etc. Just enjoy and let us know if you catch factual errors or even slightly misleading text. Still time to make corrections.

[533] Margulis and Sagan 2002.

We hope, after you've finished enough to give us some "cover copy" (they call them "buddy blurbs"!!) that you'll pass on marked copy to Crispin who will then pass back the ms. to us. We will carefully consider (and be grateful for) any criticism at all. Feel free to note any problems at all with the text and illustrations.

If we might have the ms. back, optimally from both of you *and* Crispin and Penelope by January 10 we will be able to easily stay on schedule. The book ms. is rather short (some feel too short but not I) but the pictures are critical.

Has anyone ever really developed the "Gaia–lateral plate tectonics" idea? Besides a few of your invaluable off-hand comments and Don Anderson's eclogite paper we can't find anything.[534] Most likely you can tell me what we are missing.

I'm anxious to send this package to you as soon as possible with complete awareness that it is not carefully finished but I leave this Thursday for Barcelona, a meeting Ricardo organizes on microbial ecology. I'll be there about ten days with various other projects as well. Thus if this ms. doesn't go to you soon we'll lose the entire month of December. And maybe January.

Zach's wife Mary (both of them take the double name Margulis-Ohnuma) just gave birth to a health baby girl: Miranda Margulis-Ohnuma. Delightful news, especially since she lost a 6 month fetus and nearly bled to death last year. Everyone is fine now.

Because of a Humboldt fellowship I'll be in Europe three times during spring semester. Ricardo was granted a Hanse Fellowship which works out well. If possible we'll try to get to the UK, but it is not on our schedules yet. What did you think of Frank Ryan and his plan for an evolution book?[535] He seemed very enthusiastic about his Coombe Mill visit.

Return comments or marked manuscript and we will immediately replace it, if you wish. Of course I'll give you as many books as you want when they are finally published. I trust you will pass marked ms. on to Crispin and request he return it to us by mid-January. Much love to both of you. We look forward to hearing from you and sharing your news. Keep on hiking.

Much love

Enc: Acquiring Genomes draft ms. Dec 2001 (Lovelock/Tickell)

Set of 21 illustrations.

[534] See Anderson 1984.

[535] British theoretical biologist at the University of Sheffield; see Ryan 2002.

2002

270. James Lovelock to Lynn Margulis, January 5, 2002

Dear Lynn,

My first reaction on starting to read your new book was that it was important and was your testament. It is full of interest and excitement and it conveys a clear account of your credible view of evolution. The good feeling lasted throughout the book but I do have some reservations about Chapter 8. It could be the best of your books and I am glad to have had the chance to read it. I have written a 'buddy blurb' as follows.

> *The evolution of life has been both gradual and in sudden jumps, so have theories of its evolution. We have lived through more than a century of consolidation since Darwin's great punctuation, Lynn Margulis takes us with her on an expedition to the site of the next tectonic shift in theory and lets us see it happening through her eyes and in the vivid words she has crafted with her son Dorion.*

Please feel free to edit it modestly, if you wish. Comments on details are listed at the foot of this letter, which comes to you by fax, to save time. Crispin has read the MSS and returned it to me. I am sending it today, separately, by airmail; enclosed with it is a copy of the talk I gave at the Geological Society in London in October. Crispin leaves today on a visit to India, perhaps to use his diplomatic skills in a fraught international confrontation.

Now for the general comments. First neodarwinism, I do not know how it is in the USA but over here and in much of Europe the neodarwinists no longer wear battle dress and apart from a few diehards still fighting rear guard actions, they are in a mood for a period of peaceful coexistence. I trace the change back to the time of Bill Hamilton's epiphany. Little that is positive has emerged yet but they seem prepared to think that they may have been too dogmatic about evolutionary biology. You would know if there is still disagreement about symbiosis and evolution, but so far as Gaia goes the battle is all but over. I am thinking in particular of the neodarwinists I know such as R. Dawkins,

R. May, J. Maynard Smith and J. Lawton.[536] Perhaps you could afford to be more magnanimous.

I was so pleased with the first seven chapters of your book with Dorion that I wrote my 'buddy-blurb' before reading on, but I cannot shrug off Chapter 8 as just one of your joint idiosyncrasies. I still cannot understand why you have to single out Vernadsky as our must illustrious predecessor after Darwin. We do indeed stand on the shoulders of earlier scientists including Hutton, Humboldt, Huxley, Redfield, Vernadsky, Hutchinson and most of all Alfred Lotka? Lotka did not do experimental science but he did link physics and biology, and through mathematics, show and state that the evolution of life and its earthly environment are a single inseparable process. If anyone is to be singled out for praise as our predecessor, I prefer Lotka.

Of course, Vernadsky deserves a mention but why go further than I did in the *Ages of Gaia?* To compare him with Darwin is like comparing Stephen Hawking with Newton or Feynman. Or S. J. Gould with E. O. Wilson.[537] Perhaps it is different in biology, but to me scientists worthy of remembrance do much more than merely write. True scientists test their ideas by experiment and by observation in the real world or in the world of mathematics. Compared with those I have listed, Vernadsky did little more than write a speculative book. He did say that 'Life is a geological force' and did link biology and Earth science in his ideas, but unlike Redfield or Lotka, he did nothing to test his notions. Lynn, you are a real scientist. My fondest memories are of you at your microscope in Boston, or in the field in Baja, gathering data to test your theories. Surely, you cannot claim that Vernadsky was in your class of ability, unless it is for tribal reasons or worse? If you were consistent, your book would be about the Darwinism of Erasmus, not Charles the grandson. Erasmus Darwin expressed the idea of evolution by natural selection in his writings, but we honour Charles not merely for developing the idea but in addition for the long years of patient careful research that made it real. Chapter 8 is a fair account of Gaia but it does give the impression that we owe it all to Vernadsky alone. Have you forgotten how fixed in its ways science was, post Vernadsky but pre Gaia? He was read in Europe and he had an article in the *American Scientist*. That Vernadsky

[536] John Lawton, eminent British ecologist.

[537] The widely read science author Steven J. Gould was an American paleontologist, evolutionary biologist, and historian of science at Harvard University, famous for his opposition to Dawkins and the gene-centered viewed in evolution.

was and is a cult figure in Russia is hardly a measure of his stature as a scientist. Velikhov, when he was vice president of the Russian Academy of Sciences sought me out for a working breakfast in Oxford in 1988.[538] His purpose was to ask me why it was that scientists in the West made so much of Vernadsky. He went on to say that he and his colleagues were puzzled for they did not consider him to be that good a scientist. In their post-communist poverty, it was not surprising that Russians lauded someone approved by the West. The Ukrainians named a research ship after him, but did Vernadsky go on a ship-borne expedition to test his ideas about the Earth? Did he ever do any significant hands-on research or mathematics?

Perhaps I am growing a bit paranoid as I age. I would be less sensitive on the issue of Vernadsky and Gaia if we ourselves were receiving fair recognition. Recently I had a letter from the group at Ames apologising for not mentioning Gaia in their paper in *Science* about methane in the Archean atmosphere.[539] They explained that the editors would not allow it to be mentioned. And did you see the entry in Microsoft's Encarta encyclopedia? It concludes with the statement 'It (Gaia) is of no particular value in science.' It is an egregious put down and I have tried asking Microsoft, through my lawyer, to change the entry but without success. Robert May as President of the RS offered sympathy but no more than that. Can you do anything in the USA?

You have otherwise a fine book that states your own view of biological evolution and it stands on its own. I do not intend to do any more Gaia science. Sandy and I will concentrate on a book about our long walk. The working title is 'A Pilgrimage for Gaia'.

With love from us both

Comments on pages:

Page 2 line 6. Is 'primarily English' necessary? Sounds tribal to me.
Page 10, first para. This is important and needs more space to make it clear to those who are not biologists. Especially the bit about hair length.
Page 11, lines 11 to 13. Surely the Ames test for the mutagenicity of radiation or chemicals looks for mutations that are improvements.
Page 14, last para. What a splendid analogy.
Page 15, last para. What about competition with neodarwinists?
Page 33, first para. Nonsense, H. G. Wells, J. B. S. Haldane and many others wrote popular science long before Paul de Kruif.

538 Evgeny Velikhov, Russian nuclear physicist.

539 Likely the paper Catling et al. 2001.

Page 35, last lines. The volume of the 24 km deep crustal zone is 1.22 times 10^{10} cubic kilometers (assuming the Earth's radius is 6378 km)

*

* *

271. James Lovelock to Lynn Margulis, December 17, 2002

Dear Lynn,

It was good of you to think of me in connection with Coulson's new book.[540] I had to decline his invitation to write a foreword. Mainly because I am overloaded with writing commitments. A biographical memoir for Archer Martin for the Royal Society, an encyclopedia entry, a website entry, and a new book.[541]

More than this his collection of authors included nobody I would find myself in tune with. Had it been a collection of scientists I respected, such as you, E. O. Wilson, Tim Lenton, Dick Holland and people such as Crispin and Mary Midgley I might have tried to fit it in.

Sandy and I are now on a two-week walking holiday on the coast of Dorset. One of the World Heritage sites.

We look forward to seeing you and Ricardo in a year's time. Meanwhile we send our love to you both.

[540] Coulson et al. 2003. Curiously, as printed, formatted as a reader for classrooms and discussion groups, this volume contains a chapter authored by Lovelock (2003b). Other authors selected include Thoreau, Vernadsky, Frederic Clements, Arthur Tansley, Aldo Leopold, Barry Commoner, Lewis Thomas, Annie Dillard, Bill McKibben, Gary Snyder, and Terry Tempest Williams. Sir Crispin Tickell provided the foreword, presumably accepting Margulis's subsequent invitation after Lovelock declined.

[541] Lovelock 2004a.

2003

272. Lynn Margulis to James Lovelock, January 7, 2003

Dear Jim,

I am very sorry you turned down Joe Coulson's invitation to write the foreword for the Great Books *Environmental Science* text. Might you reconsider if I ghost write, fewer than two pages, or even better, write it with you?

I had just gotten over the disappointment of your letter when my pain was ameliorated by the news that Queen Elizabeth bestowed to you the Companion of Honor – for "conspicuous service" in recognition of your work. Warmest congratulations to you.

Ricardo and I just celebrated, in Crete, our 20 years together. We look forward to seeing you and Sandy next summer.

Love

*

* *

273. James Lovelock to Lynn Margulis, January 16, 2003

Dear Lynn,

It was good to have your kind words of congratulation. The honour was a great and pleasant surprise and I was moved that they chose one so appropriate for a hermit.

Congratulations to you and Ricardo for celebrating 20 years. We have only reached 15 but it is as wonderful as ever.

I turned down Joe Coulson's invitation because of the nature of the book, not because I was too busy. It is kind of you to offer to ghost write for me but that would make it more, not less, difficult for me to accept the invitation.

It was a book of essays by environmentalists and I don't belong in that category. I see myself as a scientist, and feel happier in their company.

With love from us both

2004

274. Lynn Margulis to James Lovelock, January 12, 2004

Barcelona airport en route to MA

Dear Jim and Sandy,

We were delighted to receive your holiday card just prior to our trip to Cairo and Alexandria. We brought books, naturally, to the extraordinary new library but failed – as I forgot to bring any Gaia books. Not, after 5000 years, too late. I'll send them from home.

Only now, Jim, did I ever see your Xmas '03 *Nature* paper and I'm very glad for it.[542] To your Table 1 I'd like to add two more predictions – that open bodies of liq. water (lakes, rivers, seas) require Gaia on a planet w. Earth's properties i.e., water retention is Gaian and that granite (made of feldspar, quartz, hornblende and mica) the major light continental rock is also a Gaian phenomenon – apparently 0.4% volume of our planet is granite.[543] Thus granite, it may be predicted – offers us a presumptive test for life elsewhere. The book *Scientists Debate Gaia* promises to be excellent – and reading your introduction was an inspiration to me.[544] I think we should write a short paper that simply states these predictions – a sort of expanded Table 1 – in spite of your claim (lie?) that you no longer do science. We (RG and I) greatly look forward to seeing you this summer at the Schumacher program.

David Suzuki sent us a copy of *Sacred Balance* (I couldn't pay > $500 for the 4-program set – they cut to zero my NASA research funds).[545] You look wonderful in it and I more than agreed with everything you said.

They have elevated me President of Sigma Xi (no $) (they publish *American Scientist*) for '05 and '06 – my only commitment is preparation

[542] Lovelock 2003a.

[543] Table 1 of Lovelock 2003a is titled "Some predictions from Gaia." It lists ten instances, and rates them from "strong confirmation" to "still controversial." This list of "predictions" came about after the criticism in Kirchner 1989 regarding Gaia's being untestable, arguments that Kirchner reiterated shortly before the publication of Lovelock's paper (Kirchner 2002).

[544] Lovelock 2004b.

[545] *The Sacred Balance* is a Canadian television documentary series produced and hosted by Suzuki.

of six columns "From the President" during the year. I'm already thinking of the possibilities: organism naming and biodiversity, species (1 or none = bacteria), proving Gaia theory, grooming and cleaning as natural selection activities, the silent protoctistan majority and human overpopulation. I'd cherish your response.

If you have not yet seen *Earth's Biosphere* (MIT Press) Vaclav Smil c. 2002 nor Paul Lowman's *Exploring Space, Exploring Earth* (Oxf. U. Press NY) please try to do so.[546] You will enjoy these genuine contributions. Love to you both from us both – see you soon.

We (Dani Guerrero, Adam MacConnell and I) are digitalizing the old Interactive Lectures (without $).[547] But if you are interested (and willing) we'll come to Coombe Mill to record you in summer.

Love

-②-[548]

Did you ever read our "Gaia and the Evolution of Machines" article? If not I'd love to send it to you – as I suspect you'll agree with us. And I'd love to show you my new 17 min. video "Eukaryosis" in which all steps in the origin of nucleated cells can be seen today in live organisms – because of the long legacy of sulfide-rich anoxic Proterozoic conditions. If you are willing to send me a telephone number I'd love to speak to you before we schedule the Schumacher stint.

Much love

Are you using e-mail? I attempt to avoid it with only marginal success.

*

* *

275. James Lovelock to Lynn Margulis, February 2, 2004

Dear Lynn,

It was good to hear from you, Lynn, and warmest congratulations on your elevation to the eminence of President of Sigma Xi. I have been a member

546 Paul Lowman was a geophysicist at the Goddard Space Flight Center involved in the Apollo program; Vaclav Smil, a Czech-Canadian scientist and author, is famous in environmental analysis.

547 Adam MacConnell was a graduate student in geosciences at the University of Massachusetts, Amherst.

548 This second page is written on the back of a xerox copy of the table of contents of the *Whole Earth Review* in which "Gaia and the Evolution of Machines" (Sagan and Margulis 1987) appears.

since 1958 and enjoy the *American Scientist*, which is among the few journals I still read. It gives me a warm feeling to know the President as a friend.

I am so glad that you like the *Nature* article. Philip Campbell and his editorial staff were wonderfully helpful – especially by insisting that it was positive not defensive. What a change from the old days when we tried to publish. You are right about the table of predictions which could have been longer. It would be good to write together again perhaps for the *American Scientist* and about the predictions? This is something to consider and discuss when you are over here.

Of course you and Ricardo will be welcome here this summer. It is far too long since we had a proper talk. For me there is no substitute for direct interaction. I have never been able to overcome a fear of the telephone – maybe it is the consequence of weekly agonizing dramatic calls from my effectively Jewish mother who cared too well about whatever I was doing. E-mail is fine, apart from the fact that we live as you know in the boondocks and the telephone line is six miles of corroding copper wire from here to the digital nodal point. The address is jesjl@aol.com.

When will you be coming? Let us know soon because we tend to spend most of the summer on walking holidays. Even with global warming well under way, the summer season this far north is not long.

With much love

*

* *

276. Lynn Margulis to James Lovelock, March 8, 2004

Dear Jim and Sandy,

Participation in three different courses, as lecturer and the need to prepare to go to North Carolina on Thurs are only a part of the explanation for my silence. My plan has been to send a handwritten letter but "life is what happens when you are making other plans" wrote John Lennon.[549] Your recent missive brought me great joy. We (Ricardo and I) look forward with great anticipation to visiting you this June just before the Schumacher course in your corner of Britain.

[549] From the song "Beautiful Boy (Darling Boy)" recorded by John Lennon, the former Beatle, in 1980 – the only popular culture reference in the entirety of this correspondence.

My plan is to send you a list of "new Gaia" and, if possible, to bring a short rough manuscript of "water Gaia". The probability that life-writ-large has retained the planet's liquid water by guile over at least the last 3000 million years seems high to me.[550] That by chance and solar system position alone Mars is dry but WAS wet, Venus is dry but WAS wet and the Earth IS 3 kilometers wet seems vanishingly unlikely to me. More likely it is to me that active wily means have been coaxing water to stay since the early days when hydrogen fled from the upper atmospheres of all these planets.

Granite Gaia, water Gaia, your list in *Nature* needs to be developed into a new short and punchy positive-toned paper.

I have just received an e-mail from Kazakhstan that refers to work of a known scientist there, unknown elsewhere who argues that LIFE (but just for some 100 million years since the Cretaceous) has been actively maintaining the ratio of land surface to ocean in a homeostasis of immense importance to climate control. The means by which this has happened is to DEEPEN the ocean basins. The argument is stated but not detailed. I am requesting that he write up his idea, apparently published in Russian, for a five paper *Proc Nat Acad of Sci* article in standard English. With luck I can bring this with me and we can carefully access it in June.

I think the weekend available to us, since we go to England anyway, is the one just prior to the course around June 19. Stephan Harding and Satish Kumar know better than we what our commitments are to Schumacher College. They did say that you are willing to visit the college one of the days that we will be teaching there. What a joy!! Yes, it has been too long.

Love

*

* *

277. James Lovelock to Lynn Margulis, March 18, 2004

Dear Lynn,

I am so glad that we can meet at Dartington.[551] We will be on holiday in Dorset at the time but it is a pleasant train journey back from Dorset to

550 *Life-writ-large*: equivalent to "the sum of the biota," another biotic formula for Gaia.

551 A meeting on Gaia and Global Change was held on June 4, 2004, in Dartington Hall at Schumacher College with Lovelock in attendance, but apparently this event did not coincide with a week-long course later that month led by Margulis and Ricardo Guerrero (see also Letter 280).

Totnes (the Dartington rail station). The timetables suggest that we can be at Totnes by 11.40 and there is a return train at 17.16, plenty of time to talk.

We are in the midst of political battles just now. Our crazy left-wing government proposes to put thousands of huge 100-meter tall wind turbines all over the countryside where we live. If they were an efficient power source we would grit our teeth and accept them. But they are not, merely a gesture to attract Green votes. I recently gave a talk in London to the title "The selfish Greens" as part of my opposition to so called renewable energy.[552] I will try to upload a copy to your email address.

There are many things to catch up on and much to talk about. I will try to do my homework on the granite story before me meet.

With love from us both

*

* *

278. Lynn Margulis to James Lovelock, June 24, 2004

Water Gaia
Valerie Vaughan[553]

Abstract
The Water Gaia hypothesis states that the presence of Life on Earth was (and still is) essential to the retention of the 3 km of precipitable water. Physical forces alone cannot account for the storage, phase changes, and retention of water throughout Earth's history. The role Life plays in the maintenance, circulation and production of liquid water is investigated. Physiochemical and/or biological processes influence the formation, weathering and erosion of rock. Suggestions are offered regarding ways to determine the extent to which retention and circulation of planetary water is a Gaian phenomenon.

26 Jun '04
Schumacher

552 A wordplay on Richard Dawkins's phrase "the selfish gene." Lovelock gave this talk at an international energy symposium organized in 2004 by the libertarian Adam Smith Institute.

553 Author and editor who studied and did research with Margulis.

[*in Margulis's handwriting*] Jim via Stephan [Harding]
This is what we had planned to discuss with you.
Sadly

*

* *

279. James Lovelock to Lynn Margulis, June 27, 2004

Dear Lynn and Ricardo,

We are so sorry that our get together at Dartington came to nothing. Our intentions when we planned it last year were good but we did not know that the train schedules would change on June 1st this year. Originally there was a through train to Totnes that would have allowed us to spend most of the day with you both; the new schedules have only slow trains and it would not have been possible to reach Totnes before midday. Nor return after about 3 pm. It was good of Stephan to offer to bring us by car but a long car journey is no way to bring us together; I suspect also that the cost of the care hire would have been paid by the time spent with the students; there would have been little time left to talk. The problem was exacerbated by the lack of telephone communication. Our mobile phone only worked at the top of a nearby hill.

We did miss seeing you both and, yes, I do want to write a paper with you about water. Too many geochemists still ignore the aridity of Mars and Venus and seem to accept Earth's water as God, not Gaia, given. I have just started on a new book and we will be away again from July 3rd to the 18th. So why not draft the outline you had in mind for the paper and I will return it with my own ideas added. We should be able to take it from there.

With love from both of us

2006

280. Lynn Margulis to James Lovelock, February 15, 2006

Dear Jim,

Margo and Ian Baldwin (Chelsea Green) are the publishers (White River Junction, Vermont) we always wished we had.[554] PLEASE help them obtain an answer from Penguin UK as soon as possible: they have requested US distribution rights for *Revenge of Gaia*.[555] (None of us have seen it; we await it with interest. I'm particularly curious about your current stand on nuclear power.)[556] I chuckled upon noticing that Julia Ponsonby's *Gaia's Kitchen* was published by them (Chelsea Green) too!![557] And that Stephan [Harding]'s publisher Green Books had been working with them (Chelsea Green) for years. Penguin seems to have entirely ignored their several requests. Please inform your personal contacts there for us so that we can help distribute the book over here.

You can always call me at (413) 253-5018 home, (413) 545-6602 UMass. I am desolate that we have lost contact and that you never came to Schumacher College when, as you know, the real reason that Ricardo and I agreed to teach there for a week, besides working with Stephan (on "Water GAIA"), was to see you on that fateful Thursday. We must make amends, perhaps we might send you whatever you wish on the five DVDs (Lovelock DIAL, **D**igital **I**nter**A**ctive **L**ectures) we have made since, get this **1972** (until the early 1990s). David Suzuki gave me permission to use his wonderful later interviews too (2002). Dani Guerrero (remember him?) helped and Tonio Sagan did some of the music on our "Confessions of an Economic Hit Man," story of the American Empire by John Perkins (really a local lecture at a bookstore); I might send you our 20-minute video too.[558] I'd love to send

[554] Margo and Ian Baldwin are the founders of Chelsea Green Publishing, a Vermont publishing house with a focus on liberal politics and sustainability.

[555] Lovelock 2006.

[556] That Margulis asked Lovelock about his "current" stand on nuclear energy seems odd: Lovelock has consistently defended nuclear power, especially over "renewable" energies.

[557] British writer and professional cook employed at Schumacher College.

[558] Apparently Margulis produced a video to publicize the exposé *Confessions of an Economic Hit Man*, published in 2004 by former corporate consultant John Perkins, a denunciation of the US

these materials, many of which are inspired by you to you but I can't bring myself to do this without speaking to you first.

Also I have a full copy of the new Gaia Oratorio by Nathan Currier.[559] The entire libretto derives from your books alone. Nathan comes here (with Roger Payne, the whale song discoverer and an old friend[560]) on May 4 and we will play sections of his oratorio just before and just after Roger and Lisa perform "Lessons from Copernicus," their famous presentation. Wish you were here!!

If you could possibly bypass the gates of Sandy and call me (or Celeste [Asikainen]) with a date, time, and telephone number as you know: I will drop everything to be in touch. I assume, not knowing anything to the contrary, that I am not a speaker at the September meeting.[561] In any case the timing of your next Gaia meeting will be exceedingly difficult for me to arrange. I suspect, in part because he is closer and has no classes, Ricardo would love to attend also. He is currently the head of all science for the equivalent of the National Academy of Sciences of the Royal Society . . . but for Catalunya. I'm going there (Barcelona) in mid-March.

Much more scientific news, I await your response by any method you see fit.

Love

*

* *

281. James Lovelock to Lynn Margulis, February 16, 2006

Dear Lynn,

We are amazed and surprised to hear that you thought we had not invited you to the next Gaia meeting in Oxford. Sandy sent an invitation to you on

National Security Agency and the World Bank for systematically fleecing third-world countries. To measure the difference between Lovelock's and Margulis's politics, compare Lovelock's remark in Letter 277 about "our crazy left-wing government."

559 American music composer. 560 American biologist and environmentalist.

561 Margulis refers to the meeting titled "Gaia's Future: Global Change and World Affairs," September 25–28, 2006. The invitation, sent at the end of December 2005 by Sandy Lovelock, to which Lovelock refers in Letter 281, although addressed to Margulis, was otherwise a form letter with only a request to attend, not to speak.

December 30th 2005, but Tim Lenton and Peter Horton are preparing the program and will soon be in touch with a formal invitation to speak.[562]

Penguin USA is a different company from Penguin UK and the company here are as surprised as you are by their rejection of the book. It is number five in the prime best seller list here and there were enquiries from publishers all over the world before the book appeared.

Lynn it is true that we have drifted apart but Sandy is not to blame, quite the contrary. It is mostly because our scientific approaches are different now. In the early days of the 1970s we were complementary in our thoughts but now the nearest I get to biology is physiology and medicine; most of my scientific acquaintances are climatologists and physical chemists, with a few earth scientists thrown in.

We have evolved in different ways in very different habitats so it is not so surprising that we sometimes see things differently. Keep this in mind when you read the *Revenge of Gaia*.

With love from us both

*

* *

282. James Lovelock to Lynn Margulis, August 27, 2006

Dear Lynn,

In early September we will be in the USA on a book promotion tour organised by Basic Books. It would be good to meet again but on this occasion there does not seem to be enough spare time for a useful meeting. We have two days in New York and one in Washington and then about ten days on the West Coast. We are due back November when we will be visiting Sandy's family in St Louis. Perhaps that will offer a better opportunity.

The book has created quite a storm in the UK and may even have achieved my goal of putting Nuclear Energy back on the political agenda. We will soon find out how it does in America.

With all good thoughts from us both

[562] Musician and theater director Peter Horton researches the popular communication of Gaia theory.

2007

283. Celeste Asikainen to Lovelock, August 28, 2007

Dear Dr. Lovelock,

I am sending this nomination form to ask if you would nominate Lynn for the Blue Planet Prize which is due on October 15, 2007? I will be glad to help gather anything else you may need to submit this nomination. Realistically, this is the only prize that Lynn might have a chance at receiving. We are hurting for funds to pay students properly that are associated with Lynn's lab.

Enclosed is a copy of Lynn's abbreviated CV and a short biography statement that might help you organize the items needed for this nomination. Please let me know if you will be able to help in this process.

Sincerely,
Celeste A. Asikainen
Margulis Lab Administrator

P.S. It was wonderful meeting you in New York last year.

Encl.
Lynn Margulis CV and short biography statement
Blue Planet Prize nomination materials
Full CV sent electronically

*

* *

284. Lynn Margulis to James Lovelock, August 29, 2007

Dear Jim,

It was wonderful to see you at the American Museum of Natural History in New York in November. I hope you and Sandy are thriving and still walking the UK perimeter.

Our work goes splendidly on the final (and earliest) event postulated for the origin of nucleated cells: the merger of motile spirochetes with the sulfidogenic bacteria. I enclosed a few reprints to interest you in details. Data, more than promising, has begun to come in.

Our class, "Environmental Evolution" begins next week; we have a great Gaia selection of scientific materials thanks to you, to your David Suzuki interviews, the Valencia meeting and the two MIT press books, NASA films such as *Voyage to Titan* and Stephan Harding's marvelous lecture, *Animate Earth* (done here in Amherst; it explores scientific mechanodichotomous-exclusivist thinking as it underlies relentless human activities of environmental insult and rock weathering) etc. I've enclosed last semester's booklet. As you probably remember, this course has been taught every semester since 1972!

We have a commitment from Professor Alfred I. Tauber (the Tauber Fund) to support Dr. John Hall's work but only for another year and a half.[563] John lives in NYC, uses Rockefeller's huge computers for his computations (for which we are billed) and is the only person in the world who dedicates his research effort to testing our theory of the origin of nucleated cells. Although we have just now been successful enough to bring in the last payment on the Tauber grant, John is the kind of scientist who is temperamentally incompetent to do "advanced begging." We have six scientific papers planned and he has no other source of income.

As a predictable failure of peer review, possibly the only hope I have to keep the work going when I return from Balliol (Oxford, Eastman House, 9 months) at the end of my 2008–9 visiting professorship, is to ask this favor of you. Probably we will need only one such money spurt, one prize. Nearly all such funds, of course, would be for graduate-student stipend money and salary for close colleagues such as John Hall. I have a good salary and need nothing for myself. Of course Celeste Asikainen (the indispensable grandmother–PhD candidate–administrative geologist research associate) and my superb (hard rock) department chairman Mike Williams (Geosciences) and probably others will be glad to help you prepare the application. They, and Ray Bradley, have tried to obtain prize money for me on at least four occasions before this, all with utter lack of success. They simply are not strong enough nominators, I reckon.

[563] Alfred I. Tauber, American philosopher and historian of science, director of the Boston University Center for Philosophy and History of Science; John Hall, controversial Rockefeller University researcher on microtubule-based mechanisms of cell motility and cell division.

Luminous Fish here is a gift for both Sandy and you.[564] You will honor me greatly if you read it until the end. I've been at work on it since about 1956. You will recognize some people, most are recombinants.

Please don't feel pressured. If you don't want to undertake this onerous task, believe me I understand. We'll continue our work of course, in any case, just more slowly.

Much love

*

* *

285. Celeste Asikainen to Lovelock, September 25, 2007

Dear Jim and Sandy,

We understand from Ray Bradley, who was copied on the last email, that he cannot support Lynn's nomination as he is already supporting another person. Further he said that at this stage of nomination no letters are required up front. All that is needed are two names that will support the nomination. The nomination simply asks for a statement about why somebody deserves it, a copy of their CV, and the names addresses, emails etc. of 2 referees. Asahi will then contact them if required. The people that would be best to put for supporting Lynn's nomination (in order of appropriate) are:

1. Christian De Duve[565]
2. Peter Raven
3. Baruch Blumberg[566]
4. Roald Hoffmann[567]

Please let me know if you need any further contact information and if I can do anything further to help you in this nomination process.

By the way I sat next to Donald Hoffman (CEO of Excel Services Corporation) on my way home from London on September 15 and he said that he had just met you at a meeting. He said if I talked to you to please tell you how honored he was to meet you.

[564] Margulis 2007. [565] Nobel Prize-winning Belgian cytologist and biochemist.

[566] American geneticist and physician who received a Nobel Prize for his discovery of the virus causing hepatitis B. Keen supporter of astrobiology at NASA.

[567] Polish-American theoretical chemist, author, and Nobel Prize winner.

Cheers,
Celeste A. Asikainen
Margulis Lab Administrator
Original message:

From: James Lovelock
To: celeste@geo.umass.edu
Sent: Tuesday, September 11, 2007
Subject: Lynn Margulis

Dear Celeste,

Please would you pass the message below on to Lynn. We do not have her e-mail address.

Jim Lovelock

*

* *

286. James Lovelock to Lynn Margulis, received September 25, 2007

Dear Lynn,

We are just home after a visit to Mantua in Italy for a literary festival. Among the mail waiting was the package from Boston. Of course, Lynn, I am delighted to be asked to submit your nomination for the Blue Planet Prize and we have started the process today. I think that I can help most usefully by writing to the Chairman of the prize panel personally. The form filling and so on will take time because there are only the two of us here; so we welcome the efforts of Mike Williams. We are insanely busy this year and have travelled to six different nations so far including Australia and we leave on October 1st for a four week stay in Norway at Oslo University which includes a visit to Svalbard only 600 miles from the North Pole. Meanwhile we move around in the UK and like you still have to work. Without still working and the prizes, despite the way those professionals who look after the money seem to lose it, we would otherwise be on welfare.

It was very good to see you and Dorion in New York last year. I will soon be starting another book, they do seem to help Gaia and bring back friendships.

With much love from us both

Part V
Commentaries on Lovelock and Margulis

Darwinizing Gaia

W. Ford Doolittle

Lynn Margulis was the leading proponent of the endosymbiont hypothesis for the origin of the organelles of eukaryotes. We were involved in proving this hypothesis in 1975, using the oligonucleotide cataloguing methods developed by Carl Woese, whose three-domain phylogeny Lynn would resist in favor of her five-kingdom model. Lynn and I became close friends during my sabbatical in Boston in 1977–78, so I was primed to read Jim Lovelock's first book on Gaia when it came out in 1979 (Lovelock 1979a). It both delighted and infuriated me. I thought the book charming in its description of Life on our planet but deeply wrongheaded about evolution by natural selection. It more-or-less clearly invoked natural selection as the cause of Gaia's supposed homeostasis-like feedback properties, and seemingly necessary for the maintenance of Life on this planet over the last 4 billion years. So incensed (and ambitious) was I then that I wrote up a little review of the book for the *New York Review of Books*. Of course they summarily rejected it – I'm not in their stable – and after some soul-searching, and with Lynn's help, the essay was published in Stewart Brand's *CoEvolution Quarterly*, the successor to *The Whole Earth Catalog* (Doolittle 1981a). Lynn was then happy to disagree, and her counter-essay, along with Jim's, appeared after mine.

The problem I saw was that Lovelock and Margulis' thinking ran completely counter to what many of us neo-Darwinists had come to believe then about natural selection. Richard Dawkins had recently published his widely influential book, *The Selfish Gene*, popularizing gene-centrism (Dawkins 1976). Such a view was a welcome antidote to the "for the good of the species" thinking of V. C. Wynne-Edwards. In a review of the state of the field at that moment, the historian Michael Ruse quotes the leading evolutionary biologist of mid-20th-century, John Maynard Smith, writing to Jim Lovelock. "Look Jim," he said, "the trouble with Gaia is that we've had such agony with vitalism and group selection, and all these other things, and we thought we had it all worked out, and then you came along. You couldn't have chosen a worse moment" (Ruse 2013: 215).[568]

[568] Michael Ruse is a leading historian and philosopher of biology, often said to have contributed to the constitution of philosophy of biology as a discipline.

Selection on groups rather than on organisms was at that time a very left-wing concept: the collection of all species on Earth was clearly beyond the pale. And it probably still is among mainstream neo-Darwinists. At best they might see Gaian homeostases as "fortuitous benefits" of lower-level "selfish" natural selection on individuals within species. Indeed, such fortuitous benefits might have been required for Life to last long enough for us to evolve to observe it. But that's an invocation of the anthropic principle, not evolution by natural selection. Now times have changed. Metagenomic techniques have generated vast amounts of largely incomprehensible data, and, arguably, Lynn was more right than most of us thought in emphasizing symbiosis (particularly mutualism) as an evolutionary driving force: Nature is not really so "red in tooth and claw." We need some new way to think about collective evolution to handle all these data. And there are now pressing reasons to see ourselves as part of the biosphere, not its masters – another, though possibly purely political, motivation for rethinking life's collectivities.

Yet, I'm still a Darwinist even if not quite so *neo* as before. Rather than get rid of selfishness, I'd like to push it up the biological hierarchy – selfish species, selfish biogeochemical cycles, selfish Gaia. And "selfishness" means that whatever properties an entity has evolved to have, it has them by virtue of their effects on the fitness of that entity itself: those properties are there because in the past they helped it to out-compete other such entities. The problem, then, is that collective entities as inclusive as Gaia, and even smaller ones like ecosystems, don't reproduce as collectives, and most neo-Darwinian evolutionary theory is really about the *differential reproduction* of fitter entities, whether collective or not. It's not about their survival, except insofar as that is necessary for reproduction. We need some new and expanded theory. So my goal is not so much to prove that Lynn and Jim were right as it is to legitimize, in a neo-Darwinian or at least Darwinian perspective, claims that they *might* have been. That is to say, several of us are trying to push the limits of that perspective, so that *differential persistence* as well as *differential reproduction* is part of the purview. Doing this might overcome our belief that Gaia is "impossible in theory."

So far, I see three ways to work around the neo-Darwinian objections – ways to legitimize, if not prove, the Gaia hypothesis. All three require that differential persistence can give rise to or be an outcome of selection.

(1) The first workaround is to argue that it is not the individuals or even the collection of all the individuals or species that make up a community or

ecosystem that is the unit of selection, but the *pattern of interactions* (the "process") that they collectively implement – "the song, not the singers." Arguably, interaction patterns are reproduced (recur) but don't reproduce, and it's the ongoing evolutionary recruitment of taxa perpetuating such processes that defines persistent lineages.

(2) The second workaround addresses clades. Although clades don't reproduce, at any given time a clade consists of species only some of which will have progeny in future. Thus, clades always generate populations within which and between which natural selection by differential persistence can act, addressing clade-level traits such as species richness, ecological diversity, geographic dispersal or intra-clade cooperation. The most inclusive clade would be LUCA (the Last Universal Common Ancestor) together with all its descendants – all of Life on Earth in other words. Whether or not there are populations of "Gaias" on other planets, there is a terrestrial population that this clade itself continuously generates.

(3) The third workaround is an expansion of a framework of David Hull's, which would see recurring but non-reproducing communities as *interactors* whose differential success differentially perpetuates the *replicators* that determine their properties (Hull 1980). The replicators might be genes, "selfish" in Dawkins' sense, but with phenotypes at the level of communities and ecosystems, of which Gaia is the most inclusive. Thinking about lateral gene transfer encourages the view that some genes are perpetuated because, thanks to their propensity for lateral transfer, they are represented in many disparate species. Genes serving the global nitrogen cycle might be seen in this way. So might nitrogen-fixing organisms and species, since, with respect to communities as interactors, these too are replicators.

These are early days, and this endeavour is so far pursued in the arcane discipline called "philosophy of biology," not in on-the-ground scientific practice. We'll see how it goes.

•

Gaia at the Margulis Lab

Betsey Dexter Dyer

Lynn Margulis's scientific relationship and friendship with Jim Lovelock began and increased in the way that most of her close relationships did, especially those involving some sort of edgy, unconventional science. Knowing Lynn, I suspect it was love at first sight with Jim's ideas about Gaia. Although I was not there at the beginning of the 1970s, I did witness similar first encounters during my graduate school years in Lynn's lab from 1977 to 1984. I attended lab meetings and research talks in her lab as soon as I took her Symbiosis course in the fall of 1977. Encouraged by her to switch my focus to termite research – it turns out their hindguts are entire symbiotic worlds in themselves – I began PhD work with Lynn in January 1979.

Lynn would often introduce exciting new scientific acquaintances and hoped-for future colleagues with breathless superlatives, at first, in their absence. This would often occur during a weekly lab meeting. She would create quite a build-up so that by the time we graduate students met the glorified personage, we would already be properly in awe. And then the superlatives would continue because she did not hesitate to lavish praise when the subject was actually in our presence, as in: "Here is the person who is going to solve the tubulin problem for us." Lynn did not raise her voice in lab meetings to convey those superlatives; she used a surprising absence of intonation. Rather, they were conveyed gravely and earnestly in an almost hushed statement of *facts*: Whoever it was, was always the *best* possible protein chemist to solve the spirochete problem, the *absolutely right* person to sort out ciliate cortex genetics, the *most creative thinker* to consider some grand problem on the global scale it deserved. And Jim Lovelock indeed *was* considering a grand problem on a global scale, and (best of all) had been approaching it as a maverick, an outsider scientist, like someone about to make trouble – Lynn's favorite kind of person.

The two of them approached their first collaborations by stealth. Not ready for the scientific establishment, or at least, not ready to face devastating criticism and rejection, Lynn and Jim first published together on Gaia in *Tellus* in 1974. This looks like one of Lynn's favorite tricks, which she taught to all her students. Go to the edges, the interdisciplinary fields and journals where scientists generously collaborate across boundaries. In those days (and still today) the various interdisciplinary branches of geology and geochemistry were perfect for this. Those fields are often delighted to have a microbiologist explain some phenomenon from their point of view. *Tellus* was a great choice for two reasons: first, it was publishing the proceedings of a conference at which Jim gave an invited paper, which is a nearly surefire way to an acceptance. Second, *Tellus* is interdisciplinary, combining meteorology and oceanography. In those days, *Tellus* was even more of a "boundary journal," a perfect home for Gaia. In that same conference issue of *Tellus* were reports of trace gases of all sorts being tracked and monitored worldwide. The editor, a friend of Lovelock's, likely welcomed an intriguing synthesis that might pull all that atmospheric gas work together. But of course, *Tellus* was not being read by any of Lynn's more conventional biology colleagues.

Also in 1974, Jim and Lynn published two other publications on Gaia, in *Origins of Life* and *Icarus*. These interdisciplinary journals were very welcoming to almost any publication of Lynn's in those days. The origin of life is an edgy subject to begin with, and it requires very broad minds and interdisciplinary spirits to get anywhere with the topic – ideal for Lynn. And *Icarus* was one of Lynn's first forays into the wonderfully interdisciplinary field of planetary biology, which sustained her for decades afterward. "Planetary biology" was in fact a good camouflage or secret code phrase for Gaia work, because already Gaia was too controversial to receive much funding. NASA was one of the few agencies that went along with it. As these manuscripts went out, Lynn may have been feeling the glorious freedom of academic tenure, which Boston University had just granted her in 1973. While her work had been far from conservative before tenure, she could really let loose now. Note that she was one of only four women of that era to be granted tenure among the 30 professors in Boston University's biology department, and two of these four were the wives of the current or former department chairs. As I can attest, having lived through it, in those days that department was not always a welcoming place for women.[569]

And so it went with a modest set of co-authored Gaia articles published here and there from 1974 until 1989, nine in all. During all that time, Lynn was also quite preoccupied with her theories of cell evolution and was

[569] Apologies to those two women who were contending with the same sexism we all were and managed to be in the right situations to advance their careers serendipitously by being married to chairs. That was another lesson for young women scientists of the 1970s. We were all acutely aware of those four women professors and how they had managed to get the sorts of jobs we hoped to get some day.

publishing at a great pace on those topics. But she found time for collaborations with Jim on Gaia. Around the time I arrived in the lab in the mid 1970s, Lynn began enjoying the creative freedom of publishing her more controversial topics in the popular press. *CoEvolution Quarterly* became a great favorite. Its countercultural audience really appreciated her lead-authored 1975 Gaia article. In 1977, *Geographical Magazine* and *The Sciences* (both popular venues) were probably pleased to get Gaia articles from Lynn and Jim. In 1978, both *Pure and Applied Geophysics* (*Pageoph*), a geophysics journal, and *BioSystems* accepted Gaia submissions, the *Biosystems* article being especially notable because it introduced a fascinating hypothesis about forest fires developed by Lovelock's graduate student Andrew Watson. Lynn believed in the peer-review system by which science is published, as long as it is fair, transparent, and unbiased. However, because peer review was not always fair to Lynn, she did not hesitate to slip in through the back doors of popular publications and develop a following of enthusiastic non-scientists. One aspect of this strategy backfired somewhat on both Lynn and Jim, however, when laypersons began developing religious movements based on Gaia; that cultural hunger created even more of a roadblock to acceptance by fellow scientists, many of whom had been skeptical to begin with.

Nevertheless, when Jim's *Gaia* appeared in 1979, the Margulis lab celebrated it with great joy. Lynn bought and inscribed copies for everyone, and later Jim added his autograph. Along with endosymbiosis, of course, Gaia became a major topic for us for years. This was the beginning of what we in the lab called "The Gaia Talk," with an emphasis on *The*. It comprised a carefully arranged set of 35-mm slides, many with custom graphics, showing dynamic atmospheres. The talk was designed to unveil the entire Gaia story. It typically began with Jim declaring to NASA that he didn't need to travel through space to discover life on another planet, he only needed a spectrograph of the planet's atmosphere to see if its gas chemistry was in thermodynamic disequilibrium or not. The talk also featured a canonical comparison of Mars, Venus, and Earth. We took great delight in declaring Earth's atmosphere to be dangerously explosive and oxygen to be a poison. Eventually, new research was added, such as Watson's forest-fire work and the Daisyworld model he helped Jim to develop. The talk was enormously popular, although not necessarily so with fellow biologists. Indeed, Lynn was kept very busy giving invited talks and sometimes was overscheduled, called upon to be in two places at once doing one or another talk. It bears recalling that work on Gaia was actually a side project compared to serial endosymbiosis theory, the main focus of our lab, which had its own canon of talks and slide decks. I was one of various graduate students in the lab who learned to give The Gaia Talk when Lynn was unavailable. In fact, there were multiple sets of the slides for exactly that purpose. I think it was one of the talks that taught me how to deliver a story. We saw Lynn do it so many times and then had to do it ourselves, over and over for all sorts of audiences, ranging from laypeople to interdisciplinary geology and planetary science types. The talk was almost never delivered to biologists, not even ecologists – especially not ecologists, who rarely or never extended an invitation.

In 1980, the now legendary first Planetary Biology and Microbial Ecology (PBME) course, conceived by Lynn and funded by NASA, took place all summer long at beautiful Santa Clara College in California. It was an absolutely transformative and career-building immersion for all the graduate students fortunate enough to attend. I was one of those and I believe my career would have turned out entirely differently had I not been there. It, too, was in part a cover operation for Gaia as well as others of Lynn's favorite projects centered on endosymbiosis. Lynn was realizing that if she wanted there to be a conference, symposium, or meeting on any of her favorite controversial topics, she would have to organize it herself. This she did with great fanfare, fascinating speakers, and fun locations. Amazing field trips were typically included. Unless you were one of the many biologists opposed to nearly everything that Lynn did, you wanted to be invited. PBME was a course disguised as a conference that lasted the entire summer of 1980. It commenced with a week-long field trip in Baja California, Mexico, to view microbial mats. Lynn had carte blanche (thanks to a large NASA budget) to invite favorite scientists from all over the world, some of whom stayed the entire summer, while others came and went. It was an international who's who of bold, edgy, unconventional science. The "course" was ostensibly for us students, but it was more an immersion into the microbial world via many of Lynn's favorite theorists and experimenters.

Lovelock was invited to PBME and his trip would have been fully funded but he declined, I am fairly sure, for health reasons. It was a very long journey from England to California, and he had had a heart attack a few years earlier. Later, Jim got to travel to Baja California with Lynn, and ultimately his health has allowed him to live to a very old age. Instead, we had Jim's wonderful graduate student, Andrew Watson, who developed the Daisyworld model of Gaia that year. The next year, in 1981, Jim visited Lynn in Boston, as he would do regularly when coming to the USA. That is when I met him for the first time. To my surprise, I ended up hosting a party for him in my tiny living room at 1762 Commonwealth Avenue in the Brighton neighborhood of Boston. It was more of a salon than party. Jim got one of the few chairs and shyly and quietly fielded questions and made comments. The room was absolutely packed with graduate students, mostly sitting on the floor. Somehow (in those pre-cellphone days) word got out that I was hosting Jim and so we had a few people we didn't even know show up.[570]

In those days I took a few trips with Lynn and her father, Morris Alexander, who was a marvelous travel companion – very cosmopolitan and debonair, and often the life of the party. In 1983, Lynn, Morris, and I visited Jim at his home in Coombe Mill. I believe it was Lynn's first visit to Jim's new home after his move from Bowerchalke. I kept a travel journal, so I know we arrived jetlagged in London on June 2, took a small plane to Plymouth and were met by Andy Watson. As was quite typical of her, Lynn insisted on going to a deli and buying an entire ham with other items, as a present for Jim. On another trip she bought an entire whitefish, of the sort that usually you buy in small pieces. Thence to Coombe Mill; it was indeed a former mill, and included a large private lab filled with gas chromatographs and computers. Jim is indeed the rare independent scientist with enough income from patents and consulting to be able to fund his own lab and do whatever he liked. I judged his lab to be better equipped than many at Boston University. There is a canonical photograph in circulation of Jim and Lynn at Coombe Mill standing beside a statue of the goddess Gaia. Another uncirculated iteration includes me! I took that photo, which is sometimes published with an erroneous date. The correct date is 1983. That night, Lynn and her father stayed at Jim's guest cottage, and I went to Andy's house. Back at Jim's the next day, I found Lynn hard at work on a $50,000 computer and ecstatic. In those days, as is still true now, much of Gaia research was done by creating elaborate models requiring enormous computational power. But it was a whirlwind trip, and the next day we departed for Barcelona. Within hours of arriving, Lynn met Ricardo Guerrero, who soon became her companion.

My overall impressions of those years are full of their own superlatives. It was transforming to work in close contact with Lynn for seven years (and then to be her colleague and friend ever after). She taught us all her tricks of the trade, most of all, never to be afraid of being controversial if it meant

570 Unlike many graduate student apartments, this one was extremely convenient for an informal event like that. It had its own separate first-floor entrance directly into the living room; the Commonwealth Avenue Green Line trolley stopped right in front.

getting to a scientific truth. All sorts of unconventional fare could be slipped in between the boundaries of the disciplines. Those are the meetings we went to and the journals we published in. And we welcomed popular audiences and adjusted popular lectures and writings to be inclusive. We knew how to get the word out. It was fun to be audacious even if, often, beleaguered. It was exciting to walk into a scientific meeting with Lynn, knowing we were part of her little army. And note that, unlike many professors, Lynn insisted on taking us all to as many meetings as she could. Actually, Gaia was only a part of our battles; we had constant confrontations over nearly every aspect of the endosymbiosis theory. Often, Lynn's graduate students bore the brunt because, as she became more powerful, opponents would not say things directly to her face. But they would *definitely* say things to her students. It was like belonging to a special club, upholding scientific integrity.

In retrospect, as a mature scientist, I do think that it was at times somewhat less exhilarating for Lynn and maybe quite wearing, constantly to strive for acceptance and find loopholes in the system. Who were all those biologists who opposed us? According to us, they did safe research, took short cuts, played politics, stayed within disciplinary boundaries, and relied on dogma. Or so I would have said as a brash, self-assured graduate student emboldened by being in Lynn's lab. Nowadays, 40 years after PBME, I am a more mellow *emerita* professor, with a very satisfying career full of interdisciplinary research and teaching behind me, almost all of it thanks to Lynn.

•

Gaia and the Water of Life

Stephan Harding

It's common knowledge that there could be no life as we know it on our planet without the presence of water. Its chemical properties make it the ideal solvent for myriads of biomolecules as well as the source of electrons in oxygenic photosynthesis. These are just a few of the many properties that render water essential for our kind of life. Evidence of extensive aqueous landscapes on our immediate planetary neighbors, Venus and Mars, shows that both planets had abundant water thousands of millions of years ago, probably in part thanks to heavy bombardment by water-bearing comets. However, even if life happened to begin on these planets, this water was lost due to various abiotic processes, whereupon any early life there became extinct. Mars and Venus settled into the extreme dryness that physics and chance have imposed on them. And yet, thanks to Gaia, our planet has successfully retained much of the water she received long ago contemporaneously with Venus and Mars.

However, the most common scientific hypothesis for explaining why Earth has retained water in such a striking way in comparison to our sister planets evokes only abiotic factors such as our felicitous distance from the Sun. Furthermore, the assumption has been that living beings have simply adapted to the presence of an abundant hydrosphere rather than having had any role to play over geological time in preventing its disappearance. Lynn Margulis didn't agree with this geologically centered picture. Instead, she intuited an important and active role for the biosphere in keeping our planet moist. Her idea emerged from her scientific symbiosis with Jim Lovelock. Their mutual development of Gaia theory offered deep insights into how feedbacks between life, rocks, water, and atmosphere combine to regulate our planet's surface conditions, such as temperature, within the narrow limits tolerable by life itself.

I met them both at Schumacher College in Dartington, England, where I still work and which I helped to found in 1990. Jim taught the very first course at the college, on which I contributed a few talks. This was at a time when very few professional biologists were taking his Gaia theory seriously. Jim was delighted to have found an ecologist – me – who considered his scientific ideas immensely interesting and important. On long walks on the Dartington estate, we discussed issues such as how to reconcile emergent self-regulation on the scale of a planet with natural selection amongst purportedly selfish individual organisms. I realized then that my primary role at the college was to teach Gaia as both science and philosophy, and so I needed to learn much more about Gaia. Thus began a long period of regular visits to Jim's home-cum-laboratory on his wild land on the Devon–Cornwall border. It was a tremendous privilege to spend so much time with Jim and Sandy, his gracious wife, exploring Gaia, sharing the insights of this great scientist. Our scientific work was focused on making his groundbreaking Daisyworld model more ecologically realistic by incorporating choosy herbivores that permitted us to construct more realistic food webs. Contrary to earlier, non-Gaian ecological models, we found that greater biodiversity in Daisyworld promoted a greater stability in this model, the first of its kind to include feedbacks between the biota and the planetary climate (Harding and Lovelock 1996).

Lynn first came to Schumacher College a few years later to offer her own course on Gaia, again with some input from me. I remember our delight in discovering our mutual love of Spanish, hers thanks to her many microbe-collecting trips to Mexico, mine due to having been born in Venezuela. I was by training a mammal ecologist with very little knowledge about the teeming world of microbes, a deficiency which Lynn soon spotted and was happy to remedy. We talked for many hours about microbial ecology and its immense and overlooked impact on the surface conditions of our planet, ever since the first oxygen-producing photosynthetic bacteria removed vast quantities of carbon dioxide from the atmosphere about 2,500 million years ago. A few years later Lynn invited me to visit her at her university in Amherst, Massachusetts. I spent a memorable week or so in her lab and with her and her family at home. During this time we had many deep conversations about Gaia, with a major focus on the role organisms play in maintaining habitable conditions on our planet. One such conversation took place whilst we were being driven on a large freeway near her home. We seemed to be in a rush to get somewhere, yet as we drove under a huge dark cliff of exposed rock, its age and structure seemed just too fascinating to ignore.

Lynn turned to me and gave me the story of the rock, its geology, its history. Then, with her typical mix of intellectual and inspirational energy, she said: "Have you ever wondered why water has never vanished on our planet throughout the long geological ages represented here by this rock, and even further back in time?" I hadn't. I well remember how Lynn's question struck me in that moment as being of immense scientific interest and somehow also of great ethical import. "There's clearly a Gaian explanation," she said. "There are many ways in which for billions of years, living beings, Earth's biota, have prevented our planet's water from disappearing off into space. I've been trying to convince one other scientist to write a science paper on this with me. I've asked Jim, but for some reason he wasn't keen. What about you?" I was both shocked and delighted. Writing such a paper with Lynn would be a great honor and would perhaps not be too difficult with her contributions. I gladly accepted and began work on the paper as soon as I was back in England.

Corresponding via email, we soon agreed on the title: "Water Gaia: three and a half billion years of wetness on planet Earth."[571] I raked the literature for biological and abiotic chemical reactions that remove and retain water. To begin with, as we outlined in the paper, water is lost to the planet when water molecules are split into their component oxygen and hydrogen atoms in various ways, such as at the top of the atmosphere by UV light or when sea water reacts with ferrous oxide in sea-floor basalt. Free hydrogen has so little mass that our planet's gravity can't hold it down, so it tries to escape into space. No hydrogen, no water. Our planet dries out a little with each hydrogen atom or molecule lost in this way. However, I soon found a good range of counter examples with which to build a case for how life altogether has kept our planet moist over billions of years. Lynn added her great insights and wide knowledge of biology. It turns out that the biota induce planetary water retention in a number of ways, such as when certain types of bacteria capture the fleeing hydrogen and use it to reduce elemental sulfur into hydrogen sulfide gas (H_2S); other bacteria then take H_2S and react it with oxygen, thereby reconstituting water. Moreover, the oxygen produced by photosynthesizers captures hydrogen, again re-making water.

Our paper easily came into being in a spirit of tremendous harmony and focus, which further deepened our scientific understanding of Gaia. Most profoundly, we concluded that without life's water-retaining abilities, there would be no plate tectonics. In essence, water must be present to "soften" sea-floor basalt as it plunges downwards at plate margins to melt and be recycled in Earth's depths. Without plate tectonics there would be no granite and hence no continents, and no return of carbon dioxide to the atmosphere and thus no regulation of a planetary temperature favorable to the persistence of liquid water and hence of life itself. These massive planetary cycles exist only because the biosphere persistently bonds fleeing hydrogen

[571] Harding and Margulis 2010.

molecules to those of oxygen, replenishing Earth's deep wells of water. What "Water Gaia" means for our scientific understanding is that, for the planet as a whole, life itself holds on to the water it needs to live and flourish.

But what about the ethical implications of our Water Gaia ideas? Ethics are important here, for without ethics science has been known to produce dangerous monsters. To think ethically we must think poetically, and we scientists ought to cultivate our poetic connections with what we study a little more than is typically the case. The best scientists, including Goethe and Einstein, cultivated their poetic imaginations, so we can, too. Where then is the poetry in Water Gaia? In fact, for us humans, through the ages of our tenure on this planet, myths and stories from all around the world present the phrase "Water of Life" as a powerful symbol of insight and well-being. Now that our science has convincingly shown that water truly is the Water of Life, we can comfortably allow ourselves to expand beyond our thinking minds and bring our poetic imaginations to the fore. We find ourselves meditating on the words "Water of Life" and partaking in their living meaning. We enter a space of deep peace where we bathe in a flowing sea that seems to be a good candidate for the energizing source of everything in the cosmos.

As science, as mantra, as a touchstone for our contemplations, Gaia and the Water of Life conjoin our poetic and scientific powers into a vibrant living whole. At this very moment of the dreadful ecological crisis we have brought about, may these insights and inspirations guide us well in taking good care of our precious planet.

•

Gaia as a Problem of Social Theory

Bruno Latour

I am probably the only contributor in this volume who has been attracted to Gaia not as question of natural science but as a solution to a problem of *social theory*. Trained in philosophy and later in anthropology, I have always been struck by the excessive influence of sociological models in biology. The idea of the Body Politic infects everything it touches.[572]

This excess had been especially striking in the early 1970s during the heyday of sociobiology. From the point of view of a philosopher, sociobiology was like a shepherd's pie – one-third biology; two-thirds sociology. The idea of considering selfish genes and selfish organisms as so many Wall Street traders struck me as a strange aberration. Knowing fully well from the anthropology of economics how difficult it had been for human agents to submit to the "iron cage" of individual calculations, I could not see how such a model could be transported to ants, bees, foxes, trees, or DNA. To be able to do "selfish calculations" you must first have a self, but how would you draw its limits without all the paraphernalia of modern accounting? The oddity of sociobiology struck me even more when I had the chance to collaborate for many years with the anthropologist and primatologist Shirley Strum.[573] It was clear from her study of the complexity of baboon societies that the notion of individual calculators maximizing their profits in kin selection bore no relation whatsoever to what she observed in the field – a conclusion borne out by following the same troop of baboons for almost half of the century. It also became clear to me that what passed at the time for the laws of "natural selection" were a projection onto natural phenomena of a fairly recent and historically dated social theory, that of neoliberalism. In this encounter, nature had little say, while economics spoke too loudly.

This study of primatology, however, would not have led me to Gaia if I had not so fiercely disputed my colleagues in sociology. This time I was struck not by how easily individualism was imposed on ants or baboons, but by how quickly the notion of *superorganism* was exported from biology to sociology. Society was supposed to exist as an overall reality imposing itself on social actors, in just the same way as cells or organs in biology were supposed to

[572] Latour et al. 2020. [573] Latour and Strum 1986.

submit to the rules of a superior order and "sacrifice themselves" for the "good of the whole." However, it was clear from Shirley Strum's work and from my own field work on scientists and engineers that the organicist model (inspired largely by biology) as well as the individualistic model (projected from economics to biology) were both totally inadequate to account for the ways that collectives (a word I introduced to distinguish such assemblies from those identified by the term "society") were being generated. As I am fond of saying, neither Aesop's fable of the Belly and the Members – for organicism – nor Mandeville's fable of the bees – for individualism – could follow the ways in which social actors overlap one another.

This is why, with my colleagues in Paris, we had to develop actor–network theory (ANT) as a way to dispense entirely with the notion of an overall structure – a society – or with that of an individual agent – the legendary *Homo oeconomicus*. The key feature of an actor–network is that you define the specificity of an actor only if you *expand* the network to include all of those with which it overlaps. It is not a way to strike a compromise between social order and individual agency, but an original way to bypass entirely the conundrum of actor and society imposed by traditional social theory.

I had read Lovelock's early books from the 1980s, but I was slow to metabolize them until I could see the striking connection between the alternative social theory I was developing and the original way in which Lovelock and Margulis were treating the problem of *scale*. At first, I committed the same mistake as many readers of Lovelock, confusing Gaia with a superorganism. The entry for me into the technical content of the Gaia hypothesis came from my work on scientific controversies over ecological matters. Actor–network theory was very much devoted to the study of how scientists and engineers managed to modify the scale of their activity through the extension of their networks. For ANT, science was not a view from nowhere, but very much situated inside conflicts about instruments, paradigms, funding, proofs, politics, and communications. Issues, matters of concern, grew or disappeared depending on how scientists, activists, and political actors interacted. So, strangely enough, Gaian issues first emerged for me in the controversies around natural phenomena in which scientists were fully enmeshed – water, pollution, conservation, energy.[574] In a way, to use the term Tim Lenton devised much later, I began with Gaia 2.0 before reaching out to Gaia 1.1!

[574] Latour 2004.

I am sorry to confess that this shift happened fairly late, at the turn of the century, when I realized that what was true of the agents I had followed in scientific controversies could also be true of the very framework – the "natural environment" – in which those controversies were raging. Through the study of Pasteur's microbes, I had been able to multiply the agencies that were part and parcel of the collectives ANT tried to describe. But still, microbes interested me only when they were inside or in contact with Pasteur's laboratory. Suddenly, reading Lovelock's books much more carefully, I now understood that Gaia itself was constituted by those "actor-networks" over the eons of time.

In short, I saw in Gaia the vindication of what I had tried to do with social theory! Changes of scale were obtained without any jump from the local to the global. Scale – at the grandest level of all, that of the whole planetary envelope, "Gaia's body" to use Tyler Volk's apt title – could be generated from the action of the smallest of creatures, provided you followed their metabolism far enough upstream as well as downstream, that is, as long as you tracked exactly the sort of moves followed by our social theory. Gaia was no more a superorganism than was society, nor was it composed of individual agents. The providential association between Lovelock and Margulis allowed for a complete redescription of the problem of scaling.[575] I say "providential" because the meeting of Lovelock, starting with the present atmosphere, with Margulis, starting from the smallest and oldest creatures, is one of the most interesting collaborations in the history of science, as this volume indicates so well.

The reason why I was so much taken by this conceptual correspondence between the two social theories, one for humans, the other for non-humans, is that it takes on a new relevance at the time of the Anthropocene. This name for a new geological epoch posits the ability of human collectives to modify the scale of their action to tackle the political task of maintaining the conditions of habitability fit for civilization. And this is where it is important that there exists *as closely as possible* a match between the social theory of human collectives and the social theory of Gaia.[576] It is clear that the old concept of "humans in nature" will not do.

For the last 15 years, I have become more and more interested in exploring how much Lovelock's and Margulis' Gaia is, literally, a *sui generis* entity. Not only because it does *generate* itself, but also because its specificity cannot

575 Latour 2017b. 576 Lenton and Latour 2018.

be understood by dragging in other notions borrowed from elsewhere. Over these years, I have been fortunate to be able to collaborate with Jérôme Gaillardet, Alexandra Arènes, Tim Lenton, and Sébastien Dutreuil in trying to explore the utter originality of that original concept of Gaia and the reason why so many scientists and humanists cannot "get it."[577] My main contribution, if I can use this term, is that when I had the honor of giving the Gifford Lectures in 2013, I was able to work full time on showing how dramatically separate Gaia is from the older figures of "nature." Learning to "face Gaia" requires a deep reassessment of many traditional notions from epistemology, political philosophy, and even religious studies.[578] As Isabelle Stengers has said, what she called "the intrusion of Gaia" forbids any comforting thought.

Frustrated by the resistance of so many people to accepting Gaia, I and my accomplice Frédérique Ait-Touati embarked on a new effort at *dramatizing* this revolutionary concept. In a rather grand gesture, I decided to draw the parallel between a first scientific revolution, that symbolized by Galileo, and a *second* scientific revolution named after the work of Lovelock and Margulis. In various plays, lectures, and performances, we have tried to give to the present ecological crisis the same dimension, the same radical spirit as that experienced by our predecessors in the sixteenth and seventeenth centuries. Our aim is not only to give Gaia the place it deserves but also to reassure our audiences that if we have survived the first scientific revolution, we might be able to survive the second! A small message of hope in what is, by all measures, for so many of us, a state of utter despair.

•

[577] Arènes et al. 2018, Latour and Lenton 2019, Lenton et al. 2020. [578] Latour 2017a.

Befriending Gaia: My Early Correspondence with Jim Lovelock

Tim Lenton

I first encountered Gaian ideas as an 18-year-old undergraduate returning home for Christmas 1991 from a first term studying Natural Sciences at the University of Cambridge. I had been thrilled to make it to Cambridge from my local comprehensive school. Science was my calling, having avidly consumed popular science throughout my teenage years. But the university seemed full of over-confident rich kids keener on making a social impression than an intellectual one. Looking back, it was uncannily like Tom Sharpe's hilarious book *Porterhouse Blue*.[579] Meanwhile, I was stuck in the library until 11:00 pm most nights trying to get on top of the mathematics and physics curriculum. I was also troubled by the ozone hole, global warming, Amazon deforestation, and the overall sense that humans were destroying the Earth. Yet the best our lecturers could suggest as a career path was "chemical engineer." Into this mental melting pot my dad gave me *Gaia: A New Look at Life on Earth* and *The Ages of Gaia: A Biography of our Living Earth* as Christmas presents. I devoured both and was captivated by this new world view. At the end of *Ages of Gaia*, Jim Lovelock calls for practitioners of planetary medicine and asks: "Is there a doctor out there?" I decided to answer Jim's call: In early 1992 I wrote him a letter saying I would like to join the quest and research Gaia when I graduated. He generously invited me to visit Coombe Mill in summer 1992.

I remember that first meeting vividly – approaching the gate at the end of the long driveway with a "Keep Out: Radiation" sign, walking together through the thousands of young saplings that Jim had planted on the land, laughing at his irreverent sense of humor. We hit it off immediately despite the gulf in years. On reflection, I think Jim had been waiting for someone like me to turn up. He'd had a torrid time through most of the 1980s – both on a personal level, with his first wife Helen succumbing to multiple sclerosis – and on a professional one, fighting many attacks on Gaia, culminating in his miserable experience at the first Chapman Conference

[579] A satirical treatment of life at Cambridge University, published in 1974, later the basis for a Public Broadcasting Service mini-series.

on the Gaia hypothesis in 1988. Jim was resentful of American "big science" but at the same time America had gifted him a new lease of life in the form of his second wife, Sandy. Now he needed a scientific comrade to join the fight for Gaia and I felt that calling.

I returned to Cambridge freshly motivated (and with an exit strategy). I also began to discover one or two others inspired by Gaia, and three of us undergraduates, Tom Wakeford, Tom Crompton, and I formed a group called "Science for the Earth." We invited Lynn Margulis to address our first Forum in October 1992, with a memorable talk on "A 'pox' called Man." Whilst I always enjoyed talking with Lynn at meetings, we never struck up a written correspondence. Hence, I focus here on my interactions with Jim. Jim helped persuade Andy Watson to take me on as a PhD student when I graduated, and Andy addressed our second "Science for the Earth" Forum in February 1994. By then, I was a final-year undergraduate thriving on Simon Schaffer's history and philosophy of science lectures and starting to see Gaia as a new paradigm. Then, whilst preparing for my finals, at Jim and Sandy's invite, I attended the first Gaia in Oxford meeting in April 1994. Looking back at the conference photograph it seems extraordinary to have been there, standing behind the American theoretical biologist and complex systems researcher Stuart Kauffman, with the distinguished geologist Nick Shackleton behind me, and other eminent scientists dotted around the picture.

I did not keep a copy of the first letter I wrote to Jim (although I suspect Jim did – as Sandy files everything), but in researching this piece I had the joy of rediscovering a file of "Correspondence with Jim Lovelock," which begins in autumn 1994 with the start of my PhD, based at Plymouth Marine Laboratory (PML) and supported by the University of East Anglia, and spans the next four years. It is mostly handwritten letters sent by fax and serves to highlight what we have lost in the transition to email as the dominant medium. Fax seemed to hold the best of both worlds – thoughtfully considered then instantaneously transmitted – albeit at the cost of trees. Several recurring themes emerge from this early correspondence: a developing friendship; the excitement of sharing scientific ideas and models; Jim's distinction of the geophysiology of Gaia from (bio)geochemistry; joint efforts to try and build a scientific community around Gaia; and the defense of Gaia and Jim against lack of recognition.

I began with all the naivety of any starting PhD student (November 16, 1994): "I'm quite excited about an idea I had in the bath earlier this week! I was pondering the 'missing carbon sink'... anthropogenic acid rain might

Figure C.1 Attendees of the first Gaia in Oxford meeting in 1994.

be accelerating weathering and CO_2 uptake." Jim (responding the same day): "I fear that you have stumbled on a source not a sink whilst recycling your bath water. The sulphur acids from combustion are surely more likely to react with limestone and release CO_2. . . For the missing carbon sink I would rather put my money on Lee Klinger's bog formation."[580] That set me thinking (November 25, 1994): "your suggestion of Lee's bog formation sparked another acidic idea: acidic conditions aid succession towards bog communities – could acid rain influence CO_2 uptake through altering vegetation?" At that point we started exchanging code on floppy disks and playing with each other's models. I had begun modeling feedback hypotheses for what regulates the nutrient balance of the ocean, which provoked Jim to respond (November 28, 1994): "The diagram in your letter shows no geophysiology?" and again (December 11, 1994): "think about why the diagrams of the models so far proposed are not geophysiological. The one in your letter for example is wholly biogeochemical. This is not a criticism of the model merely that it has nothing to do with Gaia theory." Jim follows this with a sketch of one of my feedbacks. His objection (unwritten) would have been the lack of explicit, physiological representation of the denitrifying organisms or the primary producers. I took stock and responded (January 12, 1995): "You'll be glad to hear that my Redfield Ratio models are heading in a geophysiological direction."

At the same time, Jim was finishing a paper with Stephan Harding (a new friend at the nearby Schumacher College) on a Daisyworld model populated by different types of herbivore. I asked him (February 17, 1995): "what happens if you put all three types of herbivore in together as the perturbation – will type 3 be the only one remaining? – if so does this represent a system selection of the best regulator (in some sense)?," noting: "The idea of a species' variation having different levels of benefit/hinderance at different scales from the most local to Gaia is one I'm toying with." Jim was succinct in his response (February 20, 1995): "Many thanks for your lucid but newsy fax." Yet this was the start of a thread of joint work developing models to try and reconcile Gaia and natural selection.

During this period, we were also trying to build a community of interest in Gaia. Jim (November 28, 1994): "I am so glad to hear that [John] Maynard Smith continues to show interest [in Gaia]." Me (after December 14, 1994): "I've also met someone called Peter Horton who does Gaia inspired theatre

[580] See Klinger et al. 1990.

and songs." I started organizing a "Daisyworld Day" to bring Jim, John Maynard Smith, and other enthusiasts together in Plymouth. Meanwhile, Sandy was taking the helm (February 22, 1995) "to hold a planning session for the 1996 Oxford meeting ('The Superorganism')" with input from myself, Stephan Harding, Mike Whitfield, and Andy Watson. In short, a little Gaia science community was emerging in Devon. It also stretched beyond the science. I reported to Jim on a talk I'd given at PML (February 17, 1995) which "took a philosophy of science perspective on the evolution of Gaia as an idea, using Karl Popper and Thomas Kuhn's philosophies and looking forward to Gaia as a paradigm . . . for environmental science with a yin and yang, productive balance of holism and reductionism." Later that spring I attended an inspiring "Deep Ecology" course with Arne Naess at Schumacher College (May 7–27, 1995), including a "Spirit of Gaia" weekend with theologian Anne Primavesi. These experiences helped expose a line in the sand of Gaia interpretations, which Jim and I shared. As I put it to him later (January 19, 1996): "if something sensible were written it might help recover Gaia from New Age crystal-gazing Totnes associations and other misinterpretations."[581]

In summer 1995, I headed off to NASA's Ames Research Centre in California on a Planetary Biology Internship. This was a great adventure, but also quite isolating, leaving the support network in Devon. My enthusiasm for Gaia generated a mixed response at NASA, but I kept the anchor of correspondence back home (August 2, 1995): "There are lots of good people to meet here, first off . . . Lynn Rothschild" (who was very supportive).[582] Then (August 14, 1995): "Some of the people here are followers of James Walker whose book *Evolution of Atmosphere* contains an encouraging amount of consideration of life."[583] Jim responded (August 14, 1995): "We used to spar at meetings over Gaia . . . I think Daisyworld won him over, at least to see that there might be something in it." I also asked: "was [it] Bob Garrels who told you that the burial of organic carbon has been roughly constant throughout the history of life[?]." Jim responded: "Bob would often tell me things that he would never mention at meetings or in writing. In some ways our working relationship was like yours and mine." Sandy added a handwritten: "We miss you!" The feeling was mutual, as I noted a few days

[581] The town of Totnes in South Devon is noted as a center of New Age enthusiasts.
[582] An astrobiological researcher trained in molecular and cell biology at the NASA Ames Research Center.
[583] See Walker 1977.

later (August 17, 1995): "It seems that Jim Walker's sparring instincts were passed on to his student Kevin Zahnle.[584] . . . Missing the gentle company of yourselves and surroundings." A month later they wrote (September 14, 1995): "What wonderful letters you write. If all else fails you could become a professional letter writer for the great and good." In the end I made new friends and ended my trip in glorious isolation (October 6, 1995): "I'm spending the next week in the mountainous wilderness of the 'High Sierra'!" I returned to a written embrace (October 21, 1995): "Welcome home! You have been greatly missed by the Lovelocks."

Back in Devon, our scientific focus turned back to reconciling Gaia and natural selection. Before I left, I'd told Jim (July 14, 1995) that "Bill Hamilton has written an article on Gaia in this week's *Journal of Applied Ecology*. Have you seen it?" Whilst I was away Jim (August 14, 1995) had been working on "a simple model of the 'Prisoners Dilemma'. . . trying to include climate feedback to see if the defectors will be punished or eliminated.[585] I am doing it mainly to link the worlds of daisies with those of neo-Darwinists." I also hosted the first "Daisyworld Day" (December 1, 1995) at PML, to bring Jim and Andy Watson together with John Maynard Smith (JMS), Peter Saunders, Toby Tyrrell, Richard Betts, and others. I reflected to Jim afterwards (December 9, 1995): "Good things are springing from it," noting that work we had under way was already addressing "John's question of how general a principle it is that the activities of organisms in a system make conditions more comfortable for themselves."

Early 1996 was consumed by the build-up to the Gaia in Oxford II meeting "The Evolution of the Superorganism" (March 30–April 3, 1996), to which Bill Hamilton, JMS, and other evolutionary thinkers were invited. Jim encouraged me to talk about our joint work – a somewhat terrifying prospect, given the audience – but Jim has never been a keen public speaker. The talk was carefully scripted (for the first and probably only time in my life) and slides of the models we'd developed were meticulously prepared. It must have stressed me somewhat – a rare handwritten postcard from Jim (March 9, 1996) starts with: "Here are the pills" – as I recall, amoxycillin, an antibiotic to treat a *Streptococcus* infection in my throat and ears. I should explain that Jim, amongst many things, is a qualified medical doctor – and

584 A planetary scientist at the NASA Ames Research Center and a Fellow of the American Geophysical Union.

585 A situation explored in game theory: two players must choose one of two options simultaneously; both outcomes hang on the other's choice.

I trust him! He continues: "Have been thinking about our talk and wondered if we have too many slides . . . the best lectures I have given had 6 or less slides and the one standing ovation was for a lecture with no slides at all. Your style is different from mine so take this as merely a suggestion." The finished talk on "Gaia as a superorganism" probably overdid it with 15 slides, but was generously received, and formed the template for the article I eventually published on "Gaia and natural selection."[586] I wrote much of that over the summer of 1996 staying with my friend Peter Horton by the beach in Downderry, Cornwall. Pete (as "Juggins Lugger") did a wonderful Gaia show that we toured around the back rooms of local pubs, in which I would do a guest spot as the character "Mr. Gill" – born with gills instead of lungs, he can't take self-regulation for granted – he has to keep permanently on the move to get his oxygen supply. On one memorable weekend, Pete and his partner Jane Thomasson organized a residential course on "Does Gaia make feminism irrelevant?" I will let you track down Pete and Jane to discover the answer.

This magical time building a Gaia community on the southwest peninsula was interrupted for me by my funder, the University of East Anglia (UEA), and my supervisor Andy Watson (who had moved to Norwich a year beforehand), politely requesting that I move to UEA in autumn 1996. My correspondence with Jim goes missing for a while at this point – because it shifted predominantly to email and the telephone, with occasional visits back across the country to Coombe Mill. One email printout, planning for one of those visits in early 1997, is packed with six different strands of joint activity – papers and plans for talks and meetings. Later that spring the fax resumes because I had been to a Royal Society Discussion meeting on "Vegetation–climate–atmosphere interactions: past, present and future," at which mention of Gaia and credit for Jim and his collaborators' work was conspicuously absent. I had stood up (literally) for Gaia at the meeting and felt completely isolated. Bob Berner was one of the speakers and had just published a paper in *Science* on "The rise of plants and their effect on weathering and atmospheric CO_2" with no mention of prior work by Lovelock, Whitfield, Watson, or Tyler Volk and David Schwartzman.[587] I called Jim afterwards who then wrote at length (May 28, 1997): "What a good friend you are. I am so grateful for your support at the meeting . . . The

586 See Lenton 1998.

587 Robert Berner was a distinguished professor of geology and geophysics at Yale University, famous for his models of the long-term carbon cycle.

RS meeting and Berner article have left me feeling betrayed and I will be paranoid for the next few days and nights. It was too much to learn that my friend and colleagues had let Berner get away with the great American lie and worse do so in the Royal Society. Berner et al. do not want to hear about Gaia, it would spoil the neat fiction that big American science can explain the Earth, the Universe and Everything. I had neither wanted nor expected that you would be left to fend for Gaia alone."

I responded the same day (May 28, 1997): "I am so sorry you are losing sleep over this . . . On the positive side last week's Royal Society meeting would never have happened were it not for your good ideas. Andy told me that you once said to him there are those that have ideas, and those that build their careers on other's ideas. It may be that the latter dominated last week, but they would be nowhere, were it not for you." I reflected: "In some way I am thriving on the guerrilla warfare of defending Gaia, popping up from the forest of consensus to shoot the odd question. I am convinced that we'll win in the end. So much of what goes on at these meetings seems to be based on fear."

Around this time Jim and I were in a more constructive three-way correspondence with Bill Hamilton trying to reconcile Gaia and natural selection. Bill had become fascinated by why marine microbes produce dimethyl sulphide (DMS), and we had started to work together on what would become a paper on "Spora and Gaia."[588] Jim would chip in with characteristically leftfield ideas (June 8, 1997): "I have long thought that the lower production of DMS in the tropics may have something to do with the evolution of thunderstorms and hurricanes there. The stirring of the ocean by wind and ships passing through it increase the emission of DMS. A good positive feedback linking algae clouds and wind. The meteorology of the tropical thunderstorm is complex and as yet incomplete."

As 1997's summer turned to autumn I was writing up my PhD, which I submitted at the start of 1998. After a few months as a postdoctoral researcher with Andy in Norwich I secured my first proper job at what was then called the Institute for Terrestrial Ecology, outside Edinburgh, next to the Pentland Hills. *Nature* finally decided to publish "Gaia and natural selection" (thanks to a supportive review from JMS). This generated some correspondence, including from across the pond, with Ken Caldeira rather ungenerously describing it as "old wine in a new bottle."[589] Jim was not

[588] Hamilton and Lenton 1998.

[589] Ken Caldeira, eminent American atmospheric scientist at the Carnegie Institution for Science, in a letter to the editors of *Nature* **395** (September 3, 1998), 9.

impressed and drafted to me a response (October 5, 1998): "The Victorian philosopher William James said that the fate of a new idea was first to be called 'absurd.' After time passed and it became more popular, as 'maybe.' Lastly, when it becomes conventional wisdom 'we have known it all along.' Ken Caldeira's critical letter in *Nature* called Tim Lenton's paper 'Gaia and Natural Selection' 'old wine in a new bottle.' Plus ça change, plus ç'est la même chose."

If only conventional wisdom had shifted in a more Gaian direction, but writing now, nearly 25 years on, it feels that not a great deal has changed. I still have the same moments that Jim had of feeling profound isolation from the "mainstream." I still hear the same tired, outdated criticisms of Gaia we heard in the 1980s and 1990s. There are rays of light, including early critic Ford Doolittle's recent change of tack to try and "Darwinize" Gaia. Brightest of all has been Bruno Latour's friendship and his erudite efforts to explain the paradigmatic importance of Gaia and Jim's contributions. As I put it to Jim and Sandy back then (May 28, 1997): "Thank you both for all your friendship and support."

•

Gaia's Pervasive Influence

Chris Rapley

"Chris, I think you will enjoy this." It was December 1986, and those were the prophetic words of a colleague as he passed me the latest copy of *New Scientist* magazine. We academics read countless articles, most of which are of fleeting interest. But every so often a piece hits the "Aha" button and changes the way one thinks. So it was with the article "Gaia: the world as living organism" (Lovelock 1986a). It was my first encounter with the mind of Jim Lovelock. At the time I was leading a rapidly growing research group dedicated to the study of the Earth from space. Using instruments on polar-orbiting spacecraft, we were opening up new windows on the planet, revealing how the ice, oceans, atmosphere, and land interact. It was a thrilling time – an Aladdin's cave of new opportunities to piece together a picture of the Earth system as an integrated whole. But as a physical scientist, with limited knowledge of biology, my focus on the biosphere was minimal. Jim's paper argued that living organisms play an active – even dominant – role in keeping the planet fit for life. He presented his Daisyworld model to demonstrate that homeostasis through biological cybernetic feedbacks can be an emergent property. The study of the Earth system could as much ignore the role of life as it could deny the influence of atmospheric chemistry or the Sun. I was shaken. I prided myself on spotting and developing fertile connections across academic silos. It was disturbing to realize that my "biological blind spot" was a significant gap. I very much wanted to meet Jim, to explore his ideas further, but could think of only flimsy excuses. The task of developing and exploiting the early series of European polar-orbiting satellites kept us busy, and so the prospect slipped to the back of my mind.

Seven years later, whilst on a sabbatical at NASA's Jet Propulsion Laboratory in Pasadena (helping design the radar instrument on the Cassini mission to study Saturn's moon, Titan), I came across a copy of an advertisement for the Executive Director of the International Geosphere–Biosphere Programme (IGBP). It read: "The IGBP, together with the World Climate Research Programme (WCRP) and the Human Dimensions of Global Environmental Change Programme (HDP),[590] provides the focused international scientific

[590] The Human Dimensions Program (HDP) became the International Human Dimensions Program (IHDP) in 1996.

effort needed to reduce uncertainties relating to natural and man-made global changes." The emphasis on interdisciplinarity and internationalism strongly attracted me. Despite my lack of biological expertise, I applied – and later that year (1994) I was awarded the post! At last, I had my excuse and, shortly afterwards, I made my first trip to Coombe Mill to meet Jim and Sandy.

The connection was immediate. My initial years as a space scientist had involved the laboratory development of new types of instrumentation for flight on sounding rockets and spacecraft. Although hardly as transformational as Jim's electron capture detector (ECD), that heritage, and a strong interest in taking a "systems" view, meant that we found much in common. It was the start of a friendship that has lasted until this day (Jim is 102 as I write, and we will meet again shortly!). Jim took a close interest in the progress of the IGBP. With its sister programs WCRP and IHDP, it comprised the initial phase of what was later to become known as Earth system science. The underlying premise was that to understand how the planet functions, and to predict its future "trajectory," it is necessary take an "holistic" view, studying the details of its myriad components and their interactions, whilst at the same time investing the effort to synthesize the "big picture." The approach requires the coordination of a worldwide army of specialists, overcoming disciplinary barriers to pull together and make sense of their results. The IGBP focused on the global interactions between the living and non-living processes that underpin the habitability and productivity of the planet. It was designed to complement the studies of the physical components addressed by the WCRP, and the interactions between human society and its environment covered by the IHDP. In practice, coordination between the three separately sponsored and managed programs proved difficult. This led in 2001 to the formation of an overarching body (the Earth System Science Partnership – ESSP), and more recently (2012) to their merger into "Future Earth."

The story of the development of Earth system science has been described by Steffen et al. 2020. Whilst Jim's direct contribution to the IGBP was a short-lived membership on the UK national committee, his indirect influence through Gaia was, in my experience, fundamental and pervasive. Steffen et al. comment: "The 1960s and 1970s were marked by a broadening cultural awareness of environmental issues in both the scientific community and the general public … Amidst these developments, J. Lovelock introduced the term Gaia in 1972… Although this hypothesis generated scientific debate and criticism, it also generated a new way of thinking about the Earth: the major influence of the biota on the global environment and the importance of the interconnectedness and feedbacks that link major components of the Earth system."

Following my time at the IGBP, I was appointed Director of the British Antarctic Survey (BAS). The lessons learned concerning the organization and execution of systems-based, interdisciplinary, international science proved invaluable. They allowed me to transform the scientific focus of the organization from a piecemeal collection of disciplinary research activities to an integrated, interdisciplinary research program (Rapley 2005). Those insights and experiences also underpinned the design and implementation of the International Polar Year (IPY) 2007–2008 (Rapley et al. 2004). The IPY brought together an estimated 50,000 scientists from 60 nations to deliver 228 projects to produce a comprehensive, interdisciplinary "snapshot" of the planet's icy zones as a reference for future generations.

What other Gaia-related "Ahas" are worth recording?

One is the dinner conversation with Lynn Margulis at the second Gaia in Oxford conference in April 1996. The content of the meeting was heavily biological, and I was finding myself rather out of my depth. I confessed this to Lynn, and she said, "Just remember this, Chris. You think of yourself as an individual – as a sentient being with free will. But the eukaryotes of which you are composed are sniggering at you. You are merely one of the multitude of configurations that their symbiosis and evolution have produced, sustaining their ongoing survival!" Did I get that right? I am merely an exotic vehicle for eukaryotes on their journey to the future? What a great way to deflate hubris! Another would be the email Jim sent me when, as Director of the Science Museum, I instigated some updates to the galleries. Jim's cryptic message was "Don't forget the SBN!" After struggling for a while with the code, I declared defeat. Jim's reply: "It's the 'Small Bespectacled Nerd' – who searches rarely-visited corners of the Museum to discover something unexpected that captures their interest and ignites new thinking!"

A final anecdote: Having been invited to Jim's 90th birthday event, I was faced with the dilemma of what present would be suitable. Using my BAS connections, I was able to arrange the delivery of a Dewar flask containing a piece of 1,000-year-old Antarctic ice. This I presented to Jim at the dinner, with due ceremony. Afterwards Jim approached me and said, "I wish you hadn't done that, Chris." I was mortified. What could have been upsetting about ancient ice? He said, "I spent the entire dinner watching the ice melt, worrying that we should be measuring something with it!" And there it is. Despite the enormous impact that Gaia has had on the framing and execution of environmental science, and on its popular engagement, Jim is an experimentalist at heart. It may well be that, with the passage of time, his inventions will be seen as his greatest achievement.

•

Gaia's Microbiome

John F. Stolz

My first interaction with Lynn was when I took her Evolution course in the spring of 1978. I had started graduate school in the biology department at Boston University the previous fall, as a master's student. The department had listed my field of interest as "Exobiology," as I had used the term in my application essay. It was taken from the title of Cyril Ponnamperuma's edited volume (Ponnamperuma 1972), that I had fortuitously discovered in the biology department library of my alma mater, Fordham University. But I honestly had no idea that Lynn was involved with NASA. When we met in her office to talk about my interests, I told her I wanted to look for evidence of life in meteorites. She responded that I needed to go work with Bart Nagy, who was then at the University of Arizona. Seeing as I had just moved to Boston, I wasn't too keen on going anywhere else. Thankfully, Lynn took me on and I was accepted into the PhD program.

My doctoral research project was investigating community structure in the laminated microbial mats at Laguna Figueroa, Baja California. Initially, Lynn wanted me to focus on the Gram-negative bacteria, but I was learning transmission electron microscopy (TEM) and was interested in applying it to phototrophic bacteria, which have a variety of different light-harvesting structures that can be discerned by the ultrastructure revealed by TEM. The approach was to treat the mat like biological tissue, fixing and embedding the different layers, making sections and observing them with TEM. In this way, both species–species and microbe–mineral interactions could be revealed *in situ*. We began to view the different colored layers in the microbial mats as more like organs, each performing essential functions for the long-term sustainability of the ecosystem, while generating important atmospheric gases and sedimentary deposits. These ideas, a "Gaian" view of the sediment (Margulis and Stolz 1983), and the importance of biomineralization, were published in the proceedings of Peter Westbroek's meeting in Renesse, Netherlands (Westbroek and De Jong 1983). This was followed by a short contribution for the COSPAR conference in 1984, "Succession in a microbial mat community: a Gaian perspective" (Stolz 1984). That paper was a brief summary of my PhD dissertation underscoring the resiliency of microbial communities in response to catastrophic perturbation (in this case, flooding of a salt-adapted ecosystem by fresh water), as important for long-term Gaian control systems.

I was fortunate, again, that when I began at Boston University, Lynn had been appointed to chair the Committee on Planetary Biology and Chemical Evolution (CPBCE) for the National Academy of Sciences. The report that Lynn chaired would plot the course of life sciences at NASA for at least the next decade. She agreed to take on the task, if provided funding for an assistant. I was the beneficiary of that funding and basically served as Lynn's *aide de camp*. It was an impressive committee that included renowned paleontologist Elso S. Barghoorn, biochemist and world expert on nitrogen fixation Robert H. Burris, microbiologist and president of the American Society for Microbiology Harlyn O. Halvorson, geomicrobiologist Kenneth H. Nealson, prebiotic chemist Joan Oró, physician and essayist Lewis Thomas, atmospheric chemist James C. G. Walker, and ecologist George M. Woodwell, with *ex officio* astrophysicist Alistair G. W. Cameron and chair-elect ecologist Daniel Botkin. Over the next two years there were meetings, subcommittee reports, and lots of communications. The report was called *Origin and Evolution of Life: Implications for the Planets, a Scientific Strategy for the 1980s* (National Research Council 1981). It moved NASA's focus away from exobiology and toward the emerging field of "global ecology," which viewed life as a "planetary phenomenon" (see Stolz et al. 1989). In essence, it took NASA's impressive array of instrumentation and expertise and pointed it back at Earth, in an effort to ascertain how the world functioned as a planetary system. This was a major paradigm shift for NASA, but one that proved to be critical for our subsequent understanding of biogeochemical cycles and climate change. It also laid the groundwork for what would eventually become a series of summer courses in Planetary Biology and Microbial Ecology (PBME, directed by Lynn and Kenneth Nealson), and the Planetary Biology Internship Program (directed by Lynn). These would provide a platform for advancing Gaia theory at a global scale.

The inaugural PBME course in the summer of 1980 was held at the University of Santa Clara. Organized by Lynn and Kenneth Nealson of the Scripps Institute of Oceanography, with assistance from Stjepko Golubic of Boston University and Wolfgang Krumbein of the University of Oldenburg, there was a pre-course trip to Laguna Figueroa with Lovelock's student Andrew Watson (also a student on the course). The course was an intense eight weeks for the 15 students, myself among them, with morning presentations by NASA scientists at the Ames Research Center in Moffett Field, and afternoon lectures by 27 visiting faculty! Evenings had more lectures and then lab work late into the night. The subsequent course held two years later focused on the biochemistry of carbon and early life. Again, faculty outnumbered students (23 to 17) with Larry Baresi and David DesMarais from NASA Ames, and Hans Trueper of the University of Bonn assisting Lynn and Ken. The theme of the 1984 course, that had moved to San Jose State, was the global sulfur cycle, which had Michael Klug of Michigan State University, Yehuda Cohen of Hebrew University, Doug Caldwell of University of Saskatchewan, and Ricardo Guerrero of the Autonomous University of Barcelona as the main faculty. This time there were 17 students and only 19 faculty. The fourth PBME, held at Lake Oneida in upstate New York, was on the biogeochemistry of metal cycling, with Ken Nealson solely at the helm. Lake Oneida was known for its ferromanganese nodules, and they were quite impressive, as were the lamprey. A smaller course, it had 11 students and 22 faculty. The last course was held in 1991 at the Marine Biological Laboratory in Woods Hole, Massachusetts. Again directed by Nealson, it focused on the nitrogen cycle. These courses were instrumental for fostering the young disciplines of geomicrobiology, biogeochemistry, and global ecology. Thanks in particular to Margulis's leadership, these courses had a profound impact on my career and those of many others.

After I graduated from Boston University, I moved out to Pasadena, California for an NRC postdoctoral fellowship at the NASA Jet Propulsion Laboratory, ending up in Joe Kirschvink's lab. I worked on magnetotactic bacteria, microbes that make magnetic particles of the mineral magnetite and can sense the Earth's magnetic field. Kirschvink had a magnetometer, a device to measure magnetic fields, and we were able to show that the presence of these bacteria made the sediments magnetic (Stolz et al. 1986). This work would later lead to a collaboration with Derek Lovley and the discovery of magnetite formation by iron-reducing bacteria (Lovley et al. 1987). I was subsequently reunited with Lynn when I moved back east to the University of Massachusetts, Amherst. She had been recruited, by then, for their biology program. In late 1989, Tim Beardsley interviewed Lynn and wrote a short piece for *Scientific American*, "Gaia: the smile remains, but the lady vanishes," belittling Gaia theory (Beardsley 1989). We co-wrote a response in which Lynn stated that Gaian regulation was homeorhetic, "like the physiology of an embryo," meaning that the system is more dynamic, following a trajectory (like the concentration of atmospheric oxygen over time) rather than maintaining a single set point. My contribution treated the geological context, speculating that "even plate-tectonic movements and ocean salinity are biotically modulated" (Margulis and Stolz 1990). Further developing this side of Gaia theory, I postulated a role for microbial biomineralization in climate regulation (Stolz 1991). Microbial carbon fixation and organic matter deposition can result in carbon sequestration and lowering of the atmospheric CO_2 levels over time. While global euxenia (anoxic and sulfidic conditions) would be detrimental to oxygen-breathing species (triggering a major extinction event), and ocean acidification may affect certain carbonate-accreting species, the geologic evidence suggests that microbial mats and stromatolites actually proliferate under these conditions. Further, warming water temperatures lead to reduced mixing and stratification, affecting nutrient cycling. As seen in Bahamian salt ponds, coupling photosynthesis with chemoautotrophy (i.e., sulfur oxidation) would enhance carbon burial (Stolz 2017b, 2017a).

I am forever grateful to Lynn both for her mentoring and our continued collaboration. It's hard to believe it's been 10 years since she passed. We were just beginning a study of the symbionts she had discovered in Puffer's Pond, on the campus of Smith College, where she would often swim. Since then, there has been a paradigm shift in the recognition of the importance of the microbiome to human health and well-being that has sent seismic tremors through the medical field. For global ecology, as I wrote in "Gaia and her microbiome" (Stolz 2017b), we now know that over a half of the elements in the periodic table have some biological role, with many having microbially driven biogeochemical cycles. Deep sequencing projects have revealed greater microbial diversity, with the discovery of unknown phyla ("microbial dark matter"), with many predicted to live a symbiotic lifestyle. Conductive pili allow microbes to transfer electrons to and from external sources, sometimes over significant distances, implying that the surface sediments of the Earth function as electrical circuits controlling the oxidation/reduction potential and fate of key compounds such as ammonia and methane (Visscher and Stolz 2005). Research on quorum sensing and the increasing number of identified microbial volatile organic substances have provided new insights into how microbes communicate. I can hear Lynn saying, "I told you so."

•

Tangled Up in Gaia

Tyler Volk

My first wide-eyed jolt from a comment by Lynn Margulis came in a 1977 issue of *CoEvolution Quarterly* on space exploration. Given a question about whether we should be trying to establish colonies in space, she cut to the chase: when a biological species is able to move into a new environment, it will do so. End of debate! Margulis appeared in those pages often, as professional biologist and big thinker. I read her book, *Origin of Eukaryotic Cells*, several years prior to entering graduate school. Two decades later, I was able to refer to her pioneering work on the evolution of the eukaryotic cell in my first book, *Metapatterns: Across Space, Time, and Mind* (Volk 1995). A nexus of ideas for the community that Bruce Clarke felicitously calls the systems counterculture, *CoEvolution Quarterly* also introduced me to James Lovelock and the Gaia hypothesis. Furthermore, both Lovelock and Margulis became Fellows of the Lindisfarne Association. While working as a carpenter and plumber and writing unpublished books on patterns, I regularly attended mind-opening lectures, notably by Gregory Bateson and Francisco Varela, among many others, at Lindisfarne's downtown Manhattan campus. In 1979, I heard Lovelock speak at the Cathedral of Saint John the Divine in upper Manhattan, a dramatic event that Lovelock discusses in his autobiography, his initiation into what was, for a hardcore scientist, a shockingly non-traditional setting and audience. I recall the moment as a victory for bold, big thinking. So Lovelock and Margulis were individually operating on my mental screen, although not via their peer-reviewed papers, which at that time I would have been too unschooled to tackle. But their technical works would enter my life after I completed my PhD thesis at New York University in 1984, modeling the role of life in the global ocean's carbon cycle. Thereafter, my entanglement with Gaia grew to an intensity I would never have imagined a few years before.

As my professional scientific career began, my personal and academic concerns were with Earth's current and future state and with improving predictions of the absorption of atmospheric CO_2 into the global ocean. At the 1983 Chapman Conference on the global carbon cycle, witnessing papers on the very long-term, multi-million-year carbon cycle, I even recall thinking to myself that I would never want to "waste time" on such recondite, archaic matters. Little did I know at that moment how much my doctoral work and my ongoing interest in evolution, together with my exposure to Lovelock's first book *Gaia*, would pull me toward the thought that this Gaia idea of life's participation in regulatory feedbacks could be showing us in the Earth sciences that we might be missing something big about the Earth system. I was strongly influenced by Lovelock's observation, in his book *Gaia* and in a technical paper with Whitfield (Lovelock and Whitfield 1982), that the partial pressure of CO_2 in the soil, where rock weathering takes place, because of soil respiration from organisms, was ten or more times higher than in the atmosphere. The Yale geochemist Robert Berner and colleagues had made a model of CO_2 over geological time scales that included rock weathering, but formulated that flux as dependent on atmospheric CO_2. I put together a simplified version of Berner's model with the fact (bringing in data from agricultural journals) that life in the soil pumps up its CO_2, and showed that reasonable shifts in life's activities could mitigate the perturbations to CO_2 caused by changes in the plate tectonics that Berner had concentrated on. The result was not what I would call Gaian regulation; nonetheless, my eyes were opened to the potential of quantifying multiple global processes. The entanglement had deepened and I was off and running on Gaia-relevant research.

In 1988, under the initiative of climatologist Stephen Schneider, the American Geophysical Union sponsored a Chapman Conference on the Gaia hypothesis. The Chapman Conferences are a prestigious scientific forum for issues deserving a major debate. Four of us from the same Earth Systems group at New York University presented a series of papers. Although disappointing for Lovelock, as he notes in a letter to Margulis, the meeting was peak excitement for me. It was exactly what I wanted, a forum for debates about the operating principles for the Earth system. There I met Connie Barlow; we eventually went on to live together for more than 10 years and to co-author two papers (with Barlow as first author) on the relative material closure of the Gaian system compared to its internal ecosystems. I also met David Schwartzman there, a geochemist with whom I would publish some of my most significant work, specifically on the multiple factors and implications of biotic enhancement of weathering on Earth's CO_2 levels and thus climate. I also met and later published with Lee Kump, currently Dean of the College of Earth and Mineral Sciences at Pennsylvania State University. Indeed, I also met Lovelock for the first time and had a stimulating dinner conversation with him, and I finally met Margulis as well, albeit too briefly at a conference filled with more than a hundred fascinating scientists, and even a few philosophers in the mix.

I went on to publish a series of papers on various impacts of biological evolution on the structure of the biosphere (which term I use synonymously with Gaia). Some biological factors that came in with evolutionary innovations could have driven CO_2 up (and temperature down), and some did the reverse. Furthermore, through this work I eventually developed a viewpoint that Gaian effects came about from the free byproducts of metabolisms of living things, such as the commonly known waste oxygen from plants, or the less-well-known evolutionary invention of calcium carbonate shells by marine microorganisms, which inadvertently started distributing those shells into deep ocean sediments and thereby changed the carbon recycling by geological processes. This concept of byproducts was in line with the approaches that Tim Lenton and David Wilkinson were also taking at about the same time.

My entanglement with Gaia kept me focused on big-picture directions. In the 1990s, Lovelock invited me to all three of the Gaia in Oxford conferences. They were filled with important scientists across the spectrum of disciplines. At one of these events, an informal evening pub conversation that I had opened up to others to focus on the issue of the "parts of Gaia" generated ideas I used in my 1997 book *Gaia's Body: Toward a Physiology of Earth* (Volk 1997). That book developed the concept of byproducts and, in addition, concepts of "biochemical guilds" and "cycling ratios," towards understanding the workings of what I was always willing to call a global metabolism (while also always avoiding saying that Gaia was alive or a superorganism). Furthermore, I was firm in my own take that Gaia is not so much a hypothesis as a hypothesis generator. I used this term when asked about Gaia by other Earth scientists or by the press. As discussed in *Gaia's Body*, my "prime directive" of Gaian inquiry was to ask about the planet's state with life compared to no life or compared across a variety of evolutionary modifications to the biochemical guilds of living things.

At the second Chapman Conference on the Gaia hypothesis in 2000, I organized and chaired the opening night's session, assembling speakers who were not only disciplinary experts but who had also developed and published direct takes on the nature of Gaia. For example, a colleague and friend, Andrew Watson, presented for the first time, I believe, his ideas that it's a major question if Gaia's persistence is lucky or determined. In fact, at the conference's public forum, geochemist Dick Holland (much mentioned in these letters) asked me frankly if I now saw Gaia as equivalent to the global biogeochemical cycles. I concurred and was pleased that he got the main point of my talk. It's not that such questions could not have been asked from the framework of Earth system science, or from general work within the global biogeochemical cycles. I could have done certain work without the Gaia hypothesis, but I personally would not have, because I would not have been asking those particular questions. That is why I am so thankful to Gaia as a hypothesis generator.

So my professional life has been very much entangled with Gaia. One of my last personal talks with Margulis was at a 2006 conference just outside Washington, DC. She told me she agreed with what I had written in a just-published review in *Nature* of Lovelock's *The Revenge of Gaia*, in which I lauded Lovelock's concerns about our planetary trajectory but criticized his language about goals of Gaia (Volk 2006). My last published encounter with Lovelock records some sparring we did in the pages of *Climatic Change* in 2003, in which we debated our ideas about the future of Gaia theory (see Lovelock 2003c, Volk 2002, 2003). This was all to the good. To me, the joy of science is in wrestling toward truth with the right people even when often only a handful are asking the detailed, specific questions one is engaged with. In 2009, Margulis published my book *Death and Sex*, co-authored with her son Dorion Sagan, via their Sciencewriters imprint with Chelsea Green Publishing. I recall with delight a phone talk just after receiving her written comments on a draft printout, marked up to a degree of detail that blew me away. How did she have the time? She made me promise to send back the marked-up manuscript when I was done, for her records.

•

Lovelock and Margulis

Andrew Watson

Jim Lovelock was an unusual PhD supervisor. He was listed as a "visiting professor" at the Department of Engineering and Cybernetics in Reading. In truth, however, he never actually visited, so during the three years from 1975 to 1978 when I was his only student, it was I who visited *him*, usually once or twice in a semester. This involved a four-hour drive to Cornwall, so I would stay overnight with Jim and Helen at Coombe Mill. That meant that I would have Jim's attention for a full afternoon and evening, which was an intensity of interaction that few PhD students are lucky enough to have with their supervisor. On these trips we would discuss not only what I was doing, but everything else that interested us and especially everything about Gaia – he was writing the first book at the time.

When Jim talked about Lynn, whom I'd not met at that time, I could feel that he liked her tremendously, and he was deeply impressed by her as a fellow rebel. I think Jim was in the process of re-imagining himself as an outsider to the scientific establishment. This was not solely, or maybe mostly, because of the cool reception that the early papers on Gaia were experiencing. He was also engaged in a much more public and topical argument with the scientists who were raising concerns about CFCs in the atmosphere, the biggest global environmental issue of the 1970s. He was unconvinced of the threat to the ozone layer that the CFCs posed, although he changed his view later, when the evidence for the Antarctic ozone hole emerged. Scientists on the other side were skeptical of his position, and some of them accused him of being a paid apologist for the chemical industry and therefore unreliable. This sometimes-bitter argument shaped his opinion of university academics, most of whom he felt were blind followers of intellectual fashion. Lynn was the antidote to them, and he saw her as a comrade-in-arms against the establishment.

Lynn began writing to me in the last year of my PhD. She and Jim had talked about my work on fires and oxygen, which was motivated by his idea that the regulation of atmospheric oxygen must be related in some way to the destructiveness of wildfires. My work was mostly an experimental study to measure how the probability of fires increased with the oxygen content of the atmosphere. Lynn was excited that I was the first PhD student whose topic of study was inspired by Gaia. We were all thinking hard about how atmospheric oxygen might be regulated, and it was clear from my work that concentrations of oxygen very much larger than the present – say, 40% of the atmosphere rather than the 21% that we have today – would be incompatible with forests on land.

At some point in the summer, she sent me a first draft of a paper on "Methanogenesis, fires and the regulation of atmospheric oxygen," with a graph of my results in it, and my name already installed as the first author – before I had even written a word of it! This was typical of Lynn's generosity toward those around her, especially students and young scientists. The draft was her gift to me, as a just-starting-out student. The paper was also a first attempt by her, elaborated by Jim and myself, to describe a Gaian feedback that might stabilize atmospheric oxygen. Looking back at the paper, it is obvious that the mechanisms were not very clear in any of our minds at that time. It took a further 20 years before we were able, with fellow travelers such as Lee Kump and Tim Lenton, to provide a more coherent description of the feedbacks governing oxygen concentrations.

In 1978, just married and with my PhD in hand, Jackie and I moved to the University of Michigan. Jim lent us the money for the airfare, and Lynn invited us to come through Boston and spend our first nights in the new country with her. For us both, that was a memorable introduction to America, and Lynn was an awe-inspiring source of energy and momentum. She found time to welcome us and make us feel at home while simultaneously being a single mother with a teenage son still at home and two school-age children to care for, a professor heading up a busy lab and research group, and in the evenings going out to speak at local community events.

Uniquely among the scientists I have known, Lynn was conviction-driven, her science dictated by her world view and informed by what she saw down the microscope and in nature. For her, symbiosis, cooperation, and saltation were the dominant forces in evolution. She was well aware of the importance of traditional Darwinian mechanisms, but there were more than enough unimaginative reductionists arguing for them, and far too few scientists rooting for the creative, constructive, and holistic biology that she championed. For her, standard neo-Darwinism alone was woefully inadequate to explain evolution, a fact that was evident in the structure and taxonomy of life but consistently ignored by mainstream biologists. By the time I knew her, shaped by many years of fighting for the endosymbiotic theory, I think she had come to see this in political and allegorical terms: symbiosis was a creative process by which the lowly and forgotten had united, transcended their origins, and became more than the sum of their parts. She celebrated Gaia because it fitted perfectly with this world view and showed how it extended to the whole planet.

Of the two, therefore, Margulis was much more heretical in her approach than Lovelock. At heart, Jim is an experimental scientist who used the scientific method of experiment and observation to test out ideas – he excelled at this and made his living at it daily in his laboratory. For all Gaia's revolutionary content, he tried to follow this approach there, too, in response to the critics. Although clearly initially wounded by the objections of evolutionary biologists such as Doolittle and Maynard Smith, he took them seriously and spent years trying to answer them. However, Lynn was not prepared to engage at a detailed level with those arguments, and instead dismissed them with the force of her opinions, backed up with beautiful examples in photos and videos of the wondrous properties of living things. She was unstoppable, and when she was right, she changed the course of science. When she was wrong, well, the passion with which she pursued her cause was still breath-taking to behold. Her students and co-workers all adored her and were inspired by her. That included Jim Lovelock, and included me, despite, or perhaps because of, her conviction-led approach, which was completely at odds with my training as his student.

•

Discovering Geology, Discovering Gaia

Peter Westbroek

As I write this, I am 84 years old. When I was 42, precisely halfway through my life so far, my contemporary, the microbial ecologist Wolfgang Krumbein, drew me into the Gaia debate. That was in the autumn of 1979, the moment when Lovelock's seminal *Gaia: A New Look at Life on Earth* made its appearance. Sadly, Wolfgang passed away a couple of months ago, but that does not alter the fact that both our lives were split in two equal halves, before and after Gaia. Gaia hit me with the strength of a lightning bolt, but unlike lightning, the impulse of Gaia persisted. I have chosen to delve into my own humble story to find out about the reason for this remarkable commitment. Why was I faithful to an idea that most scientists rejected when it appeared on the scene?

The stage was set in the 1950s and early 1960s, in the spacious kitchen at home in deep Holland. On Sunday evenings, while digesting our dinner, my parents, sister, and brother enjoyed unending brainstorms on science, theology, philosophy, nature, psychiatry, the arts, and any other subject that boiled up in our minds. My father was an inexhaustible source of inspiration to us. His deep passion for knowledge at large had been shaped by a conflict with his fundamentalist father, who gave him the choice between life as a medical doctor or as a clergyman, while biology was all that he wanted. What he became was a family doctor with a deep faith in both science and the biblical message. "These sources of knowledge are valid for their own sake," he argued, "but they also are entirely incompatible. Science reveals the enigmas of the observable world, and the Bible enlightens our miserable existence with consolation and warmth. When you mix up these disparate sources of knowledge, you end up with an unappetizing hodgepodge of fundamentalism, creationism, pseudoscience, and quackery." He implicitly referred to his own father who had regarded the Bible as a textbook of natural history. Then, while our minds were exploring the limits of knowledge, my mother, an artist, peered at us through the curling clouds of her cigarette smoke. "Turn your head a bit to the left," she would say. "Yes, that is fine, just keep it that way." And we knew that a new portrait was in the making.

How delightful were these wanderings with my parents at the divide between the known and the unknown! Critical open-mindedness flourished, with plenty of room for speculation and freedom of thought. Our nascent experience was filled with curiosity for uncharted mysteries beyond current understanding. This mindset was my home, right from its early beginnings. Later, my contacts with Lynn Margulis and Jim Lovelock would grow into friendship and affection that changed my life for good. In their company, I regained at last the same freedom of critical thinking, the same inspirational brainstorms I had so much enjoyed at the kitchen table with my parents. Here, I was back at my home.

At school, I encountered a different mindset. We were not trained to speculate at the limits of knowledge, but to absorb the discoveries that others had made in the past. Gone for the moment were my dreams of exploring the uncharted world and with them, the wealth of critical thinking and curiosity! Of course, the knowledge of past knowledge is an indispensable requirement to ever arrive at the limits, but I missed the adventurous brainstorms at home. So, at school I became a mediocre outsider, bored with the intimidating mountain of pre-cooked information. It was on impulse that I opted for a course of study in geology, a field completely unknown to my father. Fossils in particular brought back my passions of yore, because these relics harbored fabulous stories of times beyond imagination. Yet, to my dismay, I found little solace in my university study. The principles of geology had already been developed, and at that time, the study of fossils amounted to little more than description and classification.

It was only after I finished my regular study that I began to grasp the fabulous ways of geological research. In essence, geologists are solving unsolvable problems. It is their job to perceive the dynamics of things that don't move on their own – rocks, sandgrains, minerals, continents, oceans, fossils, and so on. This dilemma can only be solved indirectly, by comparing these relics with their analogs where they are forming in the present environment. "The present is the key to the past" – this is how the towering polymath James Hutton summed up this roundabout method when he got geology on its feet at the end of the eighteenth century. Hutton carefully studied ongoing geological processes in his Scottish farmland and shocked his friends with his stunning interpretations of rocks. He was the first to fathom the immensity of geological time. He could show that long, long ago, mountains as high as the Alps had formed along the Scottish coast and then eroded away. His visions are still in force today. Really, it is no exaggeration to consider Hutton's founding of modern geology as a major paradigm shift.

I was trained in the Huttonian tradition. The big quest in those days was to puzzle together local interpretations distributed all over the world into one encompassing panorama, which then would establish the history of this planet at large. It was tedious labor with unsatisfying results. But in the late 1960s, a second paradigm shift overturned our previous perception of global dynamics. The evidence for plate tectonics came in, enabling a top-down approach to the Earth, revealing the drifting of continents by the spreading and closure of oceans. In one stroke, our fragmented perception of geology fell into a whole picture. Volcanism, earthquakes, mountain building, the distribution of oceans and land – all such phenomena were gathered into a single, comprehensive scenario of global dimensions. And, what's more, these global patterns could be traced back into deep geological time. The local interpretations of the Huttonians now became instrumental. In combination with plate tectonics, they helped to establish a new, reliable picture of Earth evolution.

Plate tectonics began as a physical theory. It revealed that this planet behaves as a system, a self-referential ensemble of interacting components. To grasp this connectedness, you may just consider that the spreading of the Atlantic causes the Pacific to shrink. Thus, at the onset of the plate-tectonic revolution, the Earth's organization was understood in purely mechanistic terms. But chemistry and biology soon joined the party. With my biological bias, I was drawn into biogeology, an emergent discipline that tried to incorporate life on Earth into the global, plate-tectonic perspective. Biogeology brought into prominence an old concept, left in the shadows by Huttonian thinking, that life itself represents a major geological force, deeply affecting the dynamics of the entire planet. My own research on biogeological themes led me to explore the massive involvement of life in the formation of limestone, the planet's largest reservoir of the greenhouse gas carbon dioxide. I now became deeply involved in a subject of acute public concern, the notion that life plays a significant role in the world's climate. Entangled from the university onward in these intricacies of geological research, I was transformed willy-nilly from a relative outsider into a wholehearted partisan of geological thinking. At long last, I could actively participate in the great brainstorms of science.

It was at this juncture that Gaia intruded. If plate tectonics had overturned the bottom-up method of Huttonian geology by adopting a top-down approach to the planet at large, Gaia reversed our perspective on life in a similar fashion. The difference was that plate tectonics could be expressed in mechanistic terms, while a full picture of Gaia required the circular logic of systems dynamics. Gaia claimed that the entire lifestock of Earth and its immediate environment are intimately linked. Together they behave as a single, coherent system, a self-organizing whole, capable of regulating the global environment in a way that favors its own survival, despite the destructive incursions of chaos. Without any foresight or planning on behalf of the organisms, this system has always been keeping the planet at large in a habitable state by boosting its own proliferation.

You can imagine how dazzled I was when Gaia came my way. My research had taught me to regard individual organisms as self-organizing systems, but that such systemic behavior returned at the higher level of integration of Earth was a bewildering thought. Gaia clearly represented an emergent configuration of this planet, as yet undiscovered by science. No mysterious transcendental powers had to be invoked to explain the overwhelming complexity of Earth evolution. Instead, Gaia promised to bring the science of Earth down to the ground, at a higher level of understanding. Did Lovelock and Margulis plant the seed of a third paradigm shift in geology? If the idea was to rise to that level of prominence, Gaia was in for a round of bitter conflict with the scientific establishment, as it would upset prevailing relations of power and prestige. And that was precisely what happened. Geologists, biologists, and philosophers tried to dismiss Gaia from science. However, as far as I was concerned, their attempts were in vain. These colleagues lacked a full understanding of emergence, a crucial systems concept which, ironically, had already become widely accepted in physics.

First proposed as a humble hypothesis, Gaia the ugly duckling is now growing into a beautiful swan. Not only are many of its regulatory functions coming to light, but also the scope of the concept is amplified to include the history of the entire planet. Right from its formation, 4.5 billion years ago, the Earth behaved as a self-organizing system with life as one of its nested, potential components. The implications are stunning. If we can trust the claim of cosmology that systems dynamics is the way of the universe, the living Earth will no longer be the cosmic exception. Furthermore, all manifestations of Earth have emerged from its own systemic dynamics, including the process of civilization in which we ourselves are entangled. So, from now on, we can regard the multiheaded hydra of global change as the latest phase of Earth evolution. There is grandeur in this vision, and yes, I maintain that this offshoot of Gaian thinking is the third paradigm shift that brings geology fully to terms with this planet.

GLOSSARY OF NAMES

Philip Abelson: American nuclear physicist, scientific editor, and science writer.

Morris (Morrie) Alexander: father of Lynn Margulis.

Don Anderson: eminent geophysicist at the California Institute of Technology.

Celeste Asikainen: doctoral student and assistant to Margulis at the University of Massachusetts, Amherst.

Ed Barber: executive editor with W. W. Norton, publisher of *The Ages of Gaia* and other Commonwealth Fund books.

Elso Barghoorn: Harvard paleontologist and mentor to Margulis.

Connie Barlow: science writer and climate activist.

Tim Beardsley: science writer and editor at *Scientific American.*

Silke Bernhard: director of the 1982 Dahlem Workshop on Atmospheric Chemistry.

Klaus Biemann: professor of chemistry at the Massachusetts Institute of Technology and primary investigator for the gas chromatograph-mass spectrometer (GC-MS) on NASA's Viking project.

Bert Bolin: famous Swedish meteorologist, first chairman of the Intergovernmental Panel on Climate Change from 1988 to 1997.

Daniel Botkin: eminent biologist, ecologist, and author at University of California, Santa Barbara. Professional colleague of Margulis.

Bart Bouricius: founder of Canopy Construction Associates, a firm that designs and builds canopy walkways.

Ray Bradley: British-born climatologist and University of Massachusetts professor of geosciences.

Stewart Brand: creator and editor of the *Whole Earth Catalog* and *CoEvolution Quarterly*.

Wallace (Wally) Broecker: eminent American geophysicist and geochemist in the Department of Earth and Environmental Sciences at Columbia University, who popularized the term "global warming."

Stuart Brown: MA student of Margulis.

Peter Bunyard: British environmentalist, founding editor of *The Ecologist*, and fellow of the Linnean Society.

Alastair G. W. Cameron: Harvard University astrophysicist and planetary scientist.

Philip Campbell: editor of *Nature*.

Warren Caplan: student of Margulis.

Frederick Challenger: professor of organic chemistry at Leeds University.

Roger Chesselet: research director at the French National Center for Scientific Research and director of the Interdisciplinary Oceanographic Research Program.

Preston (Pres) Cloud: eminent American earth scientist, biogeologist, cosmologist, and paleontologist.

Joseph Coulson: American author and educator.

Richard Dawkins: British evolutionary biologist, author, and Oxford professor. Major popularizer of the gene-centered view in evolutionary biology, in works like *The Selfish Gene* and *The Extended Phenotype*.

W. Ford Doolittle: Canadian biologist. Author of an influential early critique of the Gaia hypothesis. A contributor to this volume.

Betsey Dexter Dyer: American biologist and doctoral student of Margulis. A contributor to this volume.

Dieter H. Ehhalt: German atmospheric chemist who worked at NCAR.

Paul and Anne Ehrlich: American biologists famous for *The Population Bomb* (Sierra Club/Ballantine Books, 1968).

Gail Fleischacker: student and collaborator of Margulis.

Hermann Flohn: professor at the Institute of Meteorology of the University of Bonn, an early and influential global climate change researcher.

Sidney W. Fox: American biochemist and origin of life researcher.

Frank Fremont-Smith: American administrator, executive with the Josiah Macy Jr. Foundation, and promoter of interdisciplinary conferences.

Helene Friedman: managing editor of the Commonwealth Fund Book Program.

Robert M. Garrels: American geochemist who revolutionized aqueous geochemistry and the study of the cycles of matter.

C. E. Giffin: biochemist at the Jet Propulsion Laboratory. Early collaborator with James Lovelock.

Daniel L. Gilbert: American biophysicist and expert of oxygen at the National Institutes of Health.

William Golding: British novelist and playwright best known for the novel *Lord of the Flies*, recipient of the Nobel Prize in Literature in 1983.

Edward (Teddy) Goldsmith: British environmentalist, writer, philosopher, and co-founder of the British Green Party. An early supporter of Gaia theory.

Stjepko Golubic: biologist and colleague of Margulis at Boston University.

Richard M. Goody: British–American atmospheric physicist and professor of planetary physics at Harvard University.

Jacques Grinevald: Swiss historian of science, advocate for Vernadsky's biosphere concept.

Dani Guerrero: son of Ricardo Guerrero.

Ricardo Guerrero: Spanish microbiologist. Lynn Margulis's partner from 1983 on.

W. D. (Bill) Hamilton: eminent British evolutionary biologist.

Stephan Harding: ecologist and Gaia researcher at Schumacher College, and colleague of Lovelock and Margulis. A contributor to this volume.

Vaclav Havel: Czech statesman and writer. The first democratically elected president of the Czech Republic after the dissolution of communist Czechoslovakia.

Stephen Hawking: eminent English physicist and cosmologist known especially for his work on quantum mechanics and black holes.

Robert (Bob) Haynes: Canadian geneticist and biophysicist with an interest in the possibility of terraforming Mars. Influenced by *The Greening of Mars* (Lovelock and Allaby 1984).

Ann Henderson-Sellers: famous climate modeler and holder of important positions both in the International Geosphere–Biosphere Programme and the World Climate Research Programme. Editor of *Reviews of Geophysics* and Gaia sympathizer.

Dietrich Herm: Brazilian-born German paleontologist and geologist.

Luis Angel Fernandez Hermana: Spanish scientific journalist.

Gregory Hinkle: doctoral student of Margulis.

Diane Hitchcock: philosopher, early collaborator with Lovelock at NASA arguing that the near chemical equilibrium of Mars' atmosphere indicated the absence of life (Hitchcock and Lovelock 1967).

Alan Hodgkin: eminent English physiologist, biophysicist, Nobel Prize winner, and past president of the Marine Biological Association of the United Kingdom.

Heinrich D. (Dick) Holland: eminent German-born American geologist, famous for his books on the evolution of the chemistry of atmosphere and oceans (Holland 1978, 1984).

Patrick Holligan: research scientist at the Marine Biological Association and later Professor of Oceanography at the University of Southampton, UK.

C. S. (Buzz) Holling: Canadian ecologist and pioneer in ecological economics, originator of the term "resilience" in ecology.

Norman Horowitz: colleague of Lovelock at the Jet Propulsion Laboratory who designed experiments conducted by the Viking program in 1976.

G. Evelyn Hutchinson (also GEH): Sterling Professor of Zoology at Yale University. Deemed the father of modern ecology (Slack 2011). Mentor to Margulis.

Arne Jernelöv: Swedish biologist and environmental scientist.

Philip John: Biologist and professor at the University of Reading.

Chris Junge: director of the Max Planck Institute for Chemistry and pioneer in atmospheric chemistry.

Isaac R. Kaplan: American geologist and geochemist.

James (Jim) Kasting: American geoscientist at the NASA Ames Research Center until 1988, when he became Professor of Geosciences at Pennsylvania State University. Gaia sympathizer and author of Earth system science books.

James (Jim) Kirchner: professor of earth and planetary science and noted critic of the Gaia hypothesis.

Wolfgang E. (Wolfie) Krumbein: professor of geomicrobiology at Carl von Ossietzky University of Oldenburg, Germany.

Satish Kumar: longtime editor of *Resurgence* (now published jointly with *The Ecologist*) and founder of Schumacher College in 1990.

Lee Kump: professor of geosciences at Pennsylvania State University, collaborator with Lovelock, and proponent of Earth system science.

Joshua Lederberg: American molecular biologist and Nobel Prize winner for his work in microbial genetics. An early supporter of NASA's exobiology program.

Timothy (Tim) Lenton: professor of climate change and Earth system science at the University of Exeter. Student and collaborator of Lovelock and Andrew Watson.

Tim Lincoln: editor of *Nature*.

Peter Liss: British environmental scientist and professor in the School of Environmental Sciences at the University of East Anglia, longtime friend and colleague of Lovelock.

James Lodge: program scientist at the National Center for Atmospheric Research. Co-author with Lovelock and editor of *Atmospheric Environment*. Important contact of Lovelock at NCAR.

Thomas Lovejoy: conservation biologist and champion of biodiversity. Directed the World Wildlife Fund Conservation Program before joining the Smithsonian Institution in 1987.

Andrew Lovelock: Lovelock's first son.

Christine (Chris) Lovelock: Lovelock's first daughter.

Helen Lovelock: Lovelock's first wife.

Jane Lovelock: Lovelock's second daughter.

Sandy Lovelock: Lovelock's second wife.

Heinz A. Lowenstam: German-born Jewish-American professor of paleoecology at Caltech.

Robert (R. J.) Maggs: PhD student of Lovelock at the University of Reading.

Jennifer (Jenny) Margulis: daughter of Lynn Margulis.

Nick (Nicki) Margulis: second husband of Lynn Margulis.

Zachary (Zach) Margulis: third son of Lynn Margulis.

Humberto Maturana: Chilean biologist, neurophysiologist, and philosopher who, along with Francisco Varela, developed the concept of autopoiesis.

Robert May: Australian ecologist, biologist, and professor at Imperial College London and Oxford University. President of the Royal Society from 2000 to 2005. Renowned for his work on population dynamics in ecology.

Peter Mazur: American scientist who worked with Lovelock on cryobiology.

Raymond (Ray) McCarthy: director of DuPont Freon Products Division, responsible for the development and production of fluorocarbons. Important contact of Lovelock at DuPont.

Michael (Mike) McElroy: Gilbert Butler Professor of Environmental Studies at Harvard University.

William McElroy: biochemist and professor of biology at Johns Hopkins University. Former head of the National Science Foundation.

Alan McHenry: president and treasurer of the Lounsbery Foundation, a philanthropic organization focused on science and technology, a significant source of funds for Margulis.

Bill McKibben: American author, journalist, environmentalist, and climate activist.

Laszlo Mezholy: scientific illustrator.

James R. (Jim) Miller: professor of oceanography at Rutgers University.

Stanley Miller: American chemist famous for synthesizing organic compounds from inorganic materials under simulated prebiotic conditions. Known as the father of prebiotic chemistry.

Ralph Mitchell: Gordon McKay Professor of Applied Biology, Emeritus, at Harvard University.

Claude Monty: prominent Belgian geologist at the University of Liège, Belgium and later professor at Nantes University, France.

Clay Morgan: environmental studies acquisition editor at MIT Press.

Philip Morrison: prominent professor of physics at MIT known for his work on the Manhattan Project and research into quantum physics, nuclear physics, and astrophysics.

Kenneth (Ken) Nealson: professor at the Scripps Institution of Oceanography. Currently Wrigley Professor of Environmental Science at the University of Southern California.

Peter Névraumont: independent publisher based in New York City.

Leslie Orgel: British chemist at Cambridge and Oxford, known for his theories on the origin of life.

Joan Oró: Spanish biochemist and professor of biochemistry at the University of Houston, an influential origin-of-life researcher who designed experiments for the Viking program.

Joss Pearson: founder and owner-director of Gaia Books, London, UK.

Juli Peretó: Spanish biochemist at the University of Valencia and co-organizer of the Gaia – 2000 meeting in Valencia.

Stuart Pimm: American–British biologist and theoretical ecologist, renowned for his work on the stability of ecosystems.

Cyril Ponnamperuma: Sri Lankan scientist in the fields of chemical evolution and the origin of life.

Mitchell B. (Mitch) Rambler: American space scientist. Co-editor with Margulis on *Global Ecology* (Rambler et al. 1989).

Chris Rapley: professor of Climate Science, University College London. A contributor to this volume.

Reinhold (Rei) Rasmussen: American environmental scientist. Colleague of Lovelock.

S. I. Rasool: senior research scientist at NASA's Jet Propulsion Laboratory.

Peter Raven: American botanist and environmentalist.

Luis Reales: Spanish science journalist.

Donna Reppard: student and office assistant of Margulis.

A. E. Ringwood: Australian experimental geophysicist and geochemist.

Carl Sagan: astronomer and public intellectual renowned for his television series *Cosmos*. First husband of Lynn Margulis.

Dorion Sagan: author and collaborator with Margulis on numerous science volumes. Lynn Margulis's first son.

Jeremy Sagan: Lynn Margulis's second son.

Tonio Sagan: first son of Dorion Sagan, grandson of Lynn Margulis.

Elizabet (Geri) Sahtouris: American–Greek evolutionary biologist and author.

Jim Schaadt: American scientist and colleague of Margulis.

Hans Joachim Schellnhuber: famous German climatologist. Founded the Potsdam Institute for Climate Impact Research in the early 1990s. An early advocate and theoretician of the 2 °C target.

Stephen (Steve) Schneider: American climate scientist. Professor of environmental biology at Stanford University. Renowned for having brought climate change out of the scientific arena and into the public debate. Creator and editor of the journal *Climatic Change.* Lead organizer of the two AGU Chapman Conferences on Gaia.

J. William (Bill) Schopf: eminent American paleobiologist, professor of Earth Sciences at UCLA.

Alan Schwartz: co-managing editor of *BioSystems* from 1975 to 1999.

Rupert Sheldrake: English author and biochemist. Proponent of a contested theory regarding "morphogenetic fields."

F. Sherwood (Sherry) Rowland: American chemist at University of California, Irvine and Nobel laureate; co-discoverer of the connection between CFCs and ozone depletion.

L. G. Sillén: Swedish chemist at the origin of important analysis on the chemistry of oceans in the 1960s.

Peter Simmonds: member of the molecular analysis team of the mass spectrometer on the 1976 Viking mission to Mars.

David Smith: British botanist and researcher into the biology of symbiosis.

John Maynard Smith: eminent British evolutionary biologist and geneticist and founding Dean of the School of Biological Sciences at the University of Sussex.

John F. Stolz: doctoral student of Margulis. Director, Center for Environmental Research and Education and professor of environmental microbiology at Duquesne University. A contributor to this volume.

David Suzuki: Canadian science broadcaster and environmental activist, host of *The Nature of Things*. Professor of genetics at the University of British Columbia.

Tony Swain: British chemist at Cambridge University.

Lewis Thomas: American physician and medical researcher. Author of *The Lives of a Cell* (Viking Press, 1974) and other popular works. Colleague of Margulis.

William Irwin (Bill) Thompson: American author, poet, and cultural historian. Founder of the Lindisfarne Association.

Sir Crispin Tickell: British diplomat, environmentalist, and academic. President of the Marine Biological Association, 1990–2001.

Lady Penelope Tickell: wife of Sir Crispin Tickell.

Leigh Van Valen: American evolutionary biologist at the University of Chicago.

Vladimir Vernadsky: Russian scientist and author of *The Biosphere* (1926).

Tyler Volk: emeritus professor of environmental studies and biology at New York University. A contributor to this volume.

Tom Wakeford: British biologist and science writer, honorary associate professor at the University of Exeter.

James C. G. (Jim) Walker: eminent scientist at the University of Michigan, whose main work has focused on the historical evolution of ocean and atmosphere.

Andrew (Andy) Watson: professor of life and environmental sciences at the University of Exeter. PhD student and collaborator of Lovelock and PhD supervisor and then colleague of Tim Lenton. A contributor to this volume.

Ellen Weaver: American plant physiologist at San Jose State University. Wife of Harry Weaver at the Hewlett Packard Labs in Palo Alto, California.

Steve Weiner: professor of biology and archaeology at the Weizmann Institute.

Peter Westbroek: Dutch geologist and geophysiologist. Colleague of Lovelock and Margulis. A contributor to this volume.

Michael Whitfield: British marine biologist and director of the Marine Biological Association of the United Kingdom between 1987–1999. Colleague of Lovelock.

Mike Williams: professor of structural and Precambrian geology at the University of Massachusetts, Amherst.

Edward O. (Ed) Wilson: eminent American theoretical biologist and conservationist.

Stewart Wilson: scientist for the Rowland Institute for Science, Cambridge, MA.

Steven C. Wofsy: environmental scientist at Harvard University.

J. Z. Young: British zoologist and neurophysiologist.

GLOSSARY OF TERMS

acetylene: a highly flammable gaseous hydrocarbon (C_2H_2) used as a fuel and in welding, but also as a nutrient among certain bacteria.

AGU: the American Geophysical Union, a scientific professional organization.

amide: a molecular compound containing nitrogen and related to ammonia.

anion: an atom or group of atoms that has gained electrons and thus a negative charge.

autopoiesis: literally, "self-production." A concept originally developed by Chilean scientists Humberto Maturana and Francisco Varela to provide a criterion for and formal description of living systems.

Avogadro's number: the number of units in one mole of any substance (defined as its molecular weight in grams), equal to 6.02×10^{23}.

BBC: British Broadcasting Company.

blue greens: blue-green algae, modernized to *cyanobacteria*, as they are not true algae.

B.P.: before the present, as measured from 1950.

BU: Boston University, Margulis's university employer from 1966 to 1988.

BUMP: Boston University Marine Program.

bya: billion years ago.

C^{13}/C^{12}: the carbon isotope ratio used to distinguish natural carbon released by organic metabolism (fractionation) from anthropogenic carbon released by burning fossil fuels.

Ca: calcium.

$CaCO_3$: calcium carbonate. Occurs naturally as chalk, limestone, marble, mollusk shells, and stony corals. A major vector of natural carbon sequestration.

CAD: coronary artery disease.

$CaMg(CO_3)_2$: calcium magnesium carbonate, also known as the mineral dolomite.

carbon-14 (C-14): radioactive isotope used for carbon dating of archaeological and geological samples.

CBS: formerly (1928–1974) Columbia Broadcasting System and (1974–1997) CBS Inc. Major American mass-media company that operates the CBS national television network.

CCl_4: carbon tetrachloride, also known as tetrachloromethane.

cellulolytic: breaking down cellulose by reaction with water.

CFCs: chlorofluorocarbons, ozone-depleting substances.

CH_3Cl: methyl chloride, also chloromethane. A colorless, flammable, toxic gas produced naturally by marine phytoplankton and manufactured for use as a refrigerant and in other industrial applications.

CH_3NO_2: nitromethane. A highly flammable liquid used to make industrial antimicrobials and pharmaceuticals, as a soil fumigant and a race-car fuel.

CH_4: methane. The simplest hydrocarbon, the prime component of natural gas, and a strong greenhouse gas. Formed by both geological (abiotic) and biological processes, such as in the metabolism of methanogenic microbes.

chloramphenicol: an antibiotic first isolated from the bacterium *Streptomyces venezuelae.*

clade: a group of biological taxa (such as species) that includes all descendants of one common ancestor.

CMA: Chemical Manufacturers Association.

***CoEvolution Quarterly* (*CoEQ, CoQ*):** edited by Stewart Brand, published from 1974 to 1984 as a periodical continuation of the *Whole Earth Catalog*, focused on "whole systems" and environmental concerns.

CO: carbon monoxide, a toxic gas with biological and physiological properties but also an industrial air pollutant.

CO_2: carbon dioxide. As an atmospheric gas, the main carbon source for living systems; an important feedstock for fuel and chemical synthesis.

cold trap: a layer of the upper atmosphere where ascending gases freeze out and are precipitated back to Earth, preventing their escape from the biosphere into space.

COS: carbonyl sulfide. A compound that catalyzes the formation of peptides from amino acids, suggesting a significant role in the origin of life.

COSPAR: Committee on Space Research, established in 1958 to internationalize scientific research in space.

CS_2: carbon disulfide. Toxic flammable liquid used as a solvent and in manufacturing.

cyanobacteria: a large, ancient, and crucial group of aqueous and photosynthetic bacteria.

Daisyworld (or daisy model): the name Lovelock and Watson gave to various iterations of a computer program for a virtual world that models the emergence of self-regulation from the coupling of life forms to their environment.

dimethyl selenide: a naturally occurring selenium compound present in trace amounts in anaerobic environments.

DMS: dimethyl sulfide, the most abundant biological sulfur compound emitted to the atmosphere, hypothesized by Lovelock and colleagues to have a role in climate regulation.

DMSO: dimethyl sulfoxide. Predominantly used as a topical analgesic, also used in polymerase chain reaction.

ECD: electron capture detector, invented by Lovelock in 1957.

ethylene (or ethene): a flammable hydrocarbon (C_2H_4) naturally occurring as a plant hormone and used in the production of fabricated plastics and antifreeze.

eukaryote: as distinguished from a prokaryote, an organism possessing a cellular nucleus or composed of nucleated cells, comprising the domain Eukarya, or the four biological kingdoms of Protoctista, Fungi, Animals, and Plants.

GC, GC-MS: gas chromatograph, gas chromatograph–mass spectrometer. Sensitive scientific instruments often used by Lovelock and Margulis. Paired together in substance separation and identification, such as the measurement of trace elements or atmospheric components.

glycine: the simplest stable amino acid, an organic chemical precursor to proteins.

H_2S: hydrogen sulfide. A naturally occurring gas and toxic byproduct of industrial activities.

H_2SO_4: sulfuric acid. A corrosive liquid used to make fertilizers and in petroleum refining. A component of acid rain.

Hatch–Slack pathway. C_4 carbon fixation, one of three known photosynthetic processes of carbon fixation in plants.

HCl: hydrogen chloride. A toxic gas with numerous industrial uses.

HCN: hydrogen cyanide, also Prussic acid. Highly toxic volatile gas.

HF: hydrogen fluoride. A toxic chemical compound in refrigerants, herbicides, and electrical components.

homeorhesis: a stabilized flow. A refinement of the concept of homeostasis, applied to the fluidity of change in dynamical systems that return to a trajectory rather than a state.

homeostasis: a steady state. The capacity of a system to regulate its own condition by absorbing perturbations and maintaining a preferred level or state of operation. Its application to the Earth system is a key component of the Gaia hypothesis.

HP: the Hewlett Packard Corporation. Lovelock consulted for them on the use of the ECD.

hydroxyl radical: $^{\bullet}OH$, the neutral form of the hydroxide ion (OH^-). Highly reactive, hence short-lived resident of the troposphere where it may interact with pollutants.

IAMAP: International Association of Meteorology and Atmospheric Physics. Name changed in 1993 to International Association of Meteorology and Atmospheric Sciences (IAMAS).

IGBP: International Geosphere–Biosphere Programme. From 1987 to 2015, a research program headquartered in Stockholm, Sweden, dedicated to studying the phenomena of global change.

IR spectra: results produced by examination (e.g., of atmospheres) with infrared spectrometry.

isoprenoids: also *terpenoids*, a large class of organic compounds with many industrial uses, also produced by certain bacterial metabolisms.

ISSOL: International Society for the Study of the Origins of Life.

JPL: Jet Propulsion Laboratory in Pasadena, California, run by NASA.

K: potassium.

K Ar dating: potassium–argon dating, measuring the ratio of radioactive argon to radioactive potassium to determine the age of rocks.

lanosterol: a tetracyclic triterpenoid compound from which all animal and fungal steroids are derived.

Lindisfarne Association: founded by William Irwin Thompson in 1974, an invited gathering of scientists, artists, and spiritual leaders around the idea of a planetary culture.

MBA: Marine Biological Association of the United Kingdom. Lovelock was president of the MBA from 1986 to 1990, succeeded by Sir Crispin Tickell.

methyl iodide: a volatile liquid massively produced across the biosphere by bacteria, algae, kelp, and fungi.

Mg: magnesium.

Mn: manganese.

Mo: molybdenum.

N_2: nitrogen (N), a gaseous element typically found in diatomic form (N_2).

N_2O: nitrous oxide, also laughing gas. See Letter 39: "a major biological product produced in quantities of hundreds of megatons a year by soil microorganisms." Lovelock theorizes its role in ozone regulation.

N^{14}/N^{15} ratio: a proportion between the stable isotopes of nitrogen N^{14} and N^{15}, which naturally occur at a ratio of 272:1.

Na: sodium.

NaCl: sodium chloride. Table salt.

NAS: the National Academy of Sciences, a private, elective organization of established researchers headquartered in Washington, DC. Margulis was elected to the NAS in 1983.

NCAR: the National Center for Atmospheric Research in Boulder, Colorado, federally funded by the National Science Foundation.

Neo-Darwinism: a school of biological and evolutionary thought that follows the "modern synthesis" combining Mendel's work on inheritance with Darwin's theory of evolution.

NH_3: ammonia, an inorganic compound both manufactured and produced naturally from bacterial processes and the breakdown of organic matter, used in many industrial processes and as a fertilizer and refrigerant.

NH_4^+: ammonium, the ionized form of ammonia.

NH_4Cl: ammonium chloride, highly soluble white crystalline salt.

NO: nitric oxide, or nitrogen monoxide, a principal oxide of nitrogen.

NO_2^-: nitrite, a nitrogen ion, formed by the loss of a proton from nitrous acid (N_2O), that plays a role in organic metabolism.

NO_3^-: nitrate, a nitrogen ion formed by the loss of a proton from nitric acid (HNO_3).

NO_x: the group of nitrogen oxides found in air pollution.

NOAA: the National Oceanic and Atmospheric Administration, a federal scientific agency that monitors oceans, waterways, and the atmosphere.

NSF: the National Science Foundation, a federal agency of the USA that supports fundamental research and education in science and engineering.

O_3: ozone. Formed by the action of ultraviolet (UV) light and electrical discharges within the Earth's atmosphere. Highly concentrated in the ozone layer of the stratosphere that absorbs most of the sun's UV radiation.

OMB: the Office of Management and Budget in the US executive branch.

OUP: Oxford University Press.

PAN: peroxyacetyl nitrate, a toxic chemical and irritant found in photochemical smog.

PBCE: Planetary Biology and Chemical Evolution, a committee of the Space Science Board organized by the National Research Council for the National Academy of Sciences.

PBME: Planetary Biology and Microbial Ecology, a summer research course and internship program sponsored by NASA, co-directed by Margulis.

pE: redox potential. A measure of the tendency of a molecule to be reduced or oxidized. See Letter 4: "the expression p'e' is the electron analogue of pH i.e. the log of the reciprocal of the electron concentration in molar units. It is a measure of the oxidation reduction state."

PNAS: *Proceedings of the National Academy of Sciences*, the official journal of the NAS.

pO_2: partial pressure of oxygen in the atmosphere, currently at 21% at sea level.

population genetics: the study of genetic variation within and among populations and the evolutionary factors that determine it. A staple of neo-Darwinism.

ppb: parts per billion (10^9).

ppm: parts per million.

ppt: parts per thousand.

prokaryote: a non-nucleated organism. For Margulis, the Kingdom Monera, comprising all bacteria. Divided by Carl Woese's system into two domains, Archaea and Eubacteria.

protoctist: Margulis's preferred technical designation for eukaryotic organisms other than fungi, animals, and plants. A member of the Kingdom Protoctista, including algae, kelp, and slime molds. Microbial protoctists such as amoeba, coccolithophores, and trichomonads, as distinguished from prokaryotes, are generally termed *protists.*

RS: the Royal Society, the United Kingdom's national science academy.

Schumacher College: inspired by environmentalist E. F. Schumacher, founded in 1990 as an activity of the Dartington Trust, offering courses and programs centered on ecology. Both Lovelock and Margulis have been occasional guest instructors.

Sigma Xi: the Scientific Research Honor Society, a non-profit, elective organization for scientists and engineers.

SiO: silicon monoxide.

squalene: an organic compound with the formula $(C_5H_8)_6$. All plants and animals produce squalene as a biochemical intermediate.

SSB: Space Studies Board, originally Space Science Board, a forum on space science and applications administered by the NAS on behalf of NASA.

SST: supersonic transport. Commercial airplane, such as the Concorde, that exceeds the speed of sound. Controversy arose in the 1970s over the atmospheric effects of its exhaust.

UN University (UNU): launched in 1975 as a global think tank and postgraduate teaching organization headquartered in Japan that works with institutions in UN member states to connect the international academic community and the United Nations system.

UVB: ultraviolet radiation in the medium range.

Warburg effect: the decrease in the rate of photosynthesis due to high oxygen concentration.

BIBLIOGRAPHY

1. Joint Publications of Lovelock and Margulis

Lovelock, J. E. and Margulis, L. (1974). Atmospheric homeostasis by and for the biosphere: the Gaia hypothesis. *Tellus*, **26**, 2–10.

(1974). Homeostatic tendencies of the Earth's atmosphere. *Origins of Life*, **5**, 93–103.

Margulis, L. and Lovelock, J. E. (1974). Biological modulation of the Earth's atmosphere. *Icarus*, **21**, 471–489.

(1975). The atmosphere as circulatory system of the biosphere: the Gaia hypothesis. *CoEvolution Quarterly*, **6** (Summer), 31–40. Partially republished as: The atmosphere, Gaia's circulatory system, in Margulis and Sagan 2007: 157–171.

(1976). Is Mars a spaceship, too? *Natural History*, **85**, 86-90.

(1977a). Planet Earth is our only hope. *Geographical Magazine*, **49**, 473–478.

(1977b). The view from Mars and Venus. *The Sciences*, **17**, 10–13.

(1978). The biota as ancient and modern modulator of the Earth's atmosphere. *Pure and Applied Geophysics*, **116**, 239-43.

(1989). Gaia and geognosy. In M. Rambler, L. Margulis, and R. Fester, eds. *Global Ecology: Towards a Science of the Biosphere*. Boston: Academic Press, 1–30.

2. References

Abram, D. (1985). The perceptual implications of Gaia. *The Ecologist*, **15**(3), 96–103.

Allaby, M. and Lovelock, J. (1983). *The Great Extinction: The Solution to One of the Great Mysteries of Science, the Disappearance of the Dinosaurs*, New York: Doubleday.

Anderson, D. L. (1984). The Earth as a planet: paradigms and paradoxes. *Science*, **223** (4634), 347–355.

Arènes, A., Latour, B., and Gaillardet, J. (2018). Giving depth to the surface: an exercise in the Gaia-graphy of critical zones. *The Anthropocene Review*, **5**(2), 120–135.

Aronowsky, L. (2018). *The Planet as Self-Regulating System: Configuring the Biosphere as an Object of Knowledge, 1940–1990* (PhD thesis), Harvard University, Cambridge, MA.

(2021). Gas guzzling Gaia, or: a prehistory of climate change denialism. *Critical Inquiry*, **47**(2), 306–327.

Aykut, S. and Dahan, A. (2015). *Gouverner le Climat. Quels futurs posibles ? Vingt années de négociations internationales*, Paris: Presses de Sciences Po.

Baldwin, I. T. and Schultz, J. C. (1983). Rapid changes in tree leaf chemistry induced by damage: evidence for communication between plants. *Science*, **221**(4607), 277–279.

Ballester, A., Barghoorn, E. S., Botkin, D. B., et al. (1977a). Ecological considerations for space colonies. *CoEvolution Quarterly*, **12**(Winter), 96–97.

Ballester, A., Botkin, D. B., Lovelock, J., et al. (1977b). Ecological considerations for space colonies. *Bulletin of the Ecological Society of America*, **58**, 2–4.

Barlow, C. and Volk, T. (1990). Open systems living in a closed biosphere: a new paradox for the Gaia debate. *BioSystems*, **23**(4), 371–384.

(1992). Gaia and evolutionary biology. *BioScience*, **42**(9), 686–693.

Barton, J. (2020). *Wiring the World: A History of the Earth System Concept in the US Earth Sciences, 1982-1989* (PhD thesis), University of Toronto (Canada), Toronto.

Beardsley, T. (1989). Gaia: the smile remains, but the lady vanishes. *Scientific American*, **261**, December 6, 35–36.

Berkner, L. V. and Marshall, L. C. (1965). On the origin and rise of oxygen concentration in the Earth's atmosphere. *Journal of the Atmospheric Sciences*, **22**(3), 225–261.

Betts, R. A. (1999). Self-beneficial effects of vegetation on climate in an ocean–atmosphere general circulation model. *Geophysical Research Letters*, **26**(10), 1457–1460.

Board, P. A. (1976). Anaerobic regulation of atmospheric oxygen. *Atmospheric Environment*, **10**(4), 339–342.

Bolin, B. and Cook, R. B. (1983). *The Major Biogeochemical Cycles and Their Interactions*, SCOPE 21.

Bouricius, W. G., Wittman, P. K., and Bouricius, B. (2002). Designing canopy walkways: engineering calculations for building canopy access systems with cable-supported bridges. *Selbyana*, **23**(1), 131–136.

Briday, R. (2014). *Une histoire de la chimie atmosphérique globale. Enjeux disciplinaires et d'expertise de la couche d'ozone et du changement climatique* (PhD thesis), Centre Alexandre Koyré, Paris.

Briday, R. and Dutreuil, S. (2019). Les multiples facettes de l'entrepreneuriat scientifique de James Lovelock dans les années 1960-70 : développement d'instruments, consultance sur les pollutions et hypothèse Gaïa. *Marché et organisations*, **34**(1), 33–60.

Bryant, W. (2006). *Whole System, Whole Earth: The Convergence of Technology and Ecology in Twentieth Century American Culture* (PhD thesis), University of Iowa.

Bryson, R. A. (1974). A perspective on climatic change. *Science*, **184**(4138), 753–760.

Budyko, M. (1969). The effect of solar radiation variations on the climate of the earth. *Tellus*, **21**(5), 611–619.

Bunyard, P. and Goldsmith, E. (1988). *Gaia: The Thesis, the Mechanisms, and the Implications*, Wadebridge, Cornwall: Quintrell and Company.

(1989). *Gaia and Evolution: Proceedings of the Second Annual Camelford Conference on the Implications of the Gaia Thesis*, Bodmin, Cornwall: Abbey Press.

Butler, K. (1983). Events are the teachers. *CoEvolution Quarterly*, **40**(Winter), 112–123.

Calder, N. (1983). *Timescale: An Atlas of the Fourth Dimension*, New York: Viking.

Callicott, J. B. (2014). *Thinking Like a Planet: The Land Ethic and the Earth Ethic*, Oxford: Oxford University Press.

Campbell, I. H. and Taylor, S. R. (1983). No water, no granites: no oceans, no continents. *Geophysical Research Letters*, **10**(11), 1061–1064.

Catling, D. C., Zahnle, K. J., and McKay, C. P. (2001). Biogenic methane, hydrogen escape, and the irreversible oxidation of early Earth. *Science*, **293**(5531), 839–843.

Challenger, F. (1951). Biological methylation. *Advances in Enzymology and Related Subjects of Biochemistry*, **12**, 429–491.

Chamberlain, W. M. and Marland, G. (1977). Precambrian evolution in a stratified global sea. *Nature*, **265**(5590), 135–136.

Charlson, R., Lovelock, J., Andreae, M., and Warren, S. (1987). Oceanic phytoplankton, atmospheric sulphur, cloud albedo and climate. *Nature*, **326**(6114), 655–661.

Chesselet, R., Jedwab, J., Darcourt, C., and Dehairs, F. (1976). Barite as discrete suspended particles in the Atlantic Ocean. *Eos*, **57**, 255.

Chopra, A. and Lineweaver, C. H. (2016). The case for a Gaian bottleneck: the biology of habitability. *Astrobiology*, **16**(1), 7–22.

Clarke, B. (ed.). (2015). *Earth, Life and System: Evolution and Ecology on a Gaian Planet*, New York: Fordham University Press.

(2017). Rethinking Gaia: Stengers, Latour, Margulis. *Theory, Culture and Society*, **34** (4), 3–26.

(2020). *Gaian Systems: Lynn Margulis, Neocybernetics, and the End of the Anthropocene*, Minneapolis: University of Minnesota Press.

Cleveland, L. R. and Grimstone, A. V. (1964). The fine structure of the flagellate *Mixotricha paradoxa* and its associated micro-organisms. *Proceedings of the Royal Society of London. Series B. Biological Sciences*, **159**(977), 668–686.

Cloud, P. (1971). *Adventures in Earth History*, San Francisco, CA: W. H. Freeman.

(1988). Gaia modified. *Science*, **240**(4860), 1716.

Connes, P., Connes, J., Kaplan, L. D., and Benedict, W. S. (1968). Carbon monoxide in the Venus atmosphere. *The Astrophysical Journal*, **152**, 731.

Conrad, P. G. and Nealson, K. H. (2001). A non-Earthcentric approach to life detection. *Astrobiology*, **1**(1), 15–24.

Conway, E. M. (2008). *Atmospheric Science at NASA: A History*, Baltimore, MD: Johns Hopkins University Press.

Coulson, J., Whitfield, D., and Preston, A. L. (2003). *Keeping Things Whole: Readings in Environmental Science*, Chicago, IL: Great Books Foundation.

Cox, P. M., Betts, R. A., Jones, C. D., Spall, S. A., and Totterdell, I. J. (2000). Acceleration of global warming due to carbon-cycle feedbacks in a coupled climate model. *Nature*, **408**(6809), 184–187.

Crist, E. and Rinker, B. (eds.). (2010). *Gaia in Turmoil: Climate Change, Biodepletion, and Earth Ethics in an Age of Crisis*, Cambridge, MA: MIT Press.

Crutzen, P. J. and Stoermer, E. F. (2000). The “Anthropocene.” *IBGP Newsletter*, **41**, 17–18.

Dalgarno, A. and McElroy, M. B. (1970). Mars: is nitrogen present? *Science*, **170** (3954). 167–168.

Dawkins, R. (1976). *The Selfish Gene*, Oxford: Oxford University Press.

(1982). *The Extended Phenotype: The Gene as the Unit of Selection*, Oxford: Oxford University Press.

(1986). Creation and natural selection. *New Scientist*, September 25, 34–38.

Denbigh, K. G. (1951). *The Thermodynamics of the Steady State*, London: Methuen.

Dick, S. and Strick, J. (2004). *The Living Universe: NASA and the Development of Astrobiology*, New Brunswick: Rutgers University Press.

Dilke, F. W. W. and Gough, D. O. (1972). The solar spoon. *Nature*, **240**(5379), 262–264.

Doolittle, W. F. (1981a). Is nature really motherly? *CoEvolution Quarterly*, **29**, 58–63.

(1981b). The endosymbiont hypothesis. *Science*, **213**(4508), 640–641.

(2014). Natural selection through survival alone, and the possibility of Gaia. *Biology and Philosophy*, **29**(3), 415–423.

(2019). Making evolutionary sense of Gaia. *Trends in Ecology and Evolution*, **34**(10), 889–894.

Dutreuil, S. (2014). What good are abstract and what-if models? Lessons from the Gaïa hypothesis. *History and Philosophy of the Life Sciences*, **36**(1), 16–41.

(2016). *Gaïa: hypothèse, programme de recherche pour le système terre, ou philosophie de la nature?* (PhD thesis), Université Paris 1 Panthéon-Sorbonne, Paris.

(2017). James Lovelock, Gaïa et la pollution: un scientifique entrepreneur à l'origine d'une nouvelle science et d'une philosophie politique de la nature. *Zilsel*, (2), 19–61.

(2018a). James Lovelock's Gaia hypothesis: "a new look at life on earth" . . . for the life and the earth sciences. In O. Harman and M. R. Dietrich, eds., *Dreamers, Visionaries, and Revolutionaries in the Life Sciences*, Chicago: University of Chicago Press, pp. 272–287.

(2018b). La vie en biologie: enjeux et problèmes d'une définition, usages du terme. *Philosophie*, **136**(1), 67–94.

(2019). Is the decisive issue in geoengineering debates really one of representation of nature? Gaia against (or with?) Prometheus? *Carbon and Climate Law Review*, **13**(2), 94–103.

(2021). Quelle est la nature de la Terre? In F. Aït-touati and E. Coccia, eds., *Le cri de Gaïa: penser la Terre avec Bruno Latour*, Paris: La Découverte, pp. 17–66.

Dutreuil, S. and Pocheville, A. (2015). Les organismes et leur environnement : la construction de niche, l'hypothèse Gaïa et la sélection naturelle. *Bulletin d'histoire et d'epistemologie des sciences de la vie*, **22**(1), 27–56.

Ehrlich, P. R. and Ehrlich, A. H. (1992). The value of biodiversity. *Ambio*, **21**(3), 219–226.

Engelberg, J. and Boyarsky, L. L. (1979). The noncybernetic nature of ecosystems. *The American Naturalist*, **114**(3), 317–324.

Galison, P. (1994). The ontology of the enemy: Norbert Wiener and the cybernetic vision. *Critical Inquiry*, **21**(1), 228–266.

Garrels, R. M., Lerman, A., and Mackenzie, F. T. (1976). Controls of atmospheric O_2 and CO_2: past, present, and future. *American Scientist*, **64**(3), 306–315.

Garrels, R. M. and Mackenzie, F. T. (1971). *Evolution of Sedimentary Rocks*, New York: W.W. Norton.

Goldberg, E. D. (1958). The processes regulating the composition of sea water. *Journal of Chemical Education*, **35**(3), 111–119.

(1964). The oceans as a geological system. *Transactions of the New York Academy of Sciences*, **27**(1 Series II), 7–19.

(1974). *The Sea: Ideas and Observation on Progress in the Study of the Seas., Vol. 5: Marine Chemistry*, New York: Wiley.

(1982). *Atmospheric Chemistry: Report of the Dahlem Workshop on Atmospheric Chemistry, Berlin 1982, May 2–7*, Berlin and Heidelberg: Springer-Verlag.

Goody, R. (1982). *Global Change: Impacts on Habitability*, Jet Propulsion Laboratory, California Institute of Technology, Pasadena, California: National Aeronautics and Space Administration.

Goody, R. and Walker, J. C. G. (1972). *Atmospheres*, New Jersey: Prentice-Hall.

Gould, S. J. and Lewontin, R. C. (1979). The spandrels of San Marco and the Panglossian paradigm: a critique of the adaptationist programme. *Proceedings of the Royal Society of London. Series B, Biological Sciences*, **205**(1161), 581–598.

Gregor, B. (1992). The work group on geochemical cycles: 1972–1988. *Geochimica et Cosmochimica Acta*, **56**(8), 2989–2992.

Grevsmühl, S. (2014). *La Terre vue d'en haut: l'invention de l'environnement global*, Paris: Seuil.

Gribbin, J. and Gribbin, M. (2009). *James Lovelock: In Search of Gaia*, Princeton: Princeton University Press.

Grimm, K. A. (1997). Biogenic sediments, geophysiology and Earth's environmental history. *PALAIOS*, **12**(4), 299–301.

Grinevald, J. (1996). Sketch for the history of the idea of the biosphere. In P. Bunyard, ed., *Gaia in Action: Science of the Living Earth*, Edinburgh: Floris Books, pp. 34–53.

(1998). The invisibility of the Vernadskian revolution. In V. Vernadsky, *The Biosphere*, New York: Copernicus, pp. 20–32.

Grinspoon, D. (2016). *Earth in Human Hands: Shaping Our Planet's Future*, New York: Grand Central Publishing.

Hache, E. (2012). *Ecologie politique: cosmos, communautés, milieux*, Paris: Editions Amsterdam.

Hagen, J. B. (2013). Eugene Odum and the homeostatic ecosystem: the resilience of an idea. In D. Arnold, ed., *Traditions of Systems Theory*, New York: Routledge, pp. 179–193.

Hamblin, J. D. (2013). *Arming Mother Nature: The Birth of Catastrophic Environmentalism*, Oxford: Oxford University Press.

Hamilton, C. (2013). *Earthmasters: Playing God with the Climate*, Crows Nest, NSW, Australia: Allen & Unwin.

Hamilton, W. D. and Lenton, T. M. (1998). Spora and Gaia: how microbes fly with their clouds. *Ethology Ecology and Evolution*, **10**(1), 1–16.

Hammond, A. and Margulis, L. (1981). Farewell to Newton, Einstein, Darwin. *Science*, **2** (10), 55–57.

Haraway, D. (2016). *Staying with the Trouble: Making Kin in the Chthulucene*, Durham, NC: Duke University Press.

Harding, S. (2006). *Animate Earth: Science, Intuition and Gaia*, Foxhole: Green Books.

Harding, S. and Lovelock, J. (1996). Exploiter-mediated coexistence and frequency-dependent selection in a numerical model of biodiversity. *Journal of Theoretical Biology*, **182**(2), 109–116.

Harding, S. and Margulis, L. (2010). Water Gaia: 3.5 thousand million years of wetness on planet Earth. In Crist and Rinker 2010: 41–59.

Harvey, I. (2004). Homeostasis and rein control: from Daisyworld to active perception. In J. Pollack, ed., *Proceedings of the Ninth International Conference on the Simulation and Synthesis of Living Systems, ALIFE*, Vol. 9, Cambridge, MA: MIT Press, pp. 309–314.

Heymann, M. and Dahan Dalmedico, A. (2019). Epistemology and politics in Earth system modeling: historical perspectives. *Journal of Advances in Modeling Earth Systems*, **11**(5), 1139–1152.

Hitchcock, D. R. and Lovelock, J. (1967). Life detection by atmospheric analysis. *Icarus*, **7**(1–3), 149–159.

Hoffman, P. F., Kaufman, A. J., Halverson, G. P., and Schrag, D. P. (1998). A Neoproterozoic snowball earth. *Science*, **281**(5381), 1342–1346.

Höhler, S. (2015). *Spaceship Earth in the Environmental Age, 1960–1990*, London: Routledge.

Holland, H. D. (1978). *The Chemistry of the Atmosphere and Oceans*, New York: John Wiley and Sons.

(1984). *The Chemical Evolution of the Atmosphere and Oceans*, Princeton, NJ: Princeton University Press.

Holland, H. D. and Schidlowski, M. (eds.). (1982). *Mineral Deposits and the Evolution of the Biosphere: Report of the Dahlem Workshop on Biospheric Evolution and Precambrian Metallogeny Berlin 1980, September 1–5*, Berlin and Heidelberg: Springer-Verlag.

Hsü, K. J. (1992). Is Gaia endothermic? *Geological Magazine*, **129**(2), 129–141.

Hull, D. (1980). Individuality and selection. *Annual Review of Ecology and Systematics*, **11**, 311–332.

Huneman, P. (2006). Naturalising purpose: from comparative anatomy to the "adventure of reason." *Studies in History and Philosophy of Science Part C: Studies in History and Philosophy of Biological and Biomedical Sciences*, **37**(4), 649–674.

Hutchinson, G. E. (1954). The biochemistry of the terrestrial atmosphere. In G. P. Kuiper, ed., *The Earth as a Planet*, Chicago: University of Chicago Press, pp. 371–433.

(1970). The biosphere. *Scientific American*, **223**(3), 45–53.

Joseph, L. E. (1990). *Gaia: The Growth of an Idea*, New York: St. Martin's Press.

Kaplan, L. D., Connes, J., and Connes, P. (1969). Carbon monoxide in the Martian atmosphere. *The Astrophysical Journal*, **157**, L187–192.

Kauffman, E. G. (1988). The Gaia controversy: AGU'S Chapman Conference. *Eos, Transactions, American Geophysical Union*, **69**(31), 763–764.

Keller, E. F. (2008). Organisms, machines, and thunderstorms: a history of self-organization, part one. *Historical Studies in the Natural Sciences*, **38**(1), 45–75.

(2009). Organisms, machines, and thunderstorms: a history of self-organization, part two. Complexity, emergence, and stable attractors. *Historical Studies in the Natural Sciences*, **39**(1), 1–31.

Kellogg, W. W., Cadle, R. D., Allen, E. R., Lazrus, A. L., and Martell, E. A. (1972). The sulfur cycle. *Science*, **175**(4022), 587–596.

Kellogg, W. W. and Mead, M. (1977). *The Atmosphere: Endangered and Endangering*, Washington, DC.: US Government Printing Office.

Kerr, B., Godfrey-Smith, P., and Feldman, M. W. (2004). What is altruism? *Trends in Ecology and Evolution*, **19**(3), 135–140.

Kirchner, J. (1989). The Gaia hypothesis: can it be tested? *Reviews of Geophysics*, **27**(2), 223–235.

(2002). The Gaia hypothesis: fact, theory, and wishful thinking. *Climatic Change*, **52**(4), 391–408.

Kirk, A. G. (2007). *Counterculture Green: The* Whole Earth Catalog *and American Environmentalism*, Lawrence, KA: University Press of Kansas.

Kirschvink, J. L. (1992). Late proterozoic low-latitude global glaciation: the snowball Earth. In W. J. Schopf and C. Klein, eds., *The Proterozoic Biosphere: A Multidisciplinary Study*, Cambridge: Cambridge University Press, pp. 51–52.

Klinger, L. F., Elias, S. A., Behan-Pelletier, V. M., and Williams, N. E. (1990). The bog climax hypothesis: fossil arthropod and stratigraphic evidence in peat sections from southeast Alaska, USA. *Ecography*, **13**(1), 72–80.

Kwa, C. (2005). Local ecologies and global science discourses and strategies of the International Geosphere–Biosphere Programme. *Social Studies of Science*, **35**(6), 923–950.

(2006). The programming of interdisciplinary research through informal science–policy interactions. *Science and Public Policy*, **33**(6), 457–467.

Kwa, C. and Rector, R. (2010). A data bias in interdisciplinary cooperation in the sciences: ecology in climate change research. In J. N. Parker, N. Vermeulen, and B. Penders, eds., *Collaboration in the New Life Sciences*, Farnham: Ashgate, pp. 161–176.

Latour, B. (2004). *Politics of Nature: How to Bring the Sciences into Democracy*, Cambridge, MA: Harvard University Press.

(2014). How to make sure Gaia is not a God of Totality? With special attention to Toby Tyrrell's book *On Gaia. Proceedings of the Rio de Janeiro meeting on "The Thousand Names of Gaia."*

(2017a). *Facing Gaia: Eight Lectures on the New Climatic Regime*, Cambridge: Polity.

(2017b). Why Gaia is not a god of totality. *Theory, Culture and Society*, **34**(2–3), 61–82.

Latour, B. and Lenton, T. M. (2019). Extending the domain of freedom, or why Gaia is so hard to understand. *Critical Inquiry*, **45**(3), 659–680.

Latour, B., Schaffer, S., and Gagliardi, P. (2020). *A Book of the Body Politic. Connecting Biology, Politics and Social Theory*, Venice: Foundation Cini.

Latour, B. and Strum, S. C. (1986). Human social origins: Oh please, tell us another story. *Journal of Social and Biological Structures*, **9**(2), 169–187.

Latour, B. and Weibel, P. (2020). *Critical Zones: The Science and Politics of Landing on Earth*, Karlsruhe: ZKM Center for Art and Media, and MIT Press.

Laudan, L. (1983). The demise of the demarcation problem. In R. S. Cohen and L. Laudan, eds., *Physics, Philosophy and Psychoanalysis*, Dordrecht: Reidel, pp. 111–127.

Lenton, T. M. (1998). Gaia and natural selection. *Nature*, **394**(6692), 439–447.

Lenton, T. M., Daines, S. J., Dyke, J. G., et al. (2018). Selection for Gaia across multiple scales. *Trends in Ecology and Evolution*, **33**(8), 633–645.

Lenton, T. M. and Dutreuil, S. (2020). Distinguishing Gaia from the Earth system(s). In Latour and Weibel 2020: 176–179.

Lenton, T. M., Dutreuil, S., and Latour, B. (2020). Life on Earth is hard to spot. *The Anthropocene Review*, **7**(3), 248–272.

Lenton, T. M., Held, H., Kriegler, E., et al. (2008). Tipping elements in the Earth's climate system. *Proceedings of the National Academy of Sciences*, **105**(6), 1786–1793.

Lenton, T. M. and Latour, B. (2018). Gaia 2.0. *Science*, **361**(6407), 1066–1068.

Lenton, T. M. and Lovelock, J. (2001). Daisyworld revisited: quantifying biological effects on planetary self-regulation. *Tellus B*, **53**(3), 288–305.

Lenton, T. M. and Watson, A. (2011). *Revolutions That Made the Earth*, Oxford: Oxford University Press.

Levine, J. S. and Schryer, R. (1978). *Man's Impact on the Troposphere*, NASA Reference Publication 1022. NASA Scientific and Technical Information Office.

Levins, R. and Lewontin, R. C. (1985). *The Dialectical Biologist*, Cambridge, MA: Harvard University Press.

Lewontin, R. C. (1970). The units of selection. *Annual Review of Ecology and Systematics*, **1**, 1–18.

Li Vigni, F. (2018). *Les systèmes complexes et la digitalisation des sciences. Histoire et sociologie des instituts de la complexité aux États-Unis et en France*, Paris Sciences et Lettres and École doctorale de l'École des hautes études en sciences sociales, Paris.

Liss, P. and Slater, P. G. (1974). Flux of gases across the air–sea interface. *Nature*, **247**, 181–184.

Lotka, A. J. (1925). *Elements of Physical Biology*, Baltimore, MD: Williams and Wilkins.

Lovelock, J. (1965). A physical basis for life detection experiments. *Nature*, **207**(4997), 568–570.

(1966). Some thoughts on the year 2000. Unpublished report for Shell, Lovelock archives, Science Museum, London.

(1971). Air pollution and climatic change. *Atmospheric Environment*, **5**(6), 403–411.

(1972). Gaia as seen through the atmosphere. *Atmospheric Environment*, **6**, 579–580.

(1974a). Atmospheric halocarbons and stratospheric ozone. *Nature*, **252**, 292–294.

(1974b). The electron capture detector: theory and practice. *Journal of Chromatography A*, **99**, 3–12.

(1975). Natural halocarbons in the air and in the sea. *Nature*, **256**, 193–194.

(1977). Halogenated hydrocarbons in the atmosphere. *Ecotoxicology and Environmental Safety*, **1**(3), 399–406.

(1979a). *Gaia: A New Look at Life on Earth*, Oxford: Oxford University Press.

(1979b). The independent practice of science. *New Scientist*, September 6, 714–717.

(1981a). A policy for fluorocarbons. *Science and Public Policy*, **8**(3), 203–205.

(1981b). James Lovelock responds (reply to Doolittle). *The CoEvolution Quarterly*, **29**, 62–63.

(1981c). More on Gaia and the end of Gaia. *CoEvolution Quarterly*, **31**, 36–37.

(1983a). Comment to chapter 3. In B. Bolin and R. B. Cook, eds., *The Major Biogeochemical Cycles and Their Interactions*, SCOPE 21.

(1983b). DaisyWorld: a cybernetic proof of the Gaia hypothesis. *CoEvolution Quarterly*, **38**, 66–72.

(1984a). An expedition to the days when it began. Review of *Earth's Earliest Biosphere: Its Origin and Evolution*, ed. J. W. Schopf. *New Scientist*, April 12.

(1984b). The Colligative Properties of Life: A New Look at Gaia. Typescript book proposal for the Commonwealth Fund Book Award, Lynn Margulis Family Papers.

(1984c). The Ice Age cometh. Review of S. Schneider and R. Londer, *The Coevolution of Climate and Life*. *New York Times*, August 19, Section 7, 11.

(1986a). Gaia: the world as living organism. *New Scientist*, December 18, 25–28.

(1986b). Geophysiology: a new look at earth science. *Bulletin of the American Meteorological Society*, **67**(4), 392–397.

(1986c). Living alternatives. *Nature*, **320**(6063), 646.

(1986d). Prehistory of Gaia. Review of Vladimir Vernadsky, *The Biosphere*. *New Scientist*, **51**(July 17).

(1988). *The Ages of Gaia: A Biography of Our Living Earth*, Oxford: Oxford University Press.

(1990). Hands up for the Gaia hypothesis. *Nature*, **344**, 100–102.

(1991a). *Gaia: The Practical Science of Planetary Medicine*, London: Gaia Books.

(1991b). Toujours Gaia. *Science*, **252**(5012), 1472.

(1992a). A numerical model for biodiversity. *Philosophical Transactions: Biological Sciences*, **338**(1286), 383–391.

(1992b). The Earth is not fragile. In B. Cartledge, ed., *Monitoring the Environment: The Linacre Lectures 1990–1991*, Oxford: Oxford University Press, pp. 105–122.

(1998). A book for all seasons. *Science*, **280**(5365), 832–833.

(2000). *Homage to Gaia: The Life of an Independent Scientist*, Oxford: Oxford University Press.

(2003a). Gaia: the living Earth. *Nature*, **426**(6968), 769–770.

(2003b). The recognition of Gaia. In J. Coulson, D. Whitfield, and A. L. Preston, eds., *Keeping Things Whole: Readings in Environmental Science*, Chicago: Great Books Foundation, pp. 201–220.

(2003c). Gaia and emergence: a response to Kirchner and Volk. *Climatic Change*, **57**(1–2), 1–3.

(2004a). Archer John Porter Martin CBE. In *Biographical Memoirs*, The Royal Society, pp. 157–170.

(2004b). Reflections on Gaia. In S. H. Schneider, J. Miller, E. Crist, and P. Boston, eds., *Scientists Debate Gaia*, Cambridge, MA: MIT Press, pp. 1–5.

(2006). *The Revenge of Gaia*, London: Penguin Books.

(2008). A geophysiologist's thoughts on geoengineering. *Philosophical Transactions of the Royal Society A: Mathematical, Physical and Engineering Sciences*, **366**(1882), 3883–3890.

(2009). *The Vanishing Face of Gaia*, New York: Basic Books.

(2014). *A Rough Ride to the Future*, London: Penguin Books.

Lovelock, J. and Allaby, M. (1984). *The Greening of Mars*, New York: Warner Books.

Lovelock, J. and Epton, S. (1975). The quest for Gaia. *New Scientist*, February 6, 304–306.

Lovelock, J. and Giffin, C. E. (1969). Planetary atmospheres: compositional and other changes associated with the presence of life. *Advances in the Astronautical Sciences*, **25**, 179–193.

Lovelock, J. and Kaplan, I. (1975). Thermodynamics and the recognition of alien biospheres [and Discussion]. *Proceedings of the Royal Society of London. Series B. Biological Sciences*, **189**(1095), 167–181.

Lovelock, J. and Kump, L. R. (1994). Failure of climate regulation in a geophysiological model. *Nature*, **369**, 732–734.

Lovelock, J. and Lodge, J. P. (1972). Oxygen in the contemporary atmosphere. *Atmospheric Environment*, **6**(8), 575–578.

Lovelock, J., Maggs, R., and Rasmussen, R. (1972). Atmospheric dimethyl sulphide and the natural sulphur cycle. *Nature*, **237**, 452–453.

Lovelock, J., Maggs, R., and Wade, R. (1973). Halogenated hydrocarbons in and over the Atlantic. *Nature*, **241**, 194–196.

Lovelock, J. and Margulis, L. (1974a). Atmospheric homeostasis by and for the biosphere: the Gaia hypothesis. *Tellus*, **26**(1–2), 2–10.

(1974b). Homeostatic tendencies of the Earth's atmosphere. *Origins of Life*, **5**(1), 93–103.

Lovelock, J. and Rapley, C. G. (2007). Ocean pipes could help the Earth to cure itself. *Nature*, **449**(7161), 403.

Lovelock, J. and Watson, A. (1982). The regulation of carbon dioxide and climate: Gaia or geochemistry. *Planetary and Space Science*, **30**(8), 795–802.

Lovelock, J. and Whitfield, M. (1981). Life span of the biosphere. *CoEvolution Quarterly*, **31**, 37–38.

(1982). Life span of the biosphere. *Nature*, **296**(5857), 561–563.

Lovley, D. R., Stolz, J. F., Nord, G. L., and Phillips, E. J. P. (1987). Anaerobic production of magnetite by a dissimilatory iron-reducing microorganism. *Nature*, **330**(6145), 252–254.

Mann, C. (1991). Lynn Margulis: science's unruly Earth Mother. *Science*, **252**(5004), 378–81.

Margulis, L. (1969). New phylogenies of the lower organisms: possible relation to organic deposits in Precambrian sediment. *Journal of Geology*, **77**(5), 606–617.

(1970a). *Origin of Eukaryotic Cells: Evidence and Research Implications for a Theory of the Origin and Evolution of Microbial, Plant, and Animal Cells on the Precambrian Earth*, New Haven, CT: Yale University Press.

(ed.). (1970b). *Origins of Life: Proceedings of the First Conference*, New York: Gordon and Breach.

(1971a). Cytoplasmic genes: our Precambrian legacy. *Stadler Genetics Symposia*, **1–2**, 79–88.

(1971b). Microbial evolution on the early Earth. In R. Buvet and C. Ponnamperuma, eds., *Molecular Evolution 1: Chemical Evolution and the Origin of Life*, Amsterdam: North-Holland, pp. 480–484.

(ed.). (1971c). *Proceedings of the Second Conference on Origins of Life: Cosmic Evolution, Abundance, and Distribution of Biologically Important Elements*, New York: Gordon and Breach.

(1971d). Symbiosis and evolution. *Scientific American*, **225**(2), 48–57.

(1971e). Whittaker's five kingdoms of organisms: minor revisions suggested by considerations of mitosis. *Evolution*, **25**, 242–245.

(1972). Early cellular evolution. In C. Ponnamperuma, ed., *Exobiology*, Amsterdam: North-Holland, pp. 342–368.

(1974a). On the evolutionary origin and possible mechanism of colchicine-sensitive mitotic movements. *BioSystems*, **6**(1), 16–36.

(1974b). Review of *Theory and Experiment in Exobiology*, vol. 2, ed. A. W. Schwartz. *Quarterly Review of Biology*, **49**, 55–56.

(1981a). Gaia. *Origins of Life*, **11**(3), 267–268.

(1981b). Gaia lives, has blurred boundaries (reply to Doolittle). *The CoEvolution Quarterly*, **29**, 63–65.

(1981c). *Symbiosis in Cell Evolution: Life and Its Environment on the Early Earth*, San Francisco: W. H. Freeman.

(1985). Review of R. Shapiro: *A Sceptic's Guide to the Creation of Life on Earth. Origins of Life*, **16**, 172–173.

(1991). Big trouble in biology: physiological autopoiesis versus mechanistic neo-Darwinism. In J. Brockman, ed., *Doing Science: The Reality Club*, New York: Prentice Hall Press.

(1993a). *Symbiosis in Cell Evolution: Life and Its Environment on the Early Earth*, 2nd ed., San Francisco, CA: W. H. Freeman.

(1993b). From Gaia to microcosm. *BioSystems*, **31**(2), 83.

(1993c). Gaia in *Science*. *Science*, **259**(5096), 745.

(1995). Gaia is a tough bitch. In J. Brockman, ed., *The Third Culture: Beyond the Scientific Revolution*, New York: Simon and Schuster, pp. 129–151.

(1998). *Symbiotic Planet: A New Look at Evolution*, New York: Basic Books.

(2000). Book review: J. D. Bernal: A Life in Science and Politics. *Science, Technology, and Human Values*, **25**(2), 252–254.

(2004). Gaia by any other name. In S. H. Schneider, J. Miller, E. Crist, and P. Boston, eds., *Scientists Debate Gaia*, Cambridge, MA: MIT Press, pp. 7–12.

(2007). *Luminous Fish: Tales of Science and Love*, White River Junction, VT: Chelsea Green.

Margulis, L., Asikainen, C., and Krumbein, W. E. (2011). *Chimeras and Consciousness: Evolution of the Sensory Self*, Cambridge, MA: MIT Press.

Margulis, L. and Cohen, J. E. (1994). Combinatorial generation of taxonomic diversity: implication of symbiogenesis for the Proterozoic fossil record. In S. Bengtson, ed., *Early Life on Earth*, New York: Columbia University Press, pp. 327–333.

Margulis, L. and Dobb, E. (1990). Untimely requiem. Review of Bill McKibben, *The End of Nature*. *The Sciences*, **30**(1), 44–49.

Margulis, L. and Dolan, M. (2002). *Early Life: Evolution on the Precambrian Earth*, 2nd ed., Burlington, MA: Jones and Bartlett Learning.

Margulis, L. and Fester, R. (eds.). (1991). *Symbiosis as a Source of Evolutionary Innovation: Speciation and Morphogenesis*, Cambridge, MA: MIT Press.

Margulis, L. and Hinkle, G. (1991). The biota and Gaia: 150 years of support for environmental sciences. In S. H. Schneider and P. J. Boston, eds., *Scientists on Gaia*, Cambridge, MA: The MIT Press, pp. 11–18.

Margulis, L. and Lovelock, J. (1974). Biological modulation of the Earth's atmosphere. *Icarus*, **21**(4), 471–489.

(1975). The atmosphere as circulatory system of the biosphere: the Gaia hypothesis. *CoEvolution Quarterly*, **6** (Summer 1975), 31–40.

(1976). Is Mars a spaceship, too? *Natural History*, **85**(June–July), 86–90.

(1977a). Planet Earth is our only hope. *Geographical Magazine*, **49**, 473–478.

(1977b). The view from Mars and Venus. *The Sciences*, **17**(2), 10–13.

(1978). The biota as ancient and modern modulator of the Earth's atmosphere. *Pure and Applied Geophysics*, **116**(2), 239–243.

(1989). Gaia and geognosy. In M. Rambler, L. Margulis, and R. Fester, eds., *Global Ecology: Towards a Science of the Biosphere*, San Diego: Academic Press, pp. 1–30.

Margulis, L., Matthews, C., and Haselton, A. (2000). *Environmental Evolution: Effects of the Origin and Evolution of Life on Planet Earth*, 2nd ed., Cambridge, MA: MIT Press.

Margulis, L. and Olendzenski, L. (1992). *Environment Evolution: Effects of the Origin and Evolution of Life on Planet Earth*, Cambridge, MA: MIT Press.

Margulis, L. and Sagan, D. (1984). Evolutionary origins of sex. In R. Dawkins and M. Ridley, eds., *Oxford Surveys in Evolutionary Biology. Vol. 1*, Oxford: Oxford University Press, pp. 16–47.

(1986a). *Microcosmos: Four Billion Years of Microbial Evolution*, New York: Summit.

(1986b). *Origins of Sex: Three Billion Years of Genetic Recombination*, New Haven: Yale University Press.

(1986c). Strange fruit on the Tree of Life. *The Sciences*, **26**(3), 38–45.

(1991). *Mystery Dance: On the Evolution of Human Sexuality*, New York: Summit.

(1995). *What Is Life?*, New York: Simon and Schuster.

(1997). *Slanted Truths: Essays on Gaia, Symbiosis and Evolution*, New York: Copernicus.

(2000). *What is Life?*, Berkeley: University of California Press.

(2002). *Acquiring Genomes: A Theory of the Origins of Species*, New York: Basic Books.

(2007). *Dazzle Gradually: Reflections on the Nature of Nature*, White River Junction, VT: Chelsea Green.

Margulis, L., Schwartz, K., and Dolan, M. (eds.). (1999). *Diversity of Life: An Illustrated Guide to the Five Kingdoms*, 2nd ed, Burlington, MA: Jones and Bartlett Learning.

Margulis, L. and Schwartz, K.V. (1982). *Five Kingdoms: An Illustrated Guide to the Phyla of Life on Earth*, New York: W. H. Freeman.

Margulis, L. and Stolz, J. F. (1983). Microbial systematics and a Gaian view of the sediments. In P. Westbroek and E. W. De Jong, eds., *Biomineralization and Biological Metal Accumulation*, Dordrecht: Reidel, pp. 27–54.

(1990). Letter. *Scientific American*, **262**, March 3, 12.

Maturana, H. R. and Varela, F. J. (1987). *The Tree of Knowledge: The Biological Roots of Human Understanding*, Boston: New Science Library.

Maxwell, J. and Briscoe, F. (1997). There's money in the air: the CFC ban and DuPont's regulatory strategy. *Business Strategy and the Environment*, **6**(5), 276–286.

Mayr, E. (1972). The nature of the Darwinian revolution. *Science*, **176**(4038), 981–989.

McDonald-Gibson, J., Dyke, J., Di Paolo, E., and Harvey, I. (2008). Environmental regulation can arise under minimal assumptions. *Journal of Theoretical Biology*, **251**(4), 653–666.

McElroy, M. B. and McConnell, J. C. (1971). Nitrous oxide: a natural source of stratospheric NO. *Journal of the Atmospheric Sciences*, **28**(6), 1095–1098.

Merchant, P. (2010). Lovelock, James. An oral history of British science, British Library. Retrieved from http://sounds.bl.uk/Oral-history/Science/021M-C1379X0015XX-0001V0

Midgley, M. (2001). *Gaia: The Next Big Idea*, London: Demos.

Mitchell, J. G. and Silver, M. W. (1982). Modern archaeomonads indicate sea-ice environments. *Nature*, **296**(5856), 437–439.

Molina, M. J. and Rowland, F. S. (1974). Stratospheric sink for chlorofluoromethanes: chlorine atom-catalysed destruction of ozone. *Nature*, **249**(5460), 810–12.

Morrison, R. (1999). *The Spirit in the Gene: Humanity's Proud Illusion and the Laws of Nature*, Ithaca, NY: Cornell University Press.

Morton, O. (2015). *The Planet Remade: How Geoengineering Could Change the World*, Princeton: Princeton University Press.

Myers, N. (1985). *The Gaia Atlas of Planet Management: For Today's Caretakers of Tomorrow's World*, London: Pan Books.

National Research Council. (1981). *Origin and Evolution of Life: Implications for the Planets, a Scientific Strategy for the 1980s*, Washington, DC: National Academies Press.

Nicholson, A. E., Wilkinson, D. M., Williams, H. T. P., and Lenton, T. M. (2018). Alternative mechanisms for Gaia. *Journal of Theoretical Biology*, **457**, 249–257.

Odling-Smee, J. F., Laland, K. N., and Feldman, M. W. (2003). *Niche Construction: The Neglected Process in Evolution*, Princeton, NJ: Princeton University Press.

Oreskes, N. and Conway, E. M. (2010). *Merchants of Doubt: How a Handful of Scientists Obscured the Truth on Issues from Tobacco Smoke to Global Warming*, New York: Bloomsbury Press.

Oró, J., Miller, S. L., Ponnamperuma, C., and Young, R. S. (eds.). (1974). *Cosmochemical Evolution and the Origins of Life: Proceedings of the Fourth International Conference on the Origin of Life and the First Meeting of the International Society for the Study of the Origin of Life, Barcelona, June 25-28, 1973*, Dordrecht: D. Reidel.

Pickering, A. (2010). *The Cybernetic Brain: Sketches of Another Future*, Chicago: University of Chicago Press.

Pocheville, A. (2010). *La niche écologique: concepts, modèles, applications* (PhD thesis), Ecole Normale Supérieure, Ecole doctorale Frontières du Vivant.

Polunin, N. and Grinevald, J. (1988). Vernadsky and biospheral ecology. *Environmental Conservation*, **15**(2), 117–122.

Ponnamperuma, C. (1972). *Exobiology*, Amsterdam: North-Holland.

Postgate, J. (1988). Gaia gets too big for her boots. *New Scientist*, April 7, 60.

Poundstone, W. (1999). *Carl Sagan: A Life in the Cosmos*, New York: Henry Holt.

Prinn, R. G., Simmonds, P. G., Rasmussen, R. A., et al. (1983). The atmospheric lifetime experiment: 1. introduction, instrumentation, and overview. *Journal of Geophysical Research: Oceans*, **88**(C13), 8353–8367.

Rambler, M., Margulis, L., and Fester, R. (eds.). *Global Ecology: Towards a Science of the Biosphere*, Boston: Academic Press.

Rapley, C. (2005). *Global Science in the Antarctic Context: British Antarctic Survey Strategy to 2012*, British Antarctic Survey.

Rapley, C., Bell, R. E., Allison, I., et al. (2004). *A Framework for the International Polar Year, 2007–2008*, Paris: International Council for Science.

Reider, R. (2009). *Dreaming the Biosphere: The Theater of All Possibilities*, Albuquerque, NM: University of New Mexico Press.

Riggs, D. S. (1970). *Control Theory and Physiological Feedback Mechanisms*, Baltimore, MD: Williams and Wilkins.

Rispoli, G. (2020). Genealogies of Earth System thinking. *Nature Reviews Earth and Environment*, **1**(1), 4–5.

Rispoli, G. and Olšáková, D. (2020). Science and diplomacy around the Earth: from the Man and Biosphere Programme to the International Geosphere–Biosphere Programme. *Historical Studies in the Natural Sciences*, **50**(4), 456–481.

Robertson, D. and Robinson, J. M. (1998). Darwinian Daisyworld. *Journal of Theoretical Biology*, **195**(1), 129–134.

Robinson, E. and Robbins, R. C. (1968). *Sources, Abundance, and Fate of Gaseous Atmospheric Pollutants. Final Report and Supplement*, Stanford: Stanford Research Institute.

Rockström, J., Steffen, W. L., Noone, K., et al. (2009). Planetary boundaries: exploring the safe operating space for humanity. *Nature*, **461**, 472–475.

Ruse, M. (2013). *The Gaia Hypothesis: Science on a Pagan Planet*, Chicago: University of Chicago Press.

Ryan, F. (2002). *Darwin's Blind Spot: Evolution beyond Natural Selection*, New York: Houghton Mifflin.

Sagan, C. and Mullen, G. (1971). Report 460, Center for Radiophysics and Space Research. Cornell University.

(1972). Earth and Mars: evolution of atmospheres and surface temperatures. *Science*, **117**, 52–56.

Sagan, C., Thompson, W. R., Carlson, R., Gurnett, D., and Hord, C. (1993). A search for life on Earth from the Galileo spacecraft. *Nature*, **365**(6448), 715–721.

Sagan, D. (1990). *Biospheres: Metamorphosis of Planet Earth*, New York: McGraw-Hill.

Sagan, D. and Margulis, L. (1984). The Gaian perspective of ecology. *The Ecologist*, **13**, 160–167.

(1987). Gaia and the evolution of machines. *Whole Earth Review*, **55**, 15–21.

Sagan, L. (1967). On the origin of mitosing cells. *Journal of Theoretical Biology*, **14**(3), 225–274.

Sahtouris, E. (1989). *Gaia: The Human Journey from Chaos to Cosmos*, New York: Pocket.

Sapp, J. (2015). On symbiosis, microbes, kingdoms and domains. In B. Clarke, ed., *Earth, Life, and System*, Fordham University Press, pp. 105–126.

Saunders, P. T. (1994). Evolution without natural selection: further implications of the Daisyworld parable. *Journal of Theoretical Biology*, **166**(4), 365–373.

Schellnhuber, H. J. and Held, H. (2002). How fragile is the Earth system? In J. C. Briden and T. E. Downing, eds., *Managing the Earth: The Linacre Lectures 2001*, Oxford: Oxford University Press, pp. 5–34.

Schneider, S. H. and Boston, P. J. (eds.). (1991). *Scientists on Gaia*, Cambridge, MA: The MIT Press.

Schneider, S. H. and Londer, R. (1984). *The Coevolution of Climate and Life*, San Francisco, CA: Sierra Club Books.

Schneider, S. H., Miller, J., Crist, E., and Boston, P. J. (eds.). (2004). *Scientists Debate Gaia: The Next Century*, Cambridge, MA: The MIT Press.

Schrödinger, E. (1944). *What is Life?*, Cambridge: Cambridge University Press.

Schwartz, A. W. (1972). *Theory and Experiment in Exobiology, Volume 2*, Gröningen: Woller-Noordhoff.

Selcer, P. (2018). *The Postwar Origins of the Global Environment: How the United Nations Built Spaceship Earth*, New York: Columbia University Press.

Shapin, S. (2008). *The Scientific Life*, Chicago: University of Chicago Press.

Sillén, L. G. (1966). Regulation of O_2, N_2 and CO_2 in the atmosphere; thoughts of a laboratory chemist. *Tellus*, **18**(2), 198–206.

Simpson, G. G. (1964). *This View of Life: The World of an Evolutionist*. New York: Harcourt, Brace & World.

Slack, N. G. (2011). *G. Evelyn Hutchinson and the Invention of Modern Ecology*, New Haven: Yale University Press.

Steffen, W., Richardson, K., Rockström, J., and Lubchenco, J. (2020). The emergence and evolution of Earth system science. *Nature Reviews Earth and Environment*, **1**(1), 54–63.

Stengers, I. (2015a). Accepting the reality of Gaia: a fundamental shift? In C. Hamilton, C. Bonneuil, and F. Gemenne, eds., *The Anthropocene and the Global Environmental Crisis*, London: Routledge, pp. 134–144.

(2015b). *In Catastrophic Times: Resisting the Coming Barbarism*, trans. A. Goffey, Ann Arbor: Open Humanities Press.

Stevens, W. K. (1989). Evolving theory views earth as a living organism. *New York Times*, August 29, Section C, 1.

Stolz, J. F. (1984). Succession in a microbial mat community: a Gaian perspective. *Advances in Space Research*, **4**(12), 203–206.

(1991). Biomineralization and Gaia. In S. H. Schneider and P. Boston, eds., *Scientists on Gaia*, Cambridge, MA: MIT Press, pp. 346–352.

(2017a). Climate change and the Gaia hypothesis. In G. Magill, ed., *The Urgency of Climate Change: Interdisciplinary Perspectives*, Cambridge, UK: Cambridge Scholars Publishing, pp. 50–72.

(2017b). Gaia and her microbiome. *FEMS Microbiology Ecology*, **93**(2). doi:10.1093/femsec/fiw247.

Stolz, J. F., Botkin, D., and Dastoor, M. N. (1989). The integral biosphere. In M. Rambler and L. Margulis, eds., *Global Ecology*, Boston: Academic Press, pp. 31–50.

Stolz, J. F., Chang, S.-B. R., and Kirschvink, J. L. (1986). Magnetotactic bacteria and single-domain magnetite in hemipelagic sediments. *Nature*, **321**(6073), 849–851.

Strick, J. (2004). Creating a cosmic discipline: the crystallization and consolidation of exobiology, 1957–1973. *Journal of the History of Biology*, **37**(1), 131–180.

Teresi, D. (2011). Discover Interview: Lynn Margulis says she's not controversial, she's right. *Discover Magazine*, June 17.

Thomas, L. (1982). *Notes of a Biology Watcher: A Film with Lewis Thomas*, Paramus, New Jersey: Time-Life Video.

Thompson, W. I. (ed.). (1987). *Gaia, a Way of Knowing: Political Implications of the New Biology*, Great Barrington, MA: Lindisfarne Press.

(1989). *Imaginary Landscape: Making Worlds of Myth and Science*, New York: St. Martins Press.

(1991). *Gaia 2: Emergence: The New Science of Becoming*, Hudson, NY: Lindisfarne Press.

(1997). *Worlds Interpenetrating and Apart: Collected Poems 1959-1996*, Great Barrington, MA: Lindisfarne Press.

(2016). *Thinking Together at the Edge of History: A Memoir of the Lindisfarne Association*, Traverse City, Michigan: Lorian Press.

Travis, J. (1992). Reading, writing, arithmetic ...and microbes? *Science*, **258**(5086), 1299–1300.

Turner, F. (2010). *From Counterculture to Cyberculture: Stewart Brand, the Whole Earth Network, and the Rise of Digital Utopianism*, Chicago: University of Chicago Press.

Tyrrell, T. (2013). *On Gaia: A Critical Investigation of the Relationship Between Life and Earth*, Princeton: Princeton University Press.

Uhrqvist, O. (2014). *Seeing and knowing the Earth as a system: an effective history of global environmental change research as scientific and political practice* (PhD thesis), Linköping University.

Van Thienen, P., Benzerara, K., Breuer, D., et al. (2007). Water, life, and planetary geodynamical evolution. *Space Science Reviews*, **129**(1), 167–203.

Van Valen, L. (1971). The history and stability of atmospheric oxygen. *Science*, **171** (3970), 439–443.

Varela, F., Maturana, H., and Uribe, R. (1974). Autopoiesis: the organization of living systems, its characterization and a model. *BioSystems*, **5**(4), 187–196.

Vernadsky, V. I. (1986). *The Biosphere*, Oracle, AZ: Synergetic Press.

(1998). *The Biosphere*, New York: Copernicus.

Visscher, P. T. and Stolz, J. F. (2005). Microbial mats as bioreactors: populations, processes, and products. *Palaeogeography, Palaeoclimatology, Palaeoecology*, **218**, 87–100.

Volk, T. (1995). *Metapatterns: Across Space, Time, and Mind*, New York: Columbia University Press.

(1997). *Gaia's Body: Toward a Physiology of Earth*, Cambridge, MA: MIT Press.

(2002). Toward a future for Gaia theory. *Climatic Change*, **52**(4): 423–430.

(2003). Seeing deeper into Gaia theory: a reply to Lovelock's response. *Climatic Change*, **57**(1–2), 5–7.

(2006). Real concerns, false gods. *Nature*, **440** (7086), 869–870.

Von Foerster, H. (1975). Gaia's cybernetics badly expressed. *CoEvolution Quarterly*, 7(Fall 1975), 51.

Walker, J. C. G. (1977). *Evolution of the Atmosphere*, New York: Macmillan.

Walker, J. C. G., Hays, P. B., and Kasting, J. F. (1981). A negative feedback mechanism for the long-term stabilization of the Earth's surface temperature. *Journal of Geophysical Research*, **86**(C10), 9776–9782.

Walker, J. C. G., Margulis, L., and Mitchell, R. (1976). Reassessment of the roles of oxygen and ultraviolet light in Precambrian evolution. *Nature*, **264**(62), 620–624.

Watson, A. and Lovelock, J. (1983). Biological homeostasis of the global environment: the parable of Daisyworld. *Tellus B*, **35**(4), 284–289.

Watson, A., Lovelock, J., and Margulis, L. (1978). Methanogenesis, fires and the regulation of atmospheric oxygen. *BioSystems*, **10**(4), 293–298.

Westbroek, P. (1991). *Life as a Geological Force: Dynamics of the Earth*, New York: Norton.

Westbroek, P. and De Jong, E. W. (1983). *Biomineralization and Biological Metal Accumulation*, Dordrecht: Reidel.

Williams, H. T. P. and Lenton, T. M. (2008). Environmental regulation in a network of simulated microbial ecosystems. *Proceedings of the National Academy of Sciences*, **105**(30), 10432–10437.

Williamson, D. I. (2001). Larval transfer and the origins of larvae. *Zoological Journal of the Linnean Society*, **131**(1), 111–122.

Wilson, E. O. (1975). *Sociobiology: The New Synthesis*, Cambridge, MA: Harvard University Press.

Winther, R. G. (2009). Prediction in selectionist evolutionary theory. *Philosophy of Science*, **76**(5), 889–901.

Woese, C. R. and Fox, G. E. (1977). Phylogenetic structure of the prokaryotic domain: the primary kingdoms. *Proceedings of the National Academy of Sciences*, **74**(11), 5088–5090.

Wolkomir, R. (1985). The wizard of Ooze. *Omni*, **7**(4), 48–52.

Wood, A. J., Ackland, G. J., Dyke, J., Williams, H. T. P., and Lenton, T. M. (2008). Daisyworld: a review. *Reviews of Geophysics*, **46**(1).

Wood, A. J., Ackland, G. J., and Lenton, T. M. (2006). Mutation of albedo and growth response produces oscillations in a spatial Daisyworld. *Journal of Theoretical Biology*, **242**, 188–198.

INDEX